KB066167

동아시아 서원의 일반성과 다양성

이 저서는 2019년 대한민국 교육부와 한국연구재단의
지원을 받아 수행된 연구임 (NRF-2019S1A5C2A02082813)

동아시아 서원의 일반성과 다양성

영남대학교 민족문화연구소 편

도서출판 온샘

책을 펴내며

영남대학교 민족문화연구소는 한국연구재단의 2019년 인문사회연구소 지원 사업에 선정되어 〈동아시아 서원 문화와 글로컬리즘〉이란 주제로 연구를 수행하고 있다. 이를 통해 본 연구팀은 경쟁력 있는 글로컬 한국 문화의 기반을 마련하고 동아시아의 서원 문화에 대한 정체성을 확립하고자 한다. 그 결과로 지난 2021년과 2022년 1·2차년도 연구주제의 성과물로 『동아시아 서원의 기원과 제의례의 완성』, 『동아시아 서원 아카이브와 지식 네트워크』를 간행하였다. 특히 『동아시아 서원의 기원과 제의례의 완성』은 그 학술적 가치를 인정받아 2022년 대한민국학술원 우수학술도서로 선정되는 성과를 거두었다.

이번에 간행하는 『동아시아 서원의 일반성과 다양성』은 3차년도 연구주제의 성과물이다. 서원 문화는 한국·중국·일본·베트남 등지에서 발전해 왔다. 서원을 구성하는 일반적 요소로는 제향인, 강학, 재정, 장서, 원임과 운영 조직, 원생, 방문객, 그리고 각종 정치·사회 활동이 있다. 그러나 그 요소의 세부적인 양상은 해당 서원이 운영되던 각국의 정치·경제·사회·문화적 배경과 시기의 변천에 따라 다양하게 나타났다. 3차년도에서는 이러한 서원의 일반성과 다양성을 규명하고자 역사학·철학·교육학·건축학 분야에서 학제 간 연구를 진행하였다.

각 분야별로 세부 주제를 정하고 국내·외 서원 전문 연구자와 함께 연구를 진행해 나갔다. 그러나 3차년도 연구에서도 어려움이 있었다. 전 세계를 뒤덮은 팬데믹의 여파 때문에 국내·외 연구자 간의 직접적인 소통은 이루어지지 못하였다. 연구 성과 점검을 위해 개최한 국제학술대회에 중국·일본·베트남 학자는 온라인으로 참석하였으며, 해외 서원 조사는 또다시 다음 연차로 미룰 수밖에 없었다. 이러한 어려움 속에서도 연구자들은

2년여 간의 팬데믹을 경험하면서 연구 활로를 개척하여 3차년도 연구를 차질 없이 마무리 하였고, 이를 여러 학술지에 발표하였다. 이제 그 성과물인 『동아시아 서원의 일반성과 다양성』을 우리 연구소의 민족문화연구총서 제48집으로 간행하게 되었다.

『동아시아 서원의 일반성과 다양성』은 모두 3부로 구성되었다. 제1부 '동아시아 서원 문화의 변화와 수용'에서는 한국·중국·일본·베트남에서 서원의 교육·운영·제향인 등이 근대까지 어떠한 모습으로 변화했는지를 규명하였다. 제2부 '한·중 서원의 다양성'은 건축·강학·제사 등에서 확인되는 한국과 중국 서원의 다양한 면모를 다루었다. 제3부 '한·중 서원 운용 비교'에서는 서원의 일반적 요소인 입지와 공간 구성, 학규, 원임, 원생과 방문객 등이 한국과 중국에서 어떻게 운용되었는지를 면밀하게 검토하였다.

이 책이 출간되기까지 많은 분들의 도움이 있었다. 배현숙·정순우·이수환·정병석·이우진·류준형 교수님께서는 바쁘신 와중에도 본 연구의 방향을 설정하는데 조언을 아끼지 않았다. 중국 서원 연구자와의 소통 및 연구물 번역에 힘써 주신 배다빈 선생님께도 감사드린다. 또한 연구와 업무를 병행한 이병훈·채광수·이광우 연구교수와 윤정식·박명은·최선혜·박창욱 연구보조원의 노고가 없었다면 본 연구는 이루어질 수 없었을 것이다. 흔쾌히 연구와 저술을 맡아 주신 김덕현·조재모·정수환 선생님, 중국의 초영명(肖永明)·등홍파(鄧洪波)·진시룡(陳時龍), 일본의 미나미자와 요시히코(南澤良彦), 베트남의 완준강(阮俊强) 선생님께 감사의 인사를 전한다. 마지막으로 어려운 여건 속에서도 깔끔한 책자가 나올 수 있도록 물심양면으로 노력해 주신 신학태 온샘 사장님께도 감사드린다.

2023년 3월
연구책임자 조 명 근

차 례

제1부 동아시아 서원 문화의 변화와 수용

차 례

차 례

제2부 한·중 서원의 다양성

차 례

제3부 한·중 서원 운용 비교

동아시아 서원, 일반성과 다양성의 경계
-조선시대 서원과 비교 관점에서-

정 수 환

Ⅰ. 머리말

대한민국의 조선시대 서원 연구는 지역사회의 구조에 대한 이해 차원에서 지식인의 활동을 추적하기 위해 시작했다. 이런 측면에서 영남학파의 성장 배경을 설명하면서 이들의 서원을 중심으로 전개한 학문 활동과 서원의 경제적 기반에 대한 중요성이 강조되었다.[1] 지역사회에서 양반이 주도한 서원에서의 학술 활동에 대한 주목은 중앙정계와의 관련성으로 시야를 확장하여 서원 운영 배경을 정치적 의미에서 해석했다.[2] 그리고 서원 운영의 흐름을 추적했다. 그 결과 지역사회 여론의 형성과 향권의 동향에 대한 연구결과, 19세기 이후 제향 인물을 정점으로 한 특정 문중이 서원을 주도하는 문중 서원의 특징이 확인되었다.[3] 이와 같은 연구성과를 기반으로 서원 연구의 확장을 위해 자료 발굴과 연구 전환에 대한 제안이 있었다.[4] 조선시대 서원에 대한 정책 제도와 서원 운영 그리고 교육과 관련한

---

1) 李樹健, 『嶺南士林派의 形成』, 嶺南大學校出版部, 1979, 101~107쪽 ; 李樹健, 『嶺南學派의 形成과 展開』, 一潮閣, 1995, 19~42쪽 ; 李樹煥, 『朝鮮後期書院研究』, 一潮閣, 2001, 29~39쪽 ; 정수환, 「18세기 玄風 道東書院 院位田 경영의 '中正'한 가치추구」, 『民族文化論叢』 67, 2017, 157~159쪽.

2) 鄭萬祚, 『朝鮮時代 書院研究』, 集文堂, 1997 ; 윤희면, 『조선시대 서원과 양반』, 집문당, 2004 ; 정순우, 『서원의 사회사』, 태학사, 2013.

3) 이해준, 『조선후기 문중서원 연구』, 경인문화사, 2008.

4) 嶺南大學校 民族文化研究所, 『道東書院誌』, 嶺南大學校出版部, 1997. 이 외에도

다면적 접근을 성취한 대한민국 서원 연구는 세계사 그리고 동아시아사의 관점에서 서원의 의미와 가치를 비교할 필요성에 마주하고 있다.

서원 가치의 탐색을 위해 동아시아 서원의 특징에 대한 검토가 시도되고 있다. 중국의 서원에 대한 연구사적 검토를 시작으로 청과 조선 서원의 특징에 대한 분석이 있었다.[5] 이러한 관심은 소수서원과 백록동서원 공간과 서원에서 간행한 서원지의 의미와 교육 활동의 특징에 대한 비교 성과로 이어졌다.[6] 2000년 이후, 중국 학자의 연구성과가 한국 학계에 소개되면서 한·중 서원의 연혁과 성격에 대한 비교 연구가 본격화했다. 중국 서원의 교육과 운영의 흐름에 대한 소개가 있었다.[7] 이러한 중국 서원에 대한 연구성과는 한국과 중국 서원에 대한 비교 연구로 연결되었다. 중국 서원 제도를 도입한 조선을 바라보는 관점에서 조선 서원에 대한 해석이 있었다.[8] 이러한 관점을 견지한 중국 학자들에 의해 주자학에 바탕 한 한국

한국학중앙연구원 『고문서집성』은 서원 자료를 지속 공개하고 있다. 서원 연구 방향에 대한 제언은 다음의 연구성과가 대표적이다.

정만조, 「韓國 書院의 歷史」, 『한국학논총』 29, 2007 ; 이수환, 「2000年 이후 한국 서원 연구의 현황과 과제」, 『民族文化論叢』 67, 2017 ; 김인걸, 「서원연구의 현재적 의의와 향후과제」, 『韓國書院學報』 1, 2011.

5) 金相根, 「書評: 中國書院制度硏究」, 『中國學硏究』 14, 1998 ; 박종배, 「중국 서원 연구의 동향과 전망」, 『한국교육사학』 30-2, 2008 ; 李樹煥, 「朝鮮朝 嶺南과 淸代 山東의 書院 비교연구 - 人的組織과 經濟的 기반을 중심으로」, 『民族文化論叢』 46, 2010.

6) 조인철, 「한국 소수서원과 중국 백록동서원의 비교 고찰: 건립배경과 자연환경의 풍수적 특징을 중심으로」, 『道敎文化硏究』 50, 2019 ; 임근실, 「16세기 한중 서원지의 지식사적 의미」, 『民族文化論叢』 79, 2021 ; 정낙찬·김홍화, 「한·중 초기 서원 교육 비교」, 『비교교육연구』 15-3, 2005.

7) 朱漢民, 「中國 書院의 歷程」, 『한국학논총』 29, 2007 ; 朱漢民, 「書院敎育과 湘學學統」, 『韓國書院學報』 3, 2015 ; 謝豐, 「岳麓書院 연구 집단과 20세기 말 중국 서원 연구」, 『韓國書院學報』 3, 2015 ; 張晓新·鄧洪波, 「晚清書院藏書制度研究」, 『韓國書院學報』 13, 2021.

8) 鄧洪波·趙偉, 「조선왕조 서원제도 수용에 관한 몇 가지 문제」, 『韓國書院學報』 9, 2019.

서원의 특징을 중국 중심으로 해석하는 경향을 지속하고 있다.[9)]

중국과 한국 서원에 대한 비교 연구가 가속화하고 있는 상황에 비해 상대적으로 한국에서 동아시아 국가 중 일본과 베트남에 관한 연구성과 공유는 제한적이다. 일본 서원에 대해서는 연구 현황을 소개하거나 서원에 대한 개념 논쟁 그리고 장서와 교육 활동이 일본 교육제도의 성격과 관련하여 한국에 소개되었다.[10)] 일본의 사례에 비해 베트남 서원과 관련한 제도 및 교육에 대한 연구성과 소개는 손에 꼽을 수 있다.[11)]

중국 서원 그리고 일본과 베트남 서원에 대한 국내·외의 성과가 한국에 축적되면서 동아시아 서원의 특징을 추적하기 위한 비교 연구 환경이 조성되었다. 동아시아의 가치 중 하나로 유교가 현대사에 끼친 영향이 한때 주목받은 사실이 있다. 유교와 관련한 가치에서 '서원'은 교육과 사회활동에 있어 아시아의 유교 사회의 특징을 설명하는 하나의 단어가 될 수 있다. 이런 측면에서 한국 학계의 연구 동향 －해외 연구성과의 소개 포함－ 을 바탕으로 서원 가치 발견을 시도하고자 한다. 이 글에서는 조선시대를 기준으로 중국의 명청시대, 일본의 막번체제 및 베트남의 후려(後黎)시대의 서원을 상호 검토하여 동아시아 서원 일반성과 다양성의 측면에서 특징적인 모습을 추적한다.

---

9) 張品端, 「朱子書院文化與韓國書院的發展」, 『韓國書院學報』 11, 2020.

10) 難波征男, 「일본의 '서원' 연구의 현황과 과제」, 『한국학논총』 29, 2007 ; 야규 마코토, 「일본서원의 장서구축」, 『韓國書院學報』 13, 2021 ; 김대식, 「나카에 도주(中江藤樹)의 문인 공동체와 도주서원」, 『아세아연구』 139, 2020 ; 이우진, 「오시오 츄사이(大鹽中齋)의 洗心洞 강학 연구」, 『韓國書院學報』 7, 2018 ; 이건상, 「근세말 시주쿠(私塾) 교육의 특징」, 『일어일문학』 32, 2006.

11) 이우진, 「일본과 베트남의 서원 연구 현황과 제언」, 『韓國書院學報』 10, 2020.

Ⅱ. 명청, 막번, 후려 시대 서원 활동

1. 중국 명청시대, 관이 주도하는 서원

중국 명청(明淸)시대 서원 운영과 관련하여 국내 학계의 연구성과를 바탕으로 몇 가지 특징을 살펴본다. 이시기 서원의 장서, 강회, 정치활동의 특징을 살펴보고 전·근대 교육제도 전환에 있어 서원의 역할을 분석한다.

16세기 중국 고대 서원에 뿌리를 둔 백록동서원의 장서에 대한 분석이 있었다.[12] 이 서원은 주희에 의해 중건된 상징성을 갖는 서원으로 명·청대에 11종의 서원지를 편찬하였으며, 이 중 16세기 편찬한 『백록동서원지』 장서목록을 토대로 서원의 출판과 도서관 기능을 가늠할 수 있다. 장서는 주희의 학설을 존중하는 입장에서 '이정자→주희→육구연'으로 이어지는 지식 계보를 보이면서 같은 시기 조선 서원의 도학 계보를 정립하는 견해와 유사했다.[13] 그리고 16세기 백록동서원과 조선의 백운동서원, 도산서원 등 영남지역 6개 서원 장서를 비교한 결과 『성리대전』, 『주자대전』 등 20종의 공동 장서를 확인하여 같은 시기 지식의 공유모습을 유추했다.[14] 16세기 명나라와 조선은 서원을 통해 도서 간행과 장서 확보를 통한 지식거점으로서 기능을 수행한 측면이 있었다.

명대 서원의 핵심 요소를 강회로 규정하고 이를 분석하여 조선 서원과 비교할 수 있다.[15] 명 중기 이후 왕양명(1472~1528)과 제자들의 활발한 서원 강학 활동은 명대에 1,500~2,000여 개의 서원이 신설된 배경과 관련이 있다.[16] 명대 서원 회규(會規)를 토대로 강학 활동을 강회 개회 시기인 회

12) 임근실, 「16세기 明 白鹿洞書院 藏書의 특징과 의미」, 『서강인문논총』 58, 2020.
13) 임근실, 앞의 글, 136~137쪽.
14) 임근실, 앞의 글, 144~145쪽.
15) 박종배, 「회규를 통해서 본 명대의 서원 강회 제도」, 『교육사학연구』 21-2, 2011.

기(會期), 주관자 회주(會主), 강회의 내용 회강(會講), 의식절차 회의(會儀)를 정리할 수 있다. 유생들이 과문을 짓고 평가하는 행위를 회문(會文)·회과(會課)로 명명하며 경서에 대해 쌍방향적이고 집단적인 토의로 진행되는 부분이 강회였다. 서원 강회에 있어 조선 서원과 차별적인 부분은 강회 의식에서 엿볼 수 있다.

> 반차에 따라 자리를 잡고 상읍 한다. 이러한 절차는 조선후기 서원 강회에서도 흔히 볼 수 있는 매우 일반적인데, 그 이후에 진행되는 절차에는 명대서원 강회만의 독특한 내용이 포함되어 있다. … '가시(歌詩)'라는 절차인데, 순서상으로 상읍 이후에 가시하고, 행강 이후에 다시 가시 하는 것으로 되어 있다.[17]

강회의 의절은 조선과 차별성을 크게 찾기 어렵지만, 중간에 시를 읊는 가시 절차는 명대 서원의 독특한 의절 중 하나로 강조되었다. 이 가시의 의미를 "막히거나 걸린 것을 씻어내고, 성령을 개발한다."라고 부여하여 명대 서원의 독특한 의절로 평가했다. 조선 서원과 강학 활동에서 부분적 차이는 서원의 정치화 양상에서 일부 확인할 수 있다. 강학 활동을 바탕으로 학파간 대립 그리고 정치화 양상을 상징적으로 보여주는 사례는 동림서원이다.

> 스승의 행의(行誼)와 심성론의 오묘한 강의는 실로 한 개의 학파를 형성하기에 족하였고 그들 동지의 진퇴와 존망은 천하의 정세와 유관하다는 것이 밝혀졌다. 그리하여 서원의 이름은 정당(政黨)의 지목을 받게 되었는데, 송·원·명청 4대에 걸쳐 여러 서원이 이를 저울질하였으나 동림서원보다 지나친 곳은 없었다.[18]

---

16) 박종배, 앞의 글, 2011, 82쪽.

17) 박종배, 앞의 글, 2011, 93~94쪽.

18) 柳詒徵, 『江蘇書院志初稿』(辛炫承, 앞의 글, 357쪽 재인용).

인용문은 서원에서의 강학 활동이 명대 중기에 활성화하면서 명말에 서원이 정치세력화한 대표적 사례로 동림서원을 서술하고 있다. 동림서원은 학문적 동지들 사이 강회를 진행하였는데, 1604년 중건 이후 양명학에서 주자학으로의 전환과 시정에 관심을 기울이면서 학문적·정치적 결사체의 성격을 갖는 사단성(社團性) 서원 또는 '강회식 서원'의 전형으로 전국적 영향력을 확보했다.[19] 그리고 주자학 우위의 양명학 비판과 정치적 파벌 형성으로 환관과 집권세력에 의해 '동림당'으로 규정되고 탄압을 받는 정치사건으로 비화하기에 이르렀다. 이러한 동림서원과 동림파는 명말 최대의 정치적 사건으로 왕조가 교체되는 단초가 되었으며, 유교적 학술담론이 정치와 연결되면서 미완의 학술·정치공동체로 평가된다.[20] 동림서원의 이러한 전개는 조선시대 서원의 정치화 경향에 대한 비교사적 관점을 제공한다.

청대 서원 활동은 시기별로 구분하여 경향을 살필 수 있다. 청대의 서원은 지방관에 의해 설립되어 관의 개입을 통한 경영과 교육 운영이 있었다. 특히, 옹정 청대 서원의 대부분은 관에 의해 설립되어 중앙과 지방 정부의 관련성으로 관학적 성격을 띠고 서원이 민간교육에 있어 중요한 역할을 했다.[21] 이런 경향성은 악록서원이 1652년(순치 9) 중건하여 1903년(광서 29) 학당으로 전환하는 과정을 청대 전·중·후기로 구분하여 추적한 연구성과에서 확인할 수 있다.

17세기 중엽에서 18세기 중엽(순치~건륭 전기)에 이르는 청대 전기 교육은 정주이학(程朱理學) 중심의 학풍과 과거에 대응한 활동이었다. 악록

---

19) 박종배, 「명, 청시기 서원 강회의 발전 과정에 관한 일 고찰」, 『한국교육사학』 35-3, 한국교육사학회, 2013, 60~62쪽.

20) 辛炫承, 앞의 글, 359쪽. 신현승은 명대말기 양명학 유행에서 청대 고증학으로의 학술적 전환에는 동림서원의 학술과 정치담론의 후과에 따라 학술과 정치 담론이 사라지고 이를 대신하고 문자 고증에 바탕을 둔 고증학으로 전환했을 가능성을 제시했다.

21) 정낙찬, 「청대 악록서원의 교육과정 변천」, 『東亞人文學』 21, 동아인문학회, 2012, 231~232쪽.

서원은 공립서원으로 관방(官方)철학인 정주이학 교육을 수행했는데, 이 부분은 1717년(강희 56) 원장 이문소(李文炤, 1672~1735)가 『백록동규게시』를 바탕으로 제정한 『악록서원학규』에서 확인할 수 있다. 서원이 사서육경을 중심으로 『사서집주』 등 송대 학자의 저서에 대한 독서를 강조하고 과거를 대비하여 『통감강목』 등의 사서와 고체시 학습을 강조한 사실은 이 시기 서원의 특징적인 성격을 보여준다.[22)]

18세기 중엽에서 1850년(건륭 중기~도광) 청대 중기 악록서원은 경사고거(經史考據)를 강조하는 한학(漢學)을 위주로 하면서 과거에 대응했다. 이 당시 악록서원의 3대 변화는 정주이학에서 경사의 고거와 훈고를 중시하는 한학의 대두, 정부의 서원에 대한 통제와 관리 강화로 인한 서원의 관학화 그리고 한학 위주의 과거시험 경향에 대한 대응이었다.[23)] 건륭제는 서원의 교육방침, 산장초빙, 생도선발, 과정방법 등을 규정하는 조령(詔令)을 내렸는데, 여기에서 서원 산장으로 하여금 팔고문과 경학, 사학, 치술 등을 강학하도록 해서 기술을 갖춘 예비관료로 육성하려는 의도를 드러냈다.[24)]

1851년에서 1908년(함풍~광서) 청대 후기 악록서원은 대내·외적 위기에 대응하여 경세치용을 위한 학문을 견지했다. 광서 연간 악록서원 산장 왕선겸(王先謙)은 교육 과정을 개혁했는데, 내용은 1897년(광서 23) 「월과개장수유(月課改章手諭)」에 잘 나타나 있다.

> 교육과정을 경학, 사학(지리학 포함), 장고학(掌故學), 수학, 역학(譯學) 다섯 과목으로 구성하였다. 경학, 사학, 장고학은 산장이 관리하고 수학은 재장이 그리고 역학은 교사를 초빙하여 관리하도록 했다.[25)]

---

22) 정낙찬, 앞의 글, 234~235쪽.
23) 정낙찬, 앞의 글, 236쪽.
24) 정낙찬, 앞의 글, 237~238쪽.
25) 정낙찬, 앞의 글, 243~244쪽 재인용.

경학, 사학과 같은 전통과 목을 유지하면서도 서양 신문학 과목을 증설했다. 그리고 외국어 교사로 하여금 역학회(譯學會)를 조직하게 하고 3년 기한의 영어과정을 제정하여 서구문물 수용을 위한 외국어 교육을 실현했다.[26] 이처럼 청대의 서원은 악록서원의 사례와 같이 관에 의해 주도되는 경향을 보여주고 있다.

서원이라는 전통 교육 기반은 중국이 서양식 신교육으로 전환하는 디딤돌이 되었다. 중국 근대교육 전환에서 서원 연관성은 1898년 무술변법에서 1900년 신정개혁을 전후한 시기 일련의 정책에 대한 연구성과에서 확인할 수 있다. 1898년 무술변법운동 당시 강유위(康有爲, 1858~1927)는 강희제에게 과거제를 폐지하고 서원을 일괄 학당으로 개편하고 다음과 같은 주장을 관철했다.

> 경사대학당(京師大學堂)과 경제특과(經濟特科)는 모두 중·소 학당에서 학생을 선발해야 하는데 각성에는 중소학이 거의 없으므로, 각성 부주현 및 향읍의 공사(公私) 서원·의학(義學)·사학(社學)·학숙을 모두 중서학(中西學)을 겸습하는 학교로 고치되, 성회의 대서원은 고등학, 부주현의 서원은 중등학, 의학과 사학은 소학으로 고치도록 건의하였다.[27]

교육의 신속한 전환을 위해 서원 등의 교육 기관을 학당으로의 개편을 시도했다. 중앙의 경사대학당을 설치하고 현실에 필요한 학문으로서 산학(算學)·역학(譯學)과 같은 경제 분야의 교육을 위한 경제특과를 설치했다. 이를 실현하기 위해 행정단위에 따라 학당을 설치하고 소·중·고등학으로 편제했다. 그렇지만 1898년 9월 강음(江陰)의 남청서원(南菁書院)이 1898

---

26) 정낙찬, 앞의 글, 245쪽.

27) 「康有爲請飭各省改書院淫祠爲學堂折(광서24년 5월 15일)」(김유리, 「淸末 書院의 學堂改編과 近代學制의 成立過程」, 『東洋史學硏究』 75, 동양사학회, 2001, 84쪽 재인용).

년 9월 남청고등학당으로 재편되는 부분적인 성과에 그치고 무술정변으로 이런 개편은 후퇴하였다.[28] 다만 이듬해 9월 중앙의 경사대학당과 주현, 각부 및 성(省)급 서원을 소·중·고등학당으로 개편했다. 이에 따라 산동순무(山東巡撫) 원세개(袁世凱, 1859~1916)가 가장 먼저 산동대학당(山東大學堂)을 설립하고 「산동대학당장정(山東大學堂章程)」을 보고하여 개편의 모델을 제시했다.[29]

서원을 학당으로 개편한 배경은 관학적 성격을 지니고 있었기에 이 공간을 활용할 수 있었던 점도 있었다. 20세기 초, 청말 근대교육 전환 과정에서 서원의 학당 개편의 전개와 의미는 다음과 같이 정리할 수 있다.

> 청말 근대교육의 발전과정은 학당으로 대변되는 서양식 신교육의 도입과정이자, 서원·의학(義學)·사숙(私塾) 등 전통교육 기구가 학당으로 개편되는 과정이기도 하였다. … 1901년 청조가 팔고문(八股文)을 폐지하고 각성의 서원을 일률 학당으로 개편하도록 명한 것은 청조 지배체제를 유지시켜주는 관리육성교육의 중심이 서원제에서 학교제로 옮겨가는 것을 의미했다. 따라서 1902년과 1904년 청조가 전국적으로 통일된 학제를 제정·반포하고 1905년 과거제를 즉시 폐기한 것은 그에 따른 필연적 결과라고 할 수 있다.[30]

서원의 학당 개편이 신교육의 도입과정이었으며 이는 과거제 폐지와 연동된 점을 주목할 필요가 있다. 이러한 변화의 기조는 이어지는 부침이 있었으나 1905년 전국적으로 통일된 학제를 마련하는 성과로 귀결되었다. 청말 신학문의 도입과 근대교육 적용 그리고 그 과정에서 서원의 학당 개편을 통한 근대교육 기관으로의 전환이 청대 서원의 특징 중 하나로 볼 수 있다.

---

28) 김유리, 앞의 글, 86쪽.
29) 김유리, 앞의 글, 93~94쪽.
30) 김유리, 앞의 글, 81~82쪽.

2. 일본 막번체제 전후 사숙과 서원

서원과 관련해서는 막번체제(幕藩體制)를 전후한 시기 교육의 특징과 관련한 연구성과를 참고할 수 있다. 일본 서원 특징과 관련하여 이우진은 등수서원(藤樹書院)을 초기 사숙(私塾)의 전형으로, 양명학 서원의 독자성을 지닌 세심동학당(洗心洞學堂) 그리고 근세와 근대교육의 교량으로 기능한 사숙으로 적숙(適塾)과 송하촌숙(松下村塾)으로 의미를 부여했다.[31] 이러한 서원의 특징과 관련해서는 일본 교육의 특징을 참고할 수 있다. 17세기 초~19세기 후반까지 약 250년 동안 지속한 막번체제 동안 무사는 번교(藩校)에서 문무(文武)를 학습하고 농민과 상인 등 서민은 향교(鄕校)에서 교육받았다. 19세기 막번체제 붕괴 후에는 서양 열강의 침공에 대응하여 지방의 번교와 향교가 새로 건립되면서 초등교육을 위해 약 3,000종의 사숙과 가숙(家塾)이 개설되었다.[32] 서원에 대입할 수 있는 막번체에 전후한 시기의 용어는 정확하지 않지만, 사숙의 개념을 고려할 수 있다.

일본 서원이 중국과 한국 서원과 지니는 차별성에 대한 검토가 있었다. 일본이 과거가 없고 무사와 서민의 고정적인 계급 차이로 관료가 세습되는 특징에 주목한다. 중국과 한국 서원이 과거제와 관련한 중앙 집권제를 갖추고 있는 사실과 차이가 있다. 특히 조선과 비교하기에 거리가 있다. 일본에 등수서원, 봉명서원(鳳鳴書院)과 같은 서원이 있지만, 주자학과 양명학 등을 교육하는 사숙에 해당하는 점에서 전형적 서원으로 규정하기에도 한계가 있다고 강조한다.[33] 이런 측면에서 엄격하게 한국과 중국의 서원에 해당하는 개념이 일본에 존재하는지에 대한 논쟁이 있다.

일본에서 조선과 같은 교육과 향사를 위한 서원으로 이해하기에는 제한

31) 이우진, 앞의 글, 2018, 151쪽.
32) 難波征男, 앞의 글, 61~62쪽.
33) 難波征男, 앞의 글, 2007, 63쪽.

적이다. 일본 서원은 서재(書齋)를 갖춘 건물로 지칭하면서 '서원조(書院造)'라는 주택 양식이 사용되었으며, 사립 교육 기관을 가리키는 단어는 '사숙'이 일반적이다. 교육 기관에 대해 관학과 사학 혹은 교육 내용과 대상에 따라 사숙을 서원에 비견할 수 있으며, 중앙집권적 특징이 희박한 막번체제의 특징과 관련하여 번교도 서원의 범주로 해석할 수 있다.[34] 이로 본다면 조선의 서원에 견줄 수 있는 광의의 개념으로 먼저 사숙을 고려할 수 있다. 조선시대 일본에 존재했던 사숙의 몇 가지 사례 연구가 있다.

에도시대 사숙에서 출발해 근대까지 운영한 문고를 서원의 관점에서 파악한 사례가 있다. 일본의 유학자 이토 진사이(伊藤仁齋)는 1662년 교토 자택에 호리카숙(堀川塾) 혹은 고의당(古義堂)이라는 사숙을 설치하고 1906년까지 240여 년 동안 장서를 구축하고 관리했다. 고의당은 출판물을 간행하면서 유교 경전 강의를 진행하여 교토를 대표하는 사숙 중 하나로 성장했으며, 문인도 황실·귀족부터 번사(藩士)·농민까지 다양하게 구성하면서 민간 학원으로 존재했다.[35] 고의당에서 기원하는 이 사숙의 학풍은 주자학에 반대하면서 공자를 극도로 존중했다. 진사이의 '고의학(古義學)'은 도쿠가와 막부의 관학이었던 주자학을 비판하고 독자적인 경전 해석으로 학풍을 확립했다.[36] 그의 비판 의식은 명물학(名物學), 본초학(本草學)으로 이어져 의학파(醫學派)에도 영향을 끼치면서 이토 가문의 후손들이 숙주(塾主)를 세습하면서 고의당의 학문을 계승했다. 이러한 학문 경향은 이후 일본 사숙이 조선의 서원과 다른 특징 중 하나로 주목된다.

에도시대 학자의 학문과 후학 육성이 사숙, 서원의 건립으로 이어진 사례가 있다. 에도시대 유학자로 일본 양명학의 기조인 나카에 도주(中江藤樹, 1608~1648)의 교육 활동을 하고 문인들이 계승하여 서원을 경영한 사

34) 이우진, 앞의 글, 2018, 146~149쪽.
35) 야규 마코토, 앞의 글, 51쪽.
36) 야규 마코토, 앞의 글, 55~57쪽.

례이다. 그는 29세부터 세상을 떠나는 41세까지 문인 15명을 육성하고 장례 때 300명이 조문했다고 전한다. 문인 교육은 거가형(居家形)으로 찾아온 문인이 원하는 내용을 가르치면서 의학서도 교육했는데, 교육 방법은 소독(素讀), 강의(講義), 회업(會業)을 실시하며 문답으로 정리하는 유교의 전통적 교육 형태를 계승했다.[37]

나카에 도주는 문인 육성을 위해 서원에서 강학고 문인이 계승했다. 그는 32세 때 문인들 사이의 협력을 강조하기 위해 등수규(藤樹規), 학사좌우계(學事左右戒)를 마련했는데, 전자는 「백록동규(白鹿洞規)」를 차용하고 성인의 가르침 실천을 강조했으며 후자는 장유유서에 따른 문인들의 화목을 강조했다.[38] 나카에 도주가 기틀을 다지고 사후에 그의 후손들과 문인들에 의해 도주서원이 운영되었다. 서원 형태는 다음과 같았다.

> 도주서원은 한 채의 일본 전통 가옥 형 건물로서 나카에 도주가 태어나 생활하던 자택의 옛터 바로 옆에 있다. 도주서원의 내부에는 제단이 위치한 사당이 포함되어 있는데, 제단에는 나카에 도주와 그의 부인 등의 신위가 안치되어 있다.[39]

1647년 나카에 도주가 41세에 문인들의 지원으로 완성한 도주서원을 설명하고 있다. 강학과 향사가 강당 같은 공간에서 이루어지면서 형식적으로 조선의 그것과 상이함이 있다. 향사 대상도 가족으로 확대하고 있었다. 나카에 도주는 이곳에서 6개월 동안 강학하다 종신했는데, 초기의 강당이 1727년 즈음 서원으로 명명되고 1763년 편액을 갖추면서 서원이 되었다.[40] 이처럼 도주서원은 거가형 문인 교육으로 출발하여 문인들 주도로

37) 김대식, 앞의 글, 109~111쪽.
38) 김대식, 앞의 글, 112~113쪽.
39) 김대식, 앞의 글, 118쪽.
40) 김대식, 앞의 글, 119쪽.

서원으로 확대되고 강학과 제향 공간이 되고 있어 조선 서원과 비교하여 참고할 수 있다.

서원 교육 관련 비교를 위해 강학의 방향과 내용을 가늠할 수 있는 사례가 있다. 오시오 츄사이(大鹽中齋, 1793~1837)의 세심동(洗心洞) 강학이 여기에 해당한다. 그는 막부에 대항한 일본 양명학의 거두로 세심동 학당 강학으로 제자를 육성했다.[41] 그는 24세이던 1816년에 양명학에 입문하고 이듬해부터 세심동 학당을 설립하고, 1825년 교육의 방향과 생활을 제시했다. 오시오 츄사이는 세심동 학당에 「학당동게(學堂東揭)」, 「학당서게(學堂西揭)」, 「학당게시(學堂揭示)」를 동·서재 등에 게시했다. 내용은 왕양명의 문장이나 그가 양명학에서 얻은 전거 그리고 왕양명 제자의 문장으로 구성되어 있어 '양명학적 가르침'을 향하고 있었다.[42] 이러한 방향에 따른 세심동 학당의 일과는 다음과 같이 요약할 수 있다.

> 아침 6시에 시작해서 저녁 6시경에 마무리한다. 기상과 함께 자리 정돈하고 용모를 바로 하고 스승 앞에서 양명학 서적을 읽는다. 읽고 자기 방에 돌아와 10번 더 읽고 의심나는 부분은 스승에게 묻고 바로 잡는다. 양명학 서적을 공부한 다음에는 주자학 서적을 공부한다.[43]

재가형 교육으로 일과와 운영내용을 보여주고 있다. 일과를 갖추고 독서와 문답으로 공부하는 형식이었다. 공부 내용은 양명학을 바탕으로 하면서 주자학을 참고하고 있다. 이러한 특징도 조선 서원과는 다른 양상 중 하나이다.

일본의 서원으로 볼 수 있는 사숙에서 진행한 교육은 근대교육으로 연

41) 이우진, 앞의 글, 2018, 35~36쪽.
42) 이우진, 앞의 글, 2018, 44쪽.
43) 「兒童日課大略」(이우진, 앞의 글, 2018, 43쪽 재인용).

계되었다. 막부 말기 2개의 사숙에 대한 사례 연구 성과는 사숙 교육이 근대교육으로 전환한 실제를 보여준다.[44] 오가타 고안(緒方洪庵)의 데키주쿠(適塾)와 요시다 소인(吉田松陰)의 숀카손주쿠(松下村塾)가 그 사례이다.

오가타 고안의 데키주쿠의 사례이다. 데키주쿠는 막부 말기 난학(蘭學)으로 대표되는 대표적 양학 교유 기관으로 문하생이 1,000명에 이르렀다. 오가타 고안은 1816년 오사카에서 난의(蘭醫) 나카덴유(中天游)의 시시사이주쿠(思思齋塾)에서 4년 동안 난학을 배운 뒤, 에도와 나가사키에서 난학숙(蘭學塾) 안카이도(安懷堂) 등에서 8년간 서양의학과 네덜란드어를 습득하고 1838년 오사카로 돌아와 데키주쿠를 열었다.[45] 이곳에서는 의학과 병학(兵學), 본초(本草), 화학(化學) 등과 관련한 네널란드 문헌을 해독하고 교육했다.

요시다 쇼인의 숀카손주쿠 사례이다. 그는 2년 동안 쇼카손주쿠에서 막부말기 번교에서 가르치지 않는 새로운 지식을 92명의 숙생(塾生)에게 전수했다. 1830년 출생인 요시다 쇼인은 가학 교육을 받은 뒤 22세가 되는 1851년 양학자(洋學者) 사쿠마 쇼잔(佐久間象山)의 문하생이 되었으며, 1854년 옥중에서 『맹자』 등을 독학하여 교육의 필요성을 경험하고 1857년 고향으로 돌아와 쇼카손주쿠의 주재자(主宰者)가 되었다.[46] 쇼카손주쿠는 그가 어린시절 공부한 가숙이기도 했다. 쇼카손주쿠의 교육은 정해진 인원, 수업과목, 통학 규칙과 같은 교육과목이나 신분 구분 없이 학생들이 배우고자 하는 내용에 대한 개별 지도를 실현했다.[47] 교육 내용에 대한 개방성이 일본 사숙 교육 활동의 특징으로 이는 조선 서원과 달리 근대교육과의 연계 가능성을 열어두고 있었다.

근대교육의 전환에 사숙이 참여했다. 일본은 1862년(명치 5) '학제(學

44) 이건상, 앞의 글, 2006.
45) 이건상, 앞의 글, 2006.
46) 이건상, 앞의 글, 8쪽.
47) 이건상, 앞의 글, 10쪽.

制)' 반포를 계기로 전근대의 학교 번교·향교·숙·사자실(寺子室)이 근대화 교육으로 전환했다. 봉건제도 각 번의 지방분권에 맡겨져 있던 문교사업에 대해 중앙집권적으로 정리하고 무사와 서민에 대해 서구형의 근대화 교육을 실현하면서, 전근대 서원적 성격의 기관이 근대교육으로 전환하는 과정에서 '양자 간의 교육을 조화시키고 새로운 동아시아 교육'을 이루어 냈다고 분석되기도 한다.[48] 일본도 중국의 사례와 같이 근대교육을 실행하는 기관으로서 서원, 사숙을 포괄하고 있었다.

3. 베트남 후려시대 서원

베트남 서원에 대한 한국의 연구성과는 제한적이다.[49] 다만, 18세기 후반 응우옌 후이 오한(阮輝㶶)의 복강서원(福江書院)의 사례 연구 성과를 참고할 수 있다. 베트남에서의 서원은 도서관의 의미를 지니면서 교육 기관으로서의 의미는 제한적인 특징이 있다.

현존하는 자료에 따르면 베트남에는 난가서원(爛柯書院), 숭정서원(崇正書院), 복강서원 정도가 확인되며, 이들은 부분적인 학교 기능을 수행했다. 난가서원은 쩐(陳) 왕조(1226~1400)에서 건립한 서원으로 유학자 쩐통(陳蓀)을 원장으로 명명하여 생도를 교육한 대표적 서원이다. 이 부분에서 베트남 서원도 도서관이 아닌 교육의 성격이 있다고 볼 수 있다.

조선시대에 해당하는 베트남의 서원 사례는 숭정서원과 복강서원이다. 숭정서원은 떠이선(西山) 왕조(1778~1802)의 광쭝(光中)황제가 설치한 서원이이다. 황제는 학자이자 정치가인 응우옌 띠엡(阮浹, 1723~1824)을 위해

---

48) 難波征男, 앞의 글, 65~67쪽.

49) 이하의 서술은 이우진(앞의 글, 2020)의 논문을 정리하였다. 그는 응우엔 쿠안 쿠옹(Private Academies and Confucian Education in 18th-Century Vietnam in East Asian Context: The Case of Phúc Giang Academy, *Confucian Academies in East Asia*, Brill, 2020)의 연구성과를 바탕으로 서술했다.

그가 은퇴한 지역 '응헤 안'에 그를 원장으로 임명하고 이 서원을 건립했다. 서원은 유교 경전을 쯔놈(字喃)으로 번역하고 출판하여 유교를 확산하는 거점이 되었다. 여기에는 꽝쭝황제가 응헤 안으로 천도를 하면서 이 서원이 떠이선 왕조의 중앙서원으로 기능한 데에도 요인이 있었다.

복강서원 사례이다. 이 서원은 지방의 외진 지역에 해당하는 응허 틴을 대표하는 사설 교육 기관이다. 서원은 서원 설립자 응우옌 후이 오한이 북경에 사신으로 악록서원 등을 방문한 경험으로 설립되었다. 그는 악록서원에서 서원 건립과 육성에 이바지한 인물을 배향한 육군자사(六君子祠)에 주목하고 귀국 후 서원교육과 향사를 위해 서원 건립을 시도했다. 부친이 운영하고 있던 사설 학교를 토대로 1732년 악록서원의 가치를 담은 학교를 개설하고 후에 복강서원으로 확장했다.

복강서원은 운영 면에 있어서 조선 서원과 유사점이 있다. 응우옌 후이 오한은 전국 각지에서 사설 학교로 수학하기 위해 학생들이 모이자 가난한 학생들의 수업료 지원을 위해 서원 학전(學田)에 해당하는 '과명전(科名田)'을 마련했다. 서원은 그의 자손들에게 계승되어 문중서원의 면모도 지니고 있다. 그리고 서원은 응우옌 후이 오한 등의 개인 저술을 비롯하여 유교 경전을 간행하여 '서원본'을 확산했다. 서원전 운영, 문중서원의 성격 그리고 도서출간은 조선의 그것과 유사한 측면을 지니고 있다고 볼 수 있다. 그렇지만 학규는 다소의 차이점을 발견할 수 있다.

1767년 응우옌 후이 오한은 「복강서원규례」를 독자적으로 마련했다.

> ①교육 시작 의례, ②졸업자 및 모범자 축하례, ③연간 서원에서 행하는 각종 의식 규정, ④학생의 도덕적 요구, ⑤유학에서 찾은 교육 및 도덕 관련 격언[50)]

이 원규는 18세기 후반의 내용으로, 의례 중심으로 구성하고 있어 「백

50) 이우진, 앞의 글, 2020, 157쪽 요약 재인용.

록동규」와 완전히 벗어나면서 베트남의 독자성을 마련하고 있었다. 이러한 원규 외에도 서원의 기능에 있어 차별성도 있다. 베트남은 스승의 가르침을 천착하는 '사법(師法)' 사상을 강조하지 않았으며, 서원에서도 유교 경전에 대한 탐구보다 과거를 위한 지식 제공에 집중하면서 수많은 급제자를 배출했다.[51)]

베트남 서원은 사례가 제한적인 현실에서 관학과 사학의 성격을 보여준다. 사학의 경우 교육과 향사 그리고 운영에 있어 조선 서원과 관련성을 엿볼 수 있겠으나, 서원이 주도하는 사회 변화의 측면과 관련해서는 의미가 제한적이다.

Ⅲ. 조선시대 서원 활동의 다양성

1. 공의에 의한 경영, 소수서원

조선 최초의 서원으로 알려진 백운동서원 그리고 사액서원으로서 소수서원은 지역사회 공의에 의해 설립하고 운영한 대표적 사례 중 하나이다.[52)] 이 서원은 풍기군수 주세붕(1495~1554)이 1543년(중종 38) 중국의 백록동서원을 참고로 백운동서원을 건립하고 안향(1243~1306)을 향사했다. 그의 이러한 행보는 성리학을 함양하는 공간으로서 서원, 그리고 주희(1130~1200)가 무이정사에서 서원 강학을 실시했던 전고를 적용한 결과였다. 백운동서원, 즉 소수서원이 중국의 사상과 제도의 도입 결과였으나, 서원의 경제적 경영에 있어 구성원의 합의로 의사를 결정하는 조선의 특징을

---

51) 이우진, 앞의 글, 2020, 158쪽.

52) 이하의 서술은 정수환(「소수서원의 살림살이: 서원 경영의 조선적 모델」, 『소수서원 병산서원』, 한국학중앙연구원 출판부, 2019)의 논고를 바탕으로 재구성하였다.

갖추게 되었다.

서원 경영의 중요 재원 중 하나인 곡물에 대한 운영에 대한 합의가 있었다. 소수서원은 원장이 정점이 있었음에도 독단에 의한 의사결정으로 경영되지 않았다. 1582년(선조 27) 서원 곡물에 대한 이자율을 조정하는 논의 사례가 있다.[53] 이웃 고을 서원의 대여 곡물에 대한 이자율이 1말에 3되가 기준임에도 소수서원만 5되를 적용하자 시세에 맞추자는 결의로 입의(立議)를 완성했다. 그 뒤 1629년(인조 7) 사림입의(士林立議)를 통해 서원 대여 곡물을 상환하지 않는 사람은 유사로 차임하지 못하도록 하여 경영에 동참하지 못하게 했다. 그리고 1637년(인조 25) 서원의 곡물 운영에 대한 결의는 소수서원의 집단 의사결정의 실태를 보여주는 사례 중 하나이다.

> 서원의 곡물 30석에서 28석을 지출한 뒤에 쓸 것이 부족하다. 그러니 목면 10필로 미를 사서 유생의 음식을 제공하도록 한다. 정축년 9월 초2일. 전 현감 안(安), 박사 황(黃), 원장 남(南), 유생 권(權)·남·진(秦)·곽(郭)·황·남·남·서(徐)·진(秦)·남·안·황·권·진(秦)·황[54]

서원 운영을 위한 곡물 중 절대다수가 지출되자 목면을 이용하여 재원 보충을 결의했다. 운영에 참여한 인사는 원장을 비롯하여 전·현직 관료와 유생을 포함한 18명의 사문(斯文)이었다. 서원 재원 운영에 구성원의 합의에 따라 운영되는 방향은 토지도 마찬가지였다. 같은 시기 서원 경영의 주축인 학전 수호 노력 사례에서 확인할 수 있다.

> 원둔전(院屯田)을 서원 유생이 혹시라도 억눌러 감하는 일이 있거나 수직하는 이가 제멋대로 경작하는 것은 너무나 잘못된 일이다. 앞으로 이를 범하는 자

53) 『雲院雜錄』, 1582년(선조 27) 2월 27일 立議.
54) 『雜錄』, 1637년(인조 25) 9월 2일 院中立議.

는 엄중하게 처벌한다. 만력 42년 정월 일. 안·안·곽·권·곽·황·황·황·황·곽·김·김·곽·곽·김[55)]

학전, 즉 관으로부터 면세로 처분받은 토지이거나 서원에서 매득한 전답으로서 서원의 토지에 대한 관리 지침을 합의한 입의이다. 17세기 이들 서원전이 원생이나 원예에 의해 이익을 침해당하고 있었다. 이 시기 경상도 현풍 도동서원의 사례에서 보듯이 이러한 현상은 일반적인 모습 중 하나이기도 했다.[56)] 여기에 서원 구성원 15인이 연명으로 서원 구성원에 의한 침탈을 방지하는 결의, '원중입의(院中立議)'를 도출했다.

소수서원은 강학이 약화하고 서원 운영을 위한 경제적 기반도 흩어지고 있었다. 서원전에 대한 인근 사족들의 침탈이 증대하는 현상에 대응하기 위해 지속하여 입의와 완의에 대한 보완으로 대응했다. 서원을 둘러싸고 변화하는 국가의 정책과 지역사회에서의 가치, 즉 서원 훼철 정책과 수원(首院)으로서 영향력의 한계가 나타났다. 이런 현실에서 서원 향사 인물 후손들이나 특정 문중이 서원의 경영을 오로지 하며 나타난 '문중서원'이 대두하기 시작했다.[57)] 그러나 소수서원은 서원 구성원의 합의와 결의에 의거한 경영을 지속하였다.

2. 정치적 상징 공간, 신항서원

서원이 정치활동의 수단과 배경이 된 사례는 신항서원(莘巷書院)으로 사액 받는 유정서원(有定書院)이 있다.[58)] 충청도 청주 유정서원의 정치화

55) 『雲院雜錄』, 1614년(광해군 6) 정월 院中立議.

56) 정수환, 앞의 글, 2017.

57) 이해준, 앞의 책.

58) 신항서원에 관한 서술은 정수환(「17세기 淸州 莘巷書院과 宋象賢 추모의 정치적 함의－송상현 祠廟와 書院을 중심으로」, 『韓國書院學報』 9, 2019)의 논고를 참

는 송상현(宋象賢, 1551~1592)에 대한 평가와 그에 따른 향사 및 신항서원 사액과 관련 있었다. 임진전쟁 초기에 송상현이 동래부사로 왜적에 항전하다 전사하자, 17세기에 그의 죽음을 충절로 평가하면서 전국에서 송산현 현창을 위한 움직임이 나타났다. 대표적인 사례가 유정서원이며, 여기에는 17세기 당쟁에 따른 이해가 작용했다.

송상현의 현창과 유정서원 배향 그리고 신항서원으로의 사액은 청주지역 사림과 여산송씨 문중 그리고 중앙정계의 동향이 연계한 결과였다. 송상현의 후손 여산송씨는 청주를 기반으로 지역의 엘리트 사족 중 정치적으로 서인세력과 혼인으로 연대하고 있었다. 그리고 이 가문은 서인세력의 구심점이 되는 큰 학자 성혼(成渾, 1535~1598)과 학통으로 연결되면서 보다 단단한 결속력을 가질 수 있었다. 이런 배경에서 1623년(인조 1) 인조반정을 성취하고 정치적 주도권을 확보한 서인세력, 그리고 청주지역의 서인 사림 세력은 송상현에 대한 현창에 집중했다.

17세기 서인에 의한 송상현 현창 활동과 서원과의 관련성은 서인 정치세력을 대표하는 양송(兩宋), 즉 송시열(宋時烈, 1607~1689)과 송준길(宋浚吉, 1606~1672)의 활동에서 간취할 수 있다.[59] 인조반정 직후 1624년(인조 2) 송상현이 세상을 떠난 동래에 충렬사(忠烈祠)에 대한 사액이 내려지고 그에 대한 휼전(恤典)이 검토되었다.[60] 그리고 1650년(효종 1)에는 산림으로 정치적 영향력이 막강했던 양송의 노력으로 송상현이 유정서원에 배향되었다. 이를 위해 송준길은 송상현 향사의 당위성과 여론을 결집하는 통문을 완성했다.

> 관리와 사림의 이야기를 들어 보니 모두가 (송상현)선생의 행적이 이미 하늘과 땅에 우뚝하고 달과 태양처럼 빛난다고 한다. (중간생략) 그러므로 음享은

고했다.

59) 이들 둘은 본관이 은진으로, 여산송씨 송상현과는 혈연적 연관성이 없다.

60) 『인조실록』 권7, 인조 2년 10월 계묘 ; 『인조실록』 권15, 인조 5년 3월 계유.

어디에 물어보아도 의심할 내용이 없을 것이다.[61]

송준길은 송상현이 전쟁에서 순절한 사실을 강조하고 그를 사표로 삼아 유정서원에 향사해야 한다고 주장했다. 그리고 중앙 정치무대에서 영향력을 확대했던 양송의 협력으로 1654년(효종 5년) 사액을 추진하여 1660년(현종 1) 신항서원으로 사액이 달성되었다. 이 과정에서 청주지역에서는 정치적으로 서인을 표방하는 세력과 남인·소론 성향 인사들과의 갈등이 드러나기도 했다.[62] 신항서원은 송상현의 현창과 연계하여 지역사회는 물론 중앙의 정치권력의 활동 공간이 되고 있었다.

서인 정치세력의 송상현에 대한 현양 활동은 당쟁 정국에서 우위를 차지하기 위한 노력의 일환이었다. 이 시기 서인 세력은 정몽주에 대한 추숭을 통해 충효 가치를 선점하여 정치적 명분을 강화하고 있었다.[63] 이런 배경에서 송시열은 송상현의 행적을 정리하여 1657년(효종 8) 송상현 신도비명을 지었으며,[64] 그의 입장은 같은 해 서인 주도로 다시 편찬한 『선조수정실록』에 반영되었다.[65]

신항서원으로 사액 된 다음에도 송준길 주도로 송상현을 비롯하여 신항서원에 향사한 인물에 대한 추숭이 이어졌다. 1665년(현종 6) 신항서원에 향사 한 명현과 더불어 송상현에 대해 현종의 치제가 내려졌다.[66] 그리고 1670년(현종 11) 즈음 송시열은 서인의 영수로 「동래남문비기(東萊南門碑

---

61) 宋浚吉, 「同春堂集」 권16, 雜著-清州書院泉谷宋公追享通文 代牧伯作.

62) 李政祐, 「17-18세기초 清州地方 士族動向과 書院鄕戰」, 『朝鮮時代史學報』 11, 1999, 101~102쪽.

63) 김학수, 「18세기 圃隱家門 繼後의 정치사회적 의미」, 『圃隱學研究』 10, 2012, 224~228쪽.

64) 『忠烈祠志』 卷1, 「東萊府使贈吏曹判書泉谷宋先生行狀(宋時烈)」 ; 宋時烈, 『宋子大全』 159, 碑-泉谷宋公神道碑銘 并序.

65) 『선조수정실록』 권26, 선조 25년 4월 계묘.

66) 『현종개수실록』 권13, 현종 6년 5월 임인.

記)」에 송상현의 순절 가치를 정리했다.

> 남문 위에 항상 보랏빛 상서로운 기운이 하늘에 뻗쳐서 여러 해 동안 사라지지 않았다. (중간생략) 적장이 이 행렬을 우연히 만나자 말에서 내려 경의를 드러내었다. [67)]

송상현의 죽음과 관련한 일화를 정치적 권위로 사실로 확정하고 충절의 가치를 높이고 서인의 정치적 명분의 우위를 확보했다. 이로써 송상현이 향사된 신항서원에 대한 의미를 배가하는 효과로 지역사회에 정치적 영향력을 투사하고 있었다. 송시열과 송준길의 송상현과 신항서원에 관한 관심은 서인의 정치적 의도가 강하게 작용한 결과였다.

3. 이념과 경영의 연결, 도동서원

서원의 교육 가치가 서원의 경제적 운영 방향과 결합한 사례가 있다. 서원의 중심건물에 서원교육과 활동의 가치가 담겨있다는 가정에 따라 이를 추적할 수 있다.[68)] 경상도 현풍의 도동서원(道東書院) 사례이다.

쌍계서원(雙溪書院)이 도동서원으로 중건되었다. 김굉필을 주향으로 성리학적 가치를 담아 1568년(선조 1) 현풍 일대 사림 주도로 쌍계서원이 건립되었다. 임진왜란 이후 정구(鄭逑, 1543~1620)가 1605년(선조 38) 도동서원으로 중건했다.[69)] 서원 건립과정에서 그는 서원의 공간 설계에 직접 관여하고 강당을 '중정당(中正堂)'으로 명명했다. '중정당'에는 도동서원이

67) 宋時烈, 『宋子大全』 卷171, 碑－東萊南門碑.

68) 도동서원의 운영 등과 관련한 특징은 정수환(「18세기 玄風 道東書院 院位田 경영의 '中正'한 가치 추구」, 『민족문화논총』 67, 2017)의 논고를 다시 정리한 결과이다.

69) 鄭逑, 『寒岡先生續集』 권2, 雜著－書道東書院額板下.

지양하는 활동 방향과 서원 경영에의 가치가 포함되어 있었다.

정구가 명명한 '중정'의 가치는 그가 이이(李珥, 1537~1584)에게 보낸 편지에서 엿볼 수 있다.

> 이러한 마음을 근본과 적용으로 삼아 밝게 통하여 공정하고 넓어 기울거나 치우침이 없게 한다면 일을 도모 할 때 자연스럽게 '중정(中正)'하고 순조로워질 것입니다. …[70]

정구는 이이에게 세상의 이치를 잘 살펴 공정하면서도 한쪽으로 기울어짐이 없는 생활과 학문 자세를 '중정'이라고 제시하고 있다. 이러한 가치는 『중용』에서 '시중(時中)'과 연결되며,[71] 이런 점에서 정구가 제시한 서원의 지향점 '중정'은 시대의 변화에 맞추어 정확하게 대응하는 의미로 이해할 수 있다.

도동서원의 학문 가치가 서원의 경제적 운영을 위한 지침으로 작용했다. 서원 소유의 각종 잡물에 대한 정리를 실현한 『잡물전장기(雜物傳掌記)』가 있다. 이 자료는 1693년(숙종 19)부터 1752년(영조 28)까지 약 120년 동안 서원의 회계를 인수인계한 기록을 담고 있다. 기록은 정구가 세상을 떠나고 그가 1678년(숙종 4) 도동서원에 향사 된 이후가 대상이다.

『잡물전장기』를 통해 도동서원이 변화하는 사회환경에 대응한 양상을 확인할 수 있다. 17세기 말부터 논의되기 시작한 국가의 서원에 대한 통제는 1714년(숙종 40)부터 사설 서원에 대한 훼철이 시도되어 1741년(영조 17)까지 이어지고 있었다.[72] 이런 기조가 이후에도 이어지는 상황에서 18세기 전반 도동서원은 국가와 사회로부터 운영에 대한 전환을 요구받았다.

---

70) 鄭逑, 『寒岡先生續集』 권2, 書－答李叔獻珥.

71) 『中庸』 第2章 ; 李基東, 『大學·中庸講說』, 成均館大學校出版部, 1998, 212쪽.

72) 鄭萬祚, 「朝鮮後期 書院의 財政運營 문제에 관한 一試論」, 『龍山書院』, 집문당, 2005, 253~267쪽.

이런 환경은 서원의 '중정' 가치에 따른 대응을 예고했다. 내용은 『잡물전장기』의 기록에서 확인할 수 있다.

문서 기록내용에 대한 세분화로 '중정'의 가치를 적용했다. 17세기 말 『잡물전장기』 기록 기강은 와해하여 있었다. 서원은 1693년(숙종 19)까지 제기, 그릇, 전답의 3항목을 전여 하다가 1695년(숙종 21)~1697년(숙종 23) 파손이나 구매와 같은 변동사항만 기록하여 간소화했다. 서원을 둘러싼 환경의 변화에 대응하여 기록도 변화했다. 1698년(숙종 24)부터 전여와 전수에 참여한 유사들의 성과 이름을 밝히고 서압을 함으로써 회계의 책임성을 높였다. 그리고 17세기 말 3개 항목에 대한 기록에서 1698년(숙종 24)~1730년(영조 6) 7개로 내용을 세분화했다.

문서 기록의 책임성과 항목의 세분화는 변화하는 서원 경영 환경에 대응하기 위한 '중정'의 실현이었다. 이에 대한 의미는 문서에 다음과 같이 서술되어 있다.

> 임원이 다만 종이에 쓰인 내용으로만 전여하고 실재 수량을 정확하게 살피지 않은 결과에 불과하니 어찌 안타깝지 않을 수 있겠는가? (중간생략) 문서 중에 앞서 잃어버려 지금 없는 것은 다시 기록하지 않고 다만 남아 있는 것을 구별하고, 가려 적어서 전장한다.[73)]

1738년(영조 14) 6월 25일 『잡물전장기』 기록이다. 18세기 중엽 지속하고 있는 서원에 대한 불안한 현실에서 기존 『잡물전장기』 기록의 정리가 엄밀하지 못했던 사실에 대한 대응이었다. 실존하지 않는 물종에 대한 점검과 보완을 통해 도동서원 경영을 위한 기반을 확인하고 후일을 대비했다. 그리고 기존 7개 항목으로 세분한 전장의 내용도 이러한 사실확인 관계를 거쳐 '강당잡물(講堂雜物)'과 '장중잡물(藏中雜物)'을 추가하기도 했다.

---

73) 『雜物傳掌記』, 戊午 6月 25日 傳與傳受.

정구가 17세기 도동서원을 중건하면서 강당에 담은 '중정'이라는 학문의 방향에 대한 지침은 이후 계승되었다. 이 가치는 서원의 경영에도 영향을 끼쳤는데, 이러한 사실은 18세기를 전후한 시기 국가의 서원정책 변화에 대응하여 『잡물전장기』의 회계 기록을 엄격화 한 사실에서 어느 정도 엿볼 수 있다.

4. 사회의 일상 지식으로서 서원, 금오서원

서원과 관련한 정보가 하나의 일상 지식으로 사회에서 유통되면서 조선시대 서원이 시대적 가치를 담아냈다. 이러한 사실을 보여주는 사례는 선산지역 서원과 관련한 정보 정리와 유통이다.[74] 선산 일대에는 1572년(선조 5)에 길재(吉再, 1353~1419)를 추모하기 위해 건립하여 3년 뒤 사액 받은 금오서원 등이 산재해 있다. 조선시대 금오서원을 중심으로 선산지역 서원과 관련한 연혁이 지식으로 유통되었는데, 그 중심에는 읍지 기록과 관련이 있었다.

선산지역 서원 정보를 수록한 가장 오랜 읍지 중 하나는 『일선지』이다. 이 읍지는 지역 지식인 최현(崔晛, 1563~1640)이 1618년(광해 10) 초본을 만들고 1630년대 중반까지 보완한 결과이다.[75] 여기에는 사액서원 금오서원을 비롯하여 월암서당을 수록했다. 『일선지(一善志)』에서 금오서원에 관한 서술은 다음과 같다.

> 야은 길재선생은 충효를 모두 갖추고 성리학을 더하였으니 유학에 역시 큰 공이 있습니다. 지금 만일 선생께서 노년을 보낸 곳에 사당을 세우고 서원을 건

74) 이하 금오서원을 중심으로 한 선산일대 서원과 서원 지식에 대한 서술은 정수환(「조선후기 선산일대 서원에 대한 기록과 지식 그리고 일상지식」, 『민족문화논총』 78, 2021)의 논고를 바탕으로 재구성했다.

75) 박인호, 『인재 최현』, 에드게이트, 2021, 83~87쪽.

> 립하고자 한다면 금오산 기슭이 선생이 제사를 흠향하고 학생들이 고요히 학문을 닦는 곳으로 아주 좋으니 …[76)]

최현을 비롯한 선산지역의 지식인들은 길재가 성리학적 가치를 몸소 실천한 학자이자 지역의 선현으로 가치를 공유하고 있었다. 그리고 길재의 유적지에 서원 건립을 결의하고 수학 공간으로 성역화했던 내력을 기록으로 전했다. 이런 배경에서 지역 지식인 최응룡(崔應龍, 1514~1580)을 중심으로 1572년(선조 5) 길재를 위한 묘우 건립과 서원 향사의 과정에 대한 정보를 『일선지』에 담았다.[77)] 『일선지』에는 이런 사실과 더불어 임진전쟁 뒤 서원을 이건하는 과정과 관련한 일화와 김종직(金宗直, 1431~ 1492) 등을 병향하는 사실도 모두 수록했다. 17세기 선산지역 지식인에 의한 금오서원에 대한 가치 부여는 전국으로 확산했다. 유형원(柳馨遠, 1622~1673)이 1656년(효종 7) 『동국여지지(東國輿地志)』를 편찬하면서 『일선지』의 내용을 인용하고 있어 선산의 지식이 외부와도 공유할 만큼의 가치가 있었음을 보여준다.[78)]

18~19세기 서원과 관련한 정보는 여전히 일상 지식으로 생성되고 유통되었다. 18세기 중엽 편찬한 『여지도서』와 『연려실기술』에는 선산부에 서원과 영당 5개를 수록했으며, 서원은 금오서원을 포함해 4개로 증가했다. 금오서원과 더불어 월암서원, 낙봉서원, 무동서원을 추가하였다. 내용은 위치와 더불어 사액 여부 그리고 향사인 내역을 포괄하여 서원 관련 정보가 일상지식으로 기능하고 있는 상황을 반영했다.

19세기 서원 관련 기록은 『동국문헌』, 『대동지지』 그리고 「선산읍지」에 남아 있다. 앞의 두 자료는 김성은(1765~1830)과 김정호(1804~1866)가

76) 『一善志』 권1, 「學校第五」 書院.
77) 『一善志』 권1, 「秩祀第六」 金烏書院奉安祭文(崔應龍).
78) 朴仁鎬, 「柳馨遠의 東國輿地志에 대한 一考察」, 『淸溪史學』 6, 1989, 50~51쪽.

전국의 서원과 사우 현황을 정리한 결과이다. 이들은 금오서원과 월암서원 그리고 낙봉서원의 건립과 사액 그리고 향사인 정보를 대상으로 수록했다. 1832년(순조 32) 전국 읍지 상송령에 따라 지역에서 정리한 『경상도읍지』에 포함된 「선산읍지」에는 5개의 서원 정보를 포함했다. 이러한 수록 대상 서원의 차이는 정치적 입장에 따른 정보 선택과 지역 동향에 대한 비대칭적 정보 수집의 결과였다. 19세기 서원 정보의 범위는 「선산읍지」의 금오서원에 대한 기록에서 알 수 있다.

> 금오서원. 처음에 금오산 아래에 있었다. 만력 을해년(1575) 사액 받았다. 임진 병화로 묘원이 폐허가 되었다. 임인년(1602)에 사림이 부사 김용에게 청원하여 선산부 동쪽 15리의 남산 남쪽으로 이건 했다. 야은 길재, 점필재 김종직, 신당 정붕, 송당 박영, 여헌 장현광 5현을 입향 했다.[79]

「선산읍지」는 금오서원, 월암서원, 낙봉서원, 무동서원, 송산서원 등 5개의 서원 현황을 수록하면서 지역 상황을 이처럼 적확하게 반영하였다. 이 과정에서 인용문에서 보듯이 서원의 위치와 건립 연혁과 그에 따른 주도 인물을 비롯하여 향사인에 대한 내용을 중요 정보로 수록했다. 이로 본다면 이들 내용이 서원과 관련한 주요 정보로서 당시 일상지식으로 유통되고 있었음을 알 수 있다.

5. 문중 이해를 반영하는 서원, 오천서원과 덕남서원

조선시대 서원의 다양한 양상과 더불어 19세기 특징으로 이른바 '문중서원'의 성격이 규명되었다.[80] 문중서원 사례로는 영일의 오천서원(烏川書

---

79) 『慶尙道邑誌』, 「善山府邑誌」 學校鄕校.
80) 이해준, 앞의 책.

院)과 밀양의 덕남서원(德南書院)을 살펴볼 수 있다.

서원 건립 초기부터 향사를 우위에 두고 문중과 결합한 사례가 오천서원이었다.[81] 이 서원은 오천정씨, 혹은 영일(연일)정씨의 시조 정습명을 향사하는 서원으로 조선시대 이들 문중의 결집 공간이었다. 출발은 정습명(鄭襲明, 1094~1150)의 분묘가 실전된 상황에서 그의 20세손 정몽주(鄭夢周, 1337~1392)가 조선 성리학의 원류로 추앙되고 1517년(중종 12) 문묘에 종사되면서 전국에 그를 향사하는 서원 건립 움직임이 일어나는 데 있었다.[82] 이에 따라 정몽주의 고향이자 그의 신조 정습명의 관향지인 영일 오천에 오천서원을 건립했다. 이 서원은 1588년(선조 21) 창립되어 1613년(광해군 5) 사액 되었다.[83] 오천서원은 출발부터 오천정씨와 관련한 인연이 있었다.

17세기 오천서원은 영일 및 영천지역의 사림과 정씨 일가의 결집으로 운영되었다. 임진왜란으로 서원이 소실되자 이건과 사액하면서 정구, 장현광(張顯光, 1554~1637) 등 17세기 대표적 학자들은 정습명과 정몽주를 충효의 상징으로 승화했다.[84] 여기에는 이 시기 지역의 대표적 학자이자 오천정씨 일족인 정사물(鄭四勿, 1574~1649), 정극후(鄭克後, 1577~1658) 형제가 이들 학자와 깊은 연결성을 갖추고 있었던 인연이 강하게 작용하고 있었다.

18세기 서원 운영은 경상도 일원의 오천정씨와 더불어 전국에 산재한 일족의 상징 공간이 되었다. 특히, 정사도(鄭思道, 1318~1397), 1318~1379)와 정철(鄭澈, 1536~1593)을 서원에 추향하는 움직임이 일었다. 영남 남인이 주도하던 오천서원에 서인을 주축으로 한 중앙정계의 정치적 영향력이

81) 오천서원의 문중서원 기능은 정수환(「조선후기 오천정씨 가문의 전통 발견-정습명 묘단 설치를 중심으로」, 『圃隱學硏究』 15, 2015)의 논문을 바탕으로 서술했다.
82) 김인호, 「정몽주 숭배의 변화와 위인상」, 『역사와 현실』 77, 2010, 260~262쪽.
83) 『新增東國輿地勝覽』, 迎日縣, 書院條.
84) 鄭逑, 「祝文-烏川書院重新奉安文」, 『寒岡先生文集』 권11 ; 張顯光, 「祝文-烏川書院合享祝文」, 『旅軒先生文集』 권11.

작용한 결과였다.

> 정사도는 정몽주에게 일족의 존속으로 도덕(道德)이 아주 드러나서 정몽주에게 뒤지지 않는데 (중략) 정사도 또한 정습명의 후예이고 정몽주에게도 이 또한 동종의 선배입니다. (중략) 만일 끝내 불가능하다면 비록 별묘를 세워서 향사하는 것도 또한 잘못이 없을 것입니다.[85]

정사도의 경우 정습명과 계통을 달리하고 있었나 관향지를 공유한다는 이유가 전면에 강조되고 심지어 정사도를 정습명의 후예로 강조하면서 명분을 쌓았다. 정습명, 정사도, 정몽주를 동종으로 정리했다. 그리고 정치적 영향에 의해 1740년(영조 16) 오천서원에 향사 되었다. 이로써 오천서원은 서원이 경상도 지방은 물론 전국의 오천정씨 추모의 공간으로 문중서원으로 운영되었다.

19세기에 건립된 밀양의 덕남서원도 오천서원과 같이 대표적 문중서원의 성격을 보인다.[86] 밀성박씨는 1833년(순조 33) 덕남사를 창건하고 종중 결집을 위한 구심점으로 삼았다. 그리고 밀양 유림의 공의를 얻어 이듬해 덕남서원으로 승격했다. 서원은 여말선초 활동했던 문중의 대표 인물 박익(朴翊, 1332~1398)을 비롯하여 그의 두 아들 박융(朴融, ?~1424), 박소(朴紹, 1347~1426)와 같은 성리학자를 봉안했다. 이를 통해 지역사회에서 종원을 결집하고 문중의 위상을 확립하고자 했다.

덕남서원 운영 내용에서 밀성박씨 문중 활동과 연결성을 확인할 수 있다. 사우에서 서원으로 승격하는 과정에서 노력이 있었다. 1833년 사우를 서원으로 개편하기 위해 밀성박씨 문중은 밀양의 향교와 인근의 오봉서원

85) 『승정원일기』 권600, 영조 1년 9월 2일 丙申.

86) 이하 서술은 박병련·정수환의 원고(「밀양 밀성박씨의 가계와 소장 고문서」, 『古文書集成』 76－密陽 密城朴氏·德南書院篇, 韓國精神文化硏究院, 2004, 49쪽·65~66쪽)를 요약 및 정리한 내용이다.

을 비롯하여 김해, 진해, 감사 일대의 서원 10곳에 통문을 발송했다. 이듬해 서원으로 승원한 다음에도 밀성박씨 문중은 고려말 박익의 충정에 대한 포증을 청원 활동을 덕남서원 이름으로 전개했다. 그리고 다른 서원의 전례에 따라 밀양부로부터 향사에 필요한 제수를 확보하여 서원의 위상을 높이고 문중의 격을 유지하고자 했다.[87)]

Ⅳ. 맺음말

이 연구는 동아시아의 가치 중 서원이 차지하는 의미를 추적하기 위해 한국의 조선시대를 기반으로 중국, 일본, 베트남의 서원에 대한 성격을 비교 분석했다. 연구 범위는 대한민국 학계에 소개된 국내와 국외 학자들의 동아시아 여러 국가의 서원 사례에 대한 성과가 대상이다.

명청대 중국 서원의 활동이다. 명 중기 이후 왕양명과 그 제자들에 의해 전국적인 서원 중간과 강학이 펼쳐졌다. 강회에서는 가시(歌詩)라는 의절이 특징적인 부분이 확인되면서 주자학에서 양명학으로 전개하는 강학의 특징이 있었다. 청대 서원은 관의 개입을 통한 강학 과목과 운영으로 민간교육이 진행되면서 과거가 중심에 있었다. 19세기 말 외부 학문의 도입을 위해 산학과 역학 등의 교육을 시도했다.

일본의 막번체제를 전후산 시기 서원 관련 내용이다. 일본은 서원으로 일반화하기 어려움이 있으나 사숙을 사립 교육 기관의 범주에 포함할 수

87) 밀양지역의 19세기 전후한 서원 사례는 창녕조씨 주도로 건립한 오봉서원이 있다. 1780년(정조 4) 오봉사를 건립하고 밀양의 향중 공의를 도출하여 1796년(정조 20)에 오봉서원으로 승격하다 1868년(고종 5) 훼철되었다. 서원은 1815년 8월 밀양 향교로부터 오봉서원 원생이 납부하는 예납전을 면제받는 완문을 확보하였다(박병련·정수환, 「밀양 창녕조씨·의령남씨의 가계와 고문서」, 『古文書集成』 70 – 密陽 昌寧曺氏(五峯書院)·宜寧南氏篇, 韓國精神文化研究院, 2004, 45~48쪽).

있다. 여기에는 중앙집권화된 체제와 과거가 존재하지 않는 배경이 작용하고 있다. 고의당 사숙과 같이 도서를 출판하고 장서를 갖추어 강의를 진행한 사례가 대표적인데, 교육에 있어서는 신분에 제한을 두지 않고 교육도 주자학 일편도가 아니었다. 교육 내용에는 양명학을 비롯하여 문인이 원하는 과목을 가르치면서 범위도 외국어와 의학 등과 난학으로 대표되는 서구 학문까지 포괄하고 있었다.

베트남에서의 서원 사례는 제한적이다. 복강서원 사례는 장서기관으로서 기능이 강조되고 교육 기관의 기능은 제한적이었다. 그리고 서원 설치가 황제 등 국가에 의해 주도하였으며, 교육도 스승의 학문을 천착하기보다 과거에 경도되어 있었다.

조선시대 서원은 교육과 향사를 위한 반관·반민적 성격을 지니고 있다. 그렇지만 서원 사례를 통해 시대적, 내용적 다양한 가치를 확인할 수 있다. 소수서원의 사례에서와 같이 지역사회의 지식인과 학파에서 교육을 위한 사회적 공유재로서 건립하고 운영했다. 신항서원 사례에서 일부 서원은 향사인 선정과 추숭 과정에 정치적 의미와 배경이 투영되기도 했다. 그리고 도동서원은 성리학적 교육 이념을 경영과 연계하여 서원의 시대적 역할과 가치를 상징적으로 드러냈다. 17세기까지 서원의 사회적 그리고 정치적 배경은 지식인의 일상지식으로 작동하면서 구미와 선산의 읍지를 통해 서원 정보가 유통 및 소비되는 현상이 있었다. 그렇지만 19세기 이후 오천서원과 덕남서원의 사례에서와 같이 특정 가문 중심의 향사 기능이 중시되면서 훼철로 인해 소명을 다하기도 했다.

동아시아는 각국 역사적 배경에 교육 기관 전통으로 서원을 상징할 가능성이 있다. 그렇지만 교육 내용이나 과거와의 관련성 그리고 공간 구성에 있어서 지역적 다양성은 존재한다. 그리고 중국은 관에 의해 관립대학 교육으로 계승되고, 일본은 사숙이 사립대학 등으로 전개하여 서원과 근대 교육으로 전환하고 있는 특징이 있지만, 조선의 서원은 근대 교육 기관으로 연결되지 못한 차별성은 존재한다.[88] 이점과 관련해서는 아시아의 서원과 근대교육의 측면에서 후속 비교연구사 필요하다.

88) 조선시대 서원이 근대교육으로 연결될 가능성에 대한 검토가 최근 제기되었으나 (정수환, 「일제강점기 현풍 도동서원의 현실과 대응」, 『大東漢文學』 71, 2022), 이 부분에 대한 후속 연구가 필요하다.

【참고문헌】

『續大典』, 『新增東國輿地勝覽』, 『輿地圖書』, 『東國輿地志』, 『玉山誌』, 『一善志』
『忠烈祠志』, 『雜物傳掌記』(도동서원)
宋時烈, 『宋子大全』
張顯光, 『旅軒先生文集』

李樹煥, 『朝鮮後期書院研究』, 一潮閣, 2001
박인호, 『인재 최현』, 에드게이트, 2021.

김대식, 「나카에 도주(中江藤樹)의 문인(門人) 공동체와 도주서원」, 『아세아연구』 139, 고려대학교 아세아문제연구원, 2020,
김유리, 「清末 書院의 學堂改編과 近代學制의 成立過程」, 『東洋史學研究』 75, 동양사학회, 2001,
김인호, 「정몽주 숭배의 변화와 위인상(偉人像)」, 『역사와 현실』 77, 한국역사연구회, 2010
김학수, 「18세기 圃隱家門 繼後의 정치사회적 의미」, 『圃隱學研究』 10, 포은학회, 2012,
難波征男, 「일본의 '서원' 연구의 현황과 과제」, 『한국학논총』 29, 국민대학교 한국학연구소, 2007,
박병련·정수환, 「밀양 밀성박씨의 가계와 소장 고문서」, 『古文書集成』 76－密陽 密城朴氏·德南書院篇, 韓國精神文化研究院, 2004.
박병련·정수환, 「밀양 창녕조씨·의령남씨의 가계와 고문서」, 『古文書集成』 70－密陽 昌寧曺氏(五峯書院)·宜寧南氏篇, 韓國精神文化研究院, 2004.
박종배, 「명, 청시기 서원 강회의 발전 과정에 관한 일 고찰」, 『한국교육사학』 35-3, 한국교육사학회, 2013
박종배, 「회규를 통해서 본 명대의 서원 강회 제도」, 『교육사학연구』 21-2, 교육사학회, 2011
辛炫承, 「명대 말기 학술공동체와 정이 네트워크 연구－동림과 복사를 중심으로」, 『儒學研究』 50, 충남대학교 유학연구소, 2020
야규 마코토, 「일본서원의 장서구축－이토 진사이(伊藤仁齋) 가문과 고의당문고(古義

堂文庫)」, 『韓國書院學報』 13, 한국서원학회, 2021,

이건상, 「근세말 시주쿠(私塾) 교육의 특징－데키주쿠(適塾)와 쇼카손주쿠(松下村塾)을 중심으로」, 『일어일문학』 32, 대한일어일문학회, 2006, 10쪽.

이수환, 「2000年 이후 한국 서원 연구의 현황과 과제」, 『民族文化論叢』 67, 영남대학교 민족문화연구소, 2017

이우진, 「오시오 츄사이(大鹽中齋)의 세심동(洗心洞) 강학(講學) 연구(研究)」, 『韓國書院學報』 7, 韓國書院學會, 2018

이우진, 「일본과 베트남의 서원 연구 현황과 제언」, 『韓國書院學報』 10, 한국서원학회, 2020

임근실, 「16세기 明 白鹿洞書院 藏書의 특징과 의미」, 『서강인문논총』 58, 서강대학교 인문과학연구소, 2020,

정낙찬, 「청대 악록서원의 교육과정 변천」, 『東亞人文學』 21, 동아인문학회, 2012.

정수환, 「17세기 淸州 莘巷書院과 宋象賢 추모의 정치적 함의－송상현 祠廟와 書院을 중심으로」, 『韓國書院學報』 9, 2019, 韓國書院學會

정수환, 「18세기 玄風 道東書院 院位田 경영의 '中正'한 가치 추구－학문적 가치의 경영원리 적용」, 『민족문화논총』 67, 영남대학교 민족문화연구소, 2017.

정수환, 「소수서원의 살림살이: 서원 경영의 조선적 모델」, 『소수서원 병산서원』, 한국학중앙연구원 출판부, 2019.

정수환, 「조선후기 선산일대 서원에 대한 기록과 지식 그리고 일상지식」, 『민족문화논총』 78, 영남대학교 민족문화연구소, 2021.

정수환, 「조선후기 오천정씨(烏川鄭氏) 가문의 전통 발견－정습명(鄭襲明) 묘단(墓壇) 설치를 중심으로」, 『圃隱學研究』 15, 圃隱學會, 2015.

제1부

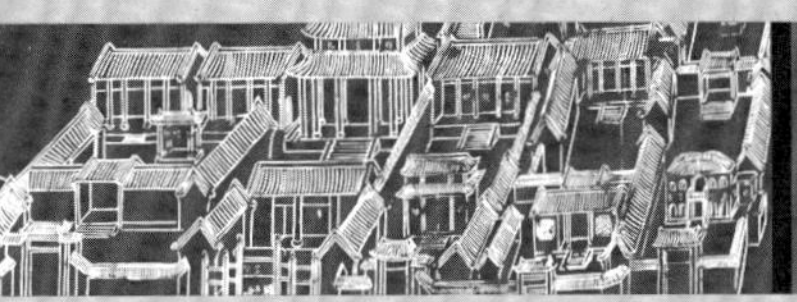

동아시아 서원 문화의 변화와 수용

일제 말 경주 옥산서원의 운영 실태

조 명 근

Ⅰ. 머리말

서원은 선현제향과 강학을 통한 학문연구를 위해 사림들이 주도해서 설립한 일종의 사설 교육기관이다. 그런데 서원은 단순히 제향과 강학이라는 자체의 목적만을 위해 존재한 것이 아니라 재지사족의 향촌 자치운영기구로서 역할을 하였다. 따라서 서원은 사림세력의 향촌 운동의 일환으로 그 건립이 전국적으로 확산되었는데, 이 과정에서 붕당정치의 전개와 밀접한 관련을 가지게 되었다. 서원은 학연의 매개체로서 각 당파에서는 지역의 서원을 자파세력의 증식 수단으로 활용하려 하였다. 이는 광해군 대 집권한 북인세력과 인조반정 이후 집권한 서인세력에 의해 본격화되었다. 17세기 산림세력의 등장으로 서원의 정치적 성격은 더욱 농후해졌는데 서원은 향촌 여론 형성의 중심지가 됨으로써 중앙 정치계와 긴밀히 연계되었다. 재지사족 역시 서원을 통해 중앙 정치권과 연결을 맺어 지역에서 자신들의 영향력을 강화하고자 했던 점에서 양자의 이해관계가 일치했다고 볼 수 있다. 서원은 숙종대 이후 전국적으로 급격히 증가했는데, 18세기 후반에는 문중서원 건립이 주를 이루게 된다. 조선후기 일반화한 동족마을은 문중활동의 기본 단위가 되었는데, 각 가문은 향촌사회에 영향력을 확보하기 위해 다양한 문중활동을 전개하였다. 각 가문은 현조의 영당이나 재실을 건립하면서 문중의 내적 결속을 다진 후 문중기구의 모체로 서원과 사우의 건립을 추진하였다. 이를 통해 가문의 위세를 과시하려 하였고, 서원을 구심점으로 삼아 향촌사회에서 지위 유지 및 백성의 통제수단으로 삼으려 하였다. 이러한 문중서원의 건립으로 서원은 기존 강학이나 선현제향의 기능보다는 문중의 우위권 경쟁이나 사회경제적 권력기반으로 변모되었다.[1)]

이와 같이 가문의 지위 유지 수단으로서 문중서원이 남설되자 서원의 폐단은 더욱 심화되었고, 1871년 흥선대원군은 전국 47개소의 원사(서원 27개소, 사우 20개소)를 제외하고 모두 훼철하였다. 그러나 훼철 이후에도 서원의 복설과 신설이 꾸준히 추진되었는데, 영남과 호남지역의 사례 연구를 보면 절대다수가 문중서원이었고, 지역 내 주도권 경쟁에서 우위를 점하기 위한 수단으로 서원이 활용되고 있었다. 그런데 일제에 저항하는 의미에서 복설 혹은 신설된 원사도 보이는데, 대표적으로 일제에 항거하여 자결한 송병선, 송병순, 이주환을 배향한 거창의 성암사(聖巖祠), 이순신과 관련 인물을 배향한 여수의 오충사(五忠祠), 임진왜란 당시 의병을 배향한 장성의 오산창의사(鰲山倡義祠)의 복설을 들 수 있다. 신설 원사 중에도 최익현을 배향한 곡성 오강사(梧岡祠), 1905년 을사조약 이후 순국한 33위를 연벽으로 배향한 진안 영광사(永光祠)가 있는데, 오충사와 창의사, 오강사는 일제의 탄압으로 훼철되기까지 하였다.[2)]

경주 옥산서원은 회재(晦齋) 이언적(李彦迪)을 제향하는 영남의 대표적인 서원으로 대원군의 서원철폐령에도 훼철되지 않았던 서원이다. 서원 훼철 이후인 19세기 말부터 1910년대까지 향전은 폭발적으로 증가하였다. 19세기 전반의 향전이 원임 내지 교임직을 둘러싼 신분제와 관련된 것이라면 19세기 말 향전은 서원의 훼철로 결집력이 약화된 양반 내부의 분열과 위기 속에서 가문의 생존권과 직결되어 치열하게 전개되었다. 이러한

1) 이수환, 『조선후기 서원연구』, 일조각, 2001, 16~41쪽.
2) 윤선자, 「일제하 호남지역 서원, 사우의 신설과 복설」, 『한중인문학연구』 22, 2007 ; 최성한, 「한말·일제강점기 영남지역 서원·사우의 건립 양상」, 영남대학교 석사학위 논문, 2021. 훼철 이후 서원 연구는 양적으로 매우 적다. 호남과 영남지역에서의 신설 및 복설 추이를 정리한 위 연구와 덕천서원 복설 과정에서 일어난 추향 문제, 유림과 문중 간의 갈등 등을 다룬 연구가 있을 뿐이다(오이환, 「일제시기의 덕천서원」, 『동양철학』 32, 2009).

가문 간의 우위 경쟁은 원사의 복원, 효열의 포상 등으로 다양하게 나타났다. 이런 변화된 환경에서 옥산서원은 구심점을 잃은 지역 내 가문들이 결집하는 대표적인 공간이 되었다. 한편 각 가문에서 선조 현양사업을 시행할 때 옥산서원의 동의를 구하고 있었는데, 옥산서원의 위상을 통해 조정의 인준을 대처한다는 인식 하에서 그 권위를 이용하여 명분을 얻기 위한 것이었다.[3)]

본고에서는 옥산서원 소장자료[4)]를 활용하여 조직과 운영체제, 재정 상황 등을 세밀하게 살펴볼 것이다. 옥산서원은 1940년에 규약을 새롭게 제정하여 조직과 운영체제를 정비하였고, 이를 기반으로 가장 큰 현안이었던 재정정리를 단행하였다. 2장에서는 신규약과 조선시대에 작성된 기존 원규와의 비교를 통해 제정 목적, 운영의 기본 내용과 특질 등을 살펴볼 것이다. 3장에서는 옥산서원의 채무 실태 및 이를 해결하기 위한 방안으로 추진된 조선신탁주식회사의 차입금 신청, 그리고 서원 재산의 신탁 관리 등 종전과는 확연히 달라진 서원의 경제 기반과 운영을 검토할 것이다. 본문에서는 규약, 평의회 회의록, 예산안, 기채신청서 등 각종 문서를 활용하여 일제 말 옥산서원의 운영 실태를 미시적으로 검토하려고 한다. 옥산서원의 사례를 통해 식민 지배라는 정치환경의 변화 속에서 서원이 어떻게 대응하려 했는지를 확인하고자 한다.

Ⅱ. 규약 제정과 운영체제 정비

조선시대 서원은 운영의 기본 원칙을 원규를 통해서 제시하였다.[5)] 옥산

3) 이병훈, 「19~20세기 영남지역 향촌사회와 경주 옥산서원의 동향」, 『한국서원학보』 4, 2017, 45~48·57~59쪽.

4) 玉山書院, 『往復書類綴』(1940년 9월 30일~1942년 12월 15일).

5) 이하 조선시대 옥산서원의 운영체제에 대해서는 이수환 편저, 『옥산서원지』, 영

서원 원규는 경주에 최초로 건립되었던 서악서원과 그 내용이 동일한데, 서악서원은 소수서원과 이산서원의 원규를 혼용하여 작성한 것이었다. 옥산서원 원규는 총 17개조로 1조부터 5조까지는 원생과 관련된 사항으로 이산서원의 것을 차용하였고, 6조부터 12조까지는 서원 운영 일반과 관련된 것으로 소수서원의 원규를 차용하였다. 원생의 입원(入院) 자격은 사마 또는 사마시의 초시입격자를 우선으로 하고, 그렇지 않은 경우에는 천거에 의해서 이루어진다. 이렇게 선발된 유생이 서원에 입원하는 경우는 드물고 강회가 있을 때 교대로 입원하는 것이 일반적이었다. 또한 서원 재산의 보존 관리 및 원내의 질서유지와 기강을 세우기 위한 조치들도 강구되어 있었는데, 가령 원생들의 향사 불참과 원임의 직무 소홀에 대한 처벌 규정 등 과실에 대한 경계 조항이 삽입되었다. 그런데 원규에는 강학과 더불어 서원의 양대 기능인 제향의례에 대해서는 전혀 언급이 없다. 옥산서원의 향례 절차는 별도로 홀기(笏記)로 작성해두었다.

서원 운영은 일반적으로 원임으로 불리는 원장과 유사(有司)가 담당하였다. 원장은 대외적으로 서원을 대표하고 원중의 대소사를 관장하는 위치에 있었다. 따라서 원장에는 향내에 명망있는 인사가 선출되는 것이 일반적으로 영남 지역 서원의 경우 원장은 현직 관료는 많지 않고 생원·진사·참봉·유학(幼學) 및 전직 하급 관료 출신이 대부분을 차지하고 있었다. 그 중에서도 절대다수는 유학이 차지하였다. 이는 인조반정 이후 서인 혹은 노론계 서원에서 중앙 권력과 연결된 고위 관료가 원장으로 추대되는 것과는 다른 양상임을 알 수 있다.[6] 옥산서원의 원장은 추천된 후보자 중에서

남대학교출판부, 1993, 24~41쪽 ; 이병훈, 「경주 옥산서원 원임의 구성과 성격」, 『민족문화논총』 67, 2017, 34~43쪽을 참조하였다.

6) 영남 남인계 서원의 원장은 대부분 향중(鄕中) 인사가 맡았으며 인맥·학맥 관계로 도내의 인사가 선출되는 경우는 매우 예외적인 현상이었다. 따라서 원장은 임기제로 재임 및 중임은 허용되었지만 겸임을 하는 경우는 일반적이지 않았다. 이에 반해 서인계 서원의 원장은 대체로 중앙정계의 고위관료가 추대되는 경우가 많았기 때문에 임기는 종신제로 겸임이 일반화되어 있었다. 또한 영남 남인계 서

공사원(公事員)[7)]이 한 명을 선출하였다. 원장은 경제적 문제와 유생의 입원 및 교육에 대한 감독, 원임 및 원속들에 대한 감독 및 처벌 권한을 가지고 있었다. 원장의 임기는 대체로 1~2년으로 시간이 지날수록 단축되고 있었다. 원중의 실질적인 대소사를 운영해 나가는 자가 유사로 옥산서원 원규에 따르면 유사는 제사 봉행, 빈객 접대, 건물 수리, 물자 비축, 서책 점검, 원생 추천 등의 일을 맡아서 감독하도록 했다. 옥산서원 유사는 매월 서원의 회계 출납을 정리하여 원장에게 감사를 받고, 서원 건물 보수를 책임지고 있었다. 또한 계절마다 노비의 신공과 전답의 소출을 거두고, 서원 주변의 숲도 보호할 임무도 부과되었다. 옥산서원 장서를 점검하고 정기적으로 포쇄하는 등의 일도 유사가 담당하고 있었다. 한편 옥산서원의 경우 경제적 문제를 전담하는 전곡유사(典穀有司)를 별도로 두었다.

18세기 이후 대부분의 서원은 수입이 점차 감소되어 수입원의 유지와 확대에 총력을 기울였다. 수입원 감소는 노비들의 광범위한 도망과 원위전 경작자의 불법행위 또는 이들의 몰락으로 인한 수세의 어려움에서 기인한 것도 있지만 초기 서원의 경제력 확보에 크게 일조한 관의 조치가 철회된 것이 상당한 영향을 미쳤다. 이러한 수입 감소는 유사가 개별적인 차원에서 해결할 수 있는 문제가 아니였고, 따라서 서원은 관을 통해 현안을 해결하기 위해 총력을 기울일 수밖에 없었다. 현재 옥산서원 소장 각종 문서를 보면 대부분 관의 수결을 받고 있었으며, 또한 서원은 문제가 발생할 때마다 상서·소지·서목 등을 올려 관에게 서원의 보호를 요청하였다. 이 점에서 보면 옥산서원의 운영은 원장과 유사가 책임지고 있었다 하더라도 실질적으로는 지방관이 절대적인 영향력을 행사하고 있었다고 보아야 할 것이다.

한편 옥산서원은 일제 말기인 1940년에 규약을 새로이 제정하였고,

원의 원임이 '원장-유사' 체제인데 반해, 서인계 서원의 원임 구성은 대체로 '원장-장의(掌議)-유사' 체제인 점에서도 차이를 보이고 있다(이수환, 「영남지역 서원건립 상황과 특징」, 『민족문화논총』 78, 2021, 98~101쪽).

7) 원임의 선거인이자 유생을 선발하여 유안(儒案)에 올리는 추천인.

1941년에 일부 개정하였다. 제정 이유를 시세의 변화를 반영하여 서원 기구의 완벽을 기하기 위해서 유림대회에서 옥산서원 원규를 작성하였다고 밝히고 있다. 〈부표 1〉을 보면 규약의 제1~3조에서 옥산서원의 설립 목적 및 구성원을 규정하였고, 제4조에서는 서원의 본래 목적을 달성하기 위한 업무를 소개하고 있다. 옥산서원은 유생을 선발하고 한 달에 두 번, 15일과 마지막 날에 사당에 분향례를 올려야 한다. 또 원장은 춘향, 추향제에 제주(祭主)로서 향사를 행하고, 독행자와 불량자에 대한 상벌을 내리는 것도 규정하고 있다. 즉 제향과 유생 관리를 규정하고 있는데, 서원의 존립 의의를 유지하기 위한 방책이라고 볼 수 있다. 제5~8조는 옥산서원의 조직 구성에 관한 것으로 우선 옥산서원의 역원은 원장 1인, 이사 1인, 유사 1인, 고문 2인, 평의원 12인으로 이루어진다. 조선시대와 다른 점은 이사와 평의원의 존재이다. 우선 원장은 서원을 대표하는 자로 서원 전체를 통할하고, 유사는 원장을 보좌하면서 향사에 관련된 업무를 담당하도록 하였다. 조선시대에는 유사가 서원의 대소사 전체를 주관하였다면 이 규약에서는 오로지 제사만으로 그 업무를 한정하였다. 반면 이사는 재무 및 서무에 관한 사항을 담당한다고 하여 재정경리라는 특정한 업무를 관할하도록 하였다. 이는 조선시대의 전곡유사와 비슷하다고 볼 수 있으나 이사는 전곡유사보다 훨씬 큰 권한을 행사하고 있었다. 특히 1941년도 규약 개정에서는 이사의 위상을 제고한 것이 가장 눈에 띄는데, 1940년의 경우 원장, 유사, 이사의 순이었다면 개정안에서는 원장, 이사, 유사의 순으로 변경하였다. 또한 개정 규약에서 서원은 "원장 또는 이사가" 대표한다고 하여 이사가 원장과 동일한 위상을 가지도록 하였고, 원장을 보좌한다는 내용도 삭제하였다. 원장이 사실상 명예직임을 감안하면 이사가 서원 내 각종 업무를 통할하는 위치에 있었다고 보아야 할 것이다. 유사의 주임무가 제례에 있다면 이사는 서원 재정 관리에 있었고, 이 점에서 옥산서원은 서원의 재정 건전성을 최우선 과제로 두고 있었음을 확인할 수 있다. 영남뿐만 아니라 조선을 대표하던 서원인 옥산서원조차 생존에 최우선을 두고 있었음을 고려하면 다른 서원은 그 상황이 더 열악했음을 예상할 수 있을 것이다. 그리고 사무 전담직인 서기 2인을 두고 그 임명과 해임 역시 원장과 이사가 행사하도록 하였다. 한편 옥산서원 규약의 또 하나의 특징은 평의원회의 존재이다. 평의원회는 1년 4회의 정기총회와 임시총회를 개최하는데, 의결은 다수결을 원칙으로 하고 가부동수일 경우 의장이 결정하는 것으로 하였다. 그리고 10~12조는 경리에 관련된 것으로 매년도 예산을 편성하고 그 결산을 평의원회에 보고하며, 세입출과 관련된 장부 및 증빙서는 10년간 보존해야 할 것을 규정하였다.

이상과 같이 옥산서원이 일제 말에 제정한 규약에는 서원의 구체적인 운영 방침이 규정되어 있으며 평의원회라는 새로운 기구도 설치하였다. 또한 원장-이사-유사-평의원-고문으로 서원 운영의 구성원을 다양화하였고, 각 역원별로 역할을 확실히 구분, 분담하고 있었다. 특히 이사는 서원 재정 관리에 집중하도록 하는 등 서원 재산을 유지하는데 주력을 기울이고 있었다.

그런데 옥산서원은 해방 이후에 특별원규를 제정하였는데, 그 내용도 함께 살펴보겠다. 「옥산서원임시특별원규」[8](이하 '특별원규')이라는 이름으로 1946년도부터 시행되었다. 특별원규를 제정한 이유를 "시대의 진운"에 따른 서원의 사무 처리를 위한 것이라고 밝혔는데, 이는 해방이라는 시대 상황을 배경으로 한 것임을 알 수 있다. 역원으로 이사 1인, 별유사 1인, 원의원 12인, 고문 3인을 두는 것으로 하고 임기는 3년으로 규정하였다. 단 별유사는 임기가 없다. 이전 원규에 비하면 임기가 4년에서 1년 줄어든 것, 별유사의 신설, 평의원을 원의원으로 개칭한 것에서 차이를 보이고 있다. 이사는 재무를 담당한다는 점에서 이전 원규와 동일한데, 재정경리에 "두뇌"가 있는 자로 그 자격을 제시하였다. 이사 업무는 이전의 규약과 별 차이가 없으며 현금은 금융조합에 예입하되, 1천 원 이하는 현금으

8) 「玉山書院臨時特別院規」. 이 특별원규의 마지막에 그 시행일을 "丙戌 정월 초5일"이라고 지정한 것으로 보아 1946년임을 알 수 있다. 이 원규는 한글로 작성되었다.

로 보유해도 무방하다고 하였다. 별유사는 원장 및 유사와 이사를 보좌하는 자로 특히 서원 사무에 능통한 자를 그 자격요건으로 들고 있다. 원의원은 향원(鄕員)을 대표하여 서원의 중요사안을 심의하고 원장, 유사 기타 임원의 선거권을 가진다고 규정하였다. 이는 일제 강점기의 원규에는 볼 수 없는 내용인데, 1940년 규약에서는 역원은 유림총회에서 선임한다고 되어 있다(제7조). 즉 선거로 서원 임원을 선출하겠다는 것으로 이는 조선시대 원규를 다시 되살린 것이다. 이사, 별유사, 원의원, 고문은 향회에서 선임하도록 되어 있다. 고문은 재무검사를 정확하게 할 수 있는 자로 회계 사무를 감독하도록 하였다.

위 임시특별원규 이외에 「옥산서원특별규약」[9](이하 '특별규약')도 존재하는데, 일시는 확인되지 않으나 한글로 필사되었고, 내용도 앞의 원규와 비슷하다는 점에서 해방 직후에 작성된 것으로 여겨진다. 우선 이 특별규약의 제정 목적이 "재정 처리"에 있음을 밝힌 점에서 특정 목적을 위해 제정한 것임을 알 수 있다. 역원의 경우 앞의 특별원규와 동일한데, 다만 고문은 약간명으로 하여 그 수를 한정하지 않았고 그 중 1인은 옥산서원 유사가 맡도록 하였다. 이사·별유사·원의원·고문은 향회 또는 평의회 석상에서 선임한다고 하여 앞의 임시특별원규에 없던 평의회를 추가하였다. 그런데 이사와 별유사의 임원 자격에 신구 학력 혹은 학식이 있는 자로 규정한 점은 눈에 띈다. 서원이라도 신학문을 배척하지 않고 그 필요성을 인정한 점에서 이전과는 다른 태도를 엿볼 수 있다. 이사는 역시 재정경리에 능통한 자로 재정을 일체 처리하는 자이며 별유사가 필요 없을 경우에는 원리(院里) 거주자 중에서 사무취급자를 선정하여 이사와 재산경리의 연락을 취하게 함으로써 이사의 사무를 보조하는 역할을 하도록 하였다. 이 원규와 규약은 별도로 작성되었지만 상호 보완적인 내용으로 해방 이후 서원 운영의 변화를 모색하려고 한 시도로 여겨진다.

---

9) 「玉山書院特別規約」.

Ⅲ. 재정 현황과 서원 재산의 신탁 관리

조선시대 서원의 경제적 기반은 크게 서원전과 원노비로 구성되었다. 서원전은 초창기에는 국가 또는 지방관에 의한 획급 등의 형태로 확보되었고, 이후에는 문중 차원에서의 매득이 주류를 이루었다. 영남지역 서원전의 규모를 보면 초창기인 16세기 중반~17세기 초까지 건립된 지역의 대표적인 서원의 경우, 초창기 5~6결 정도에서 18~19세기에는 약 20~40결로 확대되었다. 반면 17세기 후반에 남설된 미사액 서원·사우 등의 서원전은 일반적으로 그 규모가 작았다. 옥산서원의 경우 17세기 말 약 30결 정도, 18세기 중반에는 32결 정도였으며 서원전은 경주, 영일, 청도, 밀양, 경산 등에 분포되어 있었다.[10] 원노비는 서원전과 함께 서원 경제를 구성하는 2대 재산으로 인정되었는데, 옥산서원의 경우 17세기 후반 100구를 넘긴 이후 18세기에는 150구를 넘는 규모를 유지하고 있었다. 옥산서원의 노비는 대체로 증가추세를 보이는데, 이는 관의 조치와 매득 및 투탁 노비 등의 요인도 있었지만 무엇보다도 출산에 따른 자연증가에 힘입은 것이었다. 한편 서원은 노비 외에 광범위한 원속(院屬)을 보유하고 있었다. 이들 원속은 신분적으로 노비도 포함되어 있지만 대부분은 역을 피하기 위해 서원에 투속한 자들이었기 때문에 양인의 범주에 해당된다. 이들은 원속에 입록함으로써 서원의 영향력으로 각종 잡역을 면제 받았으며 그 대가로 서원 내 여러 잡역을 담당하거나 또는 일정량의 금전 및 현물 등을 납부해야 했다. 따라서 서원측은 경제력의 확대를 위해 이러한 원속의 확보에 적극적이었다. 옥산서원의 원속은 대체로 증가추세에 있었는데, 1774년 126명에서 1863년에는 244명으로 약 90년 사이에 거의 2배 가까이 증가하고 있었다. 원속들은 대부분 서원 주위의 안강현 일대에 거주하는 자들로서 사당 수호 등 서원 내 잡역을 담당하였으며 또한 신역의 대가로 일정한 경제적 부담을

10) 이수환, 앞의 책, 2001, 157~170쪽.

지고 있었다.[11]

그런데 한말 이후 서원은 원노비와 원속 등의 경제적 기반을 상실하였고, 서원경제는 서원전에만 기댈 수밖에 없는 형편이었다. 조선시대와 같이 관의 원조를 전혀 받을 수 없었고, 독지가의 지원도 기대하기 어려웠기 때문에 오로지 토지 수입에만 의존하고 있었다. 옥산서원의 재정경리를 보면 이를 분명히 확인할 수 있다. 일제강점기 옥산서원의 구체적인 재정 실태는 〈부표 2〉의 옥산서원 세입출 예산 편성을 통해 확인할 수 있다.

우선 옥산서원의 세입은 전적으로 소작료 수입에만 의존하고 있었다. 옥산서원이 소유한 토지는 논이 약 56,600평, 밭이 약 13,400평인데, 논은 평당 소작료 10전, 밭은 3전을 받는 것으로 되어 있다. 논에서의 소작료가 약 5,660원, 밭이 401원으로 논이 압도적으로 많은 것을 알 수 있다. 옥산서원은 500원 정도의 예금이 있었으나 그 이자는 2.5%에 불과하여 그 수입은 연간 12원에 불과했다. 특히 1940년은 전시기 자금통제가 강력하게 진행되고 있었는데, 국채 소화를 진작시키기 위해 금융기관의 금리 역시 최저한도로 묶어두고 있었다. 따라서 이 시기 예금은 사실상 자산으로서 그다지 의미를 가질 수 없는 형편이었다. 이 시기 옥산서원은 약 1만 2천원의 채무를 지고 있었는데, 이 자금은 금융기관에서 차입한 것이 아니라 개인에게서 빌린 것으로 상당한 고금리였다(〈표 1〉). 따라서 이 고리채 부채를 정리하기 위해 조선신탁주식회사에서 자금을 차입하였는데, 그 액수가 18,000원에 달하였다. 즉 옥산서원 1년 수입의 약 3배에 해당하는 거대한 액수로 옥산서원 재정이 상당히 취약한 형편임을 알 수 있다. 1941년도에는 2,000원을 역시 조선신탁주식회사에서 차입했는데, 일반 금융기관이 아닌 조선신탁주식회사와 거래한 이유는 당시 옥산서원이 보유한 농경지를 위 회사에 위탁 관리하고 있었기 때문이다. 이 내용에 대해서는 다음에

11) 이수환, 「조선후기의 서원－옥산서원을 중심으로－」, 『국사관논총』 32, 1992, 104~123쪽.

서 더 자세히 살펴보겠다.

지출 구조를 보면 1940년에는 구채상환비 18,000원을 제외한 실제 지출 내역은 6,073원으로 옥산사립학교[12] 지원금 1,300원이 21%로 가장 높은 비중을 차지하고 있다. 다음이 용인(傭人) 고용비 1,000원, 조선신탁주식회사 상환금 644원의 순이다. 그런데 서원의 중대 행사인 제사비가 472원으로 전체 지출에서 8%도 미치지 못하는 소액인 것이 특징이다. 즉 서원의 양대 기능인 제향과 강학 중 특히 조선후기로 갈수록 전자의 기능이 강화되고 후자는 약화되었는데, 일제강점기에 실제로 제향에 들어가는 재정은 매우 소액임을 알 수 있다.[13] 오히려 서원의 일반행정에 지출되는 사무비가 제사비보다 2배 이상 높은데, 인건비와 여비, 사무용품비 등으로 지출되고 있었다. 한편 교육과 관련된 학교 지원금이 상당액에 달한다는 것은 옥산서원이 지역사회에 일정 정도 기여를 하고 있음을 보여주고 있다. 1940년에는 한 차례의 예산 경정이 있었는데, 이는 후술하겠지만 회재 종

---

12) 옥산학교는 옥산서원이 소유한 전답을 재원으로 설립된 초등교육기관이다. 경북에서 서원 재산을 토대로 설립된 학교로는 도산서원의 보문의숙과 삼계서원의 조양학교 등이 있다. 보문의숙은 진보이씨 가문에서 기부한 가옥과 의연금, 그리고 도산서원 소유 전답 등을 재원으로 설립되었고, 조양학교도 삼계서원 부지를 재원으로 하였다(권대웅, 「한말 경북지방의 사립학교와 그 성격」, 『국사관논총』 58, 1994, 35·38쪽). 옥산학교는 현재 옥산초등학교로 이어지고 있는데, 설립 연도를 두고 1907년 10월 4일(한국민족문화대백과사전)과 1910년 3월(권대웅, 위의 논문, 31쪽)이라는 두 가지 견해가 있다.

13) 당시 조선총독부는 서원의 제사비 지출을 극력 억제하고 있었다. 1941년 7월 29일자로 경주군수가 옥산서원 원장에게 보낸 공문을 보면 현재 조선에서 문묘제사는 양력 시행을 원칙으로 하고 봄에는 4월 15일, 가을에는 10월 15일에 거행된다. 여기에 참여하는 유림은 전날 오후에 모이고 당일날 오후 전부 해산하도록 하였는데, 일부 서원에서는 제사 4~5일 전에 모여서 그 경비를 낭비하고 있다고 지적하였다. 전시(戰時)라는 현 시국에서 당국은 "소비절약은 물론 근로 작흥을 강조하"고 있는데, 서원에서 문묘제사를 시행할 때에는 절약개선함으로써 일반인에게 모범을 보일 것을 주문하고 있었다. 그리고 경주군 직원을 파견하여 향사기일 준수 여부를 감독할 것임을 통지하였다. 「書院祭祀擧行ニ關スル件」, 玉山書院, 『往復書類綴』.

가 지원과 관련있다. 원래 회재 종가 지원금으로 책정되었던 1,600원이 완전히 삭감되었고, 이로 인해 생긴 여유분은 용인료와 교육비로 전용되었다. 1941년도 세출 예산에서 눈에 띄는 항목은 조선신탁주식회사에서 옥산서원 재산을 관리해주는 대가로 총 금액의 10%를 신탁보수로 지급한 것이다. 나머지는 소소한 증가와 감소가 있는데, 우선 연부상환금이 약 1,900원으로 가장 큰 비중을 차지한다. 1940년도에 비해 늘어난 것은 거치기간이 끝났기 때문으로 전체 세출 중 약 23.5%를 차지하고 있으며 다음으로 옥산사립학교 지원금 1.200원이 있다.

다음으로 옥산서원이 어떻게 운영되고 있었는지를 평의회 회의록을 통해 살펴보자. 옥산서원은 규약 제정에 따라 제1회 평의회를 1940년 10월 10일 강서면사무소 회의실에서 개최하였는데, 여기에는 이사 최윤(崔潤)과 평의원 9인이 참석하였고, 3인의 평의원이 결석하였다.[14] 그리고 평의회 현장에 경찰관이 임석하여 회의를 감시하고 있었다. 이사인 최윤이 사회자로서 회의 서두에 옥산서원이 1940년 원규를 개정하여 평의회라는 기구를 새로 설치한 것은 재정정리라는 서원 난제를 해결하기 위한 방편이라고 밝히면서 이를 통해 서원의 기초를 다시 견고하게 하겠다는 뜻을 피력하고 있었다. 그리고 현재 옥산서원은 서원 토지 명의자 한 사람이 분규를 일으켜 5~6년간 민사 및 형사 소송이 계속되어 재정이 고갈될 지경으로 큰 타격을 받았음을 언급하였다. 이를 해결하기 위한 방안으로 1939년 경주군수인 모리 요사스케(森芳介)를 추대하여 이 정리에 힘을 얻고자 하였다고 그 내력을 밝히고 있다.[15] 이사 최윤이 언급한 분규는 1934년에 일어나 토

14) 「玉山書院第一回評議會會議錄」, 玉山書院, 『往復書類綴』.

15) 모리 요사스케는 1917년 전라남도 광주군에서 관직을 시작한 이래 주로 경상남북도에서 근무한 이력을 가지고 있다. 그는 1936년 11월 경북도 회계과장에서 경주군수로 부임하였고, 1940년 3월 30일 자로 퇴직하였다. 『朝鮮總督府及所屬官署職員錄』(국사편찬위원회 한국사데이터베이스) ; 「森慶州郡守勇退に決定」, 『釜山日報』, 1940.4.5.

지 방매 사건을 말하는 것으로 보인다. 이에 대한 자세한 내용은 현재 신문기사를 통해서 단편적으로만 확인되는데, 1931년 경주군 안강수리조합이 설립되자 몽리구역에 속하게 된 서원 전답의 가격이 폭락될 것이라고 하면서 옥산서원 재산 소유자도 아닌 노당리 김모, 이모 등 여러 명이 협의하여 비밀리에 서원 소유 논을 매각한 사실이 있었다고 한다. 당시 신문기사에 따르면 전답 3만여 평을 평당 33전에 팔았다고 하는데, 이 사실을 안 옥산서원은 소송을 제기하였다. 회재 12세손이 소송 주체가 되어 "사재"를 털어가면서 "옥산서원 재산을 원상대로 회복해달라"고 진정하는 등 백방으로 재산을 되찾으려는 노력을 기울이고 있었다고 한다.[16] 이 과정에서 발생한 고리의 부채를 해결하기 위해 조선신탁주식회사 부산지점에 기채신청서를 제출할 계획을 세우고 이에 대해 심의를 요청한 것이었다.

〈표 1〉 옥산서원 채무액 조서(1940년 10월 말 현재)

원금(원)	차입월	이율(%)	지급 이자액(원)	채권자	
				주소	성명
100	1937년 4월	무이자	0	옥산리	옥산이씨 派中
6,000	1937년 8월	18	3,420	경산군	許湛
200	1938년 7월	36	162	경산군	許湛
1,000	1937년 12월	30	850	경산군	許湛
400	1937년 12월	36	408	경산군	許湛
200	1938년 8월	36	156	옥산리	李紀韶
500	1938년 8월	18	195	대구부	許鐘
100	1938년 8월	24	52	옥산리	李秉赫
200	1939년 9월	24	52	옥산리	李秉赫
100	1939년 2월	30	50	옥산리	李宗○
50	1939년 2월	30	25	옥산리	李洛求
300	1939년 2월	24	120	옥산리	옥산학교 교장
200	1939년 8월	30	70	옥산리	孫士章

16) 「訴訟接踵의 玉山書院, 不動産去就가 問題」, 『동아일보』, 1939.11.18.

원금(원)	차입월	이율(%)	지급 이자액(원)	채권자	
				주소	성명
150	1939년 8월	22	38	영천읍	某內地人
200	1939년 8월	24	80	옥산리	庫子
1,500	1939년 10월	30	450	대구부	李錫欽
450	1939년 10월	24	108	옥산리	李鎭奎
200	1940년 2월	24	32	옥산리	옥산학교 교장

*출전: 「玉山書院第一回評議會會議錄」, 玉山書院, 『往復書類綴』(1940년 9월 30일~1942년 12월 15일)

*비고: 원자료에는 이율이 월리로 되어 있는데, 편의상 연리로 환산하였다. 그런데 이 채무액에 대해 평의원 1인이 구체적으로 어떤 명목으로 빚을 졌는지에 대한 구체적인 설명을 요구하였다. 이에 유사는 기존의 관행대로 처리했기 때문에 증빙서류가 남아있지 않고, 관련 장부는 현재 소송 관계상 검사국에서 보관하고 있어 최근 2~3년의 현금 출납부를 별책으로 제출하였다고 답변하였다. 그러자 다시 이 출납부에 따르면 채무액 중 지출 내역이 분명한 것은 4,847원이고, 나머지 7,000원은 그 내용이 분명하지 않으니 밝히라고 재차 요구하였다. 이에 유사는 회재 선생의 제전(祭田) 경매와 관련하여 3천 원, 그리고 종손 이대원(李大源)씨의 체면 유지비로 5,150원을 사용하였다고 답변하였다. 이에 평의원 1인이 종손의 채무 8,150원을 서원이 부담하는 것은 납득하기 어렵다고 반대했으나 옥선서원과 회재 종가는 그 존망을 함께 해야 한다는 의견에 다수가 동의함에 따라 묵살되었다. 이에 대해서는 아래에서 다시 다룰 것이다.

〈표 1〉은 평의회 개최 시점 옥산서원의 채무액으로 대부분이 소송 비용을 부담하기 위해 빌린 것이라고 사회자는 언급하였다. 채무는 총 18건으로 원금 총액은 11,850원, 지급한 이자 총액만 6,268원으로 3년도 채 안되는 기간 동안 원금의 절반 가까운 돈이 이자로 지불되고 있었던 것이다. 경산군의 허담에게서만 7,600원, 전체 채무액의 64%에 해당하는 금액을 차입하였다. 이율을 보면 연이율 36%가 3건, 30%가 5건, 24%가 6건, 22%가 1건, 18%가 2건, 무이자가 1건으로 연 30% 이상의 고리대가 전체의 44%를 차지할 정도로 고율의 이자 부담을 감당해야만 했다. 기간이 대체로 2년 내외라고 보면 상당히 높은 이자를 지불한 것을 알 수 있으며 이는 당연히 옥산서원 재정을 매우 어렵게 만든 요소일 것이다. 이 고리채를 저리의 부채로 차환하려는 것이 목적이었다.

다음으로 「1940년도 옥산서원 세입출 예산 편성에 관한 건」과 「이회재 선생의 종가 및 묘위(墓位) 토지 영구 유지 관리에 관한 건」, 「옥산계정 수호 보조에 관한 건」은 그 성격이 같다는 이유로 하나로 묶어 심의하였다. 당시 평의회의 기본 입장은 종가의 재산 관리를 서원에서 하겠다는 것이었다. 한 평의원이 지금 서원 자체도 재정정리에 어려움을 겪고 있는데 여기에 더해 종가의 재산까지 관리하는 것은 현재로서는 감당하기 어려우니 다음으로 미루자는 의견을 내었다. 이에 서원 및 종가는 함께 공존해야만 하는 것으로 회재 선생을 숭배한다는 의미에서 그 선후책으로 종가 재산을 전부 서원 명의로 하고, 이를 신탁회사에 위탁할 필요가 있다고 그 시급성을 강조하는 의견이 제출되었다. 또한 장래에 어떤 후손이 나오더라도 이를 침해할 수 없도록 하는 것이 긴요하다고 하면서 그 시행을 서두를 것을 주장하였다. 현재 서원에서는 종가의 체면유지비를 매년 지급하고 있고, 또 제전은 그 자손 중에 개인 명의로 분산되어 있어 유지 관리상 큰 위험을 안고 있는 상황이기 때문에 이 기회에 일괄하여 서원 명의로 역시 신탁회사에 관리를 맡기는 것이 좋다는 의견이었다. 이와 같은 방법을 취함에 따라 결국 회재선생 종가와 서원이 오랫동안 제대로 유지될 수 있기 때문에 이를 급히 실현할 필요가 있다는 제안에 대해 다수의 평의원이 동의하였다. 사회자인 최윤 이사는 회재선생 종가는 조선시대만 하더라도 정부의 지원과 사회의 적극적인 보호에 힘입어 부호에 손색없을 정도의 경제 기반을 보유하였고, 이를 토대로 선생의 유풍을 현창하고 유림 종가의 체면을 유지할 수 있었다고 한다. 그런데 현재는 이전과 같은 특전과 보호를 받지 못해 경제가 자연히 궁핍하여 가업은 점차 기울어지게 되었다고 언급하였다. 종가가 경제적 곤궁에 빠진 이유는 회재 종가는 유림의 대가(大家)로서 다수의 내빈 접대 및 빈번한 제례 의식 등에 지출할 부분이 많아 소유 재산의 대부분을 소진하게 되었다는 것이다. 회재선생을 숭배함에 있어 종가의 존망을 절대적으로 등한시할 수 없는 형편이기에 서원과 종가가 공존공립을 하기 위해 이와 같은 방안을 내었다는 것이다. 그리고 서원 재산으로서 종가를 구제하는 것은 전조선에 걸쳐 늘 있었던 일이기에 별로 문제가 될 것은 없다고 한다. 최근의 실례를 들면 안동의 도산서원과 병산서원에서도 서원 재산 수십만 원을 종가의 생계유지비로 지급한 사례가 있었다고 한다.

구체적인 실현 방법으로는 첫째, 회재선생 종가 체면유지비로 옥산서원에서 매년 600원을 영구히 지급할 것, 둘째, 회재선생 종가 소유 재산을 전부 옥산서원 명의로 신탁회사에 위탁하여 후세에 어떤 종손이라도 절대로 이 재산을 침해치 못하게 하여 영구히 유지 관리할 것(단 서원 재산과 구별하여 별도 경리함), 셋째, 회재선생 묘위토지도 옥산서원 토지와 같이 유지 관리를 안전하게 하여 후세까지 봉사함에 유감이 없도록 기할 것이라고 밝혔다. 특히 이 토지는 등록시 자손 중 개인 명의로 분산되어 현재 유지 관리상 위험성이 있기 때문에 이 역시 본원 명의로 신탁회사에 신탁하여 영구히 선생의 유지를 받들자는 것이다. 그런데 체면유지비 600원을 영구히 지급한다는 것에서 '영구'라는 글자는 너무 무제한적이니 삭제해야 한다는 의견이 있어 이를 수용하여 삭제하였다. 또한 옥산계정은 회재선생이 거처하던 장소로 그 의미가 큰데, 이 계정 수호도 역시 선생을 위하는 입장에서 중요하므로 그 보조비로 1천 원을 일시 지급하는 것으로 의결하였다.

다음으로 「옥산서원의 역원 비용 변상 및 직원 급료 및 여비 규정 제정에 관한 건」을 심의, 확정했는데, 역원이 평의회에 출석할 때에는 그 일수에 따라 1일 기준으로 원장 및 이사는 3원, 유사 및 평의원은 2원을 지급하기로 하였다. 그리고 여비 규정[17]도 정했으며, 서기의 급료를 연 60원

17) 여비규정

구분	기차 운임	기선 운임	차마 운임 (1리당)	군내		군외		도외	
				당일	숙박시	당일	숙박시	일당	숙박료
원장	2등	2등	30전	1원	2원	1원50전	3원	2원	5원
이사	상동	상동	상동	상동	상동	상동	상동	상동	상동
유사	상동	상동	상동	상동	상동	상동	상동	상동	상동
평의원	상동	상동	상동	상동	상동	상동	상동	상동	상동
서기	3등	3등	20전	80전	1원50전	1원	2원	1원50전	4원

이내로 하였다.

제1회 평의회가 개최된 후 20일 만에 제2회 평의회가 개최되었는데, 이렇게 한 달도 안되어 다시 회의를 소집한 것은 평의회 결의안에 대해 회재 종가에서 반대 의견을 표시했기 때문이었다. 1940년 10월 29일 제2회 평의회를 옥산서원에서 소집했는데, 이 회의에는 이사 1인, 유사 2인, 서기 1인, 평의원 9인이 참석하였고, 3인의 평의원이 결석하였다.[18] 제1회 때와 마찬가지로 경찰관이 임석하였다. 의안은 제1회의 제3호 의안인 「이회재 선생의 종가 및 묘위 토지 영구 유지 관리에 관한 건」의 정지로 종가의 이대원에게 받은 편지를 공개하였다. 이 편지에서 이대원은 평의회에서 장손인 자신에게 매년 유지비를 보조하기로 결의한 것은 매우 부끄러운 사실이기에 이를 취소할 것을 요청하였다. 회의에서는 이를 두고 종손이 자력갱생할 의지를 보인 것이기 때문에 이를 받아들여야 한다는 의견이 다수를 이루었고, 옥산정계 수호보조비 역시 편지에는 쓰지 않았지만 구두로 이대원씨가 정지를 요청했기에 역시 이도 취소할 것을 결의하였다. 이에 따라 예산 경정도 진행되어 '회재선생종가 위전유지비' 600원과 '계정수호비 보조' 1,000원이 전액 삭감되었다. 그런데 여기서 주목할 점은 종가 지원비를 공식화 한 것에 대한 거부가 아니라 옥산서원의 종가재산 관리를 거부한 것이다. 사실상 제1회 평의회 결의의 핵심은 옥산서원이 종가재산을 직접 관리하는 대신에 매년 일정액의 품위유지비를 직접 지원하겠다는 것이었다. 그런데 두 번째 평의회에서는 이전과 달리 서원이 종가재산까지 관리할 겨를이 없다는 이유를 들어 종가 측의 의견을 수용하였다. 사회자는 서원의 입장에서는 피할 수 없는 사업으로 속히 실현할 사항이라고 강조하였고, 일부 평의원도 서원으로서는 긴요한 사안이라고 인정하여 의결을 마친 사항이기 때문에 그대로 실시해야 한다고 주장하였으나 힘을 얻지는 못했다. 이와 같이 옥산서원 평의원회에서는 서원 재산을 신탁관리함과 동시

18) 「玉山書院第二回評議會會議錄」, 玉山書院, 『往復書類綴』.

에 종가재산도 신탁회사에 위탁하여 안정적인 재정운영을 계획하였으나 성사되지는 못했다.

한편 평의회 결의에 따라 당시 조선신탁주식회사 부산지점에 차입신청서를 제출했는데, 당시 이사 최윤이 이름으로 1940년 11월 22일자로 작성된 신청서가 남아 있다.[19] 신청서에는 우선 그 목적을 고리부채 정리를 위한 것이라고 밝히고 있다.

바로 위 〈표 1〉의 개인에게서 차입한 부채를 해결하기 위한 것임을 알 수 있다. 기채금액은 1만 8천원, 차입선은 조선신탁주식회사 부산지점으로 하고, 차입시기는 1940년, 즉 빠른 시일 내에 해결하기를 바라고 있었다. 다음해인 1941년 3월까지를 거치기간으로 하고, 상환은 1941년 4월부터 1959년 3월까지 19개년을 희망하였다. 당시 회계연도가 4월에 시작되어 이듬해 3월에 종료되기 때문에 위 방식을 취한 것이다. 상환은 원리금 균등 상환으로 1년에 두 번으로 나누어 지급하겠다고 하였다. 기간을 19년으로 설정했지만 서원 재정 형편에 따라 금액을 조정하거나 연한을 단축할 수 있다는 부대의견도 달았다. 옥산서원은 연부상환액을 1,288원으로 예상하고 있었다. 상환재원은 서원의 기본재산 수입으로 가능하다고 하면서 아래 〈표 2〉와 같이 옥산서원의 재정 현황표를 첨부하였다.

〈표 2〉 차입부터 상환기한까지 각연도 세입출 예산

수 입		
	금액	
토지수입	4,795	답 56,598평, 1평당 8전, 4,527원 84전 전 13,379평, 1평당 2전, 267원 58전
예금이자	5	현금 매일재고 평균 125원, 연 4%의 이자 1개년분.
합계	4,800	

19) 「起債額申込ニ關スル件」, 玉山書院, 『往復書類綴』.

지 출		
향사비	400	춘향비 200원, 추향비 200원
대제비	200	회재선생 대제비 1회분 200원
향계비	72	1회 평균 3원, 24회분 72원
회의비	100	유림총회 회비 50원, 역원비용변상 50원
잡비	70	접대비 50원, 제잡비 20원
서기급료	120	서기급료 120원. 1인 월액 평균 5원, 2인 1년분.
여비	250	역원 및 서기 여비 250원
수용비	100	지필문구류 80원, 통신비 20원
원유건물유지비	100	
용인비	720	용인급료 720원. 1인 월평균 15원, 4인 1년분.
교육비	1,200	옥산사립학교 경리비 1,200원
공과금	30	
院債연부금	1,228	상기분 644원, 하기분 644원
일시차입금 이자	66	
예비비	144	
계	4,800	

옥산서원은 신청서에 토지수입을 예산보다 적게 잡고 있음을 알 수 있다. 즉 논의 경우 평당 8전, 밭의 경우 2전으로 예산에 비해 각각 2전과 1전씩 감액하였는데, 향후 소작료 수입이 줄어들 가능성을 염두에 두고 보수적으로 책정한 것을 알 수 있다. 이렇게 옥산서원이 조선신탁주식회사 부산지점에 차입을 요청한 것은 이 회사가 서원의 재산을 신탁 운영하고 있었기 때문이다. 따라서 1941년도 예산 지출 항목에 신탁보수 항목을 신설하고 재산관리액의 10%를 계상하였다. 당시 조선신탁주식회사의 신탁보수율은 일반적으로 소작료 수입의 10% 내외를 취하고 있었다. 가령 1941년도 조선신탁주식회사의 신탁보수율은 평균 9.37%였는데, 회사에서는 소작료를 징수하여 자기 몫의 신탁보수를 공제한 나머지를 위탁자에게 신탁수익금으로서 지불하고 있었다.[20] 그런데 이 수입은 조선신탁주식회사가

20) 조선신탁주식회사의 신탁보수율은 타회사에 비해서는 낮은 수준이었다. 대표적

소작료를 거둔 직후가 아닌 다음 해 5월에 지급하기 때문에 일시적인 자금 부족 현상이 발생한다. 이를 해결하기 위해 다시 1941년 7월에 조선신탁주식회사 부산지점에 2천 원 차입금 신청서를 제출하였다.

당시 지주 등 개인 뿐만 아니라 향교나 서원 등도 소유 농경지를 신탁회사에 맡겨서 운영하는 경우가 많았다. 조선신탁주식회사는 금전신탁과 부동산신탁을 주로 하는데, 대체로 금전신탁이 50~70%, 부동산신탁이 30% 내외를 점하고 나머지는 유가증권신탁이 차지하였다. 그런데 부동산신탁의 경우 농경지는 소작인의 선정, 경종법의 개선 및 지도, 소작료의 징수 및 처분 등에 이르는 일체의 행위가 포함되었기 때문에 소유권 및 소작 관계 등을 둘러싼 분쟁이 일어날 우려가 있었다. 이 때문에 일본의 신탁회사는 부동산신탁 인수에 대해 소극적인 경향을 보였지만, 조선신탁주식회사는 창업 이래 부동산신탁, 그중에서도 농경지의 신탁에 주력하였다. 1942년 하반기 말 수탁면적은 4만 882정보에 달했고 그중 86.2%, 즉 3만 5,250정보는 논, 밭 등의 농경지였다. 조선신탁주식회사는 농경지 관리를 위해 21개소의 농장을 설립하고 기술원을 배치하여 적극적인 농사지도를 실시하였다. 이미 1932년 조선신탁주식회사 설립 당시부터 식민지 조선의 대부분을 차지하고 있는 농경지를 보호하는 방책의 일환으로 신탁 경영의 필요성이 제기되고 있었다.[21]

그런데 이 시기에는 일제의 전시 통제정책이 강화되면서 강제저축이 진행되고 있었다. 소위 천인저축(天引貯蓄)이라고 하여 임금이나 급료를 지급하기 이전에 일정액을 공제하는 일종의 강제공제저축을 실시하였다. 1940년에 들어 강제공제저축 대상은 봉급, 급료, 수당, 상여, 배당, 이자, 지대, 가옥임대료, 매상금 등 계속적 수입과 각종 임시적 수입은 물론이고

인 부동산위탁회사인 불이흥업주식회사의 경우 통상적으로 소작료 수입의 20%를 보수로 받고 있었다고 한다(김용섭, 「한말·일제하의 지주제-사례 5, 일제하 조선신탁의 농장경영과 지주제변동-」, 『동방학지』 70, 1991, 18~19쪽).

21) 朝鮮信託株式會社, 『朝鮮信託株式會社十年史』, 1943, 108~110쪽.

농촌 지역에서의 쌀 공출 대금도 공식적으로 포함되었다.[22] 이에 따라 옥산서원의 수입 역시 천인저축의 대상이 되었다. 일반 지주의 경우 매상대금의 10~15%를 금융조합에서 강제로 저축토록 하였는데, 조선신탁주식회사가 관리하는 토지의 경우는 당국과 협의하여 금전신탁의 형식으로 강제 예금하도록 하였다. 물론 기관만 다를 뿐 그 내용은 동일한데, 조선신탁주식회사 산하의 농경지는 당연히 그 매각 대금이 일차적으로 조선신탁주식회사에 들어오기 때문에 이러한 방식을 취한 것이다. 당시 옥산서원에 소장된 문서를 보면 조선신탁주식회사 부산지점에서 보낸 금전신탁 신청서 및 계약서에 날인한 후 다시 반송할 것을 요청하고 있었다. 조선신탁주식회사는 금전신탁의 예금이율이 1개년 이상의 경우 연 3.9%, 2개년 이상의 경우 연 4.1%, 3개년 이상의 경우 연 4.3%이라고 하면서 다른 금융기관의 이율에 비해 고이율이라고 주장하였다.[23]

이상과 같이 옥산서원은 유일한 수입원이라 할 수 있는 농경지 관리를 조선신탁주식회사에 위탁하고 있었다. 조선시대에는 농경지 이외에 노비나 원속 그리고 관의 지원 등 다양한 방식으로 재정을 운영할 수 있었으나 이 시기에는 오로지 소작료 수입에만 의존할 수밖에 없는 형편이었다. 더구나 서원 소유 토지가 산재해 있었고, 소유권을 둘러싼 문제가 발생하는 등 어려움에 처하자 이를 신탁으로 해결하려 한 것이었다. 동시에 당시 전시기 식량 증산이 절대적으로 강조되던 시기에 조선신탁주식회사는 지주 대신 농경지를 관리하여 전시 농정에 기여해야만 했던 시대적 배경도 함께 고려해야 할 것이다.

22) 문영주, 「1938~45년 '국민저축조성운동'의 전개와 금융조합 예금의 성격」, 『한국사학보』 14, 2003, 391쪽.

23) 「朝鮮信託株式會社 釜山支店→ 玉山書院(1941.1.18)」, 玉山書院, 『往復書類綴』.

Ⅳ. 맺음말

대원군의 서원 훼철 이후에도 서원과 사우의 복설과 신설이 꾸준히 추진되었는데, 대부분 문중인사를 제향하는 문중서원이었다. 문중을 중심으로 양반 가문으로서의 위상을 정립하여 지역사회에서 영향력을 유지하려고 하였고, 이 과정에서 서원을 적극적으로 활용하고 있었다. 옥산서원은 영남을 대표하는 미훼철 서원으로 변화된 환경 속에서 서원의 존속을 도모하고 있었다. 옥산서원은 일제 말기인 1940년에 규약을 새로이 제정하였다. 이 규약에는 서원의 설립 목적 및 구성원, 주요 업무, 운영 방침 등이 규정되어 있다. 옥산서원의 역원은 원장 1인, 이사 1인, 유사 1인, 고문 2인, 평의원 12인으로 구성되는데, 조선시대 원규에는 보이지 않는 이사와 평의회 설치가 핵심 내용이다. 옥산서원은 평의회라는 새로운 기구를 통해서 운영되었는데, 특히 이사는 서원 재산 관리에 집중하도록 하였다. 이사의 권한을 매우 강력하게 설정함으로써 서원 재산을 유지하는데 주력을 기울이고 있었음을 알 수 있다. 반면 유사는 그 업무가 제사만을 주관하는 것으로 하여 이전보다 축소되었다.

한말 이후 서원은 원노비와 원속 등의 경제적 기반을 상실하였고 조선시대와 같이 관의 원조도 전혀 받을 수 없었다. 또한 외부 독지가의 지원도 기대하기 어려웠기 때문에 오로지 농경지 수입에만 의존하고 있었다. 옥산서원의 재정 실태는 이런 현실을 여실히 보여주고 있었다. 옥산서원의 세입은 전적으로 소작료 수입에만 의존하고 있었는데, 지출에서는 옥산사립학교 지원비, 사무비의 비중이 높았다. 특히 서원의 핵심기능인 제향에 관련된 제사비가 전체 지출 중 8%도 되지 않는 소액이라는 점이 조선시대와는 완전히 다른 운영실태를 보여준다고 할 수 있겠다. 그런데 옥산서원은 1930년대 중반 서원 토지를 둘러싼 소송이 진행되면서 막대한 채무를 지게 되었다. 이 채무는 금융기관에서 차입한 것이 아니라 개인에게서 빌린 것으로 이율이 20~30%에 달할 정도의 고금리였고, 이로 인한 부담이 가중되어 서원 재정은 고갈된 상태였다. 옥산서원은 이 고리부채를 정리하기 위해 조선신탁주식회사에서 18,000원을 차입하였는데, 이 금액은 옥산서원 1년 수입 약 6천 원의 3배에 달하는 것이었다. 조선신탁주식회사의 차입금은 19년간 매년 원리금 균등상환으로 진행되었기 때문에 그 부담을 덜 수 있었고, 이를 통해 재정 위기를 벗어나고자 하였다. 또한 옥산서원은 회재 종가의 체면유지비에도 상당한 금액을 지출했는데, 재정정리를 단행하면서 이 항목을 실제 지출 항목으로 신설하였다. 그 배경에는 종가 재산을 서원에서 관리하겠다는 의도가 내재되어 있었는데, 종손의 반대로 무산되었다. 옥산서원은 서원 재산을 신탁관리함과 동시에 종가재산도 신탁회사에 위탁하여 안정적인 재정운영을 도모하였으나 성사되지 못했던 것이다.

한편 옥산서원은 서원 소유 재산을 조선신탁주식회사 부산지점에 위탁하여 운영하였다. 그 비용으로 조선신탁주식회사에는 소작료 수입의 10% 내외를 신탁보수로 지급하였다. 조선신탁주식회사는 일본의 신탁회사가 금전신탁을 주로 하는 것과 달리 부동산신탁에도 역점을 두었다. 옥산서원 소유 토지가 산재해 있었고, 소유권을 둘러싼 문제가 발생하는 등 어려움에 처하자 이를 신탁으로 해결하려 한 것이었다. 동시에 당시 전시기 식량증산이 절대적으로 강조되던 시기에 조선신탁주식회사는 지주 대신 농경지를 관리하여 전시 농정에 기여해야만 했던 시대적 상황도 밀접한 관련성을 가지고 있었다.

〈부표 1〉 옥산서원 규약

제1조	옥산서원은 이회재(李晦齋) 선생을 향사(享祀)하는 서원으로 한다.
제2조	옥산서원은 이회재 선생의 유훈을 준수함과 함께 존현양사(尊賢養士)를 하고, 유도(儒道)의 진흥을 도모하는 것을 목적으로 한다.
제3조	옥산서원은 유림으로 조직한다.
제4조	제2조의 목적을 달성하기 위해 다음의 행사를 실시한다. 1. 매년 유림 중 학식, 인격, 문벌 등이 우수한 자를 선정하여 옥산서원에 종사하게 하고, 청금안(靑衿案)에 등록한다. 2. 매월 15일 및 말일 2회에 걸쳐 옥산서원의 유사는 그 묘우(廟宇)에 향알(香謁)을 시행한다. 3. 서원의 원장은 매년 춘계, 추계에 걸쳐 제주(祭主)가 되어 유림과 함께 엄숙히 향사를 시행한다. 4. 유림 중 독행자에 대해서는 이를 표창하고 불량자에 대해서는 이를 징벌한다.
제5조	옥산서원은 다음의 역원을 둔다. 단 역원은 명예직으로 임기는 4년으로 한다. 유사 1인 이사 1인 평의원 12인 고문 2인 → (개정) 원장 1인 이사 1인 유사 1인 고문 1인 평의원 12안
제6조	원장은 서원을 통할하고 이를 대표한다. → (개정) 서원은 원장 또는 이사가 통할 대표한다. 유사는 원장을 보좌하고 향사에 관한 사항을 담당한다. → (개정) 이사는 재무 및 서무에 관한 사항을 담당한다. 이사는 원장을 보좌하고 재무 및 서무에 관한 사항을 담당한다. → (개정) 유사는 원장을 보좌하고 향사에 관한 사항을 담당한다. 평의원은 원장, 유사, 이사가 부의한 중요사항을 심의한다. 고문은 특별히 중요한 사항에 참여한다.
제7조	원장 및 역원은 다음의 자격자로 하고 유림총회에서 이를 선임한다. 원장은 학덕, 문벌, 명망이 현저하여 유림의 원로가 될 수 있는 자 유사 및 이사, 평의원은 학식, 문벌, 인격 등이 우수한 자 → (개정) 이사 및 유사, 평의원은 학식, 문벌, 인격 등이 우수한 자

제8조	본원에 서기 2명을 두고 원장이 임명과 해임을 한다. → (개정) 본원에 서기 2명을 두고 원장 및 이사가 임명과 해임을 한다. 서기는 유사 및 이사의 명령에 따라 사무에 종사한다. → (개정) 서기는 원장, 이사, 유사의 명령에 따라 사무에 종사한다.
제9조	옥산서원은 다음과 같이 정기평의원회 및 임시평의원회를 개최하고 실시사항을 평의결정한다. 정기총회는 1월 5일, 춘향(春享), 추향(秋享), 이회재 선생 기제일 등에 이를 개최한다. 임시평의원회는 임시 필요함에 따라 개최한다. 회의의 의장은 원장으로서 하고, 의결은 다수결로 한다. 단 가부동수일 경우는 의장이 결정하는 것에 따른다. → (개정) 회의의 의장은 원장 또는 이사 및 유사로 하고, 의결은 다수결로 한다. 단 가부동수일 경우는 의장이 결정하는 것에 따른다. 단 간단한 사건에 대해서는 서면회의로서 의원의 3분의 2 이상의 동의를 얻어 의사를 결정할 수 있다. 원장이 사고가 있을 경우에는 유사 또는 이사가 원장의 직무를 대리한다. → (개정) (삭제)
제10조	옥산서원의 경비는 기본재산의 수입 또는 독지자의 기부금으로 충당한다.
제11조	경비는 매년도 예산을 편성하고 연도말에 결산을 마치고 평의회에 보고한다.
제12조	세입출은 관계회계장부 및 수입지출증빙서를 보존하고 10년간 증빙해야 한다.
부칙	본 규약은 1940년 4월 20일부터 이를 시행한다. → (개정) 본 규약은 1941년 6월 8일부터 이를 시행한다.

*출전: 「玉山書院規約」, 玉山書院, 『往復書類綴』(1940년 9월 30일~1942년 12월 15일)

〈부표 2〉 1940~41년도 옥산서원 세입출 예산(단위: 원)

세 입				
항목	세부항목	1940년도 예산액	1941년도 예산액	내 역
1. 재산 수입	소작료	6,061	6,061	답: 56,598평 (평당 10전의 비율 5,659원 80전) 전: 13,379평 (평당 3전의 비율 401원 37전)
	소계	6,061	6,061	
2. 잡수입	예금이자	12	12	예금이자 12원 77전. 경비예금 매일 재고 평균 500원 일보 7리의 비율(연리 2.555%)
	소계	12	12	
3. 차입금		18,000	2,000	
합계		24,073	8,073	

세 출				
항목	세부항목	1940년도 예산액 (경정예산)	1941년도 예산액	내 역
1. 제사비	향사비	200	400	추향비 200원
	대제비 (大祭費)	200	200	
	향알비 (香謁費)	72	120	1회 평균 3원 24회분 72원 (1회 평균 6원, 12회분)
	소계	472	720	
2. 회의비	회의비	100	96	유림총회비 55원 비용변상 45원 :원장 3원, 이사 3원, 유사 3원, 평의원 36원(12인분 1인당 3원). 비용변상 96원 :원장 1회 3원 3회분, 이사 1회 3원 3회분, 유사 1회 2원 3회분, 평의원 1인 2원 3회, 12인분 72원.
	잡비	70	50	접대비 50원 제잡비 20원 접대비 50원
	소계	170	146	

3. 사무비	서기 급료	60	120	1인 평균 30원 2인분(반년분) 1인 평균 60원 2인분
	여비	200	150	역원 및 서기 여비
	수용비	250	150	비품비 100원 소모품비 100원 통신운반비 30원 잡비 20원 비품비 50원 소모품비 50원 통신운반비 30원 잡비 20원
	원유건물 유지비	100	50	
	용인비(傭人費)	360 (1,000)	750	용인료 1인 평균 30원 3인분 (용인료 1인 평균 100원 10인분) 용인료 1인 평균 150원 5인분
	소계	970 (1,610)	1,220	
4. 사업비	교육비	800 (1,300)	1,200	옥산사립학교학교 경리비
	소계	800 (1,300)	1,200	
5. 잡지출	공과금	10	5	
	구채 상환비	18,000	0	
	연부 상환비	644	1,897	연부금 1,288원의 반(半)연부금 1941년도 9월·1942년 3월 상환 각각 948원 27전.
	신탁보수		607	
	회재선생 종가 위전 유지비	600 (0)	0	
	계정수호비 보조	1,000	0	
	잡비	100	100	
	소계	20,354 (19,754)	2,609	
6. 예비비		1,307 (767)	2,178	
합계		24,073	8,073	

* 출전: 「昭和十五年度玉山書院歲入歲出豫算」·「昭和十六年度玉山書院歲入歲出豫算」, 玉山書院, 『往復書類綴』(1940년 9월 30일~1942년 12월 15일)
* 비고: 내역의 윗 칸은 1940년도, 아래 칸은 1941년도분임.

【참고문헌】

〈자료〉

玉山書院, 『往復書類綴』(1940년 9월 30일~1942년 12월 15일)
朝鮮信託株式會社, 『朝鮮信託株式會社十年史』, 1943
『동아일보』, 『釜山日報』

〈저서〉

이수환 편저, 『옥산서원지』, 영남대학교출판부, 1993
이수환, 『조선후기 서원연구』, 일조각, 2001

〈논문〉

김용섭, 「한말·일제하의 지주제－사례 5, 일제하 조선신탁의 농장경영과 지주제변동－」, 『동방학지』 70, 1991
오이환, 「일제시기의 덕천서원」, 『동양철학』 32, 2009
윤선자, 「일제하 호남지역 서원, 사우의 신설과 복설」, 『한중인문학연구』 22, 2007
이병훈, 「19~20세기 영남지역 향촌사회와 경주 옥산서원의 동향」, 『한국서원학보』 4, 2017
이병훈, 「경주 옥산서원 원임의 구성과 성격」, 『민족문화논총』 67, 2017
이수환, 「조선후기의 서원－옥산서원을 중심으로－」, 『국사관논총』 32, 1992
이수환, 「영남지역 서원건립 상황과 특징」, 『민족문화논총』 78, 2021
최성한, 「한말·일제강점기 영남지역 서원·사우의 건립 양상」, 영남대학교 석사학위논문, 2021.

제향 인물 변천을 통해 본 중국 서원의 사상적 특징-강서(江西) 일대 서원을 중심으로

배 다 빈

Ⅰ. 들어가는 말

본고의 목적은 중국 강서성 일대 주요 서원의 제향 인물과 그 변천 양상 파악을 통해 중국 서원의 사상적 보편성과 지역성을 도출해보는 것이다. 서원의 제향 인물은 곧 그 서원의 학술적 정체성과 학문 경향, 그리고 학맥의 정통성 등을 드러낸다는 점에서 서원 연구에 있어 핵심적인 연구 테마이다. 그러나 중국 서원의 핵심 기능에 관한 국내 연구는 상대적으로 희소하다고 할 수 있는데, 특히 동일 테마의 한국 서원 관련 연구성과에 비하면 초보적 단계에 머물러 있다고 볼 수 있다. 다만 신현승은 강서성과 서원 문화라는 연구 테마와 관련해 본 연구 주제에 정당성을 부여하는 중요한 자료를 제공해주고 있으며,[1] 범혜한의 논문은 강서 백록동서원의 연혁과 운영 구조를 분석함으로써 그 역사적 의미를 밝힌다는 점에서 많은 직접적 참고 자료를 제시한다.[2] 그러나 국내외를 막론하고, 중국 서원 제향 문화를 직접적으로 토론하는 연구는 중국 현지에서도 그리 많지 않거니와 국내에는 전무한 실정이다. 이에 필자는 강서지역 주요 서원의 제향 인물에 대한 분석

1) 신현승, 「중국 강서의 문화지리와 유교에 대한 고찰」, 『동아시아고대학』 61, 동아시아고대학회, 2021.

2) 範慧嫻, 「白鹿洞書院의 성립과정과 조선의 서원-주희의 서원관을 중심으로」, 한국학중앙연구원 석사학위논문, 2015.

을 통해, 강서 일대의 유학 학풍과의 관련성 및 주요 서원의 성격을 알아보고, 나아가 제향 대상의 변천으로부터 발견되는 일련의 사상적 보편성과 지역성에 그 이론적, 실질적 당위성을 기하는 해석을 부여해보려 한다.

필자는 우선 '강서', '제향 인물', '지역성과 보편성', 그리고 '사상적 변천'이라는 용어로 연구 범위를 특정하게 된 동기를 구체적으로 밝혀두고자 한다. 우선 연구 지역에 관하여 말하면, 강서성[3]은 중국에서 명-청대에 걸쳐 가장 많은 서원이 설립된 지역 가운데 하나로 꼽힐 뿐만 아니라, 전통 서원의 형태와 학술적 의미를 정초한 주희(朱熹)의 백록동서원이 소재한 지역이기도 하다. 이 두 사실은 강서 일대의 서원 조성과 발전이 중국 전체의 서원사에 있어 핵심적인 지위를 차지하고 있음을 시사한다. 다음으로 서원의 제향 인물은 한 서원의 건립 이념, 학술 경향 및 정통 학맥을 파악할 수 있는 주요 요소로서, 서원의 원임 계보 및 강학 내용과 더불어 그 서원의 성격을 규명할 수 있는 개념이다. '지역성'과 '보편성'은 일종의 상대적 개념이라 볼 수 있다. '지역성'은 시공(時空)의 변화, 차이에 따라 발생하는 각 서원의 개성적 특징을 의미하고, '보편성'은 각 서원이 지리적, 구조적 차이에도 불구하고 공유하고 있는 공통적 특징을 의미한다. '사상적 변천'은 곧 필자가 이 논문을 통해 밝히고자 하는 강서성 일대 주요 서원 제향 인물의 보편화 양상 및 지역성의 유지 가운데 '사상적 특징'으로 규명할 수 있는 변화를 말한다.

사실 이처럼 시공적, 주제적 특정을 분분히 밝히는 것은, 기존의 한국 서원의 제향 인물에 관한 연구 접근법을 중국 서원 연구에 적용하기에는 그 연구 범위 및 단계 차원에서 어려움이 있음을 고백하는 것이기도 하다. 우선 대상 범위를 고려해보면, 중국 서원의 최대 부흥기였던 명·청대 강서

3) 현재 강서는 '성(省)'급 행정단위로 분류되어 강서성이라 부르는 것이 일반적이다. 그러나 본고에서는 당대(唐代)부터 강서성의 지역 구획에 많은 변동이 있었을 것을 고려하여, 이하 '강서지역' 혹은 '강서 일대'라는 표현을 주로 사용하여 표현의 오류를 방지하고자 한다.

일대에 건립, 유지된 서원은 각각 221·282개소[4]에 달한다. 따라서 강서지역에 소재한 서원들의 모든 제향 인물을 열거하는 것은 근본적으로 물리적인 한계가 있거니와, 이로부터 귀납할 수 있는 연구 결론 또한 모호해질 우려가 있다. 그렇다고 각 서원의 제향 인물을 구성하고 있는 선현(善賢), 선유(先儒) 및 향현(鄉賢), 명환(名宦)의 양상을 엄밀하게 분석하기 위해 특정 지역의 부(府), 현(縣) 단위로 그 범위를 좁히게 되면 그 지역을 채택하게 된 동기를 특정하기 어려울 뿐만 아니라, 국가적 차원에서 대표성을 갖는 중국 서원의 특징을 고찰해볼 수 없다는 점에서 다소 연구 가치가 떨어질 것으로 우려된다. 여기에서 연구 단계의 시의성에 관한 문제가 발생한다. 즉 국내에서는 아직 중국 특정 지역의 향현, 명환의 출신, 학맥뿐만 아니라, 그들과 주요 유가 학파와의 긴밀한 연관 관계가 사료적으로 면밀하게 검토되지 않은 상태이다.

따라서 필자는 중국 서원에 관한 연구가 여러 방면에서 초기 단계에 머물고 있다는 점을 고려하여, 강서지역 내부에서 비교적 규모가 크고 명성이 높은 서원을 위주로 그 사례를 확인해봄으로써, 나름의 연구 정당성과 내용적 가치 및 연구 결론의 유효성을 확보하고자 한다. 여기에는 소위 강서 4대 서원으로 알려진 백록동서원(白鹿洞書院), 백로주서원(白鷺洲書院), 예장서원(豫章書院), 아호서원(鵝湖書院)을 비롯하여, 송대 유학자 육상산(陸象山)을 조사(祖師)로 삼는 상산서원(象山書院)과 여러 서원에 대한 간단한 언급이 포함된다. 본 연구를 통해, 필자는 시론적이나마 중국 전통 서원의 제향 특징, 지역성, 보편성을 다각도로 확인해볼 것이다. 이는 향후 중국 서원 연구에 기초적 자료를 제공함과 동시에 한국 서원과의 비교 연구에도 유의미한 모델을 제시할 수 있을 것으로 생각된다.

---

4) 範莉娟, 「明清時期江西書院祭祀活動及其啟示研究」, 江西師範大學碩士學位論文, 2019年, 10쪽 도표 참조.

Ⅱ. 중국 서원의 발생부터 서원 기능의 완비

중국 서원의 제향 인물의 특징을 부각하기 위해서는, 먼저 중국 서원의 번영 시기 및 그 원인, 그리고 경과에 대한 대략적인 파악이 필요하다. 시대에 따른 서원 제향 인물의 변화 양상은 각 시대의 서원 발전도 및 그 배후의 서원 건립 주체, 교학 이념과 같은 근본적 요소들의 영향을 받고 있기 때문이다. 그러므로 우선 중국 서원의 역사에 대해 잠깐 살펴보도록 하자. 서원의 시초에 대해서는 학계에서 의견이 분분하지만[5], 대부분 중국 연구자들은 당대(唐代)에 존재했던 몇몇 서원들을 그 시초로 보고 있으며, 시기를 구분하면 당대 전체-오대(五代) 말기(618~960년)를 서원사의 초기로 간주한다.

당시만 하더라도 서원은 중국 전역에 걸쳐 거의 설립되지 않았고, 설립 주체 또한 민(民), 관(官)으로 각기 달랐다. 당연히 건립 목적 또한 명확한 차이를 보인다. 예컨대 최초의 민간서원으로 알려진 유현(攸縣) 광석산서원(光石山書院)은 당시 사인(士人)들이 사적으로 책을 읽고 함께 공부하던 곳으로, 오늘날 우리가 생각하는 서원의 기초적인 제도 장치가 거의 완비되어 있지 않았다. 이에 대비하여 관(官)에 의해 설립된 여정서원(麗正書院), 집현서원(集賢書院) 또한 사실 조정의 서적을 관리, 보관하는 목적으로 건립, 운영되었던 기관이다. 즉 이 시기 '서원'이라는 명칭은 상이한 두 학술 조직을 아우르는 동일한 표현이었다고 보아도 무방할 것이다. 특히 두 기관 모두 강학(講學), 제사(祭祀), 학전(學田)과 같은 오늘날 서원의 주요 기능은 공유하지도 않았거니와 거의 갖추지도 못했다는 점에서 그 차이가 더욱 극명하게 드러난다.

당대 서원 체제는 북송 시기로 넘어가면서부터 정부의 주도 아래 새로

5) 이 기원에 관한 다양한 견해는 範慧嫻, 「白鹿洞書院의 성립과정과 조선의 서원-주희의 서원관을 중심으로」, 한국학중앙연구원 석사학위논문, 2015, 12~13쪽에 압축적으로 소개되어 있다.

운 변화 양상을 보인다. 북송 초기, 중앙 정부가 관원을 양성하는 관학 시스템을 구축하지 못했던 불안정한 상황에서, 정부가 관원을 양성하기 위한 일종의 변통으로서 서원을 관방 교육의 대체재(代替財)로 적극 활용하였다. 물론 당시 서원의 건립 주체들은 민, 관을 막론하고 다양했으며, 이때부터 점차 강학 기능이 갖추어지기 시작했다는 점도 주목된다. 그러나 이와 같은 배경 아래, 서원의 강학 내용은 조정의 관원 양성이라는 수요에 조응하였고, 따라서 비교적 정형화된 과거지학(科擧之學)이 주를 이루었다. 아울러 서원 또한 운영 측면에서 정부로부터 사서(賜書), 사액(賜額), 사전(賜田) 등을 포상 형식으로 원조받으면서 발전했다. 이후 조정이 관학 체제를 완비하게 되자, 활용도가 떨어진 수많은 서원이 다시 훼철(毁撤)되거나 아예 관부 소속 교육기관으로 편입되고 만다.[6] 대표적으로 북송 말엽 이미 드높은 명성을 자랑했던 응천부서원(應天府書院), 석고서원(石鼓書院)은 각급 지방 행정 구역의 관학으로 예속되었고, 강서 백록동서원(白鹿洞書院)은 아예 훼철되었다.

그러나 북송 시기에 정부로부터 집중적으로 교육 재원 및 경제적 지원을 받으면서, 오늘날 서원을 구성하는 주요 기능이 확립된 것 또한 주목할 만한 사실이다. 강학(講學), 장서(藏書), 학전(學田), 그리고 제사(祭祀)라는 4대 기능이 관학을 모방하는 방식으로 서원 내부에 설치되었으며, 이에 필요한 재정적 지원 또한 중앙 정부 혹은 지방 관아의 지원으로 이루어졌다. 따라서 북송 후기 정부의 지원이 끊기면서 많은 서원이 훼철, 방치되기 전까지, 관학과 더불어 완비된 북송 서원의 주요 기능들은 남송 이후 서원 재건 과정에서 다시 전승된다.

북송 시기 중국 서원의 보편적 특징을 관학화된 교육기관으로 특정할 수 있다면, 남송의 서원 제도와 건립은 과거와 확연한 대비를 이루는 또 다른 동력 및 목적의식에서 비롯된 것이다. 즉 관련 연구자들은 이학자 주

6) 鄧洪波, 『中國書院史』, 東方出版中心, 2004年, 77쪽.

희(朱熹)의 학술 정신과 그의 백록동서원(白鹿洞書院) 재건 작업이 핵심 기점이 되었다고 본다. 말하자면 남송 시기는 민간 사학으로서 중국 서원 전통의 패러다임이 새롭게 확립된 시기로, 이에 이르러 비로소 원임 구성 방식이나 경비 마련 경로 등 후대 서원 내부 요소들을 확립하는 데 모범이 된 체계적인 틀이 조성되었다. 동시에 이 시기는 강학 내용, 장서 자료, 제향 인물 모두에 이학적 특징이 스며들게 된 학술적 전환기이기도 하다. 덧붙이자면 백록동서원은 강서 소재 서원일뿐만 아니라, 강서 4대 서원, 나아가 중국 전체에서도 '천하 4대 서원'으로 꼽히는 대표 서원이다. 그러므로 강서의 유풍(儒風) 전승, 이학의 집대성과 보급, 그리고 민간 사학으로서의 중국 서원의 풍부한 기능 완비와 확산이라는 세 가지 요소는 상호 긴밀한 역사적 관계를 맺으면서 강서지역을 기점으로 시작되었고, 이 영향력은 이후 명, 청대에 이르러서도 유학자들의 활발한 활동과 더불어 더욱 증폭된다.

Ⅲ. 강서 지역의 학풍(學風)과 서원의 번영

중국사 전체를 조망해보면, 대부분 왕조에서 국가의 정치 이념이자 학자들에 의해 심화된 주류학술 사조는 바로 유학(儒學)이라 할 수 있다. 특히 한대(漢代) 이후로는 갖가지 사회 불안정과 정치적 위기에 당면하여 유학자들의 사상적 반성 혹은 학술적 회의(懷疑)가 있었을지언정, 유학 자체는 결코 관학의 지위를 상실하지 않았다. 그러나 좀 더 지역적인 시각에서 접근해보면, 공자가 출현하고 선진 유가가 왕성하게 활동했던 제로(齊魯) 지역, 즉 산동(山東) 일대가 줄곧 유학의 헤게모니를 장악한 것은 결코 아니었다. 특히 송대 이후 왕조의 교체로 인해 정치적 중심이 남방으로 옮겨감에 따라, 그리고 사상적 패러다임의 변혁과 더불어 중국 남방 지역이 유학 중흥의 거점이 된 시기가 있었다. 이것이 바로 북송 주요 이학자(理學

者)로부터 발발하여 남송(南宋) 주희(朱熹)에 의해 집대성된 신유학(新儒學)이 탄생한 11~13세기의 송대(宋代)이다. 그리고 강서지역은 이 신유학의 발전과 중국 서원의 발전에 있어서 모두 핵심적인 사건과 활동이 발생한 지역이다.

역사적으로 보면, 강서는 중국의 주요 사상인 유(儒), 불(佛), 도(道)가 모두 흥성했던 지역이다. 예컨대 중국 불교 정토종(淨土宗)의 근원인 여산(廬山) 동림사(東林寺)나 도교의 근거지인 용호산(龍虎山)이 모두 강서지역에 속해 있으며, 당대(唐代) 이래로 수많은 사찰과 사원이 이 지역에 건립, 운영되었다. 강서지역에서는 불교, 도교가 유학보다 더욱 일찍 유행했을 뿐만 아니라, 남송 시기까지 이어진 것으로 보인다. 일례로 주희가 백록동서원을 중건하고자 결심한 데에도 이러한 당시 풍토가 하나의 주요 동기로 작용하였다. 『백록동서원지』에는 주희의 다음과 같은 말이 기록되어 있다.: "이 산(廬山)에 불로(佛老)의 사원이 거의 백여 곳이 있었는데, 병화(兵禍) 이후 남은 것들이 점차 부흥하여 대부분 그 원래 모습으로 복원되었다. 오직 이 유관(儒館)만이 가시덤불에 우거진 모양새였다."[7] 이러한 비교 언급 속에는 당시 쇠락한 유풍(儒風)의 부활을 도모하려는 목적의식이 깃들어 있다. 그러나 강서 출신 유학자 가운데, 남송 이전부터 역사에 이름을 남긴 명인들이 적지 않았다. 예컨대 당송팔대가(唐宋八大家)로 저명한 구양수(歐陽脩), 증공(曾鞏), 왕안석(王安石)이 모두 강서 출신이다. 이들은 시문(詩文), 역사, 그리고 사상 방면에서 모두 강서를 대표하는 명인으로 여겨질 뿐만 아니라, 생전에 풍부한 정무 업적으로도 명성을 남긴 인물들이다. 아울러 신현승에 따르면 당대로부터 청대에 이르기까지 다섯 왕조에서 강서 출신 진사는 총 10,495명에 달하는데, 이는 전국 비율의 10.99%에 해당하며, 이 가운데 장원급제자가 48명이다. 동시에 『명사·유림전(明史·儒

7) 毛德琦, 『白鹿書院志』 卷二, 「乞賜白鹿洞書院敕額」: "此山佛老之祠, 蓋以白數, 兵亂之餘, 次第興葺, 鮮不複其舊者, 獨此儒館, 莽爲荊荊榛."

林傳)』에서는 총 115명의 저명한 유학자를 언급하고 있는데, 그 가운데 강서 출신이 35명으로 가장 많다.[8)] 그러므로 강서지역이 고래로 전통 있는 유풍(儒風)을 가진 지역이었음은 분명하다.

이러한 기초 위에서, 남송 이래 강서지역의 유학이 더욱 발전, 확장은 곧 서원의 부흥과 직결되며, 그 중심에는 주희의 백록동서원 중건(重建)이 있었다고 말할 수 있다. 이학(理學)의 기초를 닦은 주돈이(周敦頤)를 비롯하여, 장재(張載), 이정(二程)이 활동하던 북송 시기만 해도, 서원이라는 민간 교육기관과 이학의 관계는 그리 긴밀하지 못했다. 주돈이가 생전에 교육 전파를 위해 강서 남창부(南昌府)에 염산서원(濂山書院)[9)]을 건립하고 학자들을 초빙하였지만, 이학 자체는 관학화된 대부분 서원과는 기능적으로 결이 맞지 않았고, 역사적으로도 이 사실 자체가 북송대 이학 발전 및 보급에 큰 영향은 끼치지 못한 것으로 보인다.

남송 시기에 주희가 중건한 백록동서원은 당대(唐代)부터 존재했던 여산국학(廬山國學)을 기원으로 본다. 이후 역사적 굴곡 끝에 순희(淳熙) 6년(1179년), 주희가 남강군(南康軍)의 지사(知事)로 부임한 뒤 황폐화된 백록동서원 부흥에 착수하면서 서원의 원규, 강학 교재, 방법 및 학전 유치, 사우 건립 등 거의 모든 구성요소에 개입, 혁신을 이루었고, 이 모든 요소가 곧 남송 이래 중국 서원의 전형(典型)이 되었을 뿐만 아니라, 이후 조선의 서원 건립에도 직접적인 영향을 미쳤다. 구체적으로 말하면, 주희가 백록동서원 중건 당시 여조겸(呂祖謙)과 함께 작성한 『백록동서원게시(白鹿洞書院揭示)』는 이후 거의 모든 서원의 원규 작성의 모범이 되었다. 이 게시문은 사인(士人)으로서 마땅히 갖추어야 할 근본, 즉 오륜(五倫)의 뜻을 밝히고, 그 구체적인 수신(修身)법에 대해 환기, 제안하는 내용으로 구성되어 있다.[10)] 이는 금계(禁戒) 조항으로 이루어졌던 종래의 서원 원규(院規)와는

8) 신현승 「중국 강서의 문화지리와 유교에 대한 고찰」, 『동아시아고대학』 61, 동아시아고대학회, 2021, 146쪽.

9) 후대의 강서 염계서원(濂溪書院)의 전신(前身)이다.

질적으로 다른 교육사상을 보여주는 것이다. 즉 공명(功名)과 이록(利祿)을 추구하는 과거시험을 위한 주춧돌의 기능에서 벗어나, 서원이 생도들에게 있어 유학자로서 진정한 수신(修身)과 궁리(窮理)에 힘을 쏟는 장소가 되길 바라는 주희의 교육관이 드러나는 것이다. 아울러 『백록동서원게시』는 주희가 직접 편찬한 사서(四書)의 내용을 선별하여 작성되었다는 점에서 이학(理學)이 유학의 적통 학문이라는 그의 관점을 반영하기도 한다. 나아가, 주희가 채택한 강학 교재나 강학, 집무를 위해 초빙한 유학자 모두 이학과 연관되어 있다는 점에서도, 당시 서원의 발전과 교류는 이학의 발전과 함께하게 되었음을 확인할 수 있다.[11)]

남송 이래 서원 발전의 중심이 주희였고, 그 교학, 운영의 사상적 기조(基調)가 이학이었다는 점은 바로 신유학의 학문 수양 및 학술 전파의 거점이 백록동서원이 위치한 강서 일대를 중심으로 이루어졌음을 시사한다. 주희는 생애 수많은 서원을 건설, 중수하였는데, 그가 복원과 건립에 관여한 서원만 67개소에 달한다. 이에 따라 소위 '서원과 이학의 일체화' 양상이 서원 문화 발전의 핵심으로 작동하게 된 것이다. 물론 거시적으로 보았을 때, 이학 전통은 중국 남방 전체를 둘러싸고 전개되었다고 할 수 있다. 그러나 서원의 건립과 운영이라는 시각에서 보면, 백록동서원을 기점으로 한 강서지역의 활발한 발전 양상이 실제로 드러난다. 아래 표는 당대(唐代)부터 서원이 존재했던 중국 각지의 역대 신설 서원 통계이다.

---

10) 吳國富 編纂, 『新纂白鹿洞書院志』, 江西人民出版社, 2015, 254~255쪽: 「白鹿洞書院揭示」, "父子有親, 君臣有義, 夫婦有別, 長幼有序, 朋友有信. 右五敎之目, 堯舜使契爲司徒, 敬敷五敎, 卽此是也. 學者學此而已, 而其所以學之之序, 亦有五焉. 其別如左 ; 博學之, 審問之, 愼思之, 明辨之, 篤行之. 右爲學之序, 學問思辨四者, 所以窮理也. 若夫篤行之事, 則自修身以至於處事接物, 亦各有要, 其別如左 ; 言忠信, 行篤敬, 懲忿窒欲, 遷善改過. 右修身之要, 正其誼不謨其利明其道不計其功, 右處事之要 ; 己所不欲, 勿施於人. 行有不得, 反求諸己. 右接物之要.

11) 이에 관한 구체적인 영향으로는 羅爽, 「從白鹿洞書院看宋代書院的發展」, 『語文教學與研究(大衆版)』, 2011年 第2期 참고.

〈표 1〉 중국 당~원대 신설 서원 개수[12)]

	강서	사천	절강	광동	호남	하남	복건	섬서
당(唐)	5	2	3	2	6	1	5	1
북송(北宋)	23	4	4	4	8	5	3	1
남송(南宋)	94	15	60	17	26	0	47	0
원(元)	53	6	36	3	22	16	15	0

수치상으로 확인할 수 있듯이, 당대까지만 해도 서원 개소 분포는 지역별로 큰 차이가 없었다. 송-원대에 접어들면서 강서 일대에 신설된 서원은 중국의 어느 지역보다도 월등히 많다. 이러한 강서지역 우세 양상은 서원이 제도와 사회적 영향 각 방면에서 완비되었다고 평가되는 명대에 이르러서도 서원 자체의 번영과 더불어 절정을 맞이한다. 명대 중국 전역에서, 서원이 최소 100개소 이상 존재했던 지역은 여덟 곳이다. 그 서원 분포 수는 아래와 같다.

〈표 2〉 명대 중국 서원 분포수(100개소 이상 지역)[13)]

강서	광동	복건	절강	안휘	강소	호북	호남
221	207	180	170	144	119	112	100

북-남송 양대에 걸쳐 서원의 기본 제도와 강학 이념 등이 완비되었고, 아울러 남송 시기에 전개된 '서원건설운동'에 힘입어 서원 건립이 크게 확산하였다. 그러나 명대 홍무(洪武)-선덕(宣德) 연간(1368~1435년)에는 조정에서 문교(文教) 사업을 중시하여, 관학과 이에 부합하는 과거제도 교육

12) 당대부터 서원이 존재했던 지역만 표기함. 白新良, 『明清書院研究』, 古宮出版社, 2012年, 245쪽 참고.

13) 範莉娟, 「明清時期江西書院祭祀活動及其啟示研究」, 江西師範大學碩士學位論文, 2019年, 11쪽.

이 크게 강화되었다. 이 때문에 서원의 강학 기능이 감퇴하는 한편, 금천서원(金川書院), 안호서원(安湖書院)과 같은 강서 서원은 사우(祠宇)를 새로 건립하거나 아예 이름을 명현사(名賢祠)로 고치는 등, 그 주요 기능을 제사 위주로 전환하는 모습을 보이기도 한다. 그러나 정통(正統)-홍치(弘治) 연간(1436~1505년)에는 다시 관학이 점점 쇠퇴하면서 서원이 다시 발전하는 추세를 보인다. 정덕(正德)-만력(萬曆) 연간에는 또 새로운 변화의 국면을 맞이하게 되는데, 즉 양명학의 전파와 확산이 무르익어감에 따라 발전을 거듭했다가, 또 국조의 말기에 이르러서는 그 정치적 불안정과 더불어 쇠퇴하는 굴곡을 보인다. 이렇듯 강서 서원은 여타 지역과 마찬가지로, 그러나 더욱 뚜렷하게 주류학술과 국정의 영향을 받으면서 발전을 거듭했다.

청대에 이르면 강서지역에만 282개 소의 서원이 존재했던 것으로 파악된다. 중요한 점은 이러한 강서 일대의 많은 서원과 이로부터 이루어졌을 활발한 학문적 교류가 주희와 그의 이학을 중심으로 시작되었고, 따라서 중국 서원사에서 서원 문화의 발전은 강서 이학의 발전과 불가분의 관계를 맺고 있다는 사실이다. 그러나 주의해야 할 점은, 조선 사대부들을 중심으로 전개된 한국 서원 문화는 그 주류 사조의 일관성에 부합하여, 줄곧 주자학을 모태로 다양한 학술 전승을 진행하고 또 각 지역 재지사족의 학맥 특성을 보여주었던 반면, 중국 서원은 시대의 변천에 따라 송, 원, 명, 청 각 왕조와 민간에서 전파된 다양한 주류 학문 및 민간 신앙의 영향을 골고루 섭취하는 모습을 보여주고 있다는 것이다. 그 가운데 특히 정주이학(程朱理學)과 육왕심학(陸王心學)은 서원의 원임, 강학, 제사 각 방면에 반영되어 그 실제 운영 내용에 있어 더욱 다기(多岐)한 양상을 보여주고 있다. 본문에서는 특히 제사 방면에서 그 변천 양상을 확인해볼 것이다.

Ⅳ. 강서 서원의 제향 인물의 역사적 변천과 그 함의

1. 백록동서원의 제향 인물과 특징

앞서 중국 서원의 원시 형태의 기능에서 엿볼 수 있었듯이, 서원 초기 주요 기능 가운데 제사는 필수 구성요소가 아니었다. 서원 내부에서 중요 인물의 위패를 모시고 제사를 지내기 시작한 것은 서원이 본격적으로 관학의 영향을 받게 된 북송대부터였다. 이학(理學)이 아직 흥성하지 못했던 북송대까지만 해도 서원의 제향 인물은 대부분 공자 혹은 공자와 그 제자들로만 구성되어 있었다. 여기에서 공자 제자에 대한 배향은 또 사배(四配), 십철(十哲), 심지어 72제자 규모로 나뉜다. 사배는 안회(顔回), 증삼(曾參), 자사(子思), 맹자(孟子)를 가리키며, 십철은 당대(唐代)에 정립된 공자의 뛰어난 고제(高弟) 10명, 즉 안연(顔淵), 민자건(閔子騫), 염백우(冉伯牛), 중궁(仲弓), 재아(宰我), 자공(子貢), 염유(冉有), 계로(季路), 자유(子遊), 자하(子夏)를 가리킨다. 72제자는 공자 문하에서 뛰어났다고 전해지는 72인이다. 이상 공자와 공문(孔門) 주요 제자를 배향하는 것은 각 서원의 학파적 개성과 건립 이념과는 별개로 보편적인 현상이었다.

제향 인물 구성의 차이는 남송 이후 전국 각 서원에서 선진제유(先秦諸儒)뿐만 아니라 서원과 관련된 이학자를 제향하기 시작하면서 발생한다. 우선 남송 이래 중국 전통 서원의 핵심 기능과 운영 모델 형성에 있어 선구적 역할을 한 백록동서원의 제향 인물 구성을 살펴보도록 하자. 오국부(吳國富)가 편찬한 『신찬백록동서원지(新纂白鹿洞書院志)』 제사(祭祀) 항목에는 아래 장문의 내용이 수록되어 있다.

> 백록동에서 제사를 지내는 선유(先儒) 선현(先賢)은 선진(先秦) 제유(諸儒)와 이학(理學) 명유(名儒), 그리고 현지의 명현(名賢) 및 공헌이 있는(有功) 이들로 나뉜다.

선진 제유(諸儒)는 공자 및 그 제자들, 특히 사배십철(四配十哲)이다. 사배(四配)는 안회, 증삼, 자사, 맹자이며, 십철(十哲)은 안연, 민자건, 염백우, 중궁, 재아, 자공, 염유, 계로, 자유, 자하이다. 그 전체로 말하면 72 제자이다.

… 이학(理學) 명유(名儒)의 제사로는 주돈이(周敦頤), 정호(程顥), 정이(程頤), 주희(朱熹)가 있다. 개희(開禧) 원년(1205년), 산장 이중주(李中主)가 주돈이, 이정 및 주희 선생을 강당(講堂)에 합사하였다. (명대) 적부복(翟溥福)이 군수가 되자, 주돈이, 주희에 대한 제사를 멈추었으며, 소보(邵寶, 1460~1527)가 주자를 따라 백록동에서 강학하였던 14인을 배향하였다. 이 14인은 임택지(林擇之), 채심(蔡沈), 황간(黃幹), 여염(呂炎), 여도(呂燾), 호영(胡泳), 이번(李燔), 황호(黃灝), 팽방(彭方), 주사(周耜), 팽려(彭蠡), 풍의(馮椅), 장흡(張洽), 진복(陳宓)이다. 제학(提學) 조연(趙淵)이 이에 더하여 육구연(陸九淵)을 배향하였다. 만력 31년, 제학 전기(錢檟)가 왕양명을 함께 제사 지냈으며, 진호(陳皓) 또한 더하여 배향하였다. 청 강희 연간에 자양사(紫陽祠)를 따로 건립하여 주문공(朱文公)을 제사 지냈고, 14명의 제자와 진호 또한 옮겨서 배향하였다. 또한, 정호, 정이를 함께 제사 지내고, 장재, 소옹을 추가하였다. 홍치(弘治) 연간 이전에, 이학 명유 및 현지 명현이 한 곳에 합사(合祀)되었다. 소규(蘇葵, 1450~1509)[14)]가 이발(李渤)의 위패를 별실로 옮겼다. 종유사(宗儒祠), 선현사(先賢祠) 두 곳으로 나누어 배향하였다. 주희 또한 자양사와 종유사로 나누어 모셨다.

현지의 명현(名賢)과 공(功)이 있는 유학자로는 도연명(陶淵明), 류환(劉渙), 이상(李常), 류서(劉恕), 진관(陳瓘) 5인으로, 이들은 광산(匡山) 명현(名賢)들이다. 또 제갈량(諸葛亮)은 주문공(주희)이 찬양하였기에 함께 제사를 지냈다. 또 이발(李渤), 이선도(李善道), 주필(朱弼), 명기(明起), 류원형(劉元亨)이 있다. 사신행(查愼行)이 여산(廬山)을 유람할 때, 이섭(李涉), 안익(顔翊), 주필(朱弼), 황이(黃異), 탕래하(湯來賀)를 더하(여 제향하)였다. 이 10명은 백록동서원의 인물들이다. 또 왕위(王褘), 이령(李齡), 호거인(胡居仁), 소규(蘇葵), 진전(陳銓), 소보(邵寶), 채청(蔡

14) 명대 강서 첨사(僉事). 백록동서원을 증수하였다.

淸), 이몽양(李夢陽), 당용(唐龍)이 있다. 사신행이 여산을 유람할 당시, 왕위는 백록동 사우(祠宇)에서 배향하지 않았으며, 전문시(錢聞詩)를 더하여 배향하였다. 이 10명은 백록동서원에 공이 있는 이들이다. 이들은 모두 선현사에 함께 모셨다. 만력(萬曆) 연간에 충절사(忠節祠)에 제갈량과 도연명을 따로 모셨다.[15]

이상 기록에는 남송 이래 백록동서원의 제향 인물들이 망라되어 있다. 비록 각 제사 인물에 대한 정확한 배향 시점을 기록해놓지는 않았지만, 제향 주체의 생몰연대를 통해 대략적으로 그 선후 순서를 파악할 수 있다. 거시적으로 보면, 백록동서원의 제향 인물은 공자를 비롯한 선진시대 공문(孔門) 유학자들, 저명한 이학자, 그리고 강서지역이나 본원(本院) 관련 인물 총 세 분류로 크게 나뉜다.

그런데 우선 지적할 점은, 선진제유(先秦諸儒) 가운데 사배(四配)에 포함된 인물 구성이다. 상술하였듯 공자와 그 제자들은 선성(先聖, 또는 先師)과 선현(先賢)으로 분류되어 북송 시기 전국 서원 대부분에서 이미 그 제향이 진행되었던 것으로 알려져 있다. 그러나 아성(亞聖)이라 불리는 맹자와 술성자(述聖子)로 기록된 자사(子思) 두 사람은 후대에 알려진 소위 사맹학파(思孟學派)로, 공자의 직전제자군(直傳弟子群)이 아니라 공자 사후 송대 이학과의 정통성, 연속성을 함의하는 개별 학파에 속한다. 이는 중당(中唐) 한유(韓愈)로부터 시작되어, 주희에 의해 정립된 정주이학의 도통(道統) 관념이 반영된 흔적이라 볼 수 있다. 따라서 사배(四配)는 최소한 남송 이후에 생겨난 제향 기준일 가능성이 농후하다. 초영명은 "(주희가) 백록동서원을 중수할 때 공자와 십철의 상을 세웠다. … 그러나 순희(淳熙) 8년(1181년), 주희가 백록동서원 중수를 완료하였을 때에도, 서원의 제사 대상은 여전히 공자와 그 제자들뿐이었다. 이는 곧 당시의 서원 제사 대상이 여전히 공자 등 선진 유학자들을 중심으로 이루어져 있었음을 의미한다."[16]고

15) 吳國富 編纂, 『新纂白鹿洞書院志』, 江西人民出版社, 2015, 341쪽.

진술하고 있다. 여기에서도 주희 생전(1130~1200)에는 공자와 십철의 제사만 이루어졌을 뿐, 공문의 사배(四配) 4인이나 주희가 사숙했던 선배 이학자들은 아직 제사 대상이 아니었음이 확인된다. 반면, 공문에서 가장 뛰어난 제자 그룹을 지칭하는 소위 사과십철(四科十哲)은 『논어·선진』편에 나오는 뛰어난 10인의 공자 제자에 관한 언급에서 비롯된 것으로, 당대부터 존재했던 일종의 고제(高弟) 분류법이었다. 따라서 이 분류법은 북송 시기부터 존재했던 제향 방식이었다고 보더라도 시기상 큰 문제가 없는 것으로 보인다.

다음으로 이학 명유로는 주돈이(周敦頤), 정호(程顥), 정이(程頤), 주희(朱熹) 4인이 먼저 등장한다. 이는 위에서 확인할 수 있듯이 주희 사후 1205년 무렵 당시 백록동 산장의 주도로 이루어진 합사(合祀) 형태이다. 특별한 이유는 확인할 수 없지만, 북송오자 가운데 소옹과 장재는 명대 말기에 이르러 비로소 제향하기 시작했다는 점이 눈에 띈다.[17]

그리고 나머지 배향 인물은 크게 두 가지 유형으로 나눌 수 있다. 하나는 백록동서원만의 고유한 개성을 드러내는 배향 인물들로, 주희와 더불어 백록동에서 강학하였던 14명의 유학자, 그리고 마지막 단락에 나오는 당대의 이발(李渤)[18] 이하 10인은 모두 백록동서원의 창건, 중수에 관련이 있는 선비, 지방관이거나 역대 산장에 해당한다. 그리고 14인 가운데 육상산

16) 胥永明, 戴書宏, 「書院祭祀與時代學術風尙的變遷」, 『東南學術』 2011年 第6期, 235쪽.

17) 이와 명확하게 차이를 보이는 것은 주희가 백록동서원보다 더욱 일찍 서원의 제사형식을 완비한 곳으로 평가받는 죽림정사(竹林精舍)의 제향 인물이다. 주희는 소희(紹熙) 5년(1194년) 죽림정사에서 공자, 안회, 증자, 자사, 맹자뿐만 아니라 송대 이학이 개창된 시기의 몇몇 주요 인물들, 즉 주돈이, 이정 형제뿐만 아니라, 소옹, 사마광, 장재, 그리고 자신의 스승 이동(李侗)을 포함하였다. 胥永明, 戴書宏, 「書院祭祀與時代學術風尙的變遷」, 『東南學術』 2011年 第6期, 236쪽.

18) '백록동'이라는 명칭의 기원에 해당하는 인물로, 남당(南唐) 시기 여산학관에서 흰 사슴을 길렀다 하여 백록동이라는 명칭이 생겼다.

(陸九淵)은 후일 육왕심학(陸王心學)의 개조(開祖)로 알려져 주희를 대표로 삼는 정주이학과는 사상적, 학문적 대립 구도를 형성하는 인물이나, 백록동서원 중건 당시 주희가 초빙하여 『중용』을 강학한 사실이 있다. 그러므로 육상산의 제향은 학문적 차이를 떠나 당시 저명한 학자 가운데 백록동서원에서 강학을 진행한 인물이라는 이유로 포함된 것으로 볼 수 있다.

한 가지 특이한 점은 백록동서원에서 제갈량(諸葛亮)을 제향하였다는 점인데, 오국부(吳國富)의 진술에 따르면, 이는 주희가 생전에 제갈량을 찬미하였기에 원내에 제향하였다고 한다. 실제로 후한 인물인 제갈량은 강서 출신이 아니거니와, 당연히 백록동서원과 어떠한 관계도 맺고 있지 않기 때문에, 이는 주희를 추존하는 수많은 서원 가운데에서도 백록동서원만의 특징으로 보인다. 제갈량과 더불어 충절사에 합사된 도연명의 경우, 원래 강서 출신 명인으로 향현(鄕縣)에 속하기에 제향한 것임을 알 수 있다.[19] 다른 한편으로, 시대사조의 변화에 따른 백록동서원의 제향 인물의 보편화 현상 또한 확인할 수 있다. 이는 유가 사상의 변천이라는 각도에서 정주이학, 육왕심학이라는 뚜렷한 구분이 발생하는 가운데에서도, 기존의 제사 대상들이 출향되지 않고 양가(兩家)를 모두 통섭하는 양상을 의미한다.

따라서 이를 서원 내부에서 일어나는 '학술 사조의 보편화' 또는 '회통(會通)'이라 표현할 수 있다. 이 변화의 일례를 살펴보자면, 명 만력 연간은 양명학이 중국에서 크게 유행하던 시기에 해당한다. 이에 만력 31년에 제학(提學) 전가(錢檟)가 왕양명을 제향하였다는 기록이 보인다. 이후 청대 강희(康熙) 연간에 이르면, 백록동서원은 각급 지방관의 관리, 개입을 거치면서 중수를 거듭하는데, 원내에 자양사(紫陽祠)를 건립하여 주희의 직속 문인들을 제향하고, 기존의 종유사(宗儒祠)에는 주자학, 양명학이 학파적 구분을 두지 않고 선유(先儒)를 제향하는 모습이 확인된다.: "주렴계, 정명도, 정이천, 장횡거, 소강절, 육상산, 왕양명 등 여러 선생을 제사 지냈다."[20] 이

19) 吳國富 編纂, 『新纂白鹿洞書院志』, 江西人民出版社, 2015年, 362쪽 참조.

처럼, 강서 백록동서원 제향 인물의 구성과 변천은 중국 서원사에서 백록동서원이 갖는 선구적 지위와 영향력을 고려해봤을 때 기타 서원과 비교할 수 있는 기준 모델이 될 수 있다. 이를 기초로 강서지역에 소재한 다른 저명한 서원의 제향 구성 또한 살펴보도록 하겠다.

2. 기타 강서 주요 서원의 제향 인물과 특징

강서성에는 유구한 역사를 지닌 저명한 서원들이 많지만, 특히 오늘날 강서사대서원(江西四大書院)으로 여겨지는 주요 서원을 따로 분류하고 있다. 4대 서원은 앞서 언급한 여산(廬山) 백록동서원을 포함하여, 길안(吉安) 백로주서원(白鷺洲書院), 연산(鉛山) 아호서원(鵝湖書院), 그리고 남창(南昌) 예장서원(豫章書院)이다. 비록 각 서원에 따라 기록이 완전히 일실(逸失)되거나 간접 기록 또한 상대적으로 미비한 부분이 있어 엄밀한 상호 비교는 어렵지만, 주요 반열에 오른 서원인 만큼 그 대강의 사료는 확인할 수 있다.

우선 백로주서원이 소재한 길안(吉安) 지역은 일찍부터 많은 유학자, 명신이 배출된 곳으로, 이 지역에 건설된 역대 서원만 거의 300개소에 달한다. 남송 순우(淳祐) 원년(1241), 길주(吉州) 지군(知軍) 강만리(江萬裏)가 백로주서원을 창건하였다. 강만리는 주희의 재전제자(再傳弟子)였으며, 그 창건 목적 또한 정주이학의 전수에 있었다. 강만리는 서원 창건 즉시 주요 제향 인물을 결정한 것으로 보인다. 그는 문묘(文廟), 영성문(欞星門), 그리고 육군자사(六君子祠)를 세워 공자 및 선진제유, 그리고 6명의 이학자를 배향하였다.: "또 사당을 세워, 이정(二程) 선생들을 제사 지내고, 주렴계, 장재, 소옹, 주자를 더하여, 이로써 육군자사(六君子祠)로 지었다."[21] 백로

---

20) 周偉, 『白鹿洞書院古志五種』, 中華書局, 1995年, 1082쪽: "今祀周濂溪, 程明道, 程伊川, 張橫渠, 邵康節, 陸象山, 王陽明諸先生."

21) 劉繹, 『白鷺洲書院志』 卷一, 『建置』, 淸同治十年白鷺書院刻本, 『中國曆代書院志』, 江蘇敎育出版社, 1995年版, 第2册, 568쪽: "又建祠祀二程夫子, 益以周張邵朱爲六

주서원 창건 당시 강만리에 의해 구성된 여섯 명의 제향 인물은 북송오자와 주희로, 곧 순수하게 정주이학을 전승하려는 서원의 학술적 경향을 뚜렷하게 보여준다. 그러나 통시적으로 그 변화 양상을 살펴보면, 상술한 백록동서원과 유사한 제향 인물의 변천이 드러난다. 『백로주서원지(白鷺洲書院志)』에는 다음과 같이 기술되어 있다.

> 원대 지원(至元) 3년, 고심사(古心祠)를 증축하였다. 명 가정(嘉定) 임인년에 서원을 인수산(人壽山)으로 이건하였다. 병오년에 이각(李玨), 납속아정(納速兒丁), 황종명(黃宗明)을 고심사에 배향하였다. … 만력 병술(丙戌)년에 양명사(陽明祠)를 성내에 지었다. 백로주 동곽에는 추 선생과 이하 12공을 배향하였고, 고심사를 양명사로 고쳐 동편(東偏)에서 약간 남측으로 배치하였다. 이각 이하 삼공(三公)을 이렇게 배향하였다. 임진년에 서원을 원래 위치로 이건하였는데, 이정 선생을 모시지 않을 수 없었으므로 "음풍농월(吟風弄月)"의 뜻을 취하여 풍월루(風月樓)에 모셔 제사 지냈으니, 일봉(一峯), 정암(整庵) 두 나(羅) 선생을 제향하였다.
>
> 육군자사(六君子祠) : 주돈이, 장재, 소옹, 정명도, 정이천, 주희.
>
> 명유(明儒) : 왕수인(王守仁), 나륜(羅倫), 나흠순(羅欽順), 추수익(鄒守益), 구양덕, 섭표(聶豹), 나홍선(羅洪先), 왕사(王思), 류괴(劉魁), 류양(劉陽), 구양유(歐陽瑜), 윤일인(尹一仁), 류문민(劉文敏), 류방채(劉邦采), 주녹(周祿), 왕시괴(王時槐), 류원경(劉元卿), 하지(賀沚), 진가모(陳嘉謨), 증고(曾皐), 류봉익(劉鳳翼), 그리고 또 류일승(劉日升), 감우(甘雨), 윤학공(尹學孔)을 제사 지냄.[22]

명대 이전 사전(祀典)이 수시로 증보, 수정되었고 제사 인물 또한 수시로 달라졌다. 명유 24인은 명환(名宦) 및 향현과 병렬되어 있으며, 따로 제사를 지내거나 제향한 위패(木主) 또한 각기 어디에 두었는지 명확하지 않다. "그리고 또

君子祠."

22) 원문에는 모두 성(姓)+명(名)+자(字)+선생(先生)으로 표기되어 있으나 편의상 성명으로 표기함.

제사지냈다"고 적은 3인은 어떠한 근거로 그리하였는지 알 수 없다. 지금 인산서원(仁山書院) 경현사 내부에서는 명환과 향현을 나누어 합사하고 있다.

강공사(江公祠), 사공사(四公祠), 현후사(賢侯祠)에 명환, 향현을 따로 나누어 배향하였다. 강공사에는 서원 창건자인 길안 태수 강만리를, 사공사에는 원명(元明) 시기 서원을 수복, 중건한 인물들을, 그리고 현후사에는 명대 길안 태수(太守) 4인과 송대 현령(縣令)을 1인 제향하였다. …(이하 생략)[23]

이상 서원지의 내용은 원, 명대 이후 백로주서원 제향 인물의 변천 과정을 간명하게 보여준다. 이각, 납속아정, 황종명은 모두 원-명대에 서원을 보수, 중건한 현지 지방관이다. 그보다 눈에 띄는 점은, 만력 14년(1586년) 서원 측면에 양명사를 건립하였고 동곽에는 추수익 이하 12공을 배향하였다는 것이다. 양명사의 명칭은 왕양명에서 비롯된 것이며, 추수익은 왕양명의 제자이다. 서원지에는 명유(明儒) 항목을 따로 분류하여 24명의 유학자를 수록하고 있는데, 뒤의 제향 이유를 알 수 없다고 언급된 세 사람을 제외하면 모두 양명의 제자이거나 양명학파의 문인들로 확인된다. 그런데 이 기록은 송대 이전부터 수시로 증보, 수정된 것으로, 각 인물이 정확히 언제 제향되었는지 확인하기 어려운 것으로 보인다. 다만 이로부터 알 수 있는 것은, 최소한 명 만력 이후부터는 백로주서원에서 송대 유학자 6인을 '송대유(宋大儒)', 명대 유학자 24인을 '명유(明儒)'로 분류하여 모두 제사 대상으로 삼았다는 것이다. 이는 명대 말기 본 서원의 운영과 교학 이념에 있어서 정주이학과 양명심학의 구분이 크게 중요하지 않았으며, 이학(理學)이라는 대범주로 서원 제향이 진행되었음을 좌증한다.

이러할 뿐만 아니라, 만력 20년(1592년), 지부(知府) 왕가수(汪可受)가 서원을 다시 백로주로 이건하면서, "선현사(先賢祠)를 지어 이정(二程)에 대해 제사 지내고 나륜(羅倫), 나흠순(羅欽順)를 배향하였다. 또 이학(理學), 충절

23) 高立人 主編, 『白鷺洲書院志』, 江西人民出版社, 2008年, 17~18쪽.

(忠節), 명신(名臣)이라는 불후방(不朽坊) 삼 개소를 건립하였다."[24]고 한다. 기록에 따르면 이학방에는 구양수(歐陽脩), 주필대(周必大) 등 26명을 배향하였고, 충절방에는 진교(陳喬), 양방의(楊邦義) 등 61명, 명신방에는 관련 명신 37명을 배향하여 위패를 안치하였다. 여기에서 구양수, 주필대, 진교, 양방의 등은 모두 길안(吉安) 혹은 현지 출신 명인들에 속한다. 호장춘은 지부 왕가수의 이러한 대대적인 증축을 통해 이루어진 현지 유현(儒賢) 및 관인 배향 작업은 곧 당시 제향의 중심이 더는 양명학이 아니었음을 의미하는 것이라 지적한다.[25] 즉 남송 이래로 백로주서원은 정주이학자-양명학자-이상 유현(儒賢)을 포함한 다수의 향현, 명신 배향으로 그 규모가 극대화되었다는 것이다. 이로써 백로주서원이 주로 제향한 인물을 크게 구분해 본다면, 송대, 명대 이학자 및 서원과 관련된 향현과 명신 네 부분으로 나눌 수 있다. 또한, 청대 이후에는 현지 명신 이외에는 저명한 인물의 제향 변동이 없고 다만 일련의 제향 장소의 변화만 기록된 것으로 보아, 이상 송-명대 정주이학과 양명심학을 대표하는 학자들의 제향이 줄곧 유지된 것으로 보인다.

다음으로 아호서원과 예장서원도 간단히 살펴보도록 하자. 아호서원도 다른 서원과 마찬가지로 공자를 우선적으로 제향하였다. 그러나 타 서원과는 달리, 아호서원에서는 문묘(文廟), 대성전(大聖殿)과 같은 공자를 전문으로 모시는 사우가 한 차례도 건립되지 않았고 다만 서원 강당(講堂)에 공자의 위패를 안치한 것으로 확인된다. 아호서원만의 특징은 바로 1175년 아호서원이 건립되기 전부터 존재했던 아호사(鵝湖寺)에서 학문의 방법을 두고 발생한 아호논변(또는 아호지회[鵝湖之會])를 기념하는 차원에서, 당시 논변의 주역이었던 주희, 육구령, 육구연 형제 및 여조겸 4인을 제향하기 시작했다는 것이다. 아호논변은 어떻게 사람을 가르치고, 또 어떻게 학문

24) 劉繹, 『白鷺洲書院志』 卷一, 江蘇教育出版社, 『中國歷代書院志』, 1995年 판본
25) 胡長春, 「江西古代書院中的祭祀活動及其社會功能」, 『中國書院論壇』 第十輯, 2017年, 135쪽.

을 할 것인가라는 교학(教學)과 수양(修養)의 구체적인 방법에 역점을 두고 있는 중국 철학사에 한 획을 긋는 논변이다. 주희는 격물치지(格物致知)를 강조하여 선현의 경전에 대한 실질적인 학습과 이치의 궁구(窮究), 그리고 구체적인 경험과 학습 실천이 선행되어야 한다고 주장한 반면, 후대 양명 심학의 이론적 모태가 된 육구연, 육구령은 내심(內心)의 체인(體認)을 더욱 중시하여 본심을 밝히는 것이 바로 학문의 요지라고 보았다. 여기에서 다독(多讀), 외재 사물에 대한 궁구(窮究)는 우선 사항에서 멀어지게 된다. 사실 양자는 실재 학문과 심득(心得)을 모두 중시하였지만, 근본적으로는 위학(爲學)의 '근본'에 있어 그 경중의 견해차가 발생한 것이다. 이처럼 내심의 덕성을 밝히는 것이 중심인가, 아니면 구체적 학문의 철저한 실행이 우선인가라는 존덕성(尊德性)과 도문학(道問學)의 분계가 논변의 형태로 발발, 진행되었다는 점에서 이 서원은 태생적으로 고유한 지역성을 지니고 있다. 이에 아호서원 창건 당시부터 사현사(四賢祠)가 건립되어, 청대 말기에 서원이 학당으로 개조될 때까지 이 4명을 주로 배향하였다고 기록되어 있다.

다음으로 예장서원은 강서 남창(南昌) 지역에 건립된 서원이다. 당시 주희 이학의 영향 아래 정주이학을 전파하는 거점이 되었다. 예장이라는 명칭은 서원이 건립된 지역이 고대로부터 예장이라는 지역으로 불리었을 뿐만 아니라, 소위 '예장 나씨(羅氏)' 가운데 저명한 이학자 나종언(羅從彥)의 학문을 특별히 기념하는 의미를 지니고 있다. 나종언은 양시(楊時)의 제자로 생전에 정이천과 교류하였으며, 이후 이동(李侗)을 가르쳤다. 이동은 주희의 스승이므로, 나종언은 정주이학의 학맥상 매우 중요한 지위를 차지하는 인물이다. 그는 정좌(靜坐), 무욕(無欲) 등 수양법에 관한 독특한 관점을 제창하여 예장학파를 이루었는데, 예장서원을 건립한 것 또한 나종언의 후대(後代)와 그 제자들이었다. 예장서원의 제향 인물에 관해서는 『남창부지(南昌府志)』「예장서원기(豫章書院記)」에서 그 일단을 엿볼 수 있다.

> 남송부터 명 만력 사이에 순무사 준운익(淩雲翼), 반계훈(潘季馴)이 서원을 보수하였다. 사우(祠宇)를 송, 원, 명의 여러 유학자를 모시는 곳으로 바꾸면서 '예장24선생사(豫章二十四先生祠)'로 이름을 고쳤다. 강희 28년, 순무 송락(宋犖)이 이학명현사(理學名賢祠)로 이름을 고쳤다. 31년, 순무사 마여룡(馬如龍)이 사우(祠宇)를 보수하였는데, 서원이 오래되어 무너졌다. 56년 순무사 백황(白潢)이 옛터에 서원을 중건하였다는 기록이 있다. 우측에는 강당을, 좌측에는 사당으로 삼았으니, 여전히 선현(先賢), 명유(名儒)를 배열하여 사관(舍觀)이라 불렀다.[26]

여기에서 예장 24선생은 나종언(羅從彥), 삼육(三陸), 이번(李燔), 황호(黃灝), 장흡(張洽), 오징(吳澄), 오여필(吳與弼), 나륜(羅倫), 호거인(胡居仁), 장원정(張元禎), 구양덕(歐陽德), 추수익(鄒守益), 나홍선(羅洪先), 위양필(魏良弼), 서분(徐芬), 나흠순(羅欽順), 호직(胡直), 나여방(羅汝芳), 왕시괴(王時槐), 등이찬(鄧以贊), 이재(李材), 등원석(鄧元錫)이다. 이 제향 인물 구성은 사상적으로 정주이학, 육왕심학을 막론하고 모두 강서 출신이라는 점에서 예장서원의 지역성을 명확하게 보여주고 있다. 게다가 나종언은 송대 신유학 형성의 과정에서 핵심으로 추존되는 인물이기 때문에, 사실상 후대의 이학, 심학과 같은 학문적 분계는 간단히 해소되는 양상을 보여주고 있다. 그런데 청 강희 연간, 순무사 송락이 이 사우를 '이학명현사'로 고치면서 기존 24인에 범녕(範寧), 한유(韓愈), 범중엄(範仲淹), 구양수, 주돈이, 주희, 장식(張栻), 황간(黃幹) 등 23명을 더 추가하여 총 47명을 제향하기 시작했다.[27] 이들은 동진(東晉) 시기부터 당, 북-남송대에 걸쳐 활약한 저명한 유

---

26) 『南昌府志』 卷十七, 「豫章書院記」, 清同治十二年刻本, 942쪽. "自南宋明萬曆間巡撫淩雲翼, 潘季馴,先後修葺, 改祀宋元明諸儒, 稱豫章二十四先生祠, 國朝康熙二十八年, 巡撫宋犖改立理學名賢祠. 三十一年巡撫馬如龍複葺祠右, 書院歲久傾圮. 五十六年巡撫白潢卽舊址重建書院, 有記. 右爲講堂左爲祠, 仍祀先賢名儒旁列, 號舍觀."

27) 胡長春, 「江西古代書院中的祭祀活動及其社會功能」, 『中國書院論壇』 第十輯, 2017年, 136쪽.

학자들로, 그 출신 지역 또한 모두 다르다. 특히 범녕, 범중엄은 이학(理學)과 사상적인 관계가 없으며 각각 동진, 북송 시기의 저명한 유학자이자 정치인일 따름이다. 심지어 건륭 8년(1743년)에는 "순무사 진굉모(陳宏謀)가 다시 정호, 정이, 웅직(熊直), 섭표를 추가로 제향하여 총 51명이 되었다."[28]는 기록도 있다. 여기에서 웅직은 강서 출신 거인(擧人)으로, 명대 인물로 알려져 있으나 생졸 연대는 불명확하다. 섭표(聶豹)는 생전에 양명을 사숙(私淑)했음을 자처한 인물로 양명학자에 가까우며, 지현(知縣), 병부상서(兵部尙書)를 역임한 고관이었다. 그러므로 예장서원 또한 타 서원과 마찬가지로, 시대를 거치면서 점점 '유학'이라는 큰 범주 안에서 제향 인물이 점점 보편화되는 양상을 띠고 있다.

이러한 제향 인물의 확대 및 학파의 회통 양상에는 어떠한 원인이 있는가? 초영명은 다음과 같이 말한다. "백록동서원의 경우, 명대에도 주돈이, 주희, 육상산 세 사람을 종유사(宗儒祠)에서 함께 제사 지냈다. 이처럼 주희, 육상산을 함께 제사 지내는 현상은 (당시) 학술계에서 주희와 육상산이 서로 화합하는 흐름을 보이는 역사적 사실을 반영한다. … 즉 그들의 이론적 가치는 일치하며, 다만 위학(僞學) 방법, 그리고 도를 구하는(求道) 방법에 있어서 차이가 있을 뿐 근본적인 학문의 목적은 동일했다."[29] 오늘날에도 육상산과 주희가 생전에 학문적 차원에서 견해 차이가 발생한 것은 그들의 사상이 이론적으로 모순되었기 때문이 아니라, 다만 위학(爲學)의 중점과 방법론적인 차원에서 차이가 있었던 것으로 인식된다. 그러므로 그들의 "근본적인 학문 목적이 동일했다."고 보는 것은 큰 무리가 없어 보인다. 하지만, 이러한 관점은 한편으로는 명대 당시 다양한 학술 사조의 공존 양상에 빗대어 도출된 일종의 '합리적 추론'이라 의심될 수 있다. 왜냐하면

---

28) 『南昌縣志』 卷十五, 中國方志叢書本, 1935年版 : "巡撫陳宏謀, 復增祀程顥程頤熊直聶豹, 共五十一人."

29) 肖永明, 戴書宏, 「書院祭祀與时代學术風尙的變遷」, 『東南學術』 2011年 第6期, 238쪽.

이러한 판단 속에 종유사에 주돈이, 주희, 육상산이 합사될 수 있었던 까닭을 설명하는 근거 사료는 제시되어 있지 않기 때문이다.

필자가 보기에, 이 변화의 직접적 원인은 남송-명말 기간에 발생한 유가 주류학술 사조의 일대 전환에서 그 구체적인 실마리를 추적할 수 있다. 대표적인 예로, 왕양명은 명 정덕 15년, 16년(1520, 1521년) 두 차례 백록동서원에 찾아와 강학하였다. 당시 백록동서원 산장은 그의 문인이자 태학조교(太學助敎), 입학교수(入學敎授)를 지낸 채종연(蔡宗兗)이었으며, 양명은 직전제자 추수익에게도 각지 문도(門徒)를 이끌고 백록동서원에서 강학하고 학문을 닦을 것을 권하였다.[30] 이러한 사실에 관련하여, 등홍파는 양명이 용장오도(龍場悟道) 이후 정덕 12년 무렵부터 순무(巡撫) 신분으로 강서 각지를 다니면서 활발하게 서원 강학 활동을 하였고, 이러한 연장선에서 "자신의 문도(門徒)들을 통해 주자학의 성채였던 백록동서원을 왕학의 진지(陣地)로 만들고자 하였다"[31]고 지적하고 있다. 우리가 등홍파의 분석을 받아들인다면, 사실 명대 백록동서원 제향 인물의 확대와 학파적 회통은 양명의 적극적인 서원 활동으로부터 시작된 것이라 해도 무방하다. 다른 한편으로, 명대 이후 백로주서원에서 양명학자를 제향하게 된 것은 그 정확한 인과관계를 입증하기 어렵다. 그러나 『백로주서원지』「서원사사기부(書院祠祀起附)」에는 "명 만력 14년 지부(知府) 양유교(楊維喬), 지현(知縣) 전일본(錢一本)이 북성(北城) 백로서원에 양명사(陽明祠)를 세웠다."[32]라는 기록이 있다. 이 문장 속에서 전일본이라는 인물은 양명의 재전제자인 왕시괴(王時槐)에게 사상적 영향을 받은 관리이다. 비록 이러한 간접적 연관성은 정주이학을 근본으로 하는 서원의 왕학화(王學化)에 대한 직접적인 영향력을 포괄적으로 입증할 수는 없지만, 적어도 명대 말기 당시 서원

30) 王守仁, 『王陽明全集』 卷五, 「與趨謙之」, 上海古籍出版社, 1992年, 178쪽.

31) 鄧洪波, 『中國書院史』, 東方出版中心, 2004, 307쪽.

32) 高立人 主編, 『白鷺洲書院志』, 江西人民出版社, 2008年, 21쪽.

운영에 적극적으로 개입한 지방관들 가운데 학자로서 양명학에 깊은 영향을 받은 이들이 있었고, 그 의사 결정 또한 지방관 개인의 학술 경향과 무관하다고 볼 수는 없을 것이다.

그러나 당연히 강서의 모든 서원이 이러한 학파적 회통 양상을 띠는 것은 아니었다. 명, 청대에 새롭게 건립되었음에도, 정주이학을 추존하여 주희 혹은 정주이학자만을 제사 대상으로 삼는 서원이 있었고, 또 양명을 추존하는 서원의 경우에도 그러한 학파적 특색을 계속 유지하는 경우가 많았다. 대표적으로 강서지역에서는 존라서원(尊羅書院), 임여서원(臨汝書院), 근성서원(近聖書院), 복진서원(復眞書院), 종렴정사(宗濂精舍), 매강서원(梅江書院), 호동서원(湖東書院), 지산서원(芝山書院), 망산서원(芒山書院), 자양서원(紫陽書院), 문강서원(聞講書院), 호산서원(湖山書院), 백운서원(白雲書院) 등은 주희 혹은 정주이학자를 주로 제향하였던 서원으로 알려져 있으며, 복고서원(復古書院), 양명서원(陽明書院), 복진서원(復眞書院)은 양명과 그 문인을 주로 제향하는 서원에 속한다.[33] 이처럼 명대 이후에도 제향 인물상에서 명확한 학파적 특색을 줄곧 유지하였거나 창건된 서원 또한 적지 않다.

이 외에도, 시대의 추이에 따라 강서뿐만 아니라 중국 전역의 서원에서 제사를 지내기 시작한 독특한 대상이 있다. 청 강희 56년(1717년), 아호서원에 어서루(禦書樓)가 건립된 후, 그 좌측 단층 건물에 문창제군(文昌帝君)을, 그리고 우측에는 관성제군(關聖帝君)을 제향하였다. 문창제군은 북두칠성의 제1성부터 제4성 사이 여섯 별을 신격화한 것으로, 도교 신앙 문화에서 비롯된 신앙 대상이다. 문창제군은 학문의 신으로 널리 알려져 과거제도의 발전과 더불어 명-청 시기에 입시를 준비하는 유생들에게 인기가 높았다. 이에 관한 또 다른 일례로 상산서원(象山書院)을 눈여겨볼 만하다. 남송 순희(淳熙) 14년(1187년)에 건립된 이 서원은 육구연이 강학한 귀계

---

33) 範莉娟, 「明清時期江西書院祭祀活動及其啟示研究」, 江西師範大學碩士學位論文, 2019年, 42~46쪽 참고.

(貴溪) 상산정사(象山精舍)를 그 전신으로 삼는 곳이다. 이 서원은 육구연 사망 후 1231년에 삼봉산(三峯山)에 재건되었는데, 이때 당시만 해도 상산 후학들의 제사 대상은 육구연, 육구령(陸九齡), 육구소(陸九韶) 삼 형제였고, 그 강학 교재도 육구연의 심학 사상이 담긴 저서가 많았다. 그러나 열악한 경제 상황과 병화 등 여러 사유로 이건(移建)과 쇠퇴를 거듭한 상산서원은 청 동치 2년(1863년)에 이르러 비로소 재건되는데, 이때 기록을 살펴보면 재건을 주도하였던 현령(縣令) 주가포(周葭浦)는 원내에 다른 사우는 특별히 재건하지 않았지만, 문창궁(文昌宮)을 새로 지었다.[34] 이러한 현상에 대해, 범리연은 명, 청대 서원에서 문창각(文昌閣), 괴성루(魁星樓) 등을 지어 제사를 지낸 것은 서원이 점점 과거시험을 위한 부수적 용도로 활용되었기 때문에 보편, 정형화된 현상이라 보고 있다.[35] 그리고 관성제군은 후한말 촉의 장군 관우(關羽)를 가리킨다. 관우 또한 민, 관을 막론하고 충(忠), 의(義)의 대명사로 존경받았으며, 신격화된 인물이다. 그렇다면 당시 중국 각지 서원에서 이러한 도교적 성분이 깃든 신(神)을 모시는 행위는 비교적 보편적인 현상이었을 뿐만 아니라, 과거제도, 서원, 그리고 도교와 유학의 융합 현상의 일환이었다고 볼 수 있다. 『아호서원지』에서도 문창제군을 제사 지낸 것은 학자들의 과거급제를 기원하는 차원에서 이루어진 것이며, 관성제군은 사인(士人)의 충의(忠義) 사상을 배양하기 위함이었다고 소개되어 있다.[36] 이러한 도교 신앙에서 비롯된 존재를 제사 대상으로 삼는 것은 분명 초기 서원의 형태에서는 찾아볼 수 없으며, 당시 유생들의 입신양명의 관문이었던 과거시험의 중요성과 민간 신앙에 대한 서원의 개방성, 그리고 사회 구성원들의 문화적 인식이 복합적으로 작용한 것으로 보인다.

---

34) 王立斌, 『象山書院志』, 江西人民出版社, 2017年, 101쪽.

35) 範莉娟, 「明淸時期江西書院祭祀活動及其啟示硏究」, 江西師範大學碩士學位論文, 2019年, 17쪽.

36) 陳連生 編, 『鵝湖書院志』, 黃山書社, 1994年, 118쪽.

Ⅴ. 나가는 말

중국 서원 문화는 그 역사가 오래된 만큼 많은 변화, 발전을 겪었다. 당, 송, 원, 명, 청에 이르기까지 각지 서원은 운영에 있어 민-관의 융합, 종속, 협력 관계를 구축하였으며, 그 근저에는 주류학술 사상의 전환과 국가 정책의 영향도가 다분히 영향을 미친 것으로 보인다. 그리고 중국 서원의 경우 그 문화의 본산인 만큼 대량의 서원이 대륙 각지에서 발생, 운영되었으며, 따라서 중국 특정 지역 서원들의 운영 특색과 이념을 체계적으로 분석하기 위해서는 구체적인 분석 모델이 요청된다. 이러한 차원에서, 서원이 제향 인물은 각 서원의 건립 이념, 구성원이 추구하는 학술적 풍토, 그리고 민관의 협력 관계 변천 양상을 입체적으로 반영한다는 점에서 서원의 특색을 밝히는 데 유용한 시각이다. 본문에서는 제사 인물의 변천 양상을 통해, 강서지역 주요 서원들의 사상적 특징을 거시적으로 고찰해보았다. 이를 통해 다음과 같은 몇 가지 서원 제향 인물의 특징이 도출된다.

첫째, 강서지역 서원은 남송 주희 이래 가장 주도적으로 신유학과의 일체화가 이루어진 곳인 만큼, 그 제향 인물 또한 대부분 저명한 이학자가 많았다. 이들은 생전에 강서에서 활동하거나, 강서 이학의 발전과 보급에 영향력을 끼친 인물로 구성되어 있다. 따라서 강서 서원의 이학자 제향은 외부적으로는 강서 이학의 보편적 영향력을 드러내고 있으며, 내부적으로는 현지 출신 명인임과 동시에 저명한 이학자를 제향함으로써 그 지역성을 부각하고 있다. 강서 4대 서원 제향 인물들이 모두 이러한 경향을 보이는데, 특히 예장서원의 24인 제향 활동이 그 지역성을 잘 보여주고 있다. 당연히, 이러한 강서 서원 문화의 지역적 핵심성과 보편적 영향력은 주희와 백록동서원이 그 시발점 역할을 하였다고 볼 수 있다.

둘째, 시대와 주류 사상의 추이에 따라, 강서 주요 서원들에서도 제향 인물의 변화가 나타난다. 북송 이전까지는 대부분 서원이 공자와 문인을, 남송 이래로는 정주이학자와 육상산을, 그리고 명 중후기 이후로는 양명학파를 제향하기 시작하는 변화로 나아간다. 그리고 각 서원의 건립 이념과 학술 경향에 따라 정주이학 혹은 육왕심학자를 위주로 제향하는 서원도 지속 출현한다. 이러한 서원 제향 인물 구성의 다양한 형태는 주류 사상 간의 회통과 분기를 구체적으로 드러내고 있다. 특히 명대 서원 운영에 있어 양명과 그 문인들이 서원 운영에 강력하게 개입했음에도 불구하고 정주이학자 제향이 보존되었다는 사실은, 정주이학과 육왕심학이 사상사적인 차원에서는 첨예한 대립 구도를 형성하였으나 서원 운영 과정에서는 여전히 양대 대가(大家)들에 대한 존숭(尊崇) 의식이 반영되었던 것으로 해석할 수 있다. 동시에 양명학이 강력한 영향력을 행사하였던 명대에도 정주이학자만을 제향하는 서원이 지속 출현하였다는 점 또한 명대 유학 사조의 다양성에 대한 방증이다.

셋째, 명-청대에 이르러 서원 곳곳에서 도교 신앙에서 비롯된 문창제군과 관성제군 제사가 이루어졌다는 점 또한 특기할 만하다. 이는 한국 서원 문화에서는 찾아볼 수 없는 중국 서원의 독특한 현상으로, 당시 중국 서원의 문화적 개방성을 다소 반영하는 것으로 보인다.[37)]

이상 서원 제향 인물의 특징 분석은 유학의 주류 사상의 변천 각도에서 이루어진 것으로, 각 서원의 제향 의도와 변화 원인 또한 그 사상 간의 역학관계를 통해서 추측하였다. 그러나 이러한 분석 프레임은 서원 제사 대상 가운데 또 다른 중요한 집단인 향현과 현지 명환(名宦) 분석에 적용하기 어렵다는 점에서 한계를 지니고 있다. 향현과 명환 분석을 통한 지역성과 학맥 관계를 알아내는 것은, 차후 강서 현지의 서원을 둘러싼 지역 사료를 적극적으로 검토해봄으로써 더욱 명확히 밝혀낼 수 있을 것이다. 나아가

---

37) 사실 중국의 서원 연구자들은 중국 서원이 역사상 줄곧 불교, 도교 학관의 다양한 기능들을 적절히 흡수하면서 발전하였다고 본다. 대표적으로 서원의 강학 방법인 승당강설(升堂講說)은 불교 선종(禪宗)이나 선림(禪林)이 행하던 교학 방식으로부터 비롯된 것이다. 李勁松, 「論朱熹興複白鹿洞書院的曆史淵源及其教學改革」, 『江西社會科學』, 2008年 4月, 131쪽.

이로써 강서 서원 제향 인물에 관한 연구 또한 더욱 완전성을 기할 수 있을 것으로 생각된다.

【참고문헌】

신현승, 「중국 강서의 문화지리와 유교에 대한 고찰」, 『동아시아고대학』 61, 동아시아고대학회, 2021.

範慧娴, 「白鹿洞書院의 성립과정과 조선의 서원－주희의 서원관을 중심으로」, 한국학중앙연구원 석사학위논문, 2015.

陳連生 編, 『鵝湖書院志』, 黃山書社, 1994年.

王立斌, 『象山書院志』, 江西人民出版社, 2017年.

高立人 主編, 『白鷺洲書院志』, 江西人民出版社, 2008年.

鄧洪波, 『中國書院史』, 東方出版中心, 2004年.

劉繹, 『白鷺洲書院志』 卷一, 江蘇教育出版社, 『中國歷代書院志』, 1995年.

周偉, 『白鹿洞書院古志五種』, 中華書局, 1995年.

吳國富 編纂, 『新纂白鹿洞書院志』, 江西人民出版社, 2015年.

白新良, 『明淸書院硏究』, 古宮出版社, 2012年.

範莉娟, 「明淸時期江西書院祭祀活動及其啟示硏究」, 江西師範大學碩士學位論文, 2019年.

胡長春, 「江西古代書院中的祭祀活動及其社會功能」, 『中國書院論壇』 第十輯, 2017年.

肖永明, 戴書宏, 「書院祭祀與時代學術風尙的變遷」, 『東南學術』, 2011年 第6期.

羅爽, 「從白鹿洞書院看宋代書院的發展」, 『語文教學與硏究(大衆版)』, 2011年 第2期.

李勁松, 「論朱熹興複白鹿洞書院的曆史淵源及其教學改革」, 江西社會科學, 2008年, 4月.

17~18세기 중국 서원의 학술적 전환과 관학화

진시룡(陳時龍)

Ⅰ. 머리말

16세기 명대 서원과 18세기 청대 서원 간에는 많은 차이점이 있다. 명대의 강학(講學) 서원은 비록 빠른 속도로 발전하여 1,962개소에 달하는 서원이 흥성, 복원되었지만, 관부(官府)의 서원에 대한 태도는 오히려 점점 부정적으로 변하여 때때로 금기시되거나 훼철당하기도 하였다. 이러한 태도는 간접적으로 서원에 대한 여론의 평판에도 영향을 끼쳤다.

반면, 청대에는 관방의 서원에 대한 지지가 매우 뚜렷하게 드러난다. 청대에 창건, 복원, 개조된 서원 가운데 76% 이상이 조정의 칙령 또는 관원의 주도하에 이루어진 것이다. 민-관이라는 양대 역량의 노력으로 말미암아, 서원은 유례없는 번영기에 접어들었고, 이에 5,836개소의 서원이 창건, 복원되었다. 이러한 부흥은 성도(成都)와 향촌을 막론하고 보편적으로 이루어졌는데, 특히 관부 차원에서 건립된 각급 서원은 전국 각지 다양한 규모의 학술 교육의 중심지가 되어 안정적인 학술 기반을 확립하였다.[1)]

서원 관학화의 역사를 살펴보면, 일찍이 원대(元代)의 그것보다 청대의 관학화 현상이 더욱 질적으로 뛰어나면서도 고차원적이었다고 말할 수 있다. 이는 서원이 학술 교육의 중심지로서의 위상을 확립하는 데 직접적인 영향을 미쳤다. 청대 서원의 관학화라는 현상이 없었더라면, 근대의 학당 또한 근대 교

1) 鄧洪波, 『中國書院史』, 武漢大學出版社, 2012年版, 第459, 449頁.

육을 이룰 수 없었을 것이다. 그렇다면 왜 부주현(府州縣)의 유학(儒學)이 아니라 서원의 토대 위에서 이러한 발전이 이루어질 수 있었을까?

Ⅱ. 명대 말기 서원의 총의(叢議)

『만력야획편(萬曆野獲編)』은 명대 말기 심득부(沈德符)가 만력 34~35년(1606~1607)에 걸쳐 저술한 작품이다. 이 책의 제24권에 수록된 '서원(書院)' 장절에는 다음과 같은 글귀가 보인다.

> 서원의 건설은 송(宋)의 금산(金山), 조래(徂徠) 및 백록동(白鹿洞)으로부터 시작된다. 본조(本朝)에는 오랫동안 액(額)이 없고 명확한 예시가 없다. 무종(武宗) 왕조 때 양지(良知)의 학문이 세워져 절강, 양광(兩廣)에서 유행하니, 나염암(羅念庵), 당형천(唐荊川) 등 여러 인물이 이를 계승하였다. 이에 동남(東南) 경부(景附)에 서원이 흥성하였다. 비록 세종(世宗)이 대대적으로 금지하였으나, 끝내 멈추지 못했다. 가정(嘉定) 말년에 이르러 서화정(徐華亭)이 내각 수보대학사로서 강학을 소집하자 일시에 모든 이들이 들오리처럼 달려가 저마다 자신도 같은 길을 가는 사람이라고 자처하였다. 모든 순무(撫台)가 자신의 관할지에서도 반드시 서원을 지으려 하니, 생도들을 모아 그들이 나아갈 길을 알기를 도모하였다. 이후 얼마간 다른 이유로 사절(駐節)이 그곳에 기거하였으니 이에 강남(江南) 오지(吳地) 일대에서는 모두 서원을 중승행대(中丞行台)라고 불렀다. 오늘날 정국(初政)의 초기에 이르러서는 강릉공(江陵公)이 강학하는 것을 싫어하여 이러한 풍토를 억제하고자 결심하였는데, 마침 상주(常州)의 지부(知府)가 서원을 짓고 백성들의 재산을 착취한 죄로 탄핵 되었으니, 그 정령(政令)의 시행이 세묘(世廟)보다 더욱 엄준하였다. 강릉이 패배하고 이에 건언(建言)하자, 또한 이를 권상(權相)의 대죄 가운데 하나로 삼으니, 서원을 진력으로 수복하기를 청하였다. 이 일에 있어서 기댈 유제(祖制)가 없었으니 과연 논의가 타결되지

> 못했다. 최근 이학(理學)이 다시 성행하여 각기 자신을 드높이고자 서로 다투니, 서원이 흥성함이 예전과 다름이 없다. 이견라(李見羅)가 운양(鄖陽)에 있을 때, 어문(禦門)을 참고하여 개조하니 몇몇 무인들에 의해 살해당하였다. 이에 사람들이 조심하게 되었다. 임하제군자(林下諸君子)에 이르러서는 서로 절차탁마하여 학문을 하였으니, 각기 숙사(塾舍)를 세워 이를 서원으로 명명하였다. 이 또한 예시에 들지 못한다. 정덕 연간에 이르러 서원이 전국에 퍼지게 되었다. 주신호(朱宸濠)가 남창에 양춘서원(陽春書院)을 짓고 유양정(劉養正)이 강학을 주관하게 하였으며, 사방에서 유사(遊士)들을 불러 모았으니 이몽양(李夢陽)에게 이를 기록하도록 하였다. 장총(張璁)이 고을의 공사(貢士)가 되어 나산원(羅山院)을 그 고을에 세우고 생도들을 모아 강학을 진행하였다. 대략 이와 같이 유추할 수 있다.[2)]

이 긴 단락은 명대 서원에 관한 총체적인 서술에 해당하는데, 전체 내용의 90% 정도가 서원에 대한 적대적 표현으로 구성되어 있다. 심덕부가 보기에 16세기의 서원은 사람들에게 배척당할 만한 최소한 몇 가지 특징을 가지고 있었다.

첫째, 서원은 조정의 제도에 부합하지 않았다. 즉 액(額)이 없어 명확한

---

2) (明) 沈德符, 『萬曆野獲編』 卷二十四, 第608頁. "書院之設, 昉於宋之金山, 徂徠及白鹿洞. 本朝舊無額設明例. 自武宗朝王新建以良知之學行江浙兩廣間, 而羅念庵, 唐荊川諸公繼之, 於是東南景附, 書院頓盛, 雖世宗力禁, 而終不能止. 嘉靖末年, 徐華亭以首揆爲主盟, 一時趨騖者人人自托吾道, 凡撫台涖鎭, 必立書院, 以鳩集生徒, 冀當路見知. 其後間有他故, 駐節其中, 於是三吳間竟呼書院爲中丞行台矣. 今上初政, 江陵公痛恨講學, 立意翦抑, 適常州知府施觀民以造書院科斂見糾, 遂遍行天下拆毁, 其威令之行, 峻於世廟. 江陵敗而建白者力攻, 亦以此爲權相大罪之一, 請盡行修複. 當事者以祖制所無折之, 其議不果行. 近年理學再盛, 爭以皋比相高, 書院聿興, 不減往日. 李見羅在鄖陽, 遂拆參將衙門改造, 幾爲武夫所殺, 於是人稍有戒心矣. 至於林下諸君子, 相與切磋講習, 各立塾舍名書院者, 又不入此例也. 當正德間, 書院遍宇內, 宸濠建陽春書院於南昌, 以劉養正爲講學盟主, 招致四方遊士, 求李夢陽爲之記. 張璁尙爲鄕貢士, 亦立羅山院於其鄕, 聚徒講學, 其不自揆類此."

예시를 보여주지 못하고 있다. 둘째, 권세에 빌붙어 사회에서 영향력을 행사하였는데, 서계(徐階)의 강학으로 인해 천하의 모든 이들이 일시적으로 그에게 영합하였던 것이 대표적인 사례이다. 셋째, 서원을 지으면서 분규가 발생하였다. 누군가는 건축 자재를 마음대로 빌려 가기도 하였고, 또 다른 공사 건물을 허물면서 갈등을 일으키기도 하였다. 넷째, 불초한 무리가 있었다. 예컨대 주천호, 유양정 및 자질이 부족한 인물들이 장총과 같이 거인(擧人)이 될 때 종종 서원을 건립함으로써 그 이름을 가탁(假托)하였다. 이로부터 보면, 15세기의 서원은 심덕부가 보기에 정상적인 부분이 거의 없었다.

유일한 예외라면 "임하제군자(林下諸君子)가 서로 절차탁마하였다"라는 단락을 꼽을 수 있지만, 그러나 이 또한 당시 수많은 서원이 "서원은 '암수(闇修)'하여야 한다"라는 취지를 위배한 사실을 지적하는 것처럼 보인다. 어쩌면, 이러한 내용들은 그저 심덕부 개인만의 관점이 아니라 당시 서원에 대한 보편적인 인식을 대변하는 것으로 보인다.

16세기 가정-만력 연간에 지속된 서원 훼철 운동이 서원에 끼친 타격은 매우 심각했다. 이 운동은 사람들의 서원에 대한 긍정적인 인상을 완전히 무너뜨렸다. 더욱이 만력 원년 장거정(張居正)의 주도 아래 이루어진 서원 훼철은 사인들의 서원에 대한 인식에 오랜 그림자를 드리우게 만들었다. 만력 10년(1582)에 장거정 사망이 사망하고, 만력 12년(1584)에 이르러서는 추원표(鄒元標)와 같은 인물이 서원의 중건을 상소하였지만 서원은 완전히 회복되지 못했다.

만력 후기에는 수많은 서원이 '서원'이라는 이름을 되찾지 못했으며, 당(堂), 사(祠)라는 명칭으로 운영된 사례가 적지 않다. 예컨대 사천(四川)의 저명한 서원 가운데 하나인 대익서원(大益書院)은 정덕 13년(1518)에 만안구택(萬安舊宅)이라는 이름으로 건립되었으며, 가정 15년(1536)에 이르러 정식으로 재건립되었는데, 역대 순무(巡撫), 순안(巡按), 포정사(布政使), 제학관(提學官), 성도지부(成都知府) 등의 적극적인 지원을 받아 약 백은(白銀)

600냥으로 쌍류(雙流) 지역을 학전(學田)으로 매입할 수 있었다. 그 조세는 460석에 달했으니,[3] 이내 "삼천(三川)의 인재들을 모아 거처할 곳을 마련하여 장정을 세우고 그들을 가르쳤다."라고 한다. 이는 후대 성회서원(省會書院)에 대한 영향이 있었음을 암시한다고 볼 수 있다. 그러나 대익서원은 만력 5년(1577)에 훼철되었고, 만력 15년(1587)에 이르러서야 다시 제학부사 곽자장(郭子章)의 주도 아래 '대유사(大儒祠)'라는 이름으로 재건되었지만, 보다시피 서원의 명칭을 회복하지는 못했다.[4]

이러한 고의성이 다분한 명칭 회피 사례는 드물지 않다. 하나 더 예를 들자면, 명대 산서(山西) 태원부(太原府)의 하분서원(河汾書院, 최초에는 진양서원[晉陽書院]으로 불림)은 만력 원년(1573)에 훼철되었는데, 만력 21년(1593)에 순무 위윤정(魏允貞)이 중수하면서 삼립사(三立祠)로 개명하였다.[5] 이처럼, "제도적으로 허용되지 않았던" 것이 바로 명대 서원의 근본적인 결함이었다고 할 수 있다. 청 건륭 21년(1756) 무일한(武一韓)이라는 인물의 『신건봉산서원기(新建鳳山書院記)』에는 명대 산서 태곡현(太穀縣)에 소재한 서원의 발전 역사에 관한 언급이 있다.

> "명대 초기에 곡읍(穀邑)에서 봉산서원을 건립하여 학술을 진작하였으니 인재가 생겨났다. … 명 말엽에 이르러 점차 (서원을) 기피하는 일이 많아지자 서원이 황폐화되었고, 학문이 예전만 못하게 되었다."[6]

서원이 제도적으로 전혀 보장되지 못했던 상황에서, 서원이 생존할 수 있었던 유일한 방법은 지방 관원이나 명류(名流)의 힘에 의탁하는 것이었다.

---

3) (明)陸深, 『大益書院記』, 『四川通志』 卷八十, 淸嘉慶十二年刊本.
4) (明)耿定力, 『大益書院大儒祠記』, 『四川通志』 卷八十.
5) 『山西通志』 卷七十六晉陽書院條.
6) (淸)武一韓, 『新建鳳山書院記』, 乾隆 『太穀縣志』 卷二. "稽之明初, 穀邑建有鳳山書院, 鼓舞振作, 人才蔚起. … 明之後葉, 漸多忌諱, 書院廢而人文不逮於前."

그런데 이로부터 폐단이 생겨나고 말았으니, 즉 정치적 유착이 발생한 것이다. 정치적 권력을 지닌 사람이나 학술적 명인에게 기대는 행위는 당시 사람들이 서원에 붙인 부정적인 꼬리표 가운데 하나였다. 청대 인물 왕창(王昶)은 『천하서원지(天下書院志)』에서 "과거에 서문정이 조정에서 강학하였는데, 조정의 권신들이 이 명성에 빌붙기를 일삼았다."[7] 라고 말했다. 그리고 사람들은 17세기 수선서원(首善書院)이 훼철되었던 때를 상기하면서, 대부분 관료 신분이었던 강학자들이 서원에 어울리지 않는다고 비판하기도 했다.

> "무릇 경사(京師) 관리들이 난잡하게 뒤섞여 있는 곳에서는 일단 강학이 시작되면 현(賢)과 심(尋)이 함께 나아가니, 정두(政蠹)가 되지 않을 수 없었다. 서화정의 영제지회(靈濟之會)에서 이미 여러 의론을 내세운 바 있다."[8]

다른 한편으로, 명대 서원의 발전 및 그 내부에서의 왕(王)[왕수인], 주(朱)[주희] 간의 학술적 대립은 사람들이 서원을 바라볼 때 어떤 학술적 문호(門戶)를 떠올리게 만들었다. 하교원(何喬遠)은 『수선서원상량문(首善書院上梁文)』에서 "오로지 백록동서원, 아호서원에 대해서만큼은, 사람들은 촉지(蜀支), 낙파(洛派)로 문호를 나누어 서로 움직이기만 하면 사이가 나쁜 것으로 본다."[9]라고 말했다. 그리고 동림서원과 수선서원의 강학으로 인해 천계(天啟) 연간에 또다시 서원의 훼철이 발생하자, 천하의 서원들을 훼철하고 사도(師徒) 간의 강학을 금하였다.[10] 이처럼 명대 말기 정치, 사회적 동요 또한 서원 발전에 있어 그리 좋은 환경을 제공하지 못한 것이다.

---

7) (淸)王昶, 『天下書院總志』. "往徐文貞政地講學, 朝紳借以爲市."

8) 『說略·首善書院事』, 轉引自鄧洪波 『中國書院史資料』(上册), 第816頁. "夫京師縉紳雜遝之地, 一開講學, 賢尋共進, 不能不爲政蠹. 徐華亭靈濟之會已叢議於前矣."

9) (明)何喬遠, 『首善書院上梁文』, 王昶 『天下書院志』. "惟是鹿洞, 鵝湖, 人易分爲門戶 ; 蜀支, 洛派, 動或至於參商."

10) (明)劉宗周, 『證人書院記』, 『浙江通志』 卷二十七. "毁天下書院, 禁師徒之講學者."

Ⅲ. 도학(道學)을 널리 알리다 : 강희 연간 서원의 부흥

등홍파의 지적에 따르면, 청대 서원 정책은 방환(防患)에서 소인(疏引)으로의 전환으로 요약된다. 말하자면 '억압'으로부터 '개방'으로의 흐름을 보인 것이다. 청대에 접어들면서도 서원은 여전히 조정의 제도 속에 포함되지 않았고, 학교(學校)에서 제외되었다. 순치(順治) 9년(1652) 조정에서는 각 성의 제학관(提學官)에게 "별도로 서원을 창건하지 말 것"을 명하였다. 심지어 청 조정은 사회적인 차원에서 명대 말기 서원의 부정적인 측면들에 대한 정서를 고려하여 서원 신설을 금하는 규정을 내렸다.[11)]

이 때문에 청대 초기에는 서원이 결코 급속도로 발전할 수 없었고, 다만 몇몇 이학자와 지방관의 호소 및 주도 아래 점진적인 발전만 있었을 따름이었다.

순치 8년(1651) 귀덕(歸德)의 지부(知府) 왕모(王某)가 범문(範文) 정공서원(正公書院)을 중수하였는데, 문인 후방역(侯方域)은 『중수서원비기(重修書院碑記)』에서 다음과 같이 말하였다.

> "서원의 건립은 학교와 그 표리(表裏)가 부응하니 왕화(王化)의 근본이다. 부추와 쑥, 두릅나무가 무성하여 스스로 자라나는 것처럼, 이는 진실로 하루 만에 폐할 수 있는 것이 아니다."[12)]

그러나 이러한 호소가 자주 있었던 일은 아니다. 조정 차원에서 최초로 서원에 대해 언급한 인물은 호남(湖南) 순무(巡撫) 원확우(袁廓宇)이다. 그는 순치 14년(1657) 상소문에서 다음과 같이 말한다.

---

11) 鄧洪波, 『中國書院史』, 第477頁.

12) (淸)侯方域, 『重修書院碑記』, 『河南通志』 卷十三. "書院之設, 與學校相表裏, 王化之本, 而菁莪棫樸之盛所自出, 是誠不可一日廢."

"형양 석고서원은 한신(漢臣) 제갈량과 당신(唐臣) 한유, 그리고 송신(宋臣) 주희 등 여러 현인을 제사 지내면서 생도들을 모아 강학하였으니, 원(元), 명(明)에 이르러서도 폐함이 없었습니다. 명말(明末) 병화(兵火)로 인해 나라가 무너지고 사전(祀典)이 매몰되었으니, 지금 청컨대 옛 학문을 수복하시어 후학을 흥성케 하시고 대대로 예전과 같이 치제(致祭)하도록 해 주십시오."[13)]

이 상소는 받아들여졌다. 어떤 의미에서는, 순치 14년(1657) 호남 지역은 전쟁의 불길이 막 사그라든 참이었다. 이 시점에서 서원을 복원하는 것은 몹시 시급한 일이었기에, 서원에 대해 관심이 많았던 여러 관리에게 자신감을 주었다고 할 수 있다.

사실 단칼에 서원을 없애거나 부정하는 것보다는, 부분적으로라도 서원을 보존하고 그 효용을 발휘케 하는 것이 유익했다. 청대 인물 요립덕(姚立德)이 건륭 22년(1757)에 작성한 『창건정무서원기(創建定武書院記)』를 살펴보면, 서원이 생겨난 지 이미 오래되어 비록 '대대로 이어짐이 오래되어 결습(結習)이 점차 생겨나게 되고, 풍조가 점점 나빠지게 되었으나', 동시에 '더 나빠지는 것은 없었다(猶愈於已)'[14)]고 한다. 그러므로 이러한 교육기구는 아예 없는 것보다는 있는 것이 훨씬 나았다. 어쩌면 바로 이러한 생각 때문에 몇몇 지방 관원들이 적극적으로 서원 수복에 솔선수범한 것일지도 모른다.

강희 30년(1691), 순무사의 주도에 힘입어 하남에서는 전 지역 차원에서 서원의 수복을 호소하였던 것으로 보인다. 건륭(乾隆) 연간 『신찰현지(新蔡縣志)』에는 "강희 30년에 헌격(憲檄) 명령이 내려지니 주현(州縣)에서 서원을 창건하고 문교(文教)를 진흥하도록 하였다."[15)]고 한다. 여기에서

13) 『清朝文獻通考』 卷六十九. "衡陽石鼓書院, 崇祀漢臣諸葛亮及唐臣韓愈, 宋臣朱熹等諸賢聚生徒講學於其中, 延及元明不廢. 値明末兵火傾圮, 祀典湮墜, 今請倡率捐修以表章前學, 興起後學, 歲時照常致祭."

14) (清)姚立德, 創建定武書院碑記』, 鹹豐 『定州續志』 卷四.

'헌격(憲檄)'이라는 것은 분명 당시 하남 순무 염흥방(閻興邦, 1635~ 1698)의 명령을 가리키는 것이다. 그는 적극적으로 서원 수복을 주도한 인물로, 강희 30년(1691) 남양(南陽) 지부(知府)에 청하여 우청암(虞靑岩) 주공(朱公)이 창건한 남양서원(南陽書院)에 제액(題額)을 올리기도 하였다.[16]

명대 이래 서원에서 시행된 선현(先賢) 제향 의식은 이념의 구축을 중시하였던 강희 연간의 정치적 행보와 서로 부합하였다. 강희제는 정주이학(程朱理學)의 발전을 중요시하였는데, 강희 22년(1867) 이일로(李一鷺)는 『창건용강서원비(創建龍岡書院碑)』에서 다음과 같이 말한다.

> "천자께서 유도(儒道)를 존숭하시니 날마다 한원(翰苑)에 나서 여러 신하와 강습, 토론하셨는데 사서오경(四書五經)이 모두 강의에서 논의되었다. 편행직성(遍行直省) 하심에 위로는 요순(堯舜)의 16자 심법을 전하시니 이는 이학(理學)을 크게 밝히는 모임이라."[17]

위에서 행하면 곧 아래에서 그것을 본받기 마련이다. 이에 조응하여 여러 이학자를 제사 지내는 것을 목적으로 창건된 서원이 증가하였다. 강희 55년(1716), 삼수(三水) 지현(知縣) 정매(鄭玫)는 학궁(學宮) 서쪽의 빈터에 서원을 건립하였다. 전당(前堂)에는 주(周), 장(張), 정주(程朱) 등 여러 선생을 제사 지내고, 후당(後堂)에서는 사생(師生)이 강학(講肄)하고 장수(藏修)할 공간을 마련하였으며, 주방과 욕실(庖湢)을 갖추고 정학서원(正學書院)이라 하였다. 당시 정매는 강희제의 이학(理學)에 대한 관심을 잊지 않고 그를 찬양하기도 하였다.

15) 乾隆『新蔡縣志』卷二. "康熙三十年, 奉憲檄令, 州縣創建書院, 振興文教."

16) (淸)李元振, 『南陽書院記』, 康熙『南陽府志』卷六.

17) (淸)李一鷺, 『創建龍岡書院碑』, 同治『欒城縣志』卷十四. "聖天子崇儒重道, 日進翰苑諸臣講習討論之, 四書五經皆著爲講義, 遍行直省, 上接堯舜十六字心傳, 斯理學昌明之會也."

"황상께서 총명 영지하시어 호학(好學)하시니, 사서 및 육경과 염락관민(濂洛關閩)의 서적을 모두 드높이셨다. 이에 학풍을 바로잡고 천하를 진작하시었다."[18)]

이에 강희 연간에는 이학이 발달하였고, 수많은 이학 명신의 호소와 촉진으로 말미암아 서원은 다시금 통치자의 관심을 받게 된 것이다. 나아가 정주 이학자들을 제향하는 몇몇 서원은 조정으로부터 특별한 지지를 받게 되었는데, 이는 일종의 이데올로기 구축 사업의 중요 일환이었다고 할 수 있다. 강희제 본인은 사액(賜額)을 통해 의도적으로 몇몇 정주이학과 관련된 서원들을 지원하였다. 예컨대 강희 25년(1686) 강희제는 "학달성천(學達性天)"이라는 편액을 백록동서원과 악록서원에 내렸다. 강희 42년(1703)에는 어서(御書)를 내려 "학종주사(學宗洙泗)"라는 편액을 산동(山東) 제남(濟南)의 서원에 내리도록 명하였다.[19)] 강희 61년(1722)에는 "학도환순(學道還淳)"이라는 글귀의 편액을 소주(蘇州) 자양서원(紫陽書院)에 하사한다.[20)]

이처럼 정주이학을 뚜렷하게 선양하는 일례 외에도, 강희제의 사액 활동은 종종 더욱 광범위한 차원에서 지방 학술의 발전을 고무하려는 의의를 보여주고 있기도 하다. 강희 54년(1715) 항주(杭州) 만송서원(萬松書院)에 "절수부문(浙水敷文)"[21)]이라는 사액을 내리기도 하였는데, 이에 훗날 '부문서원(敷文書院)'으로 개명하였다. 강서 예장서원(豫章書院)은 그 기원을 남송(南宋)에 두고 있다. 명 만력 연간, 예장서원은 '예장이십사선생사(豫章二十四先生祠)'로 개명하였는데, 강희 28년(1689)에는 순무 송락(宋犖)에 의

18) 嘉慶『三水縣志』卷十四. "我皇上天縱睿智, 孜孜好學, 表章四書六經濂洛關閩之書, 蓋以正學風, 勵天下也."

19)『清朝文獻通考』卷六十九. 按, 此省城書院初名白雪書院, 在西郭趵突泉之東, 以明詩人李於鱗白雪樓得名, 康熙東巡時, 賞題其額曰 "學宗洙泗". 雍正間, 遷城內都司府故署, 更名爲濼源書院, 賜千金以資膏火. 參見托渾布『重修濼源書院並增諸生課額記』, 民國『續曆城縣志』卷十五.

20)『清朝文獻通考』卷六十九, 卷七十三.

21)『敷文書院志略』記述.

해 '이학명현사(理學名賢祠)'로 다시 개명한다. 훗날 강희 56년(1717)에 이르러 순무 백황(白潢)이 또다시 이곳을 서원으로 중건하는데, 바로 이듬해 강희제는 예장서원에 "장수문연(章水文淵)"이라는 사액을 내렸고, 이 편액은 강당 위에 설치된다.[22] 강희제의 치세 동안, 황제의 사액을 받은 서원은 대략 24개소에 이른다.[23]

강희 연간, 서원 발전에 있어서 가장 적극적인 주동 세력은 바로 이학(理學) 명신(名臣)들이었고, 그 가운데 핵심 인물로 장백행(1651~1725)을 꼽을 수 있다. 강희 47년(1708), 당시 복건(福建) 순무였던 장백행은 오봉방(鼇峰坊) 구선산(九仙山)에 오봉서원(鼇峰書院)을 창건한다.

> "앞에는 정의당(正誼堂)을 배치하고 중간에는 주(周), 정(程), 장(張), 주(朱) 다섯 선생을 제향하였으며, 뒤쪽에는 장서루(藏書樓)를 배치, 경사자집(經史子集)을 안치하고 작은 부엌(櫥)을 두었다. 우측에는 송명(宋明)의 민중(閩中) 선유(先儒)를 제향하여 육자사(六子祠)로 이름하였다."

몇 년 뒤, 강희 55년(1716)에 이르러 강희제는 오봉서원에 "삼산양수(三山養秀)"라는 사액을 내린다.[24] 이뿐만 아니라 강희 52년(1713)에 소주(蘇州)에서는 순무 장백행이 소주 부학(府學) 존경각(尊經閣) 후편에 자양서원을 건립하였는데, 이듬해 바로 완공되었다. 그리고 소속된 이들 가운데 재질이 뛰어난 여러 졸업 생도를 택하여 주자의 위패를 모시도록 하였다. 아울러 오강현(吳江縣) 수북암(水北庵)의 승려를 관전(官田)에 들여 생도들의 식량을 비축하도록 하였다. 이 일이 조정에 알려지자, 강희제는 '도학환순(道學還淳)'이라는 네 글자의 사액을 내렸다.[25]

---

22) 光緒『江西通志』卷八十一. "豫章書院"條.
23) 鄧洪波,『中國書院史』, 第478-479頁.
24) 乾隆『福州府志』卷十一. "鼇峰書院"條.
25) 光緒『蘇州府志』卷二十五. 紫陽書院條.

이렇게 보건대, 장백행의 자양서원 창건은 생도 교육을 주요 목적으로 두었음이 자명하다. 그런데 한편으로는 서원의 명칭을 '자양'으로 지은 배후에는 주자학 정통을 따른다는 이데올로기 의식을 사회적 차원에서 고무하려는 의도가 다분하기도 하다. 그 근거 가운데 하나로, 장백행은 『자양서원기(紫陽書院記)』에서 다음과 같이 말한다.

> "훗날에 이르러서는 존덕성(尊德性)과 도문학(道問學)으로 나뉘어 각기 문호를 이루었으니 몇 차례 쟁송(爭訟)이 일어났다. 주자의 도(道)가 거듭 밝아졌다 어두워지기를 오백 년이 흘렀으나, 지금껏 정론이 없는 상태이다. 다만 황상(皇上)께서 학술의 근원을 궁행심득(躬行心得)에 두시어, 16자 심법의 진의를 묵묵히 어전에서 전하시니 독실히 주자께서 말씀하신 거경(居敬)을 근본으로 삼으시고 궁리(窮理)로써 치지(致知)에 이르시며 반궁(返躬)하여 실천하시었다. 그 도가 크고도 지극히 중정(中正)하여 편협한 바가 없으며, 순수하고도 정미하여 잡박함이 없다. 흠정(欽定) 자양전서(紫陽全書)로써 천하 만세를 교화하시니 그 논의가 하나로 귀결된다."[26]

즉 장백행이 보기에 소주 자양서원의 건립은 조정에서 정주이학의 정통 이데올로기를 구축하려는 노력의 일환이며, 자양서원의 창건은 주자를 추존하는 것임과 동시에 조정을 추존하는 일이었다.

이데올로기 구축 이외에도, 강희 연간에 이루어진 서원 건립은 교육적 효과를 거두었다는 점이 주목할 만하다. 지방 관원들의 서원 건설은 부주현학(府州縣學)의 일반 교육의 부족한 점을 보충해주었다. 강희 27년(1688) 정형(井陘) 지현(知縣) 주문훤(周文煊)은 읍에서 동쪽으로 3리 떨어진 문창

26) 光緒『蘇州府志』卷二十五. "及至後也, 尊德性, 道問學分門立戶, 幾成聚訟, 朱子之道迭明迭晦於五百年之間, 迄未有定論. 惟我皇上學術淵源躬行心得默契虞廷十六字眞傳, 獨深信朱子所雲居敬以立其本, 窮理以致其知, 返躬以踐其實, 其道大中至正而無所於偏, 純粹以精而無所於雜, 欽定『紫陽全書』以教天下萬世, 其論遂歸於一."

각(文昌閣) 터에 동벽서원(東壁書院)을 건립하였는데, 섬전(贍田)을 세우고 여러 생도에게 이곳에서 학업을 닦도록 요청하였다.

> "주야(晝夜) 내내 분발하고 매월 29일에 귀성(歸省)하여 부모를 뵙도록 한다. 다음 날 새벽 기상하는 즉시 서원으로 복귀하여야 한다."[27]

이처럼 서원에서 수학하는 생도는 서원에서 무단으로 이탈할 수 없었다. 강희 30년(1691) 이원진(李元振)의 저술 『남양서원기(南陽書院記)』에는 서원의 소위 '보익(輔翼)' 작용에 관한 상세한 묘사가 담겨 있다.

> "무릇 서원의 건립은 학교와 서로 표리가 부합하며, 또한 학교가 부족한 부분을 보충할 수 있다. … 학교의 사인(士)은 반드시 가르치는 이들이 엄격하게 선별한 이들이니 대개 모두 이미 상서(庠序)에 소속되어 있다. 그러나 또한 부(府), 주(州), 현(縣)의 구별이 있어, 사인들은 그 직분을 초월하여 입학할 수 없다. 서원의 경우에는 모두 구주(九州) 사해(四海)의 사인들 가운데 옛 학문을 배우기를 좋아하여 부귀영달을 구하지 않는 이들이니 서로 어울리지 않음이 없다. 학교에서 배우는 이들은 임의로 하나의 경전을 택하여 배우면서도 다 함께 사서를 배운다. … 그런데 서원의 경우, 함께 도의(道義)를 강론하면서 여러 책을 들어 각기 학설을 세우고, 천인(天人)과 성명(性命)의 이치를 궁구한다. 학업에 있어 급선무를 나누는 바가 없고, 모두 그 안에서 함께 깨달음에 노닌다."[28]

---

27) (淸)周文煊, 『東壁書院記』, 民國 『井陘縣志』 第十四編. "朝夕奮發, 每月至二十九日, 歸省父母, 次日晨起卽還書院."

28) (淸)李元振, 『南陽書院記』, 康熙 『南陽府志』 卷六. "夫書院之設, 與學校相爲表裏, 而又以補助其不及. … 學校之士必出乎學使者之所甄別, 蓋皆其已隸於庠序者, 而又有府, 州, 縣之別, 士不得逾越而入焉. 若書院, 則凡九州四海之士與夫嗜古積學不求榮達者, 無不與也. 學校之治學者, 任擇一經, 而共治四書. … 若書院, 則凡談道講義, 著書立說, 研究乎天人性命之理者, 業無分仕隱, 鹹得優遊於其中焉."

부·주·현학과 비교하여 보면, 서원은 그 구성원과 독서의 범위, 그리고 목적에 있어서 모두 개방적이었으므로, 실질적인 교육적 효과를 거둘 수 있었다.

Ⅳ. 옹정 연간 성회서원(省會書院)의 모범적 효용

옹정제 재임 간에 서원의 위상은 근본적인 변화를 맞이한다. 이러한 근본적인 변화는 사실상 강희 연간 이래로 줄곧 이루어진 서원 건설의 결과라 할 수 있다.

첫째, 강희 연간에는 서원을 통해 정통 이데올로기를 구축하려는 노력이 이루어졌는데, 이는 옹정 초기의 서원 건설에 있어서 주요 동력이 되었다. 남정원(藍鼎元)의 『면양서원비기(棉陽書院碑記)』에서 말하기를,

> "서원의 건립을 되돌아보면, 반드시 선현을 제향함으로써 학통을 바로잡았다. 정통(正統)이 명확하지 않으면 양유음석(陽儒陰釋)의 무리가 모두 그 비슷한 것을 훔쳐서 자신이 옳다고 하며 혼란을 일으킨다. 송대에는 백록동서원과 아호서원이 있었으며, 명대에는 하진(河津) 여간(餘幹)에서 강학을 시행한 바가 있었다. 또한 신회(新會) 요강(姚江)에서도 강학이 이루어졌는데, 함께 공맹을 배우고 인의(仁義)에 관해 토론하면서도 한 집안끼리 다툼이 끊이질 않았다. 심지어 자양(紫陽)을 비방함이 극악무도하기 이를 데 없었다. 호리지차(毫厘之差)에 불과할진대 그 잘못은 천리지목(千裏之謬)이었다. … 주(周), 정(程), 장(張), 주(朱) 다섯 선생은 위로는 주사학(洙泗學)을 정통으로 계승하였으며, 아래로는 만고(萬古)의 어둠을 걷어냈으니 마땅히 이 당(堂)에 배향함이 옳으리라. 춘추(春秋)의 사전(祀典)이 쇠하지 않았으니, 배우는 이들이 그를 알고 귀의하도록 한다. 그리하면 이단(異端)과 사설(邪說)이 혼란을 일으키지 않을 것이다."[29]

옹정 연간에 이루어진 서원의 건립, 즉 면양서원의 건립과 송대 이학 선현들의 제향 활동은 바로 육구연, 왕양명과 같은 인물들이 "혼란을 일으켰던" 서원 학풍의 병폐를 바로잡고자 하는 데 그 목적이 있었다. 이는 의심의 여지없이 강희제 이래 서원에서 줄곧 정주이학을 추존하던 양상의 연속으로 볼 수 있다.

둘째, 강희 연간 서원의 건설이 가져온 교육적 효과는 옹정 연간 서원의 관학화에 기초를 제공하였다. 광서(光緖) 순무 이불(李紱, 1673~1750)이 옹정 연간에 작성한 『복수선성서원기(複修宣城書院記)』에는 다음과 같은 글귀가 확인된다.

> "봉강대이(封疆大吏) 가운데 백성을 교화하고 습속을 이루려는 뜻이 있는 이가 과거의 현인들이 강학했던 장소를 취하여 그곳에 서원을 세웠다. 여러 학자 가운데 뛰어난 인재를 뽑아 그곳에 모은 뒤 경사에 밝고 언행이 빼어난 유자를 초빙하여 산장으로 삼은 뒤 날마다 살피고 가르치도록 하였다. 그 일이 비록 작고 어렵더라도 서원의 사인들을 한 곳에 모아 강관(講貫)하도록 하면 학업이 쉽게 이루어지니, 학업을 이룬 이들을 각급 주와 현으로 널리 퍼뜨리면 모두 후학의 스승이 되기에 충분하게 된다. 이렇게 되면 그 가르침이 넓어지고 백성들을 교화시킬 수 있으며, 습속을 이룰 수 있게 된다. 그러므로 서원은 옛것을 거부하지만 그 가르침의 방법(敎法)은 꼭 옛것에 부합한다. 오늘날 천자께서 유도(儒道)를 추종하시어 학궁(學宮)에서의 교사들을 장려하시고, 가르침을 청하고 학액(學額)을 넓히시니, 천하의 사인들이 분분히 일어나 그 풍모를 흠모한다. 또 서원 수복을 특명하시고 산장을 초빙하여 여러 생도를 가르치도록 하시니, 지방에서 직무

---

29) 藍鼎元, 『棉陽書院碑記』, 『鹿洲初集』 卷十. "顧惟書院之建, 必崇祀先賢以正學統. 正統不明, 陽儒陰釋之徒皆得竊其似以亂吾眞. 宋有白鹿書院, 亦有鵝湖書院, 明有河津餘幹之講學, 亦有新會姚江之講學, 同學孔孟, 同談仁義, 而操戈入室, 甚至詆紫陽爲洪水猛獸. 毫厘之差, 千裏之謬 … 周程張朱五先生上接洙泗之正傳, 下開萬古之聾聵, 宜妥侑斯堂, 春秋祀典勿替, 俾學者識有所依歸, 而異端邪說不能淆亂."

> 를 행하는 이들이 어찌 조서를 막으려는 뜻이 있겠는가?"[30] 이 때문에 옹정 초기에 서원은 매우 보편적이었다고 할 수 있다. 옹정 8년(1730), 장조봉(張兆鳳)은 『수부문서원기비(修敷文書院記碑)』에서 다음과 같이 말한다. "우리 조정에서 유도(儒道)를 추종함이 전대(前代)를 뛰어넘었으니, 주현(州縣)마다 의학(義學)이 있고 군성(郡省)마다 서원이 세워졌다."[31]

여기에서 당시 황제가 진정으로 서원 발전을 촉진하려 했음을 엿볼 수 있다. 옹정제의 즉위 초기 당시, 그의 서원에 대한 태도는 매우 다양한 면모를 보여주는 것 같다. 그는 한편으로는 (옹정 원년, 1723년 2월) 차필(査弼)이 창건한 종산서원(鍾山書院)에 '돈숭실학(敦崇實學)'이라는 글귀의 편액을 내렸지만, 같은 해에 서원에 대해 부정적인 태도를 보여주는 명령을 내리기도 하였다. 예컨대 옹정 원년의 기록에 따르면, "각 성의 생사(生祠), 서원(書院)을 의학(義學)으로 개명하고 선생을 초빙하여 문교(文教)를 널리 흥성케 하라."[32]라는 명령을 내린 바 있다.

옹정 4년(1726)에 이르러, 그는 서원의 문교(文教) 작용에 대해 여전히 회의적인 입장을 보인다. 그 자신은 문교(文教)를 중시하며 이것이 위정(爲政)의 근본이라고 말하긴 했지만, 서원을 창건하거나 선생을 뽑아 선비들을 가르치는 데 있어서는 전혀 관심이 없었다. 이에 관한 신하들의 요청에 대해 그는 다음과 같이 비판적인 어조의 말을 남긴다.

---

30) (淸)李紱 『穆堂初稿』 卷三十. "封疆大吏有加意於化民成俗者, 就昔賢講學之所, 立之書院, 拔諸學之秀者, 聚處其中, 延經明行修之儒, 爲之山長, 日省而月試之. 其事若狹隘, 而書院之士以聚處講貫, 而學業易成, 學成而散之各州縣, 皆足爲後學之師, 則其教也廣, 而民可化,俗可成矣. 故書院非古, 而教法之合於古, 莫書院若也. 今聖天子崇儒重道, 獎勵學宮之教, 請教職, 廣學額, 天下之士蒸蒸向風, 又特命修複所在書院, 延立山長以課諸生, 有封疆之職者, 可無加之意以仰塞詔旨乎?"

31) (淸)張兆鳳, 『修敷文書院記碑』, 光緒 『茂名縣志』 卷三. "我朝重道崇儒, 超軼前代, 州縣各有義學, 郡省均設書院."

32) 『淸朝文獻通考』 卷七十. "命各省改生祠, 書院爲義學, 延師教授以廣文教."

> "서원 설립에 있어서 한 사람을 뽑아 선생으로 삼아야 한다. 만약 배우는 사람들이 적다면 가르침을 택함이 널리 아우르지 못하게 되며, 만약 배우는 사람들이 많다면 그 가운데 현명한 인재와 그렇지 못한 우인들이 잡박하게 섞여 있게 되니, 이러한 병폐가 장차 커져서 폐단을 은닉하고 용납하게 되는 것이다. 만약 한 사람으로써 학문을 전수하게 한다면 곧 그 한 사람이 여러 사람을 가르쳐 정직하고 바른 사인들을 양성할 수 있게 되니, 그렇다면 이 한 사람의 재덕(才德)으로써 능히 군왕 보필의 대업을 맡을 수 있게 되고, 봉경(封疆)의 임무 또한 맡음에 여력이 있을 것이다. 이러한 인물이 어찌 쉽게 얻어지겠는가?"[33]

그는 또한 조정 중신 배헌도(裴幰度)의 서적 및 사액 요청을 거절하였다. 정정조(程廷祚)는 『종산서원비기(鍾山書院碑記)』에서 옹정제의 이러한 태도에 일종의 공감을 표하면서 다음과 같이 말한다.

> "비록 문(文)의 재질이 있더라도 행동이 독실하지 못하며, 가르침이 앞서더라도 이끄는 것에 근면하지 못하며, 여러 사람이 함께 모여 있으면서도 서로를 대함에 선함이 없다면 교상(膠庠)의 제도가 모두 허황한 것이 되어버릴 것이니, 서원에서 또 무엇을 얻을 수 있겠는가? 과거의 강우(江右)의 무신(撫臣) 백록동(白鹿洞) 산장의 청에도 황상께서는 그를 거절하시고 아무것도 내리지 않으셨으니, 그 뜻이 신묘한 것이었다."[34]

그러나 7년의 세월이 흐른 뒤, 옹정제의 태도에도 근본적인 변화가 발

33) 『清世宗實錄』 卷四十三. "至於設立書院,擇一人爲師, 如肄業者少, 則教澤所及不廣, 如肄業者多, 其中賢否混淆, 智愚雜處, 而流弊將至於藏垢納汙. 若以一人教授, 即能化身多人俱爲端人正士, 則此一人之才德即可以膺輔弼之任, 受封疆之寄而有餘. 此等之人, 豈可易得."

34) (清)程廷祚, 『鍾山書院碑記』. "文雖工而行不篤, 教雖先而率不謹, 群萃而州處, 相睹而未善, 則膠庠之制, 皆成虛設, 於書院又何取焉? 曩者江右撫臣白鹿院長之請, 聖主拒而不予, 其指神矣."

생하게 된다. 옹정 11년(1734) 그는 성성서원(省城書院)을 건립하라는 명을 하달하여 국비로 각각 금 천 냥을 서원 운영 및 건설비용으로 지원하였다. 그의 전교에는 다음과 같은 언급이 있다.

> "각 성의 학정(學政) 이외에도 지방 관리들은 서원을 설립할 때마다 생도들을 모아 강습하도록 하라. 짐이 등극한 이래, 때때로 인재 육성에 대해 고민하였으나 듣건대 서원의 설립은 실질적으로 그 효용이 적고 헛된 명성을 꿈꾸는 이들이 많다고 들었다. 이런 고로 일찍이 각 성에 조칙을 내리지 않은 것인데, 이는 모두 천천히 기다린 연후에 전교를 내리려 한 것이다. 최근에 보건대 각 성의 관리가 점점 실정(實政)을 높일 줄을 알게 되어, 부당한 방법으로 영예를 도모하는 일에 힘쓰지 않게 되었으니, 독서하여 시험에 응시하는 이들 또한 공명과 이록(利祿)을 위해 암약을 일삼는 악습을 버릴 수 있게 되었다. 그런고로 서원을 건립하되 각 성의 문행(文行)을 겸비한 우수한 선비를 뽑아 그곳에서 공부하도록 하고, 주야 학습에 지극히 매진하도록 하여 성취를 이루게 하라. 그리하여 주위의 선비들이 감분(感奮)하도록 하면, 이 또한 현명한 인재를 배양하는 하나의 도(道)일 것이다."[35]

성성서원의 개념 또한 이러한 연유로 정초된 것이다. 이러한 태도의 근본적인 변화 원인은 바로 학풍의 전환과 오랜 기간 누적된 지방 관료들의 서원에 대한 지원을 꼽을 수 있다. 이 때문에 서원의 교육적 효과는 이제 있든 없든 그만인 것이 아니라, 엘리트 교육과 지방 교육을 이어주는 중요

---

35) 『清朝文獻通考』 卷七十. "各省學政之外, 地方大吏每有設立書院聚集生徒講誦肄業者. 朕臨禦以來, 時時以教育人材爲念, 但稔聞書院之設實有裨益者少, 慕虛名者多, 是以未嘗敕令各省通行, 蓋欲徐徐有待而後頒降諭旨也. 近見各省大吏漸知崇尙實政, 不事沽名邀譽之爲, 而讀書應舉者亦頗能屏去浮囂奔競之習, 則建立書院, 擇一省文行兼優之士讀書其中, 使之朝夕講誦, 整躬勵行, 有所成就, 俾遠近士子觀感奮發, 亦興賢育才之一道也."

한 고리가 되었다. 이러한 추세 속에서 조정은 순풍에 돛 단 듯 서원을 지원하게 되었다. 옹정 11년, 정정조는 『종산서원비기(鍾山書院碑記)』에서 이렇게 말한다.

> "오늘날에 이르러 큰 변화가 일어나고 있다. 악목(嶽牧) 이하 천하 모든 곳에서 솔선하여 일어나기를 인의를 흠모하여 서원이 흥성하고 있다. 이로써 정치에 큰 도움을 주니, 어찌 이를 늦출 수 있겠는가?"[36)]

이러한 말에는 분명 실질적인 근거가 있는 것이다. 예컨대 옹정 9년(1731), 운남(雲南)의 총독 악이태(鄂爾泰)는 곤명(昆明)에 오화서원(五華書院)을 건립하면서 편액에 '서림학사(西林學舍)'라 쓰고 경사자집(經史子集) 만여 권을 원내 몇몇 건물에 보관하면서 이곳을 '장서(藏書)'라 불렀다. '장서' 앞에는 강당이 위치하였고, 뒤편에는 서원 원장을 위한 거실이 있었다. 실방(室旁)의 동쪽과 서쪽에는 양원(兩院)이, 외부에는 양익(兩翼)이 각각 배치되었다. 장서루와 강당의 좌측 옆채는 모두 서사(書舍)였고, 사인들을 엄선하여 그곳에서 수업과 독서를 할 수 있도록 하였다.[37)]

옹정 10년(1732), 광동 총독 학옥린(郝玉麟, ?~1745)은 일찍이 강희 47년에 총독 조굉찬(趙宏燦)이 건립한 천장서원(天章書院)을 다시 개축하였다. 이곳은 훗날 광동 성회 서원인 단계서원(端溪書院)이 되었는데, 황제에게 상주(上奏)하여 "천자의 말씀을 듣고 월동(粤東)의 사인들 가운데 빼어난 이들을 교육한다."[38)]고 했다. 이처럼 순무사들은 서원 건립과 수복에 매우 심혈을 기울였으니, 옹정제의 태도에 변화가 있을 수밖에 없었다.

---

36) 『靑溪文集』 卷八. "方今大化翔洽, 嶽牧以下俱實心導率, 宇內蒸蒸, 然向仁慕義, 書院之興, 以助政治, 奚可緩也?"

37) 光緖 『昆明縣志』 卷四.

38) (淸)郝玉麟, 『天章書院記』, 道光 『肇慶府志』 卷六. "聞之天子而以教育粤東人士之秀者也."

옹정제가 성회서원을 지지하는 칙령을 하달하자마자, 이는 지방 관원들로부터 많은 호응을 얻었다. 몇몇 성회에서는 이미 지원받는 서원들이 있기는 했지만, 새로운 성회서원 또한 많이 건립되었다. 직례(直隸) 총독 이위(李衛)는 옹정 12년(1734) 약간의 국비와 자신의 은자를 모두 동원하여 총 만여 냥의 자금을 투입하면서 보정부(保定府) 치남(治南)에 연지서원(蓮池書院)을 건립하였다. 그는 조정에서 하사받은 천 냥의 공금을 경작지를 구매하는 데 사용하고, 과조(課租)를 고화(膏火)[39]로 운용했다.

더욱 중요한 것은, 성회서원은 일종의 상징적 건물이었다는 점이다. 즉 지방 관원이 일종의 모방 대상으로 삼을 수 있는 시설이었다. 염상(鹽商)들이 운집해 있었던 양주(揚州)의 경우를 살펴보면, 강희 원년(1662) 창건된 안정서원(安定書院)이 이 시기에 중건된다. 고빈(高斌)의 『중건안정서원비(重建安定書院碑)』에서는 다음과 같이 말한다.

> "임자(壬子, 1732)년에 세종(世宗)께서 성회에 서원을 설립하여 교육을 확대하라는 특명을 내리셨다. 대신들이 순서에 따라 명을 받들어 시행하였다. 양주는 과거에 군치(郡治)에 속하였으며 양회(兩淮)의 상사(商士)들이 여기에 모였으니 재부(財富)가 충분하였고 영재(英才)가 번성하였다. 두루 작약(雀躍)하여 활력이 가득하니 실로 원광성전(願光盛典)이라."[40]

이 때문에 염상들은 사전에 강희 44년(1705)에 하사받은 "경술조사(經術造士)"라는 편액을 내건 안정서원(安定書院)을 중건하였다. 옹정 12년(1734), 당시 양주부(揚州府) 동지(同知)를 맡고 있던 유중선(劉重選)은 양주 매화령(梅花嶺) 과사(課士)를 지내고 있었는데, 군인(郡人) 마왈관(馬曰

---

39) 光緒『畿輔通志』卷一百四十四『蓮池書院』.

40) (淸)高斌,『重建安定書院碑』, 道光『增修甘泉縣志』卷六. "歲壬子(1732), 世宗特諭省會設立書院, 以廣教育, 大臣既次第遵行. 揚州故屬郡治, 兩淮商士萃處於斯, 資富能訓, 英才蔚起, 鹹踴躍歡欣, 願光盛典."

瑄)은 이곳에 매화서원(梅花書院)을 지었다.[41] 성회서원의 명액(名額)에 제한이 있었기 때문에 지방관들은 그곳에 뽑히지 못한 사인들의 교육 문제에 대해 고민할 수밖에 없었다. 옹정 13년(1735), 동관(東莞) 지현(知縣) 심증동(沈曾同)은 『신건옥안서원기(新建寶安書院記)』에서 다음과 같이 말한다.

> "옹정 11년(1733) 정월 당일, 황제께서 전국의 순무 대신들에게 성회에 서원을 건립하여 그 가운데 문행을 겸비한 우수한 사인들을 뽑아 독서하도록 명하셨다. … 예전에 월동에 월수서원(粵秀書院)이 있었는데, 조경(肇慶)에서 머무는 이들은 단계서원(端溪書院)으로 그 소속을 옮기도록 하고 각 읍의 걸출한 인재를 뽑아 그곳에서 학습하도록 하셨다. 이에 그 가운데 우수한 자들을 가려내어 성전(盛典)에 응하도록 하였으니, 동완현(東莞縣)의 문화가 오령지남(五嶺之南) 가운데 가장 우수하게 되었다. 이에 사인들이 모두 각기 감분하여 반드시 학문의 성취를 이루고자 하게 되었다."[42]

이에 따라 보안서원(寶安書院)을 중건함으로써 현(縣) 내의 여러 유생의 공부를 지원하였다. 넓은 시야에서 보면, 사실 하나의 현에 하나의 서원만으로는 교사 인원이 몹시 부족했다. 예컨대 건륭 22년(1757) 광동 향산현(香山縣)에서는 아홉 개소의 서원이 건립되었다. 팽과(彭科)는 『구서원기(九書院記)』에서 다음과 같이 말한다.

> "오늘날 서원의 설립은 학교와 그 표리가 상응하는 것이다. 학교는 한 읍의 가운데에 건립되나, 서원은 그 범위에 무방하게 널리 창건된다. 근교에 가까이

41) 道光『增修甘泉縣志』卷六.

42) 民國『東莞縣志』卷十七. "雍正十有一年正月日, 皇帝詔天下督撫大臣於省會建書院, 簡士之文行兼優者讀書其中. … 於時粵東有粵秀書院, 在肇慶者爲端溪書院, 移檄所屬, 令各擧其邑俊良而肄業焉. 曾同旣拔其尤以應盛典, 而東官文學甲五嶺南, 鹹自奮矜, 思底於成."

살면서 학문에 뜻이 있는 이들은 그 가까이에 와서 수학할 수 있으니, 책을 짊어지는 노고를 겪지 않아도 된다."[43]

이에 지방 관원들의 호응으로 인해 서원은 창건의 가속과 더불어 새로운 부흥기에 접어들게 된다. 청대 서원의 건설 속도를 살펴보면, 옹정 연간 서원의 창건 속도가 가장 왕성했다고 볼 수 있다. 당시 연평균 최소 27개소 이상의 서원이 건립된 것으로 확인되는데, 이는 건륭 연간 연 23개소 창건 또는 강희 연간의 연 15개소 창건이라는 수치와 비교해보면 뚜렷하게 우세한 수치이다.[44]

옹정 연간에서 일어난 변화 가운데 무엇보다도 주목할 만한 점은 당시에 점차 부현(府縣) 서원 건설에 있어서 보비제도(報備制度)가 점차 형성되기 시작했다는 것이다. 즉, 각 부·주·현의 서원 가운데 어떤 곳은 관원들이 출자하여 창건하였으며, 또는 지방관이 공비를 들여 경영하였는데, 신보(申報)를 갖추어 관리, 총괄 검토하였다.[45] 이에 상응하여, 옹정 연간에는 '(서원은) 과거의 여러 후국(侯國)의 학에 비견하여, 삼 년 동안 우수한 사람 한·두 사람을 뽑아 태학(太學)에 천거함으로써 장려한다.'라는 규정이 생겼다. 이처럼 서원의 관학화 추세가 더욱 강화되었다.[46]

이러한 서원 교육의 효과는 매우 명확했다. 건륭 2년(1737)에 작성된 어떤 서원의 기문(記文)에는 남경(南京) 종산서원(鍾山書院)의 여러 생도 가운데 누군가는 향회(鄕會)를 통해 천거되었고, 또 누군가는 실제 학문과 우수한 품행으로 천거되었으며, 또 학사(學使)의 세과(歲科)나 절사(節使)의 채

43) (淸)彭科, 『九書院記』, 道光 『香山縣志』 卷二. "今夫書院之設, 與學校相表裏者也. 學校建於一邑之中, 而書院不妨廣爲之創立, 庶四鄕之有志於學者得以就近肄業而無負笈之勞."

44) 鄧洪波, 『中國書院史』, 第456頁.

45) 『欽定大淸會典事例』(光緖) 禮部 卷三十三. "其餘各府州縣書院, 或紳士捐資倡立, 或地方官撥公款經理, 俱申報該管官査核."

46) (淸)楊繩武, 『鍾山書院碑記』, 道光 『上元縣志』 卷二十三.

풍(采風)에 있어서도 서원에서 천거된 이들이 많았다고 한다.[47] 이렇게 보건대 서원 생도들은 과거시험에 참여하여 국자감의 생원으로 나아간 것이다. 비록 천거 인원은 전체 인원에 비하면 그리 많지 않았지만, 이는 분명 성회서원이 생겨난 이후 서원 속에 관학 체계가 스며들었다는 방증일 뿐만 아니라, 최소한 관학의 권세에 대한 일종의 보완으로도 볼 수 있다.

성회서원의 명목과 자금 지원 차원에서도 나름의 모범적인 의의를 도출해볼 수 있다. 우선 성회서원은 지방 관원들의 적극적인 재정 지원을 유도하였다. 옹정 11년(1733) 호북(湖北)의 강한서원(江漢書院)은 지원금 1천 냥을 하사받았다는 기록이 있다.

> "이후 다시 번고(藩庫)에서 은 3천 냥을 공출하였고, 축적된 자금 은 천 냥을 포함하여 총 은자 오천 냥을 마련, 강한(江漢) 양현(兩縣)의 전상(典商)과 교역하여 5푼의 이자를 붙였다. 매월 은 75냥의 이자를 얻으니 매년 총 900냥의 이자를 받아 조항에 따라 지급한다."

이로써 외부에서 서원을 왕래하는 생원으로 60명 정원을 두어 그들을 재정적으로 지원하였다.[48] 또 광동(廣東) 조경(肇慶)의 단계서원(端溪書院)의 경우를 보면,

> "옹정 11년(1733) 황상의 명을 받들어 국고에서 지정(地丁)을 출자하여 은 천 냥을 마련한 뒤, 상인들에게 금전을 빌려주고 이자를 취하여(發商生息) 이로써 단계서원의 고화(膏火)를 충당하였다. 매년 은 240냥을 마련하면 조세가 20

---

47) (淸)楊繩武, 『鍾山書院碑記』, 道光 『上元縣志』 卷二十三. "或以鄉會擧, 或以實學優行擧, 以及學使歲科, 節使采風, 大都得之書院者爲多."

48) 嘉慶 『湖北通志』 卷二十九. "江漢書院"條 : "之後再借支藩庫公項銀三千兩, 又積餘息銀一千兩, 共銀五千兩, 交江漢兩縣典商, 以一分五厘生息, 每月應得息銀七十五兩, 每年共收息銀九百兩, 按款支給."

냥씩 늘어나니, 부(府)에서 분기마다 구문에 근거, 염운사(鹽運司) 어문(衙門)에 지급을 요청한다. 전임 총독 학주(郝奏)가 염세(鹽稅) 잉여세 은자 2천 냥을 가지고 발상생식(發商生息)하였는데, 매년 은 480냥을 준비하여 40냥씩 늘렸다. 부(府)에서 염운사로 가 서원의 고화(膏火)를 수령하였다. 예년에는 해마다 고요(高要), 사회(四會), 양춘(陽春), 양강(陽江), 은평(恩平), 광녕(廣寧), 덕경(德慶), 나정(羅定) 등지의 전지(田地) 조세액을 합쳐 총 1160냥 7전 7푼 8리를 거둬들였다. … 모두 지령을 내려 부(府)에 공문을 보냄으로써 서원의 고화를 충당하였다."[49]

라고 했다. 이렇게 보면, 1천 냥의 공금을 하사받은 것은 서원에 대한 대대적 지원에 비하면 사실 일부 적은 금액에 불과한 것이었고, 사실상 지방 정부의 거액 투입이야말로 이후 서원 발전의 주요 버팀목이었다 할 수 있다.

Ⅴ. 건륭 연간 서원 건설의 보급과 관리 강화

성회서원 건설의 외재적 효과는 건륭제 시기까지 지속되었다. 성회서원의 영향으로, 각 부·주·현에서도 적극적으로 서원의 창건과 보급에 힘썼다. 건륭 18년(1754), 장숙거(張淑渠)는 『중수수양서원비기(重修壽陽書院碑記)』에서 다음과 같이 말한다.

"우리나라에서 사인을 양성한 백 년 동안 문교(文教)가 깊고 광대해졌으니,

---

49) 道光『肇慶府志』卷六端溪書院條. "雍正十一年, 奉旨賞拔地丁㸃銀一千兩,發商生息, 以充端溪書院膏火. 每年籌備銀二百四十兩, 遇閏加增二十兩, 由府按季具文赴鹽運司衙門請領支給；前任總督郝奏撥鹽羨本銀二千兩發商生息, 每年籌備銀四百八十兩, 遇閏加增四十兩, 由府赴運司領給書院膏火. 曆年奉撥高要, 四會, 陽春, 陽江, 恩平, 廣寧, 德慶, 羅定等處田地租額共銀一千一百六十兩七錢七分八厘, … 均批解府, 以充書院膏火."

성회 및 각 군현에 서원을 건립하라는 특명이 있었다."[50]

여기에서 '특명(特命)'이라는 말의 저의에 대해서는 딱히 자세한 설명이 나오지 않지만, 사실 어떤 특별한 이유는 없어 보인다. 부주현(府州縣)의 서원과 성회서원 간의 대표적인 차이점을 꼽자면, 그곳들은 사실 제도적인 차원에서 필수적이지는 않았다는 것이다. 즉 지방 관원들이 자주적으로 서원 창건을 결정할 수 있었다.

건륭 20년(1755) 우운진(牛運震)은 『중건조산서원비(重建條山書院碑)』에서 "오늘날 주(州), 현(縣)의 관리들은 학교의 경우에는 영갑제(令甲制)의 사례에 따라 행하고, 서원은 자주적으로 (창건을) 행한다."[51]고 했으며, 건륭 20년(1755), 설온(薛縕)의 『창산서원기(昌山書院記)』에도 이런 언급이 등장한다.

"지금 천자께서 다스리심에 문교(文敎)를 숭상하시니 각 직성(直省)에 서원을 세우고 고화를 지원하도록 명하셨다. 주읍(州邑)에서 멀리 떨어진 장소의 경우, 지방 장관(大吏)으로 하여금 유사(有司)를 따라 행하도록 한다."[52]

이처럼 황명이 전국 도처에 점점 스며들게 되어 산간벽지에도 서원이 세워졌다. 그러므로 과거에 (옹정 4년 무렵) 서원을 의학으로 바꾸려고 했던 추세가 건륭제 치세 연간에 이르러서는 그야말로 전복되어, 의학이 서원으로 바뀌는 경우가 더욱 많아졌다. 예컨대 강희 41년(1702) 부윤(府尹)

50) (淸)張淑渠, 『重修壽陽書院碑記』, 光緒 『壽陽縣志』 卷四. "我國家養士百年, 文教覃敷, 特命省會及各郡縣設立書院."

51) (淸)牛運震, 『條山書院碑記』, 『空山堂文集』 卷九. "今之州縣之吏,學校則奉令甲制例爲之,書院則自爲之矣."

52) (淸)薛縕, 『昌山書院記』, 民國 『樂昌縣志』 卷二十二. "今天子治理熙洽,敦崇文教,令各直省立書院,資給膏火,其有州邑偏遠者,聽大吏師有司爲之."

전진석(錢晉錫)은 경성(京城) 동남(東南) 금어지(金魚池) 부근에 의학(義學)을 세웠는데, 강희제는 이곳에 "악육영재(樂育英才)"라는 편액을 하사한다. 건륭 15년(1751) 이 의학은 금태서원(金台書院)으로 개명된다. 그리고 강희 54년(1715) 지주(知州) 유지곤(劉之琨)이 존화주(遵化州)에 창건한 의학은 건륭 39년(1774) 지부(知府) 이음춘(李蔭椿)에 의해 연산서원(燕山書院)으로 개명된다.[53]

건륭 연간, 관방 차원에서 더욱 뚜렷하게 서원에 대한 지지와 관리를 강화하는 모습이 노정된다. 이와 관련하여 건륭 원년 조정으로부터 하달된 규정을 살펴보자.

> "서원의 제도는 인재의 선도와 촉진의 근거이자 학교가 미치지 못하는 부분을 넓히기 위함에 그 의의가 있다. … 무릇 서원의 원장은 반드시 경명행수(經明行修)하여 여러 사인의 모범이 될 수 있는 자를 엄선하여 예로써 초빙하여야 한다. 생도들의 유학에 관하여서는, 반드시 향리에서 학문이 빼어나거나, 잠재력이 뛰어난 이를 택하여 서원에서 수학하도록 하여야 한다. 「백록동규조(白鹿洞規條)」에 따르면, 의절(儀節)을 확립함으로써 그 심신을 검속해야 한다. 「분년독서법(分年讀書法)」에 따르면, 과정(課程)을 안배함에 있어 경사(經史)를 관통할 수 있도록 하여야 한다. … 여러 생도 가운데 재능이 우수한 이는 명령에 준하여 수석과 차석을 추천함으로써 장려토록 한다."[54]

구체적으로 말하자면, 건륭 연간 서원 지원 정책은 다음과 같은 내용을 포함한다.

---

53) 光緒『畿輔通志』卷一百一十七.

54)『淸高宗實錄』卷二十. "書院之制, 所以導進人材, 廣學校之不及 … 凡書院之長, 必選經明行修足爲多士模範者, 以禮聘請；負笈生徒, 必擇鄕裏秀異, 沉潛學問者肄業其中. … 酌仿朱子『白鹿洞規條』, 立之儀節, 以檢束其身心；仿『分年讀書法』, 予之程課, 使貫通乎經史. … 諸生中材器尤異者, 准令薦擧一二, 以示鼓勵."

첫째, 서원에 대한 투자와 지원을 계속 늘린다. 건륭 연간 성회 서원의 경비 투자 및 그에 대한 보장은 지속적으로 증가하였다. 예를 들어, 건륭 4년(1739) 항주(杭州) 만송령(萬松嶺)의 부문서원(敷文書院)은 "경비 1천 냥을 하사받았다."[55]

둘째, 학습 내용에 있어서 일정한 규정이 생겨났다. 건륭 원년(1737), 조정에서는 각 성회 서원에서 주자의 「백록동규조」 및 「분년독서법」을 모방하라는 명령을 하달하였다.[56] 건륭 34년(1770) 서기신(舒其紳)이 편찬한 『명도서원기(明道書院記)』에는 "황상께서 직성(直省) 서원에 칙령을 내리시어 주자의 백록동교조를 실존(悉遵)하여 허명(浮名)을 배척하고 실학(實學)을 숭상케 하셨다."[57]라는 내용이 있다. 비록 교재와 같은 구체적인 실물 문제에 있어서는 상세히 이야기하지 않았지만, 그 대략적인 방향은 이미 규명된 것이다. 즉 강희 이래로 줄곧 이어진 정주이학적 경향이 여전히 이어져 계승되었다. 그 까닭은 『분년독서일정(分年讀書日程)』의 작자 정단예(程端禮)가 원대(元代)의 저명한 주자학자였기 때문이다.

셋째, 선생과 생도의 엄선에 있어서 규정이 생겨났다. 건륭 원년(1736), 건륭제는 서원에 "삼가 엄격하게 사유(師儒)를 택하여 모범으로 삼도록 하라"[58]는 명령을 하달하였다. 즉 황상의 정식(整飭)한 특명으로 각 성의 순무(巡撫)와 학정(學政)에게 칙령을 내려서 엄격하게 이름난 선생을 택하고, 신중하게 빼어난 사인(士人)을 가려내어 잘 교도하도록 했다.[59] 서원의 '사장(師長)' 명칭에 관하여서는 건륭 30년(1766)에 이르면 또다시 더욱 진일

55) 『敷文書院記略』 記述. "加賜帑銀一千兩."

56) 『重刊江寧府志』 卷十六 鍾山書院條.

57) (淸)舒其紳, 『明道書院記』, 民國 『戶縣志』 卷四. "我皇上敕直省書院悉遵朱子白鹿洞規條, 斥浮名而崇實學."

58) (淸)何夢瑤, 『重修端溪書院新建後樓碑記』, 道光 『肇慶府志』 卷六. "愼選師儒, 爲之模範."

59) (淸)周璣, 『東婁書院記』, 乾隆『杞縣志』 卷二十一. "特恩整飭, 諭令各省督撫學政, 嚴擇名師, 愼簡秀士, 諄諄勸誡."

보한 규정이 생겨난다. 즉 서원의 산장(山長)을 원장(院長)으로 개칭한 것이다.

이 외에도, 산서(山西) 진양서원(晉陽書院)의 규정에 따르면, 서원 생도들은 성(省)에 상주하는 도원(道員) 전사(專司)가 감독하고, 각 주와 현에서 공평하게 선정한 뒤 포정사(布政司)가 이 도(道)에서 회동하여 시험을 개설, 이를 통과하여 성취를 이룰 수 있는 생도만 성회서원에 남아 수학할 수 있도록 하였다.[60] 이렇듯 관방의 재정적 지원이 있었기에, 사인들은 적극적으로 서원에 들어가 공부하려 하였다. 건륭 38년(1774) 왕증익(王曾翼)은 통주(通州) 자은서원(紫琅書院)에 『자은서원기(紫琅書院記)』를 썼는데, 여기에서 그는 당시 서원 생도들이 매우 많았음을 묘사하고 있었다.

> "학교 외에도 또 서원이 있으니, 대도시에서 산골의 산간벽지에 이르기까지 재질이 빼어나고 배우기를 좋아하는 사인들이라면 서원에 모여 수학하니 많을 때는 2, 300여 명이 모이고, 적어도 100명 이상은 되었다. 고화(膏火)로 경비를 쓰고 과시(課試)로 그 수준을 헤아렸으니, 그 빈빈(彬彬)함이 절정에 이르렀다."[61]

넷째, 어떤 서원은 관방의 주도로 말미암아 상대적으로 완전한 규제를 확립하였는데, 이는 옹정·건륭 연간 서원의 관학화 경향을 더욱 뚜렷하게 보여주고 있다. 건륭 13년(1749), 섬서(陝西) 주지현(周至縣)의 지현(知縣) 추유(鄒儒)는 자금을 조성하여 대봉서원(對峰書院)을 건립하였으며, 건륭 15년(1751)에 완공되었다. 이와 더불어 그는 다음과 같은 서원 규제를 제정하였다.

---

60) 『山西通志』 卷七十六 晉陽書院條.

61) (淸)王曾翼, 『紫琅書院記』, 光緒 『通州直隸州志』 卷五. "學校而外, 複有書院, 自通都大邑逮及遐陬僻壤, 士之雋才好學者, 聚而肄業, 多者或二三百人, 少亦不下百人, 資以膏火, 程以課試, 彬彬乎稱極盛焉."

"서원 규제 : 산장 1인, 과사(課事)를 주로 담당함. 매월 현공서(縣公署)에서 초빙함. 재장(齋長) 2인, 원내 서무(庶務)를 담당하며, 사인 가운데 공천을 받고 현서(縣署)의 허가를 거친 자로 뽑는다. 보건대 오랫동안 서원이 없어 유(儒)가 무진(戊辰)년 봄에 합읍(闔邑)의 관신들을 불러들여 함께 자금을 모으고, 새로이 대봉서원을 건립하였다. 또 출자하여 직공(職工)을 고용하여 황무지를 개간하고, 소작농을 들여 그 조세를 교학 경비로 운용하였다. 각 상태(上台)를 상세히 밝혀 입안(立案)함으로써 대대손손 오랫동안 전해질 수 있게 하였다. …

관과(官課) : 지현(知縣)은 매월 초 2일에 서원에서 시험 문제를 제출하여 사인들이 치게 하며, 과제를 조암현(祖庵縣)에 분배하여 나누어 준다. 그리고 보좌관이 이를 받아 현서(縣署)에 전달하여 답안을 평가, 공시하도록 하는데, 갑, 을 성적을 매겨 성적에 따라 상으로 고화(膏火)를 지급하니 각기 24명이 된다.

원과(院課) : 서원 산장은 매월 12일, 22일 시험 문제를 출제하고 답안을 평가한 뒤 공시하니, 이는 관과와 동일하다. 다만 매 시험에서 상으로 고화를 지급받는 생원(生員), 동생(童生)이 각기 12명으로 나뉘어 있다."[62]

서원의 규정에는 산장과 재장(齋長) 초빙, 자금 지원 및 시험 시행 등이 있었다. 이러한 규정 시행에 있어서 지방 관원의 주도적 지위가 매우 두드러진다. 이와 같은 이유로 건륭 연간 서원의 건설은 실로 절정에 달하였다고 말할 수 있다. 건륭 51년(1786), 정육(廷鋶)은 『중건형남서원비기(重建荊南書院碑記)』에서 이렇게 말한다.

---

62) 民國『周至縣志』卷二, 卷四. "書院規制 : 山長一人, 主訓課事, 每歲由縣公署聘請. 齋長二人, 院中庶務屬之, 由士子公擧而經縣署許可者. 周至久無書院, 儒於戊辰春邀集闔邑紳士捐俸倡募, 新建對峰書院一所, 又捐資雇工開墾荒地, 召佃承種, 歲取租課以爲束修膏火之資, 詳明各上台立案, 以垂永久. … 官課 : 知縣每月初二日在書院出題課士, 分給課題於祖庵縣, 由丞收送縣署彙卷評閱, 榜示甲乙, 依次獎給膏火, 各二十四名. 院課 : 書院山長每月十二日, 二十二日出題課士, 評閱榜示, 與官課同, 惟每課獎給膏火生員, 童生各十二名."

> "우리 황제께서 유(儒)를 숭상하시고 문(文)을 보우하시어 인심과 풍속의 근원을 지키시니 이로써 삼대(三代) 성인의 가르침으로 거슬러 올라가신다. 성(省)에서 부(府), 현(縣) 각급에 소재한 모든 서원을 장수(藏修) 유식(遊息)의 장으로 삼아 관사(官師)가 감독, 교육하게 하고 하나하나 교정토록 하여 그들을 고무하고 발전하도록 하셨다."[63)]

서원의 관학화가 이루어진 이후, 서원의 교육 기능은 크게 상승하게 된다. 건륭 53년(1789) 기현(杞縣)의 지현(知縣) 주기(周璣)는 『동루서원기(東婁書院記)』에서 다음과 같이 말한다.

> "서원의 건립은 명사(名師)를 초빙하고 엄격하게 고과(考課)를 행하는 것이니, 그 의(義)는 사인을 배양하고 국가를 위한 인재를 양성하는 데 있다. 이는 학교가 미치지 못하는 부분을 확충하는 것이다."[64)]

이처럼 서원의 교육은 학교의 부족한 부분을 보충할 뿐 아니라, 명유(名儒)의 강학 장소로서 학교보다 한층 더 나은 면모를 가지게 되었다. 건륭 23년(1758), 장세안(張世安)의 『천건남평서원기(遷建南平書院記)』에는 다음과 같은 말이 있다.

> "오늘날 서원의 건립은 학교와 그 표리가 상응하는 바가 있다. 학교에서는 한 읍의 자제들을 모아 사유(師儒)로써 그들을 가르치는데, 과예(課藝)에 능한 이를 헤아려보면 한 세대에 몇 차례를 넘지 못한다. 서원에서는 학식이 뛰어난 이

---

63) (淸)廷鯨, 『重建荊南書院碑記』, 乾隆 『江陵縣志』 卷四十六. "我皇上崇儒佑文, 持人心風俗之源, 以上追三代聖人之敎, 由省而府而縣各有書院以爲藏修遊息之地, 官師督課, 校定甲乙, 以鼓舞而陶冶之."

64) (淸)周璣, 『東婁書院記』, 乾隆 『杞縣志』 卷二十一. "書院之設, 延名師, 嚴考課, 其義專以培士子, 爲國家養育人材, 所以廣學校之所不及."

> (名宿)를 초빙하여 강학을 주도케 하는데, 주야를 막론하고 이에 전념하면서도 여러 사람과도 조화롭게 잘 지낸다. 이에 모든 이들이 성취를 이루려는 뜻을 보인다. … 성회(省會)에는 오수(粵秀)가 있고, 조경(肇慶)에는 단계(端溪)가 있는데, 이 외에도 각 군현에 건립된 서원, 의학은 실로 부지기수이다."[65)]

이로부터 사람들의 서원에 대한 인식은 완전히 바뀌었다고 볼 수 있다. 건륭 17년(1752) 팽시첩(彭時捷)은 『진운서원비기(錦雲書院碑記)』에서 이렇게 말한다.

> "서원의 건립은 옛날 당상(黨庠), 수서(術序)의 유산이다. 다른 곳은 그 배움이 그만큼 준엄하지 못하다. 그 일은 학교에 비하면 더욱 상세하고 엄밀한데, 때때로 흥하기도 하고 망하기도 하였다. 인재와 풍속이 서원으로 말미암아 생겨났으니, 어찌 중하지 않겠는가?"[66)]

Ⅵ. 18세기 서원 관학화와 그 학풍의 전환

서원의 관학화는 서원 학풍의 근본적인 변화를 가져왔다. 우선 16세기 당시 강학을 주로 삼던 분위기가 점차 쇠퇴하였다는 점을 지적할 수 있다. 서원에서는 생도들에게 경비의 보장 및 상승이라는 복리를 제공해주었기에 관학화를 거친 서원의 주요 경향은 바로 과거 교육에 조응하는 것이었다.

---

65) (淸)張世安, 『遷建南平書院記』, 道光 『恩平縣志』 卷十八. "今夫書院之設, 與學校相表裏者也. 學校萃一邑之子衿而董以師儒, 程能課藝, 一歲之內不過數次. 書院則聘致名宿以主講席, 而朝夕涵濡, 樂群敬業, 此卽百工居肆以成其事之意也. … 省會有粵秀, 肇慶有端溪, 其外書院, 義學之建於各郡縣者指不勝數."

66) 道光 『重慶府志』 卷五. "書院之設, 卽古黨庠術序之遺, 其地不如學之尊嚴, 其事較學尤爲詳盡, 或興或廢, 人材風俗因之, 不綦重歟?"

건륭 36년(1771) 이남휘(李南暉)의 『청봉서원기(靑峰書院記)』에 따르면, “오늘날 천하의 서원들이 성회 및 군(郡), 주(州), 현(縣), 읍(邑)에 세워져 있는 것들이 부지기수일진대 대부분 첩괄이나 문자를 가르침으로써 과거에 합격하도록 하고, 나아가 세속의 공명을 취하게끔 한다.”[67]고 했다. 건륭 40년(1775) 왕영서(王縈緖)는 『남빈서원기(南賓書院記)』에서 다음과 같이 말한다.

> “우리나라의 문교(文敎)가 왕성하니 무릇 성회와 부주현(府州縣)의 주무자들은 모두 성곽에다가 서원을 건립하여 경내의 가르침이 뛰어난 선생을 초빙하고 있다. 이러한 곳이 100개 소가 넘는데, 사제 간에 가르침을 주고받는 내용들이 첩괄(帖括), 성율(聲律)에 불과하니, 그 심신(心身)이 힘써야 할 바가 실학(實學)에 미치지 못하고 이미 선현(先賢)들을 자신의 의(義)로 삼고 있지도 못하다. … 학교(學校)의 유산은 필경 명리(名利)의 늪이 되고 말 것이다.”[68]

이러한 언사는 틀림없이 서원 유생들이 과거에 응시하는 분위기를 비판적으로 바라보는 태도를 보여준다. 그러나 분명한 것은 비록 이 시기의 서원이 과거를 주요 목적으로 삼는다고는 해도, 이는 명대 말기 허무맹랑한 심성(心性)에 관한 공담(空淡)에 비하면 더욱 ‘실학(實學)’에 가까웠다. 왜냐하면 과거시험은 필경 사서(四書)나 오경(五經)과 같은 것을 공부해야 하는 것이었고, 따라서 (일정 수준 이하의 유생은 물론이고) 상당히 우수한 학생들도 모두 과거시험에서의 경의(經義)를 통해 경학에 관한 진정한 지식을 얻을 수 있었다. 도광(道光) 10년, 주지정(周之楨)의 『중수굉도서원기(重修宏道書院記)』에서는 이런 말이 나온다.

---

67) 嘉慶『四川通志』 卷八十. “今天下書院之在省會及郡州縣邑者不下千百數, 大都講帖括文字, 以博科擧取世俗功名.”

68) 嘉慶『四川通志』 卷八十. “我朝文教極盛, 凡省會暨府州縣當事者皆設書院於城郭, 延師教境內俊秀,當不下千百所, 而師弟子之授受, 不過帖括聲律, 其身心要務出處實學不及焉, 已非先師爲己之義矣. … 學校之遺, 竟成名利之藪.”

"제의(制義, 즉 八股)라는 것은 조정에서 천하의 사인들을 성현의 서적에 전념하게 하여, 그들이 학습을 통해 임관하도록 하는 것이니, 백가(百家)의 잡설로는 그들을 방해할 수 없다. 예로부터 이 학업을 행한 이들은 반드시 통경학고(通經學古)에 힘써야 했으며, 이로써 각종 심술(心術)의 방법을 증험했다. 그리고 사물의 이치를 절실히 궁구한 연후에 그 말에 통달한 것이다. … 그 방법이 나날이 비천해지니 … 이는 공령(功令)의 본의가 아니다."[69]

비록 건륭 치세 말년의 과세시(課歲試)의 순서는 '사서(四書)를 우선으로 하고, 다음으로 경예(經藝)를 다룬다. 향회시(鄕會試)에서는 먼저 사서(四書)의 문장을 시험 친 다음 경예의 문장을 친다. 그러고 나서 책문(策問)을 시행한다.'[70]고 규정하고 있기에 경의(經義) 시험을 차순(次順)으로 두고 있는 것으로 확인할 수 있지만, 경학에 관한 지식은 여전히 과거시험과 서원 교육 모두에 있어서 중요한 내용이었다.

이처럼 독서를 통해 과거에 응시하는 경향은 청대 고거학풍(考據學風)의 발전과 조응하였고, 서원 또한 한 걸음 더 나아가 경학 또는 고거학으로 그 방향을 전환하기에 이른다. 사실 건륭 연간 서원에서 생도들을 가르쳤던 학자들 가운데 상당수가 고거학의 대가(大家)였다. 남경 종산서원의 경우를 보면, 노포경(盧抱經), 전죽정(錢竹汀), 요희전(姚姬傳) 등 여러 선생이 잇달아 주강(主講)의 지위를 승계하여 절절히 생도들을 가르쳐 찬란한 국보(國寶)로 배출하니, 위로는 천자를 보필하는 고문이 되도록 하고, 아래로도 경(經)을 통일하는 과업을 이루었다고 전한다.[71]

---

69) (淸)周之楨, 『重修宏道書院記』, 光緖 『三原縣新志』 卷四. "制義者, 朝廷所以一天下之士, 潛心聖賢之書, 俾舍是未由他進, 而百家雜説舉不得幹其慮者也. 昔之爲是業者, 必通經學古, 驗諸心術之數, 而切究乎事物之理, 然後其辭達焉. … 其術日卑 … 非功令之本意也."

70) (淸)賈芳林, 『重建嘉陵書院碑記』, 光緖 『略陽縣志』 卷四. "先『四書』, 次經藝, 鄕會試首場『四書』文, 次場經藝文, 三場策問."

71) (淸)馮煦, 『重建鍾山書院記』, 『蒿盦類稿』 卷二十三. "盧抱經, 錢竹汀, 姚姬傳諸先

이처럼 수많은 저명한 학자들이 서원의 교육활동 참여는 서원의 학풍이 고거학풍으로 일약 전환된 주요 원인이라 할 수 있다. 예를 들어 정덕현(旌德縣) 양천진(洋川鎮)의 육문서원(毓文書院)의 경우를 보면, 일찍이 홍양길(洪亮吉)이 "여기에서 2년을 머물렀다."[72]는 기록이 있다. 또 건륭 연간에 창건된 남지서원(南池書院) 또한 비록 사천(四川) 변방의 남충현(南充縣)에 건립된 곳이지만, 다른 서원과 마찬가지로 경술(經術)을 주로 교육하였다. 남지서원을 창건한 왕호[王灝, 자(字)는 소량(少梁), 호(號)는 문천(文川)]는 건륭 59년(1720) 거인(擧人)에 급제하였고 옹정 2년(1724)에 진사가 되었다. 그는 건륭 18년(1753) 8월에 자금을 마련하여 남지서원을 창건하였으며, 이듬해 완공하였다. 그의 문인인 두백선(杜伯宣)은 『남지서원기(南池書院記)』에서 다음과 같이 말한다.

> "선생께서는 경술에 조예가 깊으셨으며, 진사로 천거되신 뒤 봉직(奉直) 대부(大夫)로 승진하여 광동(廣東) 직강(直隸) 연주(連州)의 지주(知州)를 역임하였다. 처음에는 승사(僧寺)를 대대로 보시(普施)하는 곳으로 삼으셨고, 본인은 학업에 몰두하시고 산수를 즐기시기도 하였으되 홀연히 진흥하고자 하는 뜻을 가지셨다. … 문성문(文星門)을 트고 문창루(文昌樓)를 이어 세운 뒤, 석채소(釋菜所)를 두었다. 상하(上下) 강당(講堂)을 세우고 여러 생도가 공부할 방사(房舍)를 47칸 마련하였다. 두 별채의 넉 장 칸은 주방과 마구간 네 칸으로 조성하고, 계단은 흑색과 백색으로 칠하였다. 상(床), 창(窗), 그리고 평상(幾席)은 트인 곳에 크게 갖추어 서생들이 운집할 수 있도록 하였다. 집안의 백부를 비롯하여 경자년(庚子, 1720)에 이렴(孝廉)께 제청하여 원임(原任) 운남(雲南) 하양령(河陽令) 후암(厚庵) 선생과 박사(博士) 윤구(潤九) 선생께서 경학을 강학하고 엄격히 훈도해주실 것을 청하였다. 두 선생이 돌아가시자 선생께서 강학을 전담하시니

生相繼主講席, 劘之礲之, 鬱爲國寶, 上寶天子顧問, 下亦通一經之業."

72) 洪亮吉, 『洋川毓文書院碑記』, 『洪北江詩文集』 更生齋文甲集卷四 : "館於是者二年."

장군(長君)으로서 초학(初學)들을 가르치셨다."[73)]

과거화(科擧化)된 경학과 청대 경학가들의 학술적 주도에 힘입어, 서원의 학풍 또한 고거학으로의 전환이 발생하였다. 건륭 33년(1769), 수양(壽陽) 지현(知縣) 공도강(龔導江)은 『중수수천서원기(重修受川書院記)』에서 경술(經術) 학습의 중요성에 대해 상세히 논하였다.

"오늘날 여러 유생이 선왕(先王)의 도를 따라 도덕을 수양하고 고경(古經)을 읽는 데 온 마음을 다하고 있으니, 일찍이 쟁기를 등에 지고 밭으로 나아가 옷을 벗고 김매는 일에 하루도 힘을 쓴 적이 없었다. 경술(經術)의 원류가 각기 달리 나누어져 있음에 다시 합친 고로, 이에 선성(先聖)과 선사(先師)의 말씀과 교훈의 정미한 뜻이 담겨 있으니, 과연 누가 그것들을 하나로 모아 꿰뚫어내기를 마치 한(漢)의 경사(經師)들이 다섯 글자를 2, 3만 자로 해석한 것처럼 해낼 것인가? 그 단서는 진취적인 마음으로부터 비롯되어 바깥에 형형히 드러나는 것이다. 제거(制擧)의 업(業)이 대대로 답습되고 있음이 견고하면서도 마음속에서는 점점 부패하고 있으되, 이를 일시에 갑작스레 없애버릴 수는 없는 것이다. 경술(經術)이 명확하지 못하면 인재 또한 나날이 과거보다 못하게 될 것이 틀림없다. … 오늘날 여러 유생은 진실로 세속의 학문에 구애되지 않으면서도 경술에 먼저 힘쓸 수 있다. … 그러한 고로 훗날 문장(文章)의 성대함이 어찌 삼진(三晉)에서만 으뜸이라 하겠는가? 천하제일이라 하더라도 부족하지 않을 것이다."[74)]

---

73) (淸)杜伯宣, 『南池書院記』, 嘉慶 『四川通志』 卷八十. "先生湛深經術, 起家進士, 升授奉直大夫廣東直隸連州知州, 微時以僧寺爲累世布施所, 習玩其間, 醉飽山水, 慨然有振興之志 … 通文星門, 屬文昌樓, 爲釋菜所, 建上下講堂, 諸生肄業房舍共四十七間, 兩廊四章, 爲廚廄四間, 階砌黝堊, 床窗幾席煥然大備, 生童雲集. 遞請予家伯父, 庚子(1720)孝廉原任雲南河陽令厚庵先生, 博士潤九先生講明經學, 嚴爲訓課二先生卽世, 先生專席講授, 以長君訓初學."

74) (淸)龔導川, 『重修受川書院記』, 光緒 『壽陽縣志』 卷四. "今諸生盛服先王, 沐浴道德, 夏弦春誦, 專心一力, 未嘗有負耒除田脫衣擊菒之事分其日力也, 而經術源流異

이처럼 건륭 말년에 이르러서는 서원의 학풍이 이미 완전히 뒤바뀐다. 장진방(張錦芳)의 『창건금구보백운동삼호서원비기(創建金甌堡白雲洞三湖書院碑記)』에서도 이러한 풍토를 확실히 보여주고 있다.

> "군(君) 또한 오늘날 서원이 과거와는 다름을 알고 있는가? 과거의 서원 또한 강학을 통해서 심성(心性)을 논하고 실천을 중히 여겼으되 그 흐름이 때로는 서책을 벗어나 본류(本流)로 나아갔었으니, 이 모두를 일러 이학(理學)이라 하였다. 오늘날 서원 또한 예(藝)를 논함으로써 경전을 꿰뚫고 문체를 바로잡는 등 문장 속에 도를 싣고(以文載道) 있으니, 이를 일러 사장지학(辭章之學)이라 한다. 이학자로서는 도(道)에 따라 자신을 검속하고 도를 구하며, 고요히 그것을 깨달으니, 문밖을 나가지 않더라도 도의 오묘함을 살필 수 있었다. 사장학을 하는 자는 반드시 견문이 넓어야 하는데, 고거(考據)는 필시 번거로운 일이니 큰 성읍을 주유하면서 오늘날 수많은 현인이 지은 저술을 종람(縱覽)하지 않고서는 그 원류를 상고하고 득실(得失)을 바로잡을 수 없게 된다. 이것이 과거와 지금의 서원이 같고 다른 부분이다."

여기에서 "필시 번거로운" 사장학의 요점은 두 가지로 나뉜다. "배울 선생을 얻는 것(得師)이 그 요점이며, … 장서(藏書) 또한 그 요점이다."[75] 이처럼 경서의 독서를 중시하는 학풍은 명대 말기 서원에서 심성(心性)을 토론하는 공소한 학풍과는 근본적으로 달랐다.

同分合之故, 先聖先師立言垂訓之精義,果孰能貫串會同, 如漢經師釋五字之文至二, 三萬言之多者乎? 其端由於進取之心豔於外, 而制舉業之陳陳相因者牢固靡爛於胸中, 而不可驟拔. 經術之不明, 人材之日遠於古, 胥以此也. … 今諸生誠能不囿於俗學, 而務以經術爲先, … 則異日文章之盛, 豈惟以冠三晉, 雖甲於天下可也."

75) 同治『南海縣志』卷十二. "得師其要也, … 藏書又其要也."

【참고문헌】

邓洪波 : 『中国书院史』, 武汉大學出版社, 2012年.
『山西通志』 卷七十六 晋阳书院条.
『清朝文献通考』 卷六十九, 卷七十三.
『敷文书院志略』 记述.
『清高宗实录』 卷二十.
『说略·首善书院事』, 转引自邓洪波『中国书院史资料』(上册), 第816页.
(清)王昶 : 『天下书院总志』
(明)刘宗周 : 『证人书院记』, 『浙江通志』 卷二十七.
(清)侯方域 : 『重修书院碑记』, 『河南通志』 卷十三.
(清)姚立德 : 『创建定武书院碑记』, 咸丰 『定州续志』 卷四.
(清)李元振 : 『南阳书院记』, 康熙 『南阳府志』 卷六.
(清)李一鹭 : 『创建龙冈书院碑』, 同治 『栾城县志』 卷十四.
乾隆 『福州府志』卷十一 "鳌峰书院"条.
光绪 『苏州府志』卷二十五 紫阳书院条.
蓝鼎元, 『棉阳书院碑记』, 『鹿洲初集』 卷十.
(清)张兆凤, 『修敷文书院记碑』, 光绪 『茂名县志』 卷三.
(清)高斌, 『重建安定书院碑』, 道光 『增修甘泉县志』 卷六.
嘉庆 『湖北通志』 卷二十九 "江汉书院"条.
(清)舒其绅, 『明道书院记』, 民国 『户县志』 卷四.

에도 유학과 사회
-무사(武士)의 서원과 『공자가어(孔子家語)』의 관점에서-

미나미자와 요시히코(南澤良彦)

Ⅰ. 서문

1. 에도시대의 사회

근세 동아시아 세계의 보편적 현상의 하나로 과거(科擧)의 실시와 서원의 발달이 있다. 그런데 일본은 과거제도를 채택하지 않았음에도 불구하고, 서원의 성질과 극히 유사한 다양한 학교들이 발달해 있었다.[1] 에도시대에 일본 사회는 사농공상이라는 네 개의 신분으로 구성된 신분제 사회였다. 사(士)가 지배계급이고, 그 아래에 농(農), 공(工), 상(商)의 피지배계급이 있고, 사농공상의 각 신분은 세습되었다. 주목할만 한 점은 사농공상의 사민四民은 고대 중국의 제도인데,[2] 중국의 사(士)가 "배워서 그 자리에 있는 사람"[3] 으로 규정되는 만큼 출신 신분을 묻지 않았던데 반해, 일본의 사士는 엄격한 신분제도와 세습제로 고정된 지배계급이었다. 게다가 중국의 사(士)가 기본적으로 문인(文人)이었던 데 반해 일본의 사(士)는

1) 難波征男, 「"日本書院"的硏究現狀與課題」, 『湖南大學報(社會科學版)』 21-3, 2007年 참조.

2) 가령 『春秋穀梁傳』 成公元年에 "古者有四民有士民有商民有農民有工民"라고 나온다.

3) 『漢書』 「食貨志」에는 "士農工商四民有業學以居位曰士闢土殖穀曰農作巧成器曰工通財鬻貨曰商"라고 나온다.

무사였다.

에도시대가 신분제 사회이고 지배계급이 무사였던 점은 이 시대의 커다란 사회적 특징으로, 이것이 학문과 교육에 대해서도 지대한 영향을 끼쳤으리라는 점은 상상하기 어렵지 않다.

에도시대의 일본은 에도에 있는 도쿠가와(德川) 장군을 받드는 막부(幕府) 하에서, 다이묘(大名)라 불리는 260여명의 지방 군주가 다스리는 크고 작은 영지(領地)로 이루어져 있다. 이들 다이묘가 다스리는 영지는 번[藩, 일본어로는 '한']이라고 불렸다.

2. 쇼헤이자카학문소(昌平坂學問所)와 번학[藩學(한가쿠)]

에도시대에 중앙정부인 막부는 학문, 특히 유학을 장려하고, 에도에 학문·교육을 위한 학교, 쇼헤이자카학문소(昌平坂學問所)[쇼헤이코(昌平黌)]를 개설했다. 다이묘들도 각자의 번(藩)에 학교를 세우고, 주로 유학을 가르쳤다. 이 다이묘들의 학교는 번(藩)의 학교라는 의미에서 번학(藩學) 혹은 번교(藩校)라고 불렸다. 번학(藩學)의 숫자는 전국적으로 295개였다고 한다.[4] 에도시대의 번(藩)의 숫자는 260개 전후였기 때문에, 하나의 번(藩)에 한 개 이상의 학교가 있었던 것이다. 현재의 일본의 국공립대학 숫자가 184개(국립대학86개교, 공립대학 98개교)[5]이기 때문에, 에도시대의 학문·교육 시설은 상당히 충실하였던 셈이다.

에도시대의 막부와 다이묘들의 학교에는 한적(漢籍)을 중심으로 한 서적이 소장되었고, 공자묘가 설치되었던 곳도 많았다. 서원의 요건으로 "강학, 장서(藏書), 제사"의 세 가지가 나열되는데, 쇼헤이자카학문소나 상당수의 번학은 이 조건을 충족시킨 셈이다. 다만 쇼헤이자카학문소와 번학은

---

4) 難波征男, 앞의 논문 19쪽 참조.

5) 文部科學省 홈페이지【學校基本統計(R3速報値)】참조.

막부와 번이 설립한 관립학교이고, 민간의 학교로 발전시킨 서원과는 성질을 달리 한다. 그러나 번학의 경우에 설립은 관학계(官學系)이지만, 실질적으로 민간계(民間系)라고도 말해지고 있고, 많은 점에서 서원과 공통되는 성질의 학교라는 점은 사실이다.[6] 번학은 말하자면 무사(武士)의 서원인 것이다.

3. 이 글의 의도

에도 시대의 일본에서는 막부나 번의 관료 기구는 기본적으로 세습제로 미리 정해져 있어서, 쇼헤이자카학문소나 번학의 학업 성적이 관여할 여지는 많지 않다. 따라서 입신출세라는 점에서는 이 관립 학교들의 교육으로부터 받을 혜택은 지극히 적다. 그렇다면 에도 시대의 관립 학교는 어떤 목적으로, 어떤 교육을 실시한 것일까? 그리고 이들 학교에서는 특히 유학이 중시되었는데, 유학은 어떤 역할을 담당한 것일까?

이 글은 에도 시대의 관립 학교의 설립 경위, 교육이념, 교육내용을 분석하고, 에도 시대의 무사사회에서의 학문, 특히 유학의 의의의 일단을 해명하고자 한다. 분석을 위한 실마리의 하나로 주목한 것은 『공자가어(孔子家語)』이다. 『공자가어』는 에도 막부를 열었을 뿐만 아니라 에도 유학의 기초를 닦은 도쿠가와 이에야스(德川家康)의 애독서로, 에도 시대를 통해 널리 읽혀졌다. 『공자가어』가 어떻게 읽혀졌는지, 그리고 그것의 변화 양상은 에도 유학과 무사 사회의 사조(思潮)와 그 변화를 반영하고 있다. 따라서 그것을 검증하는 것은 이 글에 크게 도움이 될 것이다.

---

6) 吾妻重二, 「東アジアの書院について－研究の視角と展望」(『東アジア文化交渉研究』 別冊2, 關西大學文化交涉學教育研究據點, 2008年) 13쪽 참조.

Ⅱ. 에도 유학 전사(前史) –아시카가(足利)학교와 무사(武士) 사회

1. 무로마치(室町) 시대의 아시카가(足利)학교

1) 아시카가학교의 성립

아시카가학교[토치기현(栃木縣) 아시카가시(足利市)]는 에도 시대 이전의 일본에서 가장 저명한 학교이다. 아시카가학교는 한학(漢學) 전문학교로, 부지 내에 교학 시설[방장(方丈)], 학생 기숙사[중료(衆寮)], 공자묘[성묘(聖廟)]를 갖추고 있다. 귀중한 한적(漢籍)을 소장하고 있고, 학생을 교육하면서 정기적으로 공자상(像)을 제사지내는 석전(釋奠)의 예도 행했다. 이것은 서원이 장서(藏書), 강학, 제사의 세 가지 요소를 갖춘 것과 극히 유사하다.

아시카가학교는 교칙을 정하고, 이후에는 출판 사업도 했기 때문에 점차 서원과 유사해져 갔다고 할 수 있다. 아시카가학교의 창건에 대해서는 여러 가지 설이 있는데 상세한 내용은 잘 모른다. 확실하게 말할 수 있는 것은 15세기 무렵에 칸토칸레이(關東管領)인 우에스기 노리자네(上杉憲實)에 의해 부흥되었다는 점이다. 노리자네는 영지(領地)를 수여하고 한적을 기증하며, 카마쿠라(鎌倉)의 선종(禪宗)[임제종(臨濟宗)] 사원(寺院)인 원각사(圓覺寺)로부터 유학, 특히 역학(易學)에 뛰어난 카이겐(快元)을 초빙하여 쇼오슈(庠主=교장)로 삼았다.

아시카가학교는 그 후 무로마치(室町) 시대, 아즈치 모모야마(安土桃山) 시대 동안 번영하였고, 16세기 중엽 무렵의 제7대 쇼오수(庠主)인 큐우카(九華) 시절에는 전성기를 맞이하여, 학생 수가 3천명을 헤아렸다고 한다.[7] 아즈치 모모야마(安土桃山) 시대에 일본으로 와서 오다 노부나가(織田信長)와

7) 川瀨一馬, 『增補新訂 足利學校の硏究』新裝版(東京: 吉川弘文館, 2015) 90쪽.

친하게 지냈던 예수회 신부 루이스 프로이스(Luís Fróis)는 그의 저서『일본사』에서 아시카가학교를 언급하면서, 반도오(阪東)[관동지방(關東地方)]에 있는 "일본에서 가장 유명한 승려 대학"이라고 하였다.[8)]

2) 아시카가학교의 교칙

아시카가학교가 한학(漢學) 전문이라는 점은 실질적인 창건자 노리자네(憲實)가 정한 교칙 3조에 규정되었다. 제1조를 인용하면 다음과 같다.

> 1.『삼주(三註)』,『사서(四書)』,『육경(六經)』,『열자(列子)』,『장자(莊子)』,『노자(老子)』,『사기(史記)』,『문선(文選)』 이외에는 학교에서 강의해서는 안 된다. 종래의 교칙에 기재되어 있는 금지 사항은 새삼 말할 필요도 없다. 앞으로는 여담으로(脇道) 이야기하는(談義) 것도 금지한다. 그러나 선종(禪宗) 사원의 유명한 고승으로 장내(莊內)에 있는 자는 제외한다. 선(禪)의 어록, 시주(詩註), 문집(文集) 이하의 학문은 다행히 각지에서 오늘날 현존하는 선종 사원이 있다. 그리고 선종 이외의 불교도에게는 그 교파의 사찰이 있다. 장내에서는 유학 이외에는 단호히 금지한다. 위에서 열거한 서적 이외에는, 설령 서너 명의 동료들이 서로 권해서 강석(講席)을 권했다고 해도, 재적자(在籍者)는 학교 교칙 상 단호히 금지될 것이다. 그런데도 못 알아듣는다면 관청에 고소해도 될 것이다.(번역은 인용자)[9)]

즉 노리자네는 아시카가학교에서 강의하는 서적을『삼주』,『사서』,『육경』,『열자』,『장자』,『노자』,『사기』,『문선』으로 한정하였다. '삼주'란『몽구(蒙求)』,『천자문』,『호승(胡曾)[10)][영사(詠史)시초(詩抄)』를 말한다. 이 삼서

---

8) ルイス·フロイス,『日本史』2(東京: 平凡社, 東洋文庫35, 1965年) 42쪽 참조.
9) 원문은『古事類苑』文學部 洋卷 第2卷, 1107쪽. 川瀨一馬, 앞의 책, 35쪽 참조.

(三書)는 하나같이 초학(初學)의 식자서(識字書)이다. 이것을 배워서 한자와 한문을 익히고, 이어서 유학의 사서오경, 도가의 『열자』, 『장자』, 『노자』 삼서, 사부(史部)의 『사기』, 집부(集部)의 『문선』을 배우는 것이다.

노리자네가 이 외의 서적들을 읽는 것을 금지시킨 것은 아시카가 학교가 불교 학교이고, 학생은 승려였던 것과 관계가 있을 것이다.[11] 승려는 당연히 틈만 나면 불교 경전이나 시문(詩文)을 배우려 하기 때문이다. 그런데 그것들은 교토(京都)나 지방에 있는 선종 및 선종 이외의 종파의 불교 사원에서 배워야 하고, 아시카가학교에서는 단호하게 금지되었다. 강의는 커녕 동료와 여담으로 이야기하는(談義) 것조차 금지 대상이 되었다.

3) 아시카가학교의 장서(藏書)

아시카가학교에는 당대 최고 수준의 한적이 소장되어 있었다. 오늘날 현존하는 대표적인 서적을 소개하면 다음과 같다.

『周易注疏』(全十三本)(宋版 國寶)

『尙書正義』(全八本)(宋版 國寶)

『禮記正義』(全三十五本)(宋版 國寶)

『毛詩註疏』(全十三本)(宋版 重要文化財)

『春秋左傳注疏』(全二十五本)(宋版 重要文化財)

---

10) 胡曾은 중국 晩唐의 시인이다. 『新唐書』 卷六十 「藝文志」 四に "胡曾安定集十卷」と 著錄 『全唐詩』 卷二十四에 "胡曾邵陽人咸通中擧進士不第嘗爲漢南從事安定集十卷詠史詩三卷今合編詩一卷"라고 나온다.

11) 승려가 서원과 관계가 깊은 것은 중국 당대(唐代)에까지 거슬러 올라갈 수 있다. Minamizawa Yoshihiko and Chien Iching,An Enquiry into the Origins of Confucian Academies and the Mingtang in the Tang Period, V.Glomb, E.J. Lee& M. Gehlmann ed., 『Confucian Academies in East Asia』(Leiden: Brill Academic Publisher, 2020』 참조.

『文選李善五臣註』(宋版 國寶)

이것들은 모두 중국 남송(南宋)시대에 출판된 귀중한 서적으로, 지금은 국보 내지는 중요문화재로 지정되었다. 오경(五經) 중에서 『주역주소(周易注疏)』는 노리자네의 아들인 노리타다(憲忠)가 기증한 것이고, 나머지 사종(四種)은 노리자네의 기부이다. 또한 『문선』은 호우죠 우지마사(北條氏政)가 큐우카(九華)에게 수여한 카나자와문고(金澤文庫)[12] 구장본(舊藏本)이다.

2. 아시카가학교와 도쿠가와 이에야스(德川家康)

1) 후시미반(伏見版)과 무사(武士) 사회

아시카가학교의 쇼오슈는 대대로 선종의 고승이 맡으면서 당시의 권력자들과 친분을 두텁게 했다. 제7대 쇼오슈인 큐우카(九華)는 관동(關東)에서 패권을 장악한 오다와라(小田原)의 호우죠 우지야스(北條氏康), 호우죠 우지마사(北條氏政) 부자(父子)의 요청으로 『주역(周易)』과 『삼략(三略)』을 강의했다.

또한 제9대 쇼오슈 산요 겐키츠(三要元佶)는 토요토미(豊臣) 정권의 제2대 칸파쿠(關白)인 토요토미 히데츠구(豊臣秀次)의 요청으로 수많은 한적(漢籍)과 함께 교토로 이주했다. 그 후 실권을 장악한 도쿠가와 이에야스(德川家康)의 신임을 얻어 교토의 후시미[지금의 교토시 후시미구(伏見區)]에 있었던 엔코지(圓光寺)[그후 지금의 교토시 사쿄오쿠(左京區)로 이전]를 아시카가 학교의 분교로 삼고, 이에야스(家康)가 준 활자를 이용하여 한적

---

12) 카나자와문고(金澤文庫)는 가마쿠라(鎌倉)시대 중기에 호우죠 사네토키(北條實時)가 지금의 요코하마시(橫濱市) 카나자와구(金澤區)에 있었던 부지(屋敷)에 창건한 무사 집안의 문고이다. 소장 서적에는 송대의 판본도 적지 않고, 아시카가학교로 옮긴 것도 있다

을 간행했다. 이것이 이른바 후시미반(伏見版)이다. 간행된 서적을 열거하면 다음과 같다.

> 1599년(慶長4)刊 『孔子家語』(6卷, 附素王事記 1卷, 4册), 『三略』(3권 1책), 『六韜』(6권 2책)
> 1600년(慶長5)간 『貞觀政要』(10권 8책), 『三略』(3권 1책), 『六韜』(6권 2책)
> 1604년(慶長9)간 『三略』(3권 1책), 『六韜』(6권 2책, 2版 있음)
> 1605년(慶長10)간 『周易』(6권 3책)
> 1606년(慶長11)간 『七書』(25권 7책, 2판 있음)[13]

후시미반(伏見版)의 특징은 유학서(儒學書), 정치서(政書) 이외에 병법서(兵法書)가 많다는 점이다. 이것은 이에야스의 취향을 나타내고 있다고도 할 수 있는데,[14] 아시카가학교의 창립 취지와도 부합된다. 즉 아시카가학교는 유학과 병학(兵學)에 특화된 한학 전문 학교였다. 유학 중에서도 특히 역학(易學)에 특색이 있었다.

아시카가학교는 수많은 경서(經書)를 강의하고, 한학에 관한 전반적인 교육을 실시했는데, 이 한학 교육은 사실 준비 단계에 지나지 않고, 실제 목적은 역학 교육이었다. 더 궁극적인 목적은 역학의 응용인 점서술(占筮術)의 습득이었다.[15] 아시카가학교가 무로마치(室町) 시대를 통해서 많은 학생들을 모집한 이유는 당시의 무사 사회가 점서占筮에 강하게 의존해 있었고, 점서술자(占筮術者)의 수요가 매우 높았기 때문이다.[16] 중세·근세 초기에는 무사는 일상적으로 목숨을 거는 판단이 요구되는 장면이 많았다. 그 때문에 무사는 점(占)에 의존하였고, 그것은 일상생활의 일부였다.

---

13) 川瀨一馬, 앞의 책, 108쪽 참조.
14) 위와 같음.
15) 川瀨一馬, 앞의 책, 174~175쪽 참조.
16) 川瀨一馬, 앞의 책, 175쪽 참조.

중국과 조선의 서원은 사대부 층에 의해 운영되고, 주로 과거 시험을 지향하는 사대부를 위한 고등 교육기관이었다. 이에 반해 서원에 해당하는 일본의 고등 교육기관(아시카가학교)의 담당자이자 향유자가 무사였던 것은 주목할 만하다. 일본의 중세·근세를 대표하는 고등 교육기관인 아시카가학교는 무사 계급이 설립, 운영하고, 무사 계급의 자제 교육, 고문(顧問)을 담당하는 교원과 조언자 양성을 목적으로 하였다. 아시카가 학교의 교토 분교인 엔코지(圓光寺)에서 간행된 후시미반에 병법서가 점하는 비율이 매우 높은 것도 이와 깊은 관련이 있을 것이다.

Ⅲ. 에도 유학과 관립 학교 −쇼헤이자카학문소(昌平坂學問所), 번학(藩學)

1. 쇼헤이자카학문소

1) 하야시가(林家)의 가숙(家塾)과 공자묘

1603년(경장 8) 이에야스가 정이대장군(征夷大將軍)에 임명되어 에도에 막부를 열자, 유학자 하야시 라잔(林羅山)을 시강(侍講)[지코. 군주에게 학문을 강의하는 학자]로 삼았다. 이것이 에도 유학의 시작이자, 일본 유학에서 획기적인 일이었다. 하야시 라잔은 성(姓)은 하야시(林)이고 이름은 츄(忠), 일명 노부카츠(信勝)이다. 조상은 카가(加賀)[현재의 이시카와현(石川縣)]의 무사 집안으로, 후지와라씨(藤原氏)의 후예로 자칭했다. 이후에 키슈우(紀州)[지금의 와카야마현(和歌山縣)]으로 이주하고, 아버지 노부토키(信時) 대에 교토로 왔는데, 로우시(浪士)[영주를 잃은 무사-역자주]의 신분이었다.

라잔은 어렸을 때 임제종 켄닌지(建仁寺)에 들어가서 유학을 배웠다. 켄닌지는 교토에서 가장 오래된 선사(禪寺)로, 제10대 주지 엔니(円爾)가 중국 송나라에서 사서오경의 신주본(新注本) 이외에, 다수의 유학서(儒學書)를 가지고 돌아왔다.[17] 라잔은 송학(宋學)에 경도되어 20세가 될 무렵에는 주자학의 강의를 할 정도가 되었다.

라잔은 이에야스, 히데타다(秀忠), 이에미츠(家光), 이에츠나(家綱)의 4대에 걸친 도쿠가와 장군에게 시강(侍講)으로 일했다. 1630년(寬永 7)에 에도의 시노부가오카(上野忍岡)[지금의 타이토오쿠(臺東區) 우에노(上野)]에 토지 5,353평과 자금 200냥(兩)을 하사 받아서 가숙(家塾)과 서고(書庫)를 세우고, 1632년(관영 9)에는 오와리(尾張) 번주(藩主) 도쿠가와 요시나오(德川義直)의 원조를 받고 공자묘[先聖殿]를 세웠다.

서고에는 수천 권의 서적을 소장하고, 유명한 화가[繪師, 카노 산세츠(狩野山雪)]에게 복희(伏羲), 신농(神農), 황제(黃帝), 요(堯), 순(舜), 우(禹), 탕(湯), 문왕(文王), 무왕(武王), 주공(周公), 공자(孔子)의 십일성(十一聖) 및 안회(顔回), 증자(曾子), 자사(子思), 맹자(孟子), 주돈이(周敦頤), 정호(程顥), 정이(程頤), 장재(張載), 소옹(邵雍), 주희(朱熹)의 총 21명의 초상화를 그리게 하였다.[18] 이것은 이른바 도통(道統)을 의식한 주자학적 정통관의 표명에 다름 아니다. 그렇다고는 하지만 시노부가오카(忍岡)의 가숙(家塾)의 학생은 겨우 20~30명에 불과하고, 막부의 교육기관이 아니라 하야시가(林家)의 사숙(私塾)의 성질을 벗어나지 않았다. 따라서 주자학이 막부의 관학이 된 것도 아니었다.

2) 유시마성당(湯島聖堂)과 쇼헤이자카학문소

사태가 크게 변한 것은 제5대 장군 츠나요시(綱吉) 시대부터이다. 츠나요

17) 엔니(円爾)가 가지고 온 서적에 대해서는 졸고, 「『說文解字』在日本」(『許慎文化研究(二) : 第二屆許慎文化國際研討會論文集, 第2卷』, 中國社會科學出版社, 2015), 104쪽 참조.

18) 堀勇雄, 『林羅山』(東京: 吉川弘文館 『人物叢書』 온라인판185) 191쪽 참조.

시는 시노부가오카(忍岡)의 하야시가 가숙의 증축(增築), 공자묘 수리 비용을 부담하고, 공적 성격을 부여하였다. 겐로쿠(元祿) 3년(1690)에 막부는 시노부가오카의 공자묘 이전을 명령하고, 유시마(湯島)[지금의 분쿄구(文京區) 유시마(湯島)]의 6,000평 부지에 장대한 묘를 세우고, 츠나요시가 쓴 '대성전(大成殿)' 편액을 수여하였다.[19] 이것이 유시마성당(湯島聖堂)이다.

1797년(寬政 9)에 제11대 장군 이에나리(家齊)는 유학 진흥을 목적으로, 유시마성당에 부속되는 형태로 막부 직할의 학문소(學問所)를 창건했다. 이것이 쇼헤이자카학문소(昌平坂學問所)다. 입학생은 무사에 한정되었다. 그리고 기숙사를 설립하여 막부 가신(家臣)의 자제를 수용하고, 서생료(書生寮)를 설립하여 번(藩)의 가신 자제들을 수용하였다.

한편 쇼헤이학문소의 성립은 '칸세(寬政) 이학(異學)의 금(禁)'과 관계가 깊다. '칸세 이학의 금'이란 1790년(관정 2), 막부의 로우쥬(老中) 마츠다이라 사다노부(松平定信)가 칸세(寬政)의 개혁의 일환으로 내건 정책으로, 막부 공인의 학문을 주자학으로 한정하고, 그 이외의 학문을 가르치는 것을 금지시킨 것이다. 이것을 천하에 명확하게 보여주기 위하여 하야시가의 사숙을 막부 직할의 관학(官學)으로 바꾸고, 대대적으로 정학(正學)인 주자학을 막신(幕臣)뿐만 아니라 번들의 가신의 자제에게 교육시켜, 일본 전국 방방곡곡에 침투시키고자 하였다.

3) 쇼헤이자카학문소에서의 「백록동서원 게시(白鹿洞書院揭示)」

이러한 사실을 보여주는 하나의 증거가 쇼헤이자카학문소에서의 「백록동서원 게시(白鹿洞書院揭示)」의 중시이다. 「백록동서원 게시」란 주지하듯이 주희가 백록동서원을 부흥시킨 때에 쓴 학규(學規)로 일본에서도 선호되었다. 에도시대에 나온 주석, 강의, 연구서는 이루 다 열거할 수 없다.[20]

---

19) 堀勇雄, 앞의 책, 192쪽 참조.

쇼헤이자카학문소에서 처음으로 「백록동서원 게시」가 강의된 것은 1792(寬政 4) 9월 15일이라고 알려져 있다. 이 날 하야시가의 당주(當主), 대학두(大學頭)[다이가쿠노 카미. 쇼헤이자카학문소의 장관]인 하야시 노부타카(林信敬)를 대신하여, 일족(一族)인 하야시 노부미치(林信彭)가 대리로 「백록동규(白鹿洞規)」[「백록동서원게시(백록동서원학규)」]를 강의했다. 이후에 쇼헤이자카학문소의 매년 개강은 「백록동서원 게시」로 매듭지어지는 것이 정례가 되었다. 강의가 행해지는 동안 청중들에게는 인쇄된 「백록동서원 게시」가 한 사람에게 한 권씩 하사되었다.[21] 「백록동서원 게시」의 강의는 매달 6회[1800년, 관정 12년 7월의 제도개혁 이후는 매달 3회]행해지고, 다이묘(大名), 막신(幕臣), 번사(藩士), 낭사(浪士) 요컨대 무사 계급은 모두 청강이 허용되었다. 다만 청강생의 성명은 기록되고, 매달 출결이 보고되었기 때문에, 청강은 장려라기보다는 강제에 가까웠다고 할 수 있다.

1800년 4월의 제도 개혁 이후에는 번사(藩士), 낭사(浪士)는 청강이 허용되지 않게 되었다. 그 이유는 쇼헤이자카학문소에서의 「백록동서원 게시」가 강의되기 시작한지 햇수로 9년, 마침내 「백록동서원 게시」가 보급되고 주자학이 어느 정도 침투되었다는 느낌을 받자, 번사와 낭사까지 청강시킬 필요성이 사라졌기 때문일 것이다. 한편 「백록동서원 게시」교육은 쇼헤이자카학문소의 수업에 편입되어 교관 2명에게 매일 교대로 독법을 전수시키고, 6으로 끝나는 날에 그 때까지 배운 독법을 통독하고, 매년 9월에 간단한 시험을 실시하였다.[22] 이것은 여러 번(藩)에서 온 학생들에게도 부과되었기 때문에 쇼헤이자카학문소를 졸업하고 지방에 돌아온 이들

---

20) 에도시대의「백록동서원 게시」의 수용과 전파에 대해서는 關山邦宏, 「『白鹿洞書院掲示』の諸藩校への定着とその實態」(『教育研究』 21, 青山學院大學教育學會, 1977)를 참조.

21) 쇼헤이자카학문소 구장(舊藏)의 『白鹿洞書院掲示』는 현재 국립공문서관에 소장된다. 표지에는"白鹿洞學規"라고 제목이 되어 있고, 6쪽 뒷표지 뒷면에는"安政六己未(1859) 正月 直祺獻"라고 되어 있다.

22) 「昌平志」 卷二(同文館編輯局編, 『日本教育文庫』 學校篇, 同文館, 1911年), 84쪽.

에 의해 「백록동서원 게시」는 막부의 생각대로 지방으로 전파되어 갔다.[23)]

2. 번학(藩學)－고산케(御三家) 나고야번(名古屋藩) [오와리(尾張) 도쿠가와가(德川家)] 명륜당의 경우

1) 명륜당의 성립

막부로부터 토지와 자금을 제공받고, 에도에 하야시 라잔이 사숙(私塾)과 공자묘를 운영한 17세기 전반, 각 번에서도 유학자를 포용한 사례는 적지 않았다. 쇼헤이자카학문소에 앞서 번학을 세운 번도 존재하였다. 막부는 쇼헤이자카학문소를 강력한 거점으로 삼고 수강생을 매개로 하여, 전국의 번(藩)의 학문과 사상을 주자학 일색으로 물들이려 하였다. 이에 대한 각 번들의 수용 양상은 제각각이었다.

고산케(御三家) 중에서도 오와리번(尾張藩)은 번조(藩祖)인 도쿠가와 요시나오(德川義直)가 유학에 대한 애호가 심해서 1630년(관영 7)에 하야라 라잔(林羅山)의 우에노(上野) 시노부가오카(忍岡)의 학숙(學塾)에 공자묘를 기증했는데, 실은 이에 앞서 1626년(관영 3)에 이미 나고야(名古屋) 성내(城內)에 공자묘를 지었다.

오와리번에서의 본격적인 번학은 1783년(天明 3)에 개교한 명륜당이다.[24)] 이 때 초대 독학(督學)[교장]이 된 호소이 헤이슈(細井平洲)는 오와리의 농가의 차남으로, 나가사키(長崎)에서 중국어를 배운 뒤에 1745년(延享 2)에 에도에서 사숙(私塾) 오우메이칸(嚶鳴館)을 열고 신분을 불문하고 가르쳤다. 그의 학문은 주자학, 고학(古學)[25)]의 어느 쪽에도 치우치지 않은,

23) 關山邦宏, 앞 논문 참조.

24) 1749년(寬延 2)에 유학자 카니 요우사이(蟹養齋)에게 학문소를 개설하게 하고 '명륜당'이라는 이름을 수여하였다. 다만 이때는 경영 곤란으로 폐교에 내몰리고 있었다.

이른바 절충학파에 속한다고 알려져 있다.

쇼헤이자카학문소보다 14년 전에 창설된 명륜당 또한 '칸세(寬政) 이학(異學)의 금(禁)'의 영향은 피할 수 없었다. 1792년(관정 4)이래로 오카다 신센(岡田新川)을 독학(督學)[교장]으로 맞이하여 주자학을 가르쳤다. 그러나 1811년(文化 8)에 츠카다 타이호(冢田大峯)가 독학에 취임하자 사태는 일변한다. 츠카다 타이호는 시나노(信濃)[지금의 나가노현(長野縣)]의 유의(儒醫) 집에서 태어났다. 이름은 호(虎), 통칭은 다문(多門)이다. 주자학을 처음 배웠는데 에도에서 호소이 헤이슈(細井平洲)의 조강(助講)이 되었고, 고학(古學)으로 전향하였다. 1785년(천명 5)에 에도에 '웅풍관(雄風館)'이라는 가숙(家塾)을 열었다. 그의 학문은 호소이 헤이슈와 마찬가지로 절충학파에 속한다.

타이호는 '칸세 이학의 금'에 강경하게 반대한 '칸세의 오귀(五鬼)'라 불린 5명의 학자의 우두머리였다. 타이호는 오와리(尾張) 번주(藩主) 앞으로 한 통, 마쓰다이라 사다노부(松平定信) 앞으로 두 통 등 총 세 통의 의견서를 제출하고 반대 의견을 피력하였다. 그 주장의 요점은 다음과 같다.

> 학문에는 원래 유파가 없고 요순(堯舜) 삼대(三代)의 도(道)를 근본으로 하고, 성인 공자의 교법에 의해 사람들에게 효제충신인의(孝悌忠信仁義)를 가르치고, 천하 국가를 다스리는 것 이외의 가르침은 없다. 사람들에게 취향의 차이가 있듯이, 학문도 주자학에 한정시킬 필요는 없고, 사람들의 취향에 맞게 수업을 하면 된다. 충효인의의 도를 가르치고 인재를 교육하는 학문이라면 학파에 상관없이 자유롭게 배울 수 있도록 하면 된다.[26]

---

25) 고학(古學)은 송명리학(宋明理學)의 해석을 비판하면서 직접 『논어』, 『맹자』를 연구하여, 그 의의를 이해해야 한다고 생각한 학파이다.

26) 冢田大峯, 「大峯意見書第二」(關儀一郎編, 『日本儒林叢書』 第三册史傳書簡部「寬政異學禁關係文書」, 東洋國書刊行會, 1928年)을 참조.

타이호(大峯)는 학문의 목적은 공자의 교육방법에 의해 효제충신인의(孝悌忠信仁義)라는 인륜 도덕을 몸에 익혀서 천하 국가를 다스리는데 있다고 하고, 이 목적에 도달할 수 있으면 수단에 해당하는 학파는 물어서는 안 된다고 주장한다. 딱히 주자학을 부정하는 것이 아니라 학문의 자유를 요구한 것이다. 하지만 타이호의 의견은 기각되고 이학(異學)의 금(禁)은 철회되지 않았지만, 이 의견서에는 타이호의 학문관이 잘 나타나 있다.

3) 츠카다 타이호(冢田大峯)의 명륜당 개혁

타이호는 명륜당 독학(督學)에 취임하자, 1812년(文化 9) 정월에 「계약(戒約)」, 「독서 차제(讀書次第)」 등을 제시하고, 그 교육방침을 밝혔다.

「계약」에서는 학문의 목적이 효제충신의 유교 윤리를 근본으로 하는 관리 육성에 있다고 하였다. 그것을 위해서 『효경(孝經)』, 『논어(論語)』 등을 비롯한 유교 서적을 연구하는 「본업(本業)」(기초 학문)과, 사서(史書)·제자(諸子)를 통해 현실사회를 아는 「조업(助業)」(보조학문)에 힘쓴다고 하였다.[27]

이어서 「독서 차제(讀書次第)」에서는 구체적으로 텍스트를 명시하고, 그 학습 목적을 서술한다. 맨 처음에 일과(日課)로서 숙독하고 연구해야 하는 13서(十三書)를 지정한다. 즉 1. 『효경』, 2. 『육기(六記)』,[28] 3. 『논어』, 4. 『공자가어』, 5. 『공총자(孔叢子)』, 6. 『모시(毛詩)』, 7. 『상서(尙書)』, 8. 『주역』, 9. 『예기(禮記)』, 10. 『춘추경전(春秋經傳)』, 11. 『국어(國語)』, 12. 『맹자(孟子)』, 13. 『순자(荀子)』의 13책(十三書)이다. 이어서 참고해야 하는 경서로 『주례(周禮)』, 『의례(儀禮)』, 『공양전(公羊傳)』, 『곡량전(穀梁傳)』의 사서(四書)를 든다. 이상 17책(十七書)을 학습하고 연구하는 것이 「본업」이다.

이어서 조업으로 제자(諸子)와 사서(史書)를 열거한다. 『관자(管子)』, 『안

---

27) 冢田多門(大峯) 「戒約」(『日本教育文庫』 學校篇 明倫堂規則) 189쪽을 참고.

28) 『六記』는 『禮記』에 수록된 「學記」, 「表記」, 「坊記」, 「緇衣」, 「中庸」, 「大學」의 여섯 편을 발췌한 것이다.

자(晏子)』, 『노자(老子)』, 『열자(列子)』, 『장자(莊子)』는 참고할만한 「고훈(古訓)」이 풍부하고, 반드시 읽어야 하는 책으로 삼는다. 『전국책(戰國策)』, 『사기(史記)』, 『한서(漢書)』, 『후한서(後漢書)』, 『삼국지(三國志)』, 『진서(晉書)』 등의 역사책은 순서대로 통독하면 인물 비평을 하고 역사의 흐름을 이해할 수 있다. 전국 시대 이래의 제자백가의 서적은 통독하면 지식을 풍부하게 하고 도의·득실을 변별할 수 있다. 일본의 『육국사(六國史)』 이하의 역사서 또한 통독하면 일본의 역사를 개관할 수 있다. 여기에 열거한 것 이외의 국내의 모든 책은 무엇이든 읽을 만하다. 이상이 조업이다.[29)]

츠카다 타이호(冢田大峯)에게는 원래 많은 저작이 있었다. 그 중에서 유학 서적에 관한 주석서와 관련 서적을 열거해 보면 다음과 같다. [숫자는 명륜당 독서 차제(次第)의 일과(日課) 필수 지정의 십삼서(十三書)에 붙인 숫자와 대응된다.]

1. 『冢註孝經』 一卷(1778年(安永7))
2. 『冢註六記』 六卷(1787年(天明7)), 『冢註中庸』 一卷(1777年(安永6))
3. 『冢註論語』 十卷(1784年(天明4)), 『論語羣疑考』(1814年(文化11))
4. 『冢註家語』 十卷(1792年(寬政4))
5. 『冢註孔叢子』 十卷(1795年(寬政7))
6. 『冢註毛詩』 二十卷(1801年(享和1))
7. 『尙書補註』(1798年(寬政10)), 『古文尙書補註十三卷(1801年(寬政13))
8. 『冢註周易』 八卷(1803年(享和3))
10. 『增註春秋左氏傳』(1807年(文化4))
11. 『國語增註』(1801年(享和1))
12. 『荀子斷』(1795年(寬政7))
13. 『孟子斷』(1795年(寬政7))

29) 冢田多門(大峯) 「讀書次第」(『日本教育文庫』 學校篇·明倫堂規則) 192~193쪽 참조.

(관련 서적)

『荀子正文』 二十卷(1806年(文化3))

『古文孝經和字訓』(1824年(天明8))

『戰國策略註』(1803年(享和3))

『冢註老子』 上下卷(1803年(享和3))

타이호는 명륜당 독학에 취임하는1811년(文化８)까지 명륜당 규칙 독서 차제(次第)의 필독서로 지정된 서적 13종 가운데, 12종의 주석서를 상재(上梓)하였다. 아마도 이 책들은 이미 에도의 사숙(私塾) 웅풍관(雄風館)에서 실제로 사용하고 있었을 것이다. 즉 타이호는 에도의 자신의 사숙 시스템을 그대로 오바리(尾張) 명륜당에 가져온 것이다.

Ⅳ. 에도유학과 사회 -『공자가어(孔子家語)』를 통한 고찰

1. 『공자가어』 약설(略說)

타이호(大峯)가 명륜당에 도입한 과정 가운데 주목할 만한 것은 『공자가어』를 필수 일과에 넣은 점이다. 주지하듯이 『공자가어』는 위(魏)나라 왕숙(王肅)의 위작으로 알려져 있고, 청조 중엽 이래로 신중하게 다뤄지고 있던 서적이다. 그러나 전근대의 동아시아 세계에서 『공자가어』는 실로 널리 읽힌 서적이었다. 일본도 예외는 아니어서 나라(奈良)·헤이안(平安) 시대, 카마쿠라(鎌倉)·무로마치 시대, 후시미모모야마(伏見桃山)·에도 시대를 통해 대단히 인기가 있었다.

1)『공자가어』와 왕숙 위작설

다만 주지하듯이『공자가어』에는 몇 가지 문제가 있다. 가장 큰 문제는 위작설이다. 현재 통용되는『공자가어』는 삼국시대 위나라 왕숙의 주석이 달린 왕숙본(王肅本)이다. 이 통행본이 왕숙의 위작이라는 것이다. 또한 텍스트 유통 문제도 복잡하다.『공자가어』의 성립과 유통에 대해서는 일설에 다음과 같이 전해지고 있다.

> 공자 사후 당시 지배층이나 고제(高弟) 등이 기록한 공자의 언행록이 있었는데, 그 중에서 가장 중요한 것을 뽑은 것이『논어』이고, 남은 것을 정리한 것이『공자가어』이다. 그 후 진시황의 분서(焚書)를 면해서 한나라에 전해졌는데, 텍스트의 혼란이 심했기 때문에 공안국(孔安國)이 정리하여 44편으로 만들었다. 이어서 유향(劉向)의 교정을 거쳐『예기』와 중복되는 편을 삭제하였다.[30)]

이것이『한서(漢書)』「예문지(藝文志)·육예략(六藝略)·논어류(論語類)」에 저록된『공자가어』27권이다. 삼국시대에 위나라 왕숙이 공자의 자손인 공맹(孔猛)으로부터 가전(家傳)의『공자가어』를 제공받아, 자신의 주석을 덧붙여서 공개하였다. 이것이 44편 왕숙본이라는 것이다. 왕숙본은 송대에 간본(刊本)이 만들어졌는데, 그 후 자취를 감췄다. 그 대신에 통행된 것은 왕광모본(王廣謀本)이다. 이것은 원대(元代)에 왕숙본의 본문을 요약하고, 표제(標題)·음주(音注)·교감(校勘)을 덧붙인 것이다. 원나라 시대의 풍조에 맞았는지 왕광모본은 널리 보급되었고, 반대로 왕숙본은 자취를 감추고 말았다.

명대(明代) 전기의 하맹춘(何孟春)은 이를 한탄하여, 송판(宋版)『공자가어』의 복원을 시도했는데, 결국 현물(現物)을 보지 못한 상태에서 상상에 의존하여 8권 44편의 하맹춘본(何孟春本)을 제작하였다. 그 후 명대 후기

---

30)『孔子家語』後序에 의한다.

의 저명한 출판업자인 모진(毛晉)이 기적적으로 송판(宋版)『공자가어』를 발견하여 복간했다. 이것이 급고각본(汲古閣本)이다.

왕숙 위작설은 왕숙이 반정현(反鄭玄)의 기치를 선명히 하면서『공자가어』를 그 유력한 무기로 삼았기 때문에 신빙성을 더 했다. 확실히 한나라대(漢代)에『공자가어』라는 이름은 들리지 않았는데, 위나라 때에 갑자기 출현하고, 그것도 왕숙의 반정현(反鄭玄)의 학설을 근거지우는 서술로 가득 차 있다.[31] 너무나도 왕숙에게 유리한 것이다. 위진 시대에 시작된 왕숙위작설은 남북조(南北朝)·수당(隋唐) 시대에 세력을 더하고, 송대에 이론화되었다. 그리고 청대에 이르러 고증학[고거학(考據學)]의 친정현(親鄭玄)·반왕숙(反王肅)의 풍조로 인해 왕숙위작설은 마침내 정설이 되었고, 그 영향력은 20세기까지 미치게 되었다.[32]

이와 같이『공자가어』는 원본은 상실되었고, 차선(次善)의 판본인 왕숙본은 위작 의혹이 따라다니며, 그것도 일시적으로 완전히 자취를 감추었던 것이다. 실로 까다로운 서적이라고 하지 않을 수 없다. 왕숙의 결백은 도저히 믿을 수 없고, 모진(毛晉)의 판본도 미심쩍은 점이 전혀 없다고는 할 수 없다. 그렇다고 해서 그것이 정말로『논어』와 뿌리가 같은 공자의 언행록을 포함하고 있다고 한다면, 버리기에는 몹시 아까울 것이다.

2) 일본에서의『공자가어』

일본에서는 약간 사정이 다르다.『공자가어』는 나라시대·헤이안 시대에는 일본에 전해져서 읽히고 있었을 가능성이 높다.[33] 시대가 내려와서

---

31) 왕숙이『공자가어』를 이용하여 정현설(鄭玄說)을 비판하고 자신의 학설을 전개한 예는 졸저,『中國明堂思想研究 王朝をささえるコスモロジー』(東京: 岩波書店, 2018), 78~83쪽을 참조.

32)『공자가어』왕숙위작설에 대해서는 졸고,「『孔子家語』の流傳と評價との再檢討」(『九州中國學會報』51, 九州中國學會, 2013년)를 참조.

무로마치 시대의 1515년(永正 12)에는 우에스기 노리후사(上杉憲房)[우에스기 노리자네(上杉憲實)의 손자]가 아시카가학교에 『공자가어』 사본(寫本)을 기증하였다.[34] 아즈치 모모야마(安土桃山)시대 말기에 아시카가학교로부터 쇼오슈(庠主) 겐키츠(元佶)를 초빙하고, 교토의 후시미(伏見)에서 도쿠가와 이에야스가 활자로 출판하게 한 후시미판(伏見版)의 개판(開版) 제1호는 『공자가어』였다.

그런데 에도 시대에 들어와서도 겐나반(元和版) 등의 『공자가어』가 여러 종류 간행되었는데, 여기에서 저본에 커다란 변화가 생긴 것이다. 즉 우에스기 노리후사가 기증한 아시카가학교 소장 사본, 후시미판의 저본이 모두 왕광모본(王廣謀本)이었던 데 반해, 겐나반을 비롯한 에도시대 판본의 저본은 왕숙본이었던 것이다.

앞에서 서술했듯이 『공자가어』는 중국에서는 원대부터 명대 전기까지는 왕광모본이 주류였고, 모진(毛晉)의 급고각본(汲古閣本)이 등장하고부터는 왕숙본이 보급되었다. 그렇다면 일본의 저본의 변화는 중국의 그것을 반영하고 있는가 하면 실은 그렇지 않다. 일본의 왕광모본의 저본은 무로마치 시대에 전래된 원판복각(元版覆刻) 조선고간본(朝鮮古刊本)이었고, 왕숙본의 저본은 그보다도 오래 전에 전래되어 대대로 계승된 송판본으로 추정되기 때문이다.[35]

아시카가학교 제9대 쇼오슈(庠主) 겐키츠(元佶)는 전국(戰國)이라는 시대와 아시카가 학교의 구세주로 나타난 이에야스의 은혜에 보답하기 위해서, 하사받은 활자를 가지고 최초로 『공자가어』를 간행했다. 그것은 이 책이

---

33) 일본에서의 『공자가어』 수용에 대해서는 졸고, 「日本に於ける『孔子家語』の受容 : 德川時代を中心として」(『日本中國學會報』 65, 日本中國學會, 2013년)을 참조

34) 이 『공자가어』는 『新刊標題句解孔子家語』(六卷全二冊)였다. 川瀨一馬, 앞의 책, 44쪽 및 足利學校遺蹟圖書館, 『足利學校珍書目錄』(栃木縣足利町, 足利學校遺蹟圖書館, 1911年) 35쪽 참조.

35) 山城喜憲, 「知見孔子家語諸本提要(一)」(『斯道文庫論集』) 21, 慶應義塾大學附屬研究所斯道文庫, 1984年) 191쪽 참조.

"성인오의(聖人奧義), 치세요문(治世要文)", 즉 공자의 심오한 뜻인 국가 지배의 요점을 서술한 서적으로 세상에 커다란 이익이 되기 때문이었다.[36)]

즉 후시미판의 간행 목적은 태평 시대를 열기 위해 필요한 성현의 요결이 들어있는 책을 이에야스에게 제공하는 데 있었다. 그리고 『공자가어』가 그 제1호로 선택된 것은 "성인오의(聖人奧義)", "치세요문(治世要文)"을 갖춘 서적으로 여겨졌기 때문이다.

2. 에도 중기의 사회와 『공자가어』

1) 오카 학쿠(岡白駒)의 『보주공자가어(補註孔子家語)』

1638년(관영 15) 겐나판(元和版)을 저본으로 정판(整版)에 의해 복각(覆刻)된 칸에본(寬永本)이 출판되었다. 이 판본은 일본의 독특한 훈점(訓點)이 달려 있어서 『공자가어』를 보다 친근하게 하였다.

1741년(寬保 1)에 오카 학쿠(岡白駒)가 『보주공자가어(補註孔子家語)』를 출판했다. 이것은 겐가판, 칸에판을 기준으로 교감 작업을 하여 정본을 만들고, 왕숙본 44편의 본문과 왕숙주(王肅注) 전부, 그리고 학쿠(白駒)의 보주(補註)를 수록한 것이다. 『공자가어』의 가치에 대해서 학쿠는 "육경(六經) 이외에는 다행히 『공자가어』가 현존해 있다. 성실한 학습자에게는 실로 고학(古學)의 희양(餼羊)이다." 고 서술하고 있다. "고학희양(古學餼羊)"[37)]이란 공자 시대의 학문을 지금도 전하고 있는 귀중한 서적이라는 의미일 것이다.

오카 학쿠의 『보주공자가어』는 베스트셀러가 되었는데, 사실 학문적으로 독창성이 있는 것은 아니었다.[38)] 학문적, 정치적으로 주목할 만한 것은

36) 三要元佶, 「標題句解孔子家語跋」(〔元〕王廣謀, 『標題句解孔子家語』, 京都, 慈眼活字印, 1599年) 참조.

37) 岡白駒, 「補註孔子家語序」(岡白駒, 『補註孔子家語』, 京都: 風月堂, 1741年).

38) 오카 학쿠(岡白駒)의 학문과 그의 『補註孔子家語』의 평가에 대해서는 졸고, 「日本

이듬해인 1742년(관보 2)에 출판된 다자이 슌다이(太宰春臺)의 『증주공자가어(增註孔子家語)』이다.

2) 다자이 슌다이(太宰春臺)의 『증주공자가어(增註孔子家語)』

다자이 슌다이는 아버지 다자이 노부토키(太宰言辰)가 『공자가어』를 애독하였던 영향을 받아서 어려서부터 『공자가어』에 친숙했다. 고학(古學)의 유력 학파인 고문사학파(古文辭學派)의 오규 소라이(荻生徂徠) 문하에서 배우고, 학문적 후계자로 지목되었다. 스승인 소라이는 『공자가어』에 대해서는 별로 관심을 보이지 않았는데, 슌다이는 공자의 직제자가 전한 서적이라고 인식하고 있었다. 그래서 『증주공자가어(增註孔子家語)』를 쓰고, 자기의 사숙인 시시엔(紫芝園)에서 회독(會讀)[소수가 모여서 원서를 읽고 토론하는 형식의 수업]텍스트로 사용했다.[39)]

그런데 슌다이에 의하면 『가어』(원래는 『공자가어』)라고 이름 붙여진, 공자 제자가 정리한 공자의 언어·행사 및 제자들과의 대화, 논의에 관한 기록이 있었는데, 그 중에서 순수하고 정실(正實)한 부분을 추출해서 문장을 정리한 것이 『논어』이다. 『공자가어』는 공자의 육성을 전하고, 『논어』를 보완하여 예악(禮樂) 부흥에 공헌하는 중요한 서적이다.[40)] 공자는 오경(五經)의 성립에 깊게 관여했는데, 그것은 하늘이 공자에게 내린 천명에 대한 응답으로 제자와의 문답의 내용은 『육경』의 오의(奧義), 성인의 비지(祕旨)에 다름 아니다. 그것을 제자가 기록하여 전승한 책이 『효경』, 『논어』, 『공자가어』이다.[41)]

に於ける『孔子家語』の受容：德川時代を中心として」를 참조.

39) 山城喜憲, 「知見孔子家語諸本提要(二)」(『斯道文庫論集』 22, 慶應義塾大學附屬研究所斯道文庫, 1987年) 32쪽에서 인용하는 "寬保三年十一月五日大宰伴十郎宛書簡"을 참조.

40) 太宰純, 「增註孔子家語序」를 참조.

에도 시대 중반부터 후반에 걸친 유학자 치바 운카쿠(千葉芸閣)는 1789년(관정 1)에 슌다이(春臺)의 『증주공자가어』에 자신의 주석을 단 『전주공자가어(箋注孔子家語)』를 출판하고, 그 자서(自序)에다 "왕후(王侯)·귀인(貴人)·대부(大夫)·서사(庶士)가 『공자가어』를 조석으로 익혀서 강기(綱紀), 즉 국가 지배의 근본 원리를 획득하면 인륜 도덕뿐만 아니라 사회생활 전반을 통해서 천하 만민이 심복한다."고 적었다.[42]

여기에는 두 가지 인식이 있다. 먼저 『공자가어』를 읽는 목적은 국가 지배의 근본 원리를 습득하기 위함이다. 다음으로 『공자가어』의 독자로 상정된 것이 왕후·귀인·대부·서사로서 일본식으로 말하면 위로는 도쿠가와 장군·다이묘들·상급무사·하급무사에 이르는 무사계급에 한정된다. 에도 시대에는 대전제로서 국가지배에 종사하는 권리가 있는 것은 무사뿐이다. 그렇기 때문에 무사는 모두 필수적으로 『공자가어』를 열심히 읽고, 국가 지배에 활용해야 한다는 것이다.

마찬가지 인식은 운카쿠(芸閣)의 제자이자 막부 가신인 시오노 미츠테루(鹽野光迪)도 가지고 있었다. 미츠테루는 1789년(관정 1)가을에 쓴 「표전공자가어발(標箋孔子家語跋)」에서 "왕후·경(卿)·대부(大夫)"는 『공자가어』를 열람하여 공자의 말을 신봉하고, 덕치(德治)·문치(文治)의 요체를 배워서 국력을 충실하게 하고, 국가를 안태(安泰)로 이끌지 않으면 안 된다고 하였다.[43] 앞에서도 보았듯이 케이쵸(慶長) 연간에 겐키츠(元佶)는 『공자가어』가 "성인오의(聖人奧義), 치세요문(治世要文)"이라고 천명하였다. 에도 중기에 다자이 슌다이(太宰春臺)는 『공자가어』는 "『육경』의 오의(奧義)이자 성인의 비지(祕旨)", 즉 공자의 도를 전하는 서적의 하나에 다름 아니라고 믿고 있었

41) 太宰純, 「論語古訓序」(太宰純, 『論語古訓』, 江戸: 崇山房, 1792年 再版〈初版1739年〉)를 참조.

42) 千葉芸閣, 「標箋孔子家語序」(千葉芸閣, 『標箋孔子家語』, 江戸: 崇山房, 1789年) 참조.

43) 鹽野光迪, 「標箋孔子家語跋」(『標箋孔子家語』 卷末) 참조.

다. 에도 중기에서 후기에 접어들 무렵, 치바 운카쿠(千葉芸閣)와 시오노 미츠테루(鹽野光迪)는 무사 계급은 국가 지배에 관계되는 자격과 책임을 지니고 있고, 그렇기 때문에 『공자가어』에 담긴 '강기(綱紀)', 즉 천하 국가에 유익한 '치도(治道)'를 획득하고 실천하지 않으면 안 된다고 서술하였다.

여기에는 『공자가어』가 국가 지배의 오의서(奧義書)이자 위정자인 무사의 필독서라는 공통 인식이 있다. 겐키츠(元佶)가 무로마치 시대 이래의 전통을 자랑하는 무사 학교인 아시카가학교의 쇼오슈(庠主)인 점을 고려하면, 일본에서 무사가 권력을 잡고 치열한 생존 경쟁을 펼친 전국시대를 거쳐, 100년이 지난 무렵까지는 일본사회에서의 『공자가어』에 대한 이러한 인식은 일관되고 있었다고 할 수 있을 것이다. 그러나 에도 후기에 이르면, 천하태평의 세상이 100년 넘게 지속되게 되고 전국시대 이래의 긴장감이 끊어지자, 이러한 인식에도 미묘한 변화가 찾아온다.

3. 에도 후기의 사회와 『공자가어』

1) 츠카다 타이호(冢田大峯)의 『총주공자가어(冢註孔子家語)』

타이호(大峯)의 『총주공자가어(冢註孔子家語)』는 1792년(관정 4)에 출판되었다. 서문에서 타이호는 자신이 『공자가어』의 열렬한 독자이고, 『공자가어』가 『논어』와 짝을 이루고 있다고 말하고 있다. 그러나 앞 시대의 슌다이나 미츠테루와 같이 『공자가어』가 국가 지배의 오의(奧義)이고, 위정자인 무사가 읽어야 한다는 식의 주장은 소리 높여 하지 않는다. 확실히 타이호는 학문의 목적은 공자의 교육법에 의해 효제충신인의(孝悌忠信仁義)라고 하는 인륜 도덕을 가르치고, 천하 국가를 다스리는 데에 있다(『大峯意見書』第二)고 하였다. 그러나 동시에 명륜당 독학(督學) 취임 시에 제시한 「계약(戒約)」에서는 학문의 목적이 효제충신의 유교 윤리를 근본으로 하는 관리 양성에 있다고 서술하였다.

이 두 개의 학문관은 일견 모순되는 것 같지만 천하 국가의 지배는 궁극적인 목적이고, 모범적 관리가 되는 것은 그 여정에 있는 중간 목표라고 생각하면 모순은 없다. 『공자가어』는 국가 지배의 오의(奧義)이지만 관리의 오의이기도 하다. 실제로 타이호는 관리의 마음가짐으로 『공자가어』에서 「입관편(入官篇)」을 뽑아 54페이지에 걸쳐 꼼꼼하게 해설하고 있다. 『입관(入官) 제1의(第一義)』라는 제목을 단 이 서적은 『공자가어』 「입관편」이나 『대대례기(大戴禮記)』 「자장문입관편(子張問入官篇)」에 서술된, 벼슬하는 사람을 위해 공자가 서술한 관직에 재직하는 데 있어서의 인민 지배 이념으로 사(士)가 맨 먼저 익혀야 하는 도리이다. 타이호는 성인의 치도에 관심이 있는 사대부가 어떠한 마음가짐으로 관직에 올라야 하는 지에 대해서 요청을 받고 그것을 일본어로 해설한 것이다.[44)]

이 책은 간행 연도가 없지만, 권말에 붙은 「웅풍관저서목록(雄風館著書目錄)」 등으로부터 추정하면, 1803년에서 1807년 사이에 출판되었을 가능성이 높다. 이 사이는 아직 명륜당 독학(督學) 취임 이전으로, 에도의 사숙(私塾)인 웅풍관(雄風館)에서 자제의 교육을 행하고 있었다. 그렇다고는 하지만 1781년(天明 1)에 오와리번(尾張藩)의 번주(藩主)인 무네치카(宗睦)의 시강(侍講)이 되고, 그 이후로 오와리번과 밀접한 관계를 쌓고 있었기 때문에 타이호가 『입관 제일의』를 집필하여 제공한 사대부는 웅풍관에 출입하고 있던 무사 아니면, 번주를 가까이에서 모시는[近習] 오와리번사(尾張藩士)였다고 생각된다.

『공자가어』 「입관편」, 『대대례기』 「자장문입관편」은 공자가 자신의 제자인 자장이 입관(仕官)에 대해 질문한 것에 대해서 관리가 어떻게 인민에 대응해야 하는가를 친절하고 자세하게 가르친 내용이다. 타이호가 독학에 취임한 이후로 명륜당의 학풍은 일신되었다.[45)] 앞에서 서술한 대로 명륜당

44) 冢田大峯, 「入官第一義序」(冢田大峯述, 「『入官第一義』, 江戸: 雄風館藏」, 刊行年不明)을 참조.

45) 高瀬代次郎, 『冢田大峰』(東京: 光風館, 大正8年) 「五十 明倫堂の改革」「五十七 明

의 교육 과정은 타이호가 정한 「계약」, 「독사 차제」에 명시되었다. 1822년(文政5)무렵에는 전적(典籍)[학생에 대한 강석(講釋), 서적 관리계의 유자(儒者)]이 회독(會讀)을 위해서, 관리하는 서적의 대출 규칙을 정했다. 그것으로부터 다음과 같은 명륜당에서의 학문의 상세한 내용을 엿볼 수 있다.

> 강당에는 「독서 차제」가 게시되었다.
>
> 본업(本業)의 십삼서(十三書)는 소독(素讀)을 한다. 그것이 끝나면 다른 잡서(雜書)의 대출이 가능하다.
>
> 본업의 경전(經傳) 모두와 조업(助業) 중에서 『사기』, 『한서』까지를 통독한다. 그것이 끝나면 통속물(通俗物)의 잡서(雜書)의 대출이 가능하다.[46]

명륜당의 교육 과정에서는 일과(日課) 필독으로 삼은 십삼서에 자신의 주석서를 가지고 가르친 것이 특징이다.[47] 이 개혁의 효과는 커서 전임 2명의 주자학자 독학(督學)시대에는 30~40명으로 감소했던 학생수가 최전성기에는 200명을 헤아리기에 이르렀다.[48]

Ⅳ. 결 어

1. 번학(藩學)과 유학(儒學)

근세 동아시아 세계의 보편적 현상인 서원의 발달은 일본에서는 에도

倫堂の中興」을 참조.

46) 文部省編, 『日本教育史資料』(文部省大臣官房報告課, 1892年) 六卷十八 諸藩ノ部, 古記錄, 舊名古屋藩, 226쪽 참조.

47) 高瀨代一郞, 앞의 책, 「五〇 明倫堂の改革」 참조.

48) 高瀨代一郞, 앞의 책, 「五七 明倫堂の中興」 참조.

시대의 번학과 사숙의 보급이라는 형태로 나타났다. 번학은 번(藩)의 가신의 자제 교육을 위해 세워졌다. 그들은 말할 필요도 없이 무사였다. 무사는 원래 전장에서 수행해야 하는 역할에서 최대의 가치를 찾는데, 에도 시대의 무사에게는 평시 위정자(지배계급)의 역할이 기대되었던 것이다. 무사가 왜 지배 계급인가? 에도 시대에 무사라는 존재 이유는 무엇인가? 이것이 에도 시대의 무사가 당면한 문제였을 것이다. 그렇다고 하면 무사가 다른 계급을 지배하는 이유를 가르치는 것, 혹은 위정자로서의 이상형을 제기하는 것이야말로 실로 학교가 해야 할 교육내용이었을 것이다. 번학에서는 주로 한학, 특히 유학을 가르쳤다. 그것은 유학에 위정자로서의 이상형이 있었기 때문이다. 그러나 무사에게 있어서 유학이 처음부터 위정자로서의 자각을 촉구하는 학문이었던 것은 아니다. 그것은 아시카가학교의 교육이념과 교육 내용으로부터 이해될 수 있을 것이다.

2. 아시카가학교와 사회

가마쿠라 막부 성립 이후로 일본은 무사 사회로 진입하였다. 무사는 언제 어느 때 목숨을 걸어야 하는 장면에 만날지 모르는 운을 하늘에 맡기는, 즉 결단을 초자연의 힘에 맡기는 상황에 놓여 있었다. 원래 일본에서는 헤이안 중기 이래로 사람들이 음양도(陰陽道)의 영향 하에 있어서, 각종 점술에 의존하는 경향이 강했다.[49] 관혼상제는 말할 필요도 없고, 모든 일상생활이 모두 점서(占筮)를 참고로 하였다고 하고, 무사도 예외는 아니었다.[50] 무사 사회에서 점서의 수요는 현저하게 높았다. 한편 『주역』은 아시카가 학교 이외에서는 쉽게 배울 수 없었다.[51] 이 때문에 아시카가학교는

49) 음양도(陰陽道)란 중국의 음양오행사상을 기반으로 하여 일본에서 독자적으로 발달한 사상·신앙으로, 역(易)의 사상과 결합되어 천문(天文)·역수(曆數)·귀복(龜卜)·점서(占筮) 등의 방술(方術)로 전개되었다.

50) 川瀬一馬, 앞의 책, 191쪽 참조.

부동의 지위를 확립하고 있었다. 아시카가 학교가 『공자가어』를 소장하고 출판한 것은 주목할 만하다. 이 책은 에도 시대를 열었고 그 시대를 통해서 커다란 영향력을 끼친 인물인 도쿠가와 이에야스가 애독한 서적이었기 때문이다. 이에야스나 그의 뜻을 받아서 『공자가어』를 출판한 겐키츠(元佶) 등은 『공자가어』가 공자의 오의(奥義)인 국가 지배의 요점을 서술한 서적으로 인식하고 있었다.

3. 에도 유학과 무사

이와 같이 공자가 국가 통치의 오의(奥義)를 알고 있고, 유학은 그것을 배우는 것이라는 관념은 에도시대가 되어서도 계승되어 다자이 슌다이(太宰春臺), 치바 운카쿠(千葉芸閣), 시오노 미츠테루(鹽野光迪)의 『공자가어』 서문·발문으로부터 엿볼 수 있듯이 에도시대 중기 무렵까지는 명확하게 의식되고 있었다. 그런데 태평이 지속되게 되자 점차 이 관념은 평시의 사상으로 전환되었다. 칸세(寛政) 이학(異學)의 금(禁)이 발령되자, 소헤이자카 학문소를 발신지로 하여 각지의 번학과 사숙에 이르기까지 「백록동서원게시」를 존중했다는 사실이 상징하듯이, 주자학적인 인륜 사상이 널리 보급되었다. 사실 「백록동서원게시」가 일본에서 중시되게 된 것은 칸세 이학의 금보다 훨씬 이전부터이다. 일본인의 기미(機微)에 맞는 그리고 태평 시대에 걸맞은 가르침이었기 때문일 것이다.

이와 같은 새로운 사조가 얼마나 강력했는지는 츠카다 타이호(冢田大峯)의 유학 사상으로부터 엿볼 수 있다. 타이호는 유학의 목적은 효제충신의 유교 윤리를 근본으로 하는 관리 양성에 있다고 하였다. 그는 칸세 이학의 금에 강경하게 반대하면서 주자학 독존을 거부했는데, 주자학과 상통

51) 川本慎自, 『中世禪宗の儒學學習と科學知識』(京都: 思文閣出版, 2021年) 109쪽 참조.

하는 사상을 가지고 있었다. 에도 유학은 무사가 담당자이자 향유자였다. 무사에게 있어서 유학은 국가 통치의 원리이자, 인륜 도덕의 도야와 사회적 실천의 교학이었다. 무사 사회가 성립되고 얼마 동안은 전자에 중점이 놓였는데, 사회가 평화를 구가하게 되자 학교 교육을 통해서 점차 후자로 중점이 이동하게 되었다. 의도적인지 아닌지는 별개로, 이것은 동아시아 세계에서 주자학이 수용되어 갔던 상황과 궤를 같이 한다. 즉 서원을 통해서 주자학적 가치관이 사회에 침투된다고 하는 동아시아 세계의 보편적인 현상을 에도 시대의 일본도 공유하고 있었고 그것은 무사의 서원에서 준비되었던 것이다.

【참고문헌】

犬塚遜, 「昌平志」 巻二, 同文館編輯局 『日本教育文庫』學校篇, 東京: 同文館, 1911年.
岡白駒, 「『補註孔子家語』序」, 岡白駒 『補註孔子家語』, 京都: 風月堂, 1741年.
三要元佶, 「『標題句解孔子家語』跋」, 〔元〕王廣謀 『標題句解孔子家語』, 京都: 慈眼活字印, 1599年.
鹽野光迪, 「『標箋孔子家語』跋」, 千葉芸閣 『標箋孔子家語』, 江戸: 崇山房, 1789年
神宮司庁古事類苑出版事務所, 『古事類苑』 文學部, 洋巻 第2巻, 東京: 神宮司庁, 1896~1914年.
太宰純, 「『増註孔子家語』序」, 太宰純『増註孔子家語』, 江戸: 崇山房, 1742年.
太宰純, 「『論語古訓』序」, 太宰純『論語古訓』, 江戸: 崇山房, 1739年.
千葉芸閣, 「『標箋孔子家語』序」, 千葉芸閣『標箋孔子家語』, 江戸: 崇山房, 1789年.
冢田大峯, 「戒約」, 同文館編輯局『日本教育文庫』學校篇, 東京: 同文館, 1911年.
冢田大峯, 「大峯意見書第二」, 關儀一郎編 『日本儒林叢書』 第三册史傳書簡部 「寛政異學禁關係文書」, 東京: 東洋國書刊行會, 1928年.
冢田大峯, 「『入官第一義』序」, 冢田大峯 『入官第一義』, 江戸: 雄風館, 刊行年不明
フロイス, 『日本史』 2, 東京: 平凡社, 1965年.

〔北宋〕欧陽脩等, 『新唐書』, 北京: 中華書局, 1975年.
〔東周〕穀梁赤, 『春秋穀梁傳』, 〔清〕阮元校刻 『十三經注疏』, 北京: 中華書局, 1980年.
〔前漢〕班固, 『漢書』, 北京: 中華書局, 1962年.
〔清〕彭定求等, 『全唐詩』, 北京: 中華書局, 1960年.

足利學校遺蹟圖書館, 『足利學校珍書目錄』, 栃木縣足利町:足利學校遺蹟圖書館, 1911年.
吾妻重二, 「東アジアの書院について－研究の視角と展望－」, 『東アジア文化交渉研究』 別册2, 2008年.
川瀬一馬, 『増補新訂 足利學校の研究』新裝版, 東京 :吉川弘文館, 2015年.
川本愼自, 『中世禪宗の儒學學習と科學知識』, 京都: 思文閣出版, 2021年.
關山邦宏, 「『白鹿洞書院掲示』の諸藩校への定着とその實態」, 『教育研究』 21, 1977年.
高瀬代次郎, 『冢田大峰』, 東京:光風館, 1919年.
難波征男, 「"日本書院"的研究現状與課題」, 『湖南大學報(社會科學版)』 21-3, 2007年.

堀勇雄, 『林羅山』, 東京: 吉川弘文館, 1990年.

南澤良彦, 「『說文解字』在日本」, 『許愼文化研究(二): 第二屆許愼文化國際研討會論文集, 第2卷』, 中國社會科學出版社, 2015年.

南澤良彦, 『中國明堂思想研究 王朝をささえるコスモロジー』, 東京: 岩波書店, 2018年.

南澤良彦, 「『孔子家語』の流傳と評價との再檢討」, 『九州中國學會報』 51, 2013年

南澤良彦, 「日本に於ける『孔子家語』の受容－德川時代を中心として－」, 『日本中國學會報』 65, 2013年.

Minamizawa Yoshihiko and Chien Iching, An Enquiry into the Origins of Confucian Academies and the Mingtang in the Tang Period, V.Glomb, E.J. Lee& M. Gehlmann ed., 『Confucian Academies in East Asia』, Leiden:Brill Academic Publisher, 2020.

山城喜憲, 「知見孔子家語諸本提要(一)」, 『斯道文庫論集』 21, 1984年.

山城喜憲, 「知見孔子家語諸本提要(二)」, 『斯道文庫論集』 22, 1987年.

18세기 베트남 서원과 유학 교육
–복강서원(Phúc Giang Academy)을 중심으로

완준강(阮俊强, Nguyễn Tuấn-Cường)

Ⅰ. 베트남의 서원: 도서관과 서원

베트남의 과거시험 제도는 리(李, Lí) 왕조(1009~1225년)에 처음으로(1075년) 시행되었고, 원(阮, Nguyễn) 왕조(1802~1945년)에서 마지막 시험(1919년)이 끝날 때까지 지속적으로 이루어졌다. 현존하는 중국 고전 문헌 기록을 살펴보면, 베트남 역사를 통틀어서 184회의 과거시험이 이루어졌고, 1,894명의 진사(tiến sĩ, 進士)가 배출되었다.[1] 평균적으로 매 5년(정확히는 4.5년)마다 진사시가 시행되어 약 10명(10.3명)의 새로운 진사가 배출되었다. 유럽에 기반을 둔 새로운 교육 시스템이 이를 대체하기 이전까지 과거시험은 학술, 정치 차원에서의 직무를 충족시키기 위해 채택된 수단이었다.[2]

베트남어에는 지금도 여전히 과거시험에 뿌리를 두는 단어들이 포함되어 있다. 예를 들면, 학술적 의미에서의 'Bachelor'는 중국어, 일본어, 그리고 한국어에서는 '학사(學士)'로 번역된다(xueshi, gakushi, haksa). 그런데 베트남어에서는 이를 '거인(cử nhân, 擧人)'이라고 표현한다. 이는 과거시험으로부터 전이된 한어(漢語)이다. 같은 맥락에서, 'Ph.D'라는 단어는 중

---

1) Ngô Đức Thọ et al., Các nhà khoa bảng Việt Nam 1075-1919 (Metropolitan Laureates in Vietnam 1075-1919) (Hà Nội: Nhà xuất bản Văn học, 2006).

2) Phan Trọng Báu, Nền giáo dục Pháp – Việt (The French-Vietnamese Education System) (Hà Nội: Nhà xuất bản Khoa học xã hội, 2015).

국, 일본, 한국에서 '박사(博士)'로 번역된다(boshi, hakase, paksa). 그런데 베트남어에서는 이를 '진사(tiến sĩ, 進士)'라고 번역한다. 그리고 베트남에서 '박사(bác sĩ, 博士)'라는 단어는 주로 의학 박사들을 의미한다. 'Library'라는 단어 또한 이와 유사한 패턴을 보인다. 동아시아 국가들에서는 이를 도서관(圖書館, tushuguan, toshokan, tosŏgwan)이라고 통칭하지만, 베트남에서는 또 다른 한어(漢語)인 서원(thư viện, 書院)이라는 용어를 쓰고 있다.

〈표 13〉 동아시아의 관련 용어

베트남어	한국어	중국어	일본어	영어
進士 tiến sĩ	博士 paksa 박사	博士 bóshì	博士 hakase はかせ	Doctor(Ph.D)
擧人 cử nhân	學士 haksa 학사	學士 xuéshì	學士 gakushi がくし	Bachelor
書院 thư viện	圖書館 tosŏgwan 도서관	圖書館 túshūguǎn	圖書館 toshokan としょかん	Library

역사적으로 말하면, 서원(Thư viện)이라는 용어는 주로 도서관이라는 의미로 한정하여 쓰였으며, 또 다른 의미인 서원(Academy)으로 쓰이는 일은 매우 희소했다.

서원은 도서관과 마찬가지로 체계적인 교육 기능이나 프로그램 없이 서적 및 기타 교재들을 보관하는 장소를 의미한다. '서원(書院)'이라는 단어의 사용은 당대(唐代) 정원(貞元)연간(785~805)으로 거슬러 올라갈 수 있다. 이 시기에는 여정서원(麗正書院) 또는 집현전서원(集賢殿書院)과 같은 다양한 국립 기관들이 생기기 시작했다. 이 두 기관의 목적은 다양한 서적을 수집, 편집, 비교, 수정, 주해하거나, 또는 황실 조정에 조언을 하거나, 황제가 읽고 공부할 수 있는 황실 도서관으로서의 기능을 띠고 있었다.[3]

3) Wang Bingzhao, Zhongguo gudai shuyuan (Ancient Academies of China)

이것이 서원의 본래 의미였는데, 중국에서는 이러한 형태의 서원이 점점 사라져 간 반면 베트남에서는 존속되었다. 베트남에 현존하는 문헌 기록이 1,000년의 역사를 가지고 있다는 사실로부터 베트남이 오랜 장서 역사를 지니고 있음이 확인된다. 아울러, 1945년 이전의 베트남에서는 도서관(library)을 지칭하는 많은 용어가 존재했다.

1) 장(Tạng, 藏): 대흥장(Đại Hưng tạng, 大興藏, 1023), 팔각경장(Bát Giác kinh tạng, 八覺經藏, 1021), 중흥장(Trung Hưng tạng, 中興藏, 1034) – 이러한 용어들은 모두 불교와 유가 문헌들을 보관하는 도서관이었다.
2) 서각(Thư các, 書閣): 밀서각(Bí thư các, 密書閣, 1087)
3) 서루(Thư lâu, 書樓): 장서루(Tàng thư lâu, 藏書樓, 1825)
4) 서원(Thư viện [도서관으로서의 書院]): 취규서원(Tụ Khuê thư viện, 聚奎書院, 1852)[4], 신서원(Tân thư viện, 新書院, 1909~1923)[5], 보대서원(Bảo Đại thư viện, 保大書院, 1923~1947), 용강서원(Long Cương thư viện, 龍崗書院 [민간 설립]) 등등.[6]

(Beijing: Zhongguo guoji guangbo chubanshe, 2009), 2. See Minamizawa Yoshihiko and Chien Iching "An Enquiry into the Origins of Confucian Academies and the Mingtang in the Tang Period," in this volume, 45-67

4) For the catalog of Tụ Khuê thư viện see Tụ Khuê thư viện tổng mục 聚奎書院總目, Institute of Sino-Nom Studies Catalog number: A.110/1-3, comprising approximately 4,000 titles with almost 9,000 individual works from Vietnam, China, and Europe.

5) For the catalog of Tân thư viện see Tân thư viện thủ sách(新書院守冊), catalog number A. 2645/1-3, 2,640 titles are recorded with 51,371 books.

6) For the history of Vietnamese libraries see Dương Bích Hồng, Lịch sử sự nghiệp thư viện Việt Nam trong tiến trình văn hoádân tộc (A History of the Field of Library in Vietnam during Its National Cultural Progress) (Hà Nội: Vụ Thư viện – Bộ văn hoá Thông tin, 1999), 45-71.

유일한 예외라면 '도서관(圖書館)'이라는 단어는 동아시아 전체에서는 매우 보편적으로 사용되었던 반면, 베트남에서는 이를 'library'의 의미로 결코 사용한 적이 없었다는 점이다. 이는 어쩌면 교육 기관으로서의 '서원(書院)'의 전통이 도서관으로서의 '서원(thư viện)'이라는 단어와 충돌할 만큼 두드러지지는 않았기 때문일지도 모른다. 그러므로 '서원(書院)'은 베트남에서 주로 도서관이라는 의미로 계속 사용한 것이다.

동아시아 전체를 통틀어 보면, '서원(Thư viện)'은 보편적으로 교육기관, 즉 교육·연구 활동을 시행하는 장소를 의미하는 것으로 사용되었다. 아울러 이 기관은 장서, 목판 인쇄, 제향 기능도 담당하고 있었다. 당대(唐代)-오대(五代) 사이 혼란한 과도기[907~960]에는 수많은 학자가 독서를 위해 산으로 은거하였고, 마침내 책을 수집하고 학문을 가르치기 위한 기관을 설립하기에 이르렀다.[7] 이 기관들은 종종 서원(shuyuan, 書院)이라고 불리었으며, 이에 서원은 체계적인 교육을 위한 장소라는 의미를 지니기 시작했다. 비록 이러한 서원들이 당대에 생겨나기 시작했지만, 그러나 송대(宋代) 이전까지만 해도 결코 흥성하지는 못했다.

남송(南宋) 시기에 이르러 신유가(新儒家)들이 중국 전역에 걸쳐 서원을 건립하였다. 이 서원 전통은 청대(清代)까지 천 년이 넘도록 존속하였을 뿐만 아니라 중국 전역, 나아가 인접한 동아시아 국가들에도 영향을 미쳤다.[8] 서원들은 동아시아 전체에 걸쳐 유학 교육, 인쇄, 장서, 연구 및 삼교

7) Wang Bingzhao, Zhongguo gudai shuyuan, 2.

8) See "Shuyuan 書院" in Ji Xiaofeng (ed.), Zhongguo shuyuan cidian (Dictionary of Chinese Academies) (Hangzhou: Zhejiang jiaoyu chubanshe, 1996), 686-687 ; Margaret Mehl, Private Academies of Chinese Learning in Meiji Japan: The Decline and Transformation of the Kangaku Juku (Copenhagen: NIAS Press, 2003) ; Namba Yukio, "Riben shuyuan de yanjiu xianzhuang yu keti (Situation and Issues of Japanese Academy Research)," Hunan daxue xuebao 3 (2007): 19-22 ; Milan Hejtmanek, "The Elusive Path to Sagehood: Origins of the Confucian Academy System in Korea Chosŏn Korea," Seoul Journal of

(三教, 유교, 불교, 도교) 합일, 건축, 보관, 국가 간 문화 교류 등 다양한 영역에서 중요한 역할을 하였다.[9] 또한, 서원은 근대 초기부터 동양에서 공공 영역과 시민 사회의 형성에 공헌하였다.[10]

Ⅱ. 베트남에는 서원이 없는가?

일본 학자 아즈마 즈지(Azuma Juji)는 〈표 2〉와 같이 근대 초기 동아시아의 다양한 학술기관 및 서원을 개괄하였다.[11]

〈표 14〉 근대 초기 동아시아의 학교

	베트남	한국	중국	일본
과거 시험	있음	있음	있음	없음
관학	국자감(國子監), 부학(府學), 현학(縣學)	성균관(成均館), 향교(鄉校)	국자감(國子監), 부학(府學), 현학(縣學)	창평판학문소(昌平坂學問所), 번교(藩校), 향교(鄉校)
사학	사숙(私塾)	서원(書院)	서원(書院)	사숙(私塾), 서원(書院)

Korean Studies 26, no. 2 (December 2013): 233-268 ; Chung Man-jo, "Hanguo shuyuan yanjiu dongxiang zongshu (Summary of Trends of Korean Academy Research)," Hunan daxue xuebao 6 (2005): 29-38.

9) Yang Busheng and Peng Dingguo, Zhongguo shuyuan yu chuantong wenhua (Chinese Academies and Traditional Culture) (Changsha: Hunan Jiaoyu Chubanshe, 1992).

10) Koo Jeong-Woo, "The Origins of the Public Sphere and Civil Society: Private Academies and Petitions in Korea, 1506-1800," Social Science History 3 (2007): 381-409.

11) Azuma Juji, "The Private Academies of East Asia: Research Perspectives and Overview," A Selection of Essays on Oriental Studies of ICIS (2011), 12. 한글 번역상 기존에 표기되어 있던 영문은 모두 삭제함. (역자 주)

(평민을 위한) 사학	사숙(私塾)	서당(書堂)	소학(小學), 의학(義學), 가숙(家塾)	향교(鄕校), 사자실(寺子室, 작문 학교는 수습소[手習所])

출처: Azuma Juji, "THE PRIVATE ACADEMIES OF EAST ASIA", 11쪽.

아즈마에 따르면, 베트남에는 사숙(private school)의 형태는 있을지언정 동아시아의 다른 국가들 전체에서 발견되는 서원(private academy)의 형태는 없었다. 그런데 이 전제는 결코 완벽한 것은 아니다. 베트남은 중국, 일본, 그리고 한국처럼 풍부한 서원 전통을 공유하고 있지는 않지만, 베트남 역사를 살펴보면 서원(thư viện)이라는 문자가 포함된 기관이 최소한 3개소는 있었다(여기에는 또 다른 이름으로 운영되던 같은 기능의 기관들은 포함하지 않는다). 베트남 서원사에서 '서원(thư viện)'이라는 용어가 최초로 쓰인 사례는 진(Trần, 陳) 왕조[1226~1400]의 난가(Lạn Kha)산 속에 지어진 난가서원(爛柯書院, Lạn Kha, 말 그대로 '녹슨 도끼' 서원이라는 의미이다)이다. 명대 학자 고웅징(高熊徵, 1636~1706)의 『안남지원(安南志原)』에서 이 산에 관한 언급이 보인다.

> 진(Trần, 陳)대에 한 서원이 여기 건립되었다. 저명한 유학자 진손(Trần Tôn, 陳蓀)을 산장[12]으로 추대하여 생도[13]들을 가르치도록 하였다. 왕은 종종 관광차 이곳을 방문했으며, 쌍구절(음력 9월 9일)에 연회를 열었다.[14]

---

12) This expression in China and Korea is a common appellation for the director of the academy.

13) Sinh đồ(生徒) is equivalent to tú tài/xiucai (秀才) refers to students who had already passed three out of four local examinations.

14) Gao Xiongzheng and Anonymous, An Nam chí nguyên (The Original Records of Annan), translated, annotated, and introduced by Hoa Bằng, ed. Lộc Nguyên (Hà Nội: Nhà xuất bản Đại học Sư phạm Hà Nội, 2017), 268. Translated text in Vietnamese: "Họ Trần từng lập thư viện Lạn Kha ở đây, dùng danh nho Trần Tôn làm sơn trưởng, dạy dỗ các sinh đồ. Vua Trần

베트남 완(Nguyễn) 왕조의 공식 역사 기록인 『흠정월사통감강목(Khâm định Việt sử thông giám cương mục, 欽定越史通鑑綱目)』에서는 아래와 같이 기술하고 있다.

> 명(明)의 학자 고웅징의 『안남지』에 따르면, 진대에 남가서원이 건립되었고 저명한 유학자 진손을 원장으로 추대하여 학생들을 가르치도록 하였다. 왕은 종종 서원을 방문하였다.[15)]

이 두 개의 짧은 발췌문 외에는 현재 난가서원에 관한 기록이 남아 있지 않다. 그러나 난가서원은 명망있는 학자를 산장(山長) 또는 원장(院長)으로 임명하여 생도들을 가르치는 것을 전문으로 삼고 있기에 분명히 서원의 모델이다.

둘째 예시는 서산(Tây Sơn, 西山)왕조[1778~1802] 광중(Quang Trung, 光中)연간[1788~1792] 황제에 의해 응에안(Nghệ An) 지역에 건립된 숭정서원(Sùng Chính, 崇正書院)이다. 비록 푸쑤언(Phú Xuân, 福春)이 성도였지만, 광중제는 은퇴하여 이 지역에 살았던 명망있는 학자 완협(Nguyễn Thiếp, 阮浹, 1723~1804)을 기념하여 서원을 건립했다. 황제는 완협이 은퇴하여 머무는 장소에 숭정서원을 건립하고 그를 서원 수장으로 임명하는 한편, 이 지역으로 천도하려는 계획을 승인하였다. 그러나 천도를 미처 이루지 못하고 사망하였다. 숭정서원에서는 수많은 유학 경전이 중판, 목각 인쇄, 번역되었다. 특히 이러한 많은 경전의 번역과 인쇄는 베트남어의 편

---

thỉnh thoảng cũng đến vãn cảnh, mở yến ăn tết Trùng dương."

15) Historiography Institute of the Nguyễn Dynasty, Khâm định Việt sử thông giám cương mục (Imperially Ordered Annotated Text Completely Reflecting the History of Việt), Vol. 1 (Hà Nội: Nhà xuất bản Giáo dục, 2007), 648. Translated text in Vietnamese: "Theo sách An Nam chí của Cao Hùng Trưng đời Minh, nhà Trần có dựng ra Lạn Kha thư viện, dùng danh nho Trần Tôn làm viện trưởng, dạy các sinh đồ. Nhà vua thường đến chơi."

리한 교육적 활용을 위해 놈(Nôm) 문자로 번역되었다.[16] 불행히도 서산왕조의 역사는 매우 짧았고, 숭정서원이 중심 서원으로서 기능할 수 있었던 것은 10여 년 남짓에 불과했다.[17]

남가서원과 숭정서원이 국가적 차원에서 교육 후원을 받았으며 중점적 지위를 지니고 있었던 대표적 서원이었다면, 복강서원(Phúc Giang Academy, 福江書院)은 응에띤(Nghệ Tĩnh) 지역[오늘날 중앙 베트남의 응에안[Nghệ An], 하띤[Hà Tĩnh] 지역]의 대표적인 사학이다. 이러함에도 불구하고 복강서원은 유학 경전 교재의 편찬, 편집, 인쇄, 보급 및 학생 형성에 대단한 성과를 거두었다. 베트남 역사 속 어떤 다른 사학도 복강서원의 성취에는 미치지 못했다. 조사를 통해 복강서원이 갑작스럽게 사학 서원의 모델로서 성공하였음이 확인되면서, 필자는 20세기 이전 동아시아 서원의 운영이라는 맥락에서 18세기 중앙 베트남의 유교 서원의 기반과 활동을 검토하게 되었다.

Ⅲ. 18세기 베트남의 과거시험과 교육

10세기 초에 중국으로부터 독립을 이룬 뒤, 이후 500여 년에 이르는 역사 속에서 베트남인들은 정(丁, Đinh, 968~980), 전려(Former Lê, 前黎, 980~1009), 리(李, Lí, 1009~1225), 진(陳, Trần, 1226~1400) 왕조의 흥망

---

16) Nôm script (chữ Nôm, 喃字) is a kind of "square script" to record Vietnamese language, used in Vietnam from around the 10th to the early 20th centuries.

17) As for Sùng Chính thư viện, see Hoàng Xuân Hãn, La Sơn phu tử (Master La Sơn), in La Sơn Yên Hồ Hoàng Xuân Hãn, Vol. 2 (Hà Nội: Nhà xuất bản Giáo dục, 1998), 1067-1073. In the decrees issued by Quang Trung to Nguyễn Thiếp both Sùng Chính thư viện (崇正書院) and Sùng Chính viện(崇正院) are used to refer to this academy.

성쇠를 겪어왔다. 이 기간에 국가의 주요 철학 체계는 불교였으며, 유학은 아직 정부와 사회에 핵심적인 역할을 하지 못했다. 이러함에도 불구하고 과거시험은 일찍부터 국가적인 규모로 발전하였다. 1075년부터 15세기까지 과거시험은 유학과 더불어 불교와 도교에 관한 내용 또한 포함하고 있었다.

1070년, 리성종(Lí Thánh Tông, 李聖宗, 1054~1072)의 치세 아래 유가 문묘(Văn Miếu)가 수도 탕롱에 건립되었다. 이는 공자를 비롯한 저명한 유가들을 추존하고 왕자들을 위한 학문 기관을 조성하기 위해서였다. 6년 뒤, 1076년 인종(Nhân Tông, 仁宗, 1072~1128)은 유교 사원 옆에 국자감(Quốc Tử Giám, 國子監)을 설치할 것을 명했다. 이는 베트남 최초의 '국립대학'으로 여겨진다. 당초에 국자감은 왕족과 고관대작의 자제들만 입학할 수 있었다.

그러나 1253년, 진태종(Trần Thái Tông, 陳太宗, 1225~1258)은 평민 출신의 자제들 또한 뛰어난 재능과 잠재력을 지니고 있다면 입학을 허용했다. 동시에 교육 시스템(관학과 사학)은 초창기 형태를 그대로 유지하고 있었다. 지방 교육은 일반적으로 지역의 유학자나 불교 승려들에 의해 이루어졌으며, 이들은 자신이 거주하는 마을에서 수업을 시행했다.[18]

1428년, 려(黎) 왕조의 건국과 더불어 유학이 정부 및 문화의 원동력으로서 불교를 대체하기 시작했다. 유학 교육이 강하게 촉진되면서 관학과 사학을 막론하고 수많은 교육기관이 이례적으로 설립되었다. 베트남의 려 왕조는 려초(黎初, Lê Sơ, 1428~1527)와 중흥 려조(中興 黎朝, Lê Trung Hưng, 1533~1789) 두 시기로 나뉠 수 있다. 이 시기적 단절은 짧은 기간 동안 발생했던 막 왕조(莫, Mạc, 1527~1592)의 왕위 찬탈로 인한 것이었다.

려 왕조의 말년은 정완분쟁(鄭阮紛爭, Trịnh-Nguyễn phân tranh) 전쟁으

18) Nguyễn Đăng Tiến et al., Lịch sử giáo dục Việt Nam trước Cách mạng Tháng Tám 1945(A History of Vietnamese Education before the August Revolution in 1945) (Hà Nội: Nhà xuất bản Giáo dục, 1996), 12-45.

로 점철되었다. 이 전쟁은 1627년부터 18세기 말까지 지속되었는데, 국경을 지켰던 자인강(Sông Gianh)[오늘날 중앙 베트남의 꽝빈[Quảng Bình] 지역] 남쪽의 완주(阮主, Chúa Nguyễn)와 북쪽의 려(黎) 괴뢰 황제 및 정주(鄭主, Chúa Trịnh) 사이에 벌어졌다. 오랜 내전은 베트남의 정부, 경제, 문화, 그리고 교육에 해로운 영향을 끼쳤다. 중앙지역, 특히 전투가 자주 벌어졌던 응에안(Nghệ An), 하띤(Hà Tĩnh), 그리고 꽝빈(Quảng Bình) 지역은 매우 불안정한 상황으로 인해 교육환경 또한 매우 열악해졌다.

17~18세기 전쟁 동안 베트남의 학교 시스템은 관학과 사학 두 부분으로 나눌 수 있다. 가장 거대한 관학인 국자감은 수도에 있었는데, 여기에서 엘리트 계층의 자제들과 뛰어난 재능을 가진 평민들이 함께 교육을 받았다. 국자감의 형성 및 준비에는 3년이라는 시간이 소요되었으며, 학생들은 엄격한 규율을 준수하였다. 수도에 소재한 다른 학교들 또한 관리들의 자제만 입학할 수 있도록 허가되었는데, 예컨대 소문관(昭文館, Chiêu Văn quán), 숭문관(崇文館, Sùng Văn quán), 수림국(秀林局, Tú Lâm cục), 중서감(中書監, Trung thư giám), 어전근시국(御前近侍局, Ngự tiền cận thị cục)이 있다. 다른 지역들(府[Phủ], 路[Lộ])에서는 국자감을 모델로 한 교육기관들이 조성되었다. 이들은 유학 경전, 작문법, 그리고 문학 평론을 가르쳤다.

사학 교육 시스템은 중-소규모의 학교 모델을 따랐으며, 지역 학자들이 마을을 중심으로 조직하였다. 이미 은퇴한 관리, 거인(擧人)이나 진사(進士)가 되었지만 아직 임용되지 못한 사람들, 그리고 지방 시험에 떨어져서 3년 뒤 시험을 기다려야 하는 이들이 종종 사학의 교육을 맡았다. 관학의 교육자들은 중앙에서 녹봉을 받는 한편, 사학의 교육자들은 생도들로부터 수업료를 받아야만 했다. 몇몇 마을에서는 학전(學田, học điền)이라는 땅을 공동 관리의 형식으로 마련해두었는데, 이는 지역 사학 교육자의 고용비용을 마련하기 위함이었다. 기본적으로 사학과 관학의 실질적 교육 커리큘럼은 동일했다. 과거시험을 치를 시기가 되면 관학, 사학 생도 간에는 어

떠한 차이도 존재하지 않았다.[19]

이 시기(17~18세기)에 유명세를 떨쳤던 모든 교육 기관은 북베트남, 특히 수도 탕롱(昇龍, Thăng Long)[오늘날의 하노이]을 중심으로 조성되어 있었다. 각 기관은 저명한 학자들과 관계를 맺고 있었는데, 예컨대 탄찌(Thanh Trì)현에 위치한 응우옌 딘 트루(Nguyễn Đình Trụ, 1627~1703)의 학교는 1,000명이 넘는 학자들을 양성하는 데 공헌하였고, 그 가운데 70여 명은 진사가 되었다. 하오남(Hào Nam)에 위치한 무성(武晟, Vũ Thạnh, 1664~?)의 학교 또한 매우 붐볐으며 그에 상당하여 많은 진사를 배출하였다. 이 두 학교는 탕롱(Thăng Long)에서 가장 유명한 곳이었다.

이 두 학교 외에도, 푸티 마을(Phú Thị, 18세기 말)의 응우옌(阮, Nguyễn) 일족의 학교나 꽌호아(關花, Quan Hoa)의 응우옌 꽁 팅(Nguyễn Công Thịnh, 1757~1824)의 학교가 유명했다. 또한, Thượng Yên Quyết 마을의 Đỗ Văn Luân(?-?)의 학교도 있었다.[20] 17세기 베트남 중부지역은 교육 시스템이 그리 발달하지 못했기 때문에, 학생들은 선생과 학교를 구하기 위해 북쪽으로 여행 가야만 했다. 이러한 사실은 18세기 베트남 교육 시스템의 발전 차원에서 외곽 지역[베트남 중부와 남부]과 대조적으로 수도 지역[베트남 북부] 사이의 간극을 표명한다.

순수하게 지리적 관점에서 보면, 베트남은 완전히 동남아시아 지역에 속한다. 그러나 종교(유교) 및 문자(한자)와 더불어 정부, 문화 등 다양한 주요 요소들을 고려해보면, 베트남은 동아시아 국가(중화 문화권)의 일부임이 명백하다. 키스 테일러(Keith Taylor)는 하이번(Hải Vân) 고개를 기준으

---

19) Đinh Khắc Thuân, Giáo dục và khoa cử Nho học thời Lê ở Việt Nam qua tài liệu Hán Nôm(Confucian Education and Examination during the Lê Dynasty in Vietnam through Sino-Nom Materials) (Hà Nội: Nhà xuất bản Khoa học xã hội, 2009), 49-53.

20) Bùi Xuân Đính, Giáo dục và khoa cử Nho học Thăng Long - Hà Nội (Confucian Education and Examination in Thăng Long - Hà Nội) (Hà Nội: Nhà xuất bản Hà Nội, 2010), 84-91.

로 베트남을 반으로 가른다면, 베트남 북쪽의 절반은 동아시아에 속하고 남쪽 절반은 동남아시아로 치우치게 된다는 관점을 제시하였다.[21] 이러한 지리적 구분의 배후에는 베트남사에서 발생했던 수많은 "남부 확장(Southern Expansions)"이 주요 원인으로 자리하고 있다. 오늘날 통일된 베트남의 경계는 여러 왕조가 끊임없이 남쪽으로 영역을 확장한 결과이다.

이로부터 베트남의 유교 교육제도가 중부, 남부지방보다 북부지방에서 더욱 일찍 정착되었음을 알 수 있다. 이러한 격차는 과거시험에서 더욱 뚜렷하게 나타났다. 진(陳)대 1256년과 1266년에 시행된 과거시험에서는 한 차례 시험으로 두 사람에게 최고 학자의 명예를 수여하는 독특한 사례가 있었다. 한 사람은 경장원(京狀元, Kinh trạng nguyên)[수도권 장원 급제자]이었고, 다른 한 사람은 채장원(寨狀元, Trại trạng nguyên)[외지 장원 급제자]이었다. 이러한 구분은 태학생(太學生[22], Thái học sinh) 지위를 수여하는 과정에서도 적용되었다. 『대월사기전서(大越史記全書, The Đại Việt sử kí toàn thư)』에는 이 두 시험에 관한 언급이 기록되어 있다.

> 둘째 달 봄, 과거가 시행되었다. 진국늑(陳國扐, Trần Quốc Lặc)이 수도 장원 급제를 하였다. 장찬(張粲, Trương Xán)이 외지 장원 급제를 하였다. 주형(朱馨, Chu Hinh)이 차석을 차지하였다. 진연(陳淵, Trần Uyên)이 3등(探花郎)에 이름을 올렸다. 시험 결과에 근거하여 직무가 각기 다른 43명의 태학생이 배출되었다(42명은 수도권, 1명은 외지 출신이다).[23]
>
> 셋째 달, 과거가 시행되었다. 진고(陳固, Trần Cố)가 수도 장원 급제를 하였

21) Keith W. Taylor, "Surface Orientations in Vietnam: Beyond Histories of Nation and Region," The Journal of Asian Studies 4 (1998): 972-973.

22) Thái học sinh 太學生 is the equivalent of the metropolitan laureate (tiến sĩ 進士) degree
and was used in Vietnam from 1232 (Trần dynasty) to 1400 (Hồ dynasty).

23) Hoàng Văn Lâu (trans.), Đại Việt sử kí toàn thư (Complete Annals of The Great Việt), Vol. 2 (Hà Nội: NXB Khoa học xã hội, 1993), 26.

다. 백요(白遼, Bạch Liêu)가 외지 장원 급제를 하였다. ●가 차석을 하였다(성명 미상). Hạ Nghi가 3등을 하였다. 시험 결과에 근거하여 직무가 각기 다른 47명의 태학생이 배출되었다.[24)]

19세기 초, 베트남 학자 반휘주(潘輝注, Phan Huy Chú, 1782~1840)는 자신의 저술 『역조헌장유지(歷朝憲章類志, Lịch triều hiến chương loại chí)』에서 다음과 같이 말한다.

원풍(元豐, Nguyên Phong) 6년(1256) 둘째 달에 과거시험이 시행되었다. 장원급제한 경장원과 채장원이 각기 한 명씩 배출되었다. 과거에는 경(京)과 채(寨) 사이에 어떠한 구분도 없었으며, 오직 한 사람만 장원 급제를 할 수 있었다. 탄호아(Thanh Hoá)와 응에안(Nghệ An)이 채(寨)로 분류됨에 따라, 경(京)과 채(寨)의 구분이 생겨났다.[25)]

이뿐만 아니라, 반휘주는 15세기 려(黎) 왕조의 역사가 오사연(吳士連, Ngô Sĩ Liên)을 인용하며 더욱 자세하게 설명한다.

청나라가 만주족과 한족을 구분하듯이 진 왕조 또한 경(Kinh)과 채(Trại)를 구분하였다. 그러나 이것은 재능있는 인재를 선발하는 데 있어서의 어떤 지역적 편견은 아니었다. 진 왕조는 호안 쩌우(Hoan Châu)와 아이 차우(Ái Châu) 지역이 풍성한 교육 시스템이 많지 않은 외딴 지역이고, 대도시에 비해 재능있는 학자들이 적다는 점을 고려하였다. 그리하여 먼 외지에서 온 인물 가운데 가

24) Hoàng Văn Lâu (trans.), Đại Việt sử kí toàn thư, 36.

25) Phan Huy Chú, Lịch triều hiến chương loại chí (Categorized Records on Administrative Systems of Successive Dynasties 歷朝憲章類志), Vol. 2, translated and annotated by The Translation Group of the Institute of History (Hà Nội: Nhà xuất bản Giáo dục, 2007), 10.

장 재능있는 자가 과거시험을 치러서 장원급제하면, 격려의 차원에서 경장원과 동등한 영예를 안게 되었다.[26]

경[베트남 북부]과 채[탄호아의 남부]의 구분은 13세기 말까지 줄곧 존재했다. 베트남에서 과거시험이 시행된 지 200년이 지나서도 교육의 중심은 여전히 탕롱(Thăng Long)을 둘러싸고 북부에 있었으며, 다른 지역 즉 탄호아(Thanh Hoá), 응에안(Nghệ An), 그리고 하띤(Hà Tĩnh) 남부에서 배출된 학생들은 거의 없었다. 1256년에는 45명의 태학생이 배출되었는데, 단 한 사람만이 채(寨) 출신이었다. 왜냐하면 탕롱에서 멀리 떨어진 곳은 유학 교육 체계가 그리 탄탄하지 못했거니와 교육 기관과 유능한 선생들 또한 부족했기 때문이다. 이에 예비생들은 어쩔 수 없이 학업을 위해 인접 지역으로 여행을 떠나야만 했다.

이러한 중부-남부 지역 간 교육의 불균형 문제는 13세기 말까지 해결되지 못했을 뿐만 아니라 18세기에도 지속되었다. 중흥 려조(中興黎朝, 1533~1789년) 시기, 특히 17세기부터 18세기 말까지 거의 200여 년 동안 이어진 정완분쟁(鄭阮紛爭, Trịnh-Nguyễn phân tranh)으로 인해 끊임없는 반란과 불안감이 이 지역에 만연했다. 특히 중부지방은 전쟁으로 황폐해져 교육, 경제, 문화가 몹시 미숙한 상황이 되어버렸다. 이처럼 어려운 상황 속에서 18세기에 중부지역에 속하는 하띤(Hà Tĩnh)에 복강서원이 건립되었다. 많은 어려움에도 불구하고 이루어진 복강서원의 성공 사례는 베트남 군주제의 위대한 업적이 되었다. 복강서원의 기반과 활동은 베트남의 저명한 문화인인 완휘형(Nguyễn Huy Oánh)과 긴밀한 관련이 있다.

---

26) Phan Huy Chú, Lịch triều hiến chương loại chí, 10.

Ⅳ. 완휘형(Nguyễn Huy Oánh): 행정가, 학자, 그리고 외교관

완휘형(Nguyễn Huy Oánh, 阮輝僙[27])은 응에안(Nghệ An)현(縣) 라선(La Sơn)지역 라이 타익하(Lai Thạch)의 쯔엉루(Trường Lưu) 마을에서 태어났다.[오늘날 하띤성(河靜省, Hà Tĩnh) 깐록현(縣干祿, Can Lộc)의 쯔엉록(Trường Lộc) 지역] 그의 문중에 관한 기록은 번체 한어로 기록되어 있는데, 15세기에서 19세기에 이르기까지 총 12대에 걸쳐 있으며 그 가운데 16명의 수백여 점에 달하는 현존 작품[나머지 18명의 작품은 현존하지 않는다]을 가지고 있다.[28] 이러한 집안은 베트남에서 매우 희소하다. 이는 완휘형이 학술사 및 정치적 지위, 그리고 문학적 성과 차원에서 매우 유명한 집안에서 태어났음을 의미한다.

완휘형은 과거시험과 정치 커리어 모두에 있어서 매우 운이 좋았다. 그는 응에안(省乂安, Nghệ An)에서 열린 지역 과거시험(1732)과 수도 과거시험(1748)에서 모두 장원급제하였다. 그런데 수도 시험에서는 장원(壯元, 수석)과 방안(榜眼, 차석) 없이 13명의 합격자가 배출되었다. 그래서 완휘형은 비록 수석을 차지하긴 했으나, 실질적으로 그는 탐화(探花, 3등)로 졸업하였다.[29] 정치적 경력에서도 그는 꾸준히 승진을 거듭했으며, 단 한 번도

---

27) '僙'자는 한글 발음을 확인할 수 없어 기본자 형(瑩)을 바탕으로 '형'으로 표기함. (역자 주)

28) Trần Hải Yến, "Nghiên cứu văn hoá văn học nhìn từ di sản một tộc họ (Cultural and Literary Studies: A Look from the Heritage of a Family)," in Nguyễn Huy Oánh và dòng văn Trường Lưu trong môi trường văn hoá Hà Tĩnh (Nguyễn Huy Oánh and Trường Lưu Literary School in the Cultural Environment of Hà Tĩnh) (Hà Nội: Nhà xuất bản Lao Động 2014).

29) "Bi kí bia Tiến sĩ khoa Mậu Thìn niên hiệu Cảnh Hưng 9 (1748)"[景興九年戊辰科進士題名記], in Ngô Đức Thọ, Văn bia Tiến sĩ Văn miếu Quốc tử giám Thăng Long (Metropolitan Laureate Inscriptions in the Temple of Confucius and Directorate of Education in Thăng Long) (Hà Nội: Nhà xuất

강등이나 좌천을 겪은 적이 없다. 그는 다양한 부처에서 여러 직무를 역임하였는데 가장 높은 직위는 공부상서(工部尙書, Công bộ Thượng thư)였으며, 이는 오늘날 총리에 해당한다. 그러나 무엇보다도 중요한 점은 그가 교육과 장학제도에 관련된 여러 업무를 담당했다는 것이다. 예를 들어 한림원대제(翰林院待製, Hàn lâm viện đãi chế, 1748), 동각교서(東閣校書, Đông Các hiệu thư, 1753), 1757년 시행된 과거시험의 감고(監考, Giám khảo), 동각대학사(東閣大學士, (Đông Các đại học sĩ, 1757) 그리고 국자감좨주(國子監祭酒, Tế tửu Quốc tử giám, 1759)가 그것이다.[30)]

이 기록에 따르면 완휘형은 37편으로 이루어진 13권의 책을 저술했다.[31)] 그 가운데 한문 혹은 놈어로 작성된 오직 10권(20편)의 책만이 보존되어 있다.

1) 『북여집람』(Bắc dư tập lãm, 北輿集覽, Reading the Collection of Chinese Geography and Custom ; catalog number A.2009 in Vietnam Institute of Sino-Nom Studies)은 중국 15성의 지리와 풍습에 관한 기록으로서 본래 『명

bản Hà Nội, 2010), 817-823.

30) Nguyễn Đức Nhuệ, "Về các chức quan của Nguyễn Huy Oánh" (About the Official Titles of Nguyễn Huy Oánh), in Kỉ yếu hội thảo khoa học Danh nhân văn hoá Nguyễn Huy Oánh (Proceedings of the Conference on the Cultural Figure Nguyễn Huy Oánh) (Hà Tĩnh: SởVăn hoá, Thể thao và Du lịch Hà Tĩnh xuất bản, 2008), 117-139.

31) Including: Ngũ kinh Tứ thư toản yếu 四書五經撮要 (15 volumes), Trường Lưu Nguyễn thị 長流阮氏 (10 volumes), Hoàng hoa sứ trình đồ 皇華史程圖 (2 volumes), Bắc dư tập lãm(北輿集覽 1 volume), Phụng sứ Yên Đài tổng ca fŋs 奉使燕臺總歌 (1 volume, also entitled Phụng sứ Yên Kinh tổng ca fŋs 奉使燕京總歌), Sơ học chỉ nam 初學指南 1volume), Tiêu Tương bách vịnh 瀟湘百詠 (1 volume), Quốc sử toản yếu 國史纂要 (1 volume), Châm cứu toát yếu 針灸撮要 (1 volume), Thạc Đình di cảo 碩享遺稿 (2 volumes), Huấn nữ tử ca 訓女子歌 (1 volume), and Phúc Giang thư viện quy lệ 福江書院規例 (1 volume in woodblocks).

승전지(名勝全志)』에서 발췌한 것이다.

2) 『황하사정도』(Hoàng hoa sứ trình đồ 皇華史程圖)는 중국 사절단에 관한 기록이다.

3) 『봉사연대총가』(Phụng sứ Yên Kinh tổng ca fŋş 奉使燕京總歌)는 중국 사절 여정에 대한 상세한 기록을 포함한 시집이다.

4) 『초학지남』(Sơ học chỉ nam 初學指南)은 초학자들을 위한 지침서이다.

5) 『국사찬요』(Quốc sử toản yếu 國史纂要)는 진(Trần) 왕조 말기 베트남 역사서이다.

6) 『훈여자가』(Huấn nữ tử ca 訓女子歌)는 68 절구, 632행의 놈어로 작성되어 있으며, 주로 유교의 가르침에 따라 소녀들에게 전통적 가치와 의무를 가르치는 글이다.

7) 『약성가괄』(Dược tính ca quát, 藥性歌括)은 68절구의 놈어로 쓰여 있으며, 다양한 약용 식물과 사용법을 설명하는 책이다.

8) 『석향유고』(Thạc Đình di cảo 碩亨遺稿)는 완휘형의 손자 Nguyễn Huy Vinh이 완휘형의 시를 엮어 만든 시집이다.[32)]

9) 『복강서원규례』(Phúc Giang thư viện quy lệ 福江書院規例)는 『오경찬요대전』(Ngũ kinh toản yếu đại toàn, 五經纂要大全)에 수록된 목각인쇄본으로 9편으로 이루어져 있다.

현존하는 그의 작품과 소실된 작품 목록을 통해 보면, 완휘형은 유교 경전, 지리, 역사, 의학, 문학, 국제관계, 그리고 교육 등 다양한 방면에 걸쳐 폭넓은 지식을 지니고 있었음을 알 수 있다. 다방면에 정통한 이러한 박학형 지식인 모델은 20세기 서양의 영향을 받은 것으로, 특정 전문영역에 초점을 맞추기 전 베트남 학자의 전형이었다.

32) Lại Văn Hùng et al., Tuyển tập thơ văn Nguyễn Huy Oánh (Selected Literary Works of Nguyễn Huy Oánh) (Hà Nội: Nhà xuất bản Hội Nhà văn, 2005), 11-16.

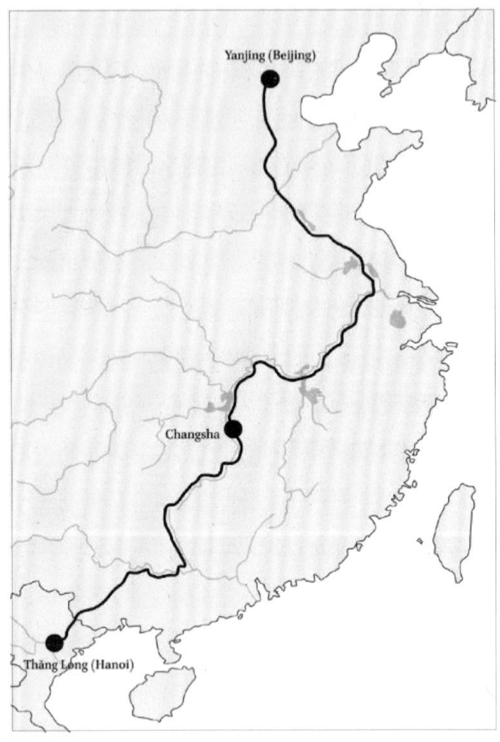

〈그림 1〉1766년 완휘형 사절단의 북경 여정

국가 조정에 대한 공헌과 뛰어난 재능으로 인해 완휘형은 청나라 공물 사절단의 수장으로 임명되었다. 그와 수행원들은 1766년에 베트남에서 출발하여 같은 해에 북경(연경)에 입성하였다. 1767년 초, 그들은 베트남으로의 귀국길에 올라 당해 연말에 고향에 도착했다. 이 여정은 대부분 육로 위에서 이루어졌다. 이 여정을 통해 완휘형은 성에서 대도시에 이르기까지 다양한 배경과 사회 계층에 자리한 중국 관리들과 시(詩)를 나누었으며, 북경의 공자 사당을 방문하는 한편, 중국의 여러 명승지를 방문할 수 있었다. 중국과의 공식적인 외교 업무 외에도, 완휘형은 북경에 주재하고 있던 조선 대사, 일본 대사와 문화 교류를 하였고, 시를 나누기도 하였다. 이로써 그는 18세기 동아시아 국가 간의 우호 관계 구축에 일조하였다.[33]

---

33) Nguyễn Thanh Tùng, "Nguyễn Huy Oánh: Nhà ngoại giao (Nguyễn Huy Oánh: A Diplo mat)," in Kỉ yếu hội thảo khoa học Danh nhân văn hoá Nguyễn Huy Oánh (Proceedings of the Conference on the Cultural Figure Nguyễn Huy Oánh) (Hà Tĩnh: Sở Văn hoá, Thể thao và Du lịch Hà Tĩnh xuất bản, 2008), 172-190.

북경 사절단으로서의 여정 동안 완휘형은 이후 다른 사절들을 위한 일종의 안내책과 같은 작품들을 저술하였다. 다행히도 그 가운데 『북여집람』, 『황하사정도』, 『봉사연대총가』 및 『석향유고』 일부분이 아직 현존하고 있다. 필자는 이 문헌들을 읽고 나서 당시 완휘형이 중국 서원 11개소에 방문했으리라고 판단했다. 이 방문 경험들이 완휘형이 귀국한 후 복강서원을 운영하는 데 있어 영향을 주었을 것이다.

다음은 1766년 (음력) 2월 9일부터 12월 14일까지 완휘형이 베트남에서 북경으로 가는 길에 방문했던 광서, 호남, 산동, 하북 지방의 11개 서원 목록이다. 귀국길에도 똑같은 경로로 돌아왔지만, 귀국 도중에 서원에 방문한 기록은 없다.

〈표 15〉 1766년에 완휘형이 방문한 중국 서원

서원명	지역	완휘형의 묘사 및 활동	음력 (연/월/일)
여강서원 (麗江書院)	태평(太平), 광서(廣西)	"또한, 정교하게 건설된 여강서원이 있다." (又有麗江書院製極華艶)[34]	1766년 2월 9일
양명서원 (陽明書院)	남녕(南寧), 광서(廣西)	"양명서원이 있었다. 현판에는 '경륜참찬'이 새겨져 있다. 이곳은 왕양명께서 강학하던 곳이다."(又有陽明書院, 扁: 經綸參贊. 是文成公舊講學處)[35]	1766년 2월 17일
무성서원 (武成書院)	평남(平南), 광서(廣西)	"성하에 무성서원이 있었다. 현판에 '학해관란'이라 새겨져 있다."(城下有武成書院, 扁: 學海觀瀾)[36]	1766년 3월 22일
창오서원 (蒼梧書院)	창오(蒼梧), 광서(廣西)	"성 내에 창오서원이 있다. 현판에는 '홰봉누오'라 새겨져 있다."(城內有蒼梧書院, 扁: 翽鳳樓梧)[37]	1766년 3월 말
고암서원 (古岩書院)	오주(梧州), 광서(廣西)	"성두(城頭)에 고암서원이 있다. 현판에는 '쌍계당'이라 새겨져 있다."(城頭有古岩書院, 扁: 雙桂堂)[38]	1766년 3월 말
애일서원 (愛日書院) / 유은서원 (流恩書院)	계림(桂林), 광서(廣西)	"애일서원, 유은서원이 있다."(又有愛日, 流恩書院)[39]	1766년 5월 18일

서원명	지역	완휘형의 묘사 및 활동	음력 (연/월/일)
석고서원(石鼓書院)	형주(衡州), 호남(湖南)	"산 정상에 석고서원이 있다. 주자(周子), 주자(朱子), 창려(昌黎), 황간(黃幹) 등 칠현(七賢)을 배향한다. 현판에는 '명교악지'라 새겨져 있다.(頂上是石鼓書院, 祀周子, 朱子, 昌黎, 黃幹等七賢. 扁: 名教樂地[40]) *완휘형은 제석고서원(Đề Thạch Cổ thư viện, 題石鼓書院)이라는 제목의 시도 쓴 바 있다.	1766년 6월 말
악록서원(嶽麓書院)	장사(長沙), 호남(湖南)	이 서원에 관한 상세한 묘사가 담긴 세 편의 시가 있다: 제서원(Đề thư viện, 題書院), 제육군자사(Đề lục quân tử từ, 題六君子祠), 증악록교주왕문청(Tặng Nhạc Lộc giáo chủ Vương Văn Thanh, 贈岳麓教主王文清)[41]	1766년 7월 1일
용산서원(龍山書院)	동평(東平), 산동(山東)	"성안에 용산서원이 있다. 현판에는 '강장춘풍'이라 새겨져 있다."(城中有龍山書院, 扁: 絳帳春風)[42] *완휘형은 용산서원(Long Sơn thư viện, 龍山書院)이라는 시를 쓴 바 있다.	1766년 12월 5일
영주서원(瀛州書院)	하간(河間), 하북(河北)	"성에 영주서원이 있다. 태씨 성을 가진 사람을 가르치기 위해 설립되었다. 현(縣)에서는 아이들도 가르치고자 문을 열어두었다." (城有瀛洲書院, 立教泰姓人. 縣所延以授生童)[43]	1766년 12월 14일

34) Nguyễn Huy Oánh, Phụng sứ Yên Đài tổng ca (A General Song of the Embassy to Beijing), trans. Lại Văn Hùng et al. (Hà Nội: Nhà xuất bản Khoa học xã hội, 2014), 26-27 (for the translated text into Vietnamese), 322 (for the original Literary Chinese).

35) Nguyễn Huy Oánh, Phụng sứ Yên Đài tổng ca, 31, 324.

36) Nguyễn Huy Oánh, Phụng sứ Yên Đài tổng ca, 54, 331.

37) Nguyễn Huy Oánh, Phụng sứ Yên Đài tổng ca, 59, 334. There is a mistake in the punctuation of the Vietnamese translation.

38) Nguyễn Huy Oánh, Phụng sứ Yên Đài tổng ca, 59, 334. "Cinnamon trees" refers to metropolitan laureates in civil service examinations.

39) Nguyễn Huy Oánh, Phụng sứ Yên Đài tổng ca, 84, 343. The Vietnamese translation mistakenly identifies this as a single shuyuan, "Ái Nhật Lưu Ân" [Airi Liuen].

40) Nguyễn Huy Oánh, Phụng sứ Yên Đài tổng ca, 110, 354. The Vietnamese

완휘형 사절단은 베트남의 어떤 사절단보다도 많은 서원을 방문하였다. 예컨대 이문복(Lý Văn Phức, 李文馥, 1785~1849)은 1841년에 북경으로 가는 길에 형산서원(衡山書院, 호남성), 영주서원(瀛洲書院, 안휘성) 두 군데만 방문하였다.[44] 완문초(Nguyễn Văn Siêu, 阮文超, 1799~1872) 또한 1849년에 북경으로 향하다가 병산서원(屏山書院, 광서성)과 자양서원(紫陽書院, 하남성)을 거쳤을 따름이다.[45] 이는 아마도 완휘형이 교육 관련 관리였고, 따라서 그의 사절단은 지역의 교육 상황에 더욱 초점을 맞추면서 관광뿐만 아니라 개인 학습 모델을 조사하기 위해 중국 서원 방문에 더욱 시간을 할애한 것일지도 모른다.

이상 11개소의 서원 가운데 완휘형은 악록서원에 대해 매우 상세히 묘사했다. 그는 악록서원에 감명을 받아 세 편의 시를 썼을 뿐만 아니라 악록서원 산장 또한 접견했다. 게다가 그는 용산서원과 석고서원에 대한 시도 각기 한 수씩 작성하였다. 다른 서원 여덟 곳에 대해서는 사절단으로서 간단하게 묘사했을 뿐이다. 이는 완휘형이 악록서원에 유독 관심을 두었음을 암시한다. 악록서원은 중국과 동아시아 전체에 있어서 가장 유명한 서원에 해당한다. 북송 시기(967년) 담주태수(潭州太守) 주동(朱洞)이 하남성 장사

---

translation mistakenly translates: "Trên đỉnh núi có Thư viện Thạch Cổ thờ Chu Tử (Đôn Di), Chu Tử (Hi), Xương Lê, Hoàng Cán và bảy vị hiền" [Atop the mountain was Shigu (a place) to venerate Zhou Dunyi, Zhu Xi, Han Yu, Hoang Jin, and seven worthies].

41) Nguyễn Huy Oánh, Phụng sứ Yên Đài tổng ca, 115-116, 355-356.

42) Nguyễn Huy Oánh, Phụng sứ Yên Đài tổng ca, 208-209, 386-387. "Red curtain" means the classroom.

43) Nguyễn Huy Oánh, Phụng sứ Yên Đài tổng ca, 223, 392.

44) Lý Văn Phức, Chu Nguyên tạp vịnh thảo (A Manuscript of Miscellaneous Verses of China), 1841.

45) Nguyễn Thị Thanh Chung, Phương Đình vạn lý tập của Nguyễn Văn Siêu: Văn bản và giá trịthi ca (Phương Đình vạn lý tập by Nguyễn Văn Siêu: The Text and the Poetric Values) (Hà Nội: Nhà xuất bản Giáo dục Việt Nam, 2015), 149, 162.

악록산의 불교 사찰의 기단(基壇) 위에 건립하였다. 이후 천 년 동안 악록서원은 교육, 서적 편찬 및 유교 사상 발전의 중심지 역할을 하였다. 후대에는 악록서원을 일컬어 "천 년의 학부(千年學府)"라 하였다.

악록서원의 명성은 순식간에 베트남 외교관들의 관심을 끌었다. 진 왕조 시기에 완충언(Nguyễn Trung Ngạn, 阮忠彦, 1289~1370)은 중국 원나라(元, 1271~1368)에 공물을 바치던 시기에 악록산을 방문하였다. 그의 시집 『개헌시집(介軒詩集, Giới Hiên thi tập)』은 베트남에 현존하는 가장 오래된 사절(使節)의 시집이다. 이 시집 속에는 악록서원 근처에 위치한 불교 사찰을 언급하는 두 수의 시가 포함되어 있다. 「호남(湖南, Hồ Nam)」이라는 제목의 시에는 다음과 같은 글귀가 있다. "구름에 가리어져 멀리서 울리는 악록의 희미한 종소리 …." 또 다른 시에서는 '유악록사(遊岳麓寺, Du Nhạc Lộc tự)'라는 글귀로 시작한다.[46] 완충언은 이 여정에서 악록서원을 방문했을 가능성이 크다.

완휘형의 『봉사연대총가(奉使燕臺總歌)』에서는 1766년 음력 7월에 그의 사절단이 북경으로 향하던 도중 악록서원을 방문했던 일에 대해 기록하고 있다.

> 7월 첫째 날, 우리는 포야묘(包爺廟)를 지났다. 이곳 현판에는 "일소하청(一笑河淸)"이라 새겨져 있었다. 우두주(牛頭州)를 지나면 좌측에 있는 산허리에 악록서원이 있다. 송대(宋代) 주호(邾浩)가 조정에서 물러난 후 이곳에 기거하였다. 이후 장식이 주호를 기리기 위해 정자를 지었다. 그리고 주희가 여기에 "도향(道鄕)"이라는 이름을 새겼다. 이종(理宗) 황제가 "악록서원"이라는 편액을 하사했다. 자비정(自卑亭)에서 옷을 갖추어 예를 올리고 성덕당(成德堂)에 들어서니, "초연회태극(超然會太極)"이라 적인 현판이 보였다. 모든 건물 뒤에는 어서

46) Bùi Huy Bích, Hoàng Việt thi tuyển (A Collection of Vietnamese Poetry) (Hà Nội: Nhà xuất bản Văn học, 2007), 132-137.

루(御書樓)가 있다. 산을 좀 더 올라가면 "사잠정(四箴亭)"이라는 곳이 있는데, 정자(鄭子)의 "시(視), 찰(咱), 언(言), 동(動)"이라는 잠언(箴言)과 범씨(范氏)의 "심(心)"이라는 잠언이 석각으로 새겨져 있다. 산의 가장 높은 부분은 구루산(岣嶁山)이라 불리는데, 대우비(大禹碑)가 있으며, 73자가 쓰여 있다. 산 아래에는 창랑곡(蒼筤谷)이 있다. 이곳은 재상 종선소(鐘仙巢)가 은거하던 곳이다. 그 위에는 취향정(吹香亭)이 있다.[47]

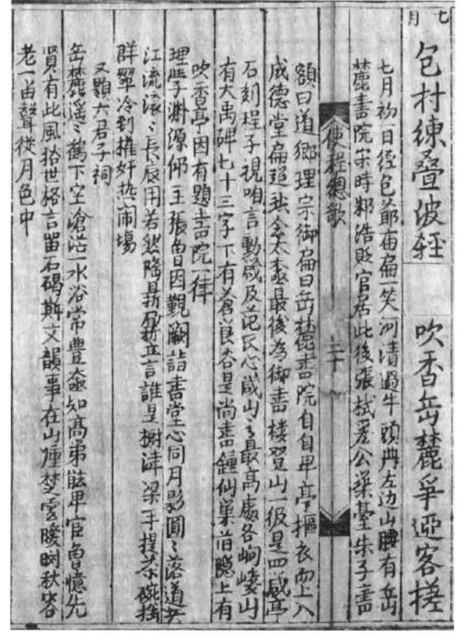

〈그림 2〉『봉사연대총가』(Phụng sứ Yên Kinh tổng ca fŋṣ 奉使燕京總歌)[출처: Vietnam National Library call number R.1375, page 20]

악록서원을 둘러싼 학문적 전통과 자연 풍경을 경험한 완휘형은 악록서원에 대한 칠언 절구 시를 세 수 썼다. 「제서원(題書院)」이라는 이름의 시는 다음과 같이 시작한다.

> 나는 이 사절단 여정에서 서원을 방문하여 이학의 연원(淵源)을 바라보았다.[48]

47) Nguyễn Huy Oánh, Phụng sứ Yên Đài tổng ca, 115-116, 355-356. The English quotations in this paper differ from the Vietnamese translation in this book. Original text in Classical Chinese: "七月初一日, 經包爺廟, 扁'一笑河清'. 過牛頭册(洲), 左邊山腰有嶽麓書院. 宋時鄒浩貶宮居此. 後張栻愛公築臺, 朱子書額曰道鄉. 理宗御扁曰嶽麓書院, 自自卑亭摳衣而上, 入成德堂, 扁視咱言動箴, 及范氏心箴. 山之最高處名岣嶁山, 有大禹碑, 七十三字. 下有蒼筤谷, 是尚書鐘仙巢舊隱. 上有吹香亭."

48) Nguyễn Huy Oánh, Phụng sứ Yên Đài tổng ca, 116, 356. The English

다음으로, 둘째 시 「제육군자사(Đề lục quân tử từ, 題六君子祠)」의 처음 네 줄을 살펴보자.

> 멀리 바라본 악록에서 학이 내려온다.
>
> 목욕하기에 좋은 뿌연 강물로 (내려온다).
>
> 과거에서 높은 성과를 얻어도 다만 낮은 관리가 될 뿐임을 알고 있는데
>
> 선현들도 이러한 풍조가 있었음을 회상해본다.[49]

육군자사(六君子祠)는 원래 육군자당(六君子堂)이라 불린 곳으로 명대 가정(嘉靖) 5년인 1526년경 악록서원 옆에 지어진 건물이다. 이 장소는 악록서원을 건립하고 발전하는 데 공헌한 여섯 명의 학자들을 모시기 위해 지어졌다. 담주태수 주동(朱洞), 담주지주(潭州知州) 이윤칙(李允則, 953~1028), 악록서원 수임산장(首任山長) 주식(周式, ?~?), 자정전대학사(資政殿大學士) 유공(劉珙, 1122~1178), 장사부동지(長沙府同知) 진강(陳鋼, ?~?), 그리고 양무원(楊茂元, 1450~1516)이 바로 이들이다.

위의 시에서 3~4행의 내용은 1748년 당시 완휘형이 우수한 시험 성적을 거두었음에도 상대적으로 낮은 6~4품 보직을 하사받은 것에 대한 그 자신의 불만감을 보여주고 있다[그는 1782년 은퇴 직전에 비로소 2품으로 승격되었다.] 완휘형은 육군자당에 배향된 이 학자들에게서 자신과의 관련성을 찾을 수 있었다. 왜냐하면 그들 또한 자신의 높은 학술적 역량에도 불구하고 낮은 지위에 처해있음을 알고 있었기 때문이다. 그들은 낮은 품

---

quotations in this paper differ from the Vietnamese translation in this book. Original text in Classical Chinese: "理學淵源仰主張, 曾因觀闕詣書堂." (본문에서는 필자의 영문을 번역하였음. :역자 주)

49) Nguyễn Huy Oánh, Phụng sứ Yên Đài tổng ca, 117, 356. The English quotations in this paper differ from the Vietnamese translation in this book. Original text in Classical Chinese: "嶽麓遙遙鶴下空, 滄茫一水浴常豐. 極知高第卑宦, 曾憶先賢有此風."

계를 가졌으나 서원을 통한 교육 발전에 자신의 에너지를 바침으로써 사람들의 기억 속에 영원히 새겨지게 될 것이었다. 완휘형이 베트남으로 돌아온 후 악록서원을 모델로 삼아 자신의 서원을 건립하게 된 것은 분명 이러한 여섯 군자와의 동일성에 기인한 것이었다.

셋째 시는 「증악록교주왕문청(Tặng Nhạc Lộc giáo chủ Vương Văn Thanh, 贈岳麓敎主王文淸)」이라는 제목을 가지고 있다. 왕문청(王文淸, 1688~1779)은 옹정(雍正) 2년인 1724년에 진사로 급제한 인물이다. 왕부지(王夫之, 1619~1692), 왕개운(王闓運, 1833~1916) 그리고 왕선겸(王先謙, 1842~1917)과 더불어 그는 호남(湖南) 사왕(四王)의 인물로 알려져 있다. 왕문청은 악록서원의 37대 산장이자, 1745년과 1766년 두 차례 산장 직위를 역임하였다. 완휘형은 악록서원에 방문하여 왕문청에게 많은 감명을 받았고 그에 관한 시[석형유고(Thạc Đình di cảo 碩享遺稿)의 첫 시이다.]를 한 수 작성하였다. 이 시는 다음과 같이 시작한다.

> 아흔 살[50]이 되어도 여전히 강건하니 걸출한 인재로다.
> 북극성과 태산과 같이 더욱 우러러본다.[51]

완휘형은 호남성을 지나면서 악록서원을 방문하여 그곳의 건축물과 경관을 목격, 묘사하였고, 당시 악록서원의 산장 또한 실제로 접견하였다. 다른 여덟 서원에 대한 그의 서술은 비교적 간략했던 데 반해, 악록서원에 대한 기술은 매우 상세했다. 이는 악록서원이 중국 주요 서원 가운데 하나였기 때

---

50) Wang Wenqing was 78 years old in that year (1766). Nguyễn Huy Oánh might have used "ninety years old" to stress on Wang's longevity.

51) Nguyễn Huy Oánh, Thạc Đình di cảo (The Manuscripts Left by Thạc Đình), trans. Lại Văn Hùng et al. (Hà Nội: Nhà xuất bản Khoa học xã hội, 2014), 151-153, 487-488. The English quotations in this paper differ from the Vietnamese translation in this book. Original text in Classical Chinese: "九十康彊屬巨髦, 泰山北斗仰彌高."

문이다. 그는 분명 악록서원 방문 중에 이곳의 경관, 역사 그리고 교육활동에 큰 인상을 받았다. 그는 악록서원과 관련된 과거 인물뿐만 아니라 그가 그곳에서 직접 만난 사람들에 대해서도 감탄을 아끼지 않았다. 여섯 군자와 더불어, 왕문청은 악록서원과 유교 선전에 괄목할 만한 공헌을 이루었다. 그곳에는 분명 완휘형의 감탄을 불러일으킬 만한 교육 모델이 존재했다. 이러한 악록서원에서의 좋은 인상들이 그의 교육 철학에 큰 영향을 끼쳤고, 또한 그가 베트남으로 돌아온 후 민간 서원을 건립하게 된 계기가 된 것이 아닐까? 최소한 우리는 완휘형이 베이징으로 도착했을 무렵에 이미 서원에 쓸 규정을 제작하고 있었음을 알 수 있다. 그 서원이 바로 그의 고향인 쯔엉루 마을 강가의 이름을 딴 복강서원이다.

〈그림 3〉 서원규례(書院規例, Thư viện quy lệ) 목판, 반전. 제5-6쪽.
[출처: Nguyễn Huy Mỹ 교수 제공]

현재 완휘 집안에는 『서원규례(書院規例, Thư viện quy lệ)』 라는 제목의 목각판본이 소장되어 있다. 이 판본은 총 12페이지에 달하는 6개의 단면으로 구성되어 있고, 그 가운데 10장만 현존하고 있다.[제3, 4쪽은 소실되었다.] 첫 페이지에는 「복강서원계몽(福江書院啟蒙, Phúc Giang thư viện khải mông)」이라는 제목이 쓰여 있다. 이것은 서원이 명칭이 복강이라는 강에서 비롯된 것임을 알려준다.

이 작품의 결론부에는 다음과 같은 글귀가 쓰여 있다. "정해(丁亥)년 경흥(景興, Cảnh Hưng) 연간(1767), 봉사대배신(奉使大陪臣) 완유재(阮榴齋)가 북경 회동관(會同館)에서 씀." 여기에서 '유재'는 완휘형의 필명이다. 이는 완휘형이 1767년 초 북경에 머물 때 그가 규례 초고를 작성했음을 보여준다. 당시 사절단의 일정에 따르면, 그들은 1767년 음력 2월 16일 오후에 북경을 떠날 예정이었다.[52] 따라서 이 초고의 성립 연대는 1767년 음력 1월 중순 이내가 된다. 그런데 이 목판이 언제 제작된 것인지는 확실하지 않으며, 인쇄기에 대한 유일한 정보는 복강서원에서 완휘형의 생도였던 완휘왕(阮輝旺, Nguyễn Huy Vượng, 18세기 후반)이라는 이름만 있을 뿐이다. 이 규례의 내용은 다음과 같다.

1) 초학(初學)을 위한 의례(소실된 2쪽 표함)
2) 졸업생 및 모범생들을 위한 축사 서식
3) 음력 초하루 달부터 마지막 달까지 서원 내부에서 실시된 다양한 의례를 위한 기기와 글 서식 견본
4) 생도들의 도덕 요강
5) 중국 유학자들로부터 비롯된 교육, 도덕성에 관해 엄선된 금언(禁言).[53]

이를 보면, 의례에 관한 내용이 총 분량의 8할을 차지한다. 그리고 도덕과 교육에 관한 지침이 나머지 일부분이다. 이 작품은 약 2,000자에 달하

52) Nguyễn Huy Oánh, Phụng sứ Yên Đài tổng ca, 253.
53) Hoàng Ngọc Cương, "Về sách Thư viện quy lệ của Thư viện Phúc Giang (About the Academy Regulations of Phúc Giang Academy)," in Nghiên cứu bảo tồn mộc bản Trường Lưu (Research and Preservation of Trường Lưu Woodblocks) (Hà Tĩnh: Hà Tĩnh Press, 2015), 173-186.

며, 그 가운데 약 1,600자가 아직 보존되어 있다. 우리는 대부분 중국 서원에는 교육 규정, 즉 학규(學規)[54]가 있음을 알고 있다. 그러면 완휘형이 복강서원 학규를 작성하기 위해 기존의 문헌들을 참고했을 가능성이 있을까?

악록서원을 개인적으로 방문한 완휘형은 분명히 이문조(李文炤, 1672~1735)가 8개 조로 작성하고 왕문청이 108자, 18개 조로 편집한 「악록서원 학규(嶽麓書院學規)」에 대해 익히 알고 있었을 것이다. 그러나 「복강서원 학규」는 「악록서원 학규」와 전혀 비슷하지 않다. 그의 학규는 주자가 중건하였으며, 조선과 일본에도 명성이 드높았던 「백록동서원학규(白鹿洞書院學規)」[55]와도 매우 다르다.[56] 이는 곧 완휘형이 중국의 서원 모델을 매우 선호했음에도 불구하고, 중국의 규정을 따르지 않고 자신의 철학 및 목표에 따라 자신만의 학규를 만들기 위해 노력했다는 의미로 해석할 수 있다.

Ⅴ. 교육자로서의 완휘형과 복강서원

『완씨가장(阮氏家藏, Nguyễn thị gia tàng)』,[57] 즉 완휘 가문의 전통적인 중국 족보 및 그의 역임 기록에 따르면,[58] 교육자로서의 완휘형의 여정

54) Deng Hongbo (ed.), Zhongguo shuyuan xuegui jicheng (Compilaton of Chinese Academy Regulations) (Shanghai: Zhongxi shuju, 2011).

55) Another title is Bailudong Shuyuan Jieshi 白鹿洞書院揭示.

56) Li Bangguo, "Zhuxi yu Bailudong shuyuan zai Chaoxian Riben de yingxiang (The Influence of Zhu Xi and the White Deer Grotto Academy in Korea and Japan)," Hubei shifan xueyuan xuebao 1 (1995): 98-101 ; Zhang Pinduan, "Zhuxi Bailudong Shuyuan Jieshi zai Riben de liuchuan ji yingxiang (Influence and Transmission of the Zhu Xi's White Deer Grotto Articles of Learning in Japan)," Nanping shizhuan xuebao 3 (2004): 35-37 ; and Martin Gehlmann, "Transmissions of the White Deer Grotto Academy Articles of Learning in Korea," in this volume, 252-286.

57) Nguyễn Huy Vinh, Nguyễn thị gia tàng (阮氏家藏, Family Records of the Nguyễn Huy Clan), (Vinh: Nhà xuất bản Đại học Vinh, 2019), 222-238.

은 세 단계로 나뉠 수 있다.

1) 1732년 그가 향시(鄕試)에 급제했을 때부터 1748년 중앙 과거시험에서 장원 급제했을 때까지 그는 꼰레우(Cồn Lều) 지역에 학교를 열고 천 명이 넘는 학생들을 모았을 뿐만 아니라 그를 개인 교사로 초빙하였던 많은 관리의 간청을 받았다.
2) 대략 1756~1757년 무렵 그가 선남(Sơn Nam) 지역의 관리로 있을 때, 그는 공부하러 온 수많은 학생을 가르치기도 했다. 이후에 그는 탕롱으로 돌아와 과거시험을 감독하였고, 국자감사업(國子監司業), 국자감제주(國子監祭酒)를 역임하고 1766년에 중국으로 떠났다. 이 기간은 거의 10년에 달한다. 이처럼 완휘형은 국가적인 규모의 교육 관련 고위직을 역임했기에 분명히 훌륭한 교육, 수업 자원에 관한 많은 책임이 있었을 것이다.
3) 1767년에 중국 사절을 마치고 돌아온 뒤 완휘형은 수많은 업적을 남김으로써 승진했을 뿐만 아니라 여러 지역에서 다양한 직책을 역임하였다. 이 때문에 그가 한 지역에 오랜 시간 머무르면서 꾸준히 지속될 수 있는 학교를 개설하기는 어려웠을 것이다. 그러나 그는 참종(Tham tụng, 參從)[려 왕조 행정체계 가운데 한 직책]직 임명을 사양했으며, 곧이어 1783년 은퇴하였다. 이후 1789년 사망할 때까지 완휘형은 은퇴 생활을 지속했다. 은퇴 후 사망에 이르기까지 6년의 세월 동안 완휘형은 하띤(Hà Tĩnh) 쯔엉루(Trường Lưu)에 그가 건립한 민간 사학에 시간을 쏟았다.[59] 그는 거의 20~30여 년의 세월 동안 교육에 힘썼다. 물론 그의 집이 있는 쯔엉루(Trường Lưu) 지역 근처를 중심으로 몇 차례 이직하면서 교육을 할 수 없던 상황도 있었다. 그러나 선남(Sơn Nam), 탕롱(昇龍, Thăng Long)에서 어느 정도 시간을 보내기도 했다.

58) Nguyễn Đức Nhuệ, "Về các chức quan của Nguyễn Huy Oánh," 117-139.
59) Lại Văn Hùng, Tuyển tập thơ văn Nguyễn Huy Oánh, 9-10.

1. 복강서원의 건립

'복강서원(Phúc Giang Academy)'이라는 명칭은 1767년 완휘형이 북경에 머물면서 작성했던 학규 초고에서 처음으로 등장한다. 그러나 완휘 집안의 학교 개설 전통은 완휘형의 아버지 완휘추(阮輝僦, Nguyễn Huy Tựu, 1690~1750)로 거슬러 올라간다. 완휘추는 려 왕조 시기에 거인(擧人)으로 훈도(訓導)를 역임하였으며, 사후에 공부좌시랑(工部左侍郎, Công bộ Tả Thị)

lang)으로 추서되었다. 1760년에 완휘형이 작성한 『완가장과명전비기(阮家莊科名田碑記, Nguyễn gia trang khoa danh điền bi kí)』에 따르면, 완휘추는 "학생들을 가르치기를 매우 즐거워하셨고, 사방에서 가르침을 받기 위해 몰려든 학생이 총 1,218명이었다."[60]고 한다. 이는 완휘형의 아버지가 이미 비교적 이른 시기에 상당한 규모의 학교를 개설하였음을 보여준다. 완휘형은 아버지의 유산을 유지하여 1732년 향시에 급제한 즉시 꼰레우(Cồn Lều)에 학교를 개설하였다. 이 두 학교는 복강서원의 전신이라 할 수 있다.

복강서원은 석향학교(碩享學校, Thạc Đình School), 장류학교(長留學校, Trường Lưu School)라는 명칭으로도 알려져 있다. 그러나 '복강서원'이 학규 및 황제로부터 사사된 공식 법령으로 지정된 명칭이다. 현재는 복강서원의 정확한 건립 시기를 명시하고 있는 문헌을 찾아볼 수 없으나, 잠정적으로 그 건립이 완휘형이 은퇴한 1783년보다 늦지는 않았을 것이라고 추측할 수 있다. 왜냐하면, 1783년에 조정에서 (아직 생존해있음에도 불구하고) 완휘형을 배향할 것을 허가하였는데, 이때 복강서원이라는 용어가 두

---

60) Nguyễn Huy Mỹ (ed.), Các tác giả dòng văn Nguyễn Huy Trường Lưu: Cuộc đời và tác phẩm[tuyển chọn] (Writers of Nguyễn Huy Literary School in Trường Lưu: Their Lives and Their Selected Works) (Hà Nội: Nhà xuất bản Lao Động, 2012), 189-190.

차례 등장하기 때문이다.[61] 은퇴한 완휘형은 쯔엉루(Trường Lưu)에서 그의 "교육 혁명"을 시작하기 위한 자원들을 모두 응집할 수 있었다. 이 자원들이란 자신의 학식, 지적 기반, 과거의 다양한 교육 경험, 당대 학자들 사이에서의 명성과 존경, 그리고 다른 서원(특히 악록서원) 모델에 대한 친숙함을 망라한다.

2. 교육 자료의 편집과 목판 인쇄

중국 서원의 일반적인 기능 가운데 하나는 바로 서원 내부에서 교육 목적의 서적을 편집하고 목판 인쇄하는 것이었다. 이 기능은 '서원각서(書院刻書)'라 불린다.[62] 이 전통은 당대(唐代)에 시작되어 송대(宋代)에 널리 확산되었다. 소위 '서원본(書院本)'이라는 용어는 서원에서 인쇄된 서적을 말하는 것이다.[63] 완휘형은 중국 서원으로부터 이러한 인쇄 전통을 수용하여 복강서원에서 쓰일 교육 자료들을 구성하는 데 운용하였다. 그는 서원의 이름을 따서 인쇄소의 이름을 '석향(碩享)'이라 지었다. 이러한 이유로 복강서원에서 제작된 수많은 현존 서적들은 '석향장판(碩享藏板, Thạc Đình tàng bản)' 혹은 '석향정본(碩享正本, Thạc Đình chỉnh bản)'이라는 표기가 되어 있다.

---

61) Đinh Khắc Thuân, "Về các đạo sắc phong cho Nguyễn Huy Oánh (About Imperial Edicts for Nguyễn Huy Oánh)," in Nguyễn Huy Oánh và dòng văn Trường Lưu trong môi trường văn hoá Hà Tĩnh (Nguyễn Huy Oánh and Trường Lưu Literary School in the Cultural Environment of Hà Tĩnh) (Hà Nội: Nhà xuất bản Lao Động, 2014).

62) Cheng Gujia and Deng Hongbo (eds.), Zhongguo shuyuan zhidu yanjiu (Research on the Chinese Academy System) (Hangzhou: Zhejiang jiaoyu chubanshe, 1997), 232-326.

63) Ji Xiaofeng (ed.), Zhongguo shuyuan cidian, 687-688.

〈표 16〉 복강서원에서 사용된 자료물

	제목	작자	판형	내용
1	복강서원규례(福江書院規例, Phúc Giang thư viện quy lệ)	완휘형 (Nguyễn Huy Oánh)	목판 5개 1767년 편집	1767년 북경에서 작성 복강서원의 학규.
2	초학지남(初學指南, Sơ học chỉ nam)		A.1634년, 80쪽. 1773년 필사	초학들을 위한 규범.
3	훈여자가(訓女子歌, Huấn nữ tử ca)		AB.85, 18쪽. 인쇄물	육팔체(六八體)로 구성, 전통 유교의 가치이념을 소녀에게 알려주는 내용.
4	국사찬요(國史纂要, Quốc sử toản yếu)		A.1923, 194쪽. 인쇄물	진대(陳代, Tran)부터의 베트남 역사서, Ngô Sĩ Liên의 『대월사기전서(大越史記全書)』에서 발췌.
5	시경찬요대전(詩經纂要大全, Thi kinh toản yếu đại toàn)		2권, 목판 63개	좌 5권은 『오경찬요대전』(五經纂要大全, Ngũ kinh toản yếu đại toàn)으로 엮여 있음. 완휘형이 10년이 넘는 세월 동안 편찬하여 1756년에 최종 간행, 총 9권으로 구성되어 있으며, 1758년에 인쇄, 배포. 명대(明代)호광(胡廣, 1369~1418) 등의 『오경대전(五經大全)』을 요약 발췌함.
6	서경찬요대전(書經纂要大全, Thư kinh toản yếu đại toàn)		2권, 목판 81개	
7	예경찬요대전(禮經纂要大全, Lễ kinh toản yếu đại toàn)		2권, 목판 46개	
8	역경찬요대전(易經纂要大全, Dịch kinh toản yếu đại toàn)		1권, 목판 43개	
9	춘추찬요대전(春秋纂要大全, Xuân Thu toản yếu đại toàn)		2권, 목판 53개	
10	성리찬요대전(性理纂要大全, Tính lí toản yếu đại toàn)	완휘추 (Nguyễn Huy Tựu)	2권, 목판 81개	호광 등의 『성리대전(性理大全)』 요약, 베트남 역사가 추가되어 있음. 완휘형 필사, 완휘사(阮輝嗣, Nguyễn Huy Tự) 교정.

상술했다시피, 완휘형은 총 37편으로 이루어진 13권의 책을 썼다. 그 가운데 10권의 책이 아직 현존한다. 이 현존 서적들의 내용을 살펴보면 위와 같이 복강서원에서 사용된 자료 목록을 확인할 수 있다. 다행히도 우리는 이 작품들의 종이 인쇄물과 목판본을 모두 확인할 수 있다.[64] 자료 구성 방식에 따라서 이 교육 자료들은 크게 두 종류로 구분할 수 있다.

1) 원저작물 : 『복강서원규례(福江書院規例)』, 『초학지남(初學指南)』, 『훈여자가(訓女子歌)』

2) 기존 저작의 요약물 : 『국사찬요(國史纂要)』, 『대월사기전서(大越史記全書)』[65] 내용의 5분의 2분량, 호광 및 명나라 학자들이 저술한 『오경대전(五經大全)』에서 취사, 요약된 『오경찬요대전(五經纂要大全)』(요약 분량은 원저작물의 6-7% 내용에 상당함)[66], 마찬가지로 명나라 학자들이 저술한 『성리대전(性理大全)』에서 발췌하였으며 완휘추가 2권 70편으로 요약, 편집한 『성리찬요대전(性理纂要大全)』.

이 두 종류에 속한 모든 작품은 학문 발전을 위한 고급 학습보다는 초등 교육을 목표로 하고 있으며, 비교적 간략하게 구성되어 있다. 이는 중국 서원에서 간행된 대부분 작품과는 다른 측면이다. 이 서적들의 내용은 매우 광범위하다. 그 범위는 원내(院內) 규율뿐만 아니라, 학습방법, 소녀들을 위한 교육, 베트남 역사, 유가 경전, 그리고 송명 신유학에 미친다. 내용 또한 의례 규율에 관한 지침 및 글쓰기 연습, 도덕성에 관한 내용 등으로 다양하게 구성되어 있다.

작품에 반영된 이러한 '지역화'는 매우 주목할 만하다. 『복강서원규례』,

64) See Phạm Văn Ánh, "Lược khảo về các bản ván gỗ hiện lưu tại gia tộc họ Nguyễn Huy Trường Lưu (A Preliminary Research on the Existing Woodblocks in Nguyễn Huy Family in Trường Lưu)," in Nghiên cứu bảo tồn mộc bản Trường Lưu (Research and Preservation of Trường Lưu Woodblocks) (Hà Tĩnh: Hà Tĩnh Press, 2015), 119-136 ; see also Phuc Giang School Woodblocks (8th-20th centuries), Nomination form-Asia/ Pacific Memory of the World Register, 2015, provided by Professor Nguyễn Huy Mỹ – the 16th descendant of the Nguyễn Huy clan.

65) Nguyễn Huy Oánh, Quốc sử toản yếu (A Concise History of the State) (Huế: Nhà xuất bản Thuận Hoá, 2004), 6.

66) Phạm Văn Ánh, "Lược khảo về các bản ván gỗ hiện lưu tại gia tộc họ Nguyễn Huy Trường Lưu," 132.

『초학지남』, 『훈여자가』에서 드러내는 지식은 모두 베트남과 관련되어 있다. 심지어 중국 작품에서 비롯된 『성리찬요대전』의 경우에도 완휘추가 그 안에 베트남 통치자들에 관한 내용을 추가하였다.[67] 이 작품들의 편집 수정에 참여한 인물의 인명은 다음과 같다.

Nguyễn Huy Tựu(완휘추, 9대), 『성리찬요대전(性理纂要大全)』 편집

Nguyễn Huy Oánh(완휘형, 10대, 완휘추의 아들), 목판 자료들의 기초 내용 작성 및 편집

Nguyễn Huy Cự, Nguyễn Huy Quýnh(완휘형의 동생들), 목판 조각의 글자 작성 보조

Nguyễn Huy Tự(완휘사, 11대, 완휘형의 아들), 문자 작성 및 교정 읽기

Nguyễn Huy Vượng(완휘왕, 완휘형의 학생), 목판 제작 감독

이를 통해 보면 완휘형이 가장 핵심적인 역할을 한 것이 명백하다. 여기에서는 실제로 작품들을 조각하고 인쇄한 인부들에 관한 세부 사항은 언급하지 않겠다.[이러한 개인 정보는 확인할 수 없다.] 현존하는 목판은 총 379개이다. 이 수량은 당연히 석향 인쇄소에서 생산된 모든 목판 개수를 반영하지는 못한다. 여러 상황적 요인에 의해 많은 목판이 소실되거나 훼손되었음이 명백하다.

이상의 문헌들은 모두 유학 교육을 위해 발생된 것들이나, 석향 인쇄소에서 발행한 책 가운데 최소한 한 권, 즉 『봉사연대총가(奉使燕京總歌)』는 이와 다르다. 이 책은 1767년에 인쇄되었으며, 총 100여 페이지로 구성되어 있다. 아울러 『석향유고』에 포함된 『사서찬요서(四書纂要序, Tứ thư

67) Thái Huy Bích, "Lược thuật sách Tính lí toản yếu đại toàn, quyển hạ (Brief Relation of the Tính lí toản yếu đại toàn, second volume)," in Nghiên cứu bảo tồn mộc bản Trường Lưu (Research and Preservation of Trường Lưu Woodblocks) (Hà Tĩnh: Hà Tĩnh Press, 2015), 137-142.

toản yếu tự)』(1773)에서는 다음과 같이 기록하고 있다.

> "(이 책은) 『오경찬요(五經纂要, Ngũ kinh toản yếu)』, 『성리찬요(性理纂要, Tính lí toản yếu)』 그리고 『국사찬요(國史纂要, Quốc sử toản yếu)』 다음에 나온 책으로서, 모두 이전에 인쇄된 것이다."[68]

이 말은 곧 『사서찬요』가 1773년 완휘형에 의해 편집, 인쇄되었음을 의미한다. 그러나 불행히도 이 작품의 인쇄본이나 목판본은 이제 찾아볼 수 없다. 그럼에도 불구하고 이 약간의 정보를 통해 우리는 석향 인쇄소가 최소한 16년간(1758~1773) 운영되었으며, 최소한 1,700쪽의 인쇄물을 발행하였음을 확인할 수 있다. 이러한 발행 시기는 완휘형을 비롯한 쯔엉루(Trường Lưu)의 다른 선생들이 완휘형이 중국 사절(1766~1767)을 떠나기 전부터 이미 인쇄 사업을 시작했음을 보여준다. 말하자면 그들의 서적 인쇄는 반드시 완휘형의 중국 사절단 경험으로부터 어떤 영향을 받은 것은 아니라는 것이다. 그렇지만 완휘형이 중국을 다녀온 뒤 발행된 『복강서원규례』, 『봉사연대총가(奉使燕京總歌)』(1767년 이후 인쇄) 및 『사서찬요』(1773)와 같은 작품을 고려해보면, 사절 경험이 이후 인쇄 활동에 일련의 영향을 끼친 것으로 보인다.

3. 학비(學費)와 학전(學田)

『완가장과명전비기(阮家莊科名田碑記, Nguyễn gia trang khoa danh điền bi kí)』(1760)에서 완휘형은 그의 아버지 완휘추가 "선물로 받은 많은 재화를 축적하였고, 꼰헨(Cồn Hến)의 땅을 일부 사들이셨다. 이후 추가적

68) "Tứ thư toản yếu tự 四書纂要序," in Nguyễn Huy Oánh, Thạc Đình di cảo, 414-416.

인 구매를 거쳐 이 땅은 마침내 1에이커(=4,050 평방미터)[69]가 넘었다."[70] 고 기록하고 있다. 이 땅은 과명전(科名田, khoa danh điền)[말 그대로 급제자 이름의 땅 혹은 학전]이라 불렸다. 말하자면 교육에 필요한 비용을 위해 사용된 일부분의 땅이다. 완휘형은 부친의 선례를 답습하여 20에이커에 달하는 최고 품질의 땅(一等田, nhất đẳng điền)을 복강서원의 경비 소모를 위해 구매하였다.[71] 그리고 학비를 지불할 돈이 부족한 가난한 학생의 부모들이 비용을 마련하기 위해 이 학전의 일부를 활용할 수 있도록 하였다.[72] 이 학전 전통은 중국의 많은 서원에도 존재하였으며, 또한 '서원학전(書院學田)'이라 불렸다.[73] 악록서원 또한 매우 유명한 학전 전통을 가지고 있었다. 악록서원은 명대에만 2,222.9에이커에 달하는 땅을 학전 목적으로 획득하였다.[74]

4. 교육적 성취

완휘 집안에서 일등공신은 완휘형이기는 하지만, 완휘씨 3대(완휘추

69) 본고 필자는 '에이커(acre)'를 사용하였으므로, 이하 원문에 표기된 단위를 그대로 사용함. (역자 주)

70) Nguyễn Huy Mỹ (ed.), Các tác giả dòng văn Nguyễn Huy Trường Lưu: Cuộc đời và tác phẩm, 189-190.

71) Đinh Khắc Thuân, "Nguyễn Huy Oánh với Trường Lưu học hiệu (Nguyễn Huy Oánh and the School of Trường Lưu)," in Nghiên cứu bảo tồn mộc bản Trường Lưu (Research and Preservation of Trường Lưu Woodblocks) (Hà Tĩnh: Hà Tĩnh Press, 2015), 38-44.

72) Hà Quảng, "Nguyễn Huy Oánh: Nhà giáo dục lỗi lạc (Nguyễn Huy Oánh: An Outstanding Educator)," in Kỉ yếu hội thảo khoa học Danh nhân văn hoá Nguyễn Huy Oánh (Proceedings of the Conference on the Cultural Figure Nguyễn Huy Oánh) (Hà Tĩnh: Sở Văn hoá, Thể thao và Du lịch Hà Tĩnh xuất bản, 2008), 162-171.

73) Ji Xiaofeng, Zhongguo shuyuan cidian, 688.

74) Chen Gujia and Deng Hongbo (eds.), Zhongguo shuyuan zhidu yanjiu, 417.

[Nguyễn Huy Tựu], 완휘형(Nguyễn Huy Oánh), 그리고 완휘형의 아들 완휘사(阮輝嗣, Nguyễn Huy Tự) 모두가 복강서원에 공헌하였다. 비록 비교적 공헌이 적긴 했지만 이 서원을 이어간 후속 세대의 공헌 또한 분명하다. 완휘형과 완휘사는 복강서원을 성공적으로 관리, 감독했던 핵심 교사였다. 완왕조 공식 기록에 따르면, 복강서원은 "만 권의 책을 소장하고 있었으며", "수천 명의 학생과 그 안에 출세한 수많은 졸업생이 있었다."[75]고 한다. 배양력(裴楊瓑, Bùi Dương Lịch, 1757~1828)은 다음과 같이 기록한다.

> "(완휘형의) 학생들은 수천 명이었으며, 그 가운데 30명 이상이 중앙에서 진사 급제하였으며 같은 조정에서 관직을 임명받았다. 지방에서 진사에 합격하여 관직 임명을 받은 이들은 셀 수 없이 많았다."[76]

복강서원은 베트남 전체에서 가장 핵심적인 교육 중심지가 되었으며, 베트남 유학 교육의 중심이자 수도인 탕롱(Thăng Long)의 학교들의 지위마저 위협하게 되었다. 복강서원은 베트남 중부, 남부 유학 교육에 지대한 공헌을 하였으며, 탕롱을 넘어 사교육을 점점 확장하면서 중부 지역에 저명한 학술 집단을 형성하는 데 일조하였다.

이처럼 괄목할 만한 성과와 더불어, 완휘형은 려(黎), 완(阮) 조정 모두에서 수차례 승진과 임명을 받게 된다. 1783년 완휘형이 아직 생존해 있음에도 불구하고 려 조정은 그의 복강서원 배향을 윤허하였다.[77]

『봉양완종세보(鳳陽阮宗世譜, Phượng Dương Nguyễn tông thế phả)』[78]

---

75) Historiography Institute of the Nguyễn Dynasty, Đại Nam nhất thống chí (The Unification Records of the Great South), Vol. 2 (Huế: Nhà xuất bản Thuận Hoá, 1997), 237.

76) Bùi Dương Lịch, Nghệ An kí (A Record of Nghệ An), trans. Nguyễn Thị Thảo (Hà Nội: Nhà xuất bản Khoa học xã hội, 1993), 309.

77) Đinh Khắc Thuân, "Về các đạo sắc phong cho Nguyễn Huy Oánh," 27.

78) Catalog number VHv.1354, Nguyễn Huy Giáp 阮輝甲, compiled 1894, Nguyễn

의 기록에 따르면, 완 왕조는 1824년, 1843년 그리고 1920년에 완휘형을 복강서원에서 배향하는 반신반인(半神半人)으로 승격시켰다. 예를 들어 1824년에 그는 '복강서원연박지신(福江書院淵博之神)'[79]라는 칭호를 얻었다. 대중들 사이에서도 완휘형은 '서원의 반신(半神, Thần thư viện)'으로, 복강서원은 '서원사(Academy Temple, Đền thư viện)'로 알려졌다. 복강서원은 지금까지 반신 배향 칙령을 받은 기록이 있는 유일한 서원이다.

오늘날 복강서원의 소장품 중 일부분은 완휘 집안의 후손들이 보관·번역·연구·홍보하고 있으며, 이로부터 관련 연구자들 및 사회 전반의 관심과 찬사를 받고 있다. 2016년 유네스코는 복강서원의 379개 목판을 "세계 아시아-태평양 지역 목록(Memory of the World Asia-Pacific Regional Register)"에 등록하였다. 이는 매우 희귀한 경우인데, 왜냐하면 유네스코가 최초로 베트남 지역유산을 (국가유산과는 달리) 세계문화유산으로 등재했기 때문이다.

Ⅵ. 결론

서원은 9세기 이후로부터 줄곧 동아시아 여러 국가의 교육적 전통이었다. 비록 베트남 최초의 서원은 꽤 일찍 건립되었고,[진 왕조의 난가서원은 늦어도 14세기 말 전에 건립되었다. 이는 조선 최초의 서원보다도 150여 년 정도 이른 것으로 보인다.] 아울러 복강서원 모델은 18세기에 비로소 베트남 내부에서 많은 조명을 받게 되었지만, 베트남의 서원 전통은 동아시아의 국가들 즉 중국, 일본, 한국 및 대만보다 훨씬 미약했다는 점을 인정해야만 한다. 그 이유는 무엇인가? 필자가 보기에, 여기엔 두 가지 주요

Huy Chương 阮輝璋 transcribed in 1942.

79) Nguyễn Huy Mỹ (ed.), Các tác giả dòng văn Nguyễn Huy Trường Lưu: Cuộc đời và tác phẩm, 45.

원인이 존재하는 것으로 보인다.

첫째, 베트남에서의 유학은 다른 학파를 발전시킬 만큼 강하지 못했던 반면, 유가 철학의 핵심 쟁점들을 더욱 깊이 발전시키기 위해서 유학 내부에서의 다양한 사상을 장려하는 것이 바로 서원 시스템 발전의 핵심이었다. 일반적으로 민간 서원은 과거시험에 참여하는 데 있어서 필요한 지식들을 제공할 뿐만 아니라 유가 철학의 토론, 비판 그리고 심화 학습을 위한 담론의 장을 형성한 것으로 보인다. 그러나 베트남에는 전반적으로 동아시아 유학에 창조적인 공헌을 할 만큼 충분히 교육받거나 영감을 줄 만한 유학자가 많지 않았다.

둘째, 베트남 유학자들은 이러한 가르침을 더욱 발전시키거나 전수하기 위해 스승의 가르침을 받는다는 관념 자체를 거의 지니지 않았다. 바꿔 말하면, 학생이 그 스승의 가르침을 전승한다는 생각은 그리 중요시되지 않았다. 18세기부터 19세기 초에 출현한 다섯 세대에 걸친 사생(師生) 관계와 같이 드물게 예외가 있기는 했지만,[80] 이 가운데 그 누구도 그리 괄목할 만한 움직임을 시작하지는 못했다. 이로 인해 특정한 선생과 관련된 만큼만 서원에 머무는 복강서원과 같은 시스템이 확산되었다. 그래서 특정 선생이 교편에서 물러나거나 다른 곳으로 신변을 옮기면 그 서원 또한 소실되었다.

---

80) These five generations of teacher-disciples refer to Vũ Công Đạo 武公道 (1629-1714), Vũ Thạnh 武晟 (1664-?), Nguyễn Tông Quai 阮宗乖 (1692-1767), Lê Quý Đôn 黎貴惇 (1726-1784), and Bùi Huy Bích 裴輝璧 1744-1818), all famous and top rank scholars in their own time who boasted success in government, scholarship, and education. They represented the beginning and end of a Confucian renaissance in 18th-century Vietnam. See Nguyễn Kim Sơn, "Năm thế hệ thầy trò nổi tiếng trong lịch sử Nho học Việt Nam (Five Famous Generations of Masters and Students in the History of Vietnamese Confucianism)," in Một số vấn đề về Nho giáo Việt Nam (Issues in Vietnamese Confucianism), ed. Phan Đại Doãn, 252-274 (Hà Nội: Nhà xuất bản Chính trị Quốc gia, 1999).

그럼에도 불구하고 복강서원은 거의 80년간 존속하였다. 이는 완휘추(9대)가 설립한 전신(前身)부터 1730년 완휘형(10대)이 꼰레우(Cồn Lều)에 건립한 복강서원을 거쳐, 그리고 완휘형의 아들(11대)이 사망한 1790년까지를 특정한 기간이다. 20세기 이전까지만 해도, 베트남에는 이처럼 오랜 역사를 가진 민간 서원이 없었다. 완휘 집안이 사법(師法) 및 가법(家法) 전통의 계승을 중시한 것은 쯔엉루(Trường Lưu)에 설립된 그들의 학교가 존속하고, 인근 지역에 '교육 혁명'을 일으키는 데 핵심적인 역할을 하였기 때문이다. 이러한 가문 계승 전통은 중국 서원 역사에서도 찾아보기 어렵다.

완휘형과 복강서원의 사례를 살펴보면, 완휘형이 중국 사절단으로 활동했던 1766~1767년에 그는 분명 중국 서원들과 관계를 맺으면서 (특히 악록서원에) 많은 인상을 받았다. 그러나 사실, 완휘형은 그가 중국으로 떠나기 전부터 이미 유교 서원과 유사한 형태의 활동을 조직하고 있었다. 이러한 활동은 학교 개설, 조직 및 교육 자료의 목판 인쇄, 배포, 장서, 학전 구매를 포함한다. 그러나 반드시 고려해야 할 점은 그가 중국에서 귀국한 뒤에는 복강서원을 중심으로 이 지역을 베트남 민간 교육의 가장 거대한 중심지로 발전시키기 위해 악록서원의 다양한 측면들을 채택, 수용했다는 것이다. 당시 이곳은 베트남에서도 교육 수준이 낮고 빈궁한 중부지역이었으며, 유학적 풍조 또한 북쪽만큼 강하지 않았다. 말하자면, 비록 악록서원으로부터 채용한 서원 모델이 일종의 '간접적' 영향에 불과했지만, 이는 분명 베트남 민간 학교 모델의 촉진 및 발전에 핵심적인 역할을 하였다.

【참고문헌】

Azuma, Juji. "The Private Academies of East Asia: Research Perspectives and Overview." A Selection of Essays on Oriental Studies of ICIS (2011): 1-18.

Bùi Dương Lịch. Nghệ An kí (A Record of Nghệ An). Translated by

Nguyễn Thị Thảo. Hà Nội: Nhà xuất bản Khoa học xã hội, 1993.

Bùi Huy Bích. Hoàng Việt thi tuyển (A Collection of Vietnamese Poetry). Hà Nội: Nhà xuất bản Văn học, 2007.

Bùi Xuân Đính. Giáo dục và khoa cử Nho học Thăng Long – Hà Nội (Confucian Education and Examination in Thăng Long – Hà Nội). Hà Nội: Nhà xuất bản Hà Nội, 2010.

Chen Gujia, and Deng Hongbo). Zhongguo shuyuan zhidu yanjiu (Research on the Chinese Academy System). Hangzhou: Zhejiang jiaoyu chubanshe, 1997.

Chung Man-jo "Hanguo shuyuan yanjiu dongxiang zongshu (Summary of Trends of Korean Academy Research)." Hunan daxue xue bao 6 (2005): 29-38.

Deng Hongbo Zhongguo shuyuan yanjiu zongshu (1923-2007) 923-2007 (Summary of Chinese Academy Research 1923-2007)." Higashi Ajia bunka kōshō kenkyū: bessatsu 2 (2008): 21-35.

Deng Hongbo. Zhongguo shuyuan xuegui jicheng(Compilaton of Chinese Academy Regulations). Shanghai: Zhongxi shuju, 2011.

Deng Hongbo and Peng Aixue (eds.). Zhongguo shuyuan lansheng (Splendors of Chinese Academies). Changsha: Hunan daxue chubanshe, 2000.

Đinh Khắc Thuân. Giáo dục và khoa cử Nho học thời Lê ở Việt Nam qua tài liệu Hán Nôm(Confucian Education and Examination during the Lê Dynasty in Vietnam through Sino-Nom Materials). Hà Nội: Nhà xuất bản Khoa học xã hội, 2009.

Đinh Khắc Thuân. "Về các đạo sắc phong cho Nguyễn Huy Oánh (About Imperial

Edicts for Nguyễn Huy Oánh).” In Nguyễn Huy Oánh và dòng văn Trường Lưu trong môi trường văn hoá Hà Tĩnh (Nguyễn Huy Oánh and Trường Lưu Literary School in the Cultural Environment of Hà Tĩnh), 27-29. Hà Nội: Nhà xuất bản Lao Động, 2014.

Đinh Khắc Thuân. “Nguyễn Huy Oánh với Trường Lưu học hiệu (Nguyễn Huy Oánh and the School of Trường Lưu).” In Nghiên cứu bảo tồn mộc bản Trường Lưu (Research and Preservation of Trường Lưu Woodblocks), 38-44. Hà Tĩnh: Hà Tĩnh Press, 2015.

Dương, Bích Hồng. Lịch sử sự nghiệp thư viện Việt Nam trong tiến trình văn hoá dân tộc(A History of the Field of Libraries in Vietnam during Its National Cultural Progress).

Hà Nội: Vụ Thư viện – Bộ văn hoá Thông tin, 1999.

Gao Xiongzheng, and Anonymous. An Nam chí nguyên (The Original Accounts of Annan). Translated, annotated, and introduced by Hoa Bằng, edited by Lộc Nguyên. Hà Nội: Nhà xuất bản Đại học Sư phạm Hà Nội, 2017.

Hà Quảng. “Nguyễn Huy Oánh: Nhà giáo dục lỗi lạc (Nguyễn Huy Oánh: An Outstanding Educator).” In Kỉ yếu hội thảo khoa học Danh nhân văn hoá Nguyễn Huy Oánh (Proceedings of the Conference on the Cultural Figure Nguyễn Huy Oánh),” 162-171. Hà Tĩnh: Sở Văn hoá, Thể thao và Du lịch Hà Tĩnh xuất bản, 2008.

Hejtmanek, Milan. “The Elusive Path to Sagehood. Origins of the Confucian Academy System in Korea Chosŏn Korea.” Seoul Journal of Korean Studies 26, no. 2 (December 2013): 233-268.

Historiography Institute of the Nguyễn Dynasty. Đại Nam nhất thống chí (The Unification Records of the Great South), Volume 2. Huế: Nhà xuất bản Thuận Hoá, 1997.

Historiography Institute of the Nguyễn Dynasty. Khâm định Việt sử thông giám cương mục (Imperially Ordered Annotated Text Completely Reflecting the History of Việt), Volume 1. Hà Nội: Nhà xuất bản Giáo dục, 2007.

Hoàng Ngọc Cương. “Về sách Thư viện quy lệ của Thư viện Phúc Giang (About the Academy Regulations of Phúc Giang Academy).” In Nghiên cứu bảo tồn mộc bản Trường Lưu (Research and Preservation of Trường Lưu

Woodblocks), 173-186. Hà Tĩnh: Hà Tĩnh Press, 2015.

Hoàng Văn Lâu (trans). Đại Việt sử kí toàn thư (Complete Annals of The Great Việt), Volume 2. Hà Nội: NXB Khoa học xã hội, 1993.

Hoàng Xuân Hãn. La Sơn phu tử (Master La Sơn). In La Sơn Yên Hồ Hoàng Xuân Hãn, Volume 2, 1067-1073. Hà Nội: Nhà xuất bản Giáo dục, 1998.

Ji Xiaofeng(ed). Zhongguo shuyuan cidian 「(Dictionary of Chinese Academies). Hangzhou: Zhejiang jiaoyu chubanshe, 1996.

Koo, Jeong-Woo. "The Origins of the Public Sphere and Civil Society: Private Academies and Petitions in Korea, 1506-1800." Social Science History 3 (2007): 381-409.

Lại Văn Hùng, et al. Tuyển tập thơ văn Nguyễn Huy Oánh (Selected Literary Works of Nguyễn Huy Oánh). Hà Nội: Nhà xuất bản Hội Nhà văn, 2005.

Li Bangguo "Zhuxi yu Bailudong shuyuan zai Chaoxian Riben de yingxiang (The Influence of Zhu Xi and the White Deer Grotto Academy in Korea and Japan)." Hubei shifan xueyuan xuebao 1 (1995): 98-101.

Lý Văn Phức. Chu Nguyên tạp vịnh thảo (A Manuscript of Miscellaneous Verses of China). 1841. Institute of Sino-Nom Studies call number A.1188,

Hanoi, Vietnam.

Mehl, Margaret. Private Academies of Chinese Learning in Meiji Japan: The Decline and Transformation of the Kangaku Juku. Copenhagen: NIAS Press, 2003.

Namba Yukio. "Riben shuyuan de yanjiu xianzhuang yu keti 「(Situation and Issues of Japanese Academy Research)." Hunan daxue xuebao 3 (2007): 19-22.

Ngô Đức Thọ. Văn bia Tiến sĩ Văn miếu Quốc tử giám Thăng Long (Metropolitan Laureate Inscriptions in the Temple of Confucius and Directorate of Education in Thăng Long). Hà Nội: Nhà xuất bản Hà Nội, 2010.

Ngô Đức Thọ, et al. Các nhà khoa bảng Việt Nam 1075-1919 (Metropolitan Laureates in Vietnam 1075-1919). Hà Nội: Nhà xuất bản Văn học, 2006.

Nguyễn Đăng Tiến, et al. Lịch sử giáo dục Việt Nam trước Cách mạng Tháng Tám 1945(A History of Vietnamese Education before the August Revolution in 1945). Hà Nội: Nhà xuất bản Giáo dục, 1996.

Nguyễn Đức Nhuệ. "Về các chức quan của Nguyễn Huy Oánh (About the Official Titles of Nguyễn Huy Oánh)." In Kỉ yếu hội thảo khoa học Danh nhân văn hoá Nguyễn Huy Oánh (Proceedings of the Conference on the Cultural Figure Nguyễn Huy Oánh), 117-139. Hà Tĩnh: Sở Văn hoá, Thể thao và Du lịch Hà Tĩnh xuất bản, 2008.

Nguyễn Huy Mỹ (ed.). Các tác giả dòng văn Nguyễn Huy Trường Lưu: Cuộc đời và tác phẩm (tuyển chọn) (Writers of Nguyễn Huy Literary School in Trường Lưu: Their Lives and Their Selected Works). Hà Nội: Nhà xuất bản Lao Động., 2012.

Nguyễn Huy Oánh Quốc sử toản yếu (A Conscise History of the State). Huế: Nhà xuất bản Thuận Hoá, 2004.

Nguyễn, Huy Oánh Phụng sứ Yên Đài tổng ca fiṇṣ (A General Song of the Embassy to Beijing). Translated by Lại Văn Hùng et al. Hà Nội: Nhà xuất bản Khoa học xã hội, 2014.

Nguyễn Huy Oánh Thạc Đình di cảo (The Manuscripts Left by Thạc Đình). Translated by Lại Văn Hùng et al. Hà Nội: Nhà xuất bản Khoa học xã hội, 2014.

Nguyễn Kim Sơn. "Năm thế hệ thầy trò nổi tiếng trong lịch sử Nho học Việt Nam (Five Famous Generations of Masters and Students in the History of Vietnamese Confucianism)." In Một số vấn đề về Nho giáo Việt Nam (Issues in Vietnamese Confucianism), edited by Phan Đại Doãn, 252-274. Hà Nội: Nhà xuất bản Chính trị Quốc gia, 1999.

Nguyễn Thanh Tùng. "Nguyễn Huy Oánh: Nhà ngoại giao (Nguyễn Huy Oánh: A Diplomat)." In Kỉ yếu hội thảo khoa học Danh nhân văn hoá Nguyễn Huy Oánh (Proceedings of the Conference on the Cultural Figure Nguyễn Huy Oánh), 172-190. Hà Tĩnh: Sở

Văn hoá, Thể thao và Du lịch Hà Tĩnh xuất bản, 2008.

Nguyễn Thị Thanh Chung. Phương Đình vạn lý tập của Nguyễn Văn Siêu: Văn bản và giá trị thi ca (Phương Đình vạn lý tập by Nguyễn Văn Siêu: The Text and the Poetric Values). Hà Nội: Nhà xuất bản Giáo dục Việt Nam, 2015.

Phạm Văn Ánh. "Lược khảo về các bản ván gỗ hiện lưu tại gia tộc họ Nguyễn

Huy Trường Lưu (A Preliminary Research on the Existing Woodblocks in the Nguyễn Huy Family in Trường Lưu)." In Nghiên cứu bảo tồn mộc bản Trường Lưu (Research and Preservation of Trường Lưu Woodblocks), 119-136. Hà Tĩnh: Hà Tĩnh Press, 2015.

Phan Huy Chú. Lịch triều hiến chương loại chí (Categorized Records on Administrative Systems of Successive Dynasties), Volume 2, translated and annotated by The Translation Group of the Institute of History. Hà Nội: Nhà xuất bản Giáo dục, 2007.

Phan Trọng Báu. Nền giáo dục Pháp - Việt (The French-Vietnamese Education System). Hà Nội: Nhà xuất bản Khoa học xã hội, 2015.

Phượng Dương Nguyễn tông thế phả (Family Chronicle of the Nguyễn Clan in Phượng Dương). Institute of Sino-Nom Studies catalog number VHv. 1354.

Tân thư viện thủ sách (Handbook of the New Library). Institute of Sino-Nom Studies catalog number A. 2645/1-3.

Taylor, Keith Weller. "Surface Orientations in Vietnam: Beyond Histories of Nation and Region." The Journal of Asian Studies 4 (1998): 949-978.

Thái Huy Bích. "Lược thuật sách Tính lí toản yếu đại toàn, quyển hạ (Brief Relation of the Tính lí toản yếu đại toàn, second volume)." In Nghiên cứu bảo tồn mộc bản Trường Lưu (Research and Preservation of Trường Lưu Woodblocks), 137-142. Hà Tĩnh: Hà Tĩnh Press, 2015.

Trần Hải Yến. "Nghiên cứu văn hoá văn học nhìn từ di sản một tộc họ (Cultural and Literary Studies: A Look from the Heritage of a Family)." in Nguyễn Huy Oánh và dòng văn Trường Lưu trong môi trường văn hoá Hà Tĩnh (Nguyễn Huy Oánh and Trường Lưu Literary School in the Cultural Environment of Hà Tĩnh), 139-154. Hà Nội: Nhà xuất bản Lao Động 2014.

Tụ Khuê thư viện tổng mục (General Catalog of Tụ Khuê Library). Institute of Sino-Nom Studies catalog number: A.110/1-3.

Wang Bingzhao Zhongguo gudai shuyuan (Ancient Academies of China). Beijing: Zhongguo guoji guangbo chubanshe, 2009.

Yang Busheng, and Peng Dingguo, Zhongguo shuyuan yu chuantong wenhua

(Chinese Academies and Traditional Culture). Changsha: Hunan jiaoyu chubanshe, 1992.

Zhang Pinduan "Zhuxi 'Bailudong Shuyuan Jieshi' zai Riben de liuchuan ji yingxiang (Influence and Transmission of Zhu Xi's White Deer Grotto Academy Articles of Learning in Japan)." Nanping shizhuan xuebao 3 (2004): 35-37.

제2부

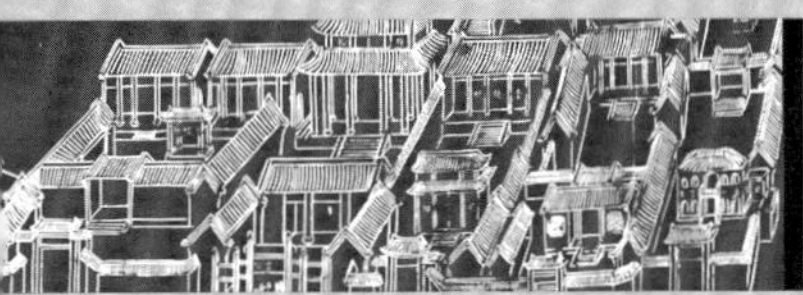

한·중 서원의 다양성

조선시대 서원건축의 지역성

조 재 모

Ⅰ. 서론

지난 2019년 7월, 아제르바이잔 바쿠에서 열린 제43차 세계유산위원회에서 한국의 서원이 세계유산으로 등재되었다. 등재 당시의 요약문에서는 “서원은 조선시대 성리학 교육 시설의 한 유형으로, 16세기 중반부터 향촌 지식인인 사림에 의해 건립되었다. 이 유산은 교육을 기초로 형성된 성리학에 기반한 한국 사회 문화전통의 특출한 증거이다. 이 유산은 동아시아 성리학 교육기관의 한 유형인 서원의 한국적 특성을 나타낸다”는 표현을 하고 있다. 또한 등재기준으로는 (iii)을 적용하여 서원이 조선을 강력한 성리학적 사회로 만들어가는데 중요한 역할을 하였음을 인정받았다.[1)]

그런데, 최종적으로 인정된 등재기준(iii) 외에도 신청 단계에서는 등재기준(iv)를 함께 제시한 바 있다. 이 기준은 한국의 서원이 특정한 건축적 정형성을 가지고 있으며, 이는 연속유산의 구성요소로 포함된 9개의 서원이 점진적으로 만들어간 것이라는 점을 제시한 것이었다. 또한 이들 서원의 건립 단계에서 형성된 정형성은 이후의 서원에 강력한 건축적 기준으로 작용하면서 한국 서원의 배치 정형성을 강화해갔다는 점을 그 가치로 서술

1) 구체적인 정보와 기술문에 대해서는 세계유산위원회 홈페이지를 참조할 수 있다. 영문 공식명칭은 Seowon, Korean Neo-Confucian Academies이며, 16세기 중반부터 약 100년간 건립된 초창기 서원들 중에서 소수서원, 남계서원, 옥산서원, 도산서원, 필암서원, 도동서원, 병산서원, 무성서원, 돈암서원 등 9개 서원이 연속유산으로 등재되었다. (https://whc.unesco.org/en/list/1498)

하였다. 이 기준에 대해서는 ICOMOS의 평가 단계에서 제외되었고 권고안 그대로 위원회를 통과하면서 최종적으로는 공식적으로 기록되지 않았으나 한국의 서원이 뚜렷한 건축적 정형성을 가지고 있다는 점은 분명한 사실이다. 강학과 제향의 가장 중요한 기능을 종적으로 배열하고 그 전면으로 회합 및 유식의 영역을 덧붙이는 배치의 형식을 비롯하여, 사당, 강당, 누각 각각의 건축 형식에 이르기까지 한국의 서원 건축은 표준적이라 할 정도의 유형적 공유를 이루었다. 이는 아마도 같은 이상을 공유하였던 사림 집단 내에서의 교류와 상호 참조를 통해 점진적으로 완성한 일종의 집단 지성의 결과물이라 할 수 있을 것이다. 이러한 전체적인 발전 과정에 대해서는 이미 여러 차례의 기회를 통해 발표한 바 있으므로[2] 본고에서는 주요한 건축구성의 한 부분인 누각[3]에 집중하여 서원의 건축적 정형성을 형성하는데 어떤 참조점이 존재하였는지에 대해 좀 더 구체적으로 살펴보고자 한다. 또한 돈암서원 응도당으로 귀결되는 정침이론의 조선적 모색에 대해 함께 살펴보았다.

Ⅱ. 조선시대 서원건축의 정형성

주지하다시피, 조선 중기에 한반도에 등장한 서원은 일정한 발전과정을 거치면서 뚜렷한 정형성을 이룩하였다. 서원 경역의 전면에는 누각을 두어 외부로의 조망을 획득하면서 서원의 정면 이미지를 구축하였다. 누각의 안쪽으로는 강학영역을 두었는데, 강당을 중심으로 좌우로 동서재를 대칭적으로 배치함으로써 3개의 건물이 위요하는 마당을 구성하였다. 그 안쪽으

---

2) 조재모, 「한국서원건축의 유형정립과정」, 한중서원학회 국제학술대회, 2017.10.28 및 조재모, 「조선중기 서원의 태동과 건축유형 정립」, 2017 한국건축역사학회 추계학술발표대회, 2017.11.18. 그리고 한국의 서원 세계유산등재신청서를 함께 참조할 수 있다.

3) 누각은 누마루, 누 등으로도 칭해진다. 여기서는 누각으로 통일하고자 한다.

로는 별도의 담장으로 둘러싸인 제향영역을 배치하였다. 제향영역은 사당을 중심에 놓고 제사에 필요한 전사청 등이 부속되었다.

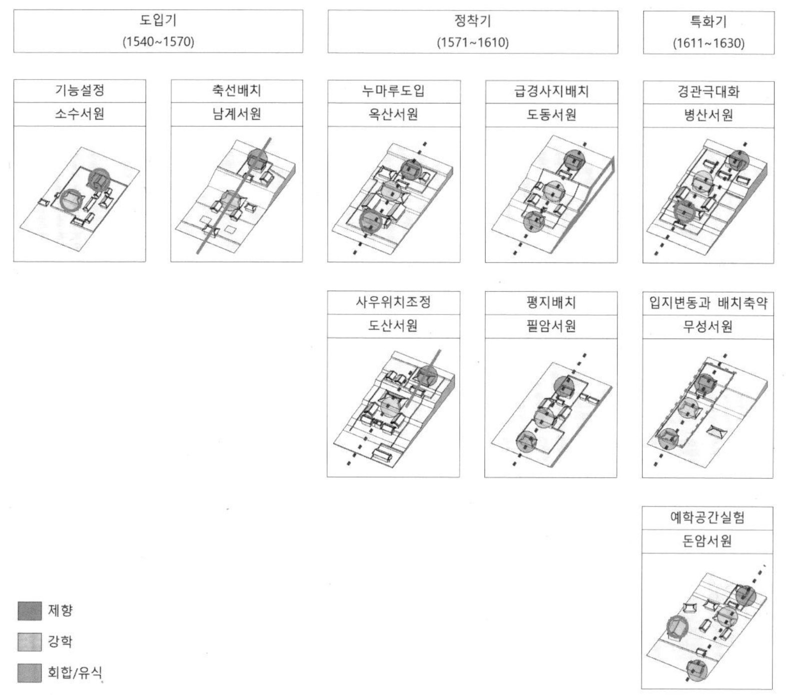

〈그림 1〉 세계유산에 등재된 9개 서원의 배치 정형화 과정

이들 누각, 강당 및 동서재, 사당 및 부속시설은 대체로 일직선의 진입축을 따라 정연하게 배열되었으며, 각각의 영역을 독립적으로 구성하되 상호 연결되는 방식을 취하였다. 서원에 따라 차이는 있지만, 영역의 연결과 분리는 지형 조건을 충분히 활용하였다.

이러한 정형성이 단번에 정립된 것은 아니었다. 최초로 건립된 소수서원은 이러한 배치법을 따르지 않았다. 서원의 정문을 들어서면 강학당이 직각으로 엇갈린 동향으로 놓였고, 그 서편에는 담장으로 위요된 문성공묘[4]가 남향으로 배치되었다. 강학당과 문성공묘의 북편으로 몇 동의 재사가 배치되어 있는데, 이는 이후 서원들의 배치법과는 완전히 다른 방식이다. 이 서원이 숙수사라는 통일신라시기의 사찰이 있던 자리에 들어섰고, 당시에는 아직 서원의 건축에 대한 고민이 충분히 진행되지 않은 상황이었기 때문으로 해석된다.

이후 남계서원이 건립되면서 조선적인 서원의 배치법은 그 얼개를 갖추었다고 평가된다. 남계서원은 서쪽으로 넓은 들판을 바라보면서 동쪽의 언덕에 기대어 자리를 잡았는데, 가장 높은 곳에 사당을 두고 언덕 아래의 평지에 가까운 땅에 강당인 명성당과 양정재, 보인재의 두 재를 두어 마당을 만들었다.[5] 사당과 강당, 정문이 있던 자리에 나중에 들어서는 풍영루에 이르는 축과 지형의 높낮이를 활용하여 각각의 영역을 정연한 일체로 완성한 이러한 배치법은 이후 거의 모든 서원에서 수용된 조선적인 서원 배치법이었다.

소수서원에서 이미 기능적으로 구비되었던 강학과 제향의 영역은 남계서원에 이르러 정형의 배치법으로 완성되었는데, 이 과정에서 참조가 되었던 것은 아무래도 향교의 배치법이라 할 수 있다. 향교는 이미 국초부터 전국적으로 건립되었던 바 있으며, 명륜당과 대성전, 즉 강학과 제향이라는 기능과 구성이 영건하고자 하는 서원과 많은 공통점을 갖고 있기 때문에 경험적으로 향교의 건축을 하나의 모델로 받아들이는 데에는 큰 무리가 없었을 것이다. 이후 서원에 누각을 설치하는 유행이 등장함으로써 향교와는 다른 서원의 특징적인 모습이 형성되어 갔는데, 이에 대해서는 뒤에서 별도로 다루고자 한다.

그런데 이렇게 정립된 조선 서원의 건축술은 서원이라는 기구의 모델인

---

4) 문성공묘는 안향을 제향하는 사당으로서, 중종 39년에 安軸, 安輔를 추가 배향하였고, 그 후 인조 11년 주세붕을 배향하였다. 2004년 4월 6일 보물 제1402호로 지정되었다

5) 현재의 풍영루는 서원의 건립 당시에는 존재하지 않았던 것으로, 후에 부가되었다.

중국의 서원과는 사뭇 다른 것이었다. '학궁'이라는 본질적으로 같은 건축적 개념을 공유하고 있었지만 적어도 현재 남아있는 서원들을 통해 살펴보자면 상호간에는 차이가 뚜렷하다. 예를 들어, 악록서원이나 숭양서원 등 비교적 규모가 크고 축선을 강하게 가지고 있는 중국의 서원들과 비교하였을 때 확연하게 드러나는 차이는 가장 안쪽에 놓이는 건물의 성격이다. 악록, 숭양서원에서는 공통적으로 가장 안쪽에 황제가 하사한 책을 보관하는 어서루 등 장서공간이 배치되었다. 어서루는 서원 내의 건물들 중에서 규모도 가장 크고 배치상의 위계도 높다. 반면 조선시대의 서원들은 그 위치에 사당을 둔다는 점에서 서원 내의 공간을 배분하는 방식에서 관점의 차이를 보인다.

그렇다면 조선의 서원에서는 장서의 기능을 어떻게 구현하였을까? 출판과 장서는 서원의 고유한 주요 기능이었다. 스승이나 선조를 배향하는 입장에서는 인물 그 자체만큼이나 배향인물의 학문이 중요한 존숭의 대상이었으므로 책의 보관은 매우 중시되는 기능이었다. 다만, 중국의 어서루는 황제가 하사한 책을 보관하는데 비해, 조선의 서원은 제향인의 저술을 중심으로 장서각을 운영하였다는 점에서 큰 차이가 있다. 건축적으로 볼 때에는 조선시대 서원들은 축선의 곁으로 강학공간과 제향공간의 경계부에 장서각 등의 건물을 놓는 예가 많으며, 이는 장서공간이 건축 배치의 초점은 아니었다는 뜻이기도 하다. 또한 중국 서원에서 사당은 때로는 축선의 중간에, 때로는 별도의 축선을 갖거나 축선을 비껴서 자리하는 경향이 있다. 즉 중국 서원에서 사당은 그 기능적 중요성과 별개로, 건축 배치의 초점에서는 최상위를 차지하지 않았다.

물론 이러한 관점의 차이가 단순히 설명될 수 있는 것은 아니다. 반드시 서원에 국한된 관점이 아닐 수도 있고, 지형적 조건이나 시기적인 특성 등 많은 논점이 결부되어 있는 지점일 수 있다. 분명한 것은 서로 다른 관점으로 동일한 모델인 '학궁'을 각각의 지역이 갖고 있는 여건과 현실 속에서 구현하였다는 점이다.

〈그림 2〉 동아시아의 유교교육시설 배치의 비교
(좌: 소수·남계·옥산·도산·필암·도동·병산·무성·돈암서원 / 우: 베트남 하노이 문묘, 중국 백록동·숭양·악록·석고서원, 일본 시즈타니·고토칸·아시카가 학교)

또한, 조선시대 서원의 건축이 갖고 있는 정형성은 다른 지역의 서원(혹은 유사한 교육시설)의 정형성과 다른 것이 아니라, 정형성을 갖고 있다는 점 자체가 독특한 점이라 할 수 있다. 모든 사례를 확인할 수는 없었지만, 중국의 서원들은 각각의 개별적인 특징을 갖는 건축과 배치로 구성되었다. 백록동서원은 계곡을 따라 좌우로 넓게 여러 마당이 결합되는 형태이고, 湘江을 바라보는 절벽에 어서루를 세우고 그 아래로 건물을 배치하는 석고서원은 또 다른 형식이다. 그 밖의 서원들도 서로 유사한 점도 있겠으나 각각의 독자적인 건축술을 발휘하고 있다는 점은 중국 서원의 보편적 모습이라 파악된다. 이는 일본의 경우를 보더라도 마찬가지이다.[6)]

6) 문헌과 사진자료로 기본적인 정보를 파악하고, 현장 답사를 통해 확인하였다.

민간에 의해 각각 개별적으로 건립된 서원이 개별적인 건축술을 적용하는 것은 오히려 당연한 일이다. 역으로, 조선시대의 서원들이 서로 배치의 방식을 공유하고 있는 점이 특별한데, 이는 그리 넓지 않은 국토에서 단기간에 폭발적으로 서원의 건립이 추진되었기 때문으로 이해된다. 학궁으로서의 서원은 어떠해야하는가에 대해 서로 의견을 구하거나 상호 방문을 통해 일종의 표준을 찾아가게 된 것이다. 배치에서만 그러한 정형성이 있는 것이 아니라, 사당, 강당, 누각 등 서원을 구성하는 주요 건축물의 평면과 구성에 이르기까지 폭넓은 정형성을 공유하였다는 점은 조선시대의 서원의 건축을 이해하는데 꼭 필요한 주목점이라 하겠다.

Ⅲ. 서원 누각의 등장과 발전

조선시대 서원이 중국 등 다른 지역의 서원과 다른 특징적 구성 요소를 꼽으라면 단연 누각을 들 수 있다. 누각은 서원에만 존재하는 건축 유형이 아니다. 산지 사찰의 구성요소이기도 하고 향교에서도 종종 사용하였던 시설이다. 그렇다고 중국의 서원, 향학, 혹은 사찰에 한국 서원에서 볼 수 있는 누각이 채택되는 것도 아니다. 말하자면 누각은 한국의 지역적 건축으로서 여러 시설에 사용되었던 건축유형이다. 문제는 서원을 건립하는 사림들이 왜 누각을 채택하게 되었는가에 대해서 무언가 개연성 있는 설명이 드물다는 점이다. 누각을 활용하는 양태, 즉 회합이나 유식의 행위에 대해서 종종 거론되는 것과 비교해보면 이 유형이 서원에 등장하는 단계에 좀 더 천착할 필요가 있다고 생각된다.

서원에서 누각이 처음 등장한 것은 옥산서원에서였다. 옥산서원이 건립된 시기는 이미 소수서원, 남계서원 등의 경험을 통해 서원에서 필요한 기능 공간의 종류와 그 배치에 관한 기본적인 관점이 존재하고 있었던 때이다. 새로이 누각을 서원에 도입한 것은 아직 서원의 건축이 완전한 궤도에 올라있지는 않은 단계, 즉 여전히 요구되는 무언가가 있었다는 점을 방증한다. 여기에는 또다른 동기와 고민이 있었을 것으로 생각된다. 이는 회합과 유식의 공간을 마련하고자 하는 요구에서 출발한 것이다.

교육의 시설은 결국 교육의 철학과 방식으로부터 만들어진다. 성리학적 교육의 이상이 공자를 비롯한 성현의 학문을 익혀 궁극적으로 천인합일의 전인적인 이상적 인간을 완성하는데 있다면, 제향을 통한 이상적 모델의 인식, 강학 행위를 통한 학문적 전승에 더하여, 자연과의 교감을 통한 수양에 필요한 유식 행위가 필요하였다. 또한 좁게는 향촌사회로부터 넓게는 국가와 천하에 이르는 성리학적 이상의 확산을 위해 서로 회합하고 공론을 만들어가는 행위 또한 서원의 중요한 기능으로 자리잡아 갔으며, 출판서적의 장서도 필요한 기능이었다. 이러한 교육의 구체적인 방식은 각각의 공간을 필요로 하였는데, 제향을 위한 사당과 강학의 강당은 이미 전단계에서 수립되어 있는 것이었지만, 유식과 회합을 위한 공간은 별도의 고안을 요구하였던 것이다. 여기에서 등장하게 되는 것이 바로 서원의 누각이었다.

옥산서원의 무변루는 강당 구인당과 마주보면서 동서재와 함께 4개의 건물이 중앙의 마당을 둘러싸면서 일종의 합원을 구성하고 있다. 다른 서원들에 비해서도 좀 더 밀도가 높은 구성이라, 누각이 독립적인 영역을 확보하고 있기보다는 강학영역의 일부로 느껴진다. '무변루' 편액도 특이하게 입구 쪽이 아닌 반대편 누각의 대청 중앙 안쪽에 걸려있다. 강당의 '옥산서원'과 '구인당' 편액이 마주 보고 있는 것이다. 또한 무변루 대청은 바깥으로 판문을 달아 막혀있는 반면, 강당 쪽으로 트이게 개방하여 내부 공간이 강조되었다.[7)]

무변루는 중앙부의 3칸 마루 좌우로 각각 온돌방이 마련되어 있고 그 바깥으로는 좁은 마루가 다시 붙어서 모두 7칸의 규모를 형성한다는 점에

7) '무변루'와 '구인당' 편액은 석봉 한호의 글씨이고, '옥산서원' 편액은 추사 김정희의 글씨이다.

서 특징적이다. 7칸 규모의 누각은 이후 병산서원 만대루에서 유례를 볼 수 있지만, 만대루는 모두 마루로만 구성된 통칸의 누각이라는 점에서 무변루와는 차이가 있다. 그 밖의 대부분의 서원 누각들도 별도로 방을 들인 예는 드물다. 특별한 예로 상주 옥동서원의 청월루가 이와 같은 구성을 하고 있다. 단순하게 말하자면, 서원의 누각은 드문 예외가 있으나 통칸의 마루로만 구성되는 유형이며 대개 정면 3칸의 규모를 갖는다.

〈그림 3〉 남계서원과 옥산서원 배치도
(출처: 한국의 서원 세계유산등재신청서)

그런데, 처음 등장한 서원 누각인 무변루가 온돌방을 갖고 있다는 점은 특별히 유의하여야 할 지점이다. 이것이 서원에 누각이 등장하게 되는 동인을 암시하는 단서가 될 수 있기 때문이다. 옥산서원 이전, 풍영루가 없었던 초기의 남계서원에서도 정식의 누각은 아니었지만 조금 다른 형식의 유식공간이 존재하였다. 바로 애련헌과 영매헌이 그것이다. 애련헌과 영매헌은 동서재인 보인재, 양정재의 일부인데, 각각 방 1칸과 마루 1칸으로 구성된 동서재에서 전면의 방당을 향해 있는 마루 각 1칸에 이들 이름이 붙어 있다. 이름으로 보건대 애련, 영매는 모두 자연과의 조우를 의미하는 것이고 이에 걸맞게 방당을 내려볼 수 있도록 누마루의 형태로 하부 기단을 조성하였다.[8] 이들 두 헌은 회합을 위해 사용하기는 매우 협소한 면적이었으나 유식의 관점은 반영되어 있었다. 즉, 무변루 이전에도 서원에 유식공간을 확보하고자 하는 노력은 존재하였던 것이다. 작은 규모의 동서재인 만큼 평탄 지형을 만들어 건물을 놓는 것은 전혀 어려운 일이 아니었음에도 불구하고, 온돌방과 마루의 경계부 아래에서 지형을 조정하여 누마루의 형태를 취하도록 한 것을 보면, 영매헌, 애련헌은 매우 의도적으로 계획된 건축이며, 향후 누각으로 발전할 수 있는 유식공간의 단서를 제공하고 있다.

무변루가 독립적인 누각의 형태를 취한 것은 이와는 다른 선택이었다. 그렇다면 이 모델은 어디에서 온 것일까? 아무래도 가장 가능성이 높은 모델은 향교이다. 다만 초기 향교의 누각은 유식을 위한 공간이라고 보기에 어려운 면이 있었다. 이 시기에 존재하였던 향교에서 누각을 갖는 경우는 대개 명륜당, 즉 강당의 기능으로 건립된 것이었다. 향교의 건축이 자리잡아 가면서 점차 기단 위에 놓이는 보편적인 명륜당이 유행하게 되어 누각형 명륜당은 새롭게 건립되는 예가 적어졌지만, 이 형태가 서원 누각에 일정한 영향을 주었으리라는 추정이 가능하며 시기적으로도 관련이 있다.

위의 사례에서 볼 수 있듯이, 명륜당의 기능을 갖고 있는 누각은 대체로 대청과 양쪽의 방이 병존하는 구성을 하고 있다. 이는 누각 형태가 아닌 보통의 명륜당 구성과 거의 같은 것으로서, 당으로 인식되는 대청에서 강학례를 설행하고 양쪽의 방을 일종의 협실로 이해한 구성이라 할 수 있다. 이미 서원에 강당이라는 전각이 포함되어 있음에도 불구하고, 교육시

8) 방당을 구성하였던 예는 초기 덕천서원이 있다. 지금은 없어졌으나 기록을 통해 덕천서원의 양재 앞으로 방당이 있었음이 확인된다.

설 누각에 대한 경험이 향교의 누각형 명륜당이었던 까닭에 서원의 유식공간으로 정식의 누각을 조성할 때 이러한 유형을 그대로 차용한 것이 아닐까 한다. 현존하는 대표적인 누각형 명륜당인 강릉향교 명륜당이나 회인향교 명륜당을 보면 서원의 강당과 누각 양자의 성격이 혼재되어 있음을 볼 수 있다. 이들 누각형 명륜당이 건물의 뒤쪽, 즉 동서재 방향을 향하여 정면성을 갖고 있는 점도 무변루와 유사한 점이다. 명확하지는 않으나, 초기 향교의 누각형 명륜당으로부터 무변루와 같이 온돌방을 포함한 서원 누각의 모델을 찾을 수 있다.

〈그림 4〉 향교의 누각형 명륜당의 사례
(담양향교, 강릉향교, 회인향교, 옥과향교 명륜당)

이렇게 탄생한 서원 누각은 이후 지속적으로 발전하였다. 대부분 정면 3칸, 때로는 5칸의 규모를 통칸으로 마루를 놓아 개방적인 공간을 조성하는 것이 서원 누각의 전형이었다. 병산서원의 만대루는 무변루와 같이 정면 7칸의 대규모 누각인데 방을 두거나 판문을 달지 않았다는 점에서 개방형 누각의 계통을 충실히 따르고 있는 것으로 볼 수 있다.

〈그림 5〉 옥산서원 무변루와 옥동서원 청월루

다만, 상주 옥동서원의 청월루에는 예외적으로 온돌방을 두었다. 옥동서원은 1714년에 백옥동서원이라는 이름으로 승원되어 서원의 위상을 갖추었고 32년 뒤인 1746년에 황효헌과 황뉴 두 분을 추배하여 모두 4위를 제향하였다. 1789년에는 사액을 받아 옥동서원이라는 이름을 갖게 되었으며, 청월루는 1792년에 준공되었다.[9] 백옥동서원으로의 승원을 기준으로 보면 16세기 중반에서 17세기 중반에 이르는 초기 서원 설립운동의 분위기는 지역서원, 문중서원으로 전환되고도 오랜 시간이 지난 때에 설립된 서원이지만, 그 이전 방촌의 영정을 봉안한 백화횡당의 운영과 백옥동영당에까지 올려본다면 기점은 16세기 중반으로 올라간다. 건축적으로 보면 승원 이후 묘우의 이건, 강당의 준공을 이루었다. 다만 동서재를 별도로 마련하지 않은 것은 당시 서원의 분위기를 반영하고 있다.

청월루는 상하층을 가진 중층 누각의 건물이다. 정면 5칸, 측면 2칸의 총 10칸 규모로서, 하층에는 중앙부 3칸에 회보문을 설치하였고, 그 좌우

9) 『옥동서원지』를 정리하였다. 또한 조재모, 『상주 옥동서원의 건축과 청월루, 방촌 황희의 리더십과 향사서원』, 보림에스앤피, 2021을 참조할 수 있다.

로 상층의 온돌방을 위한 아궁이가 시설되어 있다.[10] 상층에는 전체적으로 마루를 조금 더 확장하여 계자각으로 난간을 둘렀다. 중앙부의 회보문 위는 마루를 놓았고, 양쪽 각 1칸은 온돌방을 들였다. 방의 전면으로는 툇마루를 놓았는데 구조적으로 완전한 툇마루는 아니고 측면 2칸의 양통 주열 중 앞쪽 칸의 중앙부에서 샛기둥을 놓아 분할한 것이다.

청월루로의 진입은 좀 특별한 방식이다. 회보문을 들어서서 계단을 올라 강당이 있는 마당으로 간 뒤, 청월루의 측면으로 돌아가서 작은 계단을 통해 전면 툇마루로 진입하게 되어 있다. 이러한 진입은 다른 서원에서 잘 찾아볼 수 없는 것이다. 또한 진입 위치가 전면 툇마루라는 점은 이 누각의 정면성이 분명히 서원의 바깥쪽을 향하고 있음을 보여준다. 청월루라는 편액 또한 무변루와 달리 서원 전면부를 향해 걸려 있다.

즉, 청월루는 무변루와 언뜻 유사한 건축유형으로 보이나 많은 면에서 차이를 갖고 있는 서원 누각이다. 무변루가 정면, 즉 서원의 외부쪽으로는 대단히 폐쇄적인 입면으로 구성된 것과 달리 청월루는 비교적 개방적인 태도를 취하고 있는 점도 차이가 있다. 지붕의 형식도 다르다. 무변루는 맞배지붕으로 중앙부 5칸을 덮었고, 양 끝단의 각 1칸에는 부섭 형태로 지붕을 올려 마치 '하옥'과 같은 형태를 취하고 있어서 정침, 즉 강당의 모델이 영향을 주고 있음을 볼 수 있지만, 청월루의 경우에는 팔작지붕으로 하였다. 안쪽의 강당과의 관계도 동서재가 없기 때문에 개활적인 모습이다.

청월루 양쪽의 온돌방에는 진밀료, 윤택료라는 이름이 붙어 있다. 이들 방의 이름은 '료'로서 거처의 의미를 갖고 있다. 기존의 해석으로는 서원 설립 이후 뒤늦게 청월루를 세우면서 동서재가 없는 점을 고려하여 방을 들였다고 이해되고 있다. 옥산서원, 옥동서원 누각의 방은 무엇을 위한 것이었을까? 몇몇 문집에서 옥산서원을 방문하였을 때 무변루에서 유숙하였던 기록을 찾을 수 있어 참고가 된다.[11]

10) 고설식 온돌의 유형으로 분류된다.

요컨대, 옥산의 무변루, 옥동의 청월루는 서로 유사한 형태를 가지고 있고 기능적으로도 공유하는 부분이 있음을 부정할 수는 없으나, 각각 서원 누각의 역사적 발전에서 서로 다른 위치를 차지하고 있다. 무변루는 처음 서원에 누각을 받아들이면서 향교의 누각형 명륜당의 구성을 그대로 차용한 것이었다. 그러나 이미 강당과 동서재를 갖추고 있었던 서원의 건축에서 향교 누각형 명륜당의 양쪽 온돌방, 즉 협실을 유지하기보다는 이를 생략하여 개방적인 누각으로 발전하였다. 서원의 누각이 주로 3칸의 정면규모를 갖게 된 것은 무변루의 대청 3칸이나 정침의 당 규모인 3칸을 차용한 것으로 짐작된다. 청월루는 동서재가 없는 상황에서 누각을 건립하면서 다시 양 협실을 들인 형식을 소환하여 적용한 것이었다. 논증하기는 어려우나 상주 일대에 유행하고 있었던 고설식 온돌의 기술을 함께 받아들였던 것으로 보인다.

어찌되었건 서원의 누각은 조선의 서원이 중국의 서원건축보다는 당시 존재하고 있던 향교로부터의 경험에서 영향을 받았음을 보여준다. 누각은 조선시대의 단층 중심의 건축문화에서 특별히 중층의 구성을 갖는 유형이다.[12] 신분과기능에 따른 위계질서가 물질문화의 하나인 건물의 규모를 규제하기도 하였거니와, 온돌의 사용이 보편화되면서 대부분의 건물은 단층

---

11) 『東林先生文集』 卷之一, 宿玉山無邊樓. "洞門邃夐白雲深. 薄暮行穿萬木陰. 宵卧聽泉秋壑. 晨興看峀碧千尋. 思賢益切迷方恨. 著靜須知有道心. 最愛一樓臨水處. 憑欄終日洗煩襟 ; 『尼溪集』 卷之三, 宿無邊樓. 曉起漫吟.主人報我雨來聲. 五漏方殘旅夢驚. 誰解林梢風力緊. 聊言簾隙月光明. 天方氣朗羊何舞. 時已朝平魄未生. 分付心君須着念. 錯料凡事摠非誠 ; 『寓庵先生文集』 卷之二, 李朴兩生. 留無邊樓. 終日無讀書聲. 題贈警睡.齋散儒宮靜. 山空宿雨晴. 無端樓上客. 和睡聽溪聲. 등.

12) 여기에서 중층이라는 어휘는 공간 사용의 측면에서 적층된 층을 사용한다는 뜻으로 쓴다. 한편, 건축구조에 주목하는 경우에는 공간의 사용 양태와 관계없이 처마와 지붕의 적층만으로 중층으로 분류하기도 한다. 예를 들어 옥산서원의 무변루는 하층을 진입통로로, 상층을 머무르는 공간으로 사용한다는 측면에서 중층으로 분류할 수 있지만 구조적으로는 하나의 지붕을 가지고 있는 형식이다. 반면 창덕궁의 인정전 등은 실내공간은 상하층의 구분 없이 통층으로 사용하지만 지붕은 두 겹으로 구성되어 있어 구조적으로는 중층의 성격을 갖는다. 일본의 경우, 전자를 층(層), 후자를 중(重)으로 구분하여 용어를 쓴다.

으로 조성되는 경향을 갖고 있었다. 조선전기만 하더라도 상류주택을 중심으로 중층의 살림집이 조성되는 것이 그리 특별한 일이 아니었으나, 점차 단층이 주류가 된 것은 아무래도 온돌의 영향이 크다고 해야 할 것이다.

이러한 건축사적 경향에서 서원의 정면에 누각을 세운다는 것은 단순히 기능적인 쓰임새 이상의 의미가 있다. 누각을 세움으로써 서원의 정면을 당당한 모습으로 구현하였고, 경계부 높은 위치에서 서원의 안과 밖을 모두 조망할 수 있는 유식의 장소를 만들었으며, 서원의 경내를 외부의 시선으로부터 차단하고 안온한 학습의 공간으로 정돈하는 등, 조선 서원의 누각은 서원건축의 한국적 지역성을 드러내는 가장 중요한 건축 유형이다.

Ⅳ. 정침 이론의 모색과 지역 모델

이렇게 발전해온 조선시대 서원의 건축은 전체적인 배치와 누각의 활용 뿐만 아니라 여러 층위에서 지역성을 띠고 있었다. 강당과 동서재는 온돌과 마루를 결합하여 주택과 유사한 평면 마감으로 구성되었고 신발을 벗고 올라 좌식으로 공간을 사용하였다. 의식공간의 성격 상 신발을 신고 의관을 갖추어 예를 행하는 장소이지만, 신발을 생략하고 완전히 좌식으로 공간을 쓰는 것은 한국의 오랜 주택 관습에서 비롯된 것이다.

한편으로는 동아시아의 보편성 속에서 학궁의 본질에 천착하고자 하는 경향도 존재하였다. 근본적으로 유학의 공간은 행례의 장소여야 했다. 의식은 참례자들의 행위에 대해 그 위치와 방향, 상호간의 공간적 관계 등을 세세히 규정한다. 예를 들어『국조오례의』등의 관찬 의식서를 살펴보면 시간대별로 누가 어디에서 어떻게 행동해야 하며, 이를 위해서는 또한 언제 어디에서 무엇을 준비하고 있어야 하는지, 참례자들의 기다리는 자리, 움직이는 동선, 의식에서의 자리는 어디이며 그 자리는 어떻게 구성되어야 하는지, 가구 뿐만 아니라 음악과 향(香) 등 공간의 분위기를 만드는 공감각적 장치는 어떤지, 의장대나 호위군사의 지물은 각각 무엇인지 등에 대해 매우 상세하게 규정하고 있음을 알 수 있다. 세밀한 규정이 필요한 것은 예의 실천이라는 것이 신분이나 관계, 장소와 의식의 종류에 따라 지켜야 할 행위규정으로 설정되어 있기 때문이며, 근본적으로는 자신의 위치에 맞는 행위를 함으로써 '각득기소(各得其所)'를 구현하고자 함이다.[13]

그런데 이러한 세밀한 규정이 처음부터 사회적으로 각각의 구성원들에게 완숙하게 체득되어 있는 것은 물론 아니었다. 국초에는 필요한 의식이 있을 때마다 논의를 거듭하면서[14] 왕조의 국가전례를 다듬어갔고, 이러한 성과는 특히 세종대에 집중적으로 확인된다. 『세종실록』의 오례의는 당시까지의 의주정비를 일별한 것이었고, 이후 성종대의 『국조오례의』의 근간이 되었다. 『국조오례의』의 성립 이후에도 여기에 누락된 의절들이나, 왕세자의 섭행 등 변통이 필요한 일들이 있으면 다시 의주를 정리하여 행례하였다. 누적된 변화들은 조선후기의 『국조속오례의』, 『국조오례통편』 등을 통해 개정과 정리를 거쳤다. 국가전례와 마찬가지로 민간의 사가나 서원 등에서도 점차로 유교적 의례가 확산, 정착되어 갔으며, 가묘의 설치 등은 대표적인 성과라 할 수 있다.

의식을 실천하기 위해서는 의식에 맞는 공간적 세팅이 필요하였다. 궁궐의 경우에도 태조년간에 조성된 창건 경복궁이 정전, 보평청, 연침의 기본적인 구조를 가지고는 있었지만, 세종대의 경복궁 개영 작업을 거쳐 비로소 정식의 원활한 행례가 가능한 공간으로 재탄생되었다.[15] 상참례를 위

13) 조선시대 궁궐의 의식과 공간 관계에 대해서는 조재모, 「조선시대 궁궐의 의례운영과 건축규범」, 서울대학교 박사학위논문, 2003 참조.

14) 강제훈, 「조선초기의 조회의식」, 『조선시대사학보』 28, 조선시대사학회, 2004 : 「조선초기 정지회례 의식의 정비와 운용」, 『한국사학보』 34, 고려사학회, 2009 및 「조선초기 국가의례 정비의 지향과 원칙」, 『민족문화연구』 68, 고려대학교 민족문화연구원, 2015 등을 참조할 수 있다.

15) 세종대의 의례정비와 궁궐건축의 관계에 대해서는 일찌기 김동욱, 조재모 등의 연구가 있었고, 의례 정비 자체에 대해서도 여러 연구가 있다. 김동욱, 「조선초

한 사정전의 개영, 내전 의례의 정비와 강녕전 개수, 문소전, 계조당의 건립과 정비 등은 모두 이러한 과정이었다. 국조오례의에는 궁궐 외에도 민간의 건축공간과 연관되는 부분이 포함되어 있다. 임금이나 왕자공주군의 결혼은 왕실과 민간이 함께 관여되어 있기 때문이다. 세종대의 개영을 거쳐 궁궐 내의 건축공간은 대체로 정비되어 있었지만 민간의 모든 건축공간이 그러한 것은 아니었다. 왕실 혼례에서 왕비제택은 여러 겹의 문과 정침을 갖추고 있는 것으로 상정되어 있지만 현실은 그렇지 않다.[16] 필요에 따라 장막이나 발을 설치하여 공간을 재구성하는 일이 많았고, 이는 궁궐이라해서 예외는 아니었다. 일례로 흉례 과정에서 염습을 하는 공간이나 빈전 등에서 인용된 의식의 규정과 같은 형태의 건축공간이 없었는데, 이를 해결하기 위해 새로 형식에 맞는 건물을 세우는 대신에 가설물을 설치하여 공간을 구획하였다. 때로는 건축공간을 개변하기보다는 의주를 변통하여 지역화하는 일도 있었다. 동뢰연의 경우 세종9년에 처음 도입한 의주에는 동방, 동서상, 실 등 여러 단위공간이 존재하고 있는데 이는 조선의 건축과는 맞지 않는 것이었다. 세종실록 오례의의 동뢰연에는 이 의절을 변경하여 실, 동서상 등의 명칭이 제외된 대신 동방으로만 규정하여 현실에 맞게 운영한 것을 확인할 수 있다.[17]

서원의 경우도 다르지 않았다고 생각된다. 사당의 경우, 소수서원에서부터 이미 3칸의 유형으로 정립되어 큰 변동없이 지속되었는데, 이는 사당의 의례가 이미 충분히 이해되어 있기 때문이기도 했지만 건축적으로 큰

기 경복궁 수리에서 세종의 역할」, 『건축역사연구』 11권 4호, 한국건축역사학회, 2002 ; 조재모, 앞의 논문, 2003 및 강제훈, 「조선 세종조의 국가례 정비와 오례의 성립」, 『한국사학보』 82, 고려사학회, 2021 등.

16) 퇴계는 조선에서 정침이라 할만한 곳이 없다고 한 바 있는데, 이는 민간 사가의식의 중심공간으로서 가옥의 안채 등을 정침으로 지칭하여 활용하고는 있지만, 건축의 유형으로 볼 때 완전한 정침의 구성을 갖고 있는 예가 없다는 뜻으로 이해된다.

17) 의주 변경만으로 문제가 완전히 해결된 것은 아니어서 장막으로 공간을 구획하는 일은 병행되었다.

변위가 없는 작고 단순한 공간이기 때문이었다. 반면 강당은 좀 더 복잡한 양상을 보였다. 그래서 서원 내에서 의례 공간의 건축적 실현 문제에 대해서는 강당에 좀 더 집중하여 살펴볼 필요가 있다.

서원의 강당 또한 사당이나 누각과 마찬가지로 일종의 전형성을 확보하고 있다. 정면 5칸에 중앙부 3칸을 대청으로 꾸미고 양쪽 각 1칸에 온돌방을 들이는 것이 그것이다. 위치상으로는 문이나 누각으로 조성되는 서원의 입구로부터 사당에 이르는 축선 중심에 강당을 놓고, 그 앞쪽 혹은 간혹 뒤쪽[18]으로 동서재를 놓았다.

〈그림 6〉 소수서원, 남계서원, 도산서원의 4칸 강당

다시 소수서원으로 돌아가보면, 강학당은 4칸일뿐만 아니라 좌우의 대칭성을 갖고 있지 않고 방을 오른쪽에만 한칸 두고 나머지 3칸을 대청으로 꾸렸다. 소수서원은 그 배치가 서원의 전형적 배치수법과는 다르고 강학당의 정면 또한 진입축 방향과 직각으로 틀어 동쪽을 바라보고 있다. 강학당의 평면의 유래는 불확실하지만, 적어도 이 시기에 강당의 전형은 확립되어 있지 않았다는 점은 분명하며, 진입축 방향으로 좀 더 개방적인 구성을 의도하였을 가능성은 없지 않다.

18) 장성 필암서원 등이 그러한 예에 해당한다. 이는 지형적으로 평탄한 곳에 서원을 건립할 때 앞 건물에 의해 뒷 건물의 시선축을 가리는 것을 해소하기 위한 여러 방법 중의 하나로 이해된다. 다른 방법으로는 사당과 강당의 축선을 달리하곤 하였다. 성균관에서는 대성전을 명륜당보다 앞쪽으로 위치시켰고, 이는 호남 일대의 여러 향교에서도 유사하게 발견된다.

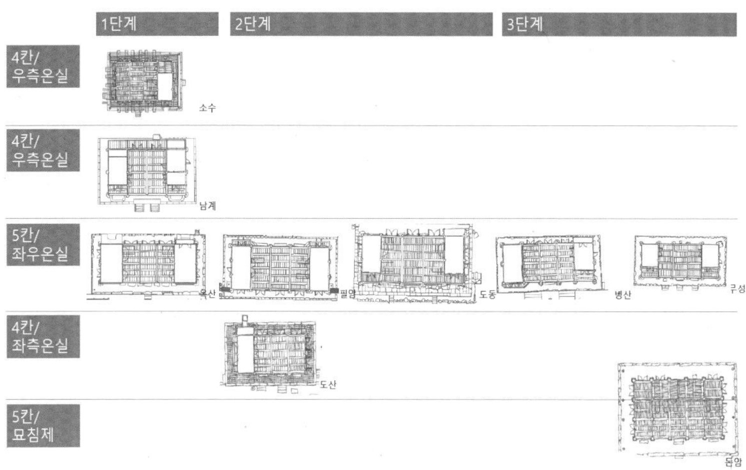

〈그림 7〉 서원 강당 평면형의 정착과정

남계서원의 명성당 또한 4칸의 정면을 가지고 있다. 중앙부 2칸에는 대청을, 양쪽 각 1칸에는 온돌방을 들인 형식이다. 도산서원의 전교당도 정면 4칸인데, 소수서원 강학당처럼 한쪽에만 방을 놓고 나머지 3칸을 대청으로 하였지만 그 방향은 서로 반대여서 온돌방이 왼쪽에 놓였다. 19세기의 서원철폐령 이후 남은 서원뿐만 아니라 재건된 서원을 포함하여 현존 서원을 일별한 연구에 따르면 의외로 5칸 강당 외에 4칸 강당도 높은 비율로 확인되고 있다.[19] 다만 4칸 강당이라도 대부분은 중앙의 대청을 2칸으로 하고 양쪽에 온돌방을 놓는 방식이다.

초기 서원에서 확인되는 4칸 강당 중 소수 강학당과 도산 전교당은 대청이 3칸이라는 점에서 이후 전형으로 자리잡는 5칸 강당의 대청부와 공통된다. 반면 남계 명성당은 좌우에 방을 놓았다는 점에서 또한 공통점이 있다. 이들 각각의 유형적 특징은 서원 강당의 전형을 수립하는데 일정한 기여를 했다고 할 수 있다. 요약하자면, 서원의 강당은 초기의 한쪽에만 온

19) 김은중, 「朝鮮時代 私學建築에 關한 硏究」, 고려대학교 박사학위논문, 1991.

돌이 있거나 대청을 2칸으로 하는 등 4칸 강당의 시도가 있었으나 곧 5칸 강당이 전형으로 자리잡아갔다고 하겠다.

그런데 5칸 강당의 건축유형은 서원에만 사용되는 것이 아니었다. 꼭 5칸이 아니라고 하더라도 중앙부에 3칸의 대청을 놓고 좌우에 대칭적으로 온돌방 혹은 부속실을 들이는 것은 궁궐의 침전이나 객사, 향교의 명륜당 등 격식을 요구하는 건물에 보편적으로 사용되었던 전각 유형이다. 시기를 올려보면 고려시대의 개성 본궐의 발굴 조사에서도 중앙부 몸채에 좌우 익실을 두는 형태는 그 규모와 관계없이 빈번하게 확인된다. 또한 고대 중국의 정침에서 당은 가운데에 2개의 기둥, 즉 영(楹)을 놓은 3칸의 평면이고 그 양쪽에 협실을 두었는데, 5칸 강당은 이러한 정침의 당 구성과도 유사하다. 을 말하자면 이러한 구성은 오랜 연원을 갖는 고식의 평면형이라 할 수 있다.

서원에서 결국 이러한 유형을 선택한 것도 이 평면유형에 대한 경험과 건축적 상식에 근거하고 있다. 그렇다면 초기의 여러 시도들은 어떻게 이해되어야 할까. 강당은 본질적으로 강학의 예를 구현하는 장소이다. 고대 정침의 평면은 여러 방식의 행례에 적용될 수 있는 것이었는데, 그 방식은 크게 2가지로 나눌 수 있다. 첫째는 주인이 빈객과 만날 때 정침 앞에서 동서로 마주하여 각각 조계와 빈계를 나누어 당에 올라 상읍하는 과정이다. 둘째는 주인이 당의 호유지간(戶牖之間), 즉 북벽의 중앙에 자리하고 앉는 방식이다. 다시 궁궐의 예를 들면, 임금이 참례하는 대부분의 의식은 후자의 방법에 가깝다. 어좌를 북벽 중앙에 놓는 것은 대부분의 의주에서 반복적으로 등장하는 문구이고, 실제 공간도 이와 부합한다. 원래의 창덕궁 편전인 선정전이 아닌 성정각 등에서 행례할때나, 왕세자의 행례일 때, 혹은 근대기 의주에서 외국의 사신을 만다는 의절 등에서는 동서로 벌려 앉는 전자의 방법을 택하기도 하였다.

서원의 강학례는 전자에 가깝다. 그래서 여러 서원의 강당에는 앞쪽에 동서로 2개의 계단을 두어 당에 함께 오를 수 있도록 하였고, 동벽에 선생

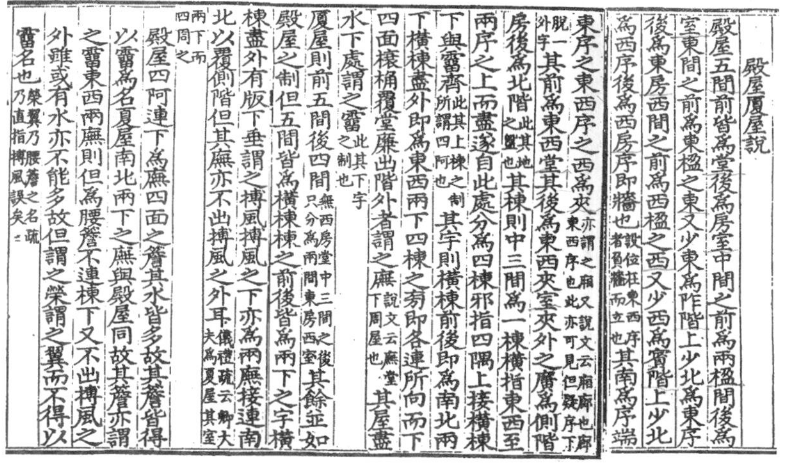

殿屋廈屋說

殿屋五間前皆爲堂後爲房室中間之前爲兩楹間後爲室東間之前爲東楹之東又少東爲阼階上少北爲東序後爲東房西間之前爲西楹之西又少西爲賓階上少北爲西序後爲西房序即牆也(設位在東西序者負牆而立也)其南爲序端東序之東西序之西爲夾(亦謂之廂又說文云廂廊也廊東西序也此亦可見但疑序下脫一外字)其前爲東西堂其後爲東西夾室夾外之廣爲側階房後爲北階(此其地之界也)其棟則中三間爲一棟橫指東西至兩序之上而盡遂自此處分爲四棟邪指四隅上接橫棟下與霤齊(此其上棟之制所謂四阿也)其宇則橫棟前後即爲南北兩下橫棟盡外即爲東西兩下四棟之旁即各連所向而下四面檐桶覆堂廉出階外者謂之廡(說文云廡堂下周屋也)其屋盡水下處謂之霤(此其下宇之制也)

廈屋則前五間後四間(無西房堂中三間之後只分爲兩間東房西室)其餘並如殿屋之制但五間皆爲橫棟棟之前後皆爲兩下之宇橫棟盡外有版下垂謂之搏風搏風之下亦爲兩廡接連南北以覆側階但其廡亦不出搏風之外耳(儀禮疏云卿大夫爲夏屋其室兩下而四周之)

殿屋四阿連下爲廡四面之簷其水皆多故其簷皆得以霤爲名夏屋南北兩下之廡與殿屋同故其簷亦謂之霤東西兩廡則但爲腰簷不連棟下又不出搏風之外雖或有水亦不能多故但謂之榮謂之翼而不得以霤名也(榮翼乃腰簷之名疏乃直指搏風誤矣)

〈그림 8〉 朱熹, 「殿屋廈屋說」, 돈암서원 응도당, 『家禮輯覽』 廈屋全圖

이, 서벽쪽으로 학생들이 앉아 강학을 하는 것이 보편적인 공간 사용의 방법이다. 이를 다시 4칸의 강당에 적용하여보면, 우선 소수 강학당과 도산 전교당은 대청이 3칸이므로 5칸 강당의 행례와 다를 바 없다. 남계 명성당은 중앙부 2칸에 각각 계단과 섬돌이 있어 승당하는 행위는 잘 구현된다. 또한 굳이 호유지간의 북벽 중앙부를 필요로 하지 않는다면 동서로 자리를 마주하는 것도 전혀 문제가 없다. 그럼에도 불구하고 4칸 강당보다 5칸 강당이 최종적으로 선호되는 것은 중심성을 확보하려는 건축적 상식에 기인한다. 당장 남계서원의 명성당은 중앙부에 현판을 걸지 못하여 '남계', '서원'을 각각 나누어 걸었고, 당호 또한 북벽의 동편으로 치우쳐 있어 시각적으로 편안하지 못함이 있다. 홀수 칸으로 전각을 만드는 것은 가장 상식적인 구성법이다. 오히려 남계 명성당 등에서 2칸 대청으로 중심성을 약화시키면서도 이런 선택을 한 것은 행례가 요구하는 최소한의 공간 구성을 솔직하게 반영하고 있는 것이 아닐까 한다.[20]

그런데, 이러한 구성은 고대 정침의 구성과는 일정한 차이를 갖고 있는 것이었다. 정침은 당과 양협실만이 아니라 북편으로 실과 방이 함께 구성된 평면이다. 신분에 따라서 황제와 제후의 정침은 좌우방제, 즉 전옥으로, 경대부 및 사의 정침은 동방서실제(혹은 일방제), 즉 하옥으로 그 평면을 달리하였지만, 실과 방을 놓아 여러 방식으로 사용되었다.[21] 실상 서원의 강학에서 꼭 필요한 부분은 아니었겠지만, 정침 자체의 건축이론을 탐색하는 입장에서는 완전한 구성의 정침을 현실 속에서 구현하여 행례의 공간으로 삼고 싶은 요구가 있는 것은 당연하다.

〈그림 9〉 정침평면도와 병산서원 입교당

가장 대표적인 '구현된 정침'은 돈암서원의 응도당이다. 응도당의 평면은 정면 5칸인 것은 다른 서원의 강당들과 같지만, 측면이 3칸으로 꽤 큰

20) 소수 강학당, 도산 전교당 등 소위 편실형의 4칸 강당은 대청이 3칸으로 홀수칸이라 현판을 거는 등 중심성을 확보하는데 오히려 문제가 없다.

21) 하옥은 경대부 및 사 계층의 정침이고 전옥은 천자와 제후의 정침 평면 유형이다. 朱熹, 「殿屋廈屋說」 및 李如圭, 「儀禮釋宮」 등 참조.

편이다. 또한 당의 뒷편으로 여러 개의 공간으로 구분된 일렬의 공간이 부착되어 있으며 그 중 하나의 공간만 후면으로 개방되어 있는 독특한 구성이다. 전면부로는 좌우측 양단에 별도로 구획된 공간이면서도 앞쪽으로는 개방되어 있는 것 또한 매우 특이하다. 이러한 평면 구성은 한국 내에서 유사한 사례를 찾기 어려운 것으로,[22] 고대 정침의 구성을 완전히 구현한 것이다.[23] 정면에서 보아 중앙부 3칸의 대청은 당으로, 좌우 측단의 각 1칸은 동서상(혹은 협실)으로, 당 뒷편의 분할된 공간은 동방서실의 정침 구성을 그대로 재현한 것이다. 평면 뿐만 아니라, 지붕의 구성에 있어서도 하옥의 지붕인 양하, 즉 맞배지붕을 올리고 양단에 부섭을 달아내는 방식을 그대로 차용하였다.[24]

다만 고대 정침의 경우 흙벽돌을 이용한 구조였기 때문에 정면에서 5칸, 후면에서 4칸인 하옥을 구성하였던 것인데, 이를 조선에서 주로 사용되던 완전한 목구조의 건축술로 구현하기 위해 여러 고민이 있었다. 정면과 후면의 칸수를 동일하지 않게 구성하는 것은 목조건축에서는 난해한 것이었기 때문이다. 이를 해소하기 위해서 구조적인 기둥은 원래의 방식으로 정치시키되, 벽으로 공간을 구획하는 위치만 하옥의 평면을 따르는 변칙을 사용한 것이다. 또한 실내공간의 바닥 또한 마루로 마감되어 조선식의 건축 특징을 보여준다.

---

22) 만동묘의 경우 원래의 건물은 소실되었으나 초석의 배열 등으로 볼 때 유사한 예일 가능성이 매우 높으며 변형되어 원형을 정확히 확인할 수 없으나 유사한 구성이었을 것으로 보이는 예가 일부 존재한다. 이에 대해서는 정기철, 「17세기 사림의 묘침제 인식과 서원영건」, 서울대학교 박사학위논문, 1999 참조.

23) 다만, 이는 문헌적으로 이해된 정침이다. 발굴조사에 의해 고대 정침은 후한대 이래로 학자들이 문헌적으로 논증해왔던 평면과는 사뭇 다른 것이었다. 그러나, 조선시대의 유학자들에게 실제 존재했던 정침은 무의미한 것이다. 그들 또한 문헌 탐구를 통해 정침을 상상하고 있었기 때문이다.

24) 이에 관해서는 정기철, 앞의 논문 참조. 문헌사료 및 현장조사를 통해 돈암서원 응도당의 정침이론 수용에 대해 상세히 논증되었다.

고대 정침을 조선의 건축기술과 관습에 맞추어 변통한 돈암서원 응도당의 건축실험은 조선의 서원 전체에까지 영향을 미치지는 못하였다. 종방향의 건물 규모가 훨씬 커야했던 이 평면형은 지붕의 구조적 부담을 키웠지만, 그만큼 쓸모 있는 구성은 아니었다. 조선의 건축은 물론 중국에서도 이러한 구성법은 흔치 않은 것이었으며, 실제로는 문헌상으로 추론된 것일 뿐, 발굴조사를 통해 밝혀진 정침의 실체와도 다른 모습이었던 까닭이다.

그럼에도 불구하고, 응도당의 실험은 조선의 서원건축이 지향했던 두가지의 방향성, 즉 원론적인 학궁의 구현하고자 하는 노력과, 이를 조선적인 건축으로 정착시키고자 했던 바를 모두 보여준다는 점에서 큰 의미를 갖는다.

V. 결론

이상과 같이, 조선의 서원건축은 학궁을 구현하여 강학과 제향의 예를 실현하고자 하는 관념 속에서 발전하였다. 소수서원이 건립된 이래 여러 서원의 영건 과정에서 하나의 전형적인 배치법을 찾아내었고, 직선 축에 강학공간과 제향공간을 앞뒤로 배열하면서 지형 등을 이용하여 구분, 연계하는 수법은 급속도로 공유되었다. 그 와중에 옥산서원 무변루가 등장함으로써 서원에 누각을 건립하는 유행이 시작되었고 이는 다시 전국적인 유행으로 연결되었다.

서원의 누각은 향교의 누각형 명륜당의 경험으로부터 발생되었다고 보여진다. 무변루에서 양쪽에 온돌방을 들이고, 중앙부에 3칸의 대청을 둔 것은 향교의 명륜당 평면과 매우 닮아있다. 멀리는 고대 정침의 평면형이나 궁궐, 객사의 사례들과 연결되는 보편성을 띠고 있기도 하다. 그러나 이미 별도의 강당을 보편화하기 시작한 서원에서는 누각의 방은 불필요한 것이었고, 이후의 서원들은 옥동서원 청월루와 같은 특별한 예를 제외하면 모두 전체를 마루로 마감하는 개방적인 누각으로 전형화되었다. 서원의 건립을 고민하였던 이들에게 가장 중요한 지향점은 주자의 백록동서원이었을 것이나, 그 건축의 수법은 조선적인 특색을 많이 내포하고 있다.

또한 돈암서원 응도당으로 대표되는 고대 정침의 건축적 실천도 주목되어야 한다. 강당, 사당, 누각, 동서재 등이 완비된 서원의 건축적 전형이 이미 자리잡고 있었지만, 궁극적으로는 완전한 정침을 구현하여 학궁에서의 예를 제대로 갖추고자 하는 학문적인 욕구가 존재하였다는 점을 보여주는 사례가 바로 응도당이다. 이론적으로 해석된 정침의 구성을 구체적인 건물로 실현하는데에는 결국 지역의 건축술이 개입될 수 밖에 없었고 응도당은 완전한 목구조에 마루로 마감한 조선적인 건축 수법으로 완성되었다.

【참고문헌】

『東林先生文集』
『尼溪集』
『寓庵先生文集』
朱熹, 「殿屋廈屋說」
李如珪, 「儀禮釋宮」
『한국의 서원 세계유산등재신청서』
『옥동서원지』
『옥산서원지』
세계유산위원회 홈페이지(https://whc.unesco.org)

김동욱, 『한국건축의 역사』, 기문당, 1998.
김봉렬, 『서원건축』, 대원사, 2006.
김은중, 『한국의 서원건축』, 문운당, 1994.
김지민, 『한국의 유교건축』, 발언, 1997.
이상해, 『서원』, 열화당, 2002.
이수환, 『조선후기 서원 연구』, 일조각, 2002.
이해준, 『조선후기 문중서원 연구』, 경인문화사, 2008.
정만조, 『조선시대 서원 연구』, 집문당, 1997.
정순목, 『한국 서원교육제도 연구』, 영남대 민족문화연구소, 1980.
箱崎和久, 『近世の學校建築』, 至文堂, 2011.
楊愼初, 『中國書院文化与建築』, 湖北教育出版社, 2002.

강제훈, 「조선초기 정지회례 의식의 정비와 운용」, 『한국사학보』 34권, 고려사학회, 2009.
강제훈, 「조선초기의 조회의식」, 『조선시대사학보』 28권, 조선시대사학회, 2004.
김덕현, 「한국서원의 입지와 경관에 대한 해석」, 『한국사관논총』 59, 국사편찬위원회, 1994.
김동욱, 「조선초기 경복궁 수리에서 세종의 역할」, 『건축역사연구』 11권 4호, 한국건축역사학회, 2002.

김상협, 「조선시대 서원건축에 나타난 유식공간에 관한 연구」, 명지대학교 석사논문, 2000.
김은중, 「朝鮮時代 私學建築에 關한 硏究」, 고려대학교 박사학위논문, 1991.
정명섭, 「경북지역의 서원건축」, 『향토사연구총서』 제4책, 1993.
이종서, 「고려~조선전기 상류주택의 방한 설비와 취사도구」, 『역사민속학』, 2007.
이종서, 「조선전기의 주거용 층루 건축 전통」, 『역사민속학』, 2006.
정기철, 「17세기 사림의 묘침제 인식과 서원영건」, 서울대학교 박사학위논문, 1999.
정만조, 「17-18세기의 서원·사우에 대한 시론-특히 사림의 건립활동을 중심으로」, 『한국사론』, 2, 1975.
정명섭, 「서원건축 강당의 개구부 변헌에 관한 연구」, 대한건축학회논문집, 1992.
정명섭, 「조선시대 향교 및 서원 건축의 청방간 개구부 형식 변천에 관한 연구」, 영남대학교박사학위논문, 1992.
조규화, 정정남, 「조선후기 고설식 온돌구조의 효용성에 관한 고찰」, 한국건축역사학회 2017 추계학술발표대회 논문집, 2017.11.
조상순, 「조선 중기 이전 향교건축의 형성과 전개·관련 문헌 자료를 중심으로」, 성균관대학교 박사학위논문, 2013.
조재모, 「덕천서원의 건축-두 개의 시간대에 걸친 역사의 흔적」, 『덕천서원』, 한국학중앙연구원출판부, 2018.
조재모, 「상주 옥동서원의 건축과 청월루」, 방촌 황희의 리더십과 향사서원, 보림에스앤피, 2021.
조재모, 「조선시대 궁궐의 의례운영과 건축규범」, 서울대학교 박사학위논문, 2003.
조재모, 「조선중기 서원의 태동과 건축유형 정립」, 2017 한국건축역사학회 추계학술발표대회, 2017.11.18.
조재모, 「좌식공간관습의 건축사적 함의」, 『건축역사연구』 21권 1호, 2012.
조재모, 「한국서원건축의 유형정립과정」, 한중서원학회 국제학술대회, 2017.10.28.

강학(講學)과 경세(經世) －이옹(李顒)의 서원강학(書院講學)과 사회교화(社會敎化)

정 병 석

Ⅰ. 들어가는 말

손기봉(孫奇逢), 황종희(黃宗羲)와 더불어 이옹(李顒)은 청초(淸初)의 3대 유가로 불리는데 그는 명나라 희종(熹宗) 천계(天啓) 7년(1627)에 태어나서 청나라 강희(康熙) 44년(1705)에 졸했다. 그의 자는 중부(中孚)이고 섬서(陝西)성 주질(盩厔) 출신으로 사람들은 보통 이곡(二曲)선생[1]으로 부른다. 그는 벼슬에 관심을 두지 않고 일생동안 강학에 주력하면서 회과자신(悔過自新)이나 명체적용(明體適用)의 관점을 중심으로 하는 사상체계를 말하고 있다.

명청(明淸)의 교체라는 가혹한 역사적 조건 속에서 유민(遺民) 이옹이 가지고 있었던 근본적 문제의식은 현실에 대한 통렬한 반성에서 출발한다. 그는 오랑캐에 의한 나라의 멸망이라는 결과를 초래한 근본 원인을 기존의 유가(儒家)사상이 가지고 있는 본질에 대한 오해와 기능을 제대로 실현하지 못했다는 반성에서부터 시작한다. 여기에서 이옹은 기존의 유학이 가지고 있는 문제점들을 지적하는 동시에 그것의 공능(功能)을 최대한 발휘하여 현실의 문제들을 해결하려는 시도를 하고 있다.

1) 주질은 지금의 섬서(陝西)성 주지현(周至縣)을 말한다. 이옹의 호인 이곡(二曲)이라는 말은 “산세가 구불구불한 것을 주(盩)라고 하고, 물이 굽이치는 것을 질(厔)이라고 한다(山曲曰盩, 水曲曰厔)”는 산곡(山曲)과 수곡(水曲)을 합하여 말하는 것으로 보인다. 이것은 지명(地名)으로 호를 대신하는 경우로 매우 큰 존숭(尊崇)을 표하는 것으로 볼 수 있다. 이런 예들은 많이 보인다.

송명이학(理學)이 비록 심성(心性)을 고도로 이론화하여 철학적 수준을 한 단계 더 높이 발전시켰지만, 현실에 무용(無用)하고 공소(空疏)한 학풍을 조성하는 결과를 초래하였다고 이옹은 말한다. 정주(程朱) 이학이나 육왕(陸王) 심학(心學)은 600여년의 발전과 변천을 겪은 후에 많은 폐단을 낳았고 특히 그들은 현실 문제에 적절히 대처하지 못하는 무력함을 보여주었다는 것이다. 당시 유가들은 명이 망한 역사적 교훈에 대해 반성하게 되는데, 이것이 당시 사상계의 공통과제였다. 이러한 사상적 분위기 속에서 경세치용(經世致用)을 주장하는 경향이 자연스레 출현하게 된다.[2] 백성과 사회에 대한 책임을 자임(自任)하는 사상가로서의 이옹은 당시 지식인들이 가지고 있었던 공동의 문제의식과 우환에서 출발하여 자신의 철학적 사색 역시 이런 과제 위에 집중하고 있다.[3]

이옹 역시 경세치용의 중요성에 대해 말하고 있지만 그의 경세관이 말하는 핵심은 현실의 정치나 경제적인 문제들을 직접 다루는 방식이 아니라, 체(體)를 밝히는 방식을 통해서 현실 문제를 해결하려는 명체적용(明體適用)이다. 그가 강조하려는 것은 체를 근본으로 삼는 것으로 명체(明體)를 통한 적용(適用)을 말한다. 이옹은 체를 용의 기초로 보고 있는데, 그가 말하는 내성외왕(內聖外王)· 명체적용· 도덕경제(道德經濟)의 범주는 모두 전자를 후자의 필요 단계로 간주하는 것으로 적용은 반드시 명체를 근거로 삼아야 한다고 말한다. 그러나 중요한 것은 명체의 최종 목적은 적용에 있다는 점이다.[4] 이옹의 명체적용은 바로 백성들의 마음 혹은 정신을 바로잡거나 혁신하는 사회교화의 방식을 통한 경세관을 말한다. 이런 관점은 이

2) 양계초(梁啓超)는 “청대 초기 학술사상의 주요한 추세는 이론을 배척하고 실천을 제창하는 경세치용이었다”고 하였다. 『中國近三百年學術史』, 山西古籍出版社, 2001년, 제1쪽.

3) 정병석, 「이옹(李顒)의 회과자신설(悔過自新說)과 치료적 사유」, 『철학』 98집, 한국철학회, 3~4쪽 참조 바람.

4) 정병석, 「이옹(李顒)의 회과자신설(悔過自新說)과 치료적(治療的) 사유」, 4~5쪽 참조 바람.

옹이 왜 강학(講學)을 경세의 효과적인 형태 혹은 주요한 방법으로 강조하고 있는 가에 대한 이유를 알 수 있게 해 준다.

이옹의 기본적인 시각은 사람들 마음[人心]의 잘못이 국가 멸망과 사회부패를 초래하는 근본 원인이라는 것이다. 이런 사회의 고질적인 병통(病痛)을 치유하기 위해서는 사람들의 마음을 바르게 하는 실천이 우선적으로 요청된다. 그는 국가의 흥망치란의 근본 이유는 인심의 그릇됨과 올바름[邪正]에 달려있고, 인심의 사정(邪正)은 학술의 밝고 어두운 것에 달려있다고 보았다. 즉 인심의 그릇됨과 올바름, 학술의 밝고 어두움과 천하의 치란(治亂) 사이에 내재적인 필연 관계가 성립한다는 것이다. 인심의 그릇됨과 바르지 못한 학술이 사회 병통의 원인이고 이런 사회병통의 원인이 되는 '인심을 깨우치기[醒人心]' 위해서는 '학술을 바르게 밝히는[明學術]' 것이 첫 번째 임무이고 출발점이라는 관점이다. 여기에서 이옹이 강조하려고 하는 올바른 학문의 목적이나 방법과 공능에 주목할 필요가 있다.

이옹은 당시 사람들이 학문하는 내용이나 목적이 과거(科擧)를 위한 사장(詞章)을 익히는 데에 치중하여 개인의 명리(名利)만을 추구하는 것을 속학(俗學)이라고 신랄하게 비판한다. 그는 여기에서 올바른 학문인 정학(正學)의 필요성을 강조한다. 정학은 단순히 개인의 명리를 추구하는 것에 있는 것이 아니라, 백성과 사회를 교화하여 자신의 마음을 온전히 밝히는 학문을 말한다. '인심을 깨우치고[醒人心]' '학술을 바르게 밝히는[明學術]' 정학을 실현하기 위한 가장 효과적인 방법을 이옹은 강학(講學)에서 찾고 있다. 이것이 그가 주장하는 경세(經世)의 핵심이다.

본 논문은 이런 맥락에서 이옹이 말하는 학문의 기능과 목적 및 방법을 당시의 유학 경향에 대한 비판과 그것의 지양(止揚)으로서의 정학(正學)과 강학(講學)이 가지는 의미에 대해 살펴보려고 한다. 특히 이 문제를 그가 쓴 「관중서원회약(關中書院會約)」의 내용들을 중심으로 하여 분석해 보고 아울러 회과자신이라는 관점을 통해 그가 말하는 강학의 성격과 사회교화라는 문제에 대해 논의하려고 한다.

Ⅱ. 경세(經世)의 실천 방식인 강학(講學)

이옹은 평생 동안 청빈한 삶을 살면서 벼슬을 거부하고 강학에만 집중한 특이한 이력을 가진 학자이다. 이런 그의 특이한 이력은 유학(儒學)이라는 학문이 가지고 있어야 할 성격에 대한 그의 분명한 견해와 관련이 있다. 말하자면 국가의 멸망이라는 결과를 초래한 근본 원인을 학문이 올바르지 않았고 이로 인해 사람들의 마음 역시 올바를 수 없었다는 점에서 찾고 있다. 여기에서 이옹은 기존 유학에 대한 철저한 비판과 반성이 있어야 한다고 말한다. 그는 당시 유학이 가지고 있는 병폐와 무력함을 '입으로만 성현을 말하는 구두성현(口頭聖賢)'과 '책 위에서만 도학을 하는 지상도학(紙上道學)'이라는 표현을 통하여 신랄하게 비판하고 있다.

> 오직 언어문자에 기대어 방만하게 세월을 보내며 구두성현과 지상도학만을 하면서 머뭇거리고 망설이고 실천하지 못하고 몸만 늙어가니… .[5)]

> 인생의 가장 긴요하고 중요한 일은 자기의 마음을 온전히 밝히고 자기의 본성을 보며 자신에게 절실한 큰일을 완결하는 데에 있다. … 어찌 저술을 귀하게 여기겠는가. 구두성현과 지상도학은 바로 배우는 사람들의 공통된 병폐이다.[6)]

위의 인용문을 통해서 당시의 유학자들이 가지고 있는 가장 큰 병폐는 현실의 문제는 외면한 채 언어문자에만 기대어 고상한 이론을 주장하고 도덕을 외치고 있다는 것이다. 이옹은 학문을 하는 목적이 단지 문장을 외우거나 입으로만 주장하는 것에 그친다면 그것은 학문이 가지고 있는 목적과

---

5) 李顒 撰, 陳俊民 點校, 『二曲集』(中華書局, 1996, 北京) 卷19, 「題跋·急務」, 230쪽. "惟度言語文字漫度光陰, 作口頭聖賢, 紙上道學, 因循猶豫, 以老其身… ."

6) 『二曲集』 卷16, 「答徐鬥一第二書」, 158쪽. "人生喫緊要務, 全在明己心, 見己性, 了切己大事. … 何貴著述！口頭聖賢, 紙上道學, 乃學人通病."

효용을 실현하지 못한 것이라고 보았다. 구두성현이나 지상도학은 지적이해의 단계에만 머무는 것으로, 구체적이고 절실한 '실천적 활동'이 수반되어야 진정한 학문정신이 구현될 수 있다고 말한다.

이옹은 당시 지식인들의 무용(無用)한 구두성현이나 지상도학의 태도를 비판하고 유학의 진정한 핵심인 경세정신[7]을 회복하여 시대적 필요성에 적응하는 것이 무엇보다 급선무임을 강조한다. 이런 경세관의 주요한 내용이 바로 명체적용(明體適用)이다.

> 유자(儒者)의 학문은 체를 밝히고 용을 적절하게 맞추어 쓰는 명체적용의 학문이다. 진한 이래로 이 학문이 밝지 못하여 순박한 자는 장구(章句)에 얽매이고 재주 있고 명석한 자는 헛된 사장(詞章)에 빠졌다. … 유학이 (본래의 성격을) 분명하게 보여주지 않으면 선비들이 힘쓰는 것은 사장이나 기송(記誦)과 같은 말단이니, … 백성들이 조금도 의지할 곳이 없으니 세운(世運)이 어찌 막히지 않을 수 있겠는가.[8]

이옹은 명체적용을 경세관의 철학적 근거로 보고 있을 뿐만 아니라 유학의 핵심내용으로 간주한다. 명체적용을 주장하는 이유는 유학이 장구의 해석이나 사장의 말단에 빠지게 되면서 세운(世運)이 막혀 결국 멸국(滅國)의 참화를 당하게 된 상황에서 유학의 핵심인 경세치용의 정신을 회복하는 것이 우선적이기 때문이다. 체(體)와 용(用)에 대해 이옹은 "체용이 무엇인가라는 물음에 대해 명덕(明德)이 체이고, 명명덕(明明德)이 명체이다. 친민(親民)이 용이고, 천하에 명덕을 밝히는 것과 백성을 새롭게 하는 것이 적용이라고 하였다."[9] 그는 명덕과 '명명덕'에 대해 더 구체적으로 "명덕은

---

7) 『二曲集』 卷14, 「盩厔問答」 122쪽. "吾儒之敎, 原以經世爲宗."

8) 『二曲集』 卷14, 「盩厔問答」 120쪽. "儒者之學, 明體適用之學也. 秦漢以來, 此學不明, 醇樸者梏於章句, 俊爽者流於浮詞, … 儒學晦, 則士之所攻者, 辭章記誦之末技, … 生民毫無所賴, 而世運寧有不否."

바로 심(心)이고, 심은 본래 지극히 영묘(至靈)한 것으로 그 영묘함을 어둡지 않게 하는 것이 바로 명명덕이다"[10]고 하였다. 명체는 바로 심을 바로 잡고 일깨우는 '명명덕'이라는 행위이다. 적용(適用)은 '명명덕'의 과정을 통하여 천하에 명덕을 밝히고 백성들을 일깨우는 것을 말한다. 명체적용의 관점에서 이옹은 그의 경세관은 '학술을 바르게 밝히고(明學術)' '인심을 깨우치는(醒人心)' 사회적 교화라는 방식에 초점을 맞추고 있다. 이에 대해 그는 다음과 같이 말한다.

> 천하의 가장 큰 근본은 사람들의 마음[人心]보다 더 큰 것은 없고, 천하의 가장 핵심이 되는 것은 천하 사람들의 마음을 깨우치는 것보다 중요한 것은 없다. 그러나 사람들의 마음을 깨우치려고 한다면 오직 학술을 밝혀야 하는데 이것이 오늘날의 시대를 바로 잡는 첫 번째 핵심적인 임무이다.[11]

치란(治亂)은 사람들의 마음[人心]에서 생기고, 사람들의 마음이 바르지 않으면 질서 있는 세상[治]을 이룰 방법이 없고, 학술이 밝지 않으면 사람들의 마음이 바르지 않다. 그러므로 오늘날 가장 급한 일은 학술을 밝혀서 천하 사람들의 마음을 일깨우는 것보다 앞서는 것은 없다.[12]

이옹은 사회의 혼란과 부패의 근본 원인을 바르지 못한 사람들의 마음에서 찾고 있고, 사회의 병통을 치유하기 위해서는 사람들의 마음을 바르게 하고 일깨우는 일이 무엇보다 중요하다고 말한다. 이런 사람들의 마음

---

9) 『二曲集』 卷29, 「四書反身錄·大學」 401쪽. "問體用? 曰. 明德是體, 明明德是明體. 親民是用, 明明德於天下, 作新民是適用."

10) 『二曲集』 卷29, 「四書反身錄·大學」 402쪽. "明德卽心, 心本至靈, 不昧至靈, 便是明明德."

11) 『二曲集』 卷10, 「匡時要務」, 104쪽. "夫天下之大根本, 莫過於人心. 天下之大肯綮, 莫過於提醒天下之人心. 然欲醒人心, 惟在明學術, 此在今日爲匡時第一要務."

12) 『二曲集』 「附錄三·年譜」, 601쪽. "治亂生於人心, 人心不正則致治無由, 學術不明則人心不正. 故今日急務, 莫先於明學術, 以提醒天下之人心."

을 바로 잡고 깨우치기 위해서는 먼저 학술을 바르게 밝히는 일이 급선무라고 이옹은 주장하고 있다. 앞에서 말한 것처럼 이옹이 비판하는 당시 학술의 문제점은 과거를 위한 장구에 얽매이고 사장(詞章)에 빠져서 "마음을 알고 성을 깨닫는(識心悟性)"[13] 위기지학(爲己之學)은 버려두고 모두 "부귀영달을 도모하여 이름을 내려는"[14] 명심(名心)에 있다. 이런 오도된 학문적 분위기에 의해 사람들 역시 개인의 명리(名利)만을 추구하게 되는 심각한 병이 생기게 된다는 것이다. 이 병이 결국은 사회와 국가를 무너뜨리게 된다고 보았다. 이런 병을 어떻게 치료하여야 하는가? 그가 제시한 치료 방법은 백성들을 직접 대면하여 교화시켜 나가는 강학(講學)이다.

이옹이 제기한 강학은 다름 아닌 그의 경세관의 가장 기본적인 실천 내용이고 방식이다. 왜냐하면 그가 행하려고 하는 강학이 노리는 목적은 '사람들의 마음을 깨우치고 학술을 바르게 천명하는' 것이고, 이런 실천방식이 바로 그의 경세관의 주된 내용이기 때문이다. 이옹의 문집인 『이곡집(二曲集)』은 문인인 왕심경(王心敬)이 편찬한 것으로, 그 중 「회과자신설(悔過自新說)」·「관감록(觀感錄)」과 「관중서원회약(關中書院會約)」만이 자저(自著)이지만 나머지는 모두 문인들이 모은 것이다. 그 중의 많은 부분들이 서원에서 강학한 것을 제자들이 기록한 것들이다. 강학의 중요성에 대해 다음과 같이 말한다.

> 사람들을 서게 해주고 사람들의 일을 이루게 해주는 것은 모두 강학(講學)에 달려있고, 풍속을 변하게 하는 것도 전부 강학에 있고, 혼란함을 제거하고 질서에 돌아오게 하는 것도 모두 강학에 있고, 천하의 형세를 변화시키는 것도 전부 강학에 달려있다.[15]

---

13) 『二曲集』 卷14, 「盩厔問答」 120쪽.
14) 『二曲集』 卷3, 「常州府武進縣兩庠彙語」, 28쪽. "富貴利達之名."
15) 『二曲集』 卷13, 「匡時要務」, 105쪽. "立人達人, 全在講學., 移風易俗, 全在講學, 撥亂返治, 全在講學. 旋乾转坤, 全在講學."

이옹은 강학을 통해서 백성들이 자립하고 일을 이루게 해[立人達人]줄 수 있다고 보았다. 아울러 강학을 통해서 풍속을 바른 방향으로 변화시키고, 난세를 벗어나 질서를 회복하여 천하의 형세를 변화시킬 수 있다고 보았다. "사람들을 서게 해주고 사람들의 일을 이루게 해준다"는 말은 『논어』에서 "널리 백성에게 은혜를 베풀고 민중을 어려움으로부터 구제해줄 수 있는 사람"이 인자(仁者)인가에 대한 물음에서 나온 것이다.[16] 인자의 궁극적 목표는 "백성에게 은혜를 베풀고 민중을 어려움으로부터 구제해주는" 경세에 있음을 말하고 있다. "풍속을 변하게 하는 것"·"혼란함을 제거하고 질서에 돌아오게 하는 것"과 "천하의 형세를 변화시키는 것"은 모두 경세의 주요 내용들이다. 이런 경세적 목표를 실현하기 위한 가장 효과적인 실천방식이 강학이라는 것이 그의 주장이다. 이옹이 말하는 강학의 몇 가지 특징에 대해 살펴보도록 하자.

우선 강학은 단순한 강서(講書)가 아니다. 이옹은 "곧 앞장서서 사람들을 불러 모아 이름은 강학이라고 하지만 그 실제 내용에 대해 살펴보면 여전히 장구를 뽑아내고 책의 뜻을 이야기할 뿐이다. 이같이 하는 것은 단지 책을 강론하는 강서이지 강학이 아니다."[17]라고 하였다. 그러면 강학의 내용은 무엇인가? 이에 대해 그는 "강학이라는 것은 바로 부자군신(父子君臣)의 도리를 강구하여 밝히고 충군애국(忠君愛國)의 마음을 깨우치게 하는 것이다"[18]라고 하여 백성 혹은 사회 교화(敎化)의 내용을 말하고 있다. 강학의 학(學)의 내용에 대해 "학이라는 것은 사장이나 기송(記誦)을 말하는 것이 아니라 본심을 보존하고 본성을 회복하여 인도의 마땅히 그러함[當

16) 『論語』「雍也」"子貢曰: 如有博施於民而能濟衆, 何如? 可謂仁乎? 子曰: 何事於仁, 必也聖乎! 堯舜其猶病諸! 夫仁者, 己欲立而立人, 己欲達而達人."

17) 『二曲集』卷3, 「兩庠匯語·常州府武進縣兩庠匯語」 28쪽. "乃有挺身號召, 名爲講學者, 及察其實, 仍舊只是掣章句 論書旨. 如此只是講書　非講學也."

18) 『二曲集』卷13, 「匡時要務」, 106쪽. "講學者, 正講明其父子君臣之義, 提醒其忠君愛國之心."

然]을 온전히 다하는 것이다."[19]라고 하여 도덕적인 실천이 바로 학의 주된 내용임을 분명하게 말하고 있다.

강학의 구체적 실천 방식에 대해 이옹은 크게 두 가지를 강조하고 있는 것으로 보인다. 우선 하나는 학교 혹은 서원 등의 강학하기 위한 공간의 필요성이다. "명륜당(明倫堂)은 가르침을 시행하는 공간이다. 교화는 반드시 학교에서부터 시작해야 한다."[20] 대중의 교화 혹은 사회교화를 위해서는 서원이나 학교 등의 교육 공간이 필요하다는 말이다.[21] 다른 하나는 다양한 사람들이 함께 참여하는 대형의 공공(公共) 강학인 회강(會講)[22]의 필요성에 대해 말하고 있다. 이옹은 대중의 교화 혹은 사회교화를 실천하기 위한 도구를 크게 두 가지로 보고 있다. 바로 경서(經書)와 학교 혹은 서원이다. "경서가 전하는 가르침은 사람들의 마음을 원래대로 유지하는 것이고, 학교를 설립한 것은 많은 사람들을 연계하여 회강하여 사람들의 마음을 갈고 닦기 위한 것이다."[23] "서원을 세워서 회강하는 구역으로 삼고 … 사람들의 의견에 따라서 서원을 지을 수 있도록 허가하여 아호서원과 백록동서원이 만들어 놓은 규정을 본떠서 시간을 정해서 회강할 수 있게 되기

19) 『二曲集』 卷11, 「東林書院會語」, 96쪽. "學非辭章記誦之謂也, 所以存心復性, 以盡乎人道之當然也."

20) 『二曲集』 卷3, 「兩庠匯語·常州府武進縣兩庠匯語」, 24쪽. "明倫堂爲設教之地, 教化必自學校始."

21) 학교와 서원의 중요한 차이는 학교가 관학(官學)이라면 서원은 사인(私人)이 설립한 것을 들 수 있다. 이옹은 이 둘의 구별이나 차이는 거의 말하지 않고 강학의 공간이란 점에서만 말하고 있다. 상세한 것은 王涵 主編, 『中國歷代書院學記』(首都師範大學出版社, 2020년) 「引言」 11쪽 참조 바람.

22) 회강(會講)과 강회(講會)를 구분하기도 하고, 별다른 차이 없이 동일하게 사용하는 경우도 있다. 만약 구별한다면 회강은 '사람들이 모여서 강학 활동을 하는 것'을 말하고, 강회는 '모여서 강학하는 하나의 조직'의 의미로 사용하는 것이 좋을 것으로 보인다. 이런 관점에 대해서는 陳來의 『中國近世思想史研究』(北京: 三聯書局, 2010) 375쪽 참조 바람.

23) 『二曲集』 卷13, 「匡時要務」, 104쪽. "經書垂訓, 所以維持人心也. 學校之設,所以聯羣會講,切劘人心也."

를 엎드려 빕니다."[24)]

『이곡집』을 통해 보면 이옹이 여러 곳에서 강학 활동을 한 기록이 많고, 특히 회강을 한 기록과 회강한 내용들이 도처에 보인다. 그 중 하나가 바로 유명한 동림서원에서 회강한[25)] 내용을 기록한 「동림서원회어(東林書院會語)」이다. 이런 이옹의 강학 혹은 회강에 대한 내용을 더욱 분명하게 볼 수 있는 문장은 「관중서원회약(關中書院會約)」이다. 아래에서는 이를 중심으로 분석해 보도록 하겠다.

Ⅲ. 「관중서원회약(關中書院會約)」에 보이는 강학

관중서원은 섬서성(陝西省) 서안(西安)에 소재하고 있는 것으로 명나라 만력 37년(1609)에 창건되었다. 관중(關中)의 저명한 학자 풍종오(馮從吾, 1557~1627년, 소허少墟선생으로 불림)가 여기에서 오랫동안 강학활동을 하였다. 청나라 이후 강희(康熙) 12년(1673)에 섬서 총독 악선(鄂善)의 주도하에 관중서원은 중수(重修)되어 이옹을 주강(主講)으로 초빙했고, 그는 「관중서원회약」을 지었다. 이옹은 "관중서원은 풍종오 선생 이후 학회(學會)의 전통이 끊어진지가 오래되었다. … 여러 사람들이 학회에 규약이 없을 수 없다고 하여 나에게 그 대략적인 것을 드러내 보일 것을 재촉하여 정리(情理) 상 고사할 수 없었다"[26)]고 하여 이 글을 짓게 된 배경을 말하고 있다.

---

24) 『二曲集』 卷10, 「附·請建延陵書院公呈」, 93쪽. "請修書院以爲會講之區, … 准令修葺, 倣鵝湖白鹿成規, 以時會講."

25) 『二曲集』 卷11, 「東林書院會語」 95쪽. "초이튿날 해질녘에 읍내에 도착했다. … 다음날 동림서원에서 회강을 하였다(初二日, 薄暮抵邑 … 次日, 會講於東林書院.)"

26) 『二曲集』 卷13, 「關中書院會約·會約」 113쪽. "關中書院, 自少墟馮先生而後, 學會久已絶響. … 衆謂會不可以無規, 促顯揭其概, 誼不得固辭."

「관중서원회약」은 모두 세 부분으로 구성되어 있다. 바로 「유행(儒行)」·「회약(會約)」과 「학정(學程)」이다. 특이한 것은 「유행」을 제일 앞에다 두고 있다. 이 문장은 『예기(禮記)』의 「유행」편을 그대로 전재(全載)하고 있다. 왜 이옹은 「유행」편을 「관중서원회약」의 제일 앞에 두고 있는가? "공부깨나 한 사인(士人)들이 유가의 말을 쓰고 유가의 복장을 하고 있으면 모두 유(儒)라고 이름한다. … 유가의 말을 쓰고 유가의 복장을 하고 있다고 반드시 참된 유가[眞儒]는 아니다. 유가의 행동을 하여야 비로소 참된 유가이므로 「유행」편을 거울로 삼지 않을 수가 없었다."[27] 이 말에 비추어보면 「유행」을 제일 앞에다 두고 있는 것은 당시 유자들의 세태를 비판하고, 강학을 통해 참된 지식인인 진유(眞儒)가 되기를 바라는 원망(願望)에서 나온 것으로 보인다.

「유행」편을 제일 앞에 두고 있는 것은 당시 사람들이 스스로 유자로 칭하면서 유학의 종지(宗旨)를 올바로 실천하고 있지 못하고 있는 현실에 대해 이옹은 안타까워하고 있기 때문이다. 이런 상황에 대해 그는 "우리 유가의 가르침은 원래 경세(經世)를 종지로 하지만 종지를 전달함에 어두워서 사설이 횡행하여 그것이 변하여 공리의 누습(陋習)으로 되고 다시 변하여 훈고의 누습으로 변하였다. … 유가가 유가인 바가 이름만 있고 실제는 사라져 버렸다"[28] 이옹은 여러 문장에서 당시의 명리만을 추구하는 속학(俗學)과 속유(俗儒)에 대해 비판하고 있다. "다만 사장이나 기송과 같은 말단에 빠져있는 자가 바로 속유이다."[29] 심지어 그들을 "경학(經學)의 도적이요, 세상도리를 좀먹는 벌레일 뿐이다"[30]라고 심한 비판을 가하고 있다.

---

27) 『二曲集』 卷13, 「關中書院會約·會約」 110쪽. "士人儒服儒言, 咸名曰儒, … 夫儒服儒言, 未必眞儒, 行儒之行, 始爲眞儒, 則儒行篇不可以不之監也."

28) 『二曲集』 卷14, 「周至答問」, 제122쪽. "吾儒之教, 源以經世爲宗, 自宗傳晦而邪說橫, 於是一變而爲功利之習, 再變而爲訓詁之習. … 而儒之所以爲儒, 名存而實亡矣."

29) 『二曲集』 卷29, 「四書反身錄·大學」, 401쪽 "徒汩沒於詞章記誦之末, 便是俗儒."

30) 『二曲集』 卷38, 「四書反身錄·論語」, 489쪽. "乃經學之賊, 世道之蠹也."

「유행」편에서는 유가의 올바른 16가지 '유행'을 열거하고 있다. 그것을 논술한 특징은 모든 각각의 유행에 대하여 하나같이 "유자는 … 함이 있다(儒有…)"라는 표현으로 진술을 이끌어내고 "그들의 … 에는 이와 같은 것이 있다(其…有如此者)"라는 표현으로 결론을 맺으면서 유가가 마땅히 실천해야 할 행위에 대해 말하고 있다. 이옹은 「유행」편을 모두 전재하고 난 뒤에 "앞에서 이런 내용을 게시한 것은 행동을 바로잡는 표준으로 삼기 위함이다"[31)]라는 자신의 말을 덧붙여 「유행」을 「관중서원회약」의 첫머리에 두는 이유가 무엇인가에 대해 분명하게 말하고 있다. 이처럼 이옹은 관중서원의 교학 혹은 강학의 근본 목적은 바로 진유(眞儒)를 양성하는 데 있음을 명확하게 적시하고 있다.

두 번째는 「회약(會約)」이다. 「회약」은 모두 11조로 구성되어 있다. 주로 서원의 강학 시기, 내용, 방법, 지켜야 할 의례규범에 대해 비교적 자세하게 설명하고 있다. 「회약」의 주요 내용을 정리하면 아래와 같다.

> 매년 2월·5월·8월과 11월에 회강(會講)을 한 번 개최한다. 강학이 있는 날에는 오시(午時)가 되면 북을 세 번 두드려 소리를 내고 모두 격식에 맞는 복장을 갖추고 지성(至聖) 앞에 가서 사배례(四拜禮)를 드리고 뒤이어 소호(少墟) 풍종오(馮從吾) 선생의 위(位)에 가서 같은 예를 행한다. … 앉는 자리의 순서를 나이에 따라 나누고 … 강학이 끝나면 경쇠를 세 번 두드리고 마찬가지로 지성 앞에 가서 엄숙하게 읍하고 물러난다. 선배 강사가 개강하면 배우는 자들이 마음이 안정되지 못하고 들뜬 것을 염려하여 반드시 먼저 삼일을 제계하고 예를 익히고 난 다음에 강학을 듣게 만들었다. 먼저 단정히 앉아 마음을 살피고 … 잠시 동안 묵좌(默坐)하여야 비로소 강론을 펼칠 수 있다. 선배 강사가 큰 강당에서 개강하면 다만 위학(爲學)의 대강만 통론(通論)하기 때문에 의심나는 문제에 질문하고 의혹이 있는 것을 밝히려 하지만 분명히 온전하게 다 해소될 수는 없

31) 『二曲集』 卷13, 「關中書院會約·會約」, 113쪽. "右揭此, 以爲制行之準."

다. … 대강당의 통론 외에 만약 더 연구하고 싶은 뜻이 있으면 다음날 강자(講者, 이옹)가 머물고 있는 숙소로 와서 서로 꺼릴 것 없이 함께 주고받아 속마음을 털어 놓고 서로 의견을 제시하는 것도 가능하다.[32)]

위에서 언급한 「회약」은 기본적으로 서원의 대형 공공(公共) 강학 혹은 회강에 있어서 필요한 강의 규정의 운용 방법에 대해 말하고 있는 것이다. 위의 내용을 몇 가지로 요약하면 아래와 같다.

1) 회강은 정기적으로 열리고, 회강은 당일 기본적인 예에 따라 강전(講前)과 강후(講後)에 성현들에 사배(四拜) 의식을 거행하고 예에 따라 자리를 정한다
2) 회강에 참석하는 모든 사람들은 반드시 진작부터 마음의 준비를 하여야 하고 마음이 안정되지 못하고 들뜨기 때문에 3일 전부터 재계(齋戒)하여야 한다.
3) 심지(心志)를 수렴(收斂)하고 단정히 앉아 마음을 살피고 잠시 동안 묵좌(默坐)를 한 다음에 집중하여 강학을 청강한다.
4) 큰 강당에서 여러 사람이 있는 곳에서 의심나는 문제에 즉시 질문하고 의혹이 있는 것을 밝힐 수 있지만 온전하게 다 해소될 수 없기에 우소(寓所)에 가서 자유롭게 토론하여 해결할 수 있다.

위에서 말한 내용에 의하면 이옹이 말하고 있는 서원의 공공(公共) 강학 즉 회강은 일반적인 의미의 강연(講演)이나 강서(講書)보다는 오히려 집체

32) 『二曲集』 卷13, 「關中書院會約·會約」, 113~114쪽. "一每年四仲月, 一會講. 講日, 午初擊鼓三聲, 各具本等服帽, 詣至聖前四拜禮, 隨至馮恭定公少墟先生位前, 禮亦如之. … 以齒爲序分, … 講畢擊磬三聲, 仍詣至聖前肅揖而退. 先輩開講, 恐學者乍到氣浮, 必令先齋戒三日, 習禮成而後聽講, 先端坐觀心, … 默坐片晌, 方可申論. 先輩大堂開講, 只統論爲學大綱, 而質疑晰惑, 未必能盡. … 大堂統論之外, 如果眞正有志進修, 不妨次日枉顧顒寓, 從容盤桓, 披衷相示."

적인 정신 훈련 혹은 조련 과정이라고 말하는 편이 더 나을 것이다. 개인의 마음을 바로잡거나 정신을 조련하는 일이라면 당연히 개인의 노력만으로 충분할 수 있을 것 같은데 그는 왜 공공 강학을 강조하고 있는가? 이는 우선적으로 이옹의 기본적인 주장에 비춰보면 집체로서의 사회와 민중을 교화시키기 위한 방식 중의 하나가 바로 회강이라는 추론은 가능하다. 또 하나 공공적이고 집체적인 대형 회강을 통하여 이옹이 노리는 것은 혼자 공부하는 독학(獨學)의 위험성과 이를 보완할 수 있는 회강의 장점 때문으로 보인다. 그는 "홀로 있으면 생각이 전일하지 못하고 나쁜 기운이 쉽게 편승하고, 쉽게 시작했다가 또 쉽게 포기해 버리지만, 집체 생활을 하게 되면 서로 계발해주고 권면해 주어 서로 이끌어 도움이 된다."[33]고 말한다. 즉 학습과정에서 서로 상보상성(相補相成)할 수 있다는 것이다.

이옹은 기본적으로 공공 강학과 개인의 궁행실천 둘 다 모두 중요하다고 말한다. 대형의 공공 강학도 중요하지만 특히 강조하는 것은 바로 개인의 궁행(躬行)실천이다.[34] 강학의 근본 종지는 '인심을 깨우치는[醒人心]' 것에 있다. 이를 위해서는 스스로 수양하여 나가는 자수(自修)의 과정이 필요하다. 「회약」의 내용이 주로 대형의 집체적인 회강의 강의 규정에 대해 이야기하는 것이라면, 「학정(學程)」이 말하려는 것은 개인 스스로의 자수(自修) 학습 과정에 대한 운용 방법이다.

> 매일 꼭 여명(黎明)에 일어나 이불을 개고 잠시 정좌하고 … 밥을 먹은 후에는 사서(四書) 중의 몇 장을 읽고, … 정오에는 분향하고 묵좌하며 … 밥을 먹은

33) 『二曲集』 卷39, 「四書反身錄·論語」, 486쪽. "獨居則遊思易乘, 易作易輟. 羣居則交發互礪, 以引以翼."

34) 『二曲集』 卷3, 「兩庠匯語·常州府武進縣兩庠匯語」, 29쪽. "진실로 기꺼이 확실하게 몸소 행하면 하루도 강학하지 않을 수 없다. 강학하면 기색이 생동감이 있어 날로 정미하고 날로 진보하지만, 강학하지 않으면 스스로 하다가 스스로 그치고 제멋대로 하여 캄캄한 곳으로 가게 된다(誠肯着實窮行, 則不可一日不講. 講則神情娓娓, 日精日進. 不講則自作自輟, 率意冥行.)"

> 후에는 『대학연의(大學衍義)』와 『연의보(衍義補)』를 읽는다. … 신시(申時)와 유시(酉時)가 교차하는 오후 다섯 시 쯤에는 정신이 나른하고 산란해지는 때이니 시문(詩文) 중에 통쾌하고 정신을 깨우게 해주는 것을 선택하여 … 큰 소리로 읽어서 혼미하고 나태해진 정신을 고조시킨다. 매일 저녁 일곱 시에서 아홉 시 사이의 초경에는 등불 아래에서 『자치통감강목』이나 염락관민(濂洛關閩) 및 하회요경(河會姚涇)[35]의 강학 어록을 읽는다. 읽기를 마치면, 정좌하고 … 매월 삭·망에 두 차례 모여 서로 덕행을 살피고 학업에 대해 물어보면서 서로 토론하고 연구하는 것을 도와준다. 공적으로 장부 하나를 장만하여 매일 동인(同人)들의 언행의 득실을 기록한다.[36]

「학정(學程)」은 주로 경전이나 시문(詩文)을 읽는 독서 및 마음을 가라앉히고 몸을 바르게 하는 정좌(靜坐) 등에 대한 절차와 방법 및 매월 이루어지는 소회(小會)의 시간· 의식과 내용을 중심으로 이야기하고 있다. 「학정」에 보이는 하루 동안의 공부 과정을 요약하면 아래와 같다.

1) 아침(早) : 여명에 일어나 잠시 정좌하고, 이어서 사서 등의 책을 읽는다. 정좌하는 이유는 '야기를 안정시키기 위한 것(定夜氣)'이다.
2) 낮(午) : 식사 전에 두 번째 향을 올리고 묵좌한다. 목적은 '야기를 이어가기 위한 것(續夜氣)이다. 식사 후에 『대학연의』 등을 읽는다. 신시(申時)와 유시(酉時)가 교차하는 오후 다섯 시 쯤에는 정신이 흐트러지기 때문에 좋은 고문(古文) 등을 읽는다.

---

35) "濂洛關閩"은 주돈이(周敦頤)·이정(二程)·장재(張載)·주희(朱熹) 등을 말하고, "河會姚涇"은 설선(薛宣)·진헌장(陳獻章)·왕양명·여남(呂柟)을 가리킨다.

36) 『二曲集』 卷13, 「關中書院會約·學程」, 116~118쪽. "每日須黎明即起, 整襟危坐少頃, … 飯後看四書數章, … 中午焚香默坐, … 飯後讀大學衍義及衍義補, … 申酉之交, 遇精神懶散, 擇詩文之痛快醒發者, … 從容朗誦, 以鼓昏惰. 每晚初更, 燈下閱資治通鑑綱目或濂洛關閩及河會姚涇語錄. 閱訖, 仍靜坐, … 每月朔望兩會, 相與考德問業, 夾輔切劘. 公置一簿, 以記逐日同人言行之得失."

3) 저녁(晩) : 초저녁에는 『자치통감강목』이나 송명시대의 강학 어록을 읽는다. 그 후 정좌하여 그늘의 생각의 잘잘못과 언행을 되돌아보고, 잘못이 있으면 분향하고 오래 꿇어앉아 스스로를 책망한다.

위의 하루 동안의 「학정」의 학습 과정은 크게 독서와 정좌 두 가지로 이루어져 있다. 이런 개인 학습 과정을 실천하고 난 뒤 또 매월 두 번씩 따로 모여 그 동안의 학습 상황을 서로 점검하면서 상보상성(相補相成)하는 촉진의 기회를 가지는 것이 「학정」의 주요 구성 내용이다. 「학정」을 통하여 이옹이 말하려고 하는 공부법(工夫法)은 이른바 "반일정좌(半日靜坐), 반일독서(半日讀書)"라는 관점을 생각나게 한다. 주자는 "하루에 반은 정좌하고 반은 독서하여 이런 식으로 1~2년을 한다면 발전하지 못할 것을 어찌 걱정할 필요가 있겠는가?"[37]라고 하였다. 명대의 고반용(高攀龍, 1562~1626』 역시 비슷한 이야기를 하고 있다.[38] 이옹은 정좌와 독서를 어떻게 결합하여 운용할 것인가를 「학정」을 통하여 설명하고 있다. 왜 이옹은 대형 공공 강학에 독서 이외에 매일삼좌(每日三坐)하는 정좌법을 적용하고 있는가? 이것이 노리고 있는 목적이나 효과가 무엇인지에 대해 아래에서 구체적으로 분석해 보려고 한다.

Ⅳ. 회과자신(悔過自新)을 통해 본 강학의 성격과 사회 교화

강학은 서원이 가지고 있어야 할 주요한 교육 기능 중의 하나이다. 서원이 가진 교육적 기능인 강학을 통하여 어떤 학파의 사상이나 이론을 호

37) 『朱子語類』 卷116. "用半日靜坐, 半日讀書, 如此一二年, 何患不進!"
38) 高攀龍, 『高子遺書』 卷1. "半日靜坐·半日讀書, 如此三年, 無不進者."

교론적(護教論的)으로 수호하고 전도(傳道)하기도 한다. 서원이 가진 교육적 기능은 학파의 이론을 전도하는 것 이외에도 문화 지식을 전파하는 일반적인 교학(教學)의 역할도 담당하고 있다. 어떤 학파의 사상과 이론을 전파하는 강학의 형식은 일종의 전도강학(傳道講學)이다. 이 경향은 남송 이후 매우 활성화되었다. 이런 형태는 어떤 대학자의 제자나 재전제자들이 자신들의 스승이 주장한 특정 사상과 이론을 전파하는 것에 그 목적이 있다. 이 같은 전도강학의 전형적인 경우는 상산(象山)서원이나 백록동서원 등에서 그 예를 찾아볼 수 있다.[39] 그렇다면 이옹이 행하였던 강학의 형태는 무엇인가?

이옹이 행한 강학 활동은 단순히 문화적 지식을 전파하는 일반적인 교학 활동도 아니고 동시에 어떤 특정한 사상과 이론을 전파하려는 것도 아닌 제3의 형태이다. 많은 학자들이 이옹의 철학이 양명학이냐 주자학이냐를 두고 논란을 벌이지만, 오히려 그 둘을 종합하고 소통시키고 있는 경향이 더 많은 것이 사실이다. 물론 지역적 특수성을 감안하여 장재와 풍종오를 중심으로 하는 관학(關學)의 예교(禮教)와 실천적 성격을 강조하고 있다는 점에서 전도강학의 성격이 전혀 없다고도 할 수 없지만 결코 적극적 전파라는 성격은 보이지 않는다. 이옹의 강학이나 철학에서 학파 귀속(歸屬)이나 학설 전파라는 점은 거의 강조되지 않고 있다. 그보다는 이옹의 강학이 가지고 있는 특징은 도덕 교화적인 것으로 이를 통해 백성과 사회를 교화하려는 시도에서 찾는 것이 더 합당할 것이다. 이런 맥락에서 당시 이옹이 주지(主持)한 강학의 상황을 「연보(年譜)」의 기록에 따라 살펴보도록 하자.

> 섬서(陝西) 총독(鄂善을 말함)·순무(巡撫)·포정사(布政使)와 안찰사(按察使)를 비롯하여 문지기와 순라군 등 하급 관리까지 모두 망라하고 명사·명현·진

39) 전도강학의 형태에 대한 더 상세한 내용은 鄧洪波의 『中國書院史』(上海: 東方出版中心, 2004), 155~156쪽을 참조 바람.

> 사·거공·문학 및 공부를 하는 사람 등 많은 사람들의 무리가 (강당의) 안과 밖을 모두 둘러싸 채우니 (강학을) 들으려고 기다리는 사람이 수천 명이었다. 선생은 학규(學規)와 회약(會約)을 정하시어 예의로 절제하고 심신(心身)을 가지런히 삼가하도록 하였다. 석 달 만에 또 한 번 거행하여 사람들이 (마음을) 연마하도록 자극하니 사람들의 풍습이 크게 변하였다.[40)]

위의 내용은 이옹의 나이 47~49년 사이에 섬서(陝西) 총독인 악선(鄂善)의 요청에 의해 관중서원에서 강학한 상황에 대한 묘사와 또 그것이 끼친 영향이 어떠했는가를 묘사하고 있다. 우선 여기서 언급할 수 있는 것은 강학에 참가한 청중들은 총독이나 순무 등 높은 관직에 있는 사람부터 문지기나 순라군 등 하급관리 및 여러 다양한 신분을 가진 사람들이 모두 포함된 수천 명이 모인 대형 공공(公共) 강학이라는 점이다. 과장된 표현으로 보이기는 하지만, 수천 명의 사람들이 강학에 참가하였다는 사실은 고관·하급 관리나 초학자와 일반 평민 모두 청중으로 참여할 수 있었다는 말이다. 또 강학의 내용이나 방향이 어떤 사상이론을 전파하려는 것이 아니라 심신의 가지런함과 절제 등의 실천적인 측면에 초점이 있는 것으로 보인다. 즉 유학의 이론을 구체화하고 실천화하는 방식을 통한 사회교화 혹은 민중계몽적인 성격이 강한 강학 활동으로 볼 수 있을 것이다.

이런 맥락에서 이옹은 사회교화라는 목적을 위해 회과자신(悔過自新)이라는 관점을 제기하고 있다. 회과자신은 자신의 잘못이나 허물을 뉘우치고 스스로 새롭게 한다는 말이다. 이것은 공자의 개과설(改過說), 즉 "잘못이 있으면 고치기를 꺼려하지 말라(過則勿憚改)"와 『대학』의 '일신(日新)'설을 결합하고 있다. 그는 "고금의 명유들이 세상을 구할 것을 제창한 것은 하나가 아니었다. … 비록 각 학파들의 종지가 다르지만 요약하면 모두 회과자

---

40) 『二曲集』「附錄三·年譜」667쪽. "公與撫軍藩臬以下, 抱關擊柝以上, 及德紳·名賢·進士·擧貢·文學·子衿之眾, 環階席而侍聽者幾千人. 先生立有學規·會約, 約束禮儀, 整肅身心. 三月之內, 一再擧行, 鼓蕩摩厲, 士習丕變."

신이라는 이 네 글자에서 벗어나지 않는다"[41]고 하였다. 이옹은 모든 유가들이 말하려는 핵심은 바로 회과자신에 있다고 말한다. 이미 언급하였지만 이옹은 국가의 멸망이나 사회부패가 발생할 수 있었던 근원을 마음의 바르지 못함에서 기인하는 것으로 보고 있다. 마음의 잘못이 바로 국가 멸망과 사회부패의 근본 원인이기 때문에 사회적 병을 치유하기 위해서는 마음을 바로잡는 회과자신이라는 실천이 우선적이고 필수적이다. 즉 사회적 병을 치유하기 위해서는 우선 마음속의 도적을 쳐부수는 것(破心中賊) 혹은 마음을 개혁하는 혁심(革心)이 먼저 선행되어야 한다는 의미이다. 이런 회과자신의 관점과 공부법을 그는 서원의 강학이나 회강(會講)에서도 적극적으로 적용하는데 「관중서원회약」의 「학정」에도 이런 내용이 보인다.

> 읽기를 마치면, 다시 정좌하여 이 날 하루의 마음 씀이나 생각이 올발랐는지, 말이나 행동에 과오가 없었는지에 대해 고요히 점검해보고, 한 가지 생각이 조금이라도 잘못되었거나 말 한 마디와 행동 하나가 조금이라도 법도를 어긴 것이 있으면 곧 분향하고 오래 꿇어앉아 절실하게 스스로를 징벌한다. 이렇게 날이 가고 달이 가서 오래되면 저절로 덕이 이루어질 것이다. 만약 의식이나 생각에 잘못이 없고, 언행에 과오가 없었다면 또 매일 밤 내가 오늘 어떤 선을 행했는지를 반드시 생각하여, 만약 있다면 그것이 바로 날로 새로워진 것[日新]이니, 이것을 일러 성덕(盛德)이라 하는 것이다.[42]

이옹은 이론적 지식보다는 몸소 실천하는 것을 더욱 중시하여, 자신의

---

41) 『二曲集』 卷1, 「悔過自新說」, 3쪽. "古今名儒倡導救世者非一, … 雖各家宗旨不同, 要之總不出悔過自新'四字."

42) 『二曲集』 卷13, 「關中書院會約·學程」, 117쪽. "閱訖, 仍靜坐, 默檢此日意念之邪正, 言行之得失, 苟一念稍差, 一言一行之稍失, 卽焚香長跽, 痛自責罰. 如是日消月汰, 久自成德. 卽意念無差, 言行無失, 亦必每晚思我今日曾行幾善, 有則便是日新, 日新之謂盛德."

심신을 먼저 점검(點檢)하는 것에서부터 시작한다. 그가 말하는 회과자신은 바로 자신의 생각이나 언행을 올바로 점검하고 잘못을 스스로 반성하여 치료하는 것에 있다고 보았다. 말하자면 회과자신은 바로 자아점검(Self-scrutiny)의 과정을 통하여 스스로 발전하고 날로 성장하여 자아의 전환을 이루는 과정을 말하고 있다. 이것이 바로 회과자신이다. 회과자신의 관점이 궁극적으로 노리는 목적은 시대와 사회가 처해 있는 병폐나 문제를 바로 잡는 것에 있다. 이 궁극적 목표를 이루기 위해서는 방법적으로 사람들 마음을 점검하고 바로잡는 것에서 출발하여야 함을 그는 극력 강조한다. 그러므로 이옹은 학문이나 사람됨의 문제는 물론이고 경세의 문제까지도 모두 회과자신이라는 관점을 벗어나지 않는 것임을 역설한다.

「관중서원회약」의 「학정」에서 이옹은 회과자신이라는 자아점검의 수양방법을 정좌(靜坐)를 통해서 실천하는 것에 대해 말하고 있다. 그는 이런 자아점검을 위한 정좌의 공부법은 바로 "정좌하여 마음을 깨끗하게 하는" 묵좌징심(默坐澄心)이다. 이옹은 회과자신을 실천하는 데 있어서 정좌법을 중요하고 그것을 효과적인 수양방법으로 삼고 있다.

> 내가 여기에서 논하는 학(學)에는 본래 정해져 있는 법이 없고, 공부에 손을 대기 시작하는 요령이 본래부터 따로 있는 것은 아니고, 오직 각자 스스로 입문(入門)하는 방법을 찾아야 하고 … 오로지 각자가 스스로를 비추어 돌아보고, 스스로 각자가 병든 곳을 찾아내어 어떤 병을 가지고 있는지를 알면 곧바로 스스로 그 병을 고치려고 생각하는데, 이것이 바로 입문이고 착수하는 것이다.[43)]

여기에서 이옹은 정해진 공부법이 따로 있는 것이 아니라 자신에게 적합한 방법을 찾으면 된다고 말한다. 우선 가장 중요한 것은 "스스로를 비

---

43) 『二曲集』 卷3, 「常州府武進縣兩庠彙語」, 27쪽. "我這裏論學, 本無定法, 本無一定下手之要, 惟要各人自求入門. … 只要各人回光返照, 自覓各人受病之所在, 知有某病, 卽思自醫某病, 卽此便是入門, 便是下手."

추어 각자가 가지고 있는 병을 찾아내고 어떤 병이 있는지를 알면 곧바로 그 병을 스스로 고치는 것"이다. 위에서 말하는 이옹의 학문적 태도는 다분히 치료적(治療的) 사유에서 다루어지고 있다. 문제는 개인이 가진 병이 모두 다르기 때문에 치료방법 역시 동일하지 않다. 증세가 다르면 치료 방법도 달라야 한다. "마치 사람이 병에 걸려 증세가 각각 다르기 때문에 약을 투여하는 것이 각각 다른 것과 같다"[44]고 하여 다양한 병증(病症)에 따른 치료방법이나 투약(投藥) 역시 다르게 조치되어야 한다고 말한다. 더욱이 마음의 잘못을 바로잡는 치료에 규정된 방법이 있는 것은 아니다. 여기에서 이옹은 자기 자신이 가지고 있는 잘못 즉 과오를 치료하는 효과적인 방법으로 정좌법 혹은 관심(觀心)을 말한다. 이 정좌법은 유가에서 보편적으로 행하던 공부법이지만, 이옹이 정좌를 강조하는 이유는 특별하다.

> 높은 근기(根器)를 가진 상사(上士)는 잘못에 대해 그것은 모두 나의 마음이 말미암은 것을 알고는 곧장 근원으로 향해 잘못을 제거하기 때문에 힘쓰는 것이 쉽다. 보통의 근기를 가진 중재(中材)는 약간 어렵겠지만, 정좌와 관심(觀心)으로 시작하면 되는 것으로, 정좌하면 잘못을 알 수 있고 잘못을 알면 잘못을 뉘우칠 수 있고, 잘못을 뉘우치게 되면 잘못을 고쳐서 스스로 새롭게 될 수 있다.[45]

위의 인용문을 통해 보면, 이옹의 정좌법은 유학의 난해한 철학적 이론을 모르는 일반인이나 보통의 근기를 가진 사람 누구나가 실천할 수 있는 공부법이다. 왜냐하면 근기가 높은 사람은 바로 곧장 회과(悔過)하여 자신(自新)할 수 있지만, 보통의 근기를 가진 사람 또는 일반의 평민들에게 이것은 결코 쉬운 일이 아니기 때문이다. 여기에서 그는 고요히 정좌하여 마

44) 『二曲集』 卷10, 「南行述」, 76쪽. "正如人之患病, 受症不同, 故投藥亦異."
45) 『二曲集』 「附錄二·二曲先生窆石文」, 611쪽. "上士之於過, 知其皆由於吾心, 則直向其根源剗除之, 故其爲力易. 中材稍難矣, 然要之以靜坐觀心爲入手, 靜坐乃能知過, 知過乃能悔過, 悔過乃能改過以自新."

음을 깨끗하게 하는 방법을 통해 회과자신의 실천에 착수(着手)할 것을 말한다. 정좌는 학문이 있는 사람이나 글을 모르는 사람 누구나 시도하고 실천할 수 있는 공부법이기 때문이다. 이옹의 정좌에 대한 강조는 어떤 의미에서 고도의 복잡한 유가의 철학적 사유 체계들을 일상(日常) 생활화하고 공공(公共) 교학화(教學化)하는 과정을 통하여 보통 사람 누구나 쉽게 실천할 수 있고, 접근할 수 있게 만드는 하나의 기획 혹은 시도라고 할 수 있을 것이다. 이것은 다름 아닌 유학의 실천화와 대중화를 의미한다.

Ⅴ. 맺음말

난삽한 신유학의 이론체계들은 일반 사람들의 접근을 그리 쉽게 허락하지 않는다. 이들은 사람들이 천도(天道)·심체(心體)와 성체(性體)의 의미를 체인(體認)하도록 하는 것에 최종 목표를 두고 있다고 하지만 이를 진정으로 완성하는 사람은 드물다. 게다가 많은 유자들은 방안에서 구두성현과 지상도학만을 외치고 있을 뿐이고 또 다른 유자들은 명리(名利)를 얻기 위해 과거에 몰두하고 있는 것이 바로 이옹이 묘사한 당시 유학의 상황이었다. 이런 유자들의 학문을 그는 속학(俗學)이라고 비판하고 정학(正學)의 수립을 강조한다. 정학은 단순히 개인의 명리를 추구하는 것이 아니라, 사람의 마음을 온전히 밝히는 것을 통해 백성과 사회를 교화하는 학문이다. 이것이 바로 진정한 학문이 가지고 있어야 할 공능이고 의미이다. '인심을 깨우치고' '학술을 바르게 밝히는' 정학을 실현하기 위한 가장 효과적인 방법을 이옹은 서원 강학에서 찾고 있다. 그가 말하는 강학은 다름 아닌 그의 경세관의 가장 기본적인 실천 내용이고 방식이다. 강학을 통해서 민중과 사회를 교화하는 이것이 그가 주장하는 경세의 핵심이다. 이것이 바로 그가 주장하는 명체적용이다.

『이곡집』에서 이옹이 행한 강학의 방식으로는 문답이 주로 많이 이용된다. 강학에 정해진 형식·역할 행위가 정해져 있었던 것은 아니고 상황에 따라 약간 달라지는 것으로 보인다. 공공적인 대형 강학 이외에 사제(師弟) 간의 임강(臨講)도 있고, 붕우(朋友) 서로간의 절차(切磋)를 도모하는 강학도 있다. 강학의 형식은 서원뿐만 아니라 몇 명의 동도(同道) 혹은 동지 간에 서로 모여 소규모로 호강(互講)하는 경우도 있었다. 또한 강학에 참석하는 사람들에 대해 말하면, 왕학(王學) 지식인들이 견지한 '유교무류(有教無類)'라는 원칙이 이옹에게도 그대로 계승되고 있는 것으로 보인다. 총독 등의 고관에서 순라군 등의 하급관리와 학인들이 참석하는 것은 물론이고 농상공가(農商工賈)가 다 모여서 몰래 청강하기도 했다는 기록이 있다.[46)]

이런 다양한 사람들을 모두 감동시키고 분발시켜 '사람들의 마음을 바로잡고 일깨우기' 위해서는 일방적인 경(經)이나 학리(學理)를 주입해서는 결코 효과를 내지 못한다. 오히려 다양한 역사 고사나 이학자들의 품행이나 생각들을 쉽고 흥미 있게 풀어 주어야 한다. 아울러 누구나 쉽게 자기 자신을 돌아보고 성찰할 수 있는 회과자신의 실천 공부 방법으로 이옹은 "정좌하여 자신의 마음을 깨끗하게 하는" 묵좌징심(默坐澄心)을 말하고 이것을 일상생활이나 강학에 적용하려고 한다.

이옹이 말하는 강학은 그 자체로 이미 '학술을 바르게 밝히는' 활동 과정이고, 또 유학의 복잡한 사유 체계들을 일상 속에서 생활화하고 실천하여 누구나 쉽게 '마음을 바로잡도록' 만드는 효과적인 방법이라고 할 수 있다. 또 공공적인 대형 강학 방식을 통해 뜻을 같이하는 사람들의 집단적인 힘을 하나로 모아 사회와 민중을 교화하고 계몽하려는 시도를 하고 있다.

---

46) 『二曲集』 卷10, 「南行述」, 76쪽. "先生在車都, … 即農商工賈, 亦環視竊聽."

【참고문헌】

『高子遺書』『論語』『朱子語類』
李顒 撰, 陳俊民 點校, 『二曲集』, 北京: 中華書局, 1996년.

鄧洪波, 『中國書院史』, 上海: 東方出版中心, 2004년.
梁啓超, 『中國近三百年學術史』, 太原: 山西古籍出版社, 2001년.
王涵 主編, 『中國歷代書院學記』, 北京: 首都師範大學出版社, 2020년.
陳來, 『中國近世思想史硏究』, 北京: 三聯書局, 2010년.

정병석, 「이옹(李顒)의 회과자신설(悔過自新說)과 치료적 사유」, 『철학』 98집, 한국철학회.

무강(武岡)의 시인 등보륜(鄧輔綸)·등역(鄧繹)과 청대 서원 교육

초영명(肖永明)

Ⅰ. 서론

등보륜(鄧輔綸), 등역(鄧繹) 형제는 청대 말기의 저명한 시인이다. 등보륜(1829~1893)의 자(字)는 미지(彌之)이다. 등역(1831~1900)은 보역(輔繹)이라고도 불렀으며, 자(字)는 보지(葆之), 또는 신미(辛眉)라고도 한다. 이들은 호남(湖南) 무강주(武岡州) 남향대전(南鄉大甸) 사람이다. 형제는 젊었을 적에 왕개운(王闓運), 이황선(李篁仙), 용여림(龍汝霖)과 함께 '난림사사(蘭林詞社)'를 창건한 바 있는데, 세간에서는 이들 다섯 사람을 상중오자(湘中五子)라고 불렀다. 이후 그들은 동광체(同光體)와 이름을 나란히 하는 '호상시파(湖湘詩派)'를 창립, 청대 말기 시단(詩壇)에 막대한 영향력을 끼치게 된다.

등보륜의 저작으로는 『백향형시집(白香亭詩集)』 등이, 그리고 등역의 저작으로는 『운산독서기(雲山讀書記)』, 『조천당시문집(藻川堂詩文集)』 등이 유명하다. 당시 등씨 형제는 왕개운과 뜻을 같이 하였으며, 담사동(譚嗣同)은 그들을 '서가항안(庶可抗顏)'이라는 국조(國朝) 시단의 호상 시인으로 보았다.[1] 왕개운은 심지어 『등랑중묘지명(鄧郎中墓志銘)』에서 "증(국번), 호(림익)가 무(武)를 논하고 이등(二鄧) 형제가 문(文)을 떨치니, 여러 현인이

1) 周清澍, 『再釋陳寅恪「先君致鄧子竹丈手箚二通書後」』, 『中華文史論叢』 2020年, 第4期.

이에 호응하여 편편이 모여들었다."[2] 라고 말했다. 즉 그는 등씨 형제를 당시 지고한 유명세와 지위를 자랑했던 호군통령(湘軍統領) 증국번(曾國藩), 호림익(胡林翼)과 나란히 견주어 본 것이다. 사실 이러한 평가에는 어쩌면 사적인 감정이 일부 반영되어 있을지도 모른다. 예컨대 왕씨(王氏)와 등씨(鄧氏)의 혼반 관계라는 특수한 요소가 영향을 끼친 판단일 수도 있다는 것이다. 그러나 왕개운의 이러한 주장은 결코 사실무근인 것도 아니다.

등보륜, 등역은 모두 서원과 끊을 수 없는 인연을 맺고 있다. 어린 시절, 두 형제는 모두 성남서원(城南書院)에서 글을 읽었다. 중년 이후 등보륜은 무강(武岡) 관란서원(觀瀾書院), 협강서원(峽江書院), 신녕서원(新寧書院), 형양동주(衡陽東洲) 선산서원(船山書院), 정주(靖州) 학산서원(鶴山書院)에서 차례로 강학을 맡았으며, 무강(武岡) 희현정사(希賢精舍), 남경(南京) 문정서원(文正書院)에서 산장직을 역임하였다. 훗날 그는 문정서원 강사(講舍)에서 병사(病死)하게 된다. 그리고 등역은 장사(長沙) 교경당(校經堂), 하남(河南) 치용서원(致用書院), 무강(武岡) 희현정사(希賢精舍) 및 무창(武昌) 양호서원(兩湖書院)을 거치며 강학을 맡았다.

등씨 형제는 당시 시단(詩壇)의 대가로서 오랫동안 서원 교육에 종사하였으며, 그들이 강학한 서원은 호남, 호북, 하남, 강소성 등지에 고루 퍼져 있다. 그 가운데에는 호서남(湖西南) 지역 끝자락 벽지에 위치한 지방 향현이 창건한 향촌서원이나 지방의 고관(高官)이 창건한 주부(州府), 성급(省級)서원도 있었다. 그들의 교육 활동은 청대 말기 서원 교육사상 가장 중요한 지위를 차지한다. 등보륜, 등역의 서원교육 활동의 생애를 연구하는 것은 중국 근대 사회의 변천이라는 거대한 흐름 아래 전통 사인들의 생활 태도 및 정신세계를 이해하는 데 큰 도움이 된다.

또한, 두 사람의 교육 활동은 도광(道光), 함풍(鹹豐), 동치(同治), 광서

2) 王闓運, 『鄧郎中墓志銘』, 見朱則傑『晚淸作家集外詩文輯考』, 『閱江學刊』 2011年, 第4期 : "曾胡講武, 二鄧昌文. 群賢響應, 濟濟翩翩."

(光緖) 연간에 길게 걸쳐 있는데, 이 주요 활동 시기는 서원 제도가 발전, 변화하는 마지막 시기에 해당한다. 등역이 병사한 바로 이듬해 조정에서는 서원 개제령을 하달하였고, 이에 중국 서원 제도사 천 년이 막을 내리게 되었다. 그러므로 등씨 형제는 그야말로 서원 제도의 황혼기에 활동한 교육가들로서 당시 서원 전통 교육이 시대의 격변에 조응하여 변형되는 과정을 몸소 경험하고 지켜보았다. 그러므로 우리는 그들의 서원 교육 활동을 추적해봄으로써 당시 서원과 사회의 변화 과정을 구체적으로 살펴볼 수 있을 것이다.

Ⅱ. 이등(二鄧)이 문(文)을 제창하다: 청대 말기, 역사의 무대에 선 등보륜과 등역

등씨 형제의 부친은 등인곤(鄧仁堃, 1804~1866)이라는 인물이다. 그는 도광 5년(1825)에 등용되어 사천(四川) 기강(綦江) 등지에서 지현(知縣)을 역임하였고, 함풍 원년(1851)에는 강서(江西) 남창(南昌)에서 지부(知府)로 재임하면서 독양도(督糧道)직을 맡았다. 이후 그는 포정사(布政使), 안찰사(按察使)를 겸임하면서 정치적 명성을 떨치게 되었다. 이후 강서 지역에서 재임하던 시절 그는 강중원(江中源, 1812~1854), 증국번(曾國藩, 1811~1872), 나택남(羅澤南, 1808~1856) 등의 인물과 더불어 태평군(太平軍)을 막아내기도 하였다. 이러한 등인곤의 경력은 훗날 등씨 형제의 교유 활동에도 영향을 미쳤다.

등보륜은 부친 등인곤의 기강 지현 관사에서 출생하였다. 그는 "어릴 적부터 빼어난 지혜를 가지고 있었다.(幼有神慧)"[3]고 한다. 그는 다섯 살부터 시를 읊을 수 있었으며, 13세에 입반(入泮)하였고, 15세에 보주학(補州

3) 王闓運『湘綺樓詩文集』卷九, 長沙: 嶽麓書社, 1996年, 第2160頁.

學)의 늠생(廩生)이 되었다. 이후 그는 장사 성남서원에서 학문을 시작하였다. 여기에서 등보륜의 재능은 더욱 꽃을 피우게 된다.[4] 그는 동생 등역과 더불어 왕개운, 이황선, 용여림과 교유하면서 깊은 우애를 맺게 되었다. 등보륜은 일찍이 왕개운과 더불어 "노년에 형양의 눈보라를 함께 뚫고 들어가 잔사(殘寺), 여관에 머무르면서 함께 술을 마시고 시를 논하는 것을 즐거움으로 삼았다"[5]고 전해진다. 그들은 의기양양하게 시부를 짓고 낭송하였으며, 서로 죽이 잘 맞아 이른바 '난림사사(蘭林詞社)'를 결성하였으니, 이에 '상중오자(湘中五子)'라고 불리게 되었다. 그들은 약관의 나이에 문단에서 두각을 보였으며, 다섯 사람이 핵심이 되어 호상시파를 형성, 청대 말기 한때 시단에서 명성을 떨쳤다.

등보륜은 호상시파의 지도자로서 『백향형시집(白香亭詩集)』 세 권을 지었다. 이 책은 수많은 각본(刻本)으로 구성되어 각지에 널리 전파되었다. 또한 그의 시는 그 시대뿐만 아니라 후대에도 끊임없이 찬양받은 것으로 보인다.[6] 예컨대 왕개운은 『논작시지법(論作詩之法)』에서 등보륜을 위원(魏源)의 시와 나란히 하면서 "옛 품격을 잃지 않으면서 새로운 뜻을 드러낸 것은 위원과 등보륜이 아니겠는가?"[7] 라고 말한 바 있다. 또한 비행간(費行簡, 1875~1953)이라는 학자는 『근대인명소전(近代名人小傳)』에서 등보륜을 일컬어 "수많은 인물 가운데 일대(一代) 대종(大宗)이다."[8]라고 평하였다. 근대 강서파(江西派)에 속하는 사인(詞人), 화가이자, 청대 말기 강소제학사(江蘇提學使) 겸 상해(上海) 복단(復旦), 중국 공학(公學) 등 학교에서 감독을 역임한 하경관(夏敬觀, 1875~1953)은 그를 "현동(賢同) 상인(湘人) 가운

4) 王闓運『湘綺樓詩文集』卷九, 長沙: 嶽麓書社, 1996年, 第425頁. "同郡鄧顯鶴·湘陰左宗棠歎爲異材."

5) "於歲暮同走衡陽風雪中, 宿廢寺或逆旅, 酌酒談詩以爲樂."

6) 蕭曉陽『湖湘詩派研究』, 北京: 人民文學出版社, 2008年, 第166-184頁.

7) 王闓運『湘綺樓詩文集』, 長沙: 嶽麓書社 1996年9月, 第367頁. "不失古格而出新意, 其魏源, 鄧輔綸乎?"

8) 費行簡 :『近代名人小傳』,『近代中國史料叢刊』, 第385頁. "蔚然爲一代大宗."

데 시에 능한 이는 무강 등미지 선생과 상담 왕임추 선생이라. … 두 선생의 경향이 매우 다르나 모두 글솜씨가 탁월하니 그 신묘함이 오묘하고 아득하다."[9]고 말하였다.

시인으로서 등보륜의 영향력은 지대하여 한때 그의 수많은 시수가 유행하였다. 그러나 상대적으로 그의 관직 생활은 결코 순탄치 못했다. 등보륜은 함풍 원년(1851) 부공생(副貢生)이 되었고, 이후 지원을 받아 북경의 내각중서(內閣中書)로 임용되었다. 태평군이 강서 지역으로 진격해올 때 그는 귀향하여 '보경동지군(寶慶同志軍)'을 조직, 부친이 남창성을 지키는 것을 도왔다. 함풍 6년(1856) 그는 명을 받아 '강군(江軍)'을 이끌고 무주(撫州), 호구(湖口) 등지에서 태평군과 전투를 벌였으며, 비록 여러 차례 승리를 거두었으나 종국에는 전멸이라는 파국을 맞게 된다. 이에 등보륜은 탄핵, 파면되어 5급으로 좌천되었다.

함풍 8년(1858) 등보륜은 증국번의 휘하에 들어가게 된다. 이듬해 그는 또 권신 숙순(肅順)의 휘하에 속하게 되어 왕개운 등과 더불어 소위 '숙문호남육자(肅門湖南六子)' 가운데 일 인으로 불리게 된다. 이때, 증국번의 주청으로 말미암아 그는 절강(浙江) 후보도(候補道)를 맡게 된다. 함풍 10년(1860) 그는 부임 후 절강 순무 왕유령(王有齡, 1810~1861)의 명을 받고 순성(巡城)하게 된다. 함풍 11년(1861) 항주성(杭州城)이 파괴되고 왕유령이 전사하였으니, 등보륜은 어찌할 방법을 찾지 못하고 호성하(護城河)에 뛰어들어 목숨을 구하였고, 그대로 걸어서 고향으로 귀향한다. 이 일로 문책을 피할 수 없게 된 그는 다시 탄핵당한다. 좌종당이 상소를 올려 설명하였으나, 결국 동치 3년(1864)에 면직당하고 이 외에 별다른 처벌은 받지 않았다.

이상과 같이 불과 수년 사이에 당한 두 차례의 탄핵과 면직은 천하를 주름잡던 등보륜에게 큰 타격을 주었다. 벼슬길에서의 좌절한 경험으로 인

---

9) 陳銳, 『抱碧齋集』, 長沙: 嶽麓書社, 2012年, 第1頁. "賢同間湘人能詩者,推武岡鄧先生彌之·湘潭王先生壬秋. … 兩先生頗異趣, 然皆造詣卓絕, 神理緜邈."

해 장년의 그는 낙심을 금치 못하고 벼슬길을 단념한다. 이에 그는 시골로 물러나 폐문하고 저술에 몰두하거나 아니면 사방을 유람하거나 시를 짓고, 술을 마시며 노래를 부르거나 생도들을 가르쳤다. 바로 이 시기에 등보륜은 그의 서원 교육 활동을 시작하였다.

등역은 등인곤의 차남이자 등보륜의 동생이다. 보역(輔繹)이라 부르기도 하고, 자(字)는 보지(保之) 또는 신미(辛眉)이다. 등역은 어린 시절부터 재질이 빼어났으며, 5살에 시를 읊었다고 전한다.[10] 그의 재질과 학식은 당시 많은 이들에게 주목받았는데 명성과 영예의 아름다움이 일대에 미쳤다고 전해진다.[11] 실제 약관의 나이에 그는 형과 함께 성남서원에서 학문을 시작하였고, 함께 '난림사사'를 결성하고 '상중오자'의 일 인이 되었다. 이후 태평군이 궐기하자, 그는 일찍이 무강에서 저항군을 조직하였다. 동치 원년(1862) 그는 좌종당의 휘하로 들어가 전공을 세웠고 원외랑(員外郎) 직을 부여받았으며, 절강 지부가 되어 화령(花翎)을 하사받았다. 그러나 훗날 화령으로 인해 여러 우여곡절을 겪은 탓에 그는 이를 사양하고 명령을 거부하였다.[12]

동치 5년(1866) 부친상으로 인해 무강으로 귀향한 그는 폐문하고 독서에 열중하였다. 이때 수많은 책을 읽고 입으로 낭송하였는데 거의 십여 만 권의 책을 읽었다고 한다.[13] 그의 저술로는 『정언(井言)』, 『운산독서기(雲山讀書記)』가 있으며, 그 분량은 거의 백만여 자에 이른다. 『운산독서기』는 내학(內學), 외치(外治), 담예(譚藝) 세 부분으로 나뉜다. 내학은 덕행(德行)을 말하는 것이며, 외치는 정사(政事)를 논하는 것이고, 담예는 모두 언어, 문학의 지엽적인 것을 이야기한 것이다.[14] 광서 4년(1878) 등역은 동쪽

10) "君髫齡穎秀, 五歲能詩."

11) 王闓運, 『鄧郎中墓志銘』, 見朱則傑 『晚清作家集外詩文輯考』, 『閱江學刊』 2011年 第4期. "聲譽之美, 遠近推襟."

12) 『湖湘詩派研究』

13) "博覽篇籍, 口吟手披, 凡所經覽數十萬卷."

으로 유람을 떠나 절강, 강소, 강서 세 성을 떠돌았다. 이때 관리들이 다스리는 바에 득실이 있음을 보며 세태를 걱정하는 뜻을 넓히게 되었고, 안으로는 배운 바를 내증(內證)하게 되었다.[15] 광서 8년(1882) 이후 그는 진보잠(陳寶箴), 장지동(張之洞) 등의 요청에 부응하여 장사 교경당, 하남 치용서원, 무강 희현정사, 무창 양호서원 등지에서 강학하였다. 광서 19년(1893)에 다시 귀향하여 줄곧 그곳에서 살았다.

등역은 유학적 조예가 깊은 인물이었다. 그는 어릴 때부터 성학(聖學)에 뜻을 둔 바가 있었고, 배움은 반드시 추로(鄒魯)의 학문으로 귀결해야 한다는 생각을 지니고 있었다.[16] 그는 유가의 경세치용(經世致用) 전통을 계승하되 드넓고 간명한 학문을 생각하며, 세상에 널리 쓰이고자 하였다.[17]

그래서 학문을 닦고 밝히는 데 뜻을 두고, 이로써 세상에 도움이 되도록 노력하며 저술에 힘썼다.[18] 실제 일평생 절차탁마(切磋琢磨)하며 만여 수의 시를 지었고, 『조천당시집(藻川堂詩集)』, 『운산독서기(雲山讀書記)』, 『조천당담예(藻川堂譚藝)』, 『조천당문집(藻川堂文集)』 등의 저작을 남겼다.

Ⅲ. 청대 말기 서원의 위기와 서원개제

서원 제도는 중국의 독특한 일종의 문화교육조직이자, 중국문화사에 있

14) 鄧繹, 『雲山讀書記·引』, 『鄧繹集』, 北京: 光明日報出版社, 2016年版, 第238頁. "日內學, 言德行；日外治, 言政事也；其日譚藝, 皆言語文學之支流."

15) 鄧繹, 『東遊詩序』, 『鄧繹集』, 北京: 光明日報出版社, 2016年版, 第2頁.

16) 鄧繹, 『複兩粵制軍張香濤之洞』, 『鄧繹集』, 北京: 光明日報出版社, 2016年版, 第297頁. "有志聖學", "學必以鄒魯爲歸."

17) 鄧繹, 『東遊詩序』, 『鄧繹集』, 北京: 光明日報出版社, 2016年版, 第2頁. "思爲宏簡之學以周世用."

18) 鄧繹, 『東遊詩序』, 『鄧繹集』, 北京: 光明日報出版社, 2016年版, 第2頁. "意在修明學術,裨補當世."

어 중요한 지위를 차지하고 있다. 서원은 당대(唐代)에 기원을 두고 있으며, 송대(宋代)에 형태가 갖추어져 원(元), 명(明) 그리고 청대(淸代)에 걸쳐 줄곧 흥성하였다가 청대 말기에 이르러 점차 쇠락을 거듭하였다. 중국에는 광서(光緖) 27년(1901) 서원개제(書院改制) 명령으로 말미암아 학당으로 개조되었다. 이로써 중국사상 천여 년의 역사를 자랑하던 서원은 제도 차원에서 역사의 뒤안길로 사라지게 된다.

청대는 서원 흥성의 절정기에 해당한다. 당시 서원의 지역 분포를 살펴보면 신강(新疆), 서장(西藏) 지역을 제외하면 전국 각지 성(省)에 모두 보급되어 있었다. 또한 서원의 수량으로 말하자면, 종래 서원을 중건, 수복한 곳을 제외하고 청대에 들어 새롭게 건립된 서원만 해도 3,700개 소에 달한다.[19] 동치·광서 연간은 서원 발전의 마지막 단계라 할 수 있다. 당시 태평천국운동이 진압된 이후 최고 통치자의 노력과 더불어 서원의 짧은 부흥기가 있었다. 백신양(白新良) 선생의 통계 조사에 근거하면, 동치 연간 새로 건립된 서원은 366개소이고, 수복·중건된 종래 서원은 14개소이다. 그리고 광서 연간 새로 건립된 서원은 671개소에 달하며, 수복·중건된 서원은 1개소이다. 이 양대 연간에 새롭게 건립되거나 수복된 종래 서원은 도합 1,062개소에 달하는데, 이는 청대에 건립된 서원 총량의 4분의 1에 상당하는 수치이다.[20] 그러므로 수량만 고려해본다면, 동치·광서 시기에 서원 수가 가장 빠르게 증가하여 큰 번영을 이룬 현상이 확인된다.

그러나 이 시기 서원이 흥성하는 가운데에도 몇몇 위기가 숨어 있었다. 전체적으로 보면, 옹정(雍正), 건륭(乾隆) 시기부터 청대 서원의 지위에 변화가 발생하였다. 서원은 나날이 과거(科擧)의 부수적 용도로 변질되기 시작했고, 서원의 교학(敎學) 또한 과거 응시를 목표로 삼게 되었다. 송명 시기 이래로 서원은 개인 품덕의 함양과 인격 수양, 명리구도(明理求道)를 강

19) 白新良, 『中國古代書院發展史』, 天津: 天津大學出版社, 1995年版, 第122頁.
20) 白新良, 『中國古代書院發展史』, 天津: 天津大學出版社, 1995年版, 第236頁.

조하였으며, 자유로운 강학과 창의적인 학술풍토를 추구하였을 뿐만 아니라, 가르침에 분별을 두지 않고(有教無類), 사생 간의 돈독한 감정과 교학상장을 추구하여 함께 도(道)로 나아가는 것을 중시하였다. 이러한 서원의 주요 정신은 점차 상실되어 많은 폐단이 출현하였다. 이러한 상황이 청대 말기에는 더욱 심각해졌고, 서원의 발전에 많은 장애를 일으켰다.

한편으로는 당시 대부분 사인(士人)은 취향이 비루하고 수준이 저속하여, 과거 급제로 공명(功名)을 이루어 일약 고장(膏獎)을 취하는 데 급급할 따름이었다. 그렇기 때문에 그들은 명덕신민(明德新民), 수기치인(修己治人)과 같은 것에는 관심을 두지 않았고, 학자로서 학문을 수행하는 취지 또한 잃어버리고 말았다. 당시 서원에서 사인들의 학습 풍조에 대해, 어떤 학자는 일찍이 다음과 같이 날카로운 비판을 하였다.

> "오늘날 서원의 과시(課試)에 응시하는 이들은 오로지 팔비오언(八比五言)에만 힘쓰니, 천박하고 고루하여 말단에 천착하고 근본을 잃어버렸다. 심지어 고장(膏獎)의 많고 적음을 재어보고 공명의 순서를 다투면서 떠들썩하게 아우성치니 거만하기는 이를 데 없고 덕이라고는 찾아볼 수 없다. 서원이 오히려 여러 유생(儒生)을 병들게 만들어버리니, 어찌 교화의 족함을 말할 수 있겠는가?"[21)]

> "사인들이 경박하기가 끝없이 심해진다. 그들이 주야를 불문하고 외는 것은 시문(時文) 첩괄(帖括)에 지나지 않는다. 그런데 조그마한 고화(膏火)를 경솔하게 탐내어, 심지어 수수백발이 되도록 서원에 남아 공부하는 이도 있다."[22)]

---

21) 葛其仁, 『書院議』, 載陳穀嘉·鄧洪波, 『中國書院史資料』, 杭州: 浙江教育出版社, 1998年版, 第1951頁. "今之應書院課者, 惟八比五言之是務, 弇淺固陋, 逐末忘本, 甚者較膏獎之多寡, 爭名第之先後, 叫囂拍張, 以長傲而損德, 則書院反爲諸生病矣, 何教化之足雲."

22) 劉錦藻, 『清朝續文獻通考』二, 卷100, 『學校七』, 上海: 商務印書館, 1936年版, 第8598頁. "士子以儇薄相高. 其所日夕咿唔者, 無過時文帖括, 然率貪微末之膏火, 甚至有頭垂垂白不肯去者."

"의기소침하고 뜻이 없으며, 학규를 어지럽히고, 남의 이름을 빌려 표절을 일삼으니, 격조가 땅에 떨어지고 말았다."[23]

생도들은 교학의 주체이다. 그럼에도 서원 생도들의 뜻과 학풍이 이러했으니, 서원은 자연히 공명과 이록(利祿)을 취하는 장소로 변질될 수밖에 없었고, 이에 도를 밝히고 백성들을 구제하는 인재를 배양하는 것은 몹시 어려운 일이 되었다.

이러할 뿐만 아니라 몇몇 서원에서는 적당한 산장조차 초빙할 수 없게 되었다. 누군가는 품행이나 학식이 그 지위에 어울리지 않았고, 또 어떤 서원에서는 직무를 행하기에는 너무나도 노쇠한 사람을 임용하여 자리를 채울 수밖에 없었다.[24] 도광·함풍 연간 동성(桐城)의 학자 대균형(戴鈞衡, 1814~1855)은 『동향원사의(桐鄕院四議)』에서 당시 서원 산장 채용은 사사로운 감정에 얽매여 이루어지는 경우가 많았음을 비판하며 다음과 같이 진술하고 있다.

"원대의 서원 산장과 학정(學正)은 교유했을 뿐만 아니라, 더불어 관선(官選) 예부(禮部)에 올랐다. … 오늘날은 더 이상 이렇지 않다. 성회 서원의 대부(大府)가 그것을 주관한다. 산부서원(散府書院)에서는 태사(太司)가 이를 주관한다. 과거 시험으로 서로를 높이고, 마음으로 서로 결합하니, 산장으로 초빙된 이가 반드시 덕이 있는 현명한 사람일 필요가 없어졌고, 다만 초빙을 담당하는 이와 집안끼리 서로 통하거나 그러한 연고가 있는 이들이 청탁하게 되었다. 그리고 주(州), 현(縣) 서원에서는 목령(牧令)이 스스로 이를 주관할 수 없어서, 지방관(大吏)이 잘 알고 있는 인물을 추천하여 산장을 뽑는다. 종종 오랜 시간이 지나도

---

23) 張之洞, 『勸學篇』上, 『張之洞全集』 第十二册, 石家莊: 河北人民出版社, 1998年版, 第9718頁. "頹廢無志, 率亂學規, 剿襲冒名, 大雅掃地矣."

24) 劉錦藻, 『淸朝續文獻通考』二, 卷100, 『學校七』, 上海: 商務印書館, 1936年版, 第8598頁.

> 만나볼 수 없으면, 속수(束脩)를 마련하여 상관에게 뇌물로 줄 따름이다."[25]

말하자면, 인재 양성이라는 책임을 지고 있는 산장의 지위가 인정(人情) 거래의 수단이 되어버린 것이다. 심지어 어떤 서원에서 초빙한 산장은 향대부(鄉大夫) 출신의 노인이되 배운 것이 별로 없고, 경사(經史)의 직함을 가지고 있되 수(數)에 밝지 못한 이도 있었다.[26] 또 어떤 서원에서는 산장들이 원직을 수행하지 않고 급료만 받는 경우도 있었다. 이러한 산장은 제자와 함께 생활하기는커녕, 자신의 언행으로 직접 가르침을 전수하는 일 또한 거의 없었다. 당연히 학생의 다양한 재질에 따라 가르침을 행하는 식의 고상한 방식은 거론할 필요도 없을 것이다.

건륭 원년(1736) 고종(高宗)은 서원 산장의 임직 자격을 명확히 하라는 조서를 발포하였다. 여기에는 산장의 품행, 학식 및 명성에 관한 규정이 포함되어 있다.

> "모든 서원의 산장은 반드시 경명행수(經明行修)하고 여러 선비의 모범이 될 수 있어야만 한다. 이러한 자를 예(禮)로써 초빙하여야 할 것이다."[27]

청대 말기 서원의 산장 초빙의 병폐는 비록 보편적인 현상은 아니었으나, 이러한 상황의 출현 자체는 당시 서원 제도가 이미 여러모로 쇠락하였

---

25) 戴鈞衡, 『桐鄉院四議』, 載盛康輯, 『皇朝經世文續編』 卷65, 禮政5, 『學校下』, 台北: 文海出版社印行, 第393頁. "元時山長與學正教諭並列爲官選於禮部 … 近世則不然, 省會書院大府主之. 散府書院, 太司主之. 以科擧相高, 以聲氣相結, 其所聘爲山長者, 不必盡賢者有德之士類, 與主之者有通家故舊或轉因通家故舊之請托, 而州縣書院則牧令不能自主, 其山長悉有大吏推薦, 往往經歲弗得見, 以束修奉之上官而已."

26) 黃以周, 『史說略』 卷四, 『論書院』, 載陳穀嘉·鄧洪波, 『中國書院史資料』, 杭州: 浙江教育出版社, 1998年版, 第1956頁. "鄉大夫之耄而無學, 並經史之名不能悉數."

27) 『欽定學政全書·書院事例』, 載 『近代中國史料叢刊』 正編 第30輯, 台北: 台灣文海出版社, 1974年版, 第1523頁. "凡書院之長, 必選經明行修, 足爲多士模範者, 以禮聘請."

음을 시사한다. 이 때문에 조정 차원에서 구체적인 관련 규정이 하달된 것이다. 서원의 생도, 산장뿐만 아니라, 청대 말기 서원 교육의 내용에도 심각한 문제가 있었다. 과거 시험의 내용이 점점 공소(空疏)화되는 가운데 서원은 과거 시험과 더욱 긴밀한 유착 관계를 맺고 있었고, 서원의 구성원들 또한 공리(功利)에 천착하게 되었다. 이 때문에 수많은 서원의 교육 내용은 과거라는 지극히 협소한 범위에 한정되어 있었다. 그래서 다양한 수신양성(修身良性) 및 인격의 수양과 처세, 경세(經世), 치국(治國)에 관한 지식 또는 직능 교육은 더 이상 그 교학 범주에 속하지 않게 되었다. 당시 수많은 학자가 이 병폐에 대해 통감하고 있었고, 그 상황은 다음과 같이 묘사된다.

> "과거 시험의 격식(格式)이 되어버린 서원은 마치 첩괄로 과명(科名)을 취하는 것 외에는 어떠한 학문도 없는 것으로 보고 있다".[28)]

광서 14년(1888)부터 16년(1890) 사이, 호남학정(湖南學政)에 재임하고 있었던 장형가(張亨嘉, 1847~1911)는 서원의 생도들이 성인의 경전과 선유(先儒)의 주소(注疏)를 버리고, 지난 역사를 읽지 않으면서 시문(時文)만 읽고 있다고 비판했다.[29)] 그렇기에 애써 배운 것들이 소용이 없게 되었으며, 인재들이 점점 줄어들면서 중국(中國)이 나약해지고 있다고 여겼다. 광서 21년(1895) 대신(大臣) 호율분(胡燏棻, 1840~1906)은 『조진변법자강소(條陳變法自强疏)』라는 글을 올리면서 서원, 의숙(義塾)이 "팔고(八股), 시첩(試帖), 사부(詞賦), 경의(經義) 외에는 그 무엇도 강구하지 않는다."[30)]고

---

28) 郭嵩燾, 『養知書屋詩文集』 卷十四, 『送朱肯甫學使還朝序』, 台北: 台灣文海出版社, 1983年版, 第714-715頁. "一擧科擧程式被之書院, 視若帖括取科名外無有學問者."

29) 張亨嘉, 守沅集·複朱其懿書, 北平: 香山慈幼院 1936年 刊本, 第56頁. "舍聖人之經典·先儒之注疏與前代之史不讀, 而讀其所謂時文."

30) 胡燏棻, 『條陳變法自强疏』, 載朱有瓛, 『中國近代學制史料』 第一輯 下册, 上海: 華東師範大學出版社, 1986年版, 第473頁.

하면서 이것이 사인(士人)의 정력을 크게 낭비하게 만들고, 진정한 인재를 배양할 수 없게 되었다고 지적하였다.

서원 제도의 피폐화, 비루한 사풍(士風), 그리고 공소(空疏)한 학풍 등등, 당시 학자들의 서원 제도에 대한 각종 격앙된 비판에는 다소 편향적인 성격이 발견되는 것 또한 사실이다. 그러나 분명한 사실은 청대 말기에는 이미 오랜 적폐로 인하여 서원의 본래 정신이 퇴락한 상황이었다는 것이다. 서원의 정신이란 서원 발전에 있어 마치 영혼과도 같은 것이다. 그런데 서원 정신을 위배하는 많은 악습이 이어지면서 서원 내부의 동력이 점차 사라지게 되었고, 이에 큰 위기가 발생한 것이다. 무엇보다도 중요한 점은, 세상의 풍토와 사습(士習)은 서로 거울과도 같아서, 서원의 사습과 학풍으로부터 당시 사회 전체의 쇠퇴가 확인된다는 점이다. 즉 당시 중화 문명이 직면한 거대한 위기가 서원의 이러한 퇴폐적인 풍토 속에서 떠오르고 있었다고 할 수 있다.

수많은 지식인이 이러한 위기를 민감하게 느끼고 있었는데, 그들은 중화 문명이 "수천 년 이래 미증유의 거대한 변화 국면"에 놓여 있음을 깨달았다. 이러한 위기의식으로 말미암아 그들은 서원 교육에 대해 반성하였을 뿐 아니라 서원을 개혁하고, 학풍을 재정비하고 나아가 사습(士習)을 교정하는 데 온 힘을 기울였다. 1860년대부터 1890년대 중반까지 갑오전쟁(甲午戰爭)이 온 대륙을 휩쓸자 '서원개혁운동' 또한 막을 올리기 시작한다. 지금까지의 연구에 따르면 당시 수많은 서원이 사회 세태에 조응하여 변화를 모색·실천하였고, 과거 서원의 낡은 누습(陋習)을 타파하고 팔고(八股)를 지양함으로써 '경세치용'이라는 전통 학풍을 부흥시키려 노력하였다.

어떤 서원에서는 서학(西學) 또는 서예(西藝)를 중시하여 교과목에 반영하였고, 또 어떤 서원에서는 '중서겸과(中西兼課)'를 강조하면서 중학(中學)을 주로 삼고 서학(西學)을 부용으로 두어 교과목 및 분과 설치, 그리고 교육법 등 여러 차원에서 구식서원에서 신식 학당으로 나아가는 교량을 마련하였다. 예컨대 광동(廣東) 만목초당(萬木草堂)과 같은 서원은 중국과 서양의 학문을 함께 가르치는 독특한 풍모를 보였다. 이곳은 전통 서원의 '형식'과 신식 학당의 '교육 내용'을 겸비함으로써 구(舊)서원과 신식 학당 사이의 어딘가에서 나름의 역할을 행한 것이다. 이러한 다양한 형태의 서원들은 각기 그 변화의 역점은 달랐으나, 모두 과거 시험을 지양하고 학문을 통해 치용(致用)을 도모하려 했다는 점에서 공통점을 찾을 수 있다. 이러한 개혁의 전반적인 추세를 살펴보면 모두 '중서겸용(中西兼用)'으로부터 점차 서학, 실학에 관한 교과목을 늘리는 방향으로 이행하였다고 볼 수 있다.[31)]

갑오전쟁 이후 서원 개혁은 다시금 새로운 단계로 접어들게 된다. 조정과 민간 모두에서 서원의 폐단을 비판하는 목소리가 점점 커지고 있었다. 이홍장(李鴻章), 이단분(李端棻) 등 조정 중신들이나 장지동(張之洞), 호빙지(胡聘之)와 같은 지방 독무(督撫)뿐만 아니라 강유위(康有爲) 등 유신파(維新派) 인사들도 모두 함께 서원 사습(士習)의 오랜 병폐와 공소한 학풍을 지적하면서 이러한 상황에서는 결코 진정한 인재를 배양할 수 없다고 비판하였다. 나아가 당시 서원 개혁은 교과목 과정을 검토하는 것으로부터 시작하여 점점 서원 제도 자체까지 파고들게 되면서, 서원을 학당으로 바꾸어야 한다는 목소리 또한 커지게 되었다. 이에 서원과 학당이라는 명칭에 대한 일단의 논란을 거쳐 '서원'은 결국 폐지되고 만다.[32)]

장지동이 창건한 광아서원(廣雅書院, 1888)과 양호서원(兩湖書院, 1890)은 이러한 변혁의 결과이다. 광서 27년(1901) 호광(湖廣) 총독(總督) 장지동(張之洞)과 양강(兩江) 총독 류곤일(劉坤一)은 연명으로 다음과 같은 상소를 올린다.

> "오늘날 서원의 누습(陋習)이 과히 심합니다. 이름을 허위로 빌리고 고장(膏獎)을 바라며, 규칙을 지키지 않으니 수많은 문제가 거듭 발생하고 있습니다.

31) 夏俊霞, 『論晩淸書院改革』, 『近代史硏究』, 1993年 第4期.
32) 王建軍, 『淸末以書院改學堂的名稱之爭』, 『華南師範大學學報』, 2011年 第6期.

반드시 그 명(名)을 바로잡아 배움(學)을 말해야만, 비로소 인심을 고무시켜 누습을 제거할 수 있을 것입니다."[33)]

1901년 9월, 조정에서는 이 주장을 받아들여 다음과 같은 조서를 하달하였고, 결과적으로 천 년을 이어온 중국의 서원 제도는 여기에서 막을 내리게 되었다.

"경사(京師)가 설립한 대학당(大學堂)을 철저히 정돈하는 것 외에도 여러 성(省)의 모든 서원을 대학당으로 개설(改設)하고, 각 부(府) 및 직례주(直隷州)의 서원은 학당(學堂)으로, 각 주(州)·현(縣)의 서원은 모두 소학당(小學堂)으로 개설한다."[34)]

Ⅳ. 등보륜·등역의 서원 교육 활동

등씨 형제가 서원 교육에 종사한 시기는 대부분 동치 13년(1874)에서 광서 21년(1895) 사이에 집중되어 있다. 서원 교육자로서 그들의 삶은 청대 말기 '서원 개제(書院改制)'라는 환경과 민감하게 맞닿아 있다. 현재 보존된 사료가 매우 제한적이기 때문에 이들의 구체적인 서원 활동 양상을 면면이 파악하기란 어렵다. 다만 그들의 교육 활동에 관한 기록을 활동 서원별로 간략히 살펴볼 수는 있다. 이들 서원은 무강(武岡) 희현정사(希賢精

---

33) 張之洞, 『變通政治人才爲先遵旨籌議摺』, 『張之洞全集』 第二册, 石家莊: 河北人民出版社, 1998年版, 第1401頁. "今日書院積習過深, 假借姓名, 希圖膏奬, 不守規矩, 動滋事端, 必須正其名曰學, 乃可鼓舞人心, 滌除習氣."

34) 楊家駱, 『淸光緖朝文獻彙編·光緖朝東華錄』, 台北: 台灣鼎文書局, 1978年版, 第4719頁. "除京師已設大學堂, 應切實整頓外, 著各省所有書院, 於省城均改設大學堂, 各府及直隷州均改設中學堂, 各州縣均改設小學堂."

舍), 정주(靖州) 학산서원(鶴山書院), 형양(衡陽) 동주(東洲) 선산서원(船山書院), 금릉(金陵) 문정서원(文正書院), 하남(河南) 치용서원(致用書院), 무창(武昌) 양호서원(兩湖書院)이 있다.

1. 등보륜·등역과 무강 희현정사

동치 13년(1874) 무강 지주(知州) 장헌화(張憲和)는 오산서원(鼇山書院)에 서책이 제대로 갖추어지지 않았을 뿐만 아니라 서재(書齋)의 공간 또한 매우 협소하다는 점에 착안하여, 주중(州中)의 사인(士人)들과 전곡(田穀)을 정리한 수입으로 경과(經課)에 사용하였으며, 대유(大儒)를 초빙하여 사장(師長)으로 삼았다. 그리고 서책을 구매하여 악(鄂), 상자(湘資)에서 강습을 열었다. 또한 오산서원에서는 주돈이·이정(二程)·장재·주희를 제사 지내는 오자당(五子堂) 동남편에 '희현정사(希賢精舍)'를 별도로 건립하였다. 이때 등보륜이 실질적으로 그 일을 도맡아 시작하였고,[35] 산장으로 임명되어 직접 강학을 주재하였다고 한다.

장헌화는 자는 문심(文心)이며, 절강(浙江) 평호(平湖) 사람으로, 1859년(咸豐 己未)에 거인(擧人)이 된 인물이다. 그의 학문은 공맹(孔孟)으로 귀결되는데, 청헌(淸獻)으로부터 염낙관민(濂洛關閩)으로 거슬러 올라가는[36] 정주이학(程朱理學)을 추종하였다. '청헌'이라는 말은 소위 '본조이학유신제일(本朝理學儒臣第一)'이라는 칭호를 받은 평호 지역의 선현(先賢)인 육농기(陸隴其, 1630~1692)의 시호이다. 장헌화가 등보륜의 요청으로 작성한 『희현정사기(希賢精舍記)』를 살펴보면, 희현정사의 봉행 대상은 주돈이·이정·

35) 張憲和, 『希賢精舍記』, (光緒) 『武岡州志』 卷37, 清光緒元年(1875)刻本, 第2285頁. "厘田穀之入數爲經課之用, 禮聘碩儒以爲師長, 而購書於鄂·湘資講習", "鄧觀察輔綸實經始其事."

36) 張德昌, 『署武岡知州張侯憲和遺愛亭碑記』, (光緒) 『武岡州志』 卷37, 清光緒元年(1875) 刻本, 第2282頁. "其學以孔孟爲歸, 由淸獻而上溯濂洛關閩."

장재 및 주자로서 정사의 이름을 '희현(希賢)'으로 명명한 까닭이기도 하다. 기록에 따르면, 장헌화는 정사의 생도들에게 강조한 학문의 방법은 모두 주희, 장식(張栻)의 말을 표준으로 삼으라는 것이었다. 이로 보면 그는 이학의 색채가 매우 강한 학술적 태도를 지니고 있었음을 보여준다.

> "마음속으로 『대학』을 듣고 읽음에 치지(致知)를 우선으로 삼아야 하며, 치지는 독서(讀書)에 먼저 힘써야 하는 것이다. 독서의 방법은 그 순서에 따라 정미함(精)에 이르는 것이니, 정미함의 근본에 이르려면 영민함(敏)에 머물고 뜻(志)을 지켜야 한다. 이것이 바로 주자의 말씀이다. 무릇 경(敬)이라는 것은 주일무적(主一無適)을 이르는 것이다. 기거함(居)에 생각한(思) 바를 뛰어넘어서는 안 되며, 일을 행함에 다른 것에 미쳐서는 안 된다. 이는 남헌(南軒) 선공(宣公)의 말씀이다. 하학상달(下學上達)을 이루는 일에 관하여서는, 주자의 기록이 석고서원(石鼓書院)에 남아 있으며, 선공의 기록은 악록서원(嶽麓書院)에 상세하게 남아 있다. 배우는 이들은 정성을 다하여 박문(博文)으로 약례(約禮)를 이루어야 하며, 치지(致知)로부터 힘써 행하여야(力行) 한다. 이윤(伊尹)에 뜻을 두고 안회(顏回)를 배워서, 그를 뛰어넘으면 성인이 되고, 그에 이르면 현인이 될 것이나, 그에 미치지 못하였다 하여도 명성을 잃지는 않을 것이다."[37]

이 단락에서 장헌화는 특히 주희 이학의 동향(同鄉)에 해당하는 선현 육농기를 거론하고 있음이 확인된다. 이뿐만 아니라 이 문장은 전반적으로 희현정사의 건립 취지와 교육 이념을 보여주고 있다. 정계(廷桂)가 지은 『희

37) 張憲和, 『希賢精舍記』, (光緒) 『武岡州志』 卷37, 淸光緒元年(1875)刻本, 第2285頁. "竊嘗聞之『大學』以致知爲先務, 致知以讀書爲先務, 而讀書之法在於循序而致精, 致精之本在於居敏而持志, 則子朱子言之矣；夫敬者, 主一無適之謂也, 居無越思, 事靡他及, 則南軒宣公言之矣. 下學上達之事, 朱子之記石鼓, 宣公之記嶽麓者甚詳, 學者誠由博文而約禮, 由致知而力行, 志伊學顏, 過則聖, 及則賢, 不及則亦不失於令名焉."

현정사기(希賢精舍記)』에는 정사의 건립에 관한 언급이 있다.

> "(정사를 건립하게 된) 취지는 문충공의 잠언서원(箴言書院)을 모방하여, 법도를 이루고 그를 행하려는 것이니, 대개 쇠퇴하여 끊어진 학문을 계승하고, 중흥을 일으키는 인재를 배양하고자 한다."[38)]

등역은 『희현당기(希賢堂記)』에서 많은 지면을 할애하여 호림익(胡林翼, 1812~1861)의 잠언서원(箴言書院) 창건을 칭송하고 있는데,[39)] 서로를 비교, 대조하는 의미가 상당히 뚜렷하게 드러난다. 잠언서원은 함풍 3년(1853) 중흥명신(中興名臣)이자 상군통령(湘軍統領)인 호림익이 창건한 서원으로 호남(湖南) 익양(益陽)의 요화산(瑤華山) 기슭에 위치한다. 잠언서원의 교육은 경사(經史) 학습에 역점을 두고 있으며, 동시에 입신의 근본 및 '치사(治事)' 역량의 배양을 강조하였다. 초대 산장이 정립한 『잠언서원학정(箴言書院學程)』은 경사(經史), 입신(立身), 치사(治事), 위문(爲文) 네 부분으로 나뉘어 있다. 그 가운데 '치사' 부분은 군사(軍事), 대지(地輿), 정치(政治), 농상(農桑) 네 서목(書目)으로 구성되어 있고, 대부분 민생(民生) 정치에 관련된 지식 및 기능을 담고 있다. 이는 당시 수많은 서원에서 과거, 첩괄 및 시문을 교학 내용으로 삼았던 것과 명확한 차이를 보인다. 이처럼 희현정사는 잠언서원을 본받았기에, 정신적 지향점과 구체적인 교학 내용 모두에 있어서 상호 유사한 부분이 보인다.

이 점은 지주 장헌화의 『희현정사기』에서도 잘 나타난다. 희현정사의 창건자로서 그는 왜 기존의 오산서원과는 별개로 희현정사를 창건하였는지, 그리고 양자 간의 차이는 무엇인지 설명한 바 있다. 그 가운데 한 단락은 매우 의미심장하다.

---

38) 廷桂, 『希賢精舍記』,(光緖) 『武岡州志』 卷37, 清光緒元年(1875)刻本, 第2295頁. "大指仿文忠公箴言書院成法而行之, 蓋欲紹絕學於廢墜之餘, 培人材於中興之會."

39) 鄧繹, 『希賢堂記』, (光緖) 『武岡州志』 卷三十七, 清光緒元年(1875)刻本, 第2290頁.

"비록 서원은 법령을 추존하고, 팔고를 전문적으로 가르치지만, 정사는 오로지 경전을 궁구하는 데 힘쓰니 약간 다른 바가 있을 것이다. 그러나 정사의 인재는 곧 서원의 인재이니, 정사에 입학했으면서 서원에 오르지 못하는 자는 없다. 정사와 서원은 둘이면서도 하나이다."[40)]

이 말이 암시하는 것은 정사가 서원과 다른 점은 바로 오로지 경전의 궁구(窮究)에만 힘쓰는 것이며, 결코 법령을 추존하거나 팔고(八股)에 힘쓰지는 않는다는 것이다. 이로 보건대 장헌화는 결코 정사와 서원의 차이점을 부각하려 하지는 않았다. 오히려 그 전반적인 언사를 보면 양자 간의 간극을 메우기 위해 상호 일치하는 부분을 강조하는 것 같다. 그러나 양자의 차이에 대해서 말하지 않을 수는 없었을 것이다. 차이점을 말하지 않으면 희현정사 창건의 필요성을 해명할 수 없기 때문이다. 이상으로 우리는 희현정사의 교육 내용에 대해 전반적으로 파악할 수 있었다. 그리고 정사의 교학에 있어 과거제예(科擧制藝)와 일정한 거리를 두려는 것은 분명 당시 많은 서원의 공통된 선택이었을 것이다.

당시 정사의 생도들은 보통 경전을 궁구하는 것(窮經) 외에도 등역의 『운산독서기』를 주요 연구 대상으로 간주했다. 『운산독서기』는 등역이 과거의 수많은 서적을 편람하면서 경사(經史) 및 제자(諸子)의 내용을 집약, 저술한 소위 '독서예기(讀書禮記)'라 할 수 있다. 이 서적은 입덕수신(立德修身), 경방제세(經邦濟世) 및 언어(言語), 문학(文學) 등 다양한 방면의 내용으로 구성되어 있다. 장헌화는 이 책을 매우 귀중히 여겼을 뿐만 아니라 극찬을 아끼지 않았다.

"주야 불문하고 온 힘을 다해 이 책을 읽어보니, 그 깊고 성대함을 깨닫게

40) 張憲和, 『希賢精舍記』, (光緒) 『武岡州志』 卷37, 清光緒元年(1875)刻本, 第2284頁. "雖書院尊功令·專課制藝, 精舍以窮經爲專務, 微若有異, 然精舍之人材卽書院之人材, 未有入於精舍而不升於書院者, 精舍之於書院二而一者也."

되었다. 마치 원기(元氣)가 한 곳으로 흘러 우주와 사람에 관한 경적(經籍)의 오묘함이 뒤섞여 있는 것과 같았다."[41]

장헌화는 희현정사를 건립하고 나서 『운산독서기』에 수록된 권학(勸學)에 관한 절록(節錄) 수십 조(條)에 근거하여, 총 두 권으로 엮어 여러 생도가 볼 수 있도록 함으로써 명도(明道) 수업의 뜻을 넓히는 데 사용하였다.[42] 왕개운 또한 『운산독서기』의 많은 내용은 염락(濂洛)의 학문에서 비롯된 것이며, 또한 암암리에 낙민(洛閩)의 학문과도 부합한다고 크게 칭송한 바 있다.[43] 말하자면 이 책은 이학(理學)의 색채를 강하게 띠고 있다는 것이다. 사실 『운산독서기』는 내학(內學)의 체(體)를 중시할 뿐만 아니라 외치(外治)의 용(用)도 강조하고 있으므로, 희현정사의 학술 취지에 꼭 부합하였다. 따라서 정사 내부의 주요 교재가 된 것은 당연한 일일 것이다.

동치 말년부터 광서 원년에 이르는 기간은 희현정사 창건 초기에 해당한다. 당시 등역은 희현정사에서 생도들을 상대로 『대학(大學)』을 가르쳤다. 훗날 등역이 타지로 유람을 떠나면서 강학 또한 중단되었지만,[44] 광서 13년(1887)부터 15년(1889) 사이 다시 무강으로 돌아와 희현정사에서 강학을 맡았다. 당시 양광(兩廣) 총독을 맡고 있었던 장지동(張之洞, 1837~1909)은 등씨 형제를 높은 재질과 박학다식함을 지니고 있으며, 경술(經術)이 심원하고 또한 실천이 독실하다고 평가했다. 나아가 등역이 하남 치용서원에서 저술한 『경사탁언(警士鐸言)』을 읽고 깊이 탄복했다고 한다. 이에 그는 서신을 통해 등역이 광동(廣東) 조주(潮州)의 금산서원(金山書院)으

---

41) "盡日夜之力以諷吟之, 而見其淵然浩然者, 幾若與元氣同流. 而混融乎天人經籍之奧."

42) 張憲和, 『節錄「雲山讀書記」序』, (光緒) 『武岡州志』 卷37, 清光緒元年(1875)刻本, 第2288頁. "因節錄其書之系於勸學者數十條, 第爲二卷, 刊示諸生, 用廣其明道授業之意."

43) 鄧輔綸, 『雲山讀書記序』, 『鄧繹集』, 北京: 光明日報出版社, 2016年版, 第238頁.

44) 鄧繹, 『複兩粵制軍張香濤之洞』, 『鄧繹集』, 北京: 光明日報出版社, 2016年版, 第297頁.

로 건너와 강학을 맡아줄 것을 요청하였다. 이 요청 사실은 장지동이 양광 지역에서 서원을 관리·정돈하던 활동의 일환으로 해석할 수 있다.

금산서원은 동치 연간에 새롭게 건립된 곳이었다. 그 본래의 뜻은 경고(經古)를 연구하고, 습속을 따르며 과목(課目)과 시문(時文)을 고치기 위함이었다. 원내 생도들은 100여 명이 있는데, 다들 첩괄(帖括)에 힘쓰면서 빨리 무언가 얻기를 바라고 있을 따름이었다.[45] 이 때문에 장지동은 등역이 이곳으로 와서 산장을 맡아주기를 바랐다.[46] 장지동의 초청장을 받은 등역은 크게 감동한다. 그러나 그는 이미 희현정사의 초빙을 먼저 받아들인 상황이었고, 이를 갑작스레 사양할 수 없다고 여겼다. 그리하여 그는 부득불 금산서원의 초청장을 삼가 되돌려 보내고 매월 희현정사에서 강학하였다. 그는 희현정사에서 머무는 동안 수많은 시문을 남겼다.[47] 이때 지은 시수는 희현정사와 그 건축물을 주제로 삼은 것으로 『희현초당강학(希賢草堂講學)』, 『희현정사배풍정완월지거사정상(希賢精舍培風亭玩月地在去思亭上)』, 『추월배풍정고망(秋日培風亭高望)』, 『조제등배풍정(朝霽登培風亭)』, 『희현루효망(希賢樓曉望)』과 같은 작품이 있다. 이들 작품에서 등역의 강학 생활과 그로부터 비롯된 감정의 편린을 엿볼 수 있다.

2. 등보륜과 정주 학산서원, 형양 [동주]선산서원, 금릉 문정서원

광서 9년(1883) 등보륜은 정주(靖州)의 지주(知州) 반청(潘清)으로부터 정주 학산서원(鶴山書院)의 강학 초빙을 받았다. 반청의 호는 소농(筱農·小

45) "本意講求經古, 旋以因循習俗, 亦遂改課時文. 院中學徒百人, 不過從事帖括, 希心捷獲."

46) 鄧繹, 『複兩粵制軍張香濤之洞·附』, 『鄧繹集』, 北京: 光明日報出版社, 2016年版, 第298頁. "敎以爲己之學, 崇實黜華, 建端樹義, 以通經致用爲勖, 以躬行實踐爲歸."

47) 鄧輔綸, 『白香亭詩集』 卷2, 『辛巳暮冬招潘筱農刺史清·張蔭廬學博廣榕過怡園賞梅』, 長沙: 嶽麓書社, 2011年版, 第72頁.

農)이며, 절강 산음(山陰) 사람으로 동치 10년(1871) 무강의 지주(知州)를 역임하였으며, 이때 등보륜과 교유한 바 있다. 광서 7년(1881) 어느 한겨울날 그는 등보륜의 초대를 받고 무강 이원(怡園)에서 함께 매화를 감상하였다고 한다.[48] 학산서원은 송대 보경(寶慶) 원년(1225)에 건립되었으며, 당시 저명한 이학자 위료옹(魏了翁)이 정주에서 귀양살이를 하던 중 창건한 곳이다. 서원 창건에 관한 기록은 위료옹이 쓴 『정주학산서원기(靖州鶴山書院記)』에 실려 있다. 훗날 학산서원은 여러 차례 중건을 거듭한다. 등보륜은 학산서원에서 강학하던 동안 늦봄에 생도들을 이끌고 위문정사(魏文靖祠)에서 선유(先儒)에 대해 석채례를 올렸다.[49] 이 또한 서원 교학 활동의 중요한 일환이었던 것이다.

광서 13년(1887)부터 15년(1889)까지 등보륜은 형양 선산서원(船山書院)에서 강학하였다. 『백향정시집(白香亭詩集)』에는 "기축년(1889) 여름 상서 팽옥린이 절강으로부터 병을 핑계로 요양차 형양에 돌아왔다. 내가 동주(東洲)의 강학을 주관할 때인데 느끼는 바가 있어서 짓는다.(己丑夏彭雪琴尙書玉麟由浙稱疾還衡養屙. 時余主講東洲 有感而作)"는 시를 지었다. 동주서원(東洲書院)은 형양성 남쪽 동주도(東洲島)에 위치해 있는데 건륭 26년(1761)에 창건하였다. 그러나 광서 11년(1885) 병부상서 팽옥린(彭玉麟, 1816~1890)이 형양 회안봉(回雁峰) 아래에 세운 선산서원을 동주로 이건하고, 동주서원을 선산서원으로 증축하였다. 그렇기에 동주서원은 선산서원인 것이다. 당시 등보륜이 선산서원에서 강학하던 때에 훗날 저명한 학자이자 호남고등학당(湖南高等學堂)의 감독(監督)이 된 증희(曾熙, 1861~1930)가 그 문하에서 종유하였다.

---

48) 鄧輔綸, 『白香亭詩集』 卷2, 『癸未歲, 餘以筱農剌史聘, 主講靖州. 暮春旣望, 謹率生徒釋菜先儒魏文靖祠, 敬步先生鶴山書院詩原韻』 長沙: 嶽麓書社, 2011年版, 第73頁.

49) 鄧輔綸, 『白香亭詩集』 卷2, 『己醜夏彭雪琴尙書玉麟由浙稱疾還衡養屙. 時餘主講東洲, 有感而作』, 長沙: 嶽麓書社, 2011年版, 第76頁.

광서 15년(1889) 등보륜은 금릉(金陵) 문정서원(文正書院)에서 수임(首任) 강학을 맡았다. 그의 강학은 광서 19년(1893)에 그가 문정서원 관사에서 사망할 때까지 이어졌다. 이는 당시 일찍이 강서성에서 태평군에 맞서 함께 싸웠던 등보륜의 절친한 친구이자, 강녕포정사(江寧布政使)였던 허진위(許振禕, 1827~1899)가 그 스승 증국번을 기념하기 위해 금릉에 문정서원을 창건하였으며, 동시에 등보륜에게 수임 강학을 요청한 것이었다. 등보륜은 기꺼이 선산서원을 떠나 그곳으로 갔다. 문정서원에서의 그의 활동과 교류에 관한 내용은 당시 그의 친우들의 시문 속에 반영되어 있다.

예컨대 주청주(周清澍) 선생에 따르면,[50] 진삼립(陳三立, 1853~1937), 유명진(俞明震, 1860~1918) 등 몇 사람이 북경에서 돌아올 때 남경을 거쳐 등보륜을 만나 함께 막수호(莫愁湖)를 유람하였다.[51] 당시 단 하루를 만나 유람하였는데, 일시에 성대한 모임이 되었다고 전한다.[52] 광서 19년(1893) 7월 20일에 등보륜이 병사하였다. 『신보(申報)』에서는 다음과 같이 말한다.

> "금릉 문정서원 산장 등미지(邓弥之)가 노년에 쇠약해진 몸으로 시기(時氣)[전염병=감기]에 걸려 십여 일을 앓다가 병환을 이기지 못했다. 7월 20일 유시에 중정가(中正街) 강사(講舍)에서 유명을 달리하였다."[53]

『신보』의 이 단락, 특히 "노년에 쇠약하다(老境頹唐)"라는 문구는 쓸쓸하고 처량한 의미를 담고 있다. 이는 마치 등보륜 본인은 물론, 청대 말기 서원의 운명을 암시하는 것만 같다.

---

50) 周淸澍, 『再釋陳寅恪「先君致鄧子竹丈手劄二通書後」』, 『中華文史論叢』, 2020年, 第4期.

51) 陳三立, 『莫愁湖四客圖爲梁節庵題』, 潘益民·李開軍 『散原精舍詩文集補編』, 南昌: 江西人民出版社, 2007年, 第118頁.

52) 釋敬安, 『寄懷俞恪士觀察江南並柬陳伯嚴吏部十二首並序』, 『八指頭陀詩文集』, 長沙: 嶽麓書社, 2007年, 第291頁. "日事遊眺,一時盛會也."

53) 『申報』 光緒十九年(1893) 七月廿日 『老成日謝』條.

3. 등역과 치용서원, 그리고 양호서원

광서 8년(1882) 등역은 진보잠(陳寶箴, 1831~1900)의 요청에 따라 하남(河南) 무척(武陟)으로 건너가 치용서원(致用書院)의 산장을 맡게 되었다. 당시 진보잠은 하북도(河北道)의 분수도(分守道)로 재임하던 중 치용정사(致用精舍)를 창건하였다. 그의 『치용정사기』에는 이곳을 건립한 목적이 잘 드러난다.

> "감히 분수에 맞지 않게 깊은 학식과 뜻이 있는 선비들을 삼가 초빙하여, 함께 토론을 거쳐 정사를 지어 그곳에 머물도록 하였다. 서적들을 모으고 규제를 세운 뒤 선생들을 초빙하여 가르치도록 하였다. 아울러 그들이 학문과 사변을 토론하고 여러 행사를 경험하도록 함으로써 과거의 유용한 학문을 희구하도록 하였다."[54]

1882년(광서 8) 정사가 건립된 초기에 진보잠은 등역에게 강학을 주관하도록 했는데, 그해 가을 이견전(李見荃, 1856~1934)이 향시에서 장원을 하였다.[55] 등역의 『하북경사탁언(河北警士鐸言)』이라는 시도 이때 지어진 것으로, 이는 훗날 진보잠이 지은 『정사기(精舍記)』, 『학규(學規)』, 『설학(說學)』 등 여러 휘간(彙刊)과 더불어 정사에서 사인들을 가르치는 자료가 되었다. 장지동 또한 일찍이 "하북 치용서원에서 지은 『경사탁언』을 읽어보니, 글이 매우 고아하고 순수하여 깊이 탄복하게 되었다."고 하면서 『하북

54) 陳寶箴, 『河北致用精舍記』, 載劉經富編著 『陳寶箴詩文箋注·年譜簡編』, 北京: 商務印書館, 2019年, 第105頁. "不避僭妄, 延訪儁異有志之士, 與爲討論, 築精舍以居之. 儲典籍, 立規制, 延師儒以爲之導, 使之優遊於學問思辨之中, 見諸行事, 而希古者有用之學."

55) 鄧繹, 『光緒歲壬午, 致用精舍初成, 河北道陳君右銘延予主講, 是秋李見荃秋賦領解, 題詩勖之』, 『鄧繹集』, 北京: 光明日報出版社, 2016年版, 第35頁.

경사탁언』을 높이 평가하였다.[56] 이러한 기록은 서원을 매개로 한 등역과 장지동의 교류 활동을 보여준다.

치용정사는 '치용(致用)'을 표방하는 만큼 그 학습 취지나 교학 내용에 있어서 매우 독특한 성격을 명확히 드러낸다.

> "조경우(晁景迂)[晁說之, 1059~1129]와 증문정(曾文正)[증국번]의 과정(課程)을 참고하여 학규(學規)를 정립하였으니 명체달용(明體達用)을 학문의 종지로 삼았다. 경사(經史)를 외우는 것 외에도 시문(詩文), 지리(地輿), 수리(水利), 농전(農田), 병법(兵法) 등 경세에 관한 서적들이라면 가리지 않고 강구(講究)하였다."[57]

불과 7~8년의 기간 동안 등역, 왕소백(王少白) 두 선생은 주무자로서 현지의 인재 배출에 지대한 공헌을 하였다. 당시 무척 일대에서는 하역서원(河朔書院)이 시예(時藝)를 가르쳤고 치용정사에서 실학을 장려하였기에 각자가 역점을 두는 부분이 달랐다고 할 수 있다. 이에 무척 일대에서는 한때 다양한 인재가 배출되었다. 한 가지 안타까운 점은 훗날 치용서원 또한 시문, 첩괄로 과목을 바꾸어 다른 서원과 동일하게 되었다는 것이다.[58] 이렇듯 시류의 영향력이 너무나도 강했기에 그들도 과거(科擧) 또는 첩괄(帖括)이라는 거대한 유혹을 이겨내지 못했던 것이다.

광서 16년(1890)부터 21년(1895)까지 등역은 호북 양호서원(兩湖書院)에서 강학했다. 양호서원은 장지동이 호광 총독 재임 당시 창건한 서원이다. 당시 개설 과정은 경학, 사학, 이학(理學), 산학(算學), 경제학 총 다섯

---

56) 鄧繹, 『複兩粵制軍張香濤之洞·附』, 『鄧繹集』, 北京: 光明日報出版社, 2016年版, 第298頁. "讀河北致用書院尊撰『警士鐸言』, 篤雅純粹, 敬佩良深."

57) 史延壽, 『續武陟縣志』 卷九, 民國二十年刊本, 第318頁. "參酌晁景迂·曾文正課程, 訂立學規以明體達用爲宗. 誦習經史外, 詩文·地輿·水利·農田·兵法, 凡關經世各書無不講究."

58) 史延壽, 『續武陟縣志』 卷九, 民國二十年刊本, 第318頁. "改課時文試帖, 與他書院等矣."

과목으로 구성되었다. 다섯 명의 고참 선생이 각 과목의 강학을 맡게 되었고, 그 가운데 등역은 이학(理學)을 가르쳤다. 이때 그는 『춘일방주지신건양호서원작(春日放舟詣新建兩湖書院作)』, 『등양호서원독서루작(登兩湖書院讀書樓作)』, 『창산음화진왕양생동유홍산사작(蒼山吟和陳王兩生同遊洪山寺作)』, 『중동청제양호서원개학 독무학사위주인예빈입관 다사상집 사도군현함래회언(仲冬晴霽兩湖書院開學 督撫學使爲主人禮賓入館 多士翔集 司道郡縣緘來會焉)』 등등 당시 원내 사생들의 생활 활동을 반영하는 시문들을 지었다. 이 글들은 훗날 『양호집(兩湖集)』[59]이라는 책으로 편찬되었다.

59) 鄧繹, 『兩湖集』, 『鄧繹集』, 北京: 光明日報出版社, 2016年版, 第200-233頁.

【참고문헌】

周清澍, 『再释陈寅恪〈先君致邓子竹丈手札二通书后〉』, 『中华文史论丛』 2020年.

王闿运, 『邓郎中墓志铭』, 见朱则杰『晚清作家集外诗文辑考』, 『阅江學刊』 2011年.

王闿运, 『湘绮楼诗文集』 卷九, 长沙: 岳麓书社, 1996年.

萧晓阳, 『湖湘诗派研究』, 北京: 人民文學出版社, 2008年.

费行简, 『近代名人小传』, 『近代中国史料丛刊』, 第385页.

陈锐, 『抱碧斋集』, 长沙: 岳麓书社, 2012年.

邓绎, 『云山读书记·引』, 『邓绎集』, 北京: 光明日报出版社, 2016年.

白新良, 『中国古代书院发展史』, 天津: 天津大學出版社, 1995年.

葛其仁, 『书院议』, 载陈谷嘉·邓洪波, 『中国书院史资料』, 杭州: 浙江教育出版社, 1998年版.

王建军, 『清末以书院改學堂的名称之争』, 『华南师范大學學报』, 2011年.

张之洞, 『变通政治人才为先遵旨筹议摺』, 『张之洞全集』 第二冊, 石家庄: 河北人民出版社, 1998年版.

邓辅纶, 『云山读书记序』, 『邓绎集』, 北京: 光明日报出版社, 2016年.

史延寿, 『续武陟县志』 卷九, 民国二十年刊本, 第318页.

악록서원(嶽麓書院)의 제사에 관한 네 가지 기록

등홍파(鄧洪波)

Ⅰ. 서론

제사는 중국 고대 서원 규제 가운데 하나로서 가장 중요한 구성 요소이다. 제사의 주요 작용은 전형과 규범을 설립하는 데 있으며, 생도를 교육함으로써 권계하고 독려하여 현인들을 뵙고 생각을 가지런히 함에 목적을 두고 있다. 이는 일종의 주요 교육 형식이라 할 수 있다. 이러한 교육 방식은 긍정적인 측면이 있는가 하면 낙후된 바도 있다. 이를 어떻게 비판적으로 계승하고, 교육 제도의 개혁을 위해, 그리고 중국 고유의 교육 사업을 건설하는 데 있어서 경험적 교훈을 제공할 수 있을까라는 것은 매우 연구 가치가 있는 문제라 할 수 있겠다. 여기에서는 천하 사대서원의 으뜸인 악록서원을 사례로 삼아 서원 제사 문제에 대해 논의를 진행한다.

Ⅱ. 제사의 역사적 변천

악록서원은 창건 당시부터 제사 제도를 마련하여 공자를 제사 지냈다. 왕우칭(王禹偁, 954~1001)의 『담주악록산서원기(潭州嶽麓山書院記)』에는 다음과 같은 글이 실려 있다.

> 999년(咸平 2) (담주 태수) 이윤칙(李允則, 953~1028)이 서원을 중건할 당시 선사(先師), 십철(十哲)의 상을 세우고 72현(七十二賢)을 그렸다. 화연(華兗)의 황제께서 유가의 학설을 세우고 옛 제도를 바르게 정리하시었으니 그 위엄이 살아있는 것과 같다.[1)]

이로 보건대 담주 태수 주동(朱洞)[976년 악록서원 창건]은 생전에 조각상과 그림 제작을 통해 공자와 그 주요 문인들을 추존하였으며, 이와 더불어 악록서원의 제사 활동도 시작된 것으로 보인다. 북송 전체 시기에 걸쳐 서원의 제사 대상은 오직 공자와 그 주요 제자들 뿐이었다. 이는 당시 주현(州縣)의 유학(儒學) 체제와 전혀 다를 바 없었다. 제사를 위해 세워진 공문(孔門)의 상(像)들은 서원의 산장들이 입학한 생도들에게 보여주기 위한 일종의 본보기였다. 장순민(張舜民)의 『침행록(郴行錄)』에 따르면, 당시 제향 공간은 '공자당(孔子堂)'이라 쓰여 있다. 이 또한 공자 일문(一門)이 악록서원의 향화(香火)를 독차지하였음을 반영한다.

남송 시기에 이르러 공자가 홀로 악록서원의 제단을 차지하는 형국이 타파된다. 진부양(陳傅良, 1137~1203)은 『담주중수악록서원기(潭州重修嶽麓書院記)』에서 자신이 1188년(淳熙 15) 악록서원을 참관했을 때 '제선생사(諸先生祠)'에 방문했다고 말한다. '제선생사'가 언제 건립되었는지는 이미 고증하기 어려우나 순희 연간[1174~1189]에 이미 존재하였다는 것은 분명한 사실이다. 소위 '제선생'이 구체적으로 어떤 인물들을 가리키는가에 관해서도 명확한 기록이 없다. 가정(嘉定) 연간[1208~1224] 진덕수(眞德秀, 1178~1235)가 장사(長沙)의 안무사(安撫)로 있으면서 악록서원에 방문하여 주동(朱洞), 주식(周式), 유공(劉珙)을 제사 지내고, 「제태수주공 산장주군 안무유공문(祭太守朱公山長周君安撫劉公文)」이라는 글을 지었다. 어쩌면 여기에서의 '삼군자(三君子)'가 '제선생'을 말하는 것일지도 모르겠다.

---

1) "塑先師十哲之像, 畫七十二賢, 華兗珠旒, 縫掖章甫, 畢按舊制, 儼然如生."

1314년(원 延祐 元年) 장사군 별가(別駕) 유안인(劉安仁)이 새롭게 '예전(禮殿)'을 건립하여 공자를 봉향하고, 장식(張栻, 1133~1180)과 주희(朱熹, 1130~1200)라는 이학(理學)의 대가[大師]들과 주군수(朱郡守), 주산장(周山長), 윤안무(劉安撫)를 함께 합사(合祀)하고서 편액을 '제현사(諸賢祠)'라 하였다.[2] 여기에서 소위 '제현'이란 학술적 차원에서의 종사(宗師)와 서원의 공신(功臣)을 의미한다. 이러한 인물을 제향한 것은 무엇보다도 생도들이 더욱 구체적이면서도 실질적인 모범의 대상을 추구할 수 있도록 하기 위함이었다. 공자는 성인이며, 역대 통치자들의 그에 대한 추앙은 곧 공자에게 신적인 '영성'과 후광을 덧씌웠다. 이 때문에 일반 사인(士人)들은 공자를 흠모할 수는 있으나 그에게 다가설 수는 없게 되었다. 이처럼 요구가 지나치게 높으면 오히려 목적을 달성할 수 없는 법이다.

그런데 여기에서 말하는 주희와 장식이라는 두 선생에게는 당시만 하더라도 아직 공자와 같은 후광이 씌워지지는 않은 상태였으며 그렇게 높디높은 위상을 지니지도 않았다. 그러나 일종의 '고상(高尙)'한 면모와 훌륭한 학술적 위상을 지니고 있었던 것은 분명하다. 그리하여 사인들은 자신 또한 열심히 노력한다면 그들과 같은 경지에 이를 수 있을 것으로 생각했다. 말하자면 장식과 주희는 자연스럽게 이상적인 '모범적 전형(典型)'이 되어 서원 원생들의 눈앞에 등장 하였던 것이다. 서원의 공신(功臣)들에게 예를 올리고 그들의 치적을 설파하는 행위는 사인들이 서원

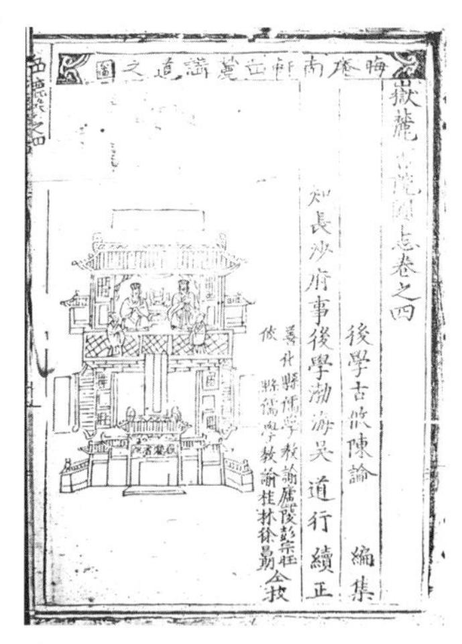

萬曆 『嶽麓志』 所載
〈朱張會講圖〉

2) 清·趙寧, 『新修嶽麓書院志』 卷三, 『舊志·朱張祠圖說』. "合祀朱郡守, 周山長, 劉安撫, 額曰諸賢祠."

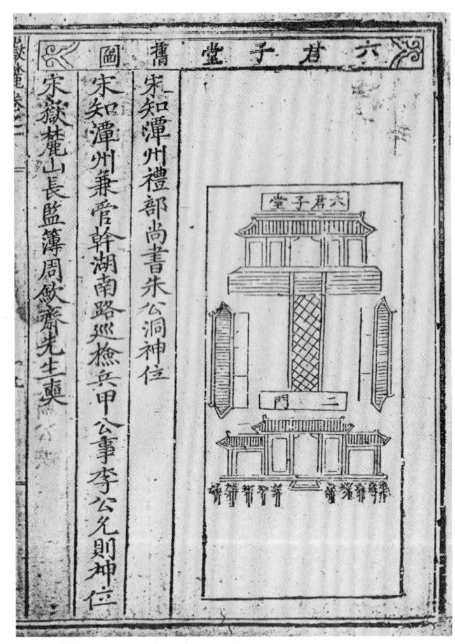
六君子堂舊圖

宋知潭州禮部尚書朱公洞神位

宋知潭州兼管幹湖南路巡檢兵甲公事李公允則神位

宋嶽麓山長監簿周欽齋先生奭

萬曆 『嶽麓志』 所載 〈六君子堂舊圖〉

에서 학습하는 것이 얼마나 어려운지를 깨닫게 하였다. 동시에 선배들의 교육적 '성심(盛心)'을 위배하지 않도록 열심히 노력해야겠다는 생각이 들도록 만들었다. 이러한 마음가짐은 분명 좋은 것이라 할 수 있다. 그 이전에 이처럼 모범적인 전형을 내세우는 교육 방식 또한 매우 유익한 것이다.

명대 악록서원의 제사는 송대와 원대의 전형을 따르면서도 더욱 진일보하게 된다. 1469년(成化 5) 지부(知府) 전주(錢澍)가 서원을 중건하면서 공자의 초상(肖像)을 전전(前殿)에 배치하고, 주희, 장식의 초상을 후당(後堂)에 배치하였다. 홍치(弘治) 연간[1488~1505]에 이르면 통판(通判) 진강(陳鋼)이 '숭도사(崇道祠)'를 수복(修復)하고, 이를 '주장사(朱張祠)'라 하였다. 오로지 주희와 장식 두 인물을 제향하고, 초상화[繪像]에 제사를 지낸다. 이것이 악록서원에서 주희와 장식 두 사람을 특별히 제사 지내는 풍습의 시작이었으며, 당시 악록서원의 학술 경향을 반영하고 있기도 하다. 가정(嘉靖) 연간[1522~1566]에는 주장사에 '정맥(正脈)'이라는 편액을 내걸어 이학(理學) 전통 가운데 주장학(朱張學)의 정통 지위를 선양(宣揚)하였다. 만력(萬曆) 연간[1573~1619]에 이르면, 순안(巡按) 감사개(甘仕介)가 낙후한 사우를 새로이 수리할 때 사람을 시켜 편액의 글귀를 손보도록 하였다. 이때 '정맥(正脈)'이라는 글귀를 '사문정맥(斯文正脈)'으로 고치고, 아울러 "개왕개래(繼往開來)"[3]라는 비방(碑坊)을 건립하였다. 이처럼 '주장사'의 건립이

한 시기 동안 매우 성행하면서 악록서원의 장식과 주희의 지위도 더욱 두드러졌다.

주희와 장식 두 사람이 '제현(諸賢)' 범주로부터 독립된 이후 다른 '현인'들은 따로 '모도사(慕道祠)'라는 곳에 합사되어 제사가 이루어졌다. 1526년(가정 5) 학도(學道) 허종노(許宗魯, 1490~1559)와 지부 양표(楊表)는 서원의 옛 강당을 사우(祠宇)로 개조하면서 송대 담주의 지주(知州)였던 주동(朱洞)·이윤칙(李允則), 안무(安撫) 유공(劉珙), 초대 산장(山長) 주식(周式) 그리고 명대 통판(通判) 진강(陳綱), 동지(同知) 양무원(楊茂元) 총 6명을 합사하였다. 이러한 이유로 이곳을 '육군자당(六君子堂)'으로 이름하게 된다. 이 일은 악록서원이 공신들을 특별히 제향하는 전통의 시작에 해당한다. 대저 육군자의 제사는 사문(斯文)에 공이 있는 이들을 제사 지내는 것을 말하는데 이후 서원에 공헌을 한 바가 있는 인물은 모두 이곳에 합사하였다. 예컨대 1590년(만력 18) 장사(長沙) 지부(知府) 오도행(吳道行, 1560~1644)은 문묘(文廟)와 서원(書院)을 중수하였다. 이후 이승방(李勝芳)이 지은 『중수악록서원비기』에는 "또 이르기를 옛 군수 오도행은 이 땅에 큰 공을 이루었으니 도맥에 이로움이 있게 되었다. 이내 그 오래되어 쇠한 초상을 바꾸며 한 자리를 새로이 설치하여 육군자당에 제향하였으니, 당의 명칭을 칠군자로 하였다."[4]는 기록이 남아 있다. 이처럼 잠깐 육군자당이 칠군자당으로 바뀐 적도 있었다.

그런데 사실 악록서원에 공헌한 인물은 결코 6~7명에 국한되지 않는다. 예컨대 송나라가 망하고 서원이 훼철된 이후 서원을 중건한 유필대(劉必大), 유안인(劉安仁)과 같은 인물이 있다. 또는 명대 성화(成化) 연간[1465~ 1487]

---

3) 원래는 '계왕성개래학(繼往聖開來學)'이라는 글이다. 옛 성인들의 가르침을 이어받아서 후세에 가르쳐 전한다는 뜻이다.

4) 明·李勝芳, 『重修嶽麓書院碑記』, 見清·趙寧『新修嶽麓書院志』卷七. "且謂昔守吳公有大功于斯地, 道脈賴焉, 乃易其舊像之頹者, 更置一位, 祀于六君子堂, 堂遂以七君子名矣."

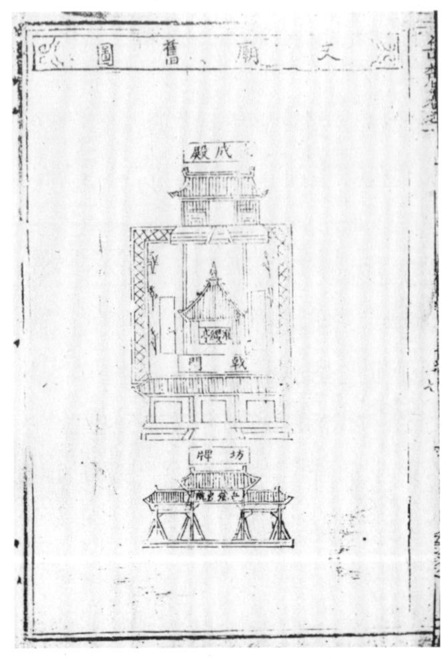

萬曆『嶽麓志』,〈文廟舊圖〉

서원을 중건한 지부 전주(錢澍)의 경우에는 서원의 교학의 체계를 잡고 학전을 설치한 공이 크다. 또 서원 건설에 중대한 공헌을 한 인물로는 왕병양(王秉良), 손존(孫存), 반일(潘鎰), 계본(季本), 양부(楊溥) 등이 있는데, 이들의 공을 따지자면 사실 육군자에 전혀 부족함이 없다. 그래서 숭정(崇禎) 연간[1628~1644]에는『악록서원지(嶽麓書院志)』를 보완하면서 서원의 공신을 합사하는 장소를 다시 '육군자당'으로 되돌린다. 아울러 오도행을 포함한 기타 공신들의 성명을「육군자당」서두에 기재하여 기념의 뜻을 나타내었다. 청대에 이르면 이들의 성명을 새긴 제방(制榜)을 당(堂)내에 걸어두고 사람들이 함께 참배하도록 하였다.

학술적 큰 스승 혹은 서원 건설의 공신 이외에도 명대 악록서원의 제사에는 또 새로운 부분이 추가되었다. 그것은 바로 역사적으로 악록서원과 관련된 쟁신(諍臣) 혹은 적환(謫宦)을 위한 사당을 지어 경의를 표하는 것이었다. 1616년(만력 14) 도향(道鄉) 추호(鄒浩, 1060~1111)의 18세손 추지융(鄒志隆)은 호남의 학도(學道)로 재임하고 있었다. 그는 지현(知縣) 반지즙(潘之楫) 등과 함께 세 칸의 사우를 짓고 가운데 하나의 목주(木主)를 세워서 신(神)이 의탁하도록 했다. 좌측 줄의 '도향대비(道鄉台碑)'는 오랫동안 건재해왔고, 우측 줄의 '도향대기비(道鄉台記碑)'는 도향대와 관련한 모든 일들을 충분히 알 수 있게 했다.[5] 또한 밭(田) 400묘(畝)를 베풀어 승려 본공(本空)에게 세금 거두는 일을 맡기고 제사를 봉행했다.

추호의 자는 지완(志完)이며, 자호(自號)는 도향거사(道鄉居士)이다. 북송 철종(哲宗) 연간[1085~1100]에는 '우정언(右正言)'의 지위에 있었다. 그는 직간(直諫) 때문에 면직되었다고 전해진다. 1100년(휘종 즉위) 이후 그는 또 다시 '중서사인(中書舍人)'으로 등용되었으나 채경(蔡京, 1047~1126)과 맞지 않아 그의 원망을 샀다. 이후 채경이 정권을 장악하자 1103년(崇寧 2) 조정에서 퇴출당했으며 형주(衡州) 통판(通判)으로 좌천되었다. 그가 장사(長沙)로 가는 길에 담주(潭州) 지주(知州) 온익(溫益, 1037~1103)은 권세에 영합하여 그에게 예우를 갖추지 않고 오히려 축객령을 내렸다. 이에 추호는 비를 맞으면서 겨우 강을 건너 악록산(岳麓山)으로 가서 몸을 의탁하였다. 악록사(嶽麓寺)의 승려 열거(列炬)는 그를 환영하였고, 그곳의 사인(士人)들 또한 그에게 강학을 요청하였다. 이 소식을 들은 온익은 채경이 자신에게 죄를 묻고 관직을 박탈할까 두려웠다. 그래서 사람을 시켜 군사를 거느리고 밤에 성 밖으로 나가 추호를 강제로 배에 태워 강을 건너가도록 압박하였다. 이처럼 간쟁과 영합을 일삼고 권세에 아부하는 소인배는 분명 생도들에게 있어서 살아있는 반면교사와 같았을 것이다. 즉 온익의 치졸한 행각은 당시 생도들에게 상반되는 의미에서의 행동 지침을 보여준 것이라 할 수 있다.

서원의 주무자들은 학생들이 춘추(春秋)와 삭망(朔望)으로 우르러 삼가 뵙고 알배(謁拜)하는 것을 중요하게 여겼다. 이것은 고상한 인격 형성과 인재 양성을 주요 목적으로 삼는 교육적 작용을 도모하는 행사였다. 악록서원의 제사 활동이라는 차원에서 보았을 때 명대에 일어난 대사건을 하나 지적할 수 있다. 그것은 바로 정덕(正德) 연간[1506~1521] 참의(參議) 오세충(吳世忠)이 공자를 모시는 예전(禮殿)을 서원 안에서 옮겨와 바야흐로 원사

5) 明·鄒志隆, 『重修鄒道鄉先生台記』, 載清·趙寧 『新修嶽麓書院志』 卷七. "構宇三楹中設一木主 神有依也. 左橫列道鄉台碑 舊可仍也. 右橫列道鄉台記碑 事足征也. … 對鄒浩的紀念 及以其爲榜樣來教育生徒的活動 始於南宋乾道年間 當時張栻築台 朱熹題額爲道鄉台 以示仰止之思. 但眞正以祭祀的形式出現還是在明代."

(院舍) 좌측에 배치한 것이다. 즉 예전 뒤편에 명륜당(明倫堂)을 세우고, 앞에는 반지(泮池)·의문(儀門)·영령문(欞靈門)을 증설하였다. 그리고 반교(泮橋)·탁영정(濯纓亭)·세심정(洗心亭)을 직접 지휘하여 예전 전면에 건설하면서, 성묘(聖廟)는 비로소 우뚝 솟아 홀로 구별 되었다."[6)]

소위 "격식에 맞춰 자리의 차례를 정한다(位秩稱體)"는 말처럼 이때 정식으로 '좌묘우학(左廟右學)'의 체제가 확립되었다. 이전의 악록서원에는 다만 예전(禮殿) 또는 선성전(宣聖殿)이라는 장소에서 공자를 제향하였다. 이때부터 군현학궁(郡縣學宮)에서의 묘제(廟制) 혁신도 서원과 더불어 나란히 나아가며 현존하는 건축 구성을 형성하였다.

乾隆『長沙府志』所載〈嶽麓山圖〉

이런 형성을 따르는 것은 공자가 악록서원에서 제사를 받는 여러 인물 가운데 아무도 넘볼 수 없는 지위에 존재한다는 것을 의미한다. 동시에 그

6) 清·趙寧『新修嶽麓書院志』卷三,『舊志·聖廟圖說』.

것은 일반 서원의 지위보다 높다는 것을 보여줄 뿐만 아니라 한편으론 악록서원의 관학화 추세를 반영하는 것이다.

청대에 이르러 악록서원의 제사는 더욱 많은 발전을 이루게 된다. 문묘(文廟), 주장사(朱張祠), 사잠정(四箴亭), 육군자당(六君子堂), 도향사(道鄉祠)를 수복하였을 뿐만 아니라 1662년(강희 원년)에는 차만육(車萬育, 1632~1705), 반여안(潘如安), 도여내(陶汝鼐, 1601~1683), 도지전(陶之典, 1622~1701) 등 소위 상중(湘中)의 명망 높은 노인[耆舊]들이 함께 문창각(文昌閣)을 건립하였다.[7] 문창각 안에는 문창제군신상(文昌帝君神像)을 봉안하고, 원생(院生)이 회시(會試)에 급제한 자는 일정 기간 이름을 붙여서 잘 알도록 보이고서 표창(表彰)하였다.[8] 1792년(건륭 57) 호광(湖廣) 총독(總督) 필원(畢沅, 1730~1797)은 악록서원에 와서 서원 앞의 평평한 전답 가운데 토양을 가리키며, 이곳에 만약 괴성루(魁星樓)를 세운다면 갑(甲)을 배출할 수 있을 것이라고 하였다.[9] 이에 괴성루를 건립하여 과거(科擧)의 수석 합격을 빌었다. 1805년(嘉慶 10)에 이르러 악록서원 생도 팽준(彭浚, 1769~1833)이 실제로 장원(壯元)에 선정되어 미담이 되었다.

1796년(가경 원년) 삼려대부사(三閭大夫祠)를 세우고 굴원(屈原)을 제향했으며, 더하여 가태부사(賈太傅祠)에 가의(賈誼, BC.201~BC.168)를 제향하고, 송옥(宋玉, BC.290~BC.220)·당륵(唐勒, BC.290~BC.223)·경차(景差)·사마천(司馬遷, BC.145~BC.87)를 합사(合祀)하면서 호상(湖湘) 학맥이 선진(先秦)과 양한(兩漢)대까지 거슬러 올라가도록 했다. 1812년(가경 17) 산장 원명요(袁名曜, 1764~1835) 등 몇몇 인물들이 함께 기부하여 염계사(濂溪祠)를 건립하고, 이학(理學)의 창시자 주돈이(周敦頤, 1017~11073)를 제향했다. 더하여 사잠정(四箴亭)에는 정호(程顥, 1032~1085)·정이(程頤, 1033~1107)

7) 清·袁名曜, 『重修嶽麓書院文昌閣記』, 見清·丁善慶, 『嶽麓書院續志』 卷一.

8) 光緖 『善化縣志』 卷十一.

9) 清·丁善慶, 『嶽麓書院續志』 卷一.

형제를 제향해서 숭도사(崇道祀)의 주희, 장식과 더불어 완전히 정리된 이학(理學)체계를 구성하였다. 1818년(가경 23)에는 또 숭성사(崇聖祠)를 새로 건립하고 공자와 선대(先代)의 사배(四配)[안자(顔子)·자사(子思)·증자(曾子)·맹자(孟子)]를 함께 봉안하였다.

이외에도 건립 시기가 명확하지 않은 건물로는 순무사 이발갑(李發甲, 1652~1718)을 제향하는 이중승사(李中丞祠)가 있다. 이곳에는 청대에 서원 건설에 혁혁한 공을 세운 인물들 예컨대 정사공(丁思孔), 이호(李湖), 육휘(陸耀), 진굉모(陳宏謀), 유권지(劉權之) 등도 더하여 제향[附祀]했다. 원장(院長) 나전(羅典, 1719~1808) 만을 제향하는 사우[專祠]에는 나전을 제향하고, 더하여 송(宋)의 구양수도(歐陽守道, 1208~1272)·고기(顧杞), 명(明)의 웅우(熊宇)·장원변(張元忭)·진론(陳論)·섭성(葉性) 그리고 청대의 차만육(車萬育) 등을 제향했다. 아울러 선산사(船山祠), 악신묘(嶽神廟), 규광각(奎光閣) 등등도 있었다.

『악록속지(嶽麓續志)』 제1권 『공상사전정사(公襄祀典呈詞)』의 기록에 따르면, 가경(嘉慶) 연간 이전 악록서원에는 모두 15곳의 제향처를 건립했으며, 가경 연간부터 지속적으로 건립을 추진하면서 기부를 받아 건립한 사우가 또 12곳이 늘었다고 한다. 1866년(同治 5)에는 구양후균(歐陽厚均, 1776~1845)만을 제향하는 사우[專祠]가 또 만들어졌는데, 그 전후에 만들어진 곳을 전부 합하면 총 28곳에 이르렀고, 제향자는 100인 이상에 이르렀다. 이처럼 악록서원에서 이루어진 수많은 사우 건립과 운영은 사실상 다른 서원에서는 찾아보기 힘든 미증유의 규모였다.

Ⅲ. 제사의 유형과 작용

악록서원의 수많은 사우와 묘당(廟堂)은 그 내용과 성질에 따라 숭도(崇道), 숭교(崇教), 교화(教化), 동기부여(勵志), 숭신(崇神) 등 몇 가지 유형으로 구분할 수 있다.

1. 숭도(崇道) 유형

이 유형은 악록서원의 학술 풍토와 그 경향을 반영한다. 문묘(文廟)[대성전(大成殿)], 숭성사(崇聖祠), 염계사(濂溪祠), 사잠정(四箴亭), 주장사(朱張祠)[숭도사(崇道祠)]가 이에 속한다. 유가(儒家) 사상은 고대 중국의 통치 사상이었으며, 원칙적인 차원에서 지도적 성격을 지니고 있었다. 또한 국가의 모든 구성원이 지켜야 하는 것이었으므로 공자 및 그 문하의 현인들을 제사 지내는 것은 필수적인 일이었다. 그런데 유가 사상은 여러 유파(流派)로 갈린다. 송대 이후 즉 중국 봉건 사회의 후기에 접어들고 나서 지배적이었던 정치사상은 바로 정주이학(程朱理學)이었다. 건도(乾道) 연간[1165~1173] 장식과 주희는 악록서원에서 회강(會講)하였다. 그리고 소희(紹熙, 1190~1194)에 이르러 주희는 담주(潭州)의 안무사(按撫)를 맡았는데, 이후부터 악록서원은 이전의 악록서원이 아니게 되었다. 사람을 더욱 중히 여기면서 '사람'이 학술적 정서상 가장 중요한 의미를 차지하게 되었다.

> "담주(潭州) 사람이 말하기를, 문공(文公)[주희]께서 제유(諸儒)의 사상을 집성(集成)하여 성현(聖賢)의 도(道)를 밝히시고, 이곳에서 강학하셨으니 우리의 스승이다. 이곳에서 안무(按撫)를 역임하시었으니 우리의 스승과 같다. 남헌(南軒)[張栻]은 세상에 이름난 대유(大儒)이신데 그와 같은 시대에 함께 학업을 행하시니 그 가르침에 사람들이 감화를 받았다.[過化] 그래서 우리가 그들을 제사 지낸다."

이처럼 주희와 장식의 사상은 악록서원에서 대단한 영향력을 발휘하였고 오랫동안 시들지 않았다. 이에 명대(明代) 양명학자들이 이곳에서 자신의 학설을 강의할 때에도 반드시 이러한 영향력에 귀속될 수밖에 없었다.

장식과 주희가 수백 년 동안 악록서원에서 제향될 수 있었던 이유는 바로 여기에 있었다. 예컨대 "주희와 장식을 따로 제사 지내고 … 도학을 숭상하며 … 서원에서 비롯되었다."[10]라든가, "주희와 장식을 제사 지내고, 도(道)를 숭상한다."[11]와 같은 언사들은 모두 이러한 의미를 담고 있다.

청대에 이르러 건륭제는 "도남정맥(道南正脈)"이라는 편액을 내렸다.[賜額] 여기에는 악록서원이 이학을 전파하는 데 있어서 특별한 공헌이 있음을 표창하는 의미가 담겨 있다. 즉 악록서원의 학술적 전통을 정식으로 인정한 것이다. 주희와 장식의 학문은 주돈이와 이정(二程)의 학문을 계승한 것이다. 이러한 학술 조사(祖師)를 잊지 않기 위해 악록서원에서는 주돈이와 이정(二程)을 가장 중요한 제사 대상으로 삼았다. 정리하자면 고경정사(詁經精舍)에서 허신(許愼), 정현(鄭玄)을 제사 지낸 것과 마찬가지로 악록서원에서도 장식과 주희를 위한 사우를 건립하였다. 이는 주희와 장식의 학술 전통과 그 학풍을 신봉한다는 것을 드러내는 것이다. 이러한 제사는 서원 생도들에게 의리(義利)를 분별하고, 소위 '주장(朱張)'의 유가 사상을 견지하며 그 학술적 경향을 이탈하지 않도록 하기 위한 의미를 담고 있다.

2. 숭교(崇教) 유형

악록서원의 육군자당(六君子堂), 이중승사(李中丞祠), 나전전사(羅典專祠), 구양후균전사(歐陽厚均專祠) 등에 합사된 인물들은 모두 서원의 건설에 있어 지대한 공헌을 한 이들로 구성되어 있다. 대표적으로 주동(朱洞), 이윤칙(李允則), 주식(周式)은 악록서원 창건 당시의 인물이다. 그들의 노력을 통해 악록서원은 천하에 명성을 떨치게 되었으며, 호남 일대 또한 비로소 문화적 낙후지역이라는 오명을 벗어던질 수 있었다. 누군가는 '소상(瀟

10) 清·趙寧, 『新修嶽麓書院志』 卷三, 『廟祀』.

11) 明·黃衷, 『嶽麓書院規巳記』, 載清·趙寧, 『新修嶽麓書院志』 卷七.

湘)[12]'을 일컬어 이곳이 수사(洙泗)[13]라 하였고, 누군가는 형만(荊蠻)[14]을 일컬어 이곳이 추로(鄒魯)[15]라고 하였다. 이렇듯 교육적 공헌은 세월이 흘렀다 하여도 쉽사리 풍화될 수 없는 것이다. 유공(劉珙), 진강(陳鋼), 양무원(楊茂元) 등은 황폐해진 서원을 다시 일으킨 인물들이다. 그리고 나전(羅典)은 27년간 원장을 역임하면서 서원의 팔경(八景)과 여러 정사 및 당사(堂舍)를 수복하였다. 또 구양후균 아래에는 3천 명의 제자가 있었음을 지적할 수 있다. 이와 같은 이유로 그들은 모두 의심의 여지 없이 모두 악록서원의 공신이자 호남 교육의 공신이다.

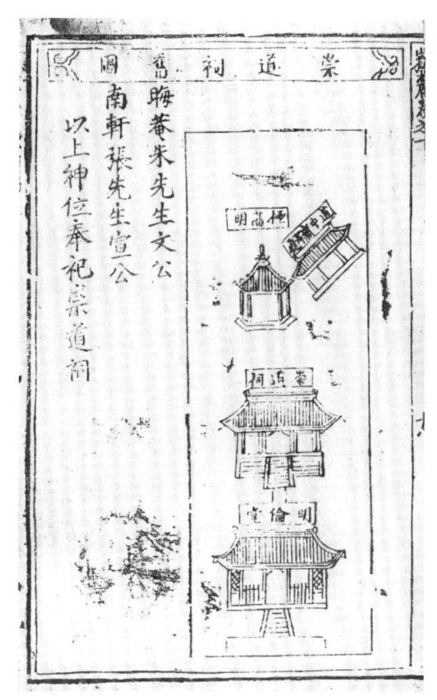

萬曆『嶽麓志』所載〈崇道祠舊圖〉

역대 통치자는 제왕이 천하를 다스릴 적에는 정치와 교화(敎化)뿐이라고 생각했다.[16] 그래서 서원에 공(功)이 있다는 것은 '교화'에 공헌이 있다는 것이었다. 이런 까닭으로 서원에 공이 있는 인물들을 제향하는 것은 바

12) 중국 호남성 동정호의 남쪽에 있는 소수(瀟水)와 상강(湘江)을 일컫는다.

13) 중국 산동성의 수수(洙水)와 사수(泗水)를 말한다. 공자가 이 근처에서 강학 활동을 했기에 이후로 유학이 번성한 곳을 비유하는 데 사용되기도 했다.

14) 중국 한족(漢族)의 문명을 아직 받지 못한 민족들이 살던 양쯔강(揚子江) 남쪽의 땅을 일컫는다. 여기서는 호남성을 칭한다.

15) 추(鄒)는 맹자(孟子)의 출생지인 추나라이며, 노(魯)는 공자(孔子)의 출생지인 노나라를 가리키는 것이다. 추로는 맹자와 공자를 가리키는 말이기도 하며, 유교(儒敎)를 말하기도 한다.

16) 元·虞集, 『道園學古錄』 卷八, 『董澤書院記』. 『四部叢刊』 本.

로 '숭교(崇教)'에 해당하는 것이다. 소위 당(堂)을 고쳐서 주동(朱洞), 이윤칙(李允則), 안무공(安撫珙), 산장식(山長式), 군쉬강(郡倅鋼)을 대를 이어서 차례로 위패를 제향하는게 숭교(崇敬)다.[17] 숭교의 목적은 이곳을 관리하고, 이곳에서 관직을 하고, 이곳에서 가르치는 후임자를 깨우치는 데 있었다. 즉 선임자의 학술적 공로와 가르침의 노고를 잊지 않고 감동하고 분발하여, 서로 이어 나가는 노력을 지속해서 서원이 끊임없이 글 읽는 소리가 이어지도록 하려는 것이다. 또한 생도들로 하여금 서원 설립의 어려움을 확실히 기억하고, 그들이 배움의 기회를 소중히 여겨서 '도리를 세상에 널리 전하여 백성을 구제한다(傳道濟民)'는 본령(本領)을 파악하도록 교육하였다. 이는 생도들이 청춘을 낭비하지 않고, 서원 공신들이 인재를 배출하려 했던 그 마음을 저버리지 않기를 희망했던 것이다.

3. 교화(教化) 유형

이 유형은 제사 대상의 행적을 통해 생도들을 감화시키는 것을 목적으로 삼는다. 도향사(道鄉祠), 삼려대부사(三閭大夫祠), 가태부사(賈太傅祠) 등의 시설이 이 유형에 속한다. 이곳에서 제향하는 인물들은 모두 역사적으로 충직한 신하들이었지만 좌천(左遷)을 겪은 이들이다. 그러나 그 정신은 후세 제생(諸生)들에게 전해져 교육적인 본보기가 되었다. 예컨대 건륭 연간 조신교(趙申喬, 1644~1720)는 도향대(道鄉台)를 중수하면서 『중수도향대병건사당기(重修道鄉台並建祠堂記)』를 지었는데, 이 글 가운데 그는 몹시 감개무량한 어조로 다음과 같이 말했다.

> "아! 선생[鄒浩]께서 돌아가신 지 이미 수백 년이 흘렀는데, 그 대(臺)를 바라보면 선생이 보이는 듯하고, 그 사당에 절하면 또 선생께서 눈에 보이는 듯하

17) 明·黃衷, 『嶽麓書院祠祀記』, 載清·趙寧, 『新修嶽麓書院志』 卷七.

다. 저 장돈(章惇), 채경(蔡京), 온익(溫益)의 무리가 비록 뜻을 얻어 왕조를 혼란스럽게 하였으나, 오늘날에 이르러서도 그 이름들은 목동들의 욕지거리 속에 끊임없이 회자되고 있다. 선생께서는 전혀 유감이 없으셨으나 그들은 질투심에 나라를 망치는 재앙이자 원수가 되고 말았으니, 산승(山僧)들에게 웃음거리가 되지 않으려면 반드시 뉘우치지 않으면 안 될 것이다."[18]

즉 그를 둘러싼 일화에는 모범적인 측면과 더불어 반면교사적 내용도 함축하고 있었기에, 그 교육적 효용이 상당히 컸다고 할 수 있겠다.

4. 동기부여(勵志) 유형

악록서원의 선산사(船山祠)에서는 명나라 숭정 연간의 학생 왕부지(王夫之, 1619~1692)를 제향한다. 선산(船山)[왕부지]은 고상한 민족적 절개를 지니고 탁월한 학술적 성취를 이룬 인물이다. 그렇기에 그를 본보기로 삼아 생도들이 마음을 가지런히 할 수 있다면 더욱 높은 교육적 효용을 거둘 수 있을 것이었다. 성인(聖人), 선현(先賢) 또는 역사 속의 많은 쟁신(諍臣)은 지금 살아있는 생도들과는 시간적으로 거리가 멀었다. 그러나 같은 생도였던 왕선산(王船山)은 다른 생도들이 더욱 친밀감을 느낄 수 있었기에, 소위 "흠모할 수 있으며 또 그에 도달할 수도 있는" 인물에 해당하였다. 말하자면 생도들은 그를 제사 지내는 와중에 자연스럽게 스스로를 단속하고 동기를 부여하게 되는 것이다. 다른 한편으로 문창각(文昌閣)에 걸려 있는 역대 향시(鄕試), 회시(會試), 전시(殿試)의 급제자 성명 명단[榜]의 교육적 효용 또한 선산사와 상통한다. 이처럼 '동류(同類)'로써 '동류'를 교육하는 것을 바

18) 淸·丁善慶, 『嶽麓書院續志』 卷四. "嗟乎, 先生(指鄒浩)之沒已數百年, 而眺其台如見先生焉, 拜其祠又如見先生焉, 彼章惇, 蔡京, 溫益輩雖得志亂朝, 而至今齒其姓名牧豎猶爲唾罵. 則先生可無憾, 而後之爲惇爲京爲益輩嫉正若仇誤國流殃者, 不亦當瞿然悔悟, 以免爲山僧之所竊笑哉!"

로 '동기부여 유형'이라고 한다. 즉 여러 생도 가운데 걸출한 인물을 본보기로 삼아서 다른 사람들이 스스로 연마하고 더욱 성취하도록 만드는 것이다.

5. 숭신(崇神) 유형

마지막으로 꼽을 수 있는 유형은 사람에 대한 제사가 아니라 신명(神明)에게 배알하는 것으로 기본적으로는 일종의 미신 활동에 속한다. 해당 건물로는 괴성루(魁星樓), 악신묘(嶽神廟), 규광각(奎光閣)이 있다. 문창각 또한 이 유형에 속하는데, 그곳에서 제향하는 대상은 사람이 인위적으로 만든 인물, 즉 과거에 급제한 사람들의 이름[科名]을 관장하며, 성교(聖教)를 보좌하는 신으로 알려진 문창제군(文昌帝君)이다. 이들의 제사에서는 생도의 노력이 어떤 구체적인 성취로 이루어지게끔 해주는 '신령'의 보우를 기도한다. 그런데 이처럼 사람을 어떤 신령의 발아래에 조아리게 하는 것은 그리 바람직하지 않아 보인다. 사실 이러한 제사 형식은 교육적인 차원에서 본질적으로 낙후성을 지니고 있으며, 필연적으로 퇴보적 결과를 초래하게 된다고 할 수 있다.

Ⅳ. 제사 활동

악록서원의 제사에는 일정한 절차가 있다. 매년 봄과 가을에 두 차례 큰 제사를 거행하는데 지방 장관 또한 여기에 참석한다. 춘제(春祭)는 2월 초3일로 정해져 있으며, 추사(秋祀)는 8월 초9일에 거행된다. 매월 삭망일(朔望日)에도 각 신(神)과 현철(賢哲)에게 배알(拜謁)하는데, 일반적으로는 산장(山長)의 주도하에 진행 된다. 악록서원의 제사 활동은 비록 북송 시기 서원 창건 무렵부터 시작되었지만 송·원·명대에는 이에 관한 구체적인 기록이 남아 있지 않고, 청대 건륭 60년(1795)에서야 제사 활동에 관한 기록이 있다. 그 내용을 보면 아래와 같다.

> 이번 가을 8월 초9일의 정제(丁祭)는 과거 시험 기간[場期]인 까닭에 8월의 초하루로 옮겼다. 예전에 모아서 저축한 은자 35냥으로 [성전(聖殿)의] 태뢰례(太牢禮)는 소, 양, 돼지의 삼물(三物)을 함께 준비했는데, 문창제군(文昌帝君)은 별도로 소뢰사(少牢祀)로서 양과 돼지를 함께 준비했다. 무릇 술과 음식, 맛난 과일은 종류별로 나누어 아울러 넉넉하고 깨끗한 것을 정하였다. 또한 등대[燈杆]는 높이가 각각 수 장(丈)인 4개를 설치하고, 줄줄이 이어서 네 모가 반듯한 두괴(斗魁)처럼 하였다. 그 가운데 2개는 괴성루(魁星樓) 앞을 향하게 두고, 또 2개는 서원 원문(院門)의 좌우에 나누어 배열했는데, 철사(鐵絲)가 영락(瓔珞)[구슬을 꿴 장식품]의 형상을 만들었다. 학문적 명예와 일월성신(日月星辰)의 복을 받으려고 명산(名山)에 인재들이 모이면 높은 산길로 출발하여 나란히 오른다. 3일 밤낮 동안 음악을 연주하고, 폭죽[鞭爆]이 산과 계곡을 울리는데 거의 수만 가지 소리가 울려 퍼지는 듯했다. 연등은 초하루날[朔日]에 켜서 보름날[望日]에 껐으니 그때까지 반달 만에 그쳤다. 멀고 가까운 곳에서 우러러보며 모두 의연히 기뻐하였고, 신령(神靈)과 감응하여 마음으로 느끼는 모습[肸蠁]이 그야말로 귀감이 되었다.[19]

위의 글에서 당시 성대한 제사 풍경을 확인할 수 있다. 1816년(가경 21) 원장 원명요(袁名曜, ?~1835)는 문창각에서 정해진 제도에 따라 매해 중춘(仲春)[음 2월] 초3일에 특별히 제사(特祀)를 지내자고 제안하였다.[20] 이듬

---

19) 清·丁善慶, 『嶽麓書院續志』 卷四, 羅典, 『新增丁祭公費記』. "今秋八月初九日值丁祭, 以場期故, 移祀月之初吉. 先時合斸銀三十五兩, (聖殿)具太牢禮, 兼牛, 羊, 豕三物；文昌別具少牢祀, 兼羊, 豕. 凡酒食饈果之屬, 並期豐潔. 又置燈杆凡四, 高各數丈, 貫方門如門之魁, 以其二標魁星樓正向, 又二則分列書院院門左右焉. 制鐵絲瓔珞狀, 取文光福曜, 薈萃名山, 以發雲路齊登之兆. 鼓樂徹三日夜, 鞭爆應山穀, 約數萬響不啻. 燃燈, 起朔日, 訖於望日, 曆半月乃止. 遠近瞻矚, 毅然歡欣, 神靈肸蠁, 庶其鑒茲矣!"

해에 또 공의(公議)로 2월 초3일에 제사 지내는 규정(祭祀規條)을 내놓았다. 여기에 그것을 정리하면 아래와 같다.

- 제사 품목(祭品)[제물용 가축(牛牲)에서 소작인에게 청부를 맡긴 것을 제외하고, 남은 것들을 값대로 쳐서 은자로 보낸 뒤 당부(堂夫)가 판매하도록 한다. 외상으로 폐를 끼쳐서는 안 됨.]
  - ▹ 문창각(文昌閣) : 소 1마리, 돼지 1마리, 양 1마리[총 3조(俎)] 닭, 오리, 돼지 위장, 돼지 간, 생선, 해삼, 와간(蛙幹), 돼지 콩팥[총 8완(碗)], 과일 품목(果品)은 농두(籠豆)에 담는다. [향(香), 술(酒), 초(燭), 비단(帛), 폭죽(爆竹)은 수시로 구매하여 사용한다.]
  - ▹ 규광각(奎光閣): 수탉 1마리, 생고기 1덩어리, 생선 2마리.
- 제사 지낸 고기를 나눔[頒胙] : 찬례(贊禮) 4인, 독축(讀祝) 1인, 규의(糾儀) 1인, 집백작(執帛爵) 2인, 총 8인. 각각 양고기 한 근(斤)을 나누어 주고, 여분의 양고기는 모두 주제자(主祭者)들에게 나누어 줌.[양의 머리·피(血)·내장은 찬례 등 8명에게 전날 밤[先夜]에 점심(点心)으로 제공] 제사를 함께한 자들에게는 각기 돼지고기 한 근을 나누어 줌. 산장가인(山長家人)과 악대[鼓樂] 4인, 당부(堂夫) 2인, 간사(看司) 1인, 야경꾼[更夫] 2인, 소작농(佃戶) 1인에게는 각각 고기 1근을 나누어 줌. 사재(四齋)의 재부(齋夫)는 각각의 재(齋)에 고기 2근을 나누어 줌. 문창각제(文昌閣祭)는 1자리[席]을 내어 주제자(主祭者)에게 나누어 줌. 규광각의 소·양·돼지[三牲] 제품은 찬례 등 8인에게 나누어 줌.[21]

---

20) 淸·袁名曜,『嶽麓書院文昌閣祭田碑記』, 見淸·丁善慶,『嶽麓書院續志』卷四.

21) 淸·袁名曜,『文昌閣祭田契劵碑』, 碑今嵌嶽麓書院文廟大成殿內. “祭品(除牛牲系佃戶承辦外, 餘物照價發給現銀現錢, 交門堂夫買辦, 不得賒賬滋弊). 文昌閣: 牛一, 豬一, 羊一(共三俎), 雞, 鴨, 豬肚, 豬肝, 鮮魚, 海參, 蛙幹, 豬腰(共八碗), 果品實籠豆(香,酒,燭,帛,爆竹隨買聽用). 奎光閣: 雄雞一只, 生肉一方, 鮮魚二尾.”, “頒胙 : 贊禮四人, 讀祝一人, 糾儀一人, 執帛爵二人, 共八人, 各頒羊肉一斤, 餘羊肉盡數頒主祭者(羊頭, 羊血, 羊雜作贊禮等八人先夜點心). 與祭者, 各頒豬肉一斤 ; 山長家人

위의 내용은 당시 풍성했던 제사 품목과 제사 활동의 조직 상태를 보여주고 있다. 이를 통해 당시 호남 순무(湖南巡撫)와 장사 지부(長沙知府), 그리고 장사(長沙), 선화(善化) 두 현의 현령(縣令) 등 지방 장관들이 악록서원의 산장 및 감원 등이 생도들과 더불어 제사를 지내는 모습을 상상할 수 있다. 이렇듯 향화(香火)가 피어오르고 신령이 기거하는 가운데 인령(人靈)에게 조아리는 제사 형식은 살아있는 자가 죽은 자 앞에서 자신을 초라하고, 무력하게 보이도록 함으로써 신성과 종교의 장엄함을 드러내고 있다. 신은 사람에 대해 그리고 죽은 자는 살아있는 자에 대해 일종의 무형의 거대한 억압을 행사하였다. 그 억압은 필연적으로 사람들의 자신에 대한 믿음을 무너뜨렸다. 이로써 신과 죽은 자에게 정신[靈]을 갈구하는 비극적 상황을 초래하는 것이다. 이것은 서원 제사 교육의 반동(反動)으로, 오늘날 우리가 반드시 버려야 할 측면이다.

Ⅴ. 제사의 문화적 의의

앞에서 서술한 교육적 의의 이외에도 제사에는 더욱 뚜렷한 일종의 학술적 주장을 함축한다. 이는 문화적 추구라는 기능으로 악록서원의 염계사(濂溪祠), 굴자사(屈子祠)의 창건이 가장 좋은 예시가 될 수 있다. 이학의 개산조사(開山祖師)라 할 수 있는 염계(濂溪) 주돈이(周敦頤, 1017~1073)는 도주(道州) 사람이다. 남송 이후로 호상(湖湘)학통을 말한다면 염계를 빼놓을 수 없다. 송대 진덕수(眞德秀, 1178~1235)의 『담주권학문(潭州勸學文)』이나 명대 진봉오(陳鳳梧, 1475~1541)의 『호남도학연원록(湖南道學淵源錄)』은 물론이요, 만력 연간의 『악록지(嶽麓志)』에도 소위 '도통도(道統圖)'

及鼓樂四名, 堂夫二名, 看司一名, 更夫二名, 佃戶一名, 各頒肉一斤 ; 四齋齋夫每齋須頒肉二斤. 文昌閣祭, 授一席頒主祭者. 奎光閣三牲祭品, 頒贊禮等八人."

와 '성학통종(聖學統宗)'이라는 것이 있어 그 설을 명확히 방증하고 있다. 이에 염계는 자연히 도학 차원에서 호남 일파의 시조로 추존되었다. 청대 강희 연간[1662~1722]에 이르면 당시 악록서원을 중건한 관신(官紳)들은 주렴계를 끌어와 호상의 학술적 위세를 선양하였다. 당시 서원의 중건을 주관했던 순무 정사공(丁思孔, 1634~1694)은 다음과 같이 말한다.

> 악록의 위세는 서원에 관계있는데, 모두 제유(諸儒)가 도를 밝히고 학통을 계승한 곳이기 때문이지 유람을 바탕으로 지위가 오른 것이 아니었다. 고금의 흐름을 따라 살펴보면, 굴자(屈子)와 가생(賈生)의 두려움 없는 절개가 소부(騷賦)로 드러났으며, 이후에 그를 기리고 추모하는 뜻이 이어졌으니 대대로 그러한 이들이 적지 않았다. 그런 연유로 화려하고 아름다운 노래[詠歌]로 임금의 신임을 받지 못하여 귀양살이 하는 사람[孤臣遷客]의 뜻이 전해진 것이다. 송(宋)에 이르러 주공(朱公)[주희]께서 서원을 창건하여 유풍(儒風)을 진작했다. 즉 염계 선생께서 도주에서 나와 가장 먼저 성현(聖賢)의 성명지학(性命之學)을 밝히시고 그것을 이어받아 발전시켜왔다. 이 도통(道統)이 귀산(龜山)[楊時, 1053~1135], 문정(文定)[胡安國, 1074~1138], 남헌(南軒)[장식], 회암(晦庵)[주자]의 제 선생(諸先生)에게 서로 전해졌는데, 모두 이곳에서 강학하고 가르침을 설파하며 생도들을 이끌었다. 이로써 학자들의 흥성함에 소상(瀟湘)이 주사(洙泗)와 비견되니, 어찌 하나의 군읍(郡邑), 하나의 산수(山水)로 가히 짐작하여 헤아릴 수 있겠는가?[22]

22) 淸·丁思孔, 『嶽麓書院志序』, 載康熙 『嶽麓志』 卷首, 見湖湘文庫本 『嶽麓書院志』 第163-164頁. "嶽麓之重系於書院, 皆諸儒明道繼統之地, 非直登臨遊覽之資也. 試府仰以觀古今之際, 自屈子, 賈生忠憤無聊, 發爲騷賦, 後之流連憑弔, 世不乏人, 然猶托之詠歌藻麗, 以寄孤臣遷客之思. 至宋而朱公創建書院, 振起儒風, 則有濂溪先生出於道州, 首明聖賢性命之學, 繼往開來. 自是道統相傳, 龜山, 文定, 南軒, 晦庵諸先生, 皆於此地講學設敎, 造就生徒, 學者之盛至比瀟湘於洙泗, 豈一郡邑, 一山水所可擬議而衡量者哉?"

또한, 안찰사(按察使) 정단(鄭端, 1639~1692)은 강희 연간 『악록지(嶽麓志)』에 서문을 작성하면서 다음과 같이 말한다.

> 형악(衡嶽)의 정기를 얻어서 도주에 주자(周子)[주돈이]가 태어나 위로는 공맹(孔孟)에 닿으셨다. 또 백여 년이 지나서 광한(廣漢)[현 사천성 사홍현]의 장자(張子)[張載, 1020~1077]는 담주(潭州)에서 살았고, 신안(新安)의 주자는 담주에서 벼슬을 하였다. 서로 악록서원에서 강습(講習)을 하면서 서원의 명성이 점점 알려지게 되었다. 위학(爲學)의 요점에 이르면, 주자(周子)는 주정(主靜), 장자(張子)는 구인(求仁), 주자(朱子)는 거경(居敬)이다. 그 입문(入門)은 각기 다르나 모두 하나로 귀결된다. … 지금 학문에 종사하는 사인들 가운데 경(敬)으로써 인(仁)을 구(求)하고, 정허동직(靜虛動直)할 수 있는 이가 있는가? 만약 없는 것 같다면 청컨대 근엄하고 엄격함에 힘쓰고, 용모를 단정히 하며, 생각을 단정하게 하고, 의관을 바로 잡고, 공경하고 존중하는 마음으로 그 말씀을 대하라. 그리하면 낮고 쉬운 것부터 배워 깊고 어려운 것을 깨닫게 된다.(下學上達) 세 현인(三賢)께서 바라보심이 마치 직접 닿은 것과 같이 광대하다.[23]

강희 연간 『악록지』에는 또 「호남도통(湖南道統)」이라는 항목이 생겨났는데, 이는 악록서원의 주장정학(朱張正學)이 주렴계로부터 비롯되었음을 강조하는 것이다. 그 아래 선유(先儒)의 「열전(列傳)」으로 주돈이, 양시, 호안국, 호굉(胡宏), 장식, 주희, 진덕수, 위료옹(魏了翁), 이번(李燔), 장원변(張元忭), 왕교령(王喬齡) 총 11인의 전기(傳記)를 싣고 있다. 이는 사실상 호남 지역 도통의 계보 흐름을 구현한 것으로서 '도(道)를 열어 교화(敎化)

23) 清·鄭端 『嶽麓書院志序』, 載康熙 『嶽麓志』 卷首, 見湖相文庫本 『嶽麓書院志』 第167頁. "賴衡嶽鍾靈, 篤生周子於道州, 以上接孔孟. 又百餘年, 廣漢張子家於潭, 新安朱子官於潭, 相與講習於嶽麓, 而書院之名遂歷久而彌著. 至於爲學之要, 則周子主靜, 張子求仁, 朱子居敬, 入門雖別, 而歸宿則一. … 今從學之士, 有能敬以求仁而靜虛動直者乎? 若猶未也, 則請從事於嚴威儼恪, 動容貌, 整思慮, 正衣冠, 尊瞻視之數語, 而下學上達焉. 三賢在望, 庶曠乎其若接."

한다'는 의미이자, 호상학파의 성대함을 선양(宣揚)하려는 데에 있었다. 그리고 강희제와 건륭제는 "學達性天"과 "道南正脈"이라는 두 개의 편액을 각각 내리고, 주렴계는 악록서원의 고유한 학술적 자산 중 하나로 흠정(欽定)되면서 핵심적인 화두가 되었다.

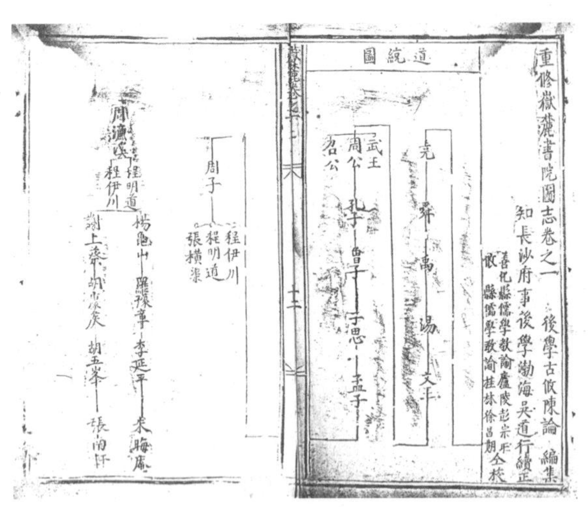

萬曆『嶽麓志』所載『道統圖』

그러나 이상한 점은 '염계'라는 명칭을 쓰는 서원이나 사당이 호남 각지에 수십 곳이 넘게 발견됨에도 불구하고, 정작 악록서원에서는 오랫동안 염계사(濂溪祠)를 건립하려는 안건이 전혀 없었다는 것이다. 가경(嘉慶) 연간[1796~1820] 어떤 호사가가 주렴계의 위패[木主]를 가태부사(賈太傅祠)에 합사했는데, 이것이 악록서원에서 주돈이를 제사 지내게 된 시작이었다. 그러나 이 일로 인해 수많은 학술적 쟁론이 발발하였다.

한편, 굴원(屈原)은 초나라의 대신이었다. 그는 국정 개혁을 계기로 원상(沅湘)으로 추방되었다. 초(楚, ?~BC.223)나라가 강성한 진(秦)나라에 의해 멸망하자, 나라를 지킬 수 있는 방도가 없어진 그는 멱라강(汨羅江)에 몸을 던져 순국하였다. 한(漢) 무제(武帝) 연간(BC.141~BC.87) 낙양 사람가의(賈誼)는 장사(長沙) 왕태부(王太傅)로 강등되었는데, 이때 부(賦)를 지어 조의를 표하며 "시대를 잘못 만났다.(逢時不祥)"는 말로 탄식하였다. 사마천은 이 둘의 이야기를 비슷한 종류로 여겨 『사기(史記)』에 「굴가열전(屈賈列傳)」을 지었다. 이로부터 호남에는 굴원과 가의의 고향이 존재한다는 설이 생기게 되었고, 그들의 사당 또한 원상 일대에 널리 보급되었다. 그러나 정작 성성(省城)인 장사에는 청 가경(嘉慶) 이전까지 굴원을 위한 어떤 사당도 존재한 적이 없었고,[24] 굴원의 위패 또한 다만 성내의 가태부사에만 봉향되어 있었다. 이러한 사실은 호남이 굴원과 가의의 고향이라는 설과는 상충된다.

1796년(가경 원년) 감숙(甘肅) 무위(武威) 출신인 장홰(張翽)가 권지 장사부(權知長沙府)로 부임하여 사당의 제사에 굴원이 빠진 것을 보았다. 하지만 굴원의 충혼(忠魂)을 귀속시키기도 어려워서 매우 불편하였다. 이에 장홰는 호남 학정(學政) 범오(範鏊), 악록서원 산장 나전(羅典, 1719~1808)과 상의를 하여 악록서원에 굴자사(屈子祠)를 건립하고, 『건수굴자사기(建修屈子祠記)』를 작성하였다. 굴자사 건립에 관한 상세한 설명은 아래와 같다.

> 굴자(屈子)[굴원]는 충성스러웠음에도 추방당하였다. 그는 피로함과 애통함에 젖어 멱라강에 몸을 던져 죽으니 뭇사람이 그 뜻을 슬퍼하였다. 과거에 나는[장홰] 이릉(彝陵)[夷陵, 荊州]을 지켰는데, 수레를 몰아 자귀(秭歸)[호북성]로 건너가 굴자의 집터를 방문하였다. 그런데 여수묘(女嬃廟)[굴원의 맏누이 사당]와 도의석(搗衣石)[여수가 굴원의 옷을 빨래하던 돌로 여수묘 앞에 있음]에 관해서는 토착민들이 그에 대해 더욱 잘 말하였다. 그런 고로 굴자의 제사[血食]는 이릉(彝陵)에 있었던 것이다. 멱라강이 장사(長沙)와 상음(湘陰) 사이에 위치해 있

24) 淸·歐陽厚均, 『嶽麓詩鈔』 卷十九, 收有淸興國州人馬之圖 『吊屈賈祠』, 內有"嶽麓嵐開祠樹古, 昭潭浪卷棹歌春. 悲笳萬古湘君泣, 野老依然薦采蘋"之句, 其時約在康熙前期, 但在『嶽麓志』, 『湖南通志』等, 不得其創建沿革始末, 且屈賈祠者, 並祀二人可知.

> 는데도 묘사(廟祀)에서 빠져있으니, 그의 혼령이 어찌 돌아오겠는가. 홀로 아무런 책임도 지지 않을 수가 없어서 여러 도(都)의 인사(人士)들에게 물어보니 그 신주를 가태부사에 합사했다고 한다. 무릇 가생(賈生)의 재질이 비록 굴자를 방불케 한다고 하나, 그 전후(前後)의 거리가 서로 달라 향을 피우고 제사를 올리는 것은 마땅히 초(楚)를 앞세우고 한(漢)을 뒤로 해야 한다. 낙양(洛陽)[가생]을 올리고, 상수(湘水)에서 투신해 죽은 굴원을 합사(合祀)하는 것이 가당키나 한 것인가? 이에 학사(學使) 범숙도(範叔度)[範鏊]와 군신(郡紳) 나신재(羅愼齋)[羅典] 두 선생이 도모하여 사우를 건립하는 의견을 제창하였다. 형악(衡嶽)의 기슭으로 정하고, 강원(講院) 근처의 좁은 공간을 개간하였다. 름희(廩餼)[관에서 공급하는 식량]와 관봉(官俸)[관리의 봉급]을 할당한 수입으로 약 3,000금(金)을 확보할 수 있었다. 신재 선생[나전]이 친히 그 일을 감독하여 인부를 모으고 자재를 갖추었는데, 병진(丙辰)년 음력 12월[季冬]에 시작하여 2년 뒤[越明年] 6월에 준공했다. 우뚝 솟은 전우(殿宇)에 신령을 편안히 모셨다. 이로부터 형산(衡山)과 상수(湘水)에서는 비록 부녀자와 아이, 어부와 나무꾼이라도 또한 향초(香草)를 들고 아름다운 사람을 애타게 생각하였다. 단지 경전을 실천하는 준수한 사인[髦士]라도 어찌 그에 감분하여 일어나지 않겠는가?[25]

호남 지역은 굴원이 지은 「이소(離騷)」의 고지(故地)로 잘 알려져 있다.

---

25) 淸·張翩, 『建修屈子祠記』, 載同治 『嶽麓續志』 卷四, 見湖湘文庫本 『嶽麓書院志』 第640頁. “屈子以忠而放逐, 憔悴憂鬱, 沉於汨羅以死, 夫人而悲其志矣. 往餘守彝陵, 屬車過秭歸, 訪屈子宅墟矣. 而女媭廟, 搗衣石, 土人猶能言之. 故屈子血食, 彝陵有焉. 顧汨羅在長沙, 湘陰之間, 而廟祀闕如, 豈魂兮歸來, 獨不問諸水濱乎? 而訪諸都人士, 則附其主於賈太傅祠. 夫賈生之才與遇, 雖仿佛屈子, 而前後相去殊絕, 瓣香而屍祝之, 當先楚後漢, 躋雒陽而祧湘累, 烏乎可? 爰謀之範學使叔度及郡紳羅鴻臚愼齋兩先生, 倡議建祠, 蔔於衡嶽之麓, 近講院, 辟隙壤, 分廩餼官俸之入, 得約三千金. 愼齋先生躬督其事, 鳩工庀材, 經始於丙辰之季冬, 越明年又六月告成. 殿宇巍然, 神靈以妥. 從此, 衡山湘水, 雖婦孺漁樵, 亦搴香草, 思美人矣. 豈獨執經髦士, 有所觀感而興起哉.”

그리고 현지 순무사와 학정, 포정사(布政使)와 안찰사(按察使)[藩臬監司] 등 여러 관료는 성성(省城) 서원에서 그의 사우 창건과 제사 활동에 대해 적극적인 지지와 찬양을 표하였다. 실제 순무 강성(姜晟, 1730~1810)은 굴원의 제사가 거행되는 것은 매우 경사스러운 일로서 옛사람들의 향촌 교화와 행의(行誼)의 발흥이라는 뜻에 부합하며, 그것은 아주 오래된 상도(常道)라고 했다. 또한 하급 관료들의 기부금을 주도하여 총 1,000금의 경비를 마련하고, 전지(田地)를 구입하여 굴자사의 제전(祭田)으로 하였다. 이로써 장래의 건물 보수와 제사[香火]의 자금으로 삼았다.[26]

『악록서원속지(嶽麓書院續志)』 제1권의 「묘사(廟祀)」, 「전액(田額)」 편에 따르면, 굴자사의 제전은 10섬(石)이 있었으며, 기와 점포를 소속으로 두었다. 장사부 관청과 계약하여 양식은 선화현(善化縣) 칠도(七都) 록자(麓字)의 이구(二區)에 보관하였다. 소작료는 은(銀) 100냥을 규정으로 의논하여 정하였다. 한해 거둔 구실[收租] 100섬은 국조(國租)와 잡세(雜稅)는 구분하고, 승려를 초빙하여 향화를 주관하도록 하며, 아울러 매해 건물을 보수하는 계획을 세우도록 했다. 이는 서원 자금 운용의 전형이라 할 수 있다. 승려가 사당의 제사를 주관하도록 하고, 건물을 보수하는 해에 경비가 나올 곳이 있다면 정상적인 상황에서는 이를 통해 사우의 안정적인 운용을 보장할 수 있었다.

악록서원의 굴자사 창건에는 두 가지 문화적 함의가 있다. 첫째는 직접적인 함의이다. 그 핵심은 충정과 애국이라는 훌륭한 전통을 고취하고, 초(楚)와 서한(西漢)의 시대로 거슬러 올라가 그 전통의 뿌리를 무르익도록 하는 것이다. 둘째는 비교적 간접적인 함의이다. 이것은 굴자사를 건립할 때에 덧붙여 건립한 가태부사에 주돈이를 종사(從祀)하면서 논쟁을 발생시킨 것이다. 그 핵심은 바로 학술 전통에 은연중 내포된 한학(漢學)과 송학

26) 淸·範鏊, 『屈子祠祭田記』, 載同治 『嶽麓續志』 卷四, 見湖湘文庫本 『嶽麓書院志』 第641頁. "將來修補計及香火之資."

(宋學)의 모순(矛盾)인데, 그것은 한학을 배척하고 송학을 숭상하여 따르는 것이다. 이에 말미암아 주희와 장식에서 위로는 염계로 거슬러 올라가 최종적으로 호남 학술의 도통(道統)을 확립했다.

악록서원이 애국주의(愛國主義) 전통을 앞장서 이끈 것은 유래가 오래되었다. 그것이 분명히 드러나는 지표는 바로 남송 건도 연간 장식이 북송의 쟁신(諍臣) 추호(鄒浩)를 기념하여 지은 도향대(道鄉台)와 주희가 지은 "앙지지사(仰止之思)[(덕망이 높은 사람을) 우러러 사모하는 마음]"라는 편액에서 보인다.[27] 앞에서 살펴본 추호의 사례에서 보이는 충심으로 간쟁하는 사인(士人)[추호], 권세를 가진 간신[채경], 권력에 붙은 소인배[온익]와 같은 자들은 모두 생도(生徒)를 교육하는 데 절묘한 교재(教材)이다. 매우 분명한 것은 장식과 주희가 대(台)[臺]를 쌓고, 편액을 걸어서 단지 기념하려는 것만이 아니라 그 깊은 뜻은 감동과 분노로 사람들을 일깨우고, 제생(諸生)의 인격을 고상(高尚)하게 만들려는데 있다. 명대에도 주희와 장식의 뜻을 따라서 1616년(만력 44) 추호의 18세손이자 호남학도였던 추지융 등이 도향사(道鄉祠)를 건립하고, 도향대비(道鄉台碑)와 도향대기비(道鄉台記碑)를 세웠다.[28] 또한 학전 400묘를 두고서 제사와 운영자금을 마련하는 자금으로 삼도록 했다.[29]

이는 바로 본격적으로 제사를 거행함으로써 정기를 불러일으키고 생도들을 교육하기 시작한 일이라 볼 수 있다. 이후 대(臺)에서 연유한 사우에는 도향(道鄉)의 제사[香火]가 수백 년의 세월 동안 이어졌다. 이는 후속 세대의 존경과 추앙의 마음을 반영하며, 동시에 악록서원이 이끌어온 진실된 간쟁과 애국이라는 불후의 전통을 드러내 보이는 것이다. 애석하게도 도향사와 도향대는 이미 허물어져 존재하지 않는다. 유지(遺址)는 찾아볼 수 있

---

27) 『遷謫三公傳』, 載康熙『嶽麓志』卷三, 見湖湘文庫本『嶽麓書院志』第244頁.

28) 明·鄒志隆, 『重修鄒道鄉先生台記』, 載淸·趙寧『新修嶽麓書院志』卷七.

29) 明·鄒志隆, 『重修鄒道鄉先生台記』, 載同治『嶽麓續志』卷四, 見湖湘文庫本『嶽麓書院志』第621-622頁.

지만, '도향(道鄉)'이라는 명칭은 '도향(稻香)'으로 바뀌었다. 도(道)가 아니라 도(稻)로 바뀌다니 어찌 안타까운 일이 아니겠는가?

사실 추호와 비슷한 일을 겪었고 지향(志向)이 서로 유사했으며, 또 일찍이 악록서원에 발을 들인 인물로는 명대의 왕수인(王守仁, 1472~1528)과 추원표(鄒元標, 1551~1624) 두 명이 있다. 그들은 모두 일찍이 제생(諸生)을 교육하고 양성하는 데도 영향을 주어서 품행의 모범이 되었다. 예컨대 강희 연간 조녕(趙寧)이 저술한 『신수악록서원지(新修嶽麓書院志)』 권3 열전(列傳)에 있는 「천적삼공전(遷謫三公傳)」은 추호·왕수인·추원표의 사적(事跡)을 기록하고 있다. 여기에서는 그들의 학문과 도덕성에 대해 경의를 표하는 문장이 거듭 등장하는데, 특히 충직함으로 천하에 명성을 떨쳤음을 거론하며 매우 강조하고 있다. 이를 보면 그해에 서원을 건설한 인물들은 서원의 고유한 교육 재원들을 충분히 이용하였다.

그러나 명백한 것은 악록(嶽麓)에 발을 들여놓았는지 아닌지가, 서원과 사우의 제향 여부를 결정하는 하나의 중요한 변수였다. 이는 선현(先賢)의 자취와 덕화로 인해 신성[過化存神]해진 땅을 이야기한 것인데 여기서 말한 특정한 땅은 악록서원이다. 문제는 서원의 범위가 몹시 작아서 어쨌든 북송까지 거슬러 올라가는 데 그치고, 이것은 교육 자원의 개발에 중대한 차질을 초래하게 된다. 그런데 굴자사의 창건은 바로 이러한 한계를 타파하였다. 이 건물은 호남(湖南)은 굴원이 지은 「이소(離騷)」의 고지(故地)라는 인식 아래 건립되었다. 즉 '악록'에서 '호남'으로 그 범위가 크게 확장된 것이다. 이에 힘입어 역사적 뿌리라는 범위 또한 더욱 깊고 광대해졌다. 따라서 굴자사의 건립은 새로운 교육 자원을 증가시키는 차원에서 큰 의의가 있는 것이다. 게다가 악록서원의 정체성을 더욱 개발하여 호남성 전체의 문화 건설이라는 책임을 자각하게 되었다. 그것은 호상(湖湘) 문화 내에서 굴원과 가의로 대표되는 충성스러운 간언과 애국 사상의 근원적 지위를 확립했기 때문이다. 그 이후로 호남 일대 최고의 학술과 교육의 중심인 악록서원은 일종의 지역 문화의 상징이 되었고, 더욱 광범위한 대표성을 지니게 되었다.

앞에서 언급하였듯이 장홰(張翽) 또한 굴자사의 건립으로 사인(士人) 외에도 부녀자, 아이, 어부, 나무꾼과 같은 일반민들도 향화를 올리며 교화가 일어나고 있으며, 형산과 상수까지 그 범위가 확대되었음을 말하였다. 악록서원에 굴원만 제향하는 굴자사가 건립될 수 있었던 가장 직접적인 원인은 굴원의 신위(神位)가 원래 성내의 가태부사에 합사되어 있었다는 것이다. 장홰가 보기에 이처럼 한나라 출신 가의를 앞세우고, 초나라 출신 굴원을 뒤에 두는 것은 일종의 '전복(顚覆)'된 상태로서 몹시 부당한 것이었다. 이런 연유로 악록서원에 굴자사를 창건함과 동시에 따로 가태부사를 건설하여 굴원과 가의를 구분하여 병렬적 상황을 형성하였다. 그리고 어떤 의도에서 비롯된 것인지는 모르겠으나 가태부사에는 이학의 개조인 주돈이의 위패가 합사되어 있었다. 이런 이유로 논란이 발생하였다.

1801년(가경 6) 무석(無錫) 출신인 진영(秦瀛, 1743~1821)이 호남 안찰사로 부임하여 서원 관리에 참여하였다. 그는 우선 굴공사(屈公祠)라는 이름이 우아하지 못하다고 여겨 명칭을 삼려대부묘(三閭大夫廟)로 바꾸고, 가태부사에는 송옥(宋玉), 경차(景差), 당륵(唐勒) 등 굴원의 제자들을 추가로 제향하였다. 아울러 주돈이는 악록서원에 온 적이 없었지만 사마천(BC.145~BC.86)의 경우에는 일찍이 초나라로 왔었음이 「조굴부(弔屈賦)」를 통해 고증된다는 것을 이유로 가태부사 내 주돈이 위패를 깎아내고, '한대부 사마천(漢大夫司馬遷)'으로 명제(名題)를 바꾸도록 했다.

호남 도주[오늘날의 도현(道縣)] 사람인 주돈이는 이학자들에게는 그야말로 조사(祖師)로 여겨졌는데, 남송 무렵부터 사람들은 자각적으로 그를 호상학통의 근원으로 여기기 시작했다. 이에 주돈이부터 주희, 장식 모두가 유학 정통으로 확립된 것이다. 그런데 진영은 굴원의 계보를 완성하며, 주돈이의 위패를 깎아내고 이름을 바꾸었다. 맨 처음에 가졌던 생각이 반드시 나쁘다고 할 수는 없다. 다만 진영이 주렴계의 영향력을 살피지 못하고, 그의 지위를 무시한 것은 실제로 잘못한 일이었다. 그 결과 이후부터 호상 지역에서 심각한 원한을 사게 되었다. 가장 분명한 사례로는 악록서원 원장직을 27년간 수행했던 구양후균(歐陽厚均)이 『악록시문초(嶽麓詩文鈔)』를 지으면서 수차례 평어(評語)의 형식을 빌려 초남(楚南) 지역을 장악하였던 고관대작인 진영을 '사리에 깊이 통달한 사람[通人]'[30]이라고 폄하·조롱하는 발언을 했다. 가경 말년에 구양후균은 『이건염계사비기(移建濂溪祠碑記)』를 지었는데, 여기에서도 또다시 날카로운 비판을 하고 있다.

> 악록서원은 오랫동안 주렴계 선생을 모시는 사우가 없었다. 가경 원년, 나의 스승이신 나신재 선생께서 가르치실 적에 산의 남쪽에 굴공사를 창건하였다. 건물 준공 이후 그 좌측을 가태부사로 삼고 주돈이의 위패를 내부에 모셨다. 삭망(朔望)마다 석채(釋菜)를 올리고 봄가을에는 정제(丁祭)를 지냈다. 이에 대성전(大成殿)의 예(禮)가 이루어졌으니 여러 유생을 이끌고 사우에서 예를 행하도록 함이 줄곧 지속되었다. 이후, 어느 통인(通人)이 초(楚)를 장악하여 굴공이라는 명칭이 아름답지 못하다 여겼으니, 그 액(額)을 '삼려대부'로 고쳤다. 그리고 가부사(賈傅祠) 내에 좌도(左徒)[굴원]의 제자 송옥, 경차, 당륵 등의 위패를 증설하였으되, 주렴계는 악록서원에 온 적이 있다는 말을 듣지 못하였다는 이유로 그의 위패를 깎아 '한대부 사마천'으로 고친 뒤 붉은 칠을 하였다.

사마천에 대해 말하자면 일찍이 초나라에 온 적이 있음이 조굴부(弔屈賦)에 의해 고증된다. 최근 한시(漢詩) 가운데 왕일(王逸)이 일찍이 「이소(離騷)」를 주해한 바 있으니, 또 그의 위패가 사우에 증설되었다. 대저 「이소」를 주해한 자는 그 앞뒤로도 수십 명이 넘는데, 과거의 명류(名流)들은 굴자에 비견되질 못하니 어찌 (주해한) 사람들을 전부 사우에 모실 수 있겠는가? 이는 변론을 기다릴 가치도 없는 일이다. 또한 주렴계가 악록서원에 온 적이 없다는 이유로 그 위패를 깎아내어 이름을 부천(腐遷)[사마천]으로

30) 詳見, 『嶽麓文鈔』 卷十七, 十八, 『嶽麓詩鈔』 卷三十四.

바꿔 버렸으니 이는 감히 대유(大儒)와 우열을 겨루려는 행각 아니겠는가? 게다가 송옥, 당륵, 차경의 인품이 논하기에는 부족할진대, 일찍이 그들이 우리의 초(楚) 땅에 당도한 적이 있는가? 주렴계는 초나라 사람이며, 향인들이 그 향선생(鄕先生)을 제사 지내는 것이니 어찌 마땅하지 않겠는가? 그런데 염계를 없애버리고 다른 선생들을 제사 지내고 있으니 과연 사리에 깊이 통달한 사람[通人]이란 이러하구나! 1812년[가경 17, 壬申] 원현강(袁峴岡)이 원장으로 강학을 하며 서원 내에 처음으로 전사(專祠)를 건립하고 특별히 염계(濂溪) 주자(周子)를 제사 지냈다.[31]

구양후균은 염계를 없애버리고 다른 선생들을 제사 지내는 것에 대해 몹시 불만스러웠으며, 나아가 굴원의 제자들 인품에 대해서도 회의적이었던 듯하다. 심지어 그는 궁형을 당한 태사공[사마천]에 대한 일말의 동정심도 보이지 않고, 그를 '부천(腐遷)'이라고 경멸하는 칭호를 사용했다. 여기에서 그의 불만이 이성을 잃을 정도로 격노한 상태에 이르렀음을 느낄 수 있다. 그렇다면 안찰사 진영에 의해 굴원과 가의 계열의 사우에서 배출 당해버린 주돈이를 위한 독자적인 사우[專祠]를 창건하는 것은 필연적인 선택이었을 것이다.

새롭게 지어진 염계사는 주희와 장식을 모시고 있는 숭도사의 남쪽에

---

31) 清·歐陽厚均, 『移建濂溪祠碑記』, 載同治 『嶽麓續志』 卷四, 見湖湘文庫本 『嶽麓書院志』 第650頁. "嶽麓舊無濂溪周子專祠. 嘉慶初年, 吾師羅愼齋夫子掌教時, 倡建屈公祠於山之陽. 落成後, 以其左爲賈太傅祠, 附周子主於其內. 每朔望釋菜, 春秋丁祭, 大成殿禮成, 率諸生躬詣祠內行禮, 歲以爲常. 厥後, 有通人秉臬吾楚, 以屈公稱謂不典, 易其額爲三閭大夫, 於賈傅祠內增設左徒弟子宋玉, 景差, 唐勒等主, 複以周子未聞一至嶽麓, 乃卽其主刓削之, 改題爲漢大夫司馬遷, 加丹漆焉. 謂遷曾至楚, 有『弔屈賦』可考也. 近日遂有以漢侍中王逸嘗注『離騷』, 複增其主於祠內者. 夫注『離騷』者前後數十家, 往哲名流指不勝屈, 安得人人而祠之? 此其不待辨者也. 至以濂溪未至嶽麓而削其主, 易其名如腐遷者, 奚堪與大儒相頡頏耶? 且如宋玉, 唐勒, 景差人品更不足論, 亦嘗涉足至吾楚之地耶? 濂溪楚人, 以鄉人祀其鄉先生, 何地不宜? 乃黜濂溪而祀諸子, 通人固如是耶! 嘉慶壬申, 袁峴岡侍講爲院長, 始建專祠於書院內, 特祀濂溪周子."

위치하였다. 이는 전통 의례에 근거하여 아랫자리[下手]에 위치하였다. 이에 대하여 1820년(가경 25) 순무 이요진(李堯棟, 1753~1821)은 악록서원을 시찰하면서 "주렴계를 특별히 모시는 사우가 있으니 그 예가 마땅하다. 다만 사우가 주희와 장식 두 선생의 사우 우측에 위치해 있으니, 위치가 적합하지 못하다"[32]고 비평을 했다. 이에 당시 산장 구양후균은 생도들을 거느리고서 위쪽으로 이건할 것을 청하였다. 염계사를 옮기는 위치는 그의 학생이었던 정호(程顥), 정이천(程伊川)을 모시는 사잠정(四箴亭)의 윗자리[上手]를 가리킨다. 그리고 옛 사우는 악록서원 건립 공신들을 기념하는 의미에서 '육군자당'으로 이름을 바꾸었다. 이러한 이건(移建)을 경험하며 서원 내부 사우들의 위치가 비로소 주돈이로부터 이정(二程), 이정으로부터 주희와 장식으로 질서를 갖추게 되었는데, 이는 바로 호상학파의 발전과 일맥상통한다. 이처럼 호상 문화의 학문적 도통은 사우를 통하여 생생하고 구체적인 모습으로 세상에 드러나게 되었다.

32) 清·歐陽厚均, 『移建濂溪祠碑記』, 載同治『嶽麓續志』卷四, 見湖湘文庫本『嶽麓書院志』第650頁. 周視祠宇, 以濂溪之有專祠, 禮固宜之, 惟祠在朱張兩夫子之右, 位置尙爲不協.

【참고문헌】

元·虞集, 『道园學古录』 卷八, 『董泽书院记』
清·赵宁, 『新修岳麓书院志』
清·丁善庆, 『岳麓书院续志』
清·袁名曜, 『文昌阁祭田契券碑』
湖湘文库本, 『岳麓书院志』
光绪 『善化县志』
『岳麓诗钞』

제3부

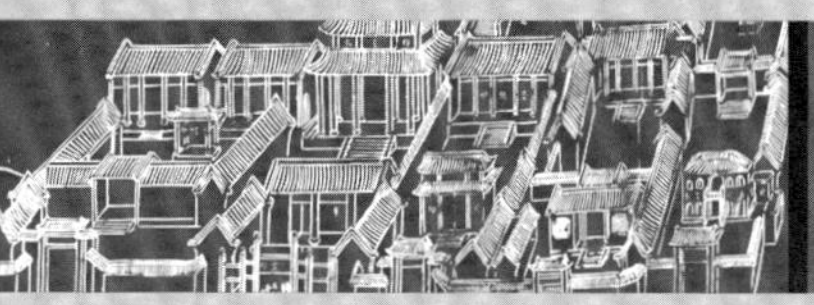

한·중 서원 운용 비교

김덕현 ▣ 한국 서원과 중국 서원의 입지·공간구성과 유식공간에 대한 비교연구

이광우 ▣ 16~19세기 학규를 통해 본 한·중 서원의 변모 양상

채광수 ▣ 韓·中서원의 院任 비교 연구 –한국 소수서원과 중국 백록동서원을 중심으로

이병훈 ▣ 19세기 한중서원 자료를 통해 본 서원의 출입과 그 목적 –경주 옥산서원과 광주 광아서원을 중심으로–

한국 서원과 중국 서원의 입지·공간구성과 유식공간에 대한 비교연구

김 덕 현

Ⅰ. 연구의 목적과 방법

한국의 조선시대 서원 9개가 2019년 UNESCO 세계유산 연속유산으로 등재되었다. 중국의 서원도 세계유산에 포함된 것이 여럿이지만, 모두 서원이 입지한 주변의 명산과 관련된 유산의 일부로 포함된 것이다. 서원의 이름으로 세계유산에 등재된 것은 한국이 처음이다. “한국의 서원”이란 이름으로 세계유산에 등재된 것은 조선시대 한국의 서원, 즉 ‘조선의 서원’이 유교 특히 성리학의 사립 교육기관으로서 제향과 강학 뿐 아니라 입지, 건축 공간구성, 그리고 경관(景觀)에서 조선 서원의 고유성과 진정성(眞正性)이 인정되었기 때문이다.[1)]

조선 서원의 독창성과 고유성에 대한 탐구와 확인은 서원 제도가 발생한 중국의 서원과의 비교연구를 불가피하게 요구한다. 본 연구는 조선시대 한국의 서원 곧 ‘조선의 서원’과 비교하는 관점에서 중국 서원의 입지·공간구성·서원 정원과 전망경관을 고찰함으로써, 한국 서원의 고유성을 밝히고자 한다. 연구 목적을 달성하기 위하여 먼저 한국 서원의 입지와 건축 공간구성 및 경관의 특성을 살피고, 비교적 관점에서 중국 서원의 사례를

1) “서원은 중국에서 들어온 성리학이 한국의 여건에 맞게 변형되고 그 결과 그 기능과 배치, 건축적인 면에서 변화를 겪고 토착화되는 과정을 보여주는 역사적 과정에 대한 독보적 증거이다.” (재)한국의 서원 통합보존관리단, 『「한국의 서원」 세계유산목록등재신청서』 수록 등재결정문, 2021.

고찰하여, 한국과 중국 서원의 공통점과 차이점을 종합하고자 한다. 고찰 대상으로 한국의 서원에서 세계유산에 등재된 9개 서원과 중국의 서원에서는 필자가 답사한 저명 서원과 지방의 서원들을 사례로 하였다.

Ⅱ. 한국 서원의 입지·건축 공간구성과 경관

역사적으로 인류 문명을 선도해 온 문화집단은 신(神)의 세계를 자신이 사는 땅에 구현하는 방법으로 건축물을 구축해왔다. 그들은 선택된 집단으로서 현재 땅 위에 실현된 신적 세계를 누리고 있다는 문화적 긍지를 드러내고 확인하는 장소를 창출한다. 서양문명에서 고대의 신전(神殿), 중세의 교회(敎會)가 그 사례이다. 조선의 서원은 유교의 사립 교육기관이지만, 선현(先賢) 제향을 가장 중시하는 종교적 성격을 가졌다는 의미에서 '유교(儒敎)의 사원(寺院)'으로 볼 수도 있다. 동아시아 유교문화권에서 신의 의미는 하늘[天理]이 대체하고, 천리(天理)가 드러나 유행(流行)하는 모습은 산수 자연[景觀]에서 지각된다. 서원은 천도(天道)와 인도(人道)에 대한 성현의 말씀을 배우고 심성(心性)을 함양하여, 산수 자연경관에 드러난 천리(天理)를 자득(自得)하는 성학(聖學)의 장소로 구축된 곳이라 할 수 있다. 유교 성현의 말씀을 배워서 성인을 지향하는 장소인 서원은 유학자들이 추구하는 세계상과 정신세계를 상징적으로 구현하는 입지를 선택하고, 서원 안팎의 경관을 예적(禮的) 공간으로 구성하거나 유학적 의미로 해석함으로써, 이상 세계를 현실 공간에서 시각적으로 재현한 것으로 볼 수 있다.[2)]

한국과 중국 서원의 비교연구를 위하여, 조선 서원의 입지·건축 공간구성·유식 공간 3가지 부문에 대한 그간의 연구 성과를 요약하면 다음과 같

---

2) 김덕현(「道東書院 景觀에 再現된 性理學의 精神世界」, 『문화역사지리』, 문화역사지리학회, 2017, 29-4호 1~21쪽)은 道東書院을 사례로 性理學의 談論-祭享人物의 精神世界-景觀의 三位一體的 結合이 한국 서원의 특성이라고 주장한 바 있다.

다.[3] 입지에서, 한국의 서원은 대체로 제향 인물의 연고지를 선택하고, 연고지에서 산지를 배경으로 하천과 산을 가시적 거리에서 전망하는(背山臨流) 경사 지형(前低後高)에 입지한다. 산기슭 경사지에서 서원이 하천과 접하는 방식에 따라 조선 서원의 입지 유형을 시내를 바라보는 계경(溪景)과 큰 강을 바라보는 강경(江景), 그리고 전면에 들판을 두고 멀리 강이나 시내를 바라보는 야경(野景)으로 나눌 수 있다.[4]

건축 공간구성에서, 한국의 서원은 대체로 전저후고(前底後高)의 자연지형을 활용하여 단일한 축선(軸線)에 제향-강학-유식 공간이 위계적(位階的)으로 배치되는 정형성(定形性)을 보인다.[5] 서원 내부에서는 인위적 정원 조성을 최소화하고 건축물의 전면을 개방적으로 구성하여, 서원 외부의 자연경관을 서원 내로 끌어들이면서 전망되는 자연경관을 유식 공간으로 삼는다. 자연경관을 전망하는 서원의 문루(門樓)나 대(臺)의 이름은 전망 경관의 특성을 반영한 유교적 개념어를 채택했다. 전면의 자연경관을 유식

---

3) 조재모의 연구(「한국서원건축의 유형 정립 과정, 한·중 서원연구의 현재와 미래」, 한국서원학회 주관, 『한·중 서원학회교류 10주년 기념 제7회 동아시아 서원국제학술대회』 자료집, 2017, 71~90쪽) ; 김덕현의 연구(「한국서원의 입지와 경관에 관한 독해」, 『한국서원학회보』 1, 한국서원학회 2011 ; 「한국서원의 입지와 공간구성」 1, 2, 문화역사지리 25-2, 3 ; 한국문화역사지리학회, 2013(a, b) ; 「道東書院 景觀에 再現된 性理學의 精神世界」, 『문화역사지리』 29-4호, 1917 ; 「儒學의 自然美와 조선 서원의 展望景觀」, 『문화역사지리』 31-1호, 2019).

4) 필자(앞의 논문, 2011)는 서원이 마주 보는 案對 景觀의 특성에 따라 野景 山景 江景 溪景으로 구분한 바 있다. 그러나 山景은 하천과 접하는 방식에서 보면 큰 江과 작은 시내[溪]로 나눠진다. 따라서 본 고찰에서는 江景 溪景 野景 등 3가지 유형으로 구분한다.

5) "중국과 일본의 여러 유학 교육시설과 비교해보면, 한국의 서원이 갖는 가장 뚜렷한 건축 특징은 서원 사이에 공유되는 건축 정형을 완성하였다는 것이다. 제향, 강학, 회합과 유식 공간을 하나의 유기적인 구성으로 구현하여 이들 기능을 따로따로 인식하기보다는 모두가 하나의 공부를 위한 종합적인 시설의 측면으로 인식하였으며, 외부의 경관을 적극적으로 끌어들여 자연과 건축이 통합되는 완벽한 정형을 만들어내었다." 조재모, 앞의 논문, 2017, 87쪽.

대상으로 삼는 한국의 서원에서 조선 유학자들은 유학이 궁극적으로 추구하는 '천인합일(天人合一)'을 서원 내부에서 체험하고자 하는 모습이 뚜렷하다. 조선의 성리학자들은 '연비어약(鳶飛魚躍)'의 체험, '물아동체(物我同體)'의 느낌으로 '천인합일'을 자득하는 장소로 서원의 입지를 선택하여 건축 공간을 구성하고, 문루와 정자 그리고 대를 조성하였다. 따라서 '천지와 그 덕을 함께하는 성인을 배우고,[6] "인(仁)이란 천지가 만물을 낳는 마음인데, 사람이 얻어 마음으로 삼는 것이다."[7]라는 유교적 세계관 자연관을 공간에 재현한 장소라는 점에서, 한국의 서원은 유교의 대학(大學)이 추구하는 장수(藏修)와 유식(遊息)의 현장으로 기능하였다고 할 수 있다.[8]

한국의 서원이 유교의 세계관을 재현한 상징적 공간이라고 보면, 서원의 공간구성과 경관은 그 함축적 의미를 텍스트처럼 독해(讀解)할 필요가 있다.[9] 즉 서원의 공간구성과 경관은 그 가시성과 물질성을 통해서 유교가 추구하는 이상적 세계와 가치관을 자연적인 것으로 정당화하고, 그들의 사회적 행위[예의 실천]를 지도 규제하는 의미작용(signification)을 수행하는 기호(記號)의 역할을 한다는 맥락에서 해석할 수 있다. 나아가 한국의 서원이 유교적 가치관 세계관을 '자연화' 하는 방식에는 개별 서원의 구체적 자연환경 여건을 탁월하게 활용했다는 지리적 맥락의 중요성에 주목하고자 한다.

이러한 관점에서 본 연구는 한국의 서원에 대한 입지와 건축 공간구성 그리고 유식 공간으로서 서원 전망 경관의 의의를 고찰하여 중국 서원과 비교함으로써, 서원 제도가 기원한 중국의 서원과 차별화되는 조선 시대 한국 서원의 고유성과 그 의의를 찾아보고자 한다.

---

6) "聖人定之以中正仁義 而主靜立人極焉, 故聖人與天地合其德, 日月合其明, 四時合其序, 鬼神合其吉凶 …." 周敦頤, 『太極圖說』.

7) "仁者 天地生物之心, 而人之所得以爲心." 『朱子語類』 권105, 「仁說」.

8) "君子之於學也 藏焉 修焉 息焉 遊焉." 『禮記』 18장 「學記」.

9) Duncan, J., T*he city as text: the politics of landscape interpretation in the kandyan kingdom*, Cambridge univerity press, 1990, pp. 11~13.

1. 입지

입지(立地)는 특정 기능을 수행하기에 효율적인 공간적 위치 선택을 말한다. 일반적으로 입지는 기능의 수요(방문자)와 공급(관리자)에 대한 공간적 '접근성' 차원에서 평가된다. 그러나 유교의 교육·제사 기관인 서원은 입지론 일반의 '접근성'보다는 유교의 장수(藏修) 유식(遊息)과 선현(先賢) 제향이라는 본원적 기능수행에 적합한 입지를 중시한다. 특히 서원의 학생은 대부분 사대부(士大夫) 계급으로 훌륭한 배움을 위해서는 먼 곳을 왕래하고 거주할 수 있는 자산(資産) 유식(有識) 계층이었다. 따라서 유명 서원이나 현인으로 알려진 유학자를 찾아가서 그 문하에서 함께 노닐며 배우는 것을 유학(遊學)이라 불렀다.[10] 조선 서원의 경우, 서원 설립의 일차적 계기가 선현 제향에서 시작된 경우가 많다. 따라서 입지 선정에는 교육수요자에 대한 공간적 접근성보다 제향하는 선현의 연고지가 우선이다.

둘째로 서원 입지 요소는 장수와 유식에 적합한 자연환경이다. 조선 서원 입지의 기본적 조건은 제향하는 인물의 연고지라는 공간적 범위 내에서 장수유식에 적합한 자연적 사회적 환경을 선택하는 것이다.[11] 초기 서원 창설 운동을 주도한 퇴계 이황은 주세붕(周世鵬)이 창건한 백운동서원(白雲洞書院)의 사액(賜額)을 조정에 상주(上奏)하도록 경상감사에게 부탁하였다. 이 편지에서, 퇴계는 서원은 관학(官學)인 향교와 달리 시가지에서 떨어져 한적한 곳이 있어야 하고, 선정(先正)의 자취가 남아 있는 연고지에 건립할 것을 주장했다.[12] 이는 조선 서원 입지의 환경적 조건과 공간적 범

10) "孟子曰 孔子 登東山而小魯 登太山而小天下 故觀於海者 難爲水 遊於聖人之門者 難爲言." 『孟子』「盡心」上 24~1.

11) (재)한국의 서원 통합보존관리단, 『「한국의 서원」 세계유산목록등재신청서』, 2021, 61쪽 ; 이왕기, 「한국 유교건축의 '敬의 空間'에 관한 연구」, 『대한건축학회논문집』 2권5호(통권7), 1986, 43쪽.

12) "… 무릇 왕궁과 수도로부터 지방의 고을에 이르기까지 서원이 없는 곳이 없었으니 서원에서 취할 이점이 무엇이기에 중국에서 저토록 숭상한단 말입니까? 은거

위를 명시한 것이다. 퇴계는 백록동서원(白鹿洞書院)의 입지에 대한 주자(朱子)의 정의, 곧 서원은 아름다운 산수로 둘러싸여 시끄러운 시내로부터 떨어진 곳에 자리 잡아야, 은둔(隱遁)하면서 학문을 논하고 저술을 하기에 좋다는 주장을 따랐다.[13]

중국의 주자와 조선의 퇴계는 공통으로 서원은 관학인 향교와 달리 도시에서 떨어진 조용한 장소가 되어야 하며, 산수 경치가 아름다운 곳에서 과거(科擧)와 같은 입신출세의 유혹에서 해방되어 자유롭게 학문을 연마할 수 있는 장소로 서원의 입지를 정의하였다. 특히 퇴계는 서원 입지 조건에 선현의 연고지를 추가하였다. 특정 유학자를 제향하고 제향 인물의 학문적 연원과 정신세계를 따르는 조선 서원의 전통은 선현의 연고지에 서원 건립을 주장한 퇴계의 주장에 크게 영향을 받았다. 주자와 퇴계의 서원관에 따

하여 뜻을 구하는 선비와 도학을 강명하고 학업을 익히는 사람들이 흔히 세상에서 시끄럽게 다투는 것을 싫어하여 서책을 싸 짊어지고 넓고 한적한 들판이나 고요한 물가로 도피하여 선왕의 도를 노래하고, 조용히 천하의 의리를 두루 살펴서 덕을 쌓고 仁을 익혀 이것으로 樂을 삼을 생각으로 기꺼이 서원에 나아가는 것입니다. 저 국학이나 향교가 사람이 많이 모이는 성곽 안에 있어서 한편으로 學令에 구애되고 한편으로 科擧 등의 일에 유혹되어 생각이 바뀌고 정신을 빼앗기는 것과 비교할 때 그 공효를 어찌 동일 선상에 놓고 말할 수 있겠습니까. 이런 관점에서 말하자면 선비의 학문이 서원에서 역량을 얻게 될 뿐만 아니라 나라에서 인재를 얻는 데도 틀림없이 서원이 국학이나 향교보다 나을 것입니다. 옛날 밝은 군주는 이런 것을 알았습니다. … 사방에서 기뻐하고 사모하여 다투어 본받아 진실로 先正의 자취가 남고 향기가 뿌려져 있는 곳, 예를 들어 崔冲·禹倬·鄭夢周·吉再·金宗直·金宏弼 등이 살던 곳에 모두 서원을 건립하되 혹은 조정의 명에 의하고 혹 사사로이 건립하여서 책을 읽고 학문을 닦는 곳이 되어 聖朝의 학문을 존중하는 교화와 태평한 세상의 교육의 융성을 빛내고 드높일 것입니다. 이와 같이 하면 장차 우리 동방 文敎가 크게 밝아져 鄒魯나 閩越과 더불어 훌륭함을 나란히 일컫게 될 것입니다." 『퇴계선생문집』 권9(書), 「上沈方伯通源」.

13) "그 사면 산수를 보면 깨끗하고 깊은 것이 빙 둘러 합쳐지고, 저자거리의 시끄러운 소리가 없으며, 시원한 샘과 돌이 아름다운 곳이니, 진실로 모여 살면서 학문을 논하고 자취를 숨겨서 글을 쓰는 곳이다."(觀 其四面山水 淸邃環合, 無 市井之喧, 有泉石之勝 群居講學遯迹著書之所) 『朱子大典』 권99, 「白鹿洞牒」.

라, 서원을 창설한 후대의 조선 유학자들은 도회지로부터 멀리 떨어져 한적하면서도 산수가 아름다운 곳에서 자유롭게 학문을 닦고, 사당을 지어 경모하는 선현을 제향하는 것을 조선 서원의 중요한 전통으로 삼았다.

중국의 유명 서원은 선종(禪宗) 불교의 영향을 받아 명산과 같이 이미 알려진 승지(勝地)에 입지했다고 한다.[14] 그러나 조선의 서원은 이미 알려진 경승지를 구하지 않고, 제향 인물의 연고지 공간 범위 내에서 장수유식에 적합한 장소를 선택하고 경관 구성과 서원의 명성을 통해서 후대에 경승지로 알려지도록 노력했다. 경승지에 대한 이러한 생각은 험하지 않은 산지와 크지 않은 시내가 얽힌 산간계곡이 많은 한반도의 고유한 지리적 맥락에서 해석될 수 있다. 서원 입지를 굳이 이미 알려진 명승지에서 찾지 않는다면, 산간계곡에서 장수유식에 적합한 장소를 발견하는 일은 상대적으로 어렵지 않았다. 특히 조선 중기 이후 서원이 많이 창설된 영남 지역은 산간계곡이 많은 지형이다.

셋째, 서원의 구체적 위치 선택에 풍수형국론(風水形局論)이 활용되었다. 대체로 산기슭에서 시내를 앞에 두는 배산임류(背山臨流) 입지는 '장풍득수(藏風得水)' 형국으로 표현된다. 득수(得水)에 치우치면 수해 위험에 노출되는 경우가 많으므로 물을 쉽게 구하면서도 산이 둘러서서 겨울바람을 막아주어 따뜻하고 기(氣)를 온축하는 최적 입지는 다양한 형국으로 설명된다. 형국론을 주로 하는 조선의 풍수는 좌향(坐向)에서 남향(南向)을 고집하지 않고, 산수를 환포(環抱)하면서 전망되는 산수 경관에서 느껴지는 생기(生氣)를 중시한다. 도동서원(道東書院)은 높은 언덕 위에서 북향하여 입지한다. 서원에서 전망되는 낙동강과 건너편 산들이 충만한 생기를 느끼게 할 뿐 아니라, '찬 강물에 가을 달이 비추는(秋月照寒水)' 경관이 군자의 마음인 경(敬)을 떠올리게 하기 때문이다. 위치가 선정되면, 형국의 지형적 약점을 보완하고 지나친 점을 막아주는 조선 풍수의 비보염승(裨補厭勝) 기법

14) 朱漢民, 「中國 書院의 歷程」, 『한국학논총』 29, 국민대학교 한국학연구소, 2007.

이 활용되었다. 병산서원(屛山書院) 만대루(晩對樓)는 서원의 전망 경관을 일곱 폭 병풍 속 그림처럼 편안하게 감상하도록 하는 한국 서원 문루의 걸작이다. 이는 자연경관을 틀 안에 넣어서 바라보도록 하는 차경(借景) 수법으로 압도적인 큰 강과 높은 산을 직면해야 하는 부담감을 덜어준다는 의미에서 풍수 비보로 해석할 수 있다.

2. 서원의 건축 공간구성

서원의 입지가 정해지고 주위 산수와의 조화로운 관계로 좌향이 결정되면, 서원 건축물의 배치 질서를 결정하는 것이 서원 건축의 공간구성이다. 한국 서원의 건축 공간은 16세기 중반 소수서원 창건(1543년)에서 서원 기능이 강학 제향 유식 3가지로 구성되고, 남계서원(濫溪書院, 1566년)에서 전저후고(前低後高) 지형을 활용하여 사당(祠堂)을 후면이지만 가장 높은 위치에 두는 위계적 공간배치가 나타나고, 옥산서원(玉山書院, 1572년)에서는 전면에 누각이 등장하였다. 한국 서원 건축 공간구성은 도동서원(道東書院, 1604년), 병산서원(屛山書院, 1614년) 등에서 그 전형성(典型性)이 완성 단계에 이르러 17세기 전반에 이르면 '정형(定形)'이라 부를 수 있는 서원 건축 공간구성이 나타난다. 이러한 조선 서원의 정형성은 3가지 측면에서 볼 수 있다.

첫째는 위계적 공간구성이다. 한국 서원의 특성인 제향 중시를 반영하여 서원 공간에서 사당을 가장 높은 위계에 위치시키고, 그 아래에 강학 공간과 유식 공간을 차례로 배치한다. 유교의 교육기관으로서 서원 공간은 기본적으로 유학의 세계관 가치관이 가시적으로 구현된 장소이다. 유교의 가치관을 압축적으로 표현한 말의 하나는 '극기복례(克己復禮)'이다. 조선시대 서원 공간은 '극기복례'의 인(仁)이 가시적 공간구조로 체현(體現)된 예(禮) 공간으로 독해할 수 있다. 극기(克己)는 내면의 사사로운 욕심[人慾]을 극복하여 도심(道心)을 추구하는 것이며, 복례(復禮)는 외면의 행동을 천리(天理)의 법도에 복귀시키는 것이다. 서원 건물의 당호(堂號)는 극기복례를 재현한 기호 경관이다. 한국 서원의 예적(禮的) 질서는 경사진 자연 지형을 활용하여 제향-강학-유식 공간을 위계적으로 배치하고, 각 건물에 당호 현판을 걸어 그 유학적 의미를 기호화하여 서원 공간에 구현되었다.

둘째, 한국 서원은 단일한 중심 축선에 건물을 좌우대칭으로 배치하여 간명(簡明)과 질박(質朴) 그리고 허정(虛靜)으로써 정제엄숙(整齊嚴肅)의 예 공간을 구현하였다. 성리학의 수양방법은 주경함양(主敬涵養)이다. 경(敬)을 지키는 방식은 내면으로 마음을 한 곳으로 수렴하는 주일무적(主一無適)과 외면으로 용모와 행동을 단속하는 정제엄숙이다.[15] 대체로 전저후고 지형에 입지한 조선 서원은 중심 축선을 두고, 좌우에 건물을 대칭적으로 간명하게 건물을 배치함으로써, 정제엄숙을 공간에 구현한다. 서원 내부 공간구성에서는 최소의 조경(造景)으로 질박하게 하고 서원 공간 중앙에 위치한 마당[中庭]은 최대한 비움으로써 허정(虛靜)의 공간으로 만들었다. 상하를 관통하는 하나의 중심 축선에 좌우대칭의 간명한 배치, 질박한 조경과 허정한 중정으로 구성된 조선 서원의 내부 공간은 정제엄숙의 분위기로 이끌어, 마음을 하나로 수렴하고 밝게 통하게 하여 마침내는 공변(公辨)되고 도 넓은 성인의 경지를 지향하는 명징(明澄)의 장소로 해독할 수 있다.[16]

---

15) 사특함을 막으면 참으로 마음이 전일해진다. 그러나 마음이 하나를 주로 하면 사특함을 막는 것은 말할 필요가 없다. 하나를 주로 하는 것이 어렵다고 여겨 공부에 힘쓰지 못하는 것은 어째서인가? 하나를 주로 한다는 것은 다른 것이 아니다. 단지 정제하고 엄숙하면 마음이 하나가 되고, 하나가 되면 저절로 옳지 못하고 편벽된 간사한 생각이 없어진다. 이렇게 함양하기를 오래 하면 천리가 자연히 밝아질 것이다(閑邪則固一 也 然主一 則不消閑邪 有以一爲難見 不可下工夫何也. 一者無他 只是整齊嚴肅 則心便一 一則自是無非僻之奸. 此意但涵養久之 則天理自然明). 『二程集』 上 「遺書」 卷15, 「伊川先生語一」, 中華書局, 1981, 150쪽.

16) "'聖可學乎' 日 '可' 日 有要乎 日 有. '請聞焉'. 日 一爲要. 一者無欲也 無欲則靜虛動直, 靜虛則明 明則通, 動直則公 公則溥. 明通公溥庶矣乎." 『通書』 「聖學」 20. 中庭에 식재나 장식을 최소화하여 비움의 공간으로 하는 생태학적 근거는 계절에 따라 寒暑의 차이가 큰 한국에서 微氣候를 조절하는 전통적 지혜로 설명되기

셋째, 조선 서원에서 위계적이고 정제엄숙의 예(禮) 공간은 획일적이고 과시적 건축 공간구성이 아니라 서원이 처한 다양한 여건에 따라 변용되고 단점은 소박한 디테일로 보완되었다. 서원의 정제엄숙은 장대한 규모에서 나오는 위엄이 아니라, 조선의 사대부 가옥에 들어온 듯 친숙하면서 차별화된 간명 질박에서 찾았다. 공자는 "예는 사치하기보다 검박해야 하며, 상례는 잘 꾸며 능란하기보다 애달파하는 것이다"(禮與其奢者也 寧儉 喪與其易也 寧慼 -『논어』「八佾」)하였으며, 『예기(禮記)』에는 "악은 천지의 화합이며, 예는 천지의 질서이다"(樂者 天地之和也 禮者, 天地之序也 -19편「樂記」)라고 하였다. 이를 주자는 "예라는 것은 천리의 절문(節文)이다. 절이란 등급과 차별이고, 문은 꾸며진 격식이다"(禮者 天理之節文 節謂等差 文謂文彩. -『주자어류』권36-71)라고 설명한다.[17] 『설문해자(說文解字)』에서는 "예라는 것은 실천하는 것(禮者履也)"이라고 풀이했다. 차별적 예를 행하는데 꾸밈[文彩]의 디테일이 없고 엄숙하기만 하다면 자연스러운 실천이 어렵다.[18] 예는 등급에 따른 위계적 차별적 질서이지만 그 실행에서는 서원이 처한 구체적 상황과 자연 환경조건에 맞추어 마땅하고 자연스럽게 실천되도록, 검박하면서도 긴장을 풀어주는 디테일이 포함된 건축공간 특성이 개별 서원의 장수유식 공간에 다양하게 나타난다.[19]

도 한다. 비워진 마당은 여름에는 빨리 가열된 앞의 마당에서 상승기류가 발생하여 서원 후면의 숲에서부터 바람을 유도하여 강당을 시원하게 하고, 겨울에는 마당의 복사열이 강당과 동-서재에 반사되어 따뜻하게 하는 미기후 조정 기능이 있다.

17) 朱熹, 『論語集註』, 顔淵. 節文의 節은 절도(제한과 등급), 文은 격식(儀章과 條理)로 설명된다. 성백효, 『論語集註』, 한국인문고전연구소, 2013, 490쪽.

18) "예의 본체가 비록 엄하기는 하나 자연 이치에서 나온 것이므로, 그 작용은 반드시 종용하고 각박하지 않은 것을 귀하게 여긴다."(禮者 天理之節文 人事之儀則也 和者 從容不迫之意 蓋禮之爲體雖嚴 而皆出於自然之理 故其爲用 必從容而不迫 乃爲可貴) 『論語集註』 권1, 「學而」 12.

19) 장수유식이 서원에서 병행되어야 하는데, 장수 공간은 장수의 긴장을 유식을 통해 풀고 유식은 장수로 절제한다는 의미에서 서원에서 장수와 유식 공간의 관계를

평지에 입지하여 사당과 강당의 고도가 비슷한 필암서원(筆巖書院)은 강당과 사당 사이에 중정(中庭)을 두고 중정의 좌우에 재사(齋舍)를 배치하는 전당후재(前堂後齋)의 방식을 택했다. 마당을 강당 뒤에 두고 강당에서 사당을 항상 바라보도록 강당의 후면을 개방한 것은 사당에 대한 존중을 서원 공간구성에 반영한 것이다. 도산서원(陶山書院)은 강당의 동쪽 협실을 두지 않고 대청으로 만들어 후면의 사당이 강당에서 잘 보이도록 하였다. 병산서원(屛山書院)은 사당을 강당의 후면 동쪽에 비켜 배치함으로써, 등 뒤에 사당을 모시는 송구함을 덜었다. 전저후고 지형의 경사도가 적고 건물의 밀집도가 높아서 사당과 강당이 인접한 옥산서원(玉山書院)은 건물 간격과 고도차를 면밀하게 계산하여 정문에서 문루-강당-사당까지 시선이 관통되도록 건축 공간을 배치하여 정제엄숙의 예(禮) 공간을 섬세하게 설계하였다. 서원 경내공간이 협소한 무성서원(武城書院)은 강당 대청의 후면 3칸을 모두 개방함으로써 문루와 중정에서 사당이 막힘없이 크게 보이도록 내부 공간을 구성하고, 유생의 강수재(講修齋)는 서원 좌측 담장 밖에 두었다.

도동서원(道東書院)은 맞배지붕의 건축물을 완벽한 좌우대칭으로 급경사의 지형에 위계적으로 배치하여 정제엄숙의 예 공간을 구현하였다. 그러나 엄숙한 서원 공간이 주는 갑갑함과 긴장을 풀도록, 정문[환주문(喚主門)]-강당-사당을 상승 관통하는 좁고 경사진 진입로 곳곳에 소박한 장식과 조각 등의 디테일을 설치하여 여유와 해학을 배려했다. 전저후고 지형을 활용한 공간배치이지만 들판을 바라보며 하천과 산이 멀리 떨어진 남계서원(灆溪書院)은 동-서재 앞에 누마루를 조성하고 그 앞에 유식 공간으로 네모반듯한 작은 연못을 조성하여 야경(野景) 서원의 수(水) 경관 약점을 보완하였다. 이처럼 한국 서원에서 예를 자연스럽게 실천하도록 하는 꾸밈

'긴장과 이완'의 균형으로 보기도 한다. 김영모, 「조선시대 서원의 조경」, 『한국전통조경학회지』 23-1, 2005, 136쪽.

[文彩]은, 화려한 정원 조성이나 장려(壯麗)한 건축물이 아니라, 서원의 환경조건에 조화롭게 적응하면서 지나치거나 모자란 부분을 질박한 디테일로 보완하는 방식으로 구현되었다. 조선 서원의 공간 규모는 서원의 명성과 무관하고 위엄을 과시하는 장려함을 추구하지 않았다. 이는 사람의 소통과 생활에 친숙한 '인간적 척도(human scale)'로 설명될 수 있는데, 조선 전통 건축의 특성인 인체의 배수 크기로 환원될 수 있는 공간 규모이다.[20)]

3. 자연·정원·경관에 대한 해석

조선시대 한국 서원의 탁월한 고유성은 서원의 전망경관이다. 서원 전망경관의 중요성은 유학 특히 성리학의 '자연'에 대한 의미부여에서 찾아진다. 자연은 서원 문화의 중심인 중국과 조선에서 천지 만물의 생명이 활발하게 발현되는 현장이며, 무욕(無慾)의 심미(審美) 대상이다. 나아가 생명현상을 자각하는 생명체로서 인간이 온 생명을 낳는 천지와 감성적으로 합일하는 천인합일(天人合一)을 자득(自得)하는 현장이다. 따라서 서원과 자연경관의 관계는 장수유식의 배경 이상으로 중요하다.

서양에서 소크라테스 이전 그리스어의 'physis'는 자연을 의미했는데, 이는 전체 또는 모든 것을 의미했다. 중세에 들어와 자연은 변덕스러운 현세(現世)에 불과한 것으로 의미가 축소되고, 근현대에 들어서는 시골과 야생지(野生地)에 해당하는 것으로 간주되었다. 야생지로서 자연은 더이상 경외심을 불러일으키는 위력을 잃고 시골 풍경과 유사한 이미지를 환기하는 것 정도로 되었다. 위력을 상실한 자연을 대신해서, 근대 서구에서 시각적 형태를 통해서 매력적이고 생생한 이미지를 가진 풍경 혹은 경관이 우주관과 세계관을 반영하는 개념으로 등장하였다.[21)]

---

20) 임석재, 『우리 건축 서양 건축 함께 읽기』, 컬처그라퍼, 2011, 196~215쪽.

21) Yi-Fu Tuan, *Topophilia -A Study of Environmental Perception, Attitudes, and Values*, Columbia University, Press, N. Y., 1974, 132쪽.

경관은 공간을 시각적으로 지각하는 방식을 의미한다. 경관이란 말은 전망 혹은 '그림 같은 장면'이라는 점에서 '자연'이나 '풍경'이란 말과 의미를 공유한다. 네덜란드어 '경관(landschap)'의 원래 의미는 농장이나 울타리로 둘러싸인 경지, 때로는 소규모의 영역, 행정단위를 뜻했다. 경관이란 용어는 16세기 말 영국에 건너간 다음 땅에 뿌리박은 실제적 의미를 떠나 예술 영역에서 귀중한 의미를 얻게 된다. 경관은 특정한 문화적 입장에서 보는 전망을 뜻하게 된 것이다. 객관적 위치를 의미하는 입지와 달리, 경관은 어떤 '자세' 혹은 '시각'에서 본 '장면(場面)'을 말한다. 경관은 주체가 자신의 가치관과 세계관에 입각해서, "바람직하게 생각한 세계의 모습과 충분히 통합된(fully integrated with the world of make- believe)" 전망이다.[22] 따라서 경관이란 객관적 실체가 아니라, 특정 문화집단이 그들의 가치관에 따라 인식한 모습으로 재현된(represented) 자연 장면이라고 할 수 있다. 경관은 전망의 예술적 재현으로 인식되고 공식적 초상화의 배경이 되기도 했다.

정원은 인간이 의도적으로 창출한 자연(경관)이라 할 수 있다. 정원에 대한 관점은 동-서양의 차이뿐만 아니라, 동아시아의 중국과 한국, 그리고 일본에서도 크게 다르다. 정원은 특정 문화집단이 그들의 가치관에 따라 인식한 모습, 즉 '재현된(represented) 자연경관'이라는 의미에서 '경관식 정원'이라고 할 수 있다. 정원에는 특정 문화집단의 우주론적 가치와 환경에 대한 태도가 구체적으로 반영된다. 기독교 수도원의 정원은 명상의 장소로 'Eden의 지리'를 상징한다. 경관식 정원은 근대 서구에서 '특권적 전망'을 강조하면서 직선 경로와 가로수, 선형(線形)의 연못을 활용해서 원근법이 적용되고 먼 수평선까지 눈에 들어오도록 축선의 시야를 확장하였다. 19세기 영국에서 '풍경식 정원'으로 알려진 정원 조성은 고상한 삶을 위하여 일관성 있는 기본 개념을 바탕으로 하나의 훌륭한 예술작품으로 창조된

22) Yi-Fu Tuan, 1974, 앞의 책, 133쪽.

아름다운 자연경관을 문 앞까지 들여놓는 일이었다.[23]

정원은 중국과 한국에서 서로 매우 다른 의미와 위상을 가진다. 중국의 경우 서원 내부에 유식 공간으로 정원을 조성한다. 하지만 한국의 서원은 내부 공간은 비우고, 전망되는 외부 자연경관을 유식의 대상으로 삼아 내부 정원 조성을 최소화하였다. 중국의 정원은 가부장적 질서를 반영하는 도시의 직선에 상반되도록 자연스럽게 굽어진 사잇길이 이어지는 경관을 창출한다.[24] 중국인에게 정원은 현실의 가혹한 외적 구속에서 해방되어 상대적 자유로 들어가는 도피의 장이거나, 경악(驚愕) 이경감(異境感) 혹은 충격을 받아서 누습(累習)을 벗어나 새롭고 자유로운 정신적 경지로 나가는 장으로 설명되기도 한다.[25] 한국에서 전통 정원은, 자연경관이 주(主)가 되고 인공 경관은 종(從)의 위치에 있다고 표현되거나,[26] 자연경관을 빌려오거나, 인공적인 정원이 아니라 '자연을 경영한다' '자연 속으로 들어간다' 등으로, 자연과 인공이 연속되고 융합되는 장으로 이해된다. 조선식 정원을 전통 건축과 결합된 자연경관으로 해석하는 관점으로, 프랑스 건축가 협회장 Laurent Solomon이 한국을 방문하고 언급한 아래의 내용을 인용할 만하다.

> "한국의 전통 건축물은 단순한 건축물이 아니라 자연이고 풍경이다. 인위적으로 세운 것이 아니라 자연 위에 그냥 얹혀 있는 느낌이다. 그런 점에서 한국의 전통 건축은 미학적 완성도가 아주 높다고 생각한다."[27]

한국 서원에서 자연경관의 의의와 중요성은 앞에서 인용한 전통 건축의

---

23) 헤르만 폰 퓌클러무스카우 지음 권영경 옮김, 『풍경식 정원』, 나남, 2009, 33쪽.
24) Yi-Fu Tuan, 1974, 앞의 책, 138쪽.
25) Jacques Benoist Mechin 著, 河野鶴代·横山 譯, 『庭園의 世界史』, 講談社學術文庫, 1998, 45쪽.
26) 허균, 『한국의 정원』, 다른 세상, 2002, 25쪽.
27) 유홍준, 『나의 문화유산답사기 9 서울편』, (주)창비, 2017, 217~218쪽 재인용.

특성과 함께 조선시대 서원 건립을 주도한 성리학자의 자연관과 세계관의 맥락에서 파악할 수 있다. 서구나 중국에서 특정 문화집단의 바람직한 세계관을 자연의 형태로 건축 공간 경내에 인공적으로 조성한 경관을 정원이라고 보면, 한국 서원에서는 자연과 융합된 조선식 전통 건축의 특성 위에 성리학이 추구하는 천인합일의 이미지를 전망경관에서 발견하는 것이며, 생생(生生)하는 무작위의 자연풍광을 서원 경관으로 끌어들인 것이다. 한국 서원의 전망경관은 인간이 자연에 합일한다는 의미에서 자연풍광 그 자체로서, 인간이 자신의 가치관을 재현하거나 자유로운 정신 경지를 맛보기 위해 인위적으로 창출한 '경관식 정원'을 대체한다고 할 수 있다.

산수 자연과 합일하는 입지와 경관이 조선의 서원에서 특별히 중요하다는 점은 초기 조선 서원창립 운동을 주도한 퇴계의 사상에서도 확인된다. 조선 서원 교육제도 연구를 개척한 정순목(丁淳睦)은 조선 서원의 고유성을 퇴계가 제기한 '환경의 교육성'과 '교육의 자율성'이라는 2개 측면의 결합에서 찾았다. 주자가 각종 규제에 얽매임[學令之拘礙], 과거에 얽매임[科擧之累], 저자거리의 소란함[世之囂]에서 해방되는 '교육의 자율성'에 주목한 것과 달리, 퇴계는 '교육의 자율성'과 함께 '환경의 교육성'을 강조했다. '환경의 교육성'이란 유학자의 '요산요수(樂山樂水)'를 말한다.[28] 퇴계는 산수 자연을 대상적 객관적인 것이 아니라, 이(理)와 기(氣)가 합하는 자리, 자연과 인간이 합일하는 자리로 감이수통(感而遂通)하는 교육적 의미에 주목한 것이다. 정순목은 퇴계의 산수 자연에 대한 물아일체적 격물은 경(敬)에 의하여 종교론적 상태로까지 이른다고 주장했다.[29]

28) 퇴계는 "산수를 즐긴다는 것(樂山樂水)"은 본래 자신의 마음속에 있는 仁과 智의 씨앗을 닦고 기름으로써, 그 기상과 의사가 비슷한 산과 물을 즐길 수 있다"고 주장한다. 요산요수는 산과 물이라는 물질적 대상이 그것을 즐기는 사람을 '仁'과 '智'에 도달하도록 한다는 뜻이 아니라, '仁'과 '智'로 마음을 채운 사람이 산수를 만나 의기 투합하여 즐거움으로 표출되는 인격 경지임을 밝혔다. 『退溪全書』 권17, 「自省錄」, '答權好文論樂山樂水'.

29) 丁淳睦, 『한국서원교육제도연구』, 영남대학교민족문화연구소, 1979, 65~66쪽.

서원을 주도한 조선의 성리학자들은 『역전(易傳)』과 『중용(中庸)』에 근거하여 천지만물이 생생(生生)하는 장으로서 자연에 천(天)의 의미를 부여해왔다. 자연경관의 중요성은 퇴계가 강조한 '환경의 교육성'에서도 확인된다. 서원 주위의 생생하는 자연경관이 '천인합일의 인(仁)'을 지각하는 자리라는 유학적 근거는 『주역(周易)』「계사전(繫辭傳)」에서 비롯하여, 정호(程顥, 1032~1085)의 '물아일체론', 주자의 인설(仁說)에 자세하다. 『역전』의 "천도의 운행은 건전하고 군자는 그것을 본받아 스스로 끊임없이 노력한다(天行健 君子以自强不息)"[30]는 자연으로서 천(天)을 의인화하여 인간사에 적용하는 길을 열었다. "날로 새로운 것을 성대한 덕이라 하고, 낳고 또 낳는 것을 역이라 한다(日新之謂盛德 生生之謂易)"[31]는 생(生)이 곧 천지자연의 운행 원리인 역(易)이 된다는 것이다. 마침내 "천지가 베푸는 크나큰 공덕이 일러 생이라 한다(天地之大德曰生)"[32]하여, 천지 자연에 도덕적 품격과 약동하는 생명체의 본성을 부여해서 사람들로 하여금 자연에 친근한 감정과 심미적 관심을 가지게 할 뿐 아니라, 천도(天道) 곧 성(誠)을 만물을 낳고 기르는 자연 현상에서 발견하도록 고무하여 정감적 천인합일의 길을 열었다.[33]

---

30) 『周易』, 「乾卦 象傳」.

31) "一陰一陽之謂道. 繼之者善也, 成之者性也. 仁者見之謂之仁, 知者見之謂之知, 百姓日用而不知, 故君子之道鮮矣. 顯諸仁, 藏諸用, 鼓萬物而不與聖人同憂. 盛德大業至矣哉. 富有之謂大業, 日新之謂盛德. 生生之謂易, 成象之謂乾, 效法之謂坤, 極數知來之謂占, 通變之謂事, 陰陽不測之謂神." 『周易』, 「繫辭傳」上5.

32) 『周易』, 「繫辭傳」下1.

33) "망령됨이 없는 것(无妄)이 지극한 성(誠)이다. 지극한 성은 하늘의 도이다. 하늘이 만물을 변화시키고 기르는데 끊임없이 낳고 낳아 각각 그 올바른 본성과 운명을 가지게 한다. 이것이 바로 무망(无妄)이다. 사람이 이 무망의 도(道)와 합일할 수 있다면 이른바 '천지와 그 덕을 합일하는 것'이다"(无妄者 至誠也 至誠者天之道也 天地化育萬物 生生不窮 各正其性命 乃无妄也 人能合无妄之道 則所謂 '與天地合其德也). 楊軍 王成玉 譯, 『程頤講易傳 白話伊川易傳』, 長春出版社, 2010, 135쪽.

정호(程顥)는 "낳고 낳는 것을 역(易)이라 하는데, 이것이 천이 도가 되는 까닭이다. 천은 단지 삶[生]을 도로 삼을 뿐이다. 이 삶이라는 이치를 이어가는 것이 곧 선이다(生生之謂易 是天之所以爲道也 天只是以生爲道 繼此生理者只是善也)"하였다.[34] 천지의 '끊임이 없이 낳고 낳는(生生不息)' 생도(生道)를 역(易)의 내용[天道]으로 밝히고, 이러한 이치를 이어가는 일을 인간이 마땅히 추구해야 할 선(善)[人道]으로 규정한 것이다. 또 "천지가 자리를 베풀면 역이 그 가운데서 행해진다(天地設位 而易行乎其中)"[35]하여, 천도가 발현되는 현장이 천지자연임을 천명한다. 도산서원의 전망대 천연대(天淵臺)와 천광운영대(天光雲影臺)는 서원 앞 낙동강을 바라보며 은미한 천리[天道]가 활발히 유행하는 현상을 체인(體認)하는 자리이다.

정호는 "천지의 변함 없음은 그 마음이 만물에 두루 펴져 펴져 있기 때문에 치우친 마음을 가지지 않는 것(無心)이다. 성인의 변함 없음은 그의 감정이 모든 사물에 순응하기 때문에 특별히 한 곳에만 정을 쏟지 않는 것(無情)이다. 그러므로 군자의 배움은 모든 것에 대해서 확 트여 크게 공정하므로 사물이 이르면 그에 따라 순응할 수 있다" 하였다.[36] 천지자연과 성인의 마음을 사사로움이 없는 무심(無心), 무정(無情)으로 표현하고, 이를 따르는 군자의 학문을 '확 트여 막힘없이 정연하여 공정한(廓然而大公)' 정경(情景)으로 그렸다. 필암서원의 문루 확연루(廓然樓)에 오르면 전면의 넓은 들판이 '확연(廓然)'하여 공정한 군자의 마음을 떠올리게 하고, 아울러 세상일을 만나서 사사롭게 꾀를 내지 않고 오직 의리에 따라 편안하게 대처한(物來而順應) 필암서원의 제향인물 김인후(金麟厚)의 정신세계를 추앙하게 된다.

정호는 "배우는 자는 모름지기 인을 인식해야 하는데, 인이란 혼연히 천지만물과 한 몸이 되는 것이다(學者須先識仁 仁者 渾然與物同體.)"[37]라 하

34) 『程氏遺書』 권2상.

35) 『程氏遺書』, 「明道先生語」 2.

36) 『二程全書』, 「答橫渠張子厚先生書」. "… 夫天地之常, 以其心普萬物而無心. 聖人之常, 以其情順萬事而無情, 故君子之學 莫若 廓然而大公, 物來而順應 …"

였다. 주자는 "천지는 만물을 낳은 것을 심으로 삼는다(以爲天地以生物爲心者也)"[38]고 하고, "인이란 천지가 만물을 낳은 마음인데, 사람이 이를 얻어 자신의 마음으로 삼는 것이다(仁者 天地生物之心 而人之所得以爲心)"[39]로 전개하였다. 따라서 만물을 낳고 낳은 천지의 마음을 가장 잘 보고 느낄 수 있는 봄철의 자연경관은 주자에게 천인합일의 인을 지각하는 생생한 현장이 되었다.[40] 남계서원 풍영루(諷詠樓)는 멀리 들판 건너 산속 화림동(花林洞)에서 풍영(諷詠)하면서, 옥산서원 무변루(無邊樓)는 서원 앞 자계(紫溪)의 무성한 초목과 무궁한 생의(生意)를 함께 하면서(風月無邊), 천인합일하는 즐거움을 함축한다.

조선의 성리학자들에게 '경(敬)'은 수양 방법일 뿐 아니라 동정(動靜)·시종(始終)·지행(知行)을 관통하는 심법(心法)의 요체였다. 서원의 재사 당호에 거경(居敬)과 경의(敬義)를 내걸고 서원 전체를 거경의 공간으로 인식하고, 나아가 서원의 전망경관에서 경의 의미를 절실하게 체득하고자 했다. 도동서원 문루 수월루(水月樓)가 대표적이다. '수월(水月)'은 주자의 시 "삼가 천년을 전해온 성인의 마음을 생각하니 가을 달이 찬물을 비추는 것처럼 분명하다(恭惟千載心 秋月照寒水)"에서 왔다. 성인이 전해온 마음은 이른바 '18자 심법' 곧 "人心惟危 道心惟微 惟精惟一 允執厥中"인데, 요순우탕문무주공(堯舜禹湯文武周公)이 전해온 심법은 '경(敬)' 하나를 벗어나지 않는다고 풀이된다.[41] 가파른 산 언덕에 올라선 도동서원에서 가을 달 서

37) 『二程全書』 권1, 「識仁」.

38) 『朱子大典』 권32, 「答張敬夫」.

39) 『朱子語類』 권105, 「仁說」.

40) "높이 솟은 정자에서 굽어보는 시내, 이른 새벽에 올라 저녁에 이르도록 보는구나. 아름답고 따뜻한 봄날에, 시내 건너편 나무들을 바라보도다. 잇달아 숲을 이루어 아름다움을 뽐내니, 각각 생의를 드러낸다. 위대한 조화는 본래 말이 없거늘 뉘라서 이 마음 함께 깨달을까."(危亭俯清川 登覽自晨暮 佳哉陽春節 看此隔溪樹 連林爭秀發 生意各呈露 大化本無言 此心誰與晤)" 『朱子大典』 권6, 「題林澤地之欣木亭」.

늘하게 비추는 낙동강을 전망하는 경관은 '추월조한수(秋月照寒水)'의 경지를 떠올린다. 이는 성인이 전해온 군자의 마음인 경(敬)의 이미지이며, 도동서원이 제향하는 인물 김굉필(金宏弼)의 정신세계이기도 하다.[42]

퇴계에서 시작된 조선의 서원 창립자들은 천리(天理)가 유행하는 자연경관이 천지의 마음[生意]으로서 인을 지각하고, 경으로 심성을 함양하여 천인합일로 나아가고자 하는 유학자들에게 중요하다는 점을 절실하게 인식하였다. 따라서 조선 서원은 전망경관이 함축한 은미(隱微)한 천리를 감이수통(感而遂通)할 수 있도록 서원 내부는 간명 질박하게 허정(虛靜)의 공간으로 조성하고 서원 안에서 외부의 생생(生生)하는 자연경관을 잘 전망할 수 있도록 건축 공간을 개방적으로 구성하였다. 산기슭 경사 지형을 활용하여 전면에 유식공간 문루를 세우며, 문루의 당호를 전망경관 특성이 반영된 경전(經傳)과 성현의 말씀으로 짓고, 이 당호에서 제향 인물의 정신세계를 떠올리도록 한 것은 조선 서원의 탁월하고도 고유한 전통이다.

---

41) "放勛始欽明 南面亦恭已 大哉精一傳 萬世立人紀 猗歟歎日躋 穆穆歌敬止 戒䂓光武烈 待旦起周禮 恭惟千載心 秋月照寒水 魯叟何常師 刪述存聖軌." 『朱子全書』 卷66, 「齋居感興二十首」 제10 수. 주석에 "熊(綱大)氏曰, 此篇 言堯舜禹湯文武周公傳心之法在乎敬"하였다.

42) "우리 동방이 신라로부터 고려에 이르기까지 문장 있는 선비들이 찬란하게 배출되었지만 義理의 학문은 실로 金宏弼로부터 열렸던 것입니다. 김굉필이 우리 조선조 초기의 학문이 끊어진 뒤에 태어나 처음으로 성현의 학문을 흠모하여 구습을 모두 버리고 소학에 마음을 다하여 명성과 이익을 구하지 않았습니다. 학문에 힘쓴 지 10여 년 만에 動靜이 모두 禮法을 따랐고 持敬 공부를 오로지한지 30여 년에 정력이 쌓이고 도와 덕이 이루어져 말과 행동이 법도가 되었습니다. 그런데 불행하게도 난세를 만나게 되자 화를 피하지 않고 조용히 죽음에 나아갔으니, 세상에 시행한 것은 없었으나 그가 마음으로 체득한 것이 있음을 여기에서 더욱 증험할 수 있습니다. 가르쳐 인도하기를 게을리하지 않아서 우리 동방의 선비들로 하여금 성현의 학문이 있음을 알게 한 것은 실로 이 사람의 공입니다." 『宣祖實錄』 권4, 선조 3년 5월 丙子, 「문묘종사를 청하는 상소」.

Ⅲ. 중국 서원의 입지·공간구성·정원과 경관

유장한 역사와 광대한 대륙 중국의 서원에 대한 고찰은 그 범위를 서원의 입지·공간구성·정원과 경관으로 제한하더라도 견문이 좁은 연구자에게는 감당하기에 벅차고 흡족한 성과를 기대하기 어렵다. 중국에서 '서원(書院)'이란 명칭은 당대(唐代) 조정에 도서를 수장(收藏) 교감(校勘)하기 위해 담으로 둘러싼 가옥에서 기원했다. 나중에 민간에서 공부하는 사대부들이 정사(精舍)를 경영하거나 사사로이 '서원'이라는 명칭을 빌어 서적을 저장하여 독서하고 학문을 닦았다.[43] 중국 서원은 송대(宋代) 이후 이학(理學)과 결합하여 신흥 교육제도로 크게 발전하여, 강학(講學)을 중심으로 서적의 보존과 공자를 비롯한 성현에 제사 등 3가지 기능을 수행했다.[44]

천년이상의 역사를 가지고 국가의 지원을 받아 중창(重創)을 거듭한 중국의 서원에 대한 연구는 유교뿐 아니라 도교(道教)와 불교의 영향을 고려해야 한다. 오백년이 채 못 되는 한국 서원을 조선의 전통적 양택(陽宅) 입지와 건축관에 성리학적 세계관이 결합된 산물로 고찰하는 것과는 차원이 다르다고 하겠다. 중국의 서원은 우선 학문과 함께 휴식의 장소가 되어 풍경이 아름다운 명승지에 건립하고자 했다. 유학의 학당인 중국의 서원은 입지, 강학과 수양 방식, 교학 내용 등에서 중국에서 창시된 선종 불교의 영향을 크게 받았다. 위진(魏晋) 이래로 중국에서는 불교 승려가 명산대천(名山大川)을 점거하고 사찰을 세워 불경을 전수하고 불법을 논하였다. 특히 선종은 심산유곡(深山幽谷)의 아름다운 곳을 점거하여 '명산은 승려가 거의

43) "書院之名 起唐玄宗時 麗正書院 集賢書院 皆建于朝省 爲修書之地 非士子肄業之所也."『隨園隨筆』卷14, 鄧洪波,『中國書院史』, 武漢大學出版社, 2013, 1쪽에서 재인용. "'院'은 담으로 둘러싼 가옥이라는 통칭이다 … 唐代皇室에 설립된 '서원'은 담으로 둘러싸인 藏書 교서하는 곳을 가리켰다." 朱漢民,「中國 書院의 歷程」,『한국학논총』29, 국민대학교 한국학연구소, 2007, 28~31쪽.

44) 丁淳睦, 앞의 책, 1979, 48쪽.

다 차지하였다(天下名山僧占多)'라는 말이 생겼다. 불교 사원의 산간 경승지 입지는 서원 입지에도 큰 영향을 미쳐서,[45] 중국의 서원은 명산과 같은 형승지(形勝地)에 입지하고자 노력했다.[46] 따라서 저명한 서원이 설립된 명산의 다수는 원래 불교와 도교의 근거지였다.

1. 중국 서원의 입지

북송(北宋) 시대부터 개인적으로 설립한 저명 서원이 많이 출현하였다. 일반적으로 백록동서원·악록서원(岳麓書院)·숭양서원(嵩陽書院)·휴양서원(睢陽書院)[應天府書院] 혹은 석고서원(石鼓書院)을 '천하 사대 서원'으로 부른다.[47] 천하 사대 서원의 으뜸이라는 악록서원은 호남성 장사시(長沙市) 악록산(嶽麓山) 기슭에서 상강(湘江)을 앞에 둔 산골짜기에 입지하여, "샘물과 시내가 소반처럼 얽혀있고 여러 봉우리는 첩첩해서 빼어난(泉澗盤繞 諸峰疊秀)" 경승지이다. 이곳은 "땅이 남악 형산과 상강에 접하여(地接衡湘)" "큰 못과 깊은 산의 용과 호랑이의 기세(大澤深山龍虎氣)"을 온축하고 함양하는 입지이며, "산을 배고 물이 감아 흐르며 병풍 같은 산을 마주하는(枕山環水面屛)" 중국 고대 풍수의 이상적 입지라고 하였다.[48] 조선 서원의 입지 유형에 적용해보면 강경(江景) 입지에 해당하지만, 사원의 규모가 조선의 서원과 견줄 수 없을 만큼 크기 때문에 비교가 적절하지 않다.

당대(唐代)에 이미 도림정사(道林精舍)가 창건되어 두보(杜甫) 등 문인들의 글이 있다고 한다. 서원 입구에 걸린 '천년학부(千年學府)'라는 편액(扁額)이 가리키는 것처럼, 976년(北宋 開寶 9)에 담주(潭州) 태수 주동(朱洞)

45) 朱漢民, 앞의 논문, 2007, 40~42쪽.

46) "書院選地必擇形勝之區, 書院建築講究 '善美同意', 他以 '天人合一' 爲最高理想 刻意追求 '情景交融'的意境." 鄧洪波·彭愛學 主編, 『中國書院 攬勝』, 2000, 2쪽.

47) 朱漢民, 앞의 논문, 2007, 33쪽

48) 周文 編著, 『千年學府 嶽麓書院』, 湖南美術出版社, 2009, 16쪽.

이 강당과 재사를 지어 창건하고, 999년에는 서루(書樓)를 열고 선사 10철(先師十哲)의 상(像)과 72 현인(賢人)의 초상화를 그려 서원으로 확대 건립하였다. 진종(眞宗, 송 3대 황제)이 1001년부터 7차례에 걸쳐 책과 땅 등 재물을 하사하고 여러 편액도 내렸으며 1015년에 '악록서원(嶽麓書院)'으로 사액하였다. 1167년 주희가 이곳에서 장식(張栻, 1133~1180)과 만나 '주장강회(朱張講會)'가 이뤄진다. 1507년에 왕수인(王守仁, 1472~ 1528)이 이곳에서 설파한 양명학(陽明學)이 크게 일어나기도 하였다. 1903년 근대교육제도 도입에 따라 '호남고등학당'으로 개편되어, 모택동(毛澤東)이 수업한 호남고등사범학교와 호남공립공업전문학교로 바뀌었다가 1926년 성립(省立) 호남대학으로, 다시 1937년 국립 호남대학이 되었다.

백록동서원은 강서성(江西省) 여산(廬山) 오로봉(五老峰) 동남쪽 기슭에서 파양호(鄱陽湖)를 바라보는 자리이다. 소란한 시정(市井)으로부터 멀리 떨어져 깊은 산속 수려한 봉우리들이 둘러싸고 삼 면에 삼림이 다시 둘러서 초목이 풍요하고 한 면만이 계류(溪流)와 통하는 작은 분지이다. 은둔하여 학문을 강론하고 저술하기에 탁월한 입지이다. 백록동은 UNESCO 세계유산으로 등재된 여산 안에서도 삼림이 가장 울창한 계곡으로 서원 바로 앞으로 작은 시내 '관도계(貫道溪)'가 흐른다. 입지 측면에서 보면, 백록동서원은 소수서원이나 옥산서원을 연상시키는 계경(溪景) 입지로 볼 수 있다. '백록동'이라는 이름은 당대 중기 이전부터 있었는데, 이발(李渤) 형제가 은거하며 백록(白鹿)을 키우며 독서했던 곳으로 유명해졌다. 남당(南唐) 시대에 이곳에 학관(學館)을 세워 '여산국학(廬山國學)'이라 불렀다. 북송 때 '백록동서원'으로 개칭되어 송대 4대 서원으로 일컬었으나 전란을 겪으면서 송이 남쪽으로 내려온 후에 폐허로 변했다. 남강군(南康軍) 지군(知軍)으로 부임한 주희가 1179년(순희 6)에 백록동서원 옛터를 발견하고, 서원을 중건하여 후대에 서원교육의 준칙이 된 「백록동서원학규(白鹿洞書院學規)」를 제정하였다. 「백록동규」는 과거(科擧)의 노예가 된 당시의 관학 교육제도를 반대하고, 학문은 인륜을 밝히는 것을 근본으로 하여 덕행을 우선하는 교육사상으로 정의했다. 「백록동규」는 대부분 조선 서원에서도 강당에 게시되어 중시되었다.

숭양서원은 하남성(河南省) 정주(鄭州) 등봉시(登封市)에 있다. 숭산(嵩山)의 태실산(太室山) 남쪽 기슭에 있어서 처음 이름은 태실서원(太室書院)이다. 입지한 땅이 숭산의 남쪽(嵩山之陽)이므로 '嵩陽書院'으로 부른다. 숭산은 중국의 오악(五嶽)의 하나인 중악(中嶽)으로 중악묘(中嶽廟)·숭양관(嵩陽觀)·소림사(少林寺)·숭악사탑(嵩岳寺塔) 등 유·도·불교 문화유산이 함께 풍부한 역사적 명승지이다. 숭양서원의 입지는 "산봉우리들이 둘러서고 시내가 길게 흐르며 송백이 하늘로 치솟고, 환경이 고풍스러워 그윽한 아취가 있고 정숙한 경색이 마음에 든다(山巒環拱 溪水長流 松柏參天 環境古幽雅 靜景色宜人)"[49]고 한다. 숭양서원은 정자(程子) 형제가 강학한 낙학(洛學)의 중심지로 신유학(新儒學) 발상지의 하나이다. 북송의 학자 양시(楊時)와 유초(游酢)가 정자 형제에게 가르침을 청하는 '정문입설(程門立雪)'의 고사(故事)가 있었던 곳이다. 응천부서원(應天府書院)은 하남성 상구(商丘)에 있는데, 1035년 응천부부학(應天府府學)으로 개칭하여 지방 관학으로 개조되었다. 석고서원은 호남성 형양(衡陽) 석고산(石鼓山) 회안봉(回雁峰) 기슭에 있다. 과거 도교의 심진관(尋眞觀) 터이다.[50]

무이서원[무이정사(武夷精舍), 자양서원(紫陽書院)]은 복건성(福建省) 무이시(武夷市) 「무이산 풍경 명승구」 지역 가운데 은병봉(隱屏峰) 아래에 입지한다. 무이계곡 아홉 굽이 '푸른 물이 붉은 퇴적암 산지를 휘감아 흐르는(碧水丹山)' 무이산은 주자가 들어와 무이정사와 무이구곡(武夷九曲)을 경영하기 전에는 도교(道敎)의 중심지로 '승진원화동천(昇眞元化洞天)'으로 알려졌다. 도교는 천하명산을 36 동천(洞天)으로 나누는데, 무이산은 그 '제16 동천'이다.[51] 무이구곡 제1곡에 8세기 당 현종 때 창건된 도교의

49) 鄧洪波·彭愛學 主編, 앞의 책, 2000, 197쪽.
50) 朱漢民, 앞의 논문, 2007, 34쪽.

무이궁(武夷宮)이 있다. 무이산은 UNESCO 세계 자연문화유산으로 등재되었다.

고정서원은 복건성 건양시(建陽市) 옥침봉(玉枕峰) 아래 높은 자리에서 마양계(麻陽溪)를 멀리 내려다본다. 서원의 전망경관은 "여러 산이 둘러 있고 맑은 시내가 질펀하게 퍼져 흐르는데, 농토가 펼쳐진 들판에 기와집이 이어지는(群山環抱 淸流蕩漾 庄田布列 瓦舍相連)" '건양 제일 산수'라는 칭송이 있다.[52] 고정(考亭)의 옛 별칭은 창주(滄洲)이다. 고정은 주자가 생애의 마지막 시기를 보낸 곳이다. 진계서원(晉溪書院)은 산서성(山西省)의 성도 태원시(太原市) 현옹산(懸甕山) 아래 진수(晉水)의 원두(源頭)에 입지한다. 진계서원은 진사(晉祠)의 옆에 있다. 국가 A4급 풍경구(전국중점문물보호 단위)인 진사는 가장 일찍 세워진 중국 황가원림(皇家園林)으로 춘추시대 진국(晉國)의 종사(宗祠)이다. 진계서원의 처음 이름은 진계원(晉溪園)으로 1526년(明 嘉靖 5)에 태원의 가장 중요한 경승지 진사 옆에 세워졌는데, 현재는 진사박물관으로 새로운 시대적 역할을 하고 있다.[53]

위에서 살펴본 것처럼, 중국의 저명 서원은 천여 년의 역사를 가지고 도교와 불교의 명산이나 명승지에 입지하는 경우가 많다.(그림 1) 그러나 수적으로 다수인 현(縣)이나 향(鄕) 급의 지방적 서원은 교육 수요에 부응해서 접근성이 높은 도시[城市]와 마을의 내부에 입지하는 경향이다.(그림 2) 특히 청대 18세기 옹정(擁正)·건륭(乾隆) 연간에 국가의 서원 지원 정책에 따라 전국적으로 많은 서원이 건립되었다. 이들 지방적 서원은 부(府) 주(州) 현(縣)의 치소가 있는 도시 지역에서 관학화(官學化)하거나, 시내 혹은 마을 중심부에 입지하여 관학을 보조하는 교육기관 역할을 했다.

51) 余澤嵐, 『暢遊武夷』, 중국화보출판사, 2003, 26쪽.
52) 鄧洪波·彭愛學 主編, 앞의 책, 2000, 82쪽.
53) 鄧洪波·彭愛學 主編, 앞의 책, 2000, 8쪽.

〈그림 1〉 嶽麓書院 입지
악록산 혁희봉 기슭에서 湘江을 바라보며,
3면이 산으로 둘러싸인 風景勝地

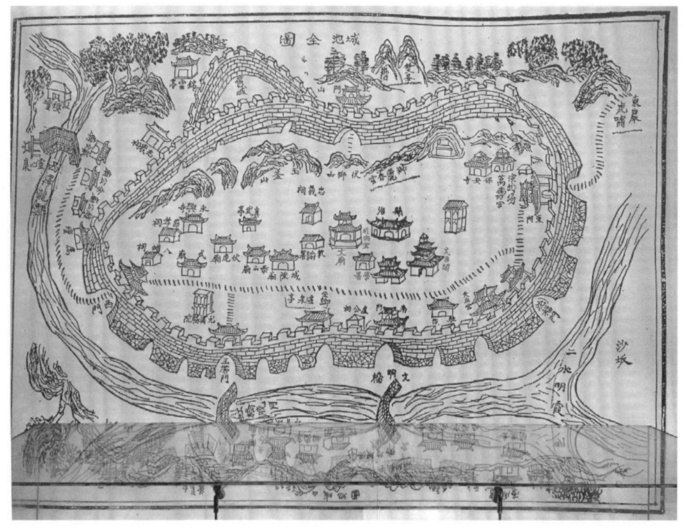

〈그림 2〉 尤溪書院 입지
주자가 태어난 尤溪縣 城內에 서원 외부의 官衙·城隍廟·각종 廟宇·寺刹과 竝存한다. 文廟와 明倫堂은 별도 입지이다. -박물관에서 필자 촬영

지방급 서원으로 흥현서원(興賢書院)은 주희가 소년기를 보냈던 복건성 숭안현(무이산시) 오부진(五夫鎭) 오부리(五夫里)의 교육중심 흥현촌(興賢村) 안에 있다. 흥현서원이 있는 거리를 지금 '주자항(朱子巷)'으로 부른다. 마을단위 서원인 계형서원(桂馨書院)은 산서성 임분시(臨汾市) 왕가대원(王家大院 ; 視履堡 王家府)의 고급 서당이다. 마을 한가운데 있는 계형서원의 내부는 전중후(前中後) 3개 정원으로 구분되는데, 이 마을 왕씨(王氏)들은 3단계에 걸친 공부를 성취해서 과거에 합격하기를 기대했다고 한다. 흥현서원이나 계형서원과 같은 지방급 서원은 시가지나 마을 내부에 위치한 교육기관이다.

2. 중국 서원의 공간구성

중국의 서원은 한국의 서원과 건축 공간구성에서도 차이가 뚜렷하다.[54)] 중국 서원과 조선 서원의 공간구성 차이는 중국 서원과 한국 서원의 역사에서 기인한 규모의 격차, 서원의 기능 역할, 그리고 서원의 권위와 위상을 과시하는 방식의 차이에서 비롯했다고 할 수 있다.

첫째, 5백 년이 채 못 되는 역사의 조선 서원은 그 지명도에 상관없이 대체로 비슷한 공간 규모이다. 그러나 천여 년 역사의 저명한 중국 서원은 국가의 지원으로 중창과 확장을 거듭하여 지방 서원과 규모 차이가 크다.

54) "일반적으로 중국 서원은 강학공간, 제향공간, 장서루공간으로 구분되어 구성되었다. 한국의 서원과 비교해보면 장서루 공간이 크게 발달한 것이 다르다. 그 위치도 서원의 중심축 선상에서 위계 높은 자리를 차지하는 경향이 있으며 보다 독립적이다. 배치의 모습으로 보면 중국 서원에서 가장 중요한 전각은 장서루이다. 강학공간과 제향공간은 위계적이라기보다는 상호 대등한 위치를 하면서 양자간의 관계가 비교적 자유롭다. 일부 서원은 공자를 제향하는 문묘영역을 별도로 조성하고 있다. 또한 중국 서원의 앞쪽 경계는 반수(泮水)로 이루어져 있어 보다 인공적인 조경에 의존한다." (재)한국의 서원 통합보존관리단, 『한국의 서원 세계유산목록 등재신청서』, 2021, 139쪽.

악록서원은 976년 처음 건립 때 강당이 5칸, 재사(齋舍)가 52칸이나 되었으며, 응천부서원은 1009년 학사(學舍)가 150칸으로 지어져, 수천 권의 책을 수장했다 한다. 이에 비하여 조선 서원의 학사인 재사는 대부분 동-서재 합하여 4칸 내외 규모에 불과했다. 「악록서원기(岳麓書院記)」에 보이는 천 명 규모의 학생은 예외이지만,[55] 중국의 유명 서원은 한국 서원과 비교할 수 없을 정도로 규모가 컸음을 알 수 있다. 한국의 서원은 창설 초기의 모습을 유지한 순수한 사학(私學)으로 공간 규모가 작고, 내부 공간구성도 단순하고 단일한 축선에 위계적으로 배열되는 정형성이 뚜렷하다. 중국의 서원은 복수의 축선 위에 건물군을 이루어 건축 공간구성이 복잡 다양하다고 할 수 있다.

둘째는 중국 서원이 중시하는 서원의 기능 역할과 탁월한 교육기관으로 서원을 과시하는 방식이 한국과 다르다. 교육을 위한 장서 기능이 중국 서원의 기원이었듯이, 유명 서원은 장서루(藏書樓)가 서원에서 가장 크고 탁월한 중심적 위치에 있고 강학공간은 장서루에 부수(附隨)해서 배치된 형태이다. 중국 서원에서 사당(祠堂)은 별도의 축선에서 여러 종류의 사당이 무리[群]를 이루고 그 위치는 장서루 아래쪽에 해당한다. 선현의 사당을 중심 축선의 가장 높은 곳에 유일하게 배치하는 한국의 서원과 판이하다. 중국 서원의 제사(祭祀) 기능은 송대 이후에 시작된 것으로 공통적으로 공자와 그의 제자를 모시는 문묘(文廟) 대성전(大成殿)을 두고, 서원에서 존숭하는 인물들을 모시는 사당들이 별도의 축선에서 사당군(祠堂群)을 이룬다. 중국 서원에서 보이는 또 하나의 특성은 대형의 석조 패방(牌坊)을 비롯해서 반지(泮池)와 비석 등 서원의 권위와 역사를 과시하는 건축물들이 정원과 어울려 조성되어 있다. 패방은 조선의 서원에도 가끔 보이는 홍살문과 비슷하지만, 장려(壯麗)하고도 정교한 조각으로 장식되어 있다. 이들 패방은 어서루(御書樓)라는 이름으로 불리는 장서루와 황제가 내린 어필 현판

55) "故諺曰, 道林三百衆 書院一千徒" 丁淳睦, 앞의 책, 1979, 49쪽에서 재인용.

과 함께 이 서원이 국가의 지원을 받아온 주요 시설이라는 서원의 위상을 드러내는 상징물이다. 중국 서원의 2개 주요 건물군인 장서루-강학공간과 사당군은 별도의 문(門樓)를 통해 출입한다. 단일한 출입문을 통해 강학-제향 공간으로 진입하는 한국 서원과 다르다.

〈그림 3〉 악록서원 전경도
(한국서원연합회, 2013년, 「중국서원 답사자료집」에서 인용)

〈그림 4〉 악록서원 어서루

〈그림 5〉 악록서원 어서루 아래 급천정(汲泉亭)

악록서원은 현존하는 중국의 서원 가운데 가장 규모가 크고 '천년학부' 역사를 자랑했으며, 근현대 교육기관으로 계승 발전하여 1926년 호남대학이 된 서원이다. 악록산 기슭 혁희대(赫曦臺) 아래 입지한 악록서원은 장서루가 가장 높고 중심적 위치에 자리한다.(그림 3·4) 장서루 앞 정면 축선상에 강당과 그 앞 좌우의 재사[반학재(半學齋)·교학재(教學齋)]로 이루어진 강학공간, 그리고 여러 개의 대문들이 전개된다. 어서루[장서루]와 강학공간 사이에는 비랑(碑廊)이 조성되어 있다. 서원 건물은 중앙 축선에 맨 앞 두문(頭門:前門)으로부터 대문(大門:中門) -이문(二門:儀門) -강당-어서루 순으로 배치되어 있다. 장서루 앞 아래쪽에서 왼편으로 비켜선 축선에는 여러 개의 사묘(祠廟)가 군집을 이루고, 사묘 앞에는 다시 큰 건물인 공자의 대성전(大成殿)과 문창각(文昌閣)이 있다. 악록서원에는 '서원팔경(書院八景)'이 있는데, 모두 서원 경내의 정자와 원림(園林)이다.[56] 비석과 정자·원림이 어울린 정원이 있는 악록서원 내부는 외부와 구별되는 별세계처럼 보인다.(그림 5)

백록동서원의 건축물들은 아래 〈백록동서원 시의도(白鹿洞書院 示意圖)〉에서 보는 것처럼, 지세를 따르는 남북방향의 5개 축선에 따라 5개 권역으로 구분된다.[57] 서원 대문을 들어서서 처음 만나는 건물군의 제1차는 선현서원(先賢書院), 2차는 예경전(禮經殿 :大成殿), 3차는 백록동서원. 4차는 자양서원(紫陽書院)과 문회당(文會堂), 5차는 연빈관(延賓館), 춘풍루(春風樓)가 중심이다. 조금 더 자세히 살피면, 1차 축에는 선현서원과 주희기념관이 새겨진 두문루(頭門樓)-이문(二門)-단계정(丹桂亭) -보공사(報功祠)와 주자사(朱子祠)가 전개된다. 2차 축에는 영성문(欞星門)[石牌坊]-반지(泮池)-장원교(壯元橋)-예성문(禮聖門)과 예성전(禮聖殿)이다. 예성전은 공자와 그 제자를 모시는 사당으로 백록동서원 최대 최고의 건물이다. 3차 축에는

56) 周文 編著, 『千年學府 嶽麓書院』, 호남미술출판사, 2009.

57) "書院古建築群由五大院落組成 是五組別特色的古代建築" 鄧洪波·彭愛學 主編, 앞의 책, 2000, 115쪽.

〈그림 6〉 백록동서원 시의도(모식도)

문루(白鹿洞書院)-어서각-명륜당(明倫堂)-백록동(白鹿洞)과 사현대(思賢臺)[文昌閣]가 전개된다. 4차축은 문루(紫陽書院)-숭덕사(崇德祠)-문회당(文會堂)이 조성되어 있다. 5차축은 문루-임업학당(林業學堂)[근대건축]-연빈관(延賓館)-주자동상(朱子銅像)-춘풍루(春風樓)가 전개된다. 여산 오로봉 기슭에 기대어 관도계 위에서 5개 건물군으로 구성된 백록동서원의 건축은 예성전과 어서각-명륜당이 중심을 이루고 좌우로 정원과 사당 그리고 숙소와 누각이 배치된 대축선(多軸線)의 공간구성이다. 백록동서원 건축공간을 구성하는 5개 축선의 건물군은 모두 석패방을 포함하여 문루를 각각 두고 출입문을 달리해서 구역을 구분하였다.

아호서원(鵝湖書院)은 서원 건축의 축선과 관련된 정형성의 측면에서 단일 축선의 한국 서원과 비교하기에 좋은 사례이다. 아호서원은 강서성 연산현(鉛山縣) 아호진(鵝湖鎭) 아호산(鵝湖山) 북쪽 기슭 아호사(鵝湖寺) 터에 세워졌다. 아호사는 당나라 대력(大歷 : 代宗 770년 경) 연간에 대의 선사(大義禪師)가 산 정상에 암자를 지었다가 송대에 산기슭의 관도(官道) 변으로 옮기고, '자제선원(慈濟禪院)'으로 사액되었다가, 다시 '인수(仁壽)'로 사액되었다. 후대에 주자학이 중시되면서 주희·여조겸(呂祖謙)·육구연(陸九淵)·육구령(陸九齡) 등이 아호사에서 만나 논변을 벌인 '아호지회(鵝湖之會)' 혹은 '아호지변(鵝湖之辨)'를 기념하는 사현사(四賢祠)를 아호사 서쪽에 세워 서원의 기틀을 만들었다. 1250년 사(祠)를 서원으로 바꾸자, 남송의 이종(理宗) 황제가 주희의 시호를 따라 '문종서원(文宗書院)'이란 이름을 내렸다. 1454년(明 景泰 5)에 서원을 확대 중건하여 사현의 소상(塑像)을 모시고 '아호서원(鵝湖書院)'이라 하였다. 당시 "장강 서쪽은 옛날부터 문헌의 고장이라 했고 서원 건설이 무수하게 많았지만, 아호(鵝湖)의 이름만이 백록(白鹿)과 함께 천하에 알려졌다(大江以西古稱文獻之邦 書院之建不知有幾 惟鵝湖之名與白鹿竝稱天下)"고 하였다.[58] 현재의 아호서원 건축 모습은 청 강희제 때 3차에 걸친 중수확장으로 1717년(康熙 56)에 이루어진 것이다. 서원 면적이 21,000㎡로 넓고, 1992년 현재 건축면적이 5,536㎡에 달한다.[59]

아호서원은 아호산 북쪽 기슭에서 북향[坐南朝北]한다. 북에서 남으로 진입하는 단일 축선 상에 예문(禮門-담장[照墻])-두문(頭門)-돌 패방(石坊)-반월형 연못[泮池]-의문(儀門)-강당-사현사(四賢祠)-어서루(御書樓) 등 주요 건축이 일렬로 배치되어 있다.(그림 7) 지형이 북에서 남으로 올라가므로 장서루인 어서루는 남쪽이지만 가장 높은 위치이다.

서원에 들어가기 전 담장의 문이 속칭 서대문(西大門)이라는 예문(禮門)인데 전면의 '鵝湖書院' 편액은 강희제의 어서(御書)이다. 예문의 뒷면 편액은 '성역현관(聖域賢關)'이며, 동쪽 문 편액은 '인산지수(仁山知水)'이다. 서원의 정문에 해당하는 두문의 현판은 '돈화육재(敦化育才)'이다. 두문 뒤

58) 王立斌『鵝湖書院』, 中國戲劇出版社, 2004,, 序.
59) 王立斌, 앞의 책, 2004, 28쪽.

〈그림 7〉 아호산 기슭에서 북향(北向)으로 입지한 아호서원
(王立斌, 『鵝湖書院』, 中國戲劇出版社, 2004, 8쪽)

에는 돌 패방[석방]인데 높이가 7m 남짓하고 4기둥 3칸 5층[樓] 양식으로 크고 위엄이 있다. 청석(靑石)으로 건축된 패방 앞면의 '사문종주(斯文宗主)', 뒷면의 '계왕개래(繼往開來)' 각자(刻字)는 각각 2척(尺) 크기이다. 패방 다음에 반월형 못인 반지(泮池)가 있고 그 좌우에 비정(碑亭)과 정원이 조성되어 있다. 반지 가운데로 길이 10m의 석공교(石拱橋)를 건너면 의문(儀門)으로 연결된다. 석 패방과 반지의 석공교가 연결된 부분의 경관은 석조 예술의 높은 경지가 느껴진다.

'도학지종(道學之宗)' 편액이 걸린 의문을 지나면 강당이 나타나는데 의문과 사이에는 회랑을 조성하여 많은 비석이 자리한다. 강당 뒤에 주희·육구연·육구령·여조겸을 제향하는 사현사가 있다. 어서루는 아호서원의 가장 남쪽이지만 지형상 가장 높은 곳에 위치하는 3층 누각이다. 정문 위에 걸린 도금(鍍金)한 강의황제 어서 편액 '궁리거경(窮理居敬)'이 있고 편액

아래 양쪽 기둥에 걸린 대련(對聯)도 강희황제의 하사품(下賜品)으로 아호서원의 권위를 과시한다.[60] 대련의 시구는 주희의 시문에 나오는 연산현의 지명 '장암(章岩)'과 '석정(石井)'을 취해서, "장암에 달 밝으니 하늘 가운데 거울이요(章岩月朗中天鏡)"와 "석정에 물결 나뉘니 태극의 샘이로다(石井波分太極泉)"이다. 사현이 만나 토론한 '아호지회'의 유학사적 의의를 기려서 찬양하는 내용이다.

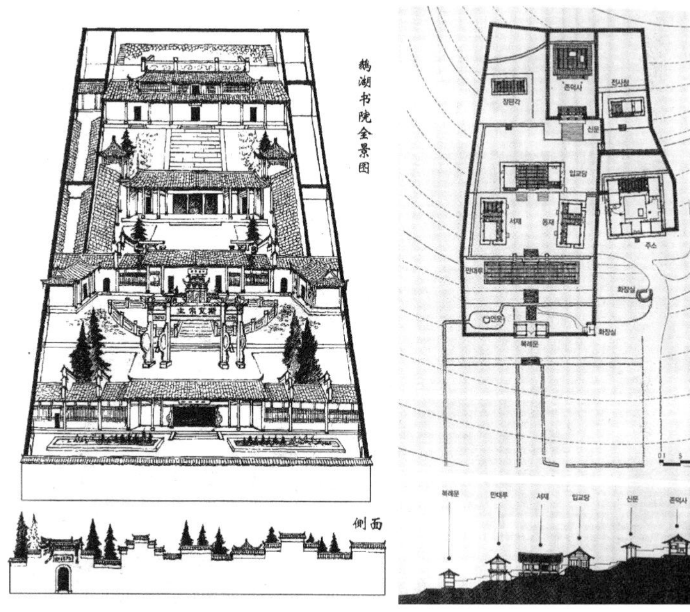

〈그림 8〉 아호서원
외곽에 장방형 담장을 두르고, 서원 진입 축선에는 4개의 대문을 차례로 배치하고 다시 회랑식 건물과 담장으로 내부를 구획한 폐쇄적 공간구성(王立斌, 『鵝湖書院』, 中國戲劇出版社, 〈鵝湖書院全景圖〉 2004)

〈그림 9〉 한국의 병산서원
전저후고 지형에 낮은 담장으로 외부 자연에 개방된 공간구성 (문화재청 자료)

---

60) 王立斌, 앞의 책, 2004, 93쪽.

아호서원 내부 공간구성은 북에서 남으로 기운 경사면의 축선을 따라 대문-패방-반지-강당-사당-장서루가 위계적으로 배치되는 전형을 보이고, 좌우 측면에 비석과 정자를 포함하는 소형 원림을 조성했다. 서원 공간구성의 측면에서, 여러 차례 국가의 대대적 지원으로 증축한 아호서원은 건축 공간구성에서 단일한 축선에 위계적으로 건물을 배치하고 최고위에 어서루를 둔 것은 한국 서원이 단일 축선의 최고위에 사당을 둔 것과 대조적이다. 특히 서원 외곽과 내부에 공간을 구획하는 높은 담장을 세우고 축선상에 대문을 4차례나 설치하여 서원 진입에 위엄을 더했다. 국가의 관심과 전폭적 지원으로 중건 확충을 거듭한 아호서원은 순수한 사학으로서 한국 서원 공간구성의 전형성을 보이는 병산서원과 건축 공간구성의 유사성과 상이성이 비교된다.(그림 8·9)

3. 중국 서원의 유식공간(정원과 전망경관)

중국의 서원은 대체로 높은 담을 둘러 서원 안과 밖을 구획한다.[61] 따라서 서원 경내에서 서원 밖이 보이지 않는 경우가 대부분이다. 대조적으로 조선시대 한국 서원은 담장을 사람의 키보다 낮게 하고 경사지에 위치하여 건물 전면을 개방적으로 건축하여, 서원 안에서 서원 밖 자연경관을 전망할 수 있도록 했다. 서원에서 외부 자연경관을 전망하기 어려운 중국 서원은 장수와 유식이 함께 하는 서원교육의 특성을 살리기 위해, 서원 내부에 정자와 비석·연못과 원림 등이 병존하는 정원을 조성하여 유식 공간으로 삼았다. 대표적으로 악록서원의 정원은 '서원팔경'으로 불리는데, 버들 연못에 안개 낀 새벽(柳塘煙曉), 도화 꽃 언덕의 붉은 노을(桃塢烘霞), 바람이 실어오는 저녁의 연꽃 향기(風荷晚香), 오동나무 그늘로 이어진 샛길(桐蔭別徑), 대나무 숲의 겨울에도 푸르름(竹林冬翠), 굽은 시내의 샘물 소리(曲澗鳴

61) "書院圍墻分內圍墻和外圍墻" 王立斌, 앞의 책, 2004, 40쪽.

泉), 푸른 못에서 물고기 바라보기(碧沼觀魚), 꽃 핀 축대에 앉아 보는 달(花墩坐月)이다.[62)]

〈그림 9〉 백록동서원 독대정(獨對亭)

담장으로 서원 경내 외를 나누고 경내에 정원을 조성하는 것이 중국 서원의 특성이다. 그러나 심산유곡에 자리한 백록동서원의 유식 공간은 경내의 작은 정원뿐 아니라 서원 외부 계곡 즉 관도계(貫道溪) 일대를 포함한다. 백록동서원을 중흥한 주자는 서원 앞을 흐르는 시내 이름을『논어』「里仁」의 "吾道一以貫之"에서 취하여 '貫道溪'로 부르고, 여산 오로봉과 마주 대하는 자리에 손님을 맞는 정자를 지었다. 나중에 주자를 기념하여 강서제학부사(江西提學副使) 소보(邵寶)가 정자를 재건하여 '독대정(獨對亭)'으로 명명하였다.(그림 9) '독대정'이란 주자의 학문만이 홀로 오로봉과 상대할 만큼 노성(老成 ; 壽)하다는 의미를 함축한 것이다.[63)] 정자를 짓고 그 전망경관을 성현에 비유하는 뜻을 담아 이름을 정한 것은 염계(濂溪)를 경모한다는 소수서원 '경렴정(景濂亭)'과도 통한다.

독대정 아래 관도계에는 침류교(枕流橋)가 있고, 주자의 친필 '침류(枕流)'가 새겨진 바위가 보인다. 흐르는 시냇물을 베개로 삼는다는 '침류'는 돌로 양치질한다는 '수석(漱石)'과 함께 '침류수석(枕流漱石)'이란 문자로 사용되면서, 은둔하여 학문에 침잠하고 천인합일의 추구하는 도학자의 초연한 삶을 뜻하는 말이 되었다. 관도계를 따라 암석에 다양한 서체로 새겨진 白鹿洞·砥柱·源頭活水·淸如許·觀瀾·逝者如斯·自潔 등의 붉은 색 각자가 57개나 된다.[64)](그림 10)

62) 鄧洪波·彭愛學 主編, 앞의 책, 2000, 245~246쪽.

63) 邵寶가 지은「獨對亭記」에 "五老之勝, 有目共睹. 非公(朱熹)莫之能當."이라 하고 또, "或謂峯以老稱, 不獨以秀, 以奇, 而以其壽是. 五老者, 天始與始, 地終如終, 壽孰對之, 謂公獨焉."하였다. 鄧洪波·彭愛學 主編, 앞의 책, 2000, 114쪽.

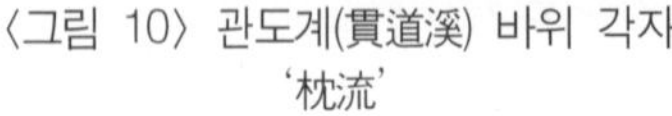

〈그림 10〉 관도계(貫道溪) 바위 각자 '枕流'

〈그림 11〉 백록동서원 관도계 건너편 진사급제자 명단 석판

다른 한편, 관도계 건너편 언덕에는 백록동서원 출신의 진사 급제자 명단을 수록한 석판이 열을 지어 전시되어 있다. 중국의 서원이 고급 관료를 양성하는 국가적 교육기관의 역할을 해왔음을 알려주는 급제자 명단은 조선시대 한국 서원이 과거 공부를 의식적으로 멀리해 온 것과 매우 대조적이다.

무이산 구곡계(九曲溪)의 무이서원은 주자가 50대 이후 은거하여 강학한 무이정사(武夷精舍)에서 기원한다. 무이서원의 입지 건축과 공간구성, 그리고 특히 유식 공간은 개방적이어서 다른 중국 서원과 매우 다르다. 무이서원의 입지와 경관은 〈무이구곡도〉로 조선에 전해져 조선시대 서원의 입지와 경관에 직간접적으로 큰 영향을 주었다는 점에서 주목된다. 무이서원은 무이산의 협곡에 입지하여 구곡계에 가깝고 건너편 만대봉(晩對峰)을 마주 보는 것이 조선의 강경(江景) 서원, 특히 병산서원의 입지 및 전망경관과 비

〈그림 12〉 은병봉(隱屛峰) 아래에서 만대봉(晩對峰)을 마주하는 무이정사

64) 鄧洪波·彭愛學 主編, 앞의 책, 2000, 114~115쪽.

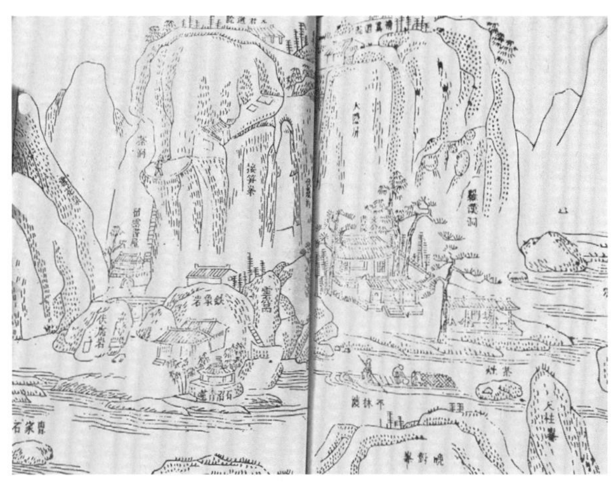

〈그림 13〉 무이서원(무이정사)와 만대봉(董天工, 『武夷山志』 中)

〈그림 14〉 무이서원의 정면과 뒷산 은병봉

〈그림 15〉 무이서원 전망 경관 만대봉

슷하다. 주자의 「만대정(晩對亭)」시에서 묘사된 전망경관과 병산서원 만대루(晩對樓)의 전망경관은 유사한 이미지이다.[65](그림 12, 13, 14, 15)

65) 주자의 「무이정사잡영(武夷精舍雜詠)」

晩對亭	만대정
倚笻南山巓	지팡이에 의지해 남산 머리에 올라
却立有晩對	멈추어 서니 만대봉을 마주하네.
蒼峭矗寒空	푸르고 가파른 모습 찬 하늘에 우뚝하고
落日明影翠	지는 햇살이 그늘까지 푸르게 밝히네.

주자는 무이정사를 짓고 은거하면서 그 입지와 경관을 기록한 「무이정사잡영병서(武夷精舍雜詠並序)」에서 무이정사의 장수 유식 장소를 기술하고, 확장된 유식 공간으로 '무이구곡'을 「무이도가(武夷棹歌)」 10수(首)로 읊었다. 무이정사와 무이구곡으로 실현된 주자의 장수와 유식의 융합은 조선에서 퇴계의 「도산잡영병기(陶山雜詠併記)」로 계승되고, 다시 대산(大山) 이상정(李象靖, 1711~1781)의 「고산잡영병기(高山雜詠併記)」로 이어졌다. 주자의 무이정사와 무이구곡은 조선 후기에 서원을 중심으로 하는 '구곡문화(九曲文化)'로 발전하여 조선의 서원과 장수 유식 문화에 큰 영향을 미쳤다.

Ⅳ. 한국과 중국의 서원의 입지·공간구성·유식공간의 종합적 비교

본 연구는 조선시대 한국 서원의 고유성과 진정성을 밝히기 위해서, 그 입지·건축 공간구성·유식 공간을 중국의 서원과 비교 고찰한 것이다. 비교의 전제로 조선과 중국의 서원은 역사와 기능에서 큰 차이가 있음을 주목했다. 천년의 역사를 가진 중국 서원은 장서 기능에서 기원해서 점차 독서와 강학의 장소로 발전하고 제향 기능은 나중에 추가되었다. 특히 중국 서원은 도교와 선종 불교의 영향을 받아 명산 명승을 찾아 입지했다. 송대 이후 서원은 사학으로 발전했지만, 저명 서원은 국가나 관의 지원을 받아 장기간 중창과 확충을 거듭하여 복합적 건축 공간구조를 이루었다.

중국 서원은 관학화하거나 관학의 보조 기능을 가진 학교로서 과거를 통한 인재 배출을 중시했고, 서원의 일부는 현대에 와서 대학으로 발전하였다. 역사가 오백 년에 못 미치는 한국 서원은 성리학자들인 선현 제향을 위한 사당 건립에서 시작된 경우가 많으며, 서원 건축에 대한 국가나 관의 지원은 간접적이고 예외적이었다. 따라서 서원의 명성에 상관없이 대체로 창건 당시의 형식과 규모로 간명 단순한 건축 공간이 유지되었다.

입지에서 중국은 저명한 서원의 경우 명산 혹은 명승으로 이름난 도교와 불교의 터전에 입지한 경우가 많고, 지방 서원은 접근성이 좋은 마을이나 성시(城市) 내에 입지했다. 서원 설립의 동기를 선현 제향으로 하는 다수의 한국 서원은 제향 인물의 연고지에서 풍수 형국을 고려하여 배산임류의 지형에 입지했다. 불교 사찰의 터에 입지한 서원도 있으나, 다수 서원이 기존의 명승 명산과 관계없이 제향 인물의 연고지에서 산천이 수려한 곳을 택하고, 선현의 학덕을 추앙하는 서원 교육으로 이름나 후대에 명승이 되기도 했다. 이러한 한국 서원의 입지 사례에서 "산은 현인 덕분에 칭송받고, 땅은 사람과의 인연으로 명승이 된다(山以賢稱 境緣人勝)"는 말이 실감된다.

건축 공간구성에서 한국의 서원은 그 지명도와 무관하게 공간 규모와 구성에서 정형성이 보인다. 단일 축선의 가장 높은 자리에 사당을 배치하고, 좌우대칭의 강학 공간과 문루 중심의 유식 공간이 그 아래에 배열되는 조선 서원의 전형적 공간구성이 17세기 초에 일반화되었다. 중국 서원은 저명 서원의 경우 공간 규모가 조선 서원과 비교되지 않을 만큼 크고, 복수 축선에 장서-강학 공간과 사당 공간이 구분되어 건물군을 이룬다.

중국 서원의 중심 축선에는 강당-장서루가 배치되고 측면 축선에 사당군이 배치되며, 별도의 문루를 통해 진입한다. 강학 공간에서는 장서루가 가장 높은 위계를 차지해서, 축선 상에 여러 개의 대문(문루)과 석패방(石牌坊)-반지-강당-장서루 순으로 배치된다. 건물들은 회랑으로 연결되고, 사이에 정원이 조성되고 비석과 정자가 들어선다. 사당은 강학 공간과 별도 축선에서 사당군을 형성하여 공자를 모시는 문묘와 각종 사묘(祠廟)들이 군집을 이룬다. 서원 내부 공간은 높은 담장으로 외부 경관과 차단되고 건물들이 다시 회랑이나 담장으로 구획되어 폐쇄적 공간을 구성한다.

중국 서원에서 장서루가 중심이 되고 복수 축선에 배열된 건축 군은 서원이 장서에서 기원했으며, 제사 기능은 나중에 추가되었다는 점과 오랜 역사를 통해 국가의 지원으로 확장과 증축이 진행된 결과로 이해된다. 한국 서원은 창건기에 형성된 정형이 대부분 현대까지 유지되고 있다. 일부 서원에서 서원의 규모를 갖추기 위해 문루가 후대에 부가된 정도이다.

장서루가 탁월한 중심이 되는 중국 서원의 공간구성은 장서 기능에서 서원이 시작했다는 점뿐 아니라, '어서루'라는 이름이 함축하듯이 황제를 높이고 관학과 밀접하여 국가의 지원을 받아온 중국 서원의 발전 과정을 암시하는 상징성이 있다. 한국 서원에서는 국왕의 자취는 사액(賜額)이 거의 유일하다. 반면 중국 서원에서는 건물 당호뿐 아니라 '학달성천(學達性天)' 등 많은 어제(御製) 편액을 자랑스럽게 게시한다. 경내의 석패방·반지와 돌다리(石橋)·정원의 정자와 비석군 등에서 서원의 위세와 품격을 나타내는 장식적 요소는 관학을 보조하는 서원에 대한 국가의 지원을 과시하는 것들이다. 대조적으로 한국 서원은 전저후고의 자연 지형을 활용하여 단일한 축선 위에 위계적 좌우대칭 배치로 정제엄숙한 예(禮) 공간을 구현하고, 인간적 척도(human scale)에 따라 건축물의 크기와 간격을 정하여 공간구성이 간명(簡明)하다. 인위적 조경을 최소화하며 중정은 최대한 비워두어서 내부 공간을 허정(虛靜) 담백하게 구성하였다. 이러한 맥락에서 한국의 서원은 '위의(威儀)'는 '자연산천에 의탁'하고, '탁월(卓越)'은 '간명(簡明)과 허정(虛靜)으로 대신'했다. 백록동서원 등 여러 서원에서 진사 급제자 명단을 게시한 것은 국가의 고급 관료를 양성 배출하는 중국 서원의 역할을 명시적으로 드러낸 것이다. 배출한 과거 급제자 명단을 게시한 서원은 조선에서 보이지 않는다. 소수서원의 경우 수학한 저명인사 명단이 있지만, 과거급제자와는 무관하다.

한국 서원과 중국 서원의 가장 의미 있는 차이는 유식 공간이다. 중국 서원은 대체로 높은 담장을 둘러 외부 자연경관 전망이 없고, 유식 공간은 경내의 정원이 된다. 서원 건물 사이에 연못·비각·정자가 함께 어울린 정원을 조성하여 서원 내부에 별세계를 연상시키는 인공적 자연경관을 창출한다. 한국 서원이 외부의 자연경관을 유식 경관으로 삼고 서원 내부에는 정원과 같은 인위적 조경을 최소화한 것과 대조적이다. 중국 서원에서도 예외적으로 주자의 유적지인 무이·고정서원은 외부 전망경관이 탁월하다. 특히 주자의 무이산 은거의 산물인 「무이정사잡영병서」는 「무이구곡도가」와 함께 조선 유학자들이 서원을 천인합일을 체득하는 공간으로 경영하고 정사와 서원을 중심으로 한 조선의 구곡문화 발전에 큰 영향을 주었다. 주자가 장수유식 했던 백록동·무이·고정서원은 조선의 서원과 유사한 입지이며, 강물을 전망하는 '배산임류(背山臨流)'의 자연경관을 공유한다는 점은 조선의 성리학자들이 주자의 학문관과 수양관을 경모했다는 역사적 사실과 함께 주목된다.

'배산임류' 입지의 한국 서원에서 전망경관은 유학자들의 궁극적 이상인 천인합일을 체득하는 현장이다. 서원에서 천인합일의 느낌을 얻도록 조선 서원은 생기 활발한 자연경관에 전망을 개방하는 방식으로 건축 공간을 구성했다. 서원은 전저후고 지형에 입지하여 전면의 자연경관을 전망하기에 유리하고, 건물은 개방적이고 담장[牆垣]도 사람의 키보다 낮게 조성한다. 천리(天理)의 유행을 체득하는 유식 장소로 가장 앞쪽에 문루를 둔다. 문루의 당호는 서원 전망경관의 이미지에 부합하는 경전과 성현의 말씀에서 가져왔다. 문루의 당호는 전망경관의 특성과 그 유학적 함의, 그리고 제향 인물의 정신세계를 함축하는 기호(記號)가 되었다. 어서(御書) 편액을 포함한 중국 서원의 당호에서 조선 서원의 문루 당호와 같은 사례는 찾기 힘들고, 누각 기둥에 걸린 대련 시구(詩句) 등에서 유사한 내용이 보인다. 백록동서원과 무이서원에서는 서원 밖의 계류(溪流) 바위에 경관의 특성과 유학자의 정신세계를 새긴 각자(刻字)가 주목된다. 한국 서원에서는 옥산서원 앞 자계(紫溪)의 각자를 비슷한 사례로 들 수 있다.

조선의 서원은 중국에서 서원 제도를 도입했지만, 입지·건축 공간구성·유식 공간에서 다양하고 중요한 고유성을 창출하였다. 입지에서는 명산 명승이 아닌 제향 인물의 연고지를 선택하고, 건축 공간구성에서는 단일한 축선에 사당을 가장 높은 자리로 하는 간명 검박한 예(禮) 공간과 인공 조경을 최소화하는 허정의 중정 공간으로 극기복례(克己復禮)의 인(仁)을 상징적으로 재현하였다. 유식 공간에서, 중국 서원이 높은 담장을 두르고 내부에 인위적 정원으로 별세계를 창출한 것과 달리, 한국 서원은 개방적 건축으로 서원 안에서 전망되는 외부 자연경관을 선택했다. 한국 서원이 인공적 정원이 아닌 무작위의 자연경관을 유식 공간으로 삼은 것은 자연과 융합하여 하나가 되는 조선 전통 건축의 특성과 천인합일을 최고 가치로 하는 성리학의 자연관 세계관을 창조적으로 결합한 결과로 이해된다. 인위적 정원이 아닌 자연경관을 선택한 조선 서원의 유식 공간은, 주자의 말처럼, 자연에서 "천지가 만물을 낳은 마음을 얻어 나의 마음으로 삼는(天地生物之心而人之所得以爲心)" 인(仁)을 체득하는 현장이 되었다.

한국 서원의 입지 건축 공간구성 그리고 전망경관은, 산간계곡이 많은 한국의 지리적 맥락에서 조선의 전통 공간관과 건축관이 서원의 이념인 성리학의 천인합일관과 결합되어, '자연과 인간의 정감적 합일'을 체험하도록 하는 탁월하고 고유한 사례이다. 특히 서원 유식 공간 문루의 당호는 서원의 전망경관 특성·천인합일에 대한 성현의 말씀·제향 인물의 정신세계를 삼위일체적으로 압축한 것이다.

【참고문헌】

『論語』『周易』『太極圖說』『朱子全書』『朱子語類』『禮記』『孟子』『退溪全書』『二程全書』『通書』『宣祖實錄』

(재)한국의 서원 통합보존관리단, 『「한국의 서원」 세계유산목록등재신청서』, 2021.

Duncan, J., *The city as text: the politics of landscape interpretation in the kandyan kingdom*, Cambridge univerity press, 1990.

Jacques Benoist Mechin 著, 河野鶴代·横山 譯, 『庭園의 世界史』, 講談社學術文庫, 1998.

Yi-Fu Tuan, *Topophilia -A Study of Environmental Perception, Attitudes, and Values*, Columbia University, Press, N. Y., 1974,

김덕현, 「한국서원의 입지와 경관에 관한 독해」, 『한국서원학회보』 1, 한국서원학회 2011.

김덕현, 「한국서원의 입지와 공간구성」1, 2, 『문화역사지리』 25-2, 3호, 한국문화역사지리학회, 2013(a, b).

김덕현, 「道東書院 景觀에 再現된 性理學의 精神世界」, 『문화역사지리』 29-4호, 한국문화역사지리학회, 2017.

김덕현, 「儒學의 自然美와 조선 서원의 展望景觀」. 『문화역사지리』 31-1호, 2019.

김영모, 「조선시대 서원의 조경」, 『한국전통조경학회지』 23-1호, 2005.

董天工, 『武夷山志』, 方志出版社, 2007.

鄧洪波·彭愛學 主編, 『中國書院 攬勝』, 湖南大學出版社, 2000.

鄧洪波, 『中國書院史』, 武漢大學出版社, 2013,

성백효, 『論語集註』, 한국인문고전연구소, 2013.

鵝湖書院 -王立斌, 『鵝湖書院』, 中國戲劇出版社, 2004.

楊軍 王成玉 譯, 『程頤講易傳-白話伊川易傳』, 長春出版社, 2010,

余澤嵐, 『暢遊武夷』, 중국화보출판사, 2003.

王立斌, 『鵝湖書院』, 中國戲劇出版社, 〈鵝湖書院全景圖〉, 2004.

이왕기, 「한국 유교건축의 '敬의 空間'에 관한 연구」, 『대한건축학회논문집』 2권5호 (통권7), 1986.

임석재, 『우리 건축 서양 건축 함께 읽기』, 컬처그라퍼, 2011.

丁淳睦, 『한국서원교육제도연구』, 영남대학교민족문화연구소, 1979.
조재모, 「한국서원건축의 유형 정립 과정, 한·중 서원연구의 현재와 미래」, 한국서원학회 주관, 『한·중 서원학회교류 10주년 기념 제7회 동아시아 서원국제학술대회』 자료집, 2017.
周文 編著, 『千年學府 嶽麓書院』, 호남미술출판사, 2009.
朱漢民, 「中國 書院의 歷程」, 『한국학논총』 29, 국민대학교 한국학연구소, 2007.
陳來, 『송명성리학』, 예문서원, 1997.
허균, 『한국의 정원』, 다른 세상, 2002.
헤르만 폰 퓌클러무스카우 지음 권영경 옮김, 『풍경식 정원』, 나남, 2009.
유홍준, 『나의 문화유산답사기 9 서울편』, (주)창비, 2017.

16~19세기 학규를 통해 본 한·중 서원의 변모 양상

이 광 우

Ⅰ. 머리말

조선 시대 사림 세력은 으레 '존도(尊道)'와 '상현(尙賢)'을 기치로 내세우며 서원을 설립하였다. 당초 '존도'와 '상현'은 관학의 몫이었다. 그러나 16세기에 이르러 관학이 쇠퇴하자, 사림과 관료 세력은 사풍(士風)이 점차 없어지게 될 것을 우려하였다. 이에 사풍을 교정하는 교학진흥책의 일환으로서, '존현'을 통한 독서처를 마련하게 되니, 그것이 바로 서원의 발생이다.[1] 즉, 서원 설립의 실질적인 명분은 관학의 쇠퇴에 있었던 것이다. 그렇기에 서원 보급에 앞장선 퇴계(退溪) 이황(李滉, 1502~1571)은 1549년(명종 4) 풍기군수(豊基郡守)로 있으면서 관학의 폐단을 지적하며, 백운동서원(白雲洞書院)에 서적과 편액을 내려주고 경제적 기반을 지원해 달라고 상부(上府)에 청원하였다.[2]

퇴계를 비롯한 사림 세력이 서원 설립의 전범으로 삼은 것은 주자(朱子)의 서원관이다. 중국에서는 당대(唐代) 궁중의 수서처(修書處)로 여정서원(麗正書院)과 집현서원(集賢書院)처럼, 사인(士人)이 학업을 닦는 장소는 아

1) 정만조, 『조선시대 서원연구』, 집문당, 1997, 32쪽.

2) 『退溪集』 卷9, 書, 「上沈方伯」. "滉竊見今之國學 固爲賢士之所關 若夫郡縣之學 則徒設文具 敎方大壞 士反以游於鄕校爲恥 其刓敝之極 無道以救之 可爲寒心 惟有書院之敎 盛興於今日 則庶可以救學政之缺 學者有所依歸 士風從而丕變 習俗日美 而王化可成 其於聖治 非小補也".

니지만 '서원'이라는 명칭을 쓰는 기관이 처음 등장하였다. 현종 이후 관학의 기능이 약화되는 가운데 사인들의 독서·강학 풍조가 활발해지며 서원이 발전할 수 있는 기반이 조성되었다. 북송(北宋) 초 교육 정책에 힘쓸 여력이 없는 상황에서 정부는 지방에 자발적으로 설립된 서원을 대안처로 삼았다. 서원에 현판과 서적을 내려주고 녹봉을 정해줌으로써, 교학을 진흥시켜 나간 것이다.[3] 이로써 차별화된 사학 기관으로서의 서원이 성립하였다.

북송과 남송(南宋) 교체기에 관학이 무너지면서, 서원은 남송 이학자(理學者)들에 의해 다시 주목받게 된다. 기존 서원의 복설을 추진함과 동시에 북송 시기에 있었던 사서(賜書)·사액(賜額)·사전(賜田)·사관(賜官) 등의 조치를 정부에 청원하기 시작하였다. 이들 역시 관학의 쇠퇴를 서원 설립의 명분으로 삼았다. 특히 주자는 성현의 학문을 "의리를 강명(講明)하여 그 몸을 닦은 뒤에 이를 미루어 사람에게 미치지 아니한 것이 없었다"라고[4] 평가하며, 수기치인(修己治人)에 입각한 위기지학(爲己之學)을 서원 교육의 이상으로 삼았다. 그러나 주자는 당시 관학이 위인지학(爲人之學)에 매몰되어 있다고 비판하였다.[5] 관학의 박사와 제자들이 대부분 과거 준비에 몰두하며,[6] 이른바 "보고 기억하는 데만 힘쓰고 문장이나 공부해서 명성이나 얻고 이록(利祿)이나 취하면 그만이라는 것[務記覽爲詞章 以釣聲名取利祿]"[7]

3) 이하 서술되는 중국 서원 역사의 대략은 '朱漢民, 「중국 서원의 역사」, 『한국학논총』 29, 국민대학교 한국학연구소, 2007 ; 鄧洪波·趙偉, 「白鹿洞書院的建立背景與中國書院的變化－宋元明淸－」, 『한국서원학보』 11, 한국서원학회, 2020'을 참조한 것이다.

4) 『朱子大全』 卷74, 雜著, 「白鹿洞書院揭示」. "莫非講明義理 以修其身 然後推以及人".

5) 박양자, 「주자의 서원관－특히 "백록동서원게시"를 중심으로－」, 『동방학지』 88, 연세대학교 국학연구원, 1995, 80~81쪽.

6) 『朱子大全』 卷79, 記, 「衡州石鼓書院記」. "抑今郡縣之學官 置博士弟子員 皆未嘗考德行道義之素 其所受授 又皆世俗之書 進取之業 使人見利而不見義 士之有志爲己者 蓋羞言]".

7) 『朱子大全』 卷74, 雜著, 「白鹿洞書院揭示」.

에 힘쓸 뿐이었다. 이에 주자를 필두로 한 이학자 집단은 인재 양성, 의리 강명, 그리고 존현의 장소로 서원을 적극적으로 설립하였고, 그 교학 이념을 실천하기 위해 서원 학규(學規)를 제정해 나갔다.

이처럼 한국과 중국에서 서원은 쇠퇴한 관학의 대안처로 등장하였다. 그런데 서원 등장과 그것의 변모 양상은 양국의 정치·사회·경제·문화적 지형에 따라 다르게 전개되었다. 서원의 설립 및 운영 배경은 설립 주도 세력의 주장처럼 학문 및 교육의 지향성에 한정되어 있지 않다. 한국사에서 서원은 전통 시대 존재했던 가장 완숙한 형태의 사학(私學) 기관이다. 서원의 등장은 여러 가지 시대적 요건이 갖추어졌기에 가능하였다. 정치적으로는 중앙집권적 체제 정비에 따른 과거 제도의 발전, 사회·경제적으로는 향촌사회에 기반을 둔 관료 지향적 사대부 계층의 성장, 문화적으로는 성리학의 융성을 손꼽을 수 있다.

따라서 서원 학규에는 당대의 정치·사회·경제·문화적 특징이 일정 부분 반영되어 있다. 서원 학규는 교육 과정의 전반과 운영 방침을 제정해 놓은 자체 규약이다. 일반적으로 학규라고 통칭되지만, 학령(學令)·원규(院規)·재규(齋規)·재헌(齋憲)·약속(約束)·강규(講規)·입약(立約)·훈시문(訓示文)·유시문(諭示文) 등의 명칭으로도 불린다.[8] 학규는 서원 설립의 지향점뿐만 아니라, 제정 당시의 시대적 상황을 보여주기도 한다. 이러한 점을 감안하여 당대를 대표했던 주요 학규를 중심으로 16~19세기 한·중 서원의 변모 양상을 비교·검토해 보도록 하겠다.

8) 박종배, 「조선시대의 학령 및 학규」, 『한국교육사학』 28-2, 한국교육사학회, 2006, 224쪽.

Ⅱ. 명대(明代)와 동 시기 조선 서원의 학규

1. 명대 서원과 학규

중국에서 정주이학(程朱理學)은 원대(元代)를 거치면서 더욱 번성하게 되며, 이를 기반으로 새로 건국된 명대의 통치이념으로 자리매김하였다. 강력한 중앙집권화를 바탕으로 명 정부는 중앙과 지방의 관학 체계를 완비해 나갔다. 전조의 서원을 관학으로 삼았으며, 1436년(정통 1)에는 관학을 정돈하기 위해 제독학교관(提督學校官)을 설치하게 된다.[9] 제독학교관은 인재 선발과 교육 등 관할 내 학정을 총괄했을 뿐만 아니라, 교화와 민정 시찰 등의 임무를 수행하였다. 서원 관리도 제독학교관의 몫이었다. 이들은 정부 허가 없이 건립된 서원을 적발하고 과거 정원을 서원에 배정하였다.[10] 관학 정비에 서원이 적극적으로 활용되고, 제독학교관 등 관부의 영향력이 강해짐에 따라, 일각에서는 서원 본연의 사학적 기능을 회복하려는 노력이 전개되었다. 성화(成化, 1465~1487) 연간 백록동서원 동주(洞主)를 지낸 호거인(胡居仁, 1434~1484)의 「속백록동학규(續白鹿洞學規)」 제정도 그러한 노력 중 하나이다.

백록동서원은 1438년 남강지부(南康知府) 적부복(翟溥福)에 의해 새롭게 중건되었으며, 이후 관부의 지원을 받고 학전(學田)·제기·서적·방사(房舍) 등을 차례로 확보하였다. 호거인은 1467년(성화 3)과 1480년 두 차례 백록동서원의 동주를 맡았다. 1480년에는 주자의 「백록동서원게시(白鹿洞書院揭示)」를 따라서 「속백록동학규」를 제정하였다. 그는 6조의 요체로 구성된 「속백록동학규」를 통해[11] 과업을 우선시하는 행태를 지적하고 이단

9) 『明史』 卷69, 志, 選擧 一.

10) 박종배, 「중국 역대 제학관 제도의 변천」, 『교육사학연구』 20-2, 교육사학회, 2010, 94~100쪽.

11) 『敬齋集』 卷2, 雜著, 「續白鹿洞學規」, '正趨向以立其志', '主誠敬以存其心'. '博窮

을 배척함으로써,[12] 성현의 학문에 뜻을 두고 의리를 강구할 것을 강조하였다. 명 정부가 관학 발전을 위해 서원의 자율적인 강학 활동을 억제하자, 호거인처럼 정주이학의 전통을 계승한 명유들은 새로운 학규 제정을 통해 주자가 내세웠던 사학 이념을 실천하고자 노력하였다.

그런 가운데 16세기부터 17세기 초반까지 사학 본연의 기치를 내세운 서원 운영이 활기를 띈다. 강남 지역을 중심으로 송·원대 시기보다 훨씬 많은 서원이 설립되었는데, 주로 가정(嘉靖, 1522~1566) 및 만력(萬曆, 1573~1620) 연간에 집중되었다. 명초 서원의 관학화를 추진했던 정부 정책과 별개로 정치·경제 및 학문의 발전이 서원 설립에 큰 영향을 끼쳤다. 그 중 심학(心學)과 이학(理學)으로 대표되는 학단 간 경쟁을 주목할 필요가 있다. 심학자인 왕양명(王陽明, 1472~1529)과 담약수(湛若水, 1466~1560)는 서원을 자신들의 학술 사상을 전파할 중심지로 삼았으며, 각각 「교조시용장제생(教條示龍場諸生)」과 「대과훈규(大科訓規)」를 제정하였다. 이후 심학자에 의해 서원 활동이 왕성해 지자, 심학을 이학으로 돌리려는 이학자의 서원 활동이 전개되는데, 그 중심에 있던 인물이 이른바 '동림회약(東林會約)'을 제정한 고헌성(顧憲成, 1550~1612)이다.

먼저 왕양명은 지방관으로 있거나 문인을 양성하는 과정에서 용강서원(龍岡書院)·귀양서원(貴陽書院)·염계서원(濂溪書院)·백록동서원·계산서원(稽山書院)·만송서원(萬松書院)·부문서원(敷文書院) 등을 설립하고, 그 운영에 적극 관여하였다. 그 중에서 용강서원은 왕양명이 귀주(貴州) 용장(龍場)에 유배되었을 때 관여했던 서원이다.[13] 당시 귀주 사람들은 왕양명을

理事 以盡致知之方', '審察幾微 以爲應事之要', '克治力行 以盡成己之道', '推己及物 以廣成物之功'.

12) 『敬齋集』 卷2, 雜著, 「續白鹿洞學規」, "熹於科擧 自幼便見得輕 今人不去講義理 只去學詩文 已落第二等", "故力排異端 以扶正道".

13) 이하 왕양명과 용강서원에 대해서는 '박종배, 「명·청시기 서원 강회의 발전 과정에 관한 일 고찰」, 『한국교육사학』 35-3, 한국교육사학회, 2013, 50~52쪽 ; 이우진, 「왕양명의 용장오도 다시 읽기 – 용장의 생활을 중심으로 –」, 『양명학』 59,

위해 하루헌(何陋軒)을 지어 주었다. 이에 문생들이 모여들어 하루헌은 용강서원이 되었고, 왕양명은 이곳을 강학 공간으로 삼았다. 그리고 1508년(정덕 3) 용강서원의 학규인 「교조시용장제생」을 제정하였다.

「교조시용장제생」은 '입지(立志)'·'근학(勤學)'·'개과(改過)'·'책선(責善)' 4개 조목으로 구성되어 있다. 왕양명은 이를 서로 살피고 격려하면 학문이 크게 이루어질 것이라고 하였다.[14] 4개 조목의 내용은 다른 학규와 비교해 매우 천근(淺近)한 편이다. '입지'조와 '근학'조에서는 성인·현인, 나아가 군자가 되기 위해 목적의식을 세우고 부지런히 공부 할 것을 권유하고 있다. '개과'조와 '책선'조는 배우는 자가 자발적으로 행실을 개선하고 상호간에 권장하기를 바라는 내용이다. 다른 학규처럼 구체적인 학문의 절차나 서원 운영을 규정한 것이 아니라, 초학자의 학문 지침에 가깝다. 그 까닭은 '개과'조의 다음 대목에서 찾을 수 있다.

> 제생(諸生)은 안으로 성찰하되 만일 이러한 잘못에 가깝다면, 진실로 스스로 뉘우치고 고치는 고통을 겪지 않을 수 없다. 그러하나 스스로 가책하며 부족하다고 여겨서, 잘못을 고치고 선을 좇으려는 마음을 머뭇거려서는 안 된다. 다만 능히 하루아침에 '구염(舊染)'을 깨끗이 씻어버린다면, 비록 옛날에는 도적이었다고 할지라도 금일 군자가 되는데 해가 되지 않는다.[15]

용강서원이 위치한 귀주 일대는 오랫동안 이민족이 반독립적으로 통치하던 곳이었다. 원대 토착 세력에게 관직을 주는 토사(土司) 제도를 실시하

한국양명학회, 2020, 27~34쪽' 참조.

14) 『王陽明全集』 卷26, 續篇 1, 「教條示龍場諸生」, "諸生相從於此甚盛 恐無能爲助也 以四事相規 聊以答諸生之意 一日立志 二日勤學 三日改過 四日責善 其愼聽 毋忽".

15) 『王陽明全集』 卷26, 續篇 1, 「教條示龍場諸生」, "諸生試內省 萬一有近於是者 固亦不可以不痛自悔咎 然亦不當以此自歉 遂餒於改過從善之心 但能一旦脫然洗滌舊染 雖昔爲寇盜, 今日不害爲君子矣".

였으며, 명대에 이르러 공식적으로 귀주승선포정사사(貴州承宣布政使司)를 설치하였다. 명 정부는 토착민을 무력으로 통제하기도 했지만, 원활한 통치를 위하여 유학 장려와 같은 회유책을 쓰기도 했다.[16] 그런 가운데 왕양명도 용강서원을 거점으로 귀주 지역에 유학의 기초를 전파하였다. 왕양명에게 있어 용강서원 강학은 자신의 심학을 체계화하는 계기가 되었다. 그 후 20년 동안 강회(講會)를 통해 적극적으로 심학을 전파하였으며, 아울러 서원도 흥성시켰다. 나아가 왕양명은 주자가 학규를 제정한 백록동서원에서 강학을 하고, 주자의 고향에 소재한 자양서원(紫陽書院) 중수에 관여함으로써, 심학의 영향력을 높여 갔다.

「대과훈규」를 제정한 담약수는 "평생 발걸음이 닿는 곳곳마다 반드시 서원을 건립해서 백사(白沙)를 제사지내니 종유(從遊)하는 자들이 천하에 가득하다"[17]라는 『명유학안(明儒學案)』의 평가처럼 50여 년 동안 40여 개의 서원을 설립하며 활발한 강학 활동을 전개하였다. 담약수와 관련된 주요 서원으로는 운곡서원(云谷書院)·대과서원(大科書院)·천관서원(天關書院)·명성서원(明城書院)·용담서원(龍潭書院)·독강서원(獨岡書院)·연동서원(蓮洞書院) 등이 있다. 여기서 대과서원은 1517년 담약수가 고향 광동(廣東) 증성(增城)의 서초(西樵)에 설립한 것이다. 대과서원의 학규인 「대과훈규」는 1520년에 제정되었다. 본문은 '대과훈규서(大科訓規序)', '서규(敍規)', '훈규도(訓規圖)', 그리고 60조의 '대과서당훈(大科書堂訓)'으로 구성되어 있다.[18] 그 중 '대과서당훈'에서는 다음과 같이 언급하였다.

---

16) 김홍길, 「명대 귀주성의 설치와 토착민의 저항」, 『동북아역사논총』 58, 동북아역사재단, 2017, 67~75쪽.

17) 『明儒學案』 卷37, 甘泉 1, 「文簡湛甘泉先生若水」, "平生足跡所至 必建書院以祀白沙 從遊者 殆遍天下".

18) 담약수의 「대과훈규」에 대해서는 '박종배, 앞의 논문, 2013, 50쪽 ; 박종도, 「담약수의 수처체인천리 공부론」, 성균관대학교 대학원 박사학위논문, 2021, 82~84쪽' 참조.

- 하나, 제생은 학문을 할 때 반드시 먼저 '입지'를 해야 한다. 집을 짓는 자와 같이 먼저 그 터를 견고하게 하는 것이 옳다. '지(志)'는 도(道)에 뜻을 두는 것이다. '입(立)'이라는 것은 바로 '경(敬)'이다. 필부의 '지'도 뺏을 수 없다. 뺏을 수 없는 것이 바로 '지'이다. 만약 뺏을 수 있다면, 어찌 '지'라고 이를 수 있겠는가. 처음부터 끝까지 모두 이 한 자에 있다.
- 하나, 먼 지방과 가까운 곳에 덕행과 도예(道藝)의 선각자로서 사법(師法)으로 삼을 자가 있으면 반드시 강석(講席)에 올라 강서(講書)해 주기를 공손히 청하여 진보하기를 구해야 한다. 듣지 못한 바를 들으니 공자와 같은 성인 또한 어찌 일정한 스승이 있었겠는가.
- 하나, 초하루와 보름에는 당에 올라가서 선생은 책의 1장 또는 2장을 강의하여 이 마음과 학문을 발명(發明)하는데 힘썼다. 제생은 일장설화(一場說話)로 흘려듣지 말고, 또한 반드시 마음을 비우고 받아들여서 신의(神意)를 일시에 서로 주고받아 큰 보탬이 있게 한다.
- 하나, 제생은 독서함에 5경과 4서를 익히는데 힘쓸 것이며, 또한 다른 경전과 성리서, 사기(史記) 및 오륜서(五倫書)를 방통(旁通)하여 지식과 견문을 개발해야 한다. 이 지식과 견해는 외부로부터 와서 말미암은 것이 아니라, 곧 우리 덕성(德性)의 지식과 견해이다. 책은 단지 경발(警發)해 줄 뿐이다. 모름지기 도를 밝히는 것을 근본으로 삼으면 나머지도 풀려 절로 문장과 과업이 이루어질 것이다. 저 선(仙)·불(佛)·장자(莊子)·열자(列子) 및 제서(諸書)가 범람하여 명교(明教)를 어지럽히고 심술(心術)을 무너뜨리며, 정신을 흩뜨리지 못할 것이다.
- 하나, 우리 유학은 유용함이 요구된다. 집안일을 다스리는 일에서부터 병농(兵農)·전곡(錢穀)·수리(水利)·마정(馬政)의 종류에 이르기까지 하나도 본성(本性) 안의 일이 아닌 것이 없으니, 모두 지극한 이치를 가지고 있다. 곳곳마다 모두 격물(格物) 공부이다. 이것을 함양하고 성취하면, 다른 날 세상에 쓸 때 작작행할 수 있을 것이다.[19)]

'대과서당훈'의 첫 번째 구절에 "학문을 할 때 반드시 먼저 '입지'를 해야 한다"라는 대목은 앞서 「교조시용장제생」의 첫 번째 조목에서 '입지'를 내세운 것과 일맥상통한다. 담약수는 왕양명과 서신을 꾸준히 주고받으며 학문적으로 같은 길을 걸었다. 이어 '대과서당훈'에서는 스승의 초빙과 강회의 방법이 제시되어 있다. 또한 4서5경과 사기 및 성리서 등에 힘쓴다면, 문장과 과업이 절로 이루어지고 선·불·장자·노자 등의 학문에 미혹되지 않을 것이라고 하였다. 나아가 그 배움이 병농·전곡·수리·마정 등 경세에 유용해야 함을 강조하고 있다.

한편으로 「교조시용장제생」과 「대과훈규」는 당시 서원을 중심으로 심학이 번성할 수 있었던 까닭을 보여준다. 명초 이후 여러 명현들은 서원의 관학화로 인한 부작용을 지적하였다. 일찍이 주자는 '위기지학'을 위해 서원 학규를 제정했었다. 이후 이학자들은 서원을 매개로 도통 계보를 확립하였다. 이학은 학문적 사유체계를 넘어 왕조의 통치이념으로 자리매김하게 된다. 하지만 명초 서원의 관학화로 주자의 서원관과 괴리가 발생하기 시작했다. '위인지학'에 매몰되어 서원의 과업과 명리를 다투는 곳으로 인식되었던 것이다.

이러한 서원에 대하여 문제의식을 가지고 개선에 앞장섰던 것이 심학자들이었다. 활발한 강학 활동으로 '위기지학'을 실천하고 이단을 배척하는

19) 『泉翁大全集』 卷5, 「大科書堂訓」, "一 諸生爲學 必先立志 如作室者, 先固其基址乃可 志者 志於道也 立之是敬 匹夫不可奪志 不可奪乃是志 若其可奪 豈可謂之志自始至終 皆是此一字 … 一 遠方及近處 有德行道藝 先覺之人 可爲師法者, 必恭請升座講書 以求進益 聞所未聞 孔子之聖亦何常師 … 一 朔望升堂 先生講書一章或二章 務以發明此心此學 諸生不可作一場說話聽過 亦必虛心聽受 使神意一時相授乃有大益 … 一 諸生讀書務令精熟五經四書 又須旁通他經性理史記及五倫書 以開發知見 此知見非由外來也 乃吾德性之知見 書但能警發之耳 須務以明道爲本而緖餘 自成文章擧業 其仙佛莊列諸書 不可泛濫以亂名敎壞心術散精神 … 一 吾儒學要有用 自綜理家務 至於兵農錢穀水利馬政之類 無一不是性分內事 皆有至理 處處皆是格物工夫 以此涵養成就 他日用世 鑿鑿可行".

구심점으로 서원을 선점하였다. 왕양명은 「교조시용장제생」을 통해 변경의 이민족을 교화했으며, 이를 시작으로 서원에서 활발한 강학 활동을 전개했다. 담약수는 「대과훈규」에서 심학이 '위기지학'의 근본임을 드러내었다. 이학 보다 심학이 먼저 서원의 관학화를 극복하는데 앞장선 것이다. 결과적으로 왕양명·담약수와 그 문인 집단의 활동으로 만력 연간까지 서원이 크게 증가하였으며,[20] 심학도 그만큼 융성할 수 있었다.

16세기 이후 100년 간 심학 계열이 서원 사학의 전통을 주도하는 가운데, 심학의 말류를 비판하고 정주이학의 재도약을 추진하는 세력이 등장하게 된다. 이들은 명·청 교체기 정치·사회적 문제에 대하여 강렬한 관심을 표명하면서, 심학의 폐단을 지적하였는데, 그 중심에 있던 것이 고헌성과 동림서원(東林書院)이다. 동림서원은 당시 유학의 주도권을 심학에서 이학으로 되돌리고자 했던, 이른바 동림학파(東林學派)의 중심지였다.

강소(江蘇) 무석(無錫)에 위치한 동림서원은 북송 때인 1111년(정화 1) 이정(二程)의 고제(高弟)인 양시(楊時)가 처음 설립하였으나, 금(金)의 침략으로 피폐해졌고 이후 200년 동안 불교와 도교의 사원으로 활용되었다. 1604년(만력 32) 황태자 옹립 문제 등으로 파직되어 고향으로 내려온 고헌성은 동지들과 함께 독서 강학의 풍조를 일으키고 정주(程朱)의 학문을 계승하고자, 관부 협조 하에 동림서원을 중건하였다. 그리고 「백록동서원게시」를 계승한 「회약의식(會約儀式)」을 제정하게 된다. 「회약의식」은 일반적으로 '동림회약'이라고 불린다.[21] 모두 11개조로 구성된 「회약의식」의 주요 조목을 살펴보면 다음과 같다.

---

20) 명대 동안 존재했던 서원 총수는 1,962개소인데, 정덕~만력[1506~1620] 연간에 건립·복설된 서원이 모두 1,108개소에 이른다. 鄧洪波·趙偉, 앞의 논문, 2020, 277쪽.

21) 이하 「회약의식」에 대해서는 '박종배, 「회규를 통해서 본 명대의 서원 강회 제도」, 『교육사학연구』 21-2, 교육사학회, 2011, 87~88·94~97쪽 참조.

·하나, 매년 한번 대회(大會)를 개최하되 봄 또는 가을에 이르러 결정하며, 보름 전에 첩지를 보내어 통보한다. 매월 한번 소회(小會)를 개최하되 정·6·7·12월의 혹한·혹서기는 거행하지 않는다. 2·8월은 중정(中丁)에 시작하고 나머지 달은 14일에 시작한다. 강회는 각 3일 동안 진행되며, 참여를 원하는 자는 오고 모두에게 알릴 필요는 없다.

·하나, 대회 첫날 성상(聖像)을 공손히 받들어 강당에 건다. 오시(午時) 초에 북을 세 번 울리면 각기 관등에 따라 관복을 갖추고 성상 앞으로 가서 4배례(四拜禮)를 한다. 이어 도남사(道南祠)로 가는데 그 예는 이와 같다. 예를 마치면 강당에 들어가 동서로 나누어 앉되, 먼저 각군(各郡)·각현(各縣), 다음은 본군, 다음은 본현, 다음은 회주(會主) 순으로 하되 각기 나이를 순서로 해서 앉고 혹 같은 반열에 들 수 없는 자는 한 자리 물러나 앉는다.

·하나, 대회에서는 매년 1인을 회주로 추대하고 소회에서는 매월 1인을 회주로 추대하되, 한 번 돌면 다시 시작한다.

·하나, 대회에는 매년 지빈(知賓) 2인을 두고, 강회 참여를 희망하는 사람이 미리 지빈에게 알리면 문적(門籍)에 등록한다.

·하나, 매 강회 때 한 사람을 추대해서 회주로 삼고 4서 한 장을 강설하게 하되, 그 외 질문이 있으면 질문하고 의논할 것이 있으면 의논한다. 무릇 강회 중에는 각기 허심탄회하게 청강하고 자기 의견이 있으면 반드시 양하(兩下)의 강론이 끝나기를 기다린 다음 단정히 발표하기를 청하되 어지러이 끼어들어서는 안 된다.

·하나, 강회 날 오래 앉은 후에는 마땅히 시(詩) 한두 장을 노래해서 응체(凝滯)를 척탕(滌蕩)하고 성령(性靈)을 개발하는데 도움이 되도록 한다.

·하나, 매 강회 때마다 모름지기 문적을 설치하여, 한편으로는 강회에 참여한 소밀(疏密)을 기록해 지금의 근태를 증험하고, 한편으로는 강회에 참여한 사람이 다른 날 어디서부터 구경(究竟)해야 할지를 기록하여 앞으로의 법계(法戒)로 삼도록 한다.

·하나, 동지들이 회집할 때는 번문(繁文)을 줄이고 실익을 추구한다. 그런 까닭에

읍(揖)은 반읍(半揖)만 하고 강회를 마칠 때도 교배(交拜)하지 않는다.[22)]

「회약의식」에는 기본적으로 강회의 개최시기와 그것을 주관하는 회주 및 지빈의 역할을 뚜렷이 명시하였다. 강회 참석자는 지빈이 작성하는 문적에 등록되어 학문적 성취를 점검할 수 있었다. 또한 강회의 의식 절차와 강회 방식을 눈여겨 볼 필요가 있다. 회약 의식은 공자의 성상과 양시를 제향한 도남사에 예를 거행하는 것으로 시작된다. 이어 분좌(分座)와 읍례의 절차를 규정해 놓았는데, 설강(設講) 다음에는 '가시(歌詩)'를 거행하였다. '가시'는 우리나라 서원에서 볼 수 없는 의식이다. 성령 개발을 목적으로 하고 있지만, 여기에는 고헌성 등 동림학파의 '도통' 의식이 드러난다. 「회약의식」 뒤의 「가시」 편에는 모두 8수의 시가 수록되어 있는데, 그 작자는 양시·주자·진백사(陳白沙)·왕양명·소옹(邵雍)·정호(程顥)이다.[23)] 그 중 담약수의 스승인 진백사와 왕양명의 시는 2수씩 수록하였다.

앞서 고헌성 등은 심학의 폐단을 지적하였지만, 그 대상은 양명좌파로 지목되는 계열이었다. 전통적인 질서체제를 유지하고자 하는 세력에게 있어서 양명좌파의 유·불·도 혼융과 선학(禪學的) 경향, 서민 교육 등은 경계의 대상이 될 수밖에 없었다. 고헌성 등은 명말의 정치·사회적 혼란도 양명좌파의 극단적인 학문적 경향에서 비롯된 것으로 진단하였다. 이들은 말

---

22) 『東林書院誌』 卷2, 「會約儀式」. "一 每年一大會 或春或秋臨期酌定 先半月遣帖啟知 每月一小會 除正月六月七月十二月祁寒盛暑不擧外 二月八月以仲丁之日爲始 餘月以十四日爲始 會各三日 願赴者至 不必遍啓 一 大會之首日 恭捧聖像懸于講堂 午初擊鼓三聲 各具本等冠服詣聖像前 行四拜禮 隨至道南祠 禮亦如之 禮畢 入講堂 東西分坐 先各郡各縣 次本郡 次本縣 次會主 各以齒爲序或分 不可同班者退一席 … 一 大會每年推一人爲主 小會每月推一人爲主 週而復始 一 大會設知賓二人 願與會者 先期通一刺于知賓 即登入門籍 一 每會推一人爲主 說四書一章 此外有問則問 有商量則商量 凡在會中 各虛懷以聽 即有所見 須俟两下講論已畢 更端呈請 不必攙亂 … 一 每會須設門籍 一以稽赴會之疎密 驗現在之勤惰 一以稽赴會之人他日何所究竟 作將來之法戒也 … 一 同志會集 宜省繁文 以求實益 故揖止班揖 會散亦不交拜".

23) 『東林書院誌』 卷2, 「歌詩」.

류를 극복하기 위해 '도통'을 바로 세우고자 했다. 그 방법은 이학과 심학의 조화를 이끌어 내고, 양명좌파를 배척하는데 있었다.[24] 이학과 심학의 조화를 추구하던 고헌성의 의지가 바로 「가시」에 반영되었던 것이다.

동림서원의 특징 중 하나는 자유로운 강학 분위기였다. 위의 조목에서 보듯이 강회 때 사용하는 교재와 범위는 엄격하게 규정되어 있지 않다.

4서 중 한 장을 강의한 후에는 자유로운 토론을 했다. 이러한 분위기 속에 강회는 정치적 담론으로 이어졌다. 4서뿐만 아니라 당시 정치적 상황을 격렬하게 비판하고 토론하였다. 명 왕조에 있어 동림서원의 자유 강학은 견제의 대상이 될 수밖에 없었다. 동림서원을 중심으로 정치·사회적 공감대를 형성한 세력을 동림당(東林黨)이라고 부른다. 이 무렵 환관 위충현(魏忠賢)이 권세를 부리자 동림당은 그를 강력하게 규탄하였다. 이는 곧 위충현 등 정부 세력에 의한 박해로 이어졌다. 동림당과 연루된 인사들이 정치적 탄압을 받았고, 1625년(천계 5)에는 동림서원 자체가 훼철되기에 이른다.

동림서원 훼철은 서원의 자유 강학에 대한 전제 왕조의 통제로 볼 수 있다. 서원의 자유 강학과 전제 왕조의 정치적 지향점에 모순이 발생했기 때문이다. 그렇기에 금훼(禁毁)의 조령을 내려 28개소에 이르는 서원을 훼철하였다. 그런데 금훼 조령은 1625년뿐만 아니라, 1537년(가정 16)과 1538년, 1579년(만력 7)에도 있었다. 명 정부는 개창 이후 서원을 관부의 통제하에 두었다. 그러나 16세기 이후 심학 및 이학자 집단에 의한 서원 설립과 중건이 이어졌다. 이들 서원에 대한 관부의 통제력은 관학화된 서원과 비교해 상대적으로 약하였고, 그 틈을 타 정치적 비판을 동반한 자유 강학이 활발하게 진행되었다. 거기다 지방 재력의 낭비도 사회·경제적 문제로 대두하였다. 이것이 곧 서원 금훼로 이어졌던 것이다.

그런데 명대에는 자유 강학을 추구하는 서원만 있었던 것이 아니다. 궁

---

24) 신현승, 「16~17세기 유교 학파의 관계성에 대한 일고찰－중국 명대 말기를 중심으로－」, 『동아시아문화연구』 73, 한양대학교 동아시아문화연구소, 2018, 35~37쪽.

정의 도서관식 서원이 있었으며, 관부의 강한 영향력 속에 과거를 준비하던 서원이 상당수 존재하였다. 이와 관련해 1618년 제정된 복건(福建) 복주(福州) 공학서원(共學書院)의 「회규(會規)」를 살펴볼 필요가 있다.[25] 공학서원은 복주 최초의 서원인데, 1594년 복건순무(福建巡撫) 허부원(許孚遠)이 복주 서문 거리 북쪽에 있던 회안현학(懷安縣學)을 개건한 것이다. 이어 1618년 제학부사(提學副使) 악화성(嶽和聲)이 대대적으로 서원을 중수하고 「회규」를 제정하였다. 즉, 공학서원 자체가 관학에서 출발하였으며, 관부에 의해서 서원으로 확장·개편된 교육 기관이었다.

공학서원 「회규」의 강회 형식은 다른 학규와 비교해 자세한 편이다. 동림서원의 「회약의식」처럼 강회를 여는 시기와 원장(院長) 초빙 규정, '가시'를 포함한 강회 절차 등이 보다 상세하게 제정되어 있다. 무엇보다 「회규」에는 관학적 성격이 뚜렷하게 드러난다.

> 회과(會課)는 운(雲)·용(龍)·풍(風)·호(虎)·명(明)·조(照)·유(類)·구(求) 8사(八社)로 나누어 각기 회장을 두며, 매월 3·13·23일을 기한으로 한다. 전날 저녁 3학(三學)이 돌아가며 교직을 맡아 본도와 각사(各司) 도부당(道府堂), 형관(刑館), 민(閩)·후(候) 두 현을 차례로 돌며 문제를 수령한다. 새벽에 서원에 들어와 각 유생들이 모두 모이기를 기다려 사시(巳時)에 문을 닫고 저녁이 되면 답안지를 거두되, 손수 철하고 밀봉하여 발제처(發題處)로 보내 직접 채점하게 한다. 혹 주탁(主鐸)에게 전달하여 대신 채점하게 한 뒤 발제처로 보내 다시 참정하게 하고, 우수한 자는 게시한다. 모름지기 일찍 채점하고 일찍 발표해야만 여러 선비들을 격려하고 권면할 수 있다. 채점이 끝나면 매 20권을 한 질로 철하여 서원 내청에 보내 각 유생이 열람할 수 있게 하고, 5일 내로 돌려받아 주탁이 보관하여 인각(遴刻)에 편리하게 한다.[26]

---

25) 공학서원 「회규」의 대략은 '박종배, 앞의 논문, 2011, 88~89·92~94쪽' 참조.

26) 『共學書院誌』 卷上, 「會規」, "會課分爲雲龍風虎明照類求八社 各立會長 每月以初三十三二十三日爲期 先夕三學中輪一敎職 領題于本道及各司道府堂刑館閩候二縣

위의 조목은 공학서원의 교육 목적이 인재 선발을 위한 과거 시험 준비에 있음을 잘 보여준다. 교육 방법과 운영에서도 관학과 행정 조직이 활용되었다. 그 외에도 시험 채점과 수령을 주·부·현 3학이 맡았고, 민·후 두 현의 예방(禮房)이 회강을 준비하였다.[27] 강학에 소용되는 비용도 상세하게 제정해 놓았다. 회과 때 유생과 교직에 대한 공급(供給)과 주탁에 관한 급여 등을 명시하였으며,[28] 멀리서 온 진신(縉紳)에게 공관을 빌려주거나 대회를 주교(主教)한 자에게는 관은(官銀)을 지급하였다.[29] 공학서원의 일반적인 교육 활동은 철저하게 관부 주도로 진행되었던 것이다. 동림서원의 「회약의식」과 달리 공학서원 「회규」에는 존현과 관련된 규정이 확인되지 않는다. 이러한 관학적 성격은 다음 두 조목에서 여실히 드러난다.

> 회강 때 시정(時政)을 비판하는 것, 남의 과오를 폭로하는 것, 세력과 권리 및 자질구레한 일에 대해 말하는 것, 들뜨고 다투거나 희롱하는 것을 경계하며, 회장이 바로 잡는다.
>
> 서원에서는 회일(會日)에만 회식을 베푸는 것을 허용하며, 술자리를 벌이거나 연희와 악대를 동원하여 도를 해치는 행위를 할 수 없다. 당도(當道)에 신관이 부임하면 원지(院志) 1책을 인쇄해 보내 정성을 다하여 지킬 수 있게 한다.[30]

處 以次相及 黎明入院 俟各生齊集 巳刻封門 至晚收卷 隨手釘封 送發題處親閱 或轉發主鐸代閱 仍匯送發題處 再行參定 以其尤者揭示之 但須早閱早發 方能激勸多士 閱畢 每二十卷 釘爲一帙 發書院內聽 各生互閱 限五日內匯繳 主鐸收貯 以便遴刻”.

27) 『共學書院志』 卷上, 「會規」, “院中每遇會講 閩侯兩縣禮房 先一日備果餅茶水 同看院門子伺候”.

28) 『共學書院志』 卷上, 「會規」, “其會課供給 每生給銀一分五厘 教職壹員銀一錢 … 主鐸聽有司遴選文行僉長 堪式多士者 用代彩幣儀二兩 程儀一兩敦請”.

29) 『共學書院志』 卷上, 「會規」, “大會 遠方縉紳 孝廉過從質證假館者 院長仍以官辦茶飯如會儀款留 … 春秋二大會 院中主教不可無人 須查照講學往規 先一月禮聘境內外方聞有道者 來主教席 發明宗旨 動支官銀 用紗幣二端 代程四兩 夫馬敦請”.

30) 『共學書院志』 卷上, 「會規」, “會講 戒刺時政 戒暴揚人過惡 戒言勢利瑣屑事 戒浮動浮爭 戒謔渝者 會長擧正之 … 院中止許會日設會饌席 不得張筵置酒及演戲鼓吹

「회규」에서는 회강 때 '시정에 대한 비판'을 비롯하여 학문 외적 논쟁을 금지하고 있다. 물론 정사(政事)에 대한 비판은 이전 학규에서도 금지하던 바이다. 이는 가장 오래된 여조겸(呂祖謙, 1137~1181)의 여택서원(麗澤書院) 학규에서도 확인된다.[31] 그러나 비슷한 시기 동림서원에서 격렬하게 시사가 논의된 점을 감안할 때 매우 비교되는 대목이다. 한편으로 공학서원 운영 전반에 관부의 영향력이 강하게 작용하였기에 신임 지방관이 부임할 시 먼저 서원지를 납부하여 수호를 부탁하라는 규정을 제정해 놓았다.

이상과 같이 명 왕조는 정치·학문적 부침 속에 서원에 대한 금훼를 지시하였다. 반면에 중앙집권적 체제 강화와 이를 보조할 관인 양성을 위하여, 적극적으로 서원을 지원하기도 했다. 그런데 금훼의 대상은 주로 자유강학을 추구하던 서원이었으며, 제도적으로 지원 받는 서원은 자연스레 관학화의 길을 걸었다. 이러한 현상에 대하여 당대 명유(名儒)는 으레 사학의 침체에서 그 원인을 찾았지만, 중세 왕조의 발전에 따른 관학의 정비와 체계화가 보다 현실성 있는 역사적 배경일 것이다.

2. 16~17세기 중반 조선 서원과 학규

1543년(중종 38) 풍기군수 주세붕(周世鵬)이 옛 순흥부(順興府) 중심지에 설립한 백운동서원[소수서원(紹修書院)]이 우리나라 서원의 효시이다. 조선에서 서원의 등장 배경으로는 여러 가지가 있지만, 그 중에서도 여말선초(麗末鮮初) 동안 지속된 사학의 발전과 왕조의 교육 진흥책이 주목된다. 그런 가운데 백운동서원 건립 1년 전인 1542년 부사과(副司果) 어득강(魚得江, 1470~1550)이 다음과 같은 상소문을 올렸다.

有傷雅道 凡遇當道新任 卽刷送院志一冊觀覽之 以便恪守".

31) 『呂東萊先生遺集』 卷10, 學規, 「乾道四年九月規約」, "郡邑政事 鄉閭人物 稱善不稱惡".

한(漢)의 정현(鄭玄)은 생도들을 모아 가르쳤고 수(隋)의 왕통(王通)은 하분(河汾)에서 강학하였으며, 당의 이발(李渤)은 남당(南唐) 때 백록동의 주인이 되니, 배우는 자들이 구름처럼 몰려들어 송나라에 이르기까지 그 무리가 수천 명에 이르렀으므로, 송나라 황제가 9경(九經)을 내려 장려했습니다. 주자(周子)·장자(張子)·정자(程子)·주자(朱子)에게 각기 문도가 있었는데 그 문하에서 나온 자는 모두 명공석유(名公碩儒)로서 스승보다 더 나았습니다. 이공택(李公擇)은 산방(山房)에다 만권의 책을 간직하여 학자들과 함께 이용했으며, 주희(朱熹)는 무이정사(武夷精舍)를 짓고 백록서원(白鹿書院)을 설립했습니다. 이런 도가 우리나라에는 행해지지 않고 있으니, 먼 곳에 있는 유생들이 어디서 학문을 배우겠습니까?

경상도·전라도·충청도·강원도 선비들은 시서(詩書)를 숭상하니, 신은 충청도·강원도·전라도의 중앙과 경상좌·우도에 각기 한 사찰을 얻어서, 생원·진사를 막론하고 도내의 명유들을 불러 모아 1년의 4중월(四仲月)에 상하의 재(齋)로 나누어 앉아 독서하게 하는 것을 연례로 해야 한다고 생각합니다. 경상도는 주군(州郡)의 학전에서 나온 소출로 6월의 도회(都會) 때와 겨울 3개월 동안 모여 독서하는 비용으로 쓰는데, 지금부터라도 그것을 옮겨다 사중월의 비용으로 쓸 수가 있습니다. 그 부족한 것은 관에서 보태어 항상 40~50인이든 혹은 20~30인이든 많고 적음에 구애되지 말고 모아서, 관질(官秩)이 높은 수령을 시관(試官)으로 삼아 두 교수(敎授)와 혹은 현감까지 세 사람을 거느리고 그들에게 권과(勸課)하여 제술(製述)하게 하도록 합니다. 그래서 그 분수(分數)를 따져 생원·진사는 문과의 관시(館試)·한성시(漢城試)·향시(鄕試)에 응시하도록 차등 있게 자격을 수여하고, 유학(幼學)은 생원·진사시의 복시(覆試)에 바로 응시하게 합니다. 그렇게 하면 선비들이 모두 즐겨 따라서 권하지 않아도 저절로 권장될 것입니다.[32)]

32) 『中宗實錄』 卷98, 37年 7月 乙亥.

위의 상소문에서 어득강은 백록동서원을 중심으로 송대 이학자의 서원 설립과 그 취지를 설명하였고, 이어 중국의 서원 제도를 본받은 교육 진흥책을 제시하였다. 여기에는 독서 방법, 교육 경비 마련, 과거 시험 대비를 위한 평가 방법이 언급되어 있다. 그런데 어득강이 건의한 교육 진흥책은 명대 초 관학화된 서원의 모습에 가깝다. 수령과 교관이 주도하여 과거 시험을 대비하는 모습은 서원 교육의 목적이 중앙집권적 통치 체제를 보조할 인재 양성에 있음을 보여준다. 실제 조선 정부는 개국 초부터 지방 관학인 향교 진흥을 위해 정사(精舍)·서재(書齋)·서숙(書塾)·서당 등으로 불리던 사학 체계를 관학화 시키는 정책을 추진하였었다.[33] 어득강을 필두로 한 공신 계열 관료의 서원관은 이 틀에서 크게 벗어나지 않았다. 이는 백운동서원 설립 후 주세붕이 제정한 「원규」에도 일정부분 드러난다.

백운동서원 「원규」는 모두 12개조로 구성되어 있다. 첫 번째 조항에 5대 강령을 제시해 놓았는데, 차례대로 근사(謹祀)·예현(禮賢)·수우(修宇)·비름(備廩)·점서(點書)로서[34] 존현과 교육의 기능을 겸비한 서원 유지와 관련된 것이다. 두 번째 조목에서는 서원의 주요 경제적 기반인 학전과 보미(寶米)에 대한 운영 방안을 규정해 놓았다. 서원 재정은 선비 양성에만 집행하고 손님 접대나 경조사 사용을 경계하고 있다. 또한 학전·보미의 운영 내역은 장부에 기록하여 매년 관부에 보고하도록 했다.[35] 재정 운영과 관련된 규정은 관부가 직·간접적으로 서원 운영을 관리하겠다는 의미이다.

---

33) 이광우, 「고·중세 한국 사학의 전통이 서원 출현에 이르기까지」, 『서원학보』 10, 한국서원학회, 2020, 53~55쪽.

34) 『竹溪志』, 雜錄後, 「院規」, "一曰謹祀 二曰禮賢 三曰修宇 四曰備廩 五曰點書".

35) 『竹溪志』, 雜錄後, 「院規」, "學田所出 每年十一月 院長成册三件 一件申于官 一件報于斯文 一件留置院中 寶米所納 每年正月 成册三件 其申報如前 必存本取息而用之 若不待存本而先用其息 則在民腹中而未納者 有本之名 無存之實 須以先納者充存其本 然後 用其所息 可也 今夫列邑司馬所 亦多置田立寶 然而送迎婚喪之需或資於此 故其久保也 鮮矣 若書院則必以養賢爲主 無他耗費 然後 庶可支久 無大闕欠".

관학적 서원을 지향하는 주세붕의 의도는 열한 번째 조목에서 확연히 드러난다.

> 무릇 서원에 들어오는 선비는 사마(司馬)일 경우 대학에 들어가는 것과 같다. 그 다음은 초시(初試) 입격자(入格者)로 한다. 그러나 초시 입격자가 아니더라도 한결같은 마음으로 학문에 뜻을 두고 조행(操行)이 있는 자로서 입학을 원하는 이는 유사(有司)가 사문(斯文)에게 고하여 맞이한다.[36)]

주세붕은 과거 시험 입격자에게 입원(入院) 자격의 우선권을 부여하였다. 입원 자격에서 보듯이 서원 강학의 목적은 과거 시험 준비와 관료 예비군 층 양성에 있었다. 공신 계열인 어득강의 인식처럼 주세붕도 서원의 관학적 기능을 기대하였던 것이다.[37)] 하지만 당시 향촌사회를 주도하던 사림 세력은 다른 서원관을 가지고 있었다. 사림이 주도하는 서원의 전거는 퇴계에 의해 완성되었다. 풍기군수로 부임한 퇴계는 전임과 달리 서원을 사림 주도의 강학·제향·유식처로 인식하였다. 이와 관련해 1559년(명종 14) 퇴계가 제정한 영천(榮川) 이산서원(伊山書院)의 「이산원규(伊山院規)」 중 다음 조목이 주목된다.

> ·하나, 제생은 독서 하는데 4서5경을 본원으로 삼고 『소학』과 『가례』를 문호(門戶)로 삼으며, 국가의 인재를 진작시키고 양성하는 방법을 따르고 성현의 친절한 교훈을 지켜서 온갖 선(善)이 본래 내게 갖추어진 것을 알고 옛 도가 오늘날에도 실천할 수 있는 것을 믿어서, 모두 몸으로 행하고 마음으로 체득하며 체(體)를 밝히고 용(用)을 적합하게 하는 학문에 힘쓰도록 한다. 여러 사

36) 『竹溪志』, 雜錄後, 「院規」, "凡入院之士 司馬則如入大學 其次初試入格者 雖非入格 其一心向學有操行而願入者 有司稟于斯文而迎之".
37) 김자운, 「퇴계의 서원관과 조선후기 소수서원 강학의 변화」, 『퇴계학논집』 18, 영남퇴계학연구원, 2016, 127쪽.

> 서(史書)·자서(子書)와 문집, 문장과 과거 공부 또한 널리 힘쓰고 두루 통달하지 않으면 안 된다. 그러나 마땅히 내외·본말의 경중과 완급의 차례를 알아서 항상 스스로 격려하여 타락하지 않게 하고, 그 나머지 사특·요망하고 음탕한 글은 모두 서원 내에 들이어 눈에 가까이해서 도를 어지럽히고 뜻을 미혹하지 못하게 한다.
>
> ·하나, 서원 유사는 근처에 사는 청렴하고 재간 있는 품관(品官) 두 사람으로 정하고, 또 선비 중에 사리를 알고 조행이 있어서 여러 사람이 추앙하고 복종할 수 있는 사람 하나를 골라서 상유사로 삼되 모두 2년마다 교체한다.
>
> ·하나, 서원을 세워서 선비를 양성하는 것은 국가에서 문교를 숭상하고 학교를 일으켜 인재를 새로 길러 내는 뜻을 받드는 것이니, 누군들 마음을 다하지 않겠는가. 이제부터 이 고을에 부임하는 자는 반드시 서원의 일에 대하여 제도를 증가시키고 그 규약을 줄이지 않는다면 사문(斯文)에 있어 어찌 다행스럽지 않겠는가![38]

퇴계는 백운동서원을 소수서원으로 사액 받고 관부의 경제적 지원을 이끌어 내었다. 그러나 동 시기 명대의 관학적 서원이나 주세붕의 서원관과 달리 서원에서 실제 행해지는 교육 내용과 관부의 개입 정도는 차이가 있다.

먼저 퇴계는 원생에게 4서5경을 근본으로 삼고 『소학』과 『가례』에 힘쓸 것을 당부하였다. 물론 사서·자서·문집 및 과거 공부도 게을리 하지 말라고 했으나, 이는 부차적인 문제였다. '내외·본말의 경중과 완급'이라고 언급한 것처럼 '위기지학'을 서원 교육의 본의임을 내세웠다. 덧붙여 퇴계

---

38) 『退溪集』 卷41, 雜著, 「伊山院規」, "一 諸生讀書 以四書五經爲本原 小學家禮爲門戶 遵國家作養之方 守聖賢親切之訓 知萬善本具於我 信古道可踐於今 皆務爲躬行心得明體適用之學 其諸史子集 文章科擧之業 亦不可不爲之旁務博通 然當知內外本末輕重緩急之序 常自激昂 莫令墜墮 自餘邪誕妖異淫僻之書 竝不得入院近眼 以亂道惑志 … 一 院有司 以近居廉幹品官二人差定 又擇儒士之識事理有行義衆所推服者一人 爲上有司 皆二年相遞 … 一 立院養士 所以奉國家右文興學 作新人才之意 人誰不盡心 繼今莅縣者 必於院事 有增其制 無損其約 其於斯文 豈不幸甚".

는 경사(經史) 이외의 다른 분야는 서원에서 공부하지 말라고 경계하였다. 이어 서원의 운영 주체인 유사는 지역 품관 중에 선발할 것을 규정하고 있다. 수령의 역할은 제도를 마련해주고 이것을 수호해 준다면 충분하다고 했다. 즉, 퇴계는 관부의 지원만 언급할 뿐, 직접적인 간여를 배제한 채 사대부 층에 의한 서원 운영의 자율성을 강조한 것이다.

이렇듯 서원을 최초로 건립한 주세붕과 보급에 앞장선 퇴계의 서원관에는 일정한 차이가 있다. 주세붕은 명대 관학화된 서원을 모범으로 삼았고, 퇴계는 남송대 주자의 서원관을 계승하고자 했다. 당연히 퇴계학파의 중심이 된 영남 지역에서는 퇴계의 「이산원규」가 향후 제정되는 여러 서원 학규의 전거가 되었다. 퇴계를 제향한 예안(禮安) 도산서원(陶山書院)은 「이산원규」를 그대로 따랐으며,[39] 경주(慶州) 서악서원(西嶽書院)과 옥산서원(玉山書院)은 주자의 「백록동서원게시」와 퇴계의 「이산원규」를 저본으로 제정되었다.[40] 이를 발전적으로 계승한 학규로는 1604년(선조 37) 정구(鄭逑)가 제정한 현풍(玄風) 도동서원(道東書院) 「원규」가 있다. 정구는 1604년 도동서원 중건을 맞이해 학규를 제정하였다. 해당 학규는 문집에 수록되어 있는데, 제목 아래에 '위도동작(爲道東作)'이라는 부기가 있어 당대에 실제 운영되었는지는 명확하지 않다.

도동서원 「원규」는 8개 조목으로 구성되어 있다. 각 조목 상단에 표제를 제시하고, 다시 그 아래 세부 조항을 기재해 놓았다. 8개 조목은 순서대로 근향사(謹享祀)·존원장(尊院長)·택유사(擇有事)·인신진(引新進)·정좌차(定座次)·근강습(勤講習)·예현사(禮賢士)·엄방금(嚴禁防)이다. 마지막의 수우(脩宇)·점서(點書)·고름(考廩)·회토(會討) 조목은 노후(盧侯)가 제정해 놓은 규정을 따른다고 하였다.[41] 여기서 노후는 1558년 성주목사 재임 중 영

39) 김자운, 「조선시대 서원 강학 관련 자료의 유형과 특징」, 『유학연구』 48, 충남대학교 유학연구소 논문집, 2019, 153쪽.

40) 김자운, 같은 논문, 2019, 158쪽.

41) 『寒岡續集』 권4, 「院規」.

봉서원(迎鳳書院)을 설립한 노경린(盧慶麟)을 가리킨다. 이후 정구가 영봉서원을 천곡서원(川谷書院)으로 개칭하였다. 두 서원 모두 정구가 간여한 만큼 학규에도 긴밀한 관련성이 있다.[42] 도동서원 「원규」 8개조와 노경린의 4개조에는 주세붕의 백운동서원 「원규」에서 5대 강령으로 내세운 근사·예현·수우·비름·점서가 모두 포함되어 있다. 도동서원 「원규」에서 비중 있게 다루고 있는 조목은 '인신진'과 '근강습'인데, 그 내용은 다음과 같다.

- 하나, '인신진'. 언제나 향사하는 날 신진을 논의하여 영입한다. 누구나 각기 한 사람씩 추천하여 원장에게 올리되 만일 추천할 만한 사람이 없을 때는 굳이 추천하지 않아도 된다. 원장은 그를 받아들일 것인지에 대한 가부를 중론을 모아 정한다. 만일 가하다는 판결이 난 사람을 영입할 경우에는 순점(純點)을 맞은 자만 취하고 명단에 그 성명을 기록한다. 천거하여 올리는 대상은 반드시 20세 이상으로서 훌륭한 학행이 있는 자로 한다. 또 비록 약관이 채 안 되었더라도 사마시에 입격하거나 혹은 향시에 합격하고 재주와 행실이 뛰어나 유익한 벗의 반열에 끼일만한 자는 천거한다. … 의지가 약하고 해이해져 더 이상 분발하지 못하는 자이거나 이미 향임(鄕任)을 역임했더라도 학문에 종사하려 하지 않는 자는 모두 서원에서 축출한다. 먼 지방의 선비 중에 들어오기를 원하는 자가 있을 때는 비록 그를 추천하는 자가 없더라도 학문과 행실이 성취되었고 특별히 드러난 과실이 없으면 또한 들어오는 것을 허용한다. 새로 글을 배우는 어린아이를 비롯하여 20세 이하인 자들은 모두 양몽재(養蒙齋)에 입학하는 것을 허용한다. 비록 20세가 지났더라도 미처 원유(院儒) 선발에 들어오지 못해 양몽재에 들어오기를 원하는 자는 또한 그 요구를 들어준다.
- 하나, '근강습'. 원장은 벗들을 불러들여 학문을 권하고 강습하는 것을 폐하지 않는다. 겨울과 봄에는 5경·4서 및 이락(伊洛)의 여러 성리서를 읽고, 여름과

42) 한재훈, 「조선시대 서원 학규의 시기별 경향－16~18세기를 중심으로－」, 『한국서원학보』 13, 한국서원학회, 2021, 177~178쪽.

> 가을에는 역사서, 자서(子書), 문집을 대상으로 하여 마음 내키는 대로 읽도록 한다. 본 서원에 들어온 선비는 과거 시험을 대비한 공부를 하지 않을 수 없으나 과거 시험 이외에도 옛사람의 이른바 '위기지학'이라는 것이 있다. 만일 저쪽으로 마음이 완전히 쏠리지 않고 혹시 이쪽에 마음을 기울여 일상생활 하는 가운데 타고난 본성 속에서 위기지학을 찾는다면 마음을 두어야 할 곳과 힘을 들여야 할 길은 아마도 '경(敬)' 한 자를 벗어나지 않을 것이다. 이에 대해 이천부자(伊川夫子)가 처음 세상에 밝혔고 운곡부자(雲谷夫子)께서 크게 천명하였다. 한훤당(寒暄堂)께서 일생 동안 절실히 추구한 것은 다 이 '경' 자였다. 이에 대해 제군과 함께 노력하고 감히 중단하지 않기를 원한다. … 조정의 이해(利害), 변방의 소식, 관원의 제수, 고을 관원의 장단과 득실, 뭇사람이 저지른 죄악 등에 관해서는 모두 언급하면 안 된다.[43)]

'인신진'은 원생 선발과 관련된 규정인데, 「이산원규」를 보완하면서도 백운동서원 「원규」와는 다르다. 눈여겨 볼 대목은 서원 운영자들의 추천을 받은 후 가부 결정에서 '순점'을 얻어야 입원이 가능하다는 것이다. 입원을 하고 싶어도 '순점'을 받지 못하면 20세 이하의 선비들과 함께 양몽재에서 공부해야만 했다. 그러면서도 예외를 두어 사마시·향시에 입격하거나 학문적으로 뛰어난 자는 나이가 어리더라도 입원이 가능하였다. 반대로 향임

---

43) 『寒岡續集』 권4, 「院規」, "一 引新進 每於享祀之日 議引新進 每人各薦一員 進于院長 如無可薦 不必可擧 院長通可否 採衆議而定之 如用可否 則宜只取純點 書于案 凡所薦進 必二十歲以後有學行可觀者 雖未滿弱冠 … 志氣衰惰 不復能振發者 或已經鄕任 不肯從事於問學者 竝聽出院 遠方之士 如有願入者 雖無引之者 學行成就而別無顯失者 亦許入 新學小兒凡在二十歲以下者 皆聽養蒙齋入學 雖二十歲以後 未及入院之選 而願入養蒙齋者 亦聽 … 一 勤講習 院長迎請朋徒 不廢講 冬春五經四書與伊洛諸性理之書 夏秋 史學子集 任其所讀 夫入院之士 雖不能不爲科擧之事 而科擧之外 亦有古人所謂爲己之學者 苟能不全爲彼所奪 而或能用心於此焉 而求之於日用性分之內 則其存心之地 用力之方 庶幾不越乎敬之一字矣 伊川夫子始表章之 而雲谷夫子 大發明之 寒暄堂一生辛苦 皆是此字 願與諸君共黽勉而不敢已也 … 朝廷利害 邊報差除 州縣官員長短得失 衆人所作過惡 皆不得言之".

을 역임한 인사라도 학문에 뜻이 없으면 축출하는 규정을 제정해 놓았다. 즉, 입원을 결정짓는 요소는 크게 두 가지인데 하나는 원유의 공론이고, 하나는 학문적 능력이다. 덧붙여 '정좌차'에서 앉을 때는 서치(序齒)로 한다는 규정을 제정해 놓았다.[44] 입원 자격의 예외 조항으로 검증된 학문적 능력을 두고, 서치를 중요시 한 퇴계의 생각을[45] 뒤 이은 조목에다 명시한 것으로 보아 신분적 제약은 그리 크지 않았던 것으로 판단할 수도 있다. 그러나 입원 절차에서 가장 중요한 것이 원유의 '순점'임을 감안한다면, 실제 비사족 계층의 입원은 쉽지 않았을 것이다.

'근강습'에서는 공부할 내용을 규정하였다. 뒤 이은 '엄금방' 조목에서 장자·열자·노자·석씨(釋氏)의 책을 금지했듯이[46] 서원에서는 성리서 위주로 학습할 것을 권장하고 있다. 나아가 서원에서 정치·사회적 시비를 논하는 것을 금지하였다. 과거 시험에 대해서는 「이산원규」와 같은 생각을 가지고 있다. 서원에서 과거 공부를 하지 않을 수 없지만, 원생 스스로가 학문의 목적이 '위기지학'에 있음을 깨달으라고 했다. 이처럼 정구의 도동서원 「원규」는 '주자-퇴계'로 이어지는 서원관을 체계화 시킨 것으로 이해할 수 있다.[47]

퇴계의 「이산원규」와 더불어 율곡(栗谷) 이이(李珥, 1536~1584)의 학규도 후대에 큰 영향을 끼쳤다. 율곡은 「학교모범(學校模範)」을 비롯해 「은병정사학규(隱屛精舍學規)」, 「은병정사약속(隱屛精舍約束)」, 「문헌서원학규(文憲書院學規)」 등을 제정하는 등 교육 문제에 큰 관심을 가지고 있었다. 이 가운데 「은병정사학규」는 퇴계의 「이산원규」처럼 16개 조목으로 구성되어 있다. 해주(海州) 은병정사(隱屛精舍)는 1578년(선조 11) 율곡이 설립한 것으로 '정사'라는 이름으로 설립되었지만, 주자를 제향한 사묘(祠廟)를

44) 『寒岡續集』 권4, 「院規」, "一 定坐次 坐必序齒".
45) 『退溪集』 권23, 書, 「與趙士敬」.
46) 『寒岡續集』 권4, 「院規」, "一 嚴禁防 莊列老釋之書 棋局博奕之戲 皆不得入院".
47) 한재훈, 앞의 논문, 2021, 179쪽.

두고 실제 서원의 형태로 운영되었다.[48] 나아가 은병정사가 소현서원(紹賢書院)으로 사액 받게 됨으로써 「은병정사학규」는 자연스레 서원 학규가 되었다. 율곡 또한 「은병정사학규」를 통해 교육의 목적과 학습 내용, 입원 자격 및 운영 주체에 대해 규정하였는데, 그 방향은 앞서 살펴 본 퇴계·정구의 학규와 큰 차이가 나지 않는다.

- 하나, 입재(入齋) 규칙은 사족(士族)과 서류(庶流)를 막론하고 다만 학문에 뜻이 있는 자는 모두 입재를 허락하되, 먼저 재에 들어온 사람들의 의견이 들어와도 좋다고 한 연후에 입재를 허락한다. 만약 전일에 패악했던 사람이 들어오고자 하면 그로 하여금 먼저 스스로 잘못을 고치고 수칙하게 한 다음 그 소행을 자세히 관찰하여 행실이 고쳐졌음을 확실히 안 뒤에 입재를 허락한다. 평소에 내력을 모르는 사람이 들어오기를 원하면 그로 하여금 잠시 가까운 마을이나【혹은 양정재(養正齋)】 산사에서 왕래하며 공부하도록 하여 그 지취와 조행을 관찰하여 취해도 좋을지를 안 뒤에 입재를 허락한다.
- 하나, 재 안에서 나이가 많고 유식한 사람 1인을 추대하여 당장(堂長)으로 삼고, 또한 제배(儕輩) 중에서 학문이 우수한 사람 1인을 추대하여 장의(掌議)로 삼는다. 또 2인을 뽑아 유사(有司)로 삼고, 또 2인을 차례로 뽑아 직월(直月)로 삼는다. 당장과 장의, 유사는 특별한 사유가 아니면 교체하지 않는다. 직월은 한 달 마다 교체한다. 무릇 재 안의 논의는 장의가 주관하고, 당장에게 보고하여 결정한다.
- 하나, 성현의 글이나 성리의 학설이 아니면 재 안에서 읽을 수 없다.【역사책은 읽어도 좋다.】 만약 과거 공부를 하고 싶은 자는 반드시 다른 곳에서 해야 한다.
- 하나, 직월은 선악적의 기록을 담당한다. 유생들의 거재와 처가(處家) 중의 소행을 자세히 살펴 만약 언행이 합리적이거나 학규를 위반한 자가 있으면 모두

48) 임근실, 「16세기 서원 학규에 대한 검토와 그 특징」, 『한국서원학보』 6, 한국서원학회, 2018, 166쪽.

기록하여 매월 초하루에 사장에게 보고한다.【무릇 학규를 위반하는 자는 직월이 당장과 장의에게 보고하여 함께 규책하고, 만약 고치지 않으면 사장에게 고한다. 만약 잘못을 고치면 선악적의 기록을 삭제하고 사장에게 고하지 않는다.】 선한 자는 권장하고, 악한 자는 벌을 주어 가르치되, 끝내 가르침을 받아들이지 않으면 재에서 쫓아낸다.

· 하나, 고을 사람 중 배우고자 하는 사람은 우선 양정재에 모두 머물게 한다.[49]

「은병정사학규」에 나타난 독서의 방향도 퇴계·정구의 서원 교육관과 큰 차이가 나지 않는다. 재에 들어온 학생은 오로지 성리설과 관련된 책만을 읽을 수 있었으며, 과거 공부는 제한하였다. 독서에 관한 율곡의 인식은 1582년 왕명으로 편찬한 「학교모범」의 독서법을 통해 좀 더 구체화된다.[50] 「학교모범」의 3조에서는 '『소학』 → 『대학』, 『근사록』 → 『논어』, 『맹자』, 『중용』' 순으로 '독서'의 순서를 규정하였으며, 그 사이 사서와 선현의 성리서를 읽으라고 하였다.[51] 또한 원생 선발과 서원 운영을 담당하

49) 『栗谷全書』 卷15, 雜著2, 「隱屛精舍學規」, "一 入齋之規 勿論士族庶類 但有志於學問者 皆可許入 齋中先入者 僉議以爲可入 然後乃許入 若前日悖戾之人願入 則使之先自改過修飭 熟觀所爲 決知其改行 然後許入 素昧平生者願入 則使之姑按近村【或養正齋】或山寺往來問學 觀其志趣操履 知其可取 然後許入 一 推齋中年長有識者一人爲堂長 又推儕輩中學優者一人爲掌議 又擇二人爲有司 又輪選二人爲直月 堂長掌議有司 非有故則不遞 直月則一月相遞 凡齋中論議 掌議主之 稟于堂長而定之 … 一 非聖賢之書性理之說 則不得披讀于齋中【史學則許讀】若欲做科業者 必習于他處 … 一 直月 掌記善惡之籍 審察諸生居齋處家所爲之事 如有言行合理者及違學規者 皆記之 月朔呈于師長【凡違學規者 直月遍告于堂長·掌議 共加規責 若不悛 則乃告于師 若悛改則爻其籍 勿告于師】善者奬勸之 惡者鐫誨之 終不受敎則黜齋 一 鄕中願學者 皆姑接養正齋".

50) 박종배, 「학규에 나타난 조선시대 서원교육의 이념과 실제」, 『한국학논총』 33, 국민대학교 한국학연구소, 2010, 52~53쪽.

51) 『栗谷全書』 卷15, 雜著2, 「學校模範」, "三曰讀書 謂學者旣以儒行檢身 則必須讀書講學 以明義理 然後進學功程 … 其讀書之序 則先以小學 培其根本 次以大學及近

는 당장·장의·유사·직월 임명에서도 서원의 자율성을 확인할 수 있다.

「은병정사학규」의 특징이라면 서류의 입학을 제한하지 않았다는 것, 유예 시설로서 양정재를 두고 입학 예비생을 이원화 했다는 것,[52] 향약(鄕約)을 모방하여 직월로 하여금 원생의 선악적(善惡籍)을 기록하게 했다는 것이다. 이처럼 「은병정사학규」에 명시된 독서의 방향과 과거 공부에 대한 견해, 원생 및 임원에 관한 규정 등은 이후 율곡의 학통을 계승한 서원을 중심으로 큰 영향을 끼치게 된다.

16세기 중반 이후 약 100년 동안의 학규는 서원 운영의 대략적인 방향을 보여준다고 할 수 있다. 초창기 서원 설립에 관여했던 공신 계열은 동시기 명대의 관학화된 서원을 모범으로 삼고자 했다. 그러나 서원 운영을 실질적으로 주도하게 되는 지방의 사대부 계층은 공리(功利)에 매몰되어 있던 당대 학풍을 비판하고, 의리의 강명을 강조한 주자의 서원관을 적극 계승하였다. 서원 운영에 있어서는 관부의 지원을 요청하면서도 개입은 최대한 배제한 채 자율적 운영을 추구하는 모습을 보여주었다.

그런데 이 시기 조선의 사대부 계층은 주자의 「백록동서원게시」에 언급되지 않은 대목에 대해서는 고심했던 것으로 보인다. 바로 원생 자격이다. 일찍이 퇴계가 서원의 운영 주체로 품관을 주목하였듯이,[53] 16세기 중·후반 사대부 계층은 향촌 자치 기구인 유향소(留鄕所)뿐만 아니라, 서원을 통해 자신들 주도의 향촌 지배 질서를 구축해 나갔다. 따라서 조선의 특수한 신분 계층으로 향촌 사회에서 차별을 받던 서얼에 대한 입원 자격 부여는 사회적 이해관계가 얽힌 민감한 사안이 될 수밖에 없었다. 예를 들어 퇴계는 고향 예안에서의 향약 집회 때 귀천을 막론하고 서치에 따른

思錄 定其規模 次讀論孟中庸五經 間以史記及先賢性理之書 以廣意趣 以精識見 而非聖之書勿讀".

52) 한재훈, 앞의 논문, 2021, 176쪽.

53) 『退溪集』 卷41, 雜著, 「伊山院規」, "一 院有司 以近居廉幹品官二人差定 又擇儒士之識事理有行義衆所推服者一人 爲上有司 皆二年相遞".

'향좌'를 거론했지만, 그의 후학과 다른 사대부의 반대로 자신의 뜻을 관철시키지 못하였다.[54] 당연히 서원에서도 이 사안은 논란거리가 되었을 것이다.

신분적 제약을 바탕으로 한 배타적 운영은 자발적인 교육·교화를 추구했던 주자의 서원관과 배치되었다. 그러나 당대 조선의 사대부 계층은 엄격한 '신분적 명분'을 정립하고자 했다. 앞서 살펴 본 학규에는 이러한 모순점에 대한 고민이 담겨져 있다. 먼저 정구는 도동서원 「원규」에서 입원 자격에 구체적인 제한을 두지 않으면서도, 원유의 중론을 따른다는 중요한 단서를 달아 놓았다.

반대로 율곡은 「은병정사학규」에서 "사족과 서류를 막론하고 다만 학문에 뜻이 있는 자는 모두 입재를 허락"하라는 규정을 명시하였다. 이러한 율곡의 학규는 계열을 달리하던 다른 서원에도 영향을 끼쳤다. 1620년(광해군 12) 남명(南冥) 조식(曺植)을 제향한 김해(金海) 신산서원(新山書院)의 원장 이명호(李明怘, 1565~1624)는 「은병정사학규」를 참조하여 「신산서원입규(新山書院立規)」를 제정하였다. 여기에도 「은병정사학규」와 같이 입원 자격에서 서류를 제한하지 않았다.[55] 이명호가 「은병정사학규」를 따라 「신산서원입규」를 제정한 것에 대하여, 당색과 학파를 초월해 고대 향학(鄕學) 정신을 구현하고자 신분적 제약을 두지 않았던 퇴계의 향좌법이 계승되는 현상으로 분석한 견해도 있다.[56]

그런데 두 학규도 도동서원 「원규」처럼 단서가 확인된다. 「은병정사학규」는 서류의 입재를 허락하면서도 바로 뒤이어 "먼저 재에 들어온 사람들의 의견이 들어와도 좋다고 한 연후에 입재를 허락한다"라고 했으며, 「신

54) 이우성, 「퇴계선생의 예안향약과 「향좌」 문제」, 『퇴계학보』 68, 퇴계학연구원, 1990, 138~141쪽.

55) 『梅竹軒集』 卷1, 「新山書院立規」, "入院之規 勿論士族庶類 但有志於學問者 皆許入院中 先入者僉議以爲可入 然後乃許入"

56) 정석태, 「신산서원의 강학전통」, 『민족문화논총』 79, 영남대학교 민족문화연구소, 2021, 726~729쪽.

산서원입규」에도 같은 조항이 있다. 오히려 율곡은 해주 「문헌서원학규(文憲書院學規)」에서 '서류'라는 표현을 쓰지 않고 다만, 학업에 뜻이 있되 명행(名行)에 문제가 없으면 '원유첨의(院儒僉議)'를 따라 입원을 허락한다고 규정하였다.[57] 「은병정사학규」와 「문헌서원학규」는 비슷한 시기 제정되었는데, 후자의 입원 규정만 본다면 도동서원 「원규」와 가깝다고 할 수 있다. 당대 서원 운영을 둘러싼 사대부 계층의 사회적 이해관계가 주자가 지향하던 서원관과 모순이 발생하였고, 그 모순에 대한 고민이 당시 서원 학규에 드러난 것으로 이해할 수 있다.

Ⅲ. 청대(淸代)와 동 시기 조선 서원의 학규

1. 청대 서원과 학규

1644년 명 왕조가 무너지고 이민족이 세운 청(淸) 왕조가 중국의 새로운 주인이 되었다. 새 왕조도 원활한 통치를 위하여 숭유(崇儒) 정책을 이어 나갔다. 1652년(순치 9) 지시를 내려 별도로 서원을 설립하지 못하게 하는 등 일정 부분 제한을 가하였지만, 명초와 같이 서원을 관학화하거나 대규모 금훼를 한 것은 아니었다. 오히려 명대보다 서원 정책이 완화되었다고 평가를 한다. 이에 강희(康熙, 1662~1722) 연간에는 황제가 직접 녹동서원·악록서원·자양서원에 편액을 내려주는 등 정주이학을 장려하는 모습을 보여주었다. 민간에서도 16세기 이래 이학 도통의 침체를 회복하려는 노력을 전개하였고, 그 결과 옹정(雍正, 1723~1735) 연간까지 많은 서원이 신설·복설될 수 있었다.

57) 『栗谷全書』 卷15, 雜著2, 「文憲書院學規」, "一 取士之法 勿論長少 取其有志學業 名行無汚者 院儒僉議許入".

청초 이학자들은 명 멸망의 교훈을 학문적 경향에서 찾았다. 이전부터 제기되었던 명말 심학의 말류도 그 중 하나였다. 이에 서원을 중심으로 이학의 도통을 재정립하고자 하는 움직임이 활발해졌다. 왕주(王澍, 1668~1739)는 심학을 비판하고 정주의 뜻을 계승하고자, 1703년(강희 42) 주자의 「백록동서원게시」를 주해한 20권 분량의 『주자백록동규조목(朱子白鹿洞規條目)』을 편찬하기도 했다. 이러한 움직임은 특히 강희 연간 활기를 띄는데, 대표적으로 서안(西安) 관중서원(關中書院)의 학규가 주목된다.

1609년(만력 37) 설립된 관중서원은 명말 관서부자(關西夫子)라 일컬어지던 풍종오(馮從吾, 1556~1627)가 10년 동안 주강(主講)했던 곳으로 비슷한 시기 동림서원과 더불어 심학에서 이학으로의 전환에 동참했던 서원이다.[58] 이러한 전통을 계승하여 청대 강희 연간 이옹(李顒, 1627~1705)은 관중서원 「학정(學程)」을 제정하였다. 그는 1673년(강희 12) 섬감총독(陝甘總督) 악선(鄂善)의 초빙을 받고 여러 해 동안 관중서원의 강학을 담당하였었다. 이때 제정한 「학정」은 모두 11개조로 구성되어 있는데, 강학의 시간·의례·방법·내용·목적 등이 규정되어 있다.

- 하나, 식후 4서의 수장(首章)을 보는데, 반드시 본문을 보고 주(注)를 먼저 보지 않는다. 본문이 계합(契合)하지 않은 연후에 주와 대전(大全)을 볼 것이다. 한 장(章)을 볼 때마다, 이 장이 자신의 신심(身心)과 교섭(交涉)하는지를 생각하여, 마음으로 체득하고 행동으로 증험하는데 힘쓸 것이며, 사소한 말과 행동에도 이것을 규범으로 삼지 않는다면, 이것은 성현을 모욕하는 것이라 할 수 있으니 공연히 스스로 포기하는 것이 된다.
- 하나, 정오에 분향한 뒤 조용히 앉아 헛된 인연과 잡념을 잊는 것으로 야기(夜氣)를 이어 나간다. 식후에 『대학연의(大學衍義)』와 『대학연의보(大學衍義補)』를 읽는데, 이것은 궁리(窮理)와 치지(致知)의 요체이다. 깊이 탐구하고 자세히

58) 박종배, 앞의 논문, 2013, 61~62쪽.

음미하여 정밀히 익숙해지는데 힘써야 하며, 숙달된다면 도덕과 경제가 함께 여기서 나올 것이니, 무릇 이것을 대인의 학문이라 이른다.

- 하나, 매일 저녁 초경에는 등잔 아래서 『자치통감강목(資治通鑑綱目)』이나, 염락관민(濂洛關閩) 및 하회요경(河會姚涇)의 어록을 읽는다. 이를 마치면 이어 고요히 앉아서 이날 의념(意念)의 사정(邪正)과 언행의 득실을 되돌아보고 … 우리가 진실로 이와 같이 한다면 고인(古人)에 미치지 못할 것을 걱정하지 않게 될 것이다.[59]

관중서원 「학정」에서 무엇보다 주목되는 것은 학습 방법을 통한 이학 도통의 재정립이다. 요컨대 4서는 주자가 경서의 지위를 부여한 유학의 주요 경전이며, 주(注)와 대전(大全)은 4서에 대한 주자의 해석이다. 『대학연의』와 『대학연의보』는 각각 주자의 학통을 계승한 남송의 진덕수(眞德秀)와 명의 구준(丘濬)을 상징한다. 염락관민은 송의 주돈이(周敦頤)·정호·정이(程頤)·장재(張載)·주자이며, 하회요경는 명의 설선(薛宣)·진백사·왕양명·여남(呂柟)을 가리키는 것이다.

관중서원 「학정」에 나열되어 있는 학습 서적과 계통은 앞서 살펴본 동림서원 「회약의식」의 「가시」와 비견된다. 먼저 송대 정주이학의 도통을 거론한 후, 명대는 이학과 심학의 주요 인사를 함께 나열하였다. 심학의 극단적 말류를 배제한 채 이학 주도로 심학과의 조화를 도모함으로써, 명대 동안 이어진 심학 우위의 학문적 경향을 이학으로 전환시키고자 했던 것이다.

강희 연간 이학으로 전환된 또 다른 서원으로는 안휘(安徽)의 환고서원

---

59) 『二曲集』 卷十二, 關中書院會約, 「學程」, "一 飯後 看四書數章 須看白文 勿先觀注 白文不契 然後閱注及大全 凡閱一章 卽思此一章與自己身心有無交涉 務要體之於心 驗之於行 苟一言一行不規諸此 是謂侮聖言 空自棄 一 中午 焚香默坐 屛緣息慮 以續夜氣 飯後 讀大學衍義及衍義補 此窮理致知之要也 深研細玩 務令精熟 則道德 經濟胥此焉出 夫是之謂大人之學 … 一 每晩初更 燈下閱資治通鑒綱目 或濂洛關閩 及河會姚涇語錄 閱訖 仍靜坐 默檢此日意念之邪正 言行之得失 苟一念稍差 … 吾人苟亦如此 不患不及古人也".

(還古書院)이 있다. 1592년(만력 20) 설립된 환고서원은 명말까지 심학이 활기를 띠었던 곳이었으나, 청초 이학자 시황(施璜)의 노력으로 학문적 분위기가 빠르게 변하였다. 그런 가운데 강희 연간 제정된 환고서원 회규의 서문에서는 "국조(國朝)에 왕성계(汪星溪)·양서정(楊瑞呈) 등 여러 선생이 강단(講壇)을 깨끗이 하고 정덕·가정 연간 이래 '치양지(致良知)'의 종지(宗旨)를 씻어 내었다. 신안학회(新安學會)는 문공(文公)[주자]의 천령산방(天寧山房) 회강(會講)에서 비롯되었으니, 지금 서원이 자양을 따르지 않으면 되겠는가?"[60]라며, 이곳을 이학 부흥의 기치로 삼을 것임을 천명하고 있다.[61] 이 회규는 9개조의 「환고회약(還古會約)」과 11개조의 「환고회의(還古會儀)」로 구성되어 있는데, 특히 「환고회약」 3조에서는 공자의 학문에 종지를 두고 불교와 도교를 이단으로 규정하였다.[62] 이단을 적극적으로 배척함으로써, 도통 계보를 이학에 부여하려는 의지를 보여준다.

이처럼 청초에는 이학 명유에 의해 학통의 전환을 도모하는 서원 학규가 제정되었다. 그러나 이미 명대를 거치는 동안 서원의 상당수가 관부의 통제를 받으며 과거 급제라는 보다 실질적인 목표 달성에 주안을 두고 있었다. 옹정 연간에 이르러서야 서원의 관학화를 위한 제도가 마련되었지만, 그와 별개로 명대 관학화된 서원의 전통은 여전히 유지되고 있었던 것이다.

예를 들어 하남(河南) 등봉(登封)의 숭양서원(嵩陽書院)은 정호·정이가 강학한 장소로 송대 이학의 발원지로 알려져 있다. 금·원·명을 거치면서 흥폐(興廢)를 거듭했던 숭양서원은 명말에 전란으로 소실되었지만, 1674년

60) 『還古書院志』 卷10, 會規, "國朝汪星溪楊瑞呈 諸先生擴淸講壇 洗除正嘉以來致良知之宗旨 以爲新安學會肇自文公會講天寧山房 今書院不遵紫陽可乎".

61) 박종배, 앞의 논문, 2013, 63쪽.

62) 『還古書院志』 卷10, 會規, 「還古會約」, "學以孔子爲宗 孔子十五志學 七十從心 其精進之妙 蓋有人不知而自知者 此千古學脈也 釋老之敎 寂滅荒唐 攻乎異端 斯害也已權謀術數 溺功利而汩本眞 學孔子者必不其然".

(강희 13) 중건을 시작하여, 1677년 등봉현의 명유인 경개(耿介, 1623~1693)가 새 모습으로 단장하였다. 이후 경개는 20년 가까이 산장을 맡으며 관부의 협조를 받아 학전을 조성하였고,[63] 이 기간 동안 7조의 「보인회약(輔仁會約)」, 6조의 「위학육칙(爲學六則)」, 9조의 「숭양서원학규(嵩陽書院學規)」를 제정하였다.[64] 또한 효율적인 학습을 통해 다수의 과거 급제자를 배출하기도 했다. 이를 위해 경개는 「보인회약」에서 매월 초3일 원생들이 서원에 모여 과거 시험 과목 중 이예(二藝)를 쓰고,[65] 매월 18일에는 독서한 것을 강과(講課)한다는[66] 규정을 세웠다. 그리고 입지·존양(存養)·궁리·역행(力行)·허심(虛心)·유항(有恒)으로 구성된 「위학육칙」을 부기해 놓았다.[67] 「보인회약」이 과거 공부를 위한 학규라면, 「위학육칙」에서는 과업에 매몰되어 자칫 놓칠 수 있는 수신(修身)과 학문의 원칙을 제시하고 있다.

그런데 여기서 주목할 것은 「보인회약」을 앞에 두고 「위학육칙」을 부기했다는 점이다. 이는 '위기지학'을 교육의 목적으로 추구한 남송 이학자의 서원관과 괴리가 있다. 경개는 서원의 목적이 과업 성취에 있다고 보았다. 그렇기에 「보인회약」의 서문에 "그렇다면 오늘날 학문을 논하는데 있어서, 바로 번거롭게 여러 말할 필요 없이 단지 거업(擧業)에 글자를 한 줄 더 붙일 뿐이다"[68]라고 언급한 것이다. 숭양서원은 송대 이학의 발원지로 각광을 받았지만, 시대적 흐름에 따라 인재를 직접 양성하는 과업 중심의

63) 『嵩陽書院志』 권1, 學田.

64) 이하 경개와 숭양서원에 대해서는 궁숭도, 「청대 숭양서원 생원모집 및 교학활동」, 『한국서원학보』 5, 한국서원학회, 2017, 152~156쪽.

65) 『嵩陽書院志』 卷2, 約, 「輔仁會約」, "一 每月初三日 一會嵩陽書院 爲文二藝".

66) 『嵩陽書院志』 卷2, 約, 「輔仁會約」, "每月十八日 一會嵩陽書院 一月來所讀書之書互相考究".

67) 『嵩陽書院志』 卷2, 約, 「爲學六則」, "所謂爲學六則 附於其後 … 一日立志 … 一日存養 … 一日窮理 … 一日力行 … 一日虛心 … 一日有恒".

68) 『嵩陽書院志』 卷2, 約, 「輔仁會約」, "然則今日論學 正不必煩多其辭 只是於擧業上加一行字".

서원으로 변모하였다.

옹정·건륭 연간으로 접어들면서 청 왕조의 서원 정책에 큰 변화가 나타났다. 1733년(옹정 11) 내려진 상유(上諭)에서는 서원의 설립 목적이 '흥현육재(興賢育材)'에 있음을 천명하였다. 이어 각 성(省)에 탕금(帑金) 1,000냥을 내어 주어 서원을 찾는 사자(士子)의 독서 비용으로 집행하되, 총독과 순무에게 이 일의 봉행(奉行)을 지시하였다.[69] 각 성별로 최고 관학 기구인 서원이 설치된 것이다. 청대 서원은 1736년(건륭 1)의 상유를 통해 더욱 체계적으로 관학화되었다. 이 상유에서는 우선 서원이 '옛 제후국의 학교[書院卽古侯國之學也]'라며, 그 출발이 관학임을 전제하였다. 또한 서원 교육의 의미가 조정에서 근무할 인재 양성에 있는데, 단순히 거업을 비판하는 세태를 지적하고 있다. 나아가 이런 세태를 극복하기 위하여 각 성의 총독·순무·학정(學政)이 사인(士人)의 모범이 되는 자를 '서원지장(書院之長)'에 뽑으라고 지시하였다.[70] 이후 추가 조치를 통해 여러 관학과 서원을 하나의 교육 체계로 연결하였고, 재정 운영, 원장 및 원생 규정 등과 같은 제도가 마련되었다. 원장을 비롯해 교육을 담당하는 원임과 일상적 사무를 보는 원임을 구분함과 동시에 관부가 원장 임면을 장악하고 서원 재정을 통제함으로써,[71] 뚜렷한 관학화를 보이게 된다. 한편으로 서원이 설립되는

---

69) 『欽定學政全書』 卷63, 書院事例, "雍正十一年奉上論 各省學校之外 地方大吏 每有設立書院 聚集生徒 講誦肄業者 … 近見各省大吏漸知崇尙實政 不事沽名邀譽之爲 而讀書應擧之人 亦頗能屛去浮囂奔競之習 則建立書院 擇一省文行兼優之士 讀書其中 使之朝夕講誦 整躬厲行 有所成就 俾遠近士子觀感奮發 亦興賢育材之一道也 督撫駐劄之所 爲省會之地 著該督撫商酌擧行 各賜帑金一千兩 將來士子羣聚讀書 豫爲籌劃 資其膏火 以垂永久 其不足者 在於存公銀內支用".

70) 『欽定學政全書』 卷63, 書院事例, "乾隆二年奉上論 書院之制所以導進人材 廣學校所不及 我世宗憲皇帝命設之省會 發帑金以資膏火 恩意至渥也 古者鄕學之秀 始升於國 然其時諸侯之國皆有學 今府州縣學竝建 而無遞升之法 國子監雖設於京師 而道里遼遠 四方志士 不能胥會 則書院卽古侯國之學也 … 庶人材成就 足備朝廷任使 不負敎育之意 若僅攻擧業 已爲儒者末務 … 該部卽行文各省督撫學政 凡書院之長 必選經明行修 足爲多士模範者 以禮聘請 負笈生徒 必擇鄕里秀異".

지역도 늘어났으며, 청 왕조가 새롭게 확보한 변경 지역에도 모두 서원이 설립되었다. 이러한 흐름 속에 호남(湖南) 악록서원과 청해(靑海) 삼천서원(三川書院)의 학규가 주목된다. 호남 장사(長沙)의 악록서원은 북송 대인 976년(개보 9) 처음 설립된 서원으로 남송 대 주자를 비롯해 여러 이학자가 강학한 유서 깊은 곳이다. 그러나 청초까지 두 차례에 걸친 소실로 옛 모습을 찾지 못했는데, 강희 연간 황제가 직접 편액을 내림으로써 옛 위상을 크게 회복하였다. 이어 1733년에는 전국 20개 '성회지소(省會之所)' 중 하나가 되었다. 악록서원도 1736년 상유 이후 명망 있는 인사를 산장으로 초빙하였다. 그 가운데 호남 영향(寧鄕) 출신으로 박학홍사과(博學鴻詞科)에 급제한 왕문청(王文清, 1688~1779)은 퇴임 후 악록서원에 초빙되어 9년 간 산장을 지냈으며,[72] 1748년(건륭 13)에는 악록서원 원생을 위해 학규를 제정하였다.

하나, 자주 부모에게 문안을 드린다. 하나, 삭망(朔望)에는 성현을 공손하게 알현한다. 하나, 기습(氣習)에서 치우친 곳은 각기 바로 잡는다. 하나, 행동거지는 정제(整齊)하고 엄숙히 한다. 하나, 복식(服食)은 마땅히 검소함을 따른다. 하나, 바깥일은 조금도 관여하지 않는다. 하나, 걷거나 앉을 때 반드시 나이 순서에 의거한다. 하나, 장점을 들추고 단점을 가리는 것을 통렬히 경계해야 한다. 하나, 손우(損友)는 반드시 거절한다. 하나, 쓸데없는 말로 때를 잃어서는 안 된다. 하나, 매일 경서를 세 번 읽는다. 하나, 매일 강목의 여러 항을 본다. 하나, 시무와 물리를 밝게 깨우친다. 하나, 고문시부(古文詩賦)를 세 번 읽는다. 하나, 독서한 것은 모름지기 붓으로 쓴다. 하나, 회과는 시간을 살피어 일찍 완성한다. 하나, 야독(夜讀)은 늦게 일어나는 것을 경계한다. 하나, 의심나고 잘못된 것

71) 이수환, 「조선조 영남과 청대 산동의 서원 비교연구-인적조직과 경제적 기반을 중심으로-」, 『민족문화논총』 46, 영남대학교 민족문화연구소, 2010, 229~230쪽.

72) 정낙찬, 「청대 악록서원의 교육과정 변천」, 『동아인문학』 21, 동아인문학회, 2012, 240쪽.

은 힘써 다투어서 바로잡는다.[73)]

왕문청의 학규는 「왕구계선생학규(王九溪先生學規)」라 불리는데, 그 문인들에 의해 비석으로 제작되어 악록서원에 세워졌다. 그 외에도 왕문청은 '독경육법(讀經六法)'과 '독사육법(讀史六法)', '학잠구수(學箴九首)'를 지어 경사(經史)를 공부하는 방법과 학문하는 자세를 규정하기도 했다.[74)] 18개 조로 이루어진 위의 학규는 원생의 행동 규범을 주로 규정하고 있으면서도 학문의 지향을 보여주기도 한다. '독경육법'과 '독사육법' 제정에서 알 수 있듯이 왕문청은 무엇보다 경사 공부를 강조하였다. 정기적으로 경서와 『자치통감강목』, 고문시부를 읽으라고 했는데, 이것의 궁극적인 목적은 시무와 물리에 밝은 인재 양성에 있다.

왕문청 보다 앞서 이문소(李文炤, 1672~1735)가 제정한 「악록서원학규(嶽麓書院學規)」에서도 이와 같은 대목이 제정되어 있다. 이문소는 1717년(강희 56) 악록서원 산장을 맡았던 인물이다. 그는 「악록서원학규」를 통해 학자는 반드시 세무(世務)에 통해야 하는데, 그러기 위해서는 사서(史書) 공부가 필수적이라고 하면서도, 여러 사서를 보는 것은 안 되며 오로지 『자치통감강목』만을 힘써 보라고 하였다. 그리고 뒤 이어 문장의 여러 대가를 나열하며 고문을 따르라고 했다.[75)] 또한 매월 3차에 걸쳐 강좌를 열어 서

73) 『岳麓書院續志』 卷1, 規條, 「王九溪先生學規」, "一時常省問父母 一朔望慕謁聖賢 一氣習各矯偏處 一擧止整齊嚴肅 一服食宜從儉素 一外事毫不句干 一行坐必依序齒 一痛戒許長毁短 一損友必須拒絕 一不可閒談廢時 一日講經書三起 一一看綱目數首 一通曉時務物理 一參讀古文詩賦 一讀書必須過筆 一會課按時蚤完 一夜讀仍戒晏起 一疑誤定要力爭".

74) 『岳麓書院續志』 卷1, 規條, 「王九溪先生讀經六法」·「王九溪先生讀史六法」·「王九溪先生學箴九首」.

75) 『恒齋文集』 卷4, 學規, 「嶽麓書院學規」, "學者欲通世務 必需看史 然史書汗牛充棟 不可遍觀 但以綱目爲斷 至于作文 當規倣古文 宜取賈韓歐曾數家文字熟讀 自得其用 制藝以歸 唐大家爲宗 雖大士之奇離 陶庵之雄渾 皆蒼頭技擊之師 非龍虎鳥蛇之陣也 論詩專以少陵爲則 而後可及於諸家 先律體后古風 先五言后七言 庶可循次漸

(書) 2편, 경(經) 2편을 공부하는데, 여력이 되면 성리론 1편을 공부하라고 규정하였다.[76] 이를 본다면 악록서원의 교육은 강희 연간을 거치면서 이미 관학화 되었음을 알 수 있다. 과거 시험 준비에 팔고문(八股文)이 필수였던 만큼 악록서원의 교육 내용도 여기에 맞추어져 있다. 즉, 1748년 왕문청이 제정한 학규는 기존에 운영되고 있던 과거 시험 위주의 정규 교육 과정에 맞추어 개별 원생의 학습 자세를 규정한 것으로 볼 수 있다. 특히 회과에서 시간을 살피는 것이 중요하다고 한 대목은 과거 시험을 준비하는 원생의 실전 전략에 해당한다. 옹정·건륭 연간 관학화된 서원이 제도적으로 완비되면서, 원생의 행동거지 및 학습 자세와 관련된 학규마저도 과거 시험에 초점이 맞추어졌던 것이다.

청해 삼천서원의 학규도 건륭 연간 서원의 관학화를 보여주는 사례이지만, 유서 깊은 악록서원과는 다소 성격이 다르다. 청해 지역은 청의 변경으로서 전통적인 사대부 세력이 많지 않았다. 왕조 입장에서는 이곳의 이민족을 효율적으로 통제하는 것이 급선무였는데, 그 과정에서 서원이 중요한 역할을 하였다. 청해 대통(大通)의 삼천서원은 1736년 설립된 청해 최초의 서원이다. 당초 청해 대통에는 1725년(옹정 3) 설립된 의학(義學)이 있었다. 그러나 지역의 부형과 자제 모두 유학을 가까이 하지 않았기에 실효를 거두지 못하였다. 이에 1736년 삼천서원을 설립하였고, 매해 이곳에서 배출된 문무생원(文武生員) 3명을 부학(府學)에 입학시켜 과거 시험을 준비하게 했다. 그런 가운데 1738년 서령부첨사(西寧府僉事) 양응거(楊應琚, 1696~1766)는 삼천서원에서의 교육이 지속되기를 바라면서 9개조의 「황청새외대통위삼천서원학약(皇淸塞外大通衛三川書院學約)」을 제정하였다.[77]

進於風雅之林矣".

76) 『恒齋文集』 卷4, 學規, 「嶽麓書院學規」, "每月各作三會 學內者 書二篇經二篇 有餘力作性理論一篇 學外者 書二篇 有餘力作小學一篇".

77) 『西寧府新志』 卷37, 藝文志, 學約, 「皇淸塞外大通衛三川書院學約」, "大通衛地居塞外 人雜番戎 自雍正三年始設義學 已歷一十三載 迄今學不加進 業不加修 良由爾

- 하나, 대통은 궁벽한 변방이어서 땅이 메마르고 백성이 가난하여 무릇 편맹(編氓)의 자제는 스스로 힘을 다해 농사짓고 부앙(俯仰)하는 것이 마땅하다. 그러나 모두가 밭에서 일하여 예의를 알지 못하며, 편하게 지내기만 하고 가르침을 받으려 하지 않으니, 어리석음과 야만스러움이 우려된다. 지금 한 집의 삼형제 중에 준수한 자 한 사람을 뽑아 입학시켜서 학업을 익히게 한다. 혹 아들을 하나 낳았는데 기품이 잔약하여 농사일에 힘쓰기 어려운 자는 더욱 마땅히 독서와 학문에 부지런하여 '분지청운(奮志青雲)'해야 한다.
- 하나, 다섯 살 이상의 자제는 즉시 의학에 가게 해서 4서와 본경(本經)을 외우게 하되, 모름지기 소주(小註)와 함께 읽게 한다. 경서 읽기를 마치면 이어서 『소학』을 강명한 연후에 서원으로 보내어 학업을 잇게 한다.
- 하나, 무릇 서원과 의학에 있는 자에게 만약 집 안의 큰일이 일어나서 부형이 사실에 의거하여 사장(師長)에게 소명하면 급가(給假)를 준다. 만약 핑계를 대고 학교에서 도망치려고 하는 자가 있으면, 사장이 해당 위(衛)에 이송하여, 즉각 부형을 고용(姑容)의 과실로 징계한다.[78)]

위의 3개조는 삼천서원 학규의 특징을 단적으로 보여준다. 대통의 토착민들 대부분은 농사일에 신경 쓸 뿐 학문에 뜻을 두지 않았기에 양응거는

父兄狃於姑息 子弟樂於怠荒 故卒無成效 今於乾隆元年冬另建書院 敦延名師 俾晝夜維勤 寒暑無間 以仰副聖天子興賢育才之至意 比歲以來 聞諸生讀書漸有進益 已詳請制府兼中丞陽湖劉公題准該衙 每科歲考取文武生員三名 暫附府學 可謂千載一時 若作輟不常 去來無定 將何以應試 又將何以立身 自茲以往 不能不嚴立規條 稽考文行爾 諸生各宜尚志 以慰余望".

78) 『西寧府新志』卷37, 藝文志, 學約, 「皇淸塞外大通衛三川書院學約」, "一 大通僻處荒徼 地瘠民貧 凡編氓子弟 自宜戮力耕耘 爲俯仰之籍 然皆事田疇 不知禮義 逸居無教 愚野堪憂 今定一家三子 擇俊秀者一人 入學肄業 或止生一子 氣稟孱弱 力不能任稼穡者 尤宜讀書勤學 奮志靑雲 … 一 子弟五歲以上 即令向義學 念書四書本經 須令與小註同讀 經書讀畢 仍講明小學 然後送書院肄業 … 一 凡在書院及在義學者 如家中果有大事 須父兄據實訴明師長 准給假 倘託故逃學者 師長移送該衛 即懲父兄以姑容之過".

아들 세 명이 있으면, 그 중 하나는 서원에 입학시킬 것을 규정하였다. 그리고 서원의 전 단계로 5세 이상의 자제는 의학에 입학시켰다. 만약 의학·서원의 학생이 뚜렷한 사유 없이 학교에서 벗어나려 한다면, 그 부형을 처벌하였다. 양응거는 반강제적 성격의 학규를 통해 변방 세력의 자제를 '의학→서원→부학'으로 이어지는 관학 체계 내에서 관리하고자 했다.

「황청새외대통위삼천서원학약」의 한 조항에서는 서원 교육의 목적을 '분지청운'에 두고 있다. 변방 자제가 과거 시험을 준비한다는 것은 토착적 성격의 지방 세력이 자연스레 왕조의 관료 예비군 층으로 포용됨을 의미한다. 이처럼 청 왕조는 새로 확장한 변경 지역에도 관학화된 서원을 설립함으로써, 중앙집권적 체제 강화를 도모하였던 것이다.

19세기 중·후반 바야흐로 서세동점(西勢東漸)의 물결이 밀려들면서 동아시아의 전통적 가치관은 위협을 받게 되지만, 한편으로는 시대적 흐름에 부응하여 변화하는 모습을 보여주기도 하였다. 당연히 근대 교육도 중요한 과제가 되었으며, 서원의 운영 형태도 변화해 갔다. 그런 가운데 제국주의 열강의 침탈이 심화되고, 1894년 청일전쟁에서 일본에게 패전하자 교육의 근대화를 바라는 목소리는 더욱 높아졌다. 과거제와 팔고문 위주의 교육 내용은 비판의 대상이 되었다. 이에 1896년 산서순무(山西巡撫) 호빙지(胡聘之)는 「청변통서원장정절(請變通書院章程折)」을 올려 서원에서 팔고문 교육을 줄이고 천문·산수·농무·병사 등 실용적인 학문을 가르치자고 주장하였다. 나아가 일각에서는 서원을 학당(學堂)으로 개편하려는 움직임이 나타났다.

1898년(광서 24) 무술변법(戊戌變法)으로 성성(省城)·군성(郡城)·주현(州縣) 단위의 서원을 각각 고등·중·소학당으로 개조하라는 지시가 내려졌지만, 현실적 문제와 구체제의 반발로 이때의 조치는 무산되었다. 1901년 재차 상유를 내려 서원을 학당으로 모두 개편하였으며, 이해 팔고문도 폐지하였다. 이렇게 1896년부터 1911년까지 전국 1,300여개에 이르는 서원이 학당으로 개편되었다.[79] 19세기 말 교육 정책의 변화는 대내외 정세 변화에 의한 일시적 조치가 아니었다. 19세기 전반부터 서원 교육을 변모시키려는 움직임이 나타났으며, 제국주의 열강의 영향력이 강화되는 19세기 중반 이후에는 근대 학문을 가르치는 새로운 형식의 서원이 등장하였다.

우선 살펴 볼 광주(廣州) 학해당(學海堂)은 근세 중국 학풍에 큰 영향을 끼친 서원이다.[80] 이는 학해당서원이라고도 불리는데 한학(漢學)으로 명망이 높았던 양광총독(兩廣總督) 완원(阮元, 1764~1849)이 1826년(도광 6)에 비용을 출연하여 설립한 서원이다. 그리고 같은 해 학해당의 운영 지침을 간략히 규정한 8개조의 「학해당장정(學海堂章程)」을 제정하였다.

학해당 운영에서 가장 특색 있는 점은 산장을 두지 않고 완원이 직접 정한 8인의 학장(學長)으로 하여금 교육을 담당하게 했다는 것이다. 덧붙여 공석이 생겨도 절대 산장을 뽑지 말며, 추천도 하지 말라고 강하게 당부하였다.[81] 완원은 과거 시험에 초점이 맞추어져 있던 동 시기 다른 서원과 다른 방향으로 학해당을 운영하고자 했다. 그렇기에 의도적으로 산장을 두지 않았으며, 공개적으로 서원을 표방하지도 않았다.

이러한 운영 구조를 바탕으로 학해당은 독특한 학풍을 형성하였다. 「학해당장정」에는 일반적인 월과(月課)가 아니라 계과(季課)를 실시하여 학장이 경해(經解)·문필(文筆)·고금시제(古今詩題)를 평가한 후 성적에 따라 고화(膏火)를 지원해 주는 형식으로 원생을 평가했다고 한다.[82] 평가 과목만을 보면 다른 서원과 큰 차이가 없지만, 그 학습 방식은 철저히 경사사장(經

---

79) 김유리, 「청말 서원의 학당개편과 근대학제의 성립과정」, 『동양사학연구』 75, 동양사학회, 2001, 105~107쪽.

80) 학해당 창설 경위는 '이학로, 「도광시기 광주신사들의 학문경향과 서정소개-학해당 학장들의 활동을 중심으로-」, 『경북사학』 19, 경북사학회, 1996, 412~418쪽' 참조.

81) 『學海堂志』, 文檄, "一 管理學海堂 本部堂酌派出學長吳蘭修趙均林伯桐曾釗徐榮熊景星馬福安吳應逵共八人同司課事 其有出仕等事 再由七人公擧補額 永不設立山長 亦不允薦山長".

82) 『學海堂志』, 文檄, "一 每歲分爲四課 由學長出經解文筆古今詩題 限日截卷 評定甲乙 分別散給膏火 學長如有擬程 可以各集 但不給膏火".

史詞章)의 박습(博習)에 있었다. 완원은 시무를 위해 고대 경학을 널리 공부해야 한다고 생각했으며, 천문학·산학, 그리고 서양 역법에도 큰 관심을 가지고 있었다. 즉, 과거 공부나 정주이학의 테두리에 얽매이지 않고 다양한 경사사장을 강구하는 것이 학해당의 특징적 학풍이었던 것이다. 1834년(도광 14) 궁보독헌(宮保督憲)이 학해당에 내린 찰유(札諭)의 첫 번째 조목에서 학장과 제생 모두 실학(實學)에 뜻을 두기를 당부한 것도[83] 그 특색이 유지되기를 바랐기 때문이다. 이러한 운영 구조와 학통 덕분에 19세기 급변하는 시대의 조류 속에 경세적 관점을 가진 지식인이 학해당에서 적지 않게 배출될 수 있었다.

아편전쟁 이후 제국주의 열강의 침탈이 본격화되자, 서원에서도 그들의 교육 방식을 도입하려는 움직임이 본격적으로 나타났다. 기존 서원에 신식 교육이 추가적으로 행해지기도 했으며, 신식 교육을 목적으로 하는 새로운 서원이 중국인 또는 외국인에 의해 설립되기도 하였다. 학규도 교육 내용에 맞추어 변모하였는데, 마지막으로 상해(上海)의 격치서원(格致書院)과 중서서원(中西書院)을 주목하고자 한다.

격치서원은 1874년(동치 13) 상해 주재 영국 영사 월터 헨리 메드허스트(Water Henry Medhurst)[麥華佗, 1822~1885]의 주창으로 영국인 전교사 존 프라이어(John Fryer), 사인(士人) 서수(徐壽) 등이 합심하여 설립한 서원이다. 설립 과정에서 북양대신(北洋大臣) 이홍장(李鴻章, 1823~1901)이 설립 기금을 기부하고 문액(門額)을 직접 써 주었다. 격치서원은 '서원'이라는 이름을 사용하고 있으나 과거 시험과는 아무 관계가 없었다. 이름만 '서원'이었으며 실제로는 서양의 과학기술을 가르쳤다. 한편, 월터 헨리 메드허스트는 서원 설립 직전인 1874년 3월 5일 15개조로 구성된 「격치서원장정(格致書院章程)」을 발표하였다.[84]

83) 『學海堂志』, 文檄, "一 學長等公擧諸生 務取志在實學".

84) 이하 「格致書院章程」은 '장의식, 「청말의 상해 격치서원 : 시대 변화와 그 한계」, 『중국사연구』 117, 중국사학회, 2018, 210~211쪽' 참조.

> ·하나, 서원의 이름은 격치서원이라고 한다. 둘, 이 서원을 설립한 원래 뜻은 중국 사상(士商)과 서국(西國)의 인사를 심실(深悉)하고 서로 간의 화호(和好)를 더욱 돈독하기 위해서이다. 셋, 이 서원은 조계(租界) 내에 설립한다. … 여섯 이 서원은 100인을 정원으로 한다. 만약 정원 외에 오려고 하는 자가 있으면, 모름지기 중(中)·서(西) 여러 사람의 추천이 있어야지 가능하다. … 아홉, 서원 내에는 각 성의 현재 및 속증(續增) 간행한 신보(新報), 서인이 번역한 서국의 경사자집(經史子集) 각종 서적 및 한문 저작, 중국의 각종 경사자집을 구비하고, 천구(天球)·지구(地球)와 함께 각항의 기기와 기이하고 정교한 도식을 설치해서 대중으로 하여금 관람케 한다. … 열 둘, 수시로 서인을 서원에 초청해 기기의 각법(各法)과 함께 서국의 각론(各論)을 강해(講解)케 한다.[85]

「격치서원장정」은 서원의 운영 목적과 방침을 대중에게 공고한 것이다. 중국인과 서양인이 함께 설립한 서원이기에 정원 외 입학생은 중국과 서양 양 편 사람들로부터 추천을 받아야 했다. 서원 내에는 각 지역의 신문과 번역된 서양 서적이 비치되었고, 서양 인사를 초빙해 서구의 기술과 여러 이론을 가르쳤다. 양무운동(洋務運動)이 한창 전개되는 가운데 격치서원은 서구 문물을 받아들이는 장소로 활용된 것이다.

1882년(광서 8) 상해에 설립된 중서서원도 '중'과 '서'라는 원호(院號)처럼 신식 교육을 위한 서원이다. 격치서원과 달리 중서서원은 외국인 선교사가 세운 교회서원(教會書院)으로서, 우리나라 사람 윤치호(尹致昊)가 공부했던 곳으로 많이 알려져 있다. 아편전쟁 이후 선교를 목적으로 하는 교

---

85) 『申報』 第567號, 1874年 3月 5日, "一 書院明格致書院 二 立此書院原意 是欲中國士商 深悉西國人士 彼此更敦和好 三 此院應於界內設立 … 六 此院限以百人爲滿 如滿數外仍有人欲來者 須得數中西人擧薦方可 … 九 院內備有各省現時及續增所刊新報 竝有西人所譯西國經史子集各種書卷漢文著作 至中國各種經史子集 聽憑各董議增列入院內 又設天球地球 竝各項機器奇巧圖式 備衆備覽 … 十二 隨時請有西人來院講解機器各法 竝西國各論".

회서원이 확산되었다. 이들 교회서원에서는 근대 교육을 하면서도 중국인의 호응을 얻기 위해 종교적 색채를 내세우기 보다는 전통적인 학문을 포용하였다.

중서서원은 미국 남 감리교회 선교사 출신의 영 존 앨런(Young John Allen)[林樂知, 1836~1907]에 의해 설립되었다. 중서서원에 설치된 과목으로는 수학·화학·지학·서어(西語)·만국공법(萬國公法) 등 근대 학문이었지만, 영 존 앨런은 1881년 「중서서원과정규조(中西書院課程規條)」를 통해 서학으로 시무를 익힌 후 과거에 급제하면, 이미 배운 서학으로서 더욱 능력을 과시할 수 있다고 홍보하였다.[86] 입신을 위해서는 과거 공부가 필수였던 중국인 학생을 의식하였던 것이다. 또한 1882년에는 「중서서원규조(中西書院規條)」를 제정하여 원생들에게 서학과 중학을 모두 익힐 것을 규정해 놓았다.[87] 당시 '중체서용(中體西用)'적 관점에서 서구 문물을 받아들이던 양무운동의 주요 인사와 달리 중학과 서학의 조화를 추구하며 서원을 운영하였던 것이다.

이상과 같이 청대 서원은 관학화가 이루어지면서, 제도적으로 교육 기능을 보장 받게 된다. 실제 중앙집권적 체제의 관료 예비군 층을 양성하는 교육이 서원에서 이루어졌다. 이러한 실용적 기능에 착안하여 청말 지식인 계층과 외국인은 근대 교육을 수용하는 매개체로 서원을 활용하였다. 서원 운영자도 변화하는 시대상에 맞추어 새롭게 학규를 제정해 나갔다. 이를 기반으로 청대 서원은 근대 학당으로 전면 개편될 수 있었다.

86) 『萬國公報』 第666期, 1881年 11月 26日, "習西學以達時務 尤宜兼習中學以博科名 科名旣成 西學因之出色".

87) 박영순, 「상하이 중서서원과 '중서병중'의 함의」, 『중국학논총』 59, 고려대학교 중국학연구소, 2018, 206~212쪽 ; 『萬國公報』 第676期, 1882年 2月 4日, "舍西法而專事中法不可, 舍中法而專重西法亦不可".

2. 17세기 후반~19세기 조선 서원과 학규

청대 서원의 학규는 정부의 정책과 시대적 흐름에 따라 변모하는 양상을 보여주었다. 그러나 동 시기 조선 서원의 학규에서는 내부적인 사회·경제적 변화에 호응하는 모습을 확인하기 어렵다. 붕당(朋黨)이 고착화되고 교조적 학풍이 지배하는 가운데 학규도 16세기의 것을 답습하였다. 따라서 17세기 후반 이후 예전과 비교되는 새로운 학규가 뚜렷하게 드러나지 않는다. 강학이나 제의 등 서원의 주요 사업을 수행하는 과정에서 그때그때 완의(完議)나 절목(節目)으로 몇 가지 규정을 제정하는 것이 일반적이었다.

당초 설립 취지와 달리 17세기 중반 이후 서원의 교육적 기능은 퇴색되어 갔다. 이와 관련하여 1657년(효종 8) 완성된 『선조수정실록』의 사론(史論)에는 다음과 같은 언급이 있다.

> 서원 설립은 명종 때부터 시작되었다. 주세붕이 풍기군수로 있으면서 죽계(竹溪)에 백운동서원을 창설하여 선현(先賢) 안유(安裕)를 제사지냈고, 그 뒤 풍기군수 이황이 조정에 사액과 반서(頒書)를 청원하였다. 당시에는 자못 사자(士子)가 강업(講業)하는 효과가 있었는데, 잇따라 설립된 것이 나라 안에 겨우 10여 개소에 불과하였다. 당시 이황이 김종직(金宗直)을 제사지내려 하자 문인 중에 부당하다고 의혹을 가지는 자가 있을 정도로 그때는 존사(尊祀)된 자도 적었으며, 서원만 있고 제사지내지 않는 곳도 있었다. 그런데 그 뒤에 나라 안에서 마구 본받아 "우리 고을에도 제사지낼 만한 현인(賢人)이 있다"고 굳이 청하면서 연달아 서원과 사우(祠宇)를 세웠다. 그러나 이때는 그래도 그다지 폐단이 심하지 않았는데도 상교(上敎)가 이미 이와 같았던 것이다. 지금은 서원이 없는 고을이 없고, 제사를 받는 자도 하찮은 사람이 많다. 유적(儒籍)이 역(役)을 도피하는 소굴이 되어 현송(絃誦)의 미풍이 땅을 쓴 듯이 없어졌으니, 문폐(文弊)를 운위할 것도 못 된다.[88]

위의 사론은 임진왜란 중인 1595년(선조 28) 선조가 서원을 문폐의 온상으로 지목하며 철폐를 지시했던 기사의 논평이다. 이에 따르면 주세붕과 퇴계에 의해 서원이 운영될 때에는 강업의 효과가 있었지만, 17세기 중반에 이르러서는 존사 기능이 강화되었을 뿐만 아니라 피역(避役)의 소굴이 되었다고 한다. 17세기 이후 교육 보다 존사 기능이 강화되는 가운데, 지역·문중·학파에 따라 명현 및 현조를 제향하는 서원이 확산되어 갔다.

따라서 서원 설립에 가장 중요한 명분은 제향 인물이다. 특정 유현의 제향을 통해, 그로부터 이어지는 '도통' 계승을 천명할 수 있었다. 이것은 곧 해당 서원을 운영하는 사대부의 정치·사회적 위상으로 이어졌다. 그렇기 때문에 17세기 후반부터 19세기에 이르기까지 조선 학규는 종전의 것을 답습하는 것이 많았다. 대부분 학규에서도 해당 서원의 당색 및 학맥을 가늠할 수 있는 조항이 확인된다.

먼저 여산(礪山) 황산서원(黃山書院)[죽림서원(竹林書院)]은 율곡·성혼(成渾)·김장생(金長生)을 제향한 서인계 서원으로서 1653년(효종 4) 김장생 문인인 유계(俞棨, 1607~1664)가 학규를 제정하였다. 「죽림서원절목(竹林書院節目)」이라 불리는 학규는 유계가 황산서원 원장으로 있을 때 제정하였는데, 모두 9개조로 구성되어 있다.[89)]

- 하나, 본원은 우리 동방의 도통정맥(道統正脈)이 있는 곳으로 사체(事體)가 정중하고 더욱 자별(自別)함이 있다. 출입하여 장수(藏修)하는 사람은 이 뜻을 유념하고 더욱 스스로를 면려해서, 혹시라도 존엄한 곳에 누를 끼치는 일이 없도록 해야 함이 마땅하다.
- 하나, 거재유생(居齋儒生)은 … 덕성의 훈도(薰陶)와 지기(志氣)의 감발(感發)에는 『시경(詩經)』과 『예기(禮記)』 만한 것이 없다. 「주남(周南)」, 「소남(召南)」,

88) 『宣祖修正實錄』 卷29, 28年 7月 壬申.

89) 「竹林書院節目」은 '이경동, 「조선후기 여산 죽림서원의 운영과 위상」, 『한국서원학보』 9, 한국서원학회, 2018, 256~258쪽 참조'.

「명륜(明倫)」 1편을 아침에 강하고 저녁에 외워서 날마다 정도로 삼고, 또한 유식(遊息)하는 사이에 「숙흥야매잠(夙興夜寐箴)」, 「경재잠(敬齋箴)」, 「사물잠(四勿箴)」, 「백록동규(白鹿洞規)」를 강독하고 모두 외워서 매일 나아지는 효과를 얻는 것이 마땅하다.

· 하나, 거재생 외에 공부에 뜻이 있어 책과 식량을 가지고 오는 자가 있으면 찬물(饌物)과 등유(燈油)를 모두 조치해주고 거접(居接)을 허락한다. 비록 거업을 위한 사람이 있어도 이미 시례(詩禮)의 장소에 들어왔으니, 아침저녁으로 배알(拜謁)과 강송(講誦)을 따르지 않을 수 없다. 재생(齋生)과 더불어 모두 공부하는 것이 마땅하다.

· 하나, 춘추향사(春秋享祀)·삭망(朔望)·분향(焚香)의 의절은 이미 예전의 규례가 있으니 별도로 다시 논의하지 않는다. … 정재(正齋)하는 날 직월이 제생을 거느리고 입재(入齋)하여 『소학』과 『효경(孝經)』, 정주(程朱)의 서적에 뜻을 두고 강구(講究)하는데, 문의(文義)에 의심나고 어려운 곳이 있으면 우암(尤庵)[송시열(宋時烈)]의 거처가 멀지 않은 곳에 있으니 문목(問目)별로 나아가 질의한다.

하나, 색(色)[여성]은 서원에 들어올 수 없고, 서책은 반출할 수 없는 것이 곧 퇴옹(退翁)께서 문에다가 걸어두었던 규약이다.[90]

「죽림서원절목」에서는 먼저 도통을 강조하고 있다. 스스로 황산서원을 '도통정맥'이라 일컬으며, '주자-율곡-김장생'으로 이어지는 도통을 천명하였다. 여기서 당색 및 학맥에 대한 황산서원의 정체성이 드러난다. 덧붙여 송시열에게 문의(文義)를 질문하라는 규정도 당시 서인 계열 학자들의 계

---

90) 『市南集』 卷7, 雜著, 「竹林書院節目」, "一 本院吾東道統正脈之所在 則事體鄭重 尤有自別 出入藏修之人 着念此意 益加自勉 毋或有貽累於尊嚴之地爲宜 … 一 居齋生外 有意工夫 挾冊裹糧而來者 饌物及燈油一體措置 許其居接 雖爲擧業之人 旣入詩禮之場 則朝夕拜謁講誦 不可不隨例爲之 與齋生一體做去爲宜 一 春秋享祀朔望焚香之節 旣有前例 別無更論 … 正齋之日 直月率入齋諸生 小學或孝經 程朱之書 惟意講究 文義疑晦處 尤庵杖屨 方住邇地 問目就質 … 一 色不入書不出 乃退翁門扃上所揭之規也".

통 의식을 보여준다. 한편으로 여성의 출입과 서책 반출 금지 조목은 퇴계의 「이산원규」를 준용하고 있다.[91] 서원에서의 교육은 정주(程朱)의 학문을 기본으로 하되, 과거 공부를 위해 들어온 유생도 막지 않고 있다. 다만, 원생이 된 이상 과거 공부와 별개로 서원의 의절을 따르라고 규정하였다. 서원에서 과거 공부의 허용 여부는 그전부터 서원 운영자들이 고심했던 대목이다.

서인계 서원의 도통 의식과 과거 공부에 대한 고민은 박세채(朴世采)[1631~1695]가 제정한 학규에서 보다 구체화된다. 박세체는 1673년(현종 14) 배천(白川) 문회서원(文會書院)의 학규인 25개조의 「문회서원학규(文會書院學規)」, 1693년(숙종 19)에는 파주(坡州) 자운서원(紫雲書院) 학규인 21개조의 「자운서원학규(紫雲書院院規)」를 각각 제정하였다.[92] 이 가운데 「문회서원학규」의 주요 조목을 살펴보면 다음과 같다.

> ·하나, 나라에서는 황조(皇朝)에서 반강(頒降)한 4서5경으로 선비를 양성하고, 또한 『소학』과 『가례』로 시험을 치는데, 이것이 진실로 사자(士子)가 평소 강습하는 것들이다. 그 나머지 경전과 제서(諸書)·제사(諸史) 및 낙민(洛閩) 제선생(諸先生)의 유문(遺文)은 또한 모두 도학(道學)의 원본이자 성리의 연수(淵藪)이니, 또한 더해서 강습하지 않을 수 없다. 이것을 버리고 가는 것은 모두 정학이 아니니, 서원 안에서 송독하는 것을 금한다.
>
> ·하나, 선사(選士)의 법은 소장(少長)과 귀천(貴賤)[귀(貴)는 상족(上族), 천(賤)은 교생(校生)과 서파(庶派)의 부류를 일컫는다]을 막론하고 오로지 뜻을 세워 학문에 힘쓰며 명행(名行)에 허물이 없는 자로 입학을 허락한다. 근래 고질적인 병폐가 오로지 교생들만 성묘(聖廟)를 수호하고 사족과 유식자(有識者)는 함께

91) 『退溪集』 卷41, 雜著, 「伊山院規」, "一 書不得出門 色不得入門 酒不得釀 刑不得用".

92) 박세채의 서원 학규는 '박종배, 「남계 박세채의 서원교육 사상과 실천」, 『교육사학연구』 24-2, 교육사학회, 2014, 41~52쪽' 참조.

하지 않으니, 지금 마땅히 그 습속을 통혁(痛革)하여 사족과 교생을 막론하고 모두 향학에 입적(入籍)한 뒤, 그 중에서 학문에 뜻이 있는 자를 골라 서원에 별도로 입학시킨다. 대개 향학은 그 전체를 들고, 서원은 그 정수를 취하니, 각기 마땅히 거둘 바가 있다.

· 하나, 매월 삭망에 제생은 마땅히 건복(巾服)을 갖추고 서사(西祠)에 가서 중문을 열고 분향한 뒤 재배(再拜)한다. 다음으로 동사(東祠)에 가서 처음과 같이 예를 거행한다. 물러나서 또한 정읍례(庭揖禮)를 거행하고 이어 강당에 올라 좌정한 뒤 「백록동교조」와 「학교모범」 및 『소학』과 4서, 『근사록』, 『성학집요(聖學輯要)』 등의 책 약간을 통독한다. 차례대로 읽으며 한 번 돌면 처음부터 다시 읽는다. 서로 어려운 것을 묻고 권도(勸導)한다.

· 하나, 서원에 들어오는 선비는 향교와 서원에서 의정(議定)한 일이 아니면, 절대로 읍재(邑宰)가 간섭하지 않는다.

· 하나, 원속(院屬)과 하인은 꼭 완호(完護)하는 것이 마땅하다. 또한 교유(敎諭)하고 검칙(檢飭)하여 원재(院齋)의 여러 일이 아닌데, 사환(使喚)을 시키고 모질게 질책해서는 안 된다. 모입(募入)에 이르러서는 단지 보조를 얻어 모양세를 갖추는 것만 취하고 세속에 따라 널리 점유하여 국가의 대체(大體)를 손상시키는 것은 불가하다.

· 하나, 선현께서 향학 외에 별도로 서원을 설립한 것은 실로 향학에 과거와 법령의 번잡함이 있어 강학에 전념할 수 없기 때문이다. 지금 서원을 설립했는데, 오히려 옛 습속을 좇는 것을 벗어나지 못하고 대·소학교에 끝내 강학할 장소가 없으니, 그 근본이 없어진 것이다. 지금 마땅히 서원 밖에 별도의 재를 설치해서 과거 공부를 하는 사람에게 제공하여, 이들로 하여금 갑자기 강당 위에 올라 시문(時文)을 짓고 대계(大戒)를 범하지 않게 해야 한다.

· 하나, 회암(晦菴) 선생이 백록에서 설교하고 단지 게시를 말했을 뿐이다. 대개 학교에는 규칙이 있어야 하니 오히려 미진함이 있다. 그리하여 그 후 퇴(退)·율(栗) 등 제현(諸賢)이 또한 반드시 명분으로 인하여 실질적인 책임을 지고자 이산·문헌 등의 원규를 제정했으니, 지금 삼가 옛 것을 따라서 아울러 채용하

여 이 규약을 이루었으나, 또한 미처 겨를이 없어 다 이루지 못하였다. 모름지기 다시 본 규약 중에 절목의 곡절을 상세히 두루두루 살펴서 소략해지는 근심이 없도록 해야 한다.[93]

「문회서원학규」의 특징은 대략 다음과 같다.

먼저, 마지막 조항에서 언급하였듯이 「문회서원학규」는 새롭게 제정한 것이 아니다. 처음 주자가 「백록동규」를 제정하였으나, 미진한 것이 있어서 우리나라의 퇴계·율곡이 각각 학규를 마련하였다. 「문회서원학규」는 이들 선현의 학규에서 대략을 취하여 보완한 것이다.

둘째, 원생 선발에서 신분적 제약을 두지 않고 있다. 박세채는 원생을 뽑을 때 귀천을 구분하지 않는다고 했는데, 여기서 '천'은 향교 교생과 서류를 뜻한다. 당시 향교에는 신분 상승과 피역을 도모하기 위해 입학하는 교생이 많았다. 그렇기에 전통적인 사대부 층은 교생을 기피하기도 했는

93) 『南溪集』 卷65, 雜著, 「文會書院院規」, "一 國家依皇朝頒降四書五經以造士 又以小學家禮爲考試 此固士子素所講習者 其餘諸經諸書諸史及洛閩諸先生遺文 又皆爲道學之原本 性理之淵藪 亦不可以不加講習 舍是以往 皆非正學 竝勿誦讀於院中 … 一 選士之法 勿論少長貴賤【貴謂上族 賤謂校生庶派之類】 一以立志向學名行無汚者許入 第近日痼弊 專以校生守聖廟 而士族有識者不與 今當痛革其習 毋論士族校生 皆入籍鄉學 就中擇其有志學問者 別入于書院 蓋鄉學擧其全 書院取其精 各有攸當也 … 一 每月朔望 諸生當具巾服詣西祠開中門 焚香再拜 次詣東祠 行禮如初 退又行庭揖禮 仍升講堂坐定 通讀白鹿洞敎條學校模範及小學四書近思錄聖學輯要等書若干板 循其次序 周而復始 交相問難而勸導焉 … 一 入院之士 如非鄉校書院議定之事 則切勿干謁邑宰 … 一 院屬下人 切宜完護 且爲之敎諭檢飭 非院齋諸事 不宜便自使喚詈責 至於募入 只取資助成樣 不必循俗廣占 以傷國家大體 … 一 先賢必欲創立書院於鄉學之外者 實以鄉學有科擧令式之繁 不能專意於講學故也 今若立院而猶不免復循舊習 是於大小學校 終無講學之地 其本泯矣 今宜院外別設一齋 以待肄擧業者 使毋得輒升講堂 肆做時文 以犯其大戒 一 晦菴先生設敎白鹿 只曰揭示而已 蓋以學之有規 爲猶未盡者也 然其後退栗諸賢 又必因名而責實 爲伊山文憲等院規 今謹略倣而并採之 以成此規 然亦有所未暇盡正者焉 須更就其本規中節目曲折 詳察互考 俾無疏略之歎".

데, 박세채는 이들 모두를 향교 교안(校案)에 등재한 후 학문에 뜻이 있는 자를 서원에 입원시킨다고 하였다. 이는 율곡의 「은병정사학규」에서 서류의 입학을 제한하지 않은 조항을 좀 더 구체화 시킨 것이라 볼 수 있다. 다만, 1693년에 제정한 「자운서원원규」의 원생 선발 기준에서는 신분과 관련된 언급은 없다.[94] 이는 박세채의 신분관이 변한 것이 아니라, 두 고을 향촌 세력의 영향력이 서로 달랐기 때문이라 생각된다.

셋째, '주자-율곡'으로 이어지는 도통 계보를 드러내고 있다. 원생들이 서원에서 의례를 마친 후 여러 성현의 서적을 통독하는데, 그 대상은 주자의 저술과 율곡의 「학교모범」 및 『성학집요』이다.

넷째, 서원의 독립적인 운영을 강조하였다. 입원하는 선비에 대해 수령의 간섭을 배제하고 있다. 「자운서원원규」에는 이를 좀 더 구체적으로 규정하였다. 당장·유사·장의·색장(色掌) 등의 원임 선발은 원유의 의견에 따라 이루어졌으며, 원임에 의해 서원 재정이 관리되었다. 또한 품관 중에 원감(院監)을 뽑아 서원 재정을 감독하게 했다.[95]

다섯째, 지나친 원속 모입을 제한하고 있다. 앞서 『선조수정실록』의 사론에도 언급되어 있듯이 서원은 피역의 소굴이라는 비판을 받았다. 서원은 피역을 도모하는 이들을 원속으로 모입함으로써, 재정 기반을 확충하였다. 그러나 원속이 많을 경우 그들에게 부과되던 군역과 각종 잡역이 다른 양민에게 전과되어 결국 국가 재정의 문란으로 이어질 수밖에 없었다. 당시 서원들은 관권과 결탁하여 원속을 경쟁적으로 늘리고 있었는데, 「문회서원학규」에서는 서원 운영을 보조할 만큼만 원속을 지급받으라고 규정하였

94) 『南溪續集』 卷19, 雜著, 「紫雲書院院規」, "一 取士之法 勿論長少 取其有志學業名行無汙者 院儒僉議許入 會者未滿十員則不得定議 生員進士則直許入".

95) 『南溪續集』 卷19, 雜著, 「紫雲書院院規」, "一 推齋中老成有識者一人爲堂長 又擇年長者一人爲有司 又擇諸生中有志業者二人爲掌議 又擇年少者二人爲色掌 有司以下并備三望 受差于院長 堂長則齋會時推定 凡院中議論 掌議色掌主之 議于堂長而定之 凡院中財穀什物僕隸等事 有司掌之 又擇品官勤幹者一人爲院監 什物出納 多士供饋等事使掌之 逐物皆有記籍 交付于代者".

다. 박세채는 서원 증가로 발생하는 현실적 문제를 직시하고, 문회서원 스스로 규제할 것을 당부하였다.

여섯째, 서원 내에서 과거 공부를 금지하고 있다. 박세채는 당초 서원을 설립한 이유가 과거 공부가 아니라, 도학 탐구를 위한 것이라고 생각하였다. 그래서 과거 공부에 몰두했던 자는 서원에 들어오기 전 별도의 재에서 일정기간 머물며 옛 습속을 버릴 시간을 가지라고 했던 것이다. 또한 서원에서 공부하는 내용은 『소학』과 『가례』, 여러 경전과 제서(諸書)·제사(諸史), 그리고 성리서이며 나머지는 배척하고 있다.

이처럼 박세채의 「문회서원학규」는 원생의 입학 조건과 원속 모입 등 17세기 후반 현실적인 문제를 감안하여 제정한 것이다. 그러나 규정 대부분은 기존 학규를 따르거나 보완한 수준이라 할 수 있다. 서원에서 과거 공부를 금지하고 있으며, 사대부 계층에 의한 자율적인 운영을 강조하였다. 한편으로 학맥에 따른 도통 계보를 명확히 하고 있다.

18~19세기 학규도 세부적인 규정에서 차이가 있을 뿐, 그 대체(大體)에는 큰 변화가 나타나지 않는다. 노론(老論) 낙론(洛論) 계열의 학자인 이재(李縡, 1680~17846)는 1737년(영조 13) 용인(龍仁) 심곡서원(深谷書院)의 학규인 18개조의 「심곡서원학규(深谷書院學規)」를 제정하였는데, 도통과 과거 시험에 대하여 다음과 같이 언급하였다.

> · 하나, 서원은 본래 사자(士子) 무리가 머물며 강학하기 위하여 설립하였으나, 근래 서원에서 유식하는 자는 다만 춘추향사에 참여하는 것을 중요시 여기는 까닭에 서원은 선현을 향사하는 장소가 되어서, 그 이름만 남아 있고 실제는 없어졌다. 때때로 거재(居齋)하는 자가 있으나 과문(科文)을 익히고 잡서(雜書)를 보는 것에 불과하여 강습의 미풍을 볼 수 없으니 참으로 탄식할 일이다. 이후로 거재하는 자는 이단의 서적으로 보지 말며, 또한 재중(齋中)에서 과거 시험을 위한 문자를 짓지 말며, 오로지 의리에 관한 학설에 뜻을 두고 아침저녁으로 익힌다.

> ·하나, 백록동은 서원의 시조이고 주부자(朱夫子)의 학규는 말이 간략하고 의리가 극진하다. 또한 제생이 스스로 몸을 닦는 방도로 율곡선생의 학규와 모범, 은병정사 학규와 약속만한 것이 없으니, 아울러 써서 벽에 걸어놓고, 거재 유생과 출입하는 자는 한 결 같이 이것으로써 법을 삼아 행여나 넘치는 일이 없게 해야 할 것이다.[96]

「심곡서원학규」 역시 서원에서 과거 공부를 배제하고 있다. 이재는 당대 서원의 교육 기능이 유명무실해지고, 존사 기능만 남아 있는 것을 직시하면서도, 서원에서 과문 공부를 금지하였다. 그는 과문을 이단 및 잡서와 같은 선상에 두고 서원은 도통을 익히는 곳임을 강조하고 있다. 나아가 주자의 「백록동규」, 율곡의 「은병정사학규」와 「학교모범」이야 말로 서원에서 공부하는 원생이 꼭 지켜야 할 규범이라고 하였다.

이재의 문인인 김원행(金元行, 1702~1772)은 양주(楊州) 석실서원(石室書院)의 학규인 14개조의 「석실서원강규(石室書院講規)」를 제정하였다. 석실서원은 이재가 설립한 한천정사(寒泉精舍)와 더불어 18세기 율곡의 학맥을 계승한 노론 인사들의 대표적인 강학처였다. 「석실서원강규」에는 강장(講長) 선임, 강안(講案) 작성, 학습 교재 등 강회 전반에 관한 규정을 담고 있는데, 스승 이재가 제정한 「심곡서원학규」의 강회 규정을 발전시킨 것이다.[97] 강회 후에는 「백록동규」, 「학교모범」을 읽었으며, 이단·잡서는 배척하면서,[98] 「심곡서원학규」처럼 도통 의식을 드러내고 있다.

---

96) 『陶菴集』 卷25, 雜著, 「深谷書院學規」, "一 書院本爲士子羣居講學而設 而近來游書院者 但以春秋參祀爲重 故書院只爲先賢享祀之所 有其名而無其實 往往或有居齋者 而不過習科文而觀雜書 未見有講習之美 可勝歎哉 此後居齋者勿讀異端之書 又勿做科業文字於齋中 惟專意於義理之說 朝夕肄習 一 白鹿洞是書院之祖 而朱夫子學規 辭約而義盡 且諸生自修之方 莫上於栗谷先生學規模範 隱屏精舍學規約束 并書揭于壁上 居齋及出入者 一以是爲法 無或踰越".

97) 박종배, 앞의 논문, 2010, 65~66쪽.

98) 『渼湖集』 卷14, 雜著, 「石室書院講規」, "一 講後又使直月讀白鹿洞規 學校模範等

한편, 소론계 산림 성근묵(成近默, 1784~1852)은 19세기 전반 무렵 8개조로 구성된 파주 파산서원(坡山書院)의 「파산서원재규(坡山書院齋規)」를 제정하였다. 「파산서원재규」의 첫 번째 조항에는 성혼(成渾)을 비롯해 파주 출신의 명현으로 파산서원에 제향된 4선생과 성혼의 학맥을 계승한 윤선거(尹宣擧)에 대한 존모(尊慕) 의식을 보이고 있다.[99] 앞서 이재·김원행이 '주자-율곡'으로 이어지는 도통 의식을 바탕으로 학규를 제정했다면, 소론계인 성근묵은 자연스레 '성혼-윤선거'로 이어지는 학맥을 도통으로 제시하였다.

이처럼 서인계 서원은 '주자-율곡', '성혼-윤선거'로 이어지는 도통 계보를 학규에 직·간접적으로 드러내고 있다. 이는 영남의 남인계 서원에서도 동일하게 나타난다. 즉, 퇴계의 학맥을 계승한 남인(南人) 계열은 「이산원규」를 자신들이 운영하던 서원 학규의 전거로 삼았다.

18세기 영남 남인과 퇴계학맥을 대표하던 학자 권상일(權相一, 1679~1759)은 상주 지역의 남인계 서원을 중심으로 활발한 서원 활동을 전개하였다. 이곳에서 권상일은 강학과 알묘 등의 활동을 통해 영남의 남인 세력을 결집해 나갔으며,[100] 여러 서원의 학규를 제정하거나 간여하는 모습을 보여주었다. 또한 권상일은 상주 도남서원(道南書院) 학규인 9개조의 「도원조약(道院條約)」를 직접 제정하였다.

·본원은 여러 선생을 봉안하는 곳으로 이곳보다 사문(斯文)의 중지(重地)인 곳은 없다. 무릇 원임과 입원유생(入院儒生)은 격려하고 감발(勘發)하여, 마음가

篇 模範分三節 每會. 以次讀之 又有餘力 則雖非當日所講 亦許隨疑相質 但勿許異端雜書".

99) 『果齋集』 卷5, 雜著, 「坡山書院齋規」, "一 凡我坡鄉儒林 無非尊慕我四先生 則皆吾同志之士也 苟能講習遺書 飭行劬學 則亦莫非聖賢之徒也 魯西先生與坡山齋儒書曰 瞻依松竹之遺逕 游泳道德之餘波者 將復見於今日 於不美歟 如或出入斯院而無向學之實 則將何顏周旋廟宇 依歸門墻乎".

100) 이수환, 「『청대일기』를 통해 본 권상일의 서원활동」, 『민족문화논총』 62, 영남대학교 민족문화연구소, 2016, 87~89쪽.

짐과 일을 행할 때는 완전히 의리를 쓰고 말과 행동거지는 오직 예법을 따르되 조금도 방과(放過)해서는 안 된다. 주부자는 선생의 복(服)으로 복(服)하였고, 선생의 말씀을 말하고 선생의 행실을 행하였으니, 더욱 가슴에 품을 일.

- 학문을 일으키고 선비를 기르는 것이 제일 중요한 일로 선배께서 서원을 설립한 뜻이니, 다만 이것을 중하게 여기고 낭비와 관련된 것은 모두 줄여서 원중(院中) 물력이 풍족해지게 하여 선비를 기르는 일에 전념할 일.
- 거재유생은 하나 같이 「이산원규」를 따르되, 만약 준봉(遵奉)하지 않고 마음대로 방자한 행동을 하는 자가 있으면 원임과 재중(齋中)이 논벌하고 바르게 경계할 일.
- 원임이 올 때 거재유생과 더불어 경전의 뜻을 강론하는 것 외에 쓸데없는 말을 해서는 안 된다. 「이산원규」는 거재 때 중요한 것이나 근래 유생은 문사(文詞)와 과거 공부에 힘껏 마음을 쓰고 있으니 비록 거재할 때 독서를 하지만, 단지 문사의 용도와 과거의 재료일 뿐이어서 노선생(老先生)[퇴계]께서 규약을 세워 선비들에게 권유한 본뜻과 크게 어긋난다. 비록 모두 그만둘 수는 없으나 일제히 모여 통독(通讀)해서 의리를 강론하는 것을 더욱 긴요한 일로 삼을 일.
- 거재하는 정원은 매년 서원 재용의 넉넉함과 부족함에 따라 가감하여 의정(議定)하되 많아도 5원(員)을 넘지 않을 일.
- 원임은 매년 봄과 가을 화난(和暖)할 때 사문(斯文)의 여러 장로와 배우기를 원하는 데에 뜻을 둔 선비를 봉청(奉請)하여 통독하면서 강론하되, 날짜에 제한되지 말고 1책을 구경(究竟)한 후에 파할 일.
- 응강(應講)과 제술(製術)하는 유생은 서원에 머물며 공부하는 것을 허가하지 말 일.
- 원중에 작은 일로 회집했을 때 쓸데없는 말로 부질없이 보내지 말며, 원중의 서책을 가져와서 강독하고 토론할 일.
- 과거의 글로써 선비에게 권하는 것은 학궁(學宮)의 본의가 아니니, 백일장(白日場)은 절대로 설행(設行)하지 말 일.[101)]

「도원조약」은 권상일이 1725~1727년 도남서원 원장으로 재임할 때 제정한 것으로 추정된다. 전체적으로 서원에 머물며 공부하는 거재유생의 학문 목적과 자세를 규정해 놓았다. 도남서원이 상주 지역을 대표하는 남인계 서원인 만큼 거재유생은 퇴계의 「이산원규」를 따르라고 했다. 서인계 서원에서 「은병정사학규」와 「학교모범」이 학규의 전거였다면, 남인계 서원에서는 당연히 「이산원규」가 중요한 전거가 되었다.

이와 관련해 권상일은 상주 근암서원(近嵒書院)의 발문을 쓴 적이 있다. 근암서원은 권상일이 가장 활발하게 출입했던 서원인데, 1732년(영조 8) 여러 인사에 의해 학규의 초본(草本)이 만들어졌지만, 관련 인사들이 세상을 떠나 완성을 보지 못하였다. 이후 초본을 근거로 새로 학규를 제정하였고, 권상일이 발문을 썼다. 권상일의 발문에는 이 학규가 「백록동규」와 「이산원규」를 근본으로 삼되, 강학과 관련된 절목을 더한 것이라고 하였다.[102] 「도원조약」의 제정 방향도 이와 비슷하여, 「이산원규」의 대략을 따

---

101) 『淸臺集』 卷10, 雜著, 「道院條約」. "本院 是諸老先生奉安之所 斯文重地 無於此 凡院任及入院儒生 激勵感發 持心行事 專用義理 言動擧止 惟遵禮法 毋得毫髮放過 而朱夫子服先生之服 言先生之言 行先生之行等語 尤當服膺事 興學養士 是第一件事 先輩立院之意 秖此爲重 凡干浮費 一切減損 使院中物力贍足 得以專意致力於養士事 居齋儒生 一依伊山院規 若不遵奉而任意恣行者 院任及齋中 論罰規警事 院任來時 與居齋儒生 講論經旨外 不得閒雜說話事 伊山院規 以居齋爲重 而近來儒生 着力專心於文詞及科擧 雖居齋讀書 而秖欲文詞之用 科擧之需而已 大有違於老先生立規勸士之本意 雖不可全廢 而齊會通讀 講論義理 尤爲緊切事 居齋額數 每年隨院用豐歉加損議定 而多不過五員事 院任 每於春秋和暖時 奉請斯文諸長老及有志願學之士 通讀講論 而不限日數 究竟一冊後 乃罷事 應講及製述儒生 不許留院做工事 院中些小會集時 亦勿閒談浪過 出院中書冊 講讀討論事 勸士以科擧之文 非學宮本意 白日場 切勿設行事".

102) 『淸臺集』 卷11, 跋, 「近院學規跋」. "壬子之秋八月初旬 竹厓吳公以本院洞主 奉邀息山李丈 且會士友若干人 講論古書于院之主一齋 又復增損洪公學規 草得十餘條而藏之 相一幸參會末 因竊得以與聞增損之意 因欲踵成是事 又與之相約更會 而其年冬 息翁棄世 翌年夏 公繼歿 竟未得成 … 而及冬 請齋儒讀書 且以草本謄寫他冊 奉藏于院中 後之繼是任者 有所遵倣設行 而無少廢墜 斯文因是而倡明 多士以是而作興 則豈非玆院之幸耶 公又手寫晦翁之白鹿洞規 退翁之伊山院規 揭于壁

르면서도 당시 세태를 감안해 강학과 관련된 규정을 추가한 것이다.

「도원조약」에서 가장 상세하게 규정한 것은 거재유생의 강학이다. 평소 권상일은 강학과 과거 공부를 분리해서, 서원에서는 오로지 강학만하고 과거 공부는 서당에서 하는 것이라고 생각했다.[103] 그렇기에 「도원조약」의 여러 조항에서는 서원에서 과거 공부를 하고 백일장을 설행하는 세태를 비판하였다. 이와 관련해 「이산원규」에서는 문장과 과거 공부에 대해 "문장과 과거 공부 또한 널리 힘쓰고 두루 통달하지 않으면 안 된다"라고 하면서도, 학문의 본말과 경중이 있으니 원생 스스로가 유념하기를 당부했다. 그러나 권상일은 좀 더 강경한 입장에서 서원에서의 과거 공부를 금지하고 있다. 권상일은 과문 위주의 학습이 당대 세태와 기강의 문란을 낳았다고 판단한 것이다.

퇴계학파 인사에 의해 「이산원규」가 학규의 모범으로 활용된 것은 서원 운영만이 아니었다. 저술과 교육 정책에서도 「이산원규」가 적극 활용되었던 것이다. 예컨대 류장원(柳長源, 1724~1796)은 가례서(家禮學) 전문 예서(禮書)로서 30권 16책에 이르는 방대한 분량의 『상변통고(常變通攷)』를 저술하였다. 이 책에 수록된 '학교례(學校禮)'는 향교·서원 등에서 행하는 각종 의례를 고증한 것인데, 「교법(敎法)」 편에서 주자의 「백록동규」와 퇴계의 「이산원규」를 제시한 후 안설(案說)을 통해 "학교를 세우고 가르침을 베풂은 서울이나 지방이 다르지 않기 때문에 이 두 가지 원규를 '서원' 조에서 따로 드러내지 않고 여기에 붙인다"고[104] 하였다.

또한 류치명(柳致明, 1777~1861)은 초산군수(楚山郡守)로 재임 중이던 1840년(헌종 6) 관내 향교를 중심으로 문풍을 진작시키기 위하여 「향교방유(鄕校牓諭)」를 내렸다. 그리고 이때 「백록동규」와 「이산원규」를 베껴 향

上. 蓋其草本以兩規爲根本 而就其中 加講學節目 使之論說義理 透明經傳而已".

103) 이수환, 앞의 논문, 2016, 94~95쪽.

104) 『常變通攷』 卷27, 學校禮, 「敎法」. "立學設敎 無中外之殊 故此兩院規 不別見於書院而附於此".

교에 게시하며 학문의 지남(指南)으로 삼기를 당부하였다.[105] 학규의 모범으로 「백록동규」와 「이산원규」를 제시함으로써, 자연스레 '주자-퇴계'로 이어지는 도통을 강조하였던 것이다.

자신의 도통을 학규에 드러내는 것과 관련해서는 강필효(姜必孝, 1764~1848)의 「강학입약범례(講學立約凡例)」가 주목된다. 이 규약은 9개조로 구성되어 있으며, 문인들에게 강학의 지침을 마련해주고자 제정한 것이다. 그 중 제7조는 "학규는 주자의 「백록동규」, 퇴옹의 「이산원규」와 「서실의(書室儀)」, 서봉(西峯)의 「획일도(劃一圖)」를 절도로 삼는다"라고[106] 규정하였다. 여기서 「서실의」는 성혼의 저서이며, 「획일도」는 윤증(尹拯)이 만든 「초학획일지도(初學劃一之圖)」를 뜻한다. 즉, 영남 남인과 소론 계열이 각각 모범으로 삼고 있는 학규와 지침을 모두 학문의 절도로 제시하였다. 이는 강필효의 사회적 위치에서 비롯된 것이다. 강필효는 안동의 소론계 인사로서, 영남의 주류 학맥인 남인계 퇴계학파 인사들과 우호적인 관계를 맺으며 두루 교유하였다. 이러한 관계를 유지하기 위하여 포용적 입장에서 다른 학맥의 학규도 강학의 범례로 삼았던 것이다.

이처럼 17세기 중반 이후 조선의 학규는 시대의 변화상에 따라 변모하기 보다는 16세기 후반 각 학파의 명현에 의해 제정된 학규를 답습하였다. 조선 후기 사회·경제적 변화 속에 전통적인 사대부 계층은 성리학적 이념체계를 강화함으로써, 향촌사회 내에서 자신들의 지위를 유지해 나가고자 했다. 「백록동규」, 「이산원규」, 「은병정사학규」 등 도통을 직접적으로 확인할 수 있는 학규를 각 서원 학규의 전거로 활용한 것도 같은 이유에서이다. 즉, 조선의 사대부 층은 시대적 변화 속에 학규를 더욱 보수적으로 해

105) 『定齋續集』 卷8, 雜著, 「鄕校牓諭」. "謹將朱夫子白鹿洞規 退溪先生伊山院規 謄寫一通 俾藏置學中 爲諸君指南 且以區區之意 略書顚末于下方 願諸君體兩賢爲人之意 發奮向上 有意淬勵 則其詳具在方 册 願相與讀之".

106) 『海隱遺稿』 卷11, 雜著, 「講學立約凡例」. "一 學規以朱子白鹿洞規退翁伊山院規及坡山書室儀西峯劃一圖爲節度".

석하였다. 이러한 학규 해석은 서원 운영에 그치지 않았다. 학규가 가지고 있는 교육 본연의 목적과 별개로 구체제 유지와 정치 구호로 사용되기도 하였다.

예컨대 18~19세기 경주 옥산서원의 원임직 소통을 둘러 싼 적서(嫡庶) 간의 갈등은 학규가 신분 질서 유지를 위한 방편으로 활용된 대표적 사례이다.[107] 16~17세기 서원 학규가 제정될 무렵에는 서얼의 서원 입록을 명확하게 금지하지 않았다. 오히려 「은병정사학규」 등에서는 서얼 출입을 허용하였다. 이 시기에는 전통적인 사대부 층의 사회적 영향력이 컸으며, 입록 가부도 원유의 공론에 의해 결정되었기 때문에 이 규정은 크게 문제가 되지 않았다. 그러나 조선 후기 서얼 허통(許通)이 점진적으로 이루어지고 이들의 사회적 지위도 성장함에 따라, 서원 입록을 둘러 싼 갈등이 적지 않게 발생하였다. 당시 옥산서원은 제향자 이언적(李彦迪)의 적손 계열이 원임직을 장악하고 있었다. 그런 가운데 서손 계열이 원임직 소통을 요구하자, 적손은 퇴계의 학규를 근거로 이를 거부하였다.

> 대개 옥산서원 원규와 학령은 곧 퇴도 노선생께서 강정(講定)하신 것입니다. 퇴도 선생은 이 규령을 먼저 순흥 소수서원에서 시행하였고, 이어 본 고을의 옥산·서악 두 서원에 나누어 가르치셨으니, 주부자의 「백록동규」와 함께 거행하고 삼가 지켜왔었습니다. 대개 그 규정은 한두 가지가 아니지만, 그 중에서도 설천(設薦)과 취사(取士) 제1건은 매우 중하고 엄한 규정입니다. 그 설천하는 법은 반드시 사족 가운데 문벌과 지망(地望)을 모두 갖춘 자로 고르고, 공의를 좇아서 가려 뽑으니, 조정에서 영관(瀛館)을 청선(淸選)하는 것과 다름이 없습니다. 먼저 부참(父參)을 보고, 다음은 모참(母參)을 보며, 또한 처참(妻參)을 보는데, 만약 3참(三參)에서 하나라도 부족함이 있으면, 물리쳐서 천록(薦錄)에 끼지

107) 이하 옥산서원 원임직 소통을 둘러 싼 적서 간의 갈등은 '이수환, 「18-19 세기 경주 옥산서원 원임직 유통을 둘러싼 적서간의 향전」, 『고문서연구』 17, 한국고문서학회, 2000' 참조.

> 못하게 합니다. 설천과 입록 때의 근엄한 절차는 비록 자세하게 말씀드리지 않겠지만, 대개 범서(犯庶)·범민(犯民)을 첫 번째 방한(防限)으로 삼습니다.[108)]

위의 글은 1826년(순조 26) 옥산서원의 적손이 경상도관찰사에게 올린 정문(呈文) 중 일부이다. 이들은 「이산원규」 외에도 소수서원에 퇴계의 학규가 있으며, 여기의 3참 조항을 근거로 서얼의 원임직 소통을 거부하였다. 그러나 해당 학규의 실체가 불분명하다. 정작 퇴계는 「이산원규」에서 서얼에 대해 전혀 언급하지 않았을 뿐만 아니라, 오히려 향촌 사회에서 서치에 따른 향좌법 시행을 주장하였었다. 이 향전은 19세기 후반까지 지속되는데, 문제가 된 학규의 실체 여부와 관계없이, 전통적인 사대부 계층이 자신들 주도의 신분 질서를 유지하기 위하여 학규에 준법제적 권위를 부여한 사례로 해석 할 수 있다.

한편, 학규는 전통적인 가치관을 고수하려는 보수 유림의 구호로 활용되기도 하였다. 예를 들어 1881년(고종 18) 조미수호통상조약이 추진되자 영남 유림 1만 명이 척사(斥邪)를 주장하는 반대 상소문을 올렸다. 수백 명의 영남 유림이 소행(疏行)에 참여했는데, 중도에 결속력을 다지고 분위기를 쇄신하는 차원에서 소유들은 수시로 상읍례(相揖禮)를 거행한 뒤 「백록동규」를 통독하였다.[109)] 특히 「백록동규」는 주자의 「주자증손여씨향약(朱子

---

108) 『玉院事實』 1册. “慶州玉山書院儒生 幼學權致股李海祥李在佰 呈營門 … 蓋玉山書院院規 學令迺退陶老先生所講定者也 退陶先生 以此規令 先施順興之紹修書院 此以分敎於本邑之玉山西岳兩書院 卽與朱夫子白鹿洞規 并行而謹守焉 蓋其爲規不特一事二事 而設薦取士爲第一件 莫重莫嚴之規 其設薦之法 必取士族中家閥地望全脩者 從公議抄擇 無異於朝家之瀛館淸選也 先觀父參 且觀母參 又次觀妻參 苟有一不足於三參 擯不廁錄 其設薦入錄時謹嚴節次 雖不敢覼縷 而槩以犯庶犯民爲第一防限”.

109) 『疏廳日錄』, 辛巳 2月 14日. “朝後布陣沙場 會員二百人行相揖禮 使金鼎奎金絢輝 唱白鹿洞規夙興夜寐箴”; 15日. “午到龍仁府站 後開座於沙場行揖禮 使金泌模趙永基唱(白鹿洞)規”.

增損呂氏鄕約」과 더불어 19세기 후반 동학(東學)과 서학(西學)이 확산되는 가운데, 복고적 관점에서 사설(邪說)을 막고 전통적 가치관을 고수하려는 보수 유림의 구호로 적극 활용되었다.

이상과 같이 조선 학규의 전개 양상은 청대 서원의 학규와 맥락을 완전히 달리한다. 청대 서원은 관학화 이후 관료 예비군 층 양성에 초점을 맞추어 학규를 운영하였다. 반면, 조선 서원에서는 전통적인 질서 유지의 수단으로 학규가 활용되었다. 한편으로 각 서원을 주도하는 세력은 자신들의 학파적 정체성을 학규에 적극적으로 드러내었다.

Ⅳ. 맺음말

학규는 교육 과정과 운영 방침을 제정해 놓은 서원의 자체 규약이다. 이는 서원의 학문적 지향점과 계통을 보여주기도 하지만, 제정 당시의 정치·사회·경제·문화적 특징도 일정부분 반영되어 있다.

남송의 이학자들은 으레 관학의 쇠퇴를 지목하였다. 이들은 '위인지학'이 아닌 '위기지학'을 전면에 내세우며, 인재 양성, 의리 강명, 그리고 '존현'의 장소로 서원을 적극적으로 설립하였고, 그 교학 이념을 실천하기 위해 학규를 제정해 나갔다. 고려 후기 주자 성리학을 도입한 한국에서도 16세기 이후 주자의 서원관을 주목하기 시작하였다. 자연스레 조선의 사대부층은 주자의 「백록동서원게시」를 학규의 전거로 삼고, 조선의 실정에 맞추어 서원을 운영해 나갔다.

한·중 서원 모두 남송 이학자가 제정한 학규를 전거로 삼았으나, 서원의 전개 양상은 사뭇 달랐다. 왕조의 정치·사회적 변화에 따라 서원 운영의 주체는 대응을 달리 하였는데, 학규를 통해 그 양상을 추적할 수 있다. 때로는 학규가 시대적 변화에 부응하기도 했으나, 때로는 전통적인 체제를 고수하는 수단으로 활용되었다. 이에 조선에서 서원이 운영되던 16~19세기를 기준으로 중국 명·청대 서원과 동 시기 조선 서원의 학규를 비교·검토하였다.

우선 명대에는 백록동서원의 「속백록동학규」를 통해 서원의 관학화를 극복하려던 정주이학 계승자의 노력을 확인할 수 있다. 그런 가운데 16세기에 이르러 심학이 번성하였고, 「교조시용장제생」과 「대과훈규」와 같은 학규가 심학자 주도로 제정되었다. 이에 반해 17세기 초반에는 학문의 전환을 도모하는 이학자 집단에 의해 서원에서의 자유 강학이 활발하게 진행되었다. 이러한 현상을 보여주는 학규로는 '동림회약'이 있다. 하지만 당대 많은 서원이 관부의 영향력 하에 관료 예비군 층을 양성하는 교육 기관으로 운영되고 있었다. '동림회약'과 비슷한 시기 제정된 공학서원의 「회규」는 자유 강학을 추구하는 서원과 관학화된 서원의 이질성을 보여준다.

조선에서는 16세기 중반 백록동서원을 전거로 한 백운동서원이 처음 설립되었다. 이에 앞서 조선의 당국자들은 지방에서 사학 기관이 발달하는 가운데 명대의 관학화된 서원을 주목하였다. 얼마 후 공신 계열 인사인 주세붕이 백운동서원을 설립되고 학규를 제정하였다. 그러나 16세기 중반 이후 서원 설립과 운영을 주도한 것은 주자 성리학을 발전시킨 사림 세력이다. 이들은 17세기 중반까지 서원을 성리학과 사림 세력의 부식처로 삼고 전국에 서원을 보급하였다. 아울러 각 학파의 명유들은 주자의 「백록동서원게시」를 계승한 「이산원규」, 「은병정사학규」, 「원규」[정구], 「신산서원입규」 등을 제정하였다. 이 무렵 성리학 발전은 '도통'의 분화로 이어졌으며, 각 학파는 경쟁적으로 서원을 설립하였다. 17세기로 접어들면 서원 학규에서도 학파별 계통 의식이 드러난다. 이에 서원 학규는 교육적 활용과 별개로 '도통'을 표방하는 수단이 되기도 했다. 이는 관학화의 길을 걸으며 교육적 내용이 구체화 되는 명말의 학규와 비교되는 대목이다.

청대 초기 이학자들은 명말 심학의 병폐를 지목하면서 서원에서의 자유 강학을 통해 학풍을 쇄신하고자 했다. 그런 가운데 강희 연간 제정된 관중서원의 「학정」과 「환고서원회규」는 이학으로의 회귀를 도모하려는 강한 의지를 보여준다. 그러나 옹정·건륭 연간 서원 정책은 크게 일신된다. 중앙집권 체제의 강화 속에 지방 행정 조직과 연계하여 관학화된 서원 제도가 한층 더 정비된 것이다. 특히 변방에도 행정력과 교화가 미치는 가운데 서원이 건립되었고, 청해에서는 「황청새외대통위삼천서원학약」과 같은 학규가 제정되었다. 19세기 중반 이후로는 서세동점의 흐름 속에 신식 학문을 접목시킨 서원이 등장하였다. 이 무렵 제정된 「중서서원과정규조」에서는 중학과 서학을 함께 익힌다면 관직에 나간 후 능력을 더욱 발휘 할 수 있을 것이라고 하였다. 많은 서원들이 시대적 요구에 맞추어 변모하였고, 결과적으로 서원이 근대 교육의 기반으로 활용될 수 있었다.

조선 후기 서원은 교육 보다 제향 기능이 중시되었다. 향촌지배 세력은 사회·경제적 변화 속에 서원을 중심으로 전통적 가치를 고수하고자 했다. 17세기 후반부터 1868·1871년 전국적인 서원 훼철이 이루어지기까지 「죽림서원절목」, 「자운서원원규」, 「심곡서원학규」, 「석실서원강규」, 「도원조약」, 등의 여러 학규가 당대 명현에 의해 새롭게 제정되었다. 이들은 복고론적 입장에서 경학에 중점을 둔 학규를 제정해 나갔지만, 시대적 변화상을 학규에 반영하지는 않았다. 오히려 유력한 몇몇 서원에서는 서원 입원 자격에 신분적 제약을 강화하였고, 그 과정에서 학규 해석을 둘러싼 심각한 갈등이 발생하기도 했다. 시대적 흐름 속에 서원 학규의 지향점은 양 왕조에서 다른 모습을 보여주었던 것이다.

【참고문헌】

『朝鮮王朝實錄』, 『竹溪志』, 『常變通攷』, 『玉院事實』, 『疏廳日錄』, 『退溪集』, 『寒岡續集』, 『梅竹軒集』, 『市南集』, 『南溪集』, 『南溪續集』, 『陶菴集』, 『淸臺集』, 『定齋續集』, 『渼湖集』, 『果齋集』, 『海隱遺稿』

『明史』, 『明儒學案』, 『欽定學政全書』, 『西寧府新志』, 『東林書院誌』, 『共學書院誌』, 『還古書院志』, 『嵩陽書院志』, 『岳麓書院續志』, 『學海堂志』, 『朱子大全』, 『呂東萊先生遺集』, 『敬齋集』, 『王陽明全集』, 『泉翁大全集』, 『二曲集』, 『恒齋文集』

『申報』, 學生書局, 1965

『萬國公報』, 華文書局, 1968

구본욱, 「석담 이윤우의 사승과 교유에 관한 고찰」, 『퇴계학과 유교문화』 57, 경북대학교 퇴계연구소, 2015.

궁숭도, 「청대 숭양서원 생원모집 및 교학활동」, 『한국서원학보』 5, 한국서원학회, 2017.

김자운, 「퇴계의 서원관과 조선후기 소수서원 강학의 변화」, 『퇴계학논집』 18, 영남퇴계학연구원, 2016.

______, 「조선시대 서원 강학 관련 자료의 유형과 특징」, 『유학연구』 48, 충남대학교 유학연구소 논문집, 2019.

김유리, 「청말 서원의 학당개편과 근대학제의 성립과정」, 『동양사학연구』 75, 동양사학회, 2001.

김홍길, 「명대 귀주성의 설치와 토착민의 저항」, 『동북아역사논총』 58, 동북아역사재단, 2017.

鄧洪波·趙偉, 「白鹿洞書院的建立背景與中國書院的變化－宋元明淸－」, 『한국서원학보』 11, 한국서원학회, 2020.

박양자, 「주자의 서원관－특히 "백록동서원게시"를 중심으로－」, 『동방학지』 88, 연세대학교 국학연구원, 1995.

박영순, 「상하이 중서서원과 '중서병중'의 함의」, 『중국학논총』 59, 고려대학교 중국학연구소, 2018.

박종도, 「담약수의 수처체인천리 공부론」, 성균관대학교 대학원 박사학위논문, 2021.

박종배, 「조선시대의 학령 및 학규」, 『한국교육사학』 28-2, 한국교육사학회, 2006.

______, 「중국 역대 제학관 제도의 변천」, 『교육사학연구』 20-2, 교육사학회, 2010.
______, 「학규에 나타난 조선시대 서원교육의 이념과 실제」, 『한국학논총』 33, 국민대학교 한국학연구소, 2010.
______, 「회규를 통해서 본 명대의 서원 강회 제도」, 『교육사학연구』 21-2, 교육사학회, 2011.
______, 「명·청시기 서원 강회의 발전 과정에 관한 일 고찰」, 『한국교육사학』 35-3, 한국교육사학회, 2013.
______, 「남계 박세채의 서원교육 사상과 실천」, 『교육사학연구』 24-2, 교육사학회, 2014.
신현승, 「16~17세기 유교 학파의 관계성에 대한 일고찰－중국 명대 말기를 중심으로－」, 『동아시아문화연구』 73, 한양대학교 동아시아문화연구소, 2018.
이경동, 「조선후기 여산 죽림서원의 운영과 위상」, 『한국서원학보』 9, 한국서원학회, 2018.
이광우, 「고·중세 한국 사학의 전통이 서원 출현에 이르기까지」, 『서원학보』 10, 한국서원학회, 2020.
이수환, 「18-19 세기 경주 옥산서원 원임직 유통을 둘러싼 적서간의 향전」, 『고문서연구』 17, 한국고문서학회, 2000.
______, 「조선조 영남과 청대 산동의 서원 비교연구－인적조직과 경제적 기반을 중심으로－」, 『민족문화논총』 46, 영남대학교 민족문화연구소, 2010.
______, 「『청대일기』를 통해 본 권상일의 서원활동」, 『민족문화논총』 62, 영남대학교 민족문화연구소, 2016.
이우성, 「퇴계선생의 예안향약과 〈향좌〉 문제」, 『퇴계학보』 68, 퇴계학연구원, 1990.
이우진, 「왕양명의 용장오도 다시 읽기－용장의 생활을 중심으로－」, 『양명학』 59, 한국양명학회, 2020.
이학로, 「도광시기 광주신사들의 학문경향과 서정소개－학해당 학장들의 활동을 중심으로－」, 『경북사학』 19, 경북사학회, 1996.
임근실, 「16세기 서원 학규에 대한 검토와 그 특징」, 『한국서원학보』 6, 한국서원학회, 2018.
장의식, 「청말의 상해 격치서원 : 시대 변화와 그 한계」, 『중국사연구』 117, 중국사학회, 2018.
정석태, 「신산서원의 강학전통」, 『민족문화논총』 79, 영남대학교 민족문화연구소, 2021.
정낙찬, 「청대 악록서원의 교육과정 변천」, 『동아인문학』 21, 동아인문학회, 2012

정만조, 『조선시대 서원연구』, 집문당, 1997.
朱漢民, 「중국 서원의 역사」, 『한국학논총』 29, 국민대학교 한국학연구소, 2007.
한재훈, 「조선시대 서원 학규의 시기별 경향－16~18세기를 중심으로－」, 『한국서원학보』 13, 한국서원학회, 13, 2021.

한·중서원의 원임 비교 연구
-한국 소수서원과 중국 백록동서원을 중심으로

채 광 수

Ⅰ. 머리말

> "내가 보잘것없는 몸으로 태평한 세상을 만나 외람되게 이 고을 군수가 되었으니 고을을 위하여 그 책임을 다하지 않을 수 없다. 이에 마음과 힘을 다하여 사당과 서원을 설립하고 토지를 마련하고 경전을 소장하기를 한결같이 백록동서원(白鹿洞書院)의 고사에 따라 하고서, 무궁한 후일에 훌륭한 인물을 기다리게 되었다."

풍기군수 주세붕이 백운동서원을 설립한 뒤 만든 『죽계지(竹溪誌)』 서문에서 밝힌 구절이다. 주세붕이 주희의 백록동서원을 모범으로 백운동서원을 설립한 것은 이미 잘 알려진 사실이다. 주희가 재건한 백록동서원은 중국을 넘어 동아시아 교육 체계의 기초가 되었다. 특히 그가 제시한 「백록동규(白鹿洞規)」는 서원 교육의 지침서 역할을 하였다. 한국의 서원 곳곳에는 「백록동규」가 게시되어 있다. 또한 강학 때마다 이를 경독(敬讀)하기도 했다. 이런 점에서 한국의 서원은 「백록동규」를 가장 충실히 구현한 공간이다 할 수 있다.

한·중 서원에 관한 선행연구는 경향별로 서원지(書院誌), 교육, 인적조직과 경제기반,[1] 건축 분야에 주목한 연구로 나누어 볼 수 있다. ①에서는

1) 정만조, 「조선시대 書院志 體例에 관한 연구」, 『한국학논총』 29, 2007 ; 임근실,

그 체제와 지식양상을 검토했고, ②에서는 영남서원과 중국 휘주(徽州) 서원의 특징을 비교 고찰했으며, ③에서는 영남서원과 청대 산동(山東)지역 서원의 차이점을 규명하였다. 이를 제외하면 한·중서원 연구는 대개 부분적으로 다루어졌다.

본 연구는 이러한 연구 성과 바탕 위에 서원사(書院史)에서 가장 중요한 위치를 점하는 한국 소수서원과 중국 백록동서원 운영의 주체인 院任을 대상으로 비교·연구를 시도해 본 것이다. 이에 두 갈래로 글을 구성해 보았다. Ⅱ장에서는 한·중 서원 원임의 일반론에 대해 살폈고, Ⅲ장에서는 소수·백록동 양원(兩院) 원임들을 실증적으로 검증하였다.

다만 제한된 자료로 논지를 전개하다 보니 구성이 일관되지 못하다는 한계가 있다. 이는 충분한 관련 자료 발굴과 수집을 통해 극복할 향후 과제로 삼는다.

Ⅱ. 한·중서원의 원임 구성

1. 한국서원의 원임

원임은 서원을 운영하는 주체이다. 한국 최초의 서원 백운동서원 원규(院規)에는 '원장 1인과 원이(院貳) 1인'을 정해 운영하라고 규정되어 있다. 그러나 이 규정은 시기, 지역, 당색 등 여러 가지 여건에 따라 원임의 직제·신분·임무·임기 등 그 사정이 달랐다. 아래는 영남지역 원규의 모범인 이황이 지은 「이산원규(伊山院規)」 원임 관련 조목이다.

「16세기 한·중 서원지의 지식사적 의미」『민족문화논총』 79, 2021 ; 이수환, 「안동과 휘주의 서원교육 비교연구」『안동학연구』 5, 2006 ; 陳聯, 「중국 휘주와 한국 영남지역 서원교육 비교연구」『안동학연구』 5, 2006 ; 이수환 「조선조 영남과 淸代 山東의 서원 비교 연구－인적 조직과 경제적 기반을 중심으로－」『민족문화논총』 46, 2010.

> 서원의 유사는 근처에 사는 청렴하고 재간 있는 품관(品官) 두 사람으로 정하고, 또 선비 가운데 사리를 알고 몸가짐이나 행실에 있어서 여러 사람이 우러러 복종할 수 있는 한 사람을 골라서 상유사로 삼되 모두 2년 만에 교대시킨다.[2)]

원장에 대한 구절은 보이지 않는데 위 조목을 보면, 2명의 유사를 두고 그중 우수한 자를 상유사로 삼아 2년 간 서원 운영을 담당토록 했다. 이황이 별도로 원장직을 제시하지 않은 것은 서원 운영 구상 시 경제적 지원은 지방관이, 강학은 초빙된 학자가 담당하도록 구상했기 때문일 것이다. 비록 원장이라는 용어는 없지만 실제로는 상유사가 원장과 같은 역할을 수행하였다. 초창기에 설립된 서원의 『원임안』을 보면 '상유사-하유사' 체제와 '원장-유사' 체제를 혼용해서 사용했음을 알 수 있다.[3)] 그 뒤 서원 제도가 조선 사회 내 안착하면서, 서원은 '원장-유사'를 기본으로 하는 직제로 편제되었다. 물론 서원이 발전함에 따라 원임의 직제는 더욱 다양하게 분화되어 가며, 특히 당색별로 다소 차이가 발생한다. 먼저 원임 자격과 직무에 대한 일반론을 짚어본 후 당색별 차이를 일별하고자 한다.[4)] 일반적으로 원임은 춘추 향사 때 모인 사림들이 자율적으로 천거한 인사를 권점(圈點)한 점수 순서에 따라 원장과 유사로 선정했다. 이후 선임된 원임의 이름을 원내(院內) 게시하고 임명장인 망기를 발급하였다.[5)]

먼저 원장직부터 살펴보면, 서원 재정을 비롯해 제사·교육·사람과 건물 관리 등 서원 살림 전반을 감독하는 의무와 권한을 가진 이가 원장이다.

---

2) 「伊山院規」.

3) 소수·서악·옥산·도동·병산서원 등은 '원장-유사', 이산·천곡·역동·도산서원 등은 '상·하유사' 체제로 조직되어 있다. 이수환, 『조선후기 서원연구』, 일조각, 2001, 104쪽.

4) 이에 대해서는 이수환, 앞의 책, 일조각, 2001 ; 윤희면, 『조선시대 서원과 양반』, 집문당, 2004를 바탕으로 정리하였다.

5) 이병훈, 「조선후기 경주 옥산서원의 운영 양상과 위상 변화 연구」, 『영남대학교 박사학위 논문』, 2018, 40쪽.

원장의 책무에 대해서 소수서원 '사문입의(斯文立義)'에는 "원장 1인을 상정(常定)하여 제사·유생의 공궤 및 소속 인물·사찰·전답·재물·기구·원사간각(院舍間閣) 등 대소사를 아울러 전장(專掌)하도록 한다"라고 규정되어 있다.[6] 일원지장(一院之長)인 원장에 부임하려면 어떠한 자격을 갖춰야 할까? '학문에 종사하며 믿음과 신중한 자,'[7] '여러 사람이 높이 받들고 복종하며 한 뜻으로 공경하고 신의가 있는 자,'[8] 쉽게 말해 원장은 명망가를 추대하는 것이 기본이다. 다음으로 실무는 유사가 담당했다. 원장과 원생 중간에 위치한 유사는 언행을 조심하고 학문이 정밀한 사람으로,[9] 원장을 보필하면서 일상적으로 서원에 일어나는 각종 대소사를 주관하는 직무를 담당했다. 임기가 보장된 유사 이외에도 서원 필요에 따라 다양한 임시 유사를 선임해 사업을 진행시켰다. 아래 표는 남·서인계 원임의 조직, 임기, 신분을 간략히 비교해 본 것이다.

〈표 1〉 남·서인계 원임 비교

구분	남인계 서원	서인계 서원
조직	원장 - 유사	원장 - 掌議 - 유사
임기	1~2년(중임·재임)	종신 - 1~2년
신분	하급관료, 司馬, 유학 등	중앙고위관료, 대학자, 지방관 등
선임	入院生 중 선출	관료, 入院生

남인계는 전술한 체제에서 크게 벗어나지 않았다. 물론 남인계라 하더라도 영남이 아닌 경우에는 일정한 격차가 있었다. 전라도의 대표적인 남인계 서원인 나주 미천서원[제향 허목]의 원임 구성은 오히려 서인계와 흡

6) 「소수서원 斯文立義」, 이수환, 앞의 책, 일조각, 2001, 111쪽, 재인용.
7) '業文信愼者', 「소수·옥산서원 원규」.
8) '衆所推服 一意敬信者', 「도동서원 원규」.
9) 「도동원규－擇有司」.

사한 점이 그러한 사례이다.[10)]

서인의 영수 송준길 현손 송래희는 무려 10개소의 서원 원장을 겸직했다. 서인계 서원의 특징적인 모습을 잘 보여주는 대목이다. 대체로 서인계 서원의 원장은 상징적인 명예직에 가까웠고,[11)] 실질적 업무는 장의가 처리했다. 서원의 격에 따라 다르겠지만 노강(魯岡)·죽림서원(竹林書院)[12)]처럼 수원(首院)의 장의는 지방관 선임이 원칙이었다. 이와 달리 영남 서인계 서원의 장의는 향내 인사가 주를 이루었다.[13)]

양 당파를 대표하는 도산서원과 화양서원의 원장 비교를 통해 그 일단을 확인해보자. 도산에는 1573년(선조 6) 경~1895년(고종 32)까지 466명이 원장으로 부임하였다.[14)] 반면 화양서원의 원장은 1695년(숙종 21)~ 1852년(철종 2)까지 18명에 불과하다.[15)] 이 부분이 두 서원 간의 가장 큰 차이점이다. 임기도 이와 짝을 이루어 도산은 평균 6개월에 그치지만, 화양서원은 8년 7개월에 이른다. 전자는 원장 수 확대를 통한 우호세력 확보를 추진하였고,[16)] 후자는 특별한 사유가 없는 한 종신직인 경원장제(京院長制)를 채택하였기 때문이다. 이는 남서 간 정치적 성쇠와도 밀접한 연관성을 가지며, 서원 운영에 대한 시각 차이에 기인하는 측면도 있다. 도산서원에서도 1798년(정조 22) 남인의 영수 채제공·한치응을 원장에 초빙한 예가

---

10) 이수환, 앞의 책, 일조각, 2001, 113~115쪽.

11) 원장 1명만 존재한 것이 아니라 京원장, 副원장, 鄕원장으로 세분된 제도를 구축하고 있었다.

12) 魯岡書院 : 享 尹煌·尹文擧·윤선거·윤증, 竹林書院 : 享 이이·성혼·김장생.

13) 송시열 등을 제향하고 있는 성주목 老江書院의 장의 구성원 전부가 향내 인사들이며, 단 1명의 관직자도 없다. 채광수, 「老江書院의 연혁과 인적구성」, 『민족문화논총』 제60집, 2015, 336쪽.

14) 우인수, 「조선후기 도산서원 원장의 구성과 그 특징」, 『퇴계학과 유교문화』 53, 2013.

15) 전용우, 「華陽書院과 萬東廟에 대한 一 硏究」 『역사와 담론』 18, 1990, 157쪽, 〈표 4〉 화양서원역대원장 재인용.

16) 전용우, 앞의 논문, 1990, 157쪽.

있었으나 단 2회에 그쳤을 뿐이다. 장의 또한 화양에서만큼은 종신제로 운영되었던 점도 특기할 만하다.[17]

원장의 경력을 살펴보면 당상관 이상으로 도산의 원장이 된 자는 19명[18]인데, 이마저도 전직관료들이자 퇴계 후손들이 대다수이다. 이에 비해 화양의 원장은 조정의 공경(公卿)·재상 및 대학자들이 포진해 있다.[19] 이러한 차이에는 남인계 서원이 퇴계 서원론의 영향을 받아 서원 운영에서 관권을 배제한 자치적 요소를 강조한 면도 작용하였으나, 이보다는 정계에 밀려난 당시의 사정이 반영된 것이다. 반대로 화양서원의 예는 서인계 서원이 집권 세력과의 상호 제휴 속에서 운영되었던 사실을 극명하게 보여준다.

양원(兩院)의 원장 선임 형식을 비교해 보면 도산은 주로 입원록에서 원장을 선출했고, 화양은 전술한 추대 형식 통해 원장을 선임했다. 도산의 입원록인 「유원록(遊院錄)」[1576년(선조 9)~1773년(영조 49)]을 통해 원장에 오른 입원생은 중복을 포함해 114명이었다. 영남 남인계 서원의 입원생에 한정해 원임을 허락하는 방안은 하나의 규례였다.[20]

그런가 하면 화원에서는 이수언(李秀彦)을 필두로 권상하·정호·민진원·이의현·이재(李縡)·박필주·민응수·조관빈·유척기·윤봉구·김원행·김량행·송덕상·김종수·송환기·남공철·조인영 등 서인계를 대표하는 핵심 인사들이 원장으로 추대되었다. 화양이 서인[노론]의 수원(首院)인 점을 감안하면 이들이 원장에 추대되는 것은 매우 영광스러운 일이기도 했지만 한편 자연스러운 일이기도 했을 것이다.

---

17) 같은 서인계 서원이라 하더라도 경기도 石室書院[享 김상용·상헌 外]은 장의 임기를 2년으로 규정하고 있다.

18) 도산서원 당상관 이상 원장 명단 : 琴愷·채제공·조덕린·姜潤·柳相祚·金熙周·한치응·李彦淳·李東淳·류이좌·李孝淳·李彙溥·류후조·李彙承·李晩運·李彙秉·李晩耆·李晩由 등

19) 정읍 무성서원에서는 원장 자격에 관해 '京鄕文蔭官 三品以上 年高德望'으로 규정되어 있다. 『武城書院誌』 권下, 「本員任員 選任規例」.

20) 이수환, 앞의 책, 일조각, 2001, 109쪽.

2. 중국 서원의 원임

중국서원은 당대(唐代)에 출현했다고 하나, 정확한 시원에 대해서는 논쟁이 있다. 사적으로 공부하는 서재와 관부(官府)의 장서처(藏書處), 즉 민관 양측에서 그 기원을 찾을 수 있기 때문이다. 민(民)에서 세운 최초의 서원은 유현(攸縣)의 광석산서원(光石山書院), 최초의 관립 서원은 여정(麗正)[21]·집현서원(集賢書院)[22]으로 알려져 있다. 후자는 왕실 서적을 소장·관리하던 도서관적 기능을 띤 기구에서 발전한 곳이다. 당대부터 출발한 중국서원의 역사는 민관의 협력 속에 발전되었다. 일반적으로 당대~오대(五代) 말기[23]를 초기서원 시기로 간주하는데, 문헌에 의하면 이때 70개소의 서원이 존재했다.

북송 대 서원의 흥성은 단기간에 관학 체계를 회복할 수 없어 나타난 변통의 결과였다. 이에 잠시 관학의 역할을 대체했지만, "정도(正途)" 곧 전통적으로 사인을 양성할 수 있는 관학 역량이 회복되자 서원에 대한 지원은 약화된다. 북송 중·후기에 이르면 백록동서원을 비롯해 많은 서원들이 폐지되고, 지방 주·부·현의 관학체제로 편입된다. 그렇지만 북송 서원은 관학을 모방해 강학·장서·제사·학전(學田) 네 가지 기본 제도를 갖춘 부분은 의미를 부여할 수 있다. 다만 관학의 색채가 강해 각 서원 고유의 특색은 찾아보기 어렵다. 더욱이 강학 내용도 독서 단계에 머물렀으므로, 서원에서의 새로운 학문 모색이나 학술체계는 성립되지 않았다. 주지하다시피 남송은 서원 발전사에서 가장 중요한 시기이다. 대유(大儒)의 선도 아래 서원이 일종의 문화교육제도로 안착한 것이다. 아래 3가지가 그 표증(表證)이라 하겠다.

---

21) 여정서원 : 당 현종 연간 낙양에 설립된 서원이다.
22) 집현서원 : 당나라 이래 황실의 도서관적 기능을 한 곳이다.
23) 618년~960년, 총 342년이다.

첫째, 서원과 이학(理學)의 일체화 시작을 꼽을 수 있다. 남송의 대유들은 당대부터 내려온 서적 정리 및 학술 계통을 정리하고, 서원을 근거지로 삼아 각지의 학자들이 운집한 가운데 자신들의 학파를 경영하기 위해 다양한 노력을 기울였다. 따라서 학술과 서원이 번영기로 접어들고, 서원과 학술이 일체화되는 전통이 마련되었다. 이로써 서원은 중국 학술 발전을 촉진하는 주요 구심처가 되었던 것이다.

둘째, 완전한 서원 교육제도의 수립이다. 남송의 서원은 관·사학의 경험과 교훈을 흡수했을 뿐 아니라, 선종(禪宗)의 종림·정사, 도가(道家)의 강학 방식까지 차용하였다. 이러했기에 서원의 목적·수단은 매우 다양하고 광범위하면서도 여타의 학술·교육시스템과는 차별되었다. 북송 대 서원이 관학 대체 기구로서 잠시 발전한 것에 비하면, 남송 대 서원 제도의 형성은 중국 교육 사업이 관학, 서원, 사학이라는 삼륜(三輪) 구조로 나아가는 시대를 열었다는데 큰 의의가 있다.

셋째, 서원 내부 구조의 완비, 관학에서 탈피한 고유한 특색을 지닌 제향인 봉안, 각 서원의 보편적 경제적 기반 구축 등을 거론할 수 있겠다. 한편 남송 대 서원은 산장부책제(山長負責制)와 당장부책제(黨長負責制) 하에 교사·생도·교육·경비관리 체제가 확립되었다.[24] 이를 세분하면 교사에 대해서는 주로 산장의 임명과 이에 포함되는 각종 자격요건 기준이, 생도에 대해서는 입원 시험·합격 규정, 인원수 제한, 학업·덕행 요구 조건, 언행통제, 시험, 상벌제도 등이 확립되었다. 교육면 에서는 산장이 정기적으로 수업을 진행했고, 생도는 일일 4회 수업 참여와 동시에 매월 정기 시험을 필수로 거쳐야 했다. 경비 관리 면에서는 예산 지출, 분배에 관한 규정이 만들어졌다.

북송 시기에 유명했던 강서 백록동서원, 하남 응천서원(應天書院), 호남 악록서원(嶽麓書院) 등은 꽤 세밀한 조직 구조를 가지고 있었다. 그러나 남

---

24) 鄧洪波, 『中國書院史』, 東方出版中心, 2004, 167~168쪽.

송 시기에 접어들면 그 구조가 더욱 구체화한다. 북송 대에는 산장과 동주(洞主)라는 직책만 보이는 반면 남송 대 규모가 큰 서원의 경우 산장 - 부산장(副山長) - 당장(堂長) - 당록(堂錄) - 강서(講書) 그리고 각종 실무직들이 존재했다.[25)]

공립서원의 산장은 대부분 현지 주학(州學) 교수가 겸직하거나, 지방 행정 장관으로부터 초빙된 저명한 학자가 담당했다. 송대 이종(理宗) 이후에는 정부가 규정을 통일하여, 과거합격자 또는 태학 졸업자 가운데 교직 담당 기준에 적합한 관원을 조정에서 엄선한 뒤 산장에 임명했다. 그런 만큼 산장에게는 급료가 지급되었다. 이는 산장의 학술적 능력을 담보하는 기능으로 작용하면서도 관학의 서원화를 가속화했다.[26)] 생도 역시 북송보다 훨씬 증가함에 따라, 내부 조직구조는 더욱 정밀해졌다. 중국서원의 원임은 시대·지역·서원별로 편차가 심해 그 종류와 업무를 일률적으로 정의하기 어려우나, 선행연구를 근거하면 대체로 〈표 2〉처럼 요약할 수 있다.

〈표 2〉 중국서원의 원임 종류와 업무[27)]

직책	주요 업무	비 고
산장	총 책임자	·청대 이후 院長으로 개칭, 關防에서는 산장, 원장을 병용. ·높은 학식과 덕망, 지역의 학술적 유명세 등 고려 임명. ·별칭 : 산장·山主·동주·主洞·洞正·館師·掌教·院師·主講. (관사·장교·원사·주강 명칭은 明淸 이후 자주 출현)

25) 이는 서원의 규모에 따라 상이했다. 관부에서 관리하던 중·대형 서원의 경우에 당연히 직책이 비교적 많았을 것이다. 예컨대 천하 4대 서원 가운데 최고로 불리는 악록서원의 경우 송대에 이미 산장, 부산장, 당장, 講書, 講書執事, 司錄, 齋長 등 다양한 직책이 보인다. 반면 간단하게는 산장 한 사람만 있는 경우도 있었다.

26) 범혜한, 「白鹿洞書院의 성립과정과 조선의 서원 -주희의 서원관을 중심으로」, 한국학대학원 석사 학위논문, 2015, 68쪽.

27) 陳谷嘉·鄧洪波, 『中國書院制度硏究』, 浙江教育出版社, 1997, 105~120쪽 참조해 발췌하여 표로 작성함.

직책	주요 업무	비 고
당장	교육, 연구, 행정	·송대 서원과 서당이 혼용, 당장이 산장의 별칭인 경우가 많았음. ·일부 서원 산장 아래 직급으로 당장 설치: 악록·백록동서원. ·원·명대 이후 당장 지위 하락, 院生 대표의 명칭으로 변함. : 수업 기록, 생도의 질의응답 수집, 시험 책임 등 업무.
學長	교육, 연구	·백록동서원 : 禮·樂·御·謝·書·數·曆率 7과목 교사로 각 학장을 둠 ·청대 이후 학생 대표 명칭으로 쓰이기도 함.
分校	교육	·청대 광주 廣雅書院에 보이는 직위. 學長과 유사.
講書	교육 (學官 업무)	·송대부터 시작된 명칭. 일반 교육업무.
訓導	교육	·본래 관학 명칭, 원대 서원 관학 체계 유지했기에 서원에서도 사용 ·백록동서원에서는 명대에 설치.
經長	교육	·거의 사용하지 않는 명칭이나, 백록동서원에서는 5명의 경장을 두어 각기 역경, 상서, 시경, 예기, 춘추를 교육.
助講	교육	·거의 쓰이지 않는 명칭.
都講	교육	·上同
司錄	교육 기록	·서원의 수업, 행사 내용을 기록함.
會主	교육 사회자	·서원의 수업, 행사 사회자.
會長	강학 및 학술 고문	·강회와 文會 회장으로 구분. ·강회 회장 : 강학회에서 행사 진행에 학술적 의견 제시. ·문회 회장 : 학자들의 문장 비판, 질정하고 수준 향상을 도모.
教主	학술활동 대표	·각종 강학 및 학술활동을 주도, 참여.
知賓	내빈접대	·외부 학자 초빙 강회 시 접대를 맡고 강당을 활용하도록 함.
司書	장서관리	·장서 등록, 관리, 보충
掌書	장서관리	·청대 광동 지역 일대 서원에 보이는 명칭 ·광아서원에서는 생도가 담당한 직책
司事	장서행정	·주로 서적 보관·대출 업무, 생도 중 졸업 성적이 우수한 인물 임명.

직책	주요 업무	비 고
主奉	제례	·산장이 유고 時 제사 업무 주관 및 담당 (산장에 상당하는 지위를 가짐)
主祠	제례, 교육	·송대 道州 濂溪書院(주돈이 享)에 보이는 명칭, 제례와 교육 담당.
掌祠	제례	·송대 서원에 자주 보임. 香火·제기·공물 준비 등 관리 업무 담당. ·보통 토호를 천거하거나 생도를 선출하여 임명.
監院	행정	·행정 직위로는 산장 다음 권한을 지님 : 업무 총괄. ·명대부터 설치되어 청대에 보편적 직책이 됨. ·유사 직책 : 院總, 生童監院 등.
總辦	행정	·항주 求是書院에 설치된 직책.
掌管	행정	·감원 업무 보조 및 실무, 산장 초빙 업무.
監理	행정	
董事	행정	·청대 서원에 주로 설치, 토호 중 임명. ·董正, 董副, 監院董事 등으로 세분화.
司事	행정	·행정 실무 담당 : 청대 서원에 비교적 많이 설치. ·서원에 따라 각기 다름 : 수업 공지, 명단 등록, 음식 준비, 생도 출입 관리, 장부 회계, 서적 및 서가 관리 등.
錢粮官	재무	·송대부터 설치, 司計를 따로 설치해 전량관 보조 실무 담당.
直學	행정	·송대 태학에 근거 : 송대에는 생도의 생활 및 덕업 기록. ·백록동서원 : 생도 대표를 뽑아 당장 직속으로 설치.
經理	재무	·조세, 이윤, 경비출납, 장부 담당.
司計	재무	·송대 서원에 설치 : 주로 서원 졸업생이 담당.

이와 같이 중국서원에는 한국 서원보다 훨씬 다양한 직제와 직무가 실재했다. 이해를 돕기 위해 송대 서원 중 조직 체계가 가장 완벽했던 건강부(建康府) 명도서원(明道書院)을 살펴보자. 이 서원에는 산장·당장·제거관(提擧官)·당록·강서(講書)·당빈(堂賓)·直學(직학)·講賓(강빈)·錢粮官(전량관)·사계(司計)·장서(掌書)·장의·掌祠(장사)·齋長(재장)·醫諭(의유) 등 총 15종의 직책이 있었다. 우선 크게 직무별로 교육과 행정 담당으로 구분할 수 있다. 이들 중 산장·당장·당록·강서는 중요 직책이기에 별도의 공간을 설

치한 뒤 '산장위(山長位)', '당장위(黨長位)', '당록위(堂錄位)', '강서위(講書位)'라 불렀다. 지위가 제일 높은 산장은 교무를 주도하며 생도를 총체적으로 관리하며, 매월 3차례 시험 날과 1·3·6·8일 강학 때 내원(來院)해 교육을 진행하였다. 이때 당장은 산장 보조 역할을 했고, 평소에는 서원에 상주하며 업무를 주관했다. 다른 직책에도 체계적으로 업무가 분담되어져 있어 서원에서 일어나는 교육·연구·제사·도서·경비 등을 직책에 맞게 수행되었다. 참고로 의유는 건강을 관리하는 직책이다.

산장은 두 가지 방식으로 취임했다. 하나는 지방 유지나 학자가 서원을 창건해 스스로 산장을 맡는 예(例)이다. 예컨대 1182년(원풍 5) 정이(程頤)는 이고서원(伊皋書院)을 창건해 산장을 맡았고, 육구연은 1187년(순희 14) 상출정사(象出精舍)를 세우면서 초대 산장에 올랐다. 다른 하나는 산장을 초빙하는 경우이다. 서원을 만든 뒤 유명한 선생을 산장으로 초빙하는 것이다. 1166년(건도 2) 호남의 안문사(安撫使) 류공(刘珙)은 호상학(湖湘學)의 최고 권위자 장식(張栻)을 악록서원으로 모셨다.

그러나 산장 제도는 시기와 서원에 따라 여러 방식을 취하고 있었다. 조주(潮州) 한산서원(韓山書院)은 백록동서원을 좇아 다음과 같은 원임체제를 운영하였다. "동주는 군수가 맡고, 산장은 군박사(群博士)가 맡는다. 실무는 당장·사계를 1인씩 두고, 재장은 4인을 둔다."[28] 이처럼 동주 아래 산장이 있기도 했다. 여기에서 동주는 일급 지방 행정 장관인 군수가 맡은 것이다.

한편 당장부책제는 서당과 서원을 혼용해 어떤 서원은 당장이 산장의 직능을 행사함에서 비롯된 남송대 특유의 현상이다. 구강(九江) 염계서원(濂溪書院)이 대표적인 곳이다.

---

28) "洞主, 郡守爲之, 山長, 群博士爲之. 職事則黨長, 司計各一員, 齋長四員." 『永乐大典』 卷五三四三, 「宋潮州韩山书院」

Ⅲ. 소수서원과 백록동서원의 원장 비교

1. 소수서원의 원임

「백운동서원규」의 원임은 원장 - 원이[부원장] 각 1인이 원사(院事)를 주관토록 되어 있다. 그러나 실제 소수서원의 「임사록」을 분석한 결과 원장 - 유사 체제로 운영되었음을 알 수 있었다. 시기마다 약간의 변화는 보여 15~16세기에는 원장 - 감관(監官)[유사], 18세기에는 일시적으로 원장 1인 - 별유사 2인 - 상유사 1인 체제,[29] 이후 다시 원장 - 유사 체제가 유지되었다. 기존에도 별유사가 존재했으나 「임사록」에는 따로 기록하지 않았다가 1708년(숙종 34)에 다시 기재하였다. 상유사는 1772년(영조 48) 부터는 목격되지 않는다.

소수서원의 원장 임명에 대해서는 "업문신신자(業文信愼者) 1인을 원장으로 한다"[30]는 조목이 원규로 제정하였다. 초대 원장으로는 이에 걸맞게 김중문을 선임했다. 서원 창건 시부터 크게 힘쓴 점과, 마음 씀씀이가 지극히 전일하고 제사의 주관과 접빈객에도 시종 한결같은 근신한 인사라는 점이 참작되었다. 집 또한 가까운 위치에 있었다.[31] 주세붕은 그를 원장으로 선임하면서 이를 천작(天爵)의 영화로운 자리라고 표현했다.[32] 그러나 원장에 오른 김중문은 직책을 처음 맡아 보았기 때문이었는지 서원 운영이 미숙해 원중(院中)의 소란을 야기했고 공관(公館)이 발생하는 사태에 이르렀다. 이에 이황은 원장의 처신을 염려하면서 해결책을 조언해 주었다.[33]

29) 소수서원에 上有司가 임사록에 기재 된 시기는 1708년~1723년, 1764년~1767년, 1772년이다.

30) 『列邑院宇事蹟』 紹修書院, 白雲洞書院規.

31) 소수서원, 앞의 책, 2007, 275쪽.

32) 소수서원, 앞의 책, 2007, 508쪽.

33) 소수서원, 앞의 책, 2007, 750~751쪽.

이처럼 원장은 쉬운 자리가 아니었다. 그 때문인지 2대 원장부터는 김중문처럼 장기간[11년] 원장을 지낸 인사는 배출되지 않았다. 단, 한 명이 해를 바꾸며 중임하는 원장은 여럿 있었다.

소수서원에는 1542년(중종 37)부터 현대까지의 『임사록』이 온전히 남아있어 원임 구성과 정보를 알 수 있다.[34] 이 명부는 소수서원 운영에 직접 참여하여 활동했던 인물들의 특성을 파악 가능케 하는 유의미한 자료이다. 먼저 소수서원의 창건부터 1900년까지의 원장을[35] 시기별로 구분하면 다음과 같이 정리할 수 있다.

〈표 3〉 소수서원 원장 현황

시기	원장 수	평균 재임기간	성씨 수	과거이력	%
16세기(1542~1599)	18명	3.1년	8개	11명	44.4
17세기(1600~1699)	137명	0.7년	17개	69명	12.4
18세기(1700~1799)	171명	0.6년	18개	99명	9.8
19세기(1800~1899)	331명	0.3년	24개	151명	7.2

먼저 계량적 특성을 위주로 살펴보도록 하자. 1542년부터 1900년까지 359년 동안 선임된 원장은 총 657명으로, 평균 5개월씩 재임하였다. 시기별로 보면 평균 재임기간은 16세기 3년 1개월, 17세기 7개월, 18세기는 6개월, 19세기 3개월이다. 17세기 이후부터는 재임기간이 급격히 축소되기 시작했던 것을 알 수 있다. 이는 영남 서원의 대체적인 흐름이며, 원장의 서원 내 입지와 역할이 점차 감소함을 보여주는 수치일 뿐 아니라 서원의

34) 9책의 『임사록』 가운데 조선시대에 해당하는 것은 1책(1542~1718)·2책(1708~1794)·3책(1794~1898)과 4책(1898~) 일부이다.

35) 소수서원 원임에 대해서는 송정숙, 「'紹修書院 任事錄' 연구 – 16·17세기를 중심으로」 『書誌學硏究 제38집』, 2007에 精緻하게 다루어져 있어 크게 참고가 된다.

운영의 어려움에 대한 방증이기도 하다. 1697년(숙종 23) 한 해에만 5명의 원장이 부임한 예도 있었다. 이처럼 잦은 교체는 사실 서원 운영상 바람직하지 않다. 이와 같이 원장의 임기가 축소되었던 것은 아마 기본적으로 원장의 자격을 갖춘 인사 부재 때문이었을 것이다. 아울러 미행공(未行公) 또는 재직 중 부정, 개인적 사유 등 서원 운영상 불가피한 측면도 존재했을 터이다. 미행공은 18세기 후반부터 관료 출신이 다수를 차지한다. 또한 19세기 접어들면 원장은 거의 일기향사(一期享祀)를 수행한 명예직이라는 인식이 만연한 까닭도 작용했을 것이다.[36] 6~7회 중임한 원장이 연이어 배출된 원인도 여기에 있다.

그래서 소수서원에서 2회 이상 원장을 중임한 횟수는 무려 225회에 달한다. 적게는 2회, 많게는 7회나 역임한 원장들이 확인된다. 이를 다시 인원수대로 나열하면 2회 62명, 3회 16명, 4회 5명, 6회 1명, 7회 1명 총 85명이 중임했다. 이러한 양상은 1719년(숙종 45) 사마시 입격자 위주의 입원 자격을 파격한 영향, 즉 입원생의 확대와도 무관하지 않다. 특히 7차례 원장에 오른 생원 권준신(權俊臣)은 재임할 무렵 동몽재 재정 확립, 서재 증축, 임사록 수보 등 다방면에서 서원 정비에 노력을 기울였다.

소수서원의 규약을 보면 "본소의 임원은 반드시 문관(文官)과 생원·진사 합격자 중에서 선비로 명망이 있는 자를 가려 정하고, 요행으로 입격한 사람을 안면에 구해되어 뒤섞어 천망하지 말도록 한다." 라고 원임의 자격을 구체적으로 명시해 두었다.[37] 하지만 현실에서는 원장 취임 당시 유학 신분의 비율이 50.5%로 절반이 넘는다. 우윤·승지 등이 그나마 고위직이며, 대다수는 사간·장령·응교·교리·정랑·지평·정언·주부 등 당하관 출신이었다. 아마도 지역출신으로 문과에 합격한 인사들은 거개가 원장에 취임한 것으로 보인다.

---

36) 이수환, 앞의 책, 2001, 일조각, 117쪽.

37) 소수서원, 앞의 책 「소수서원 立議」, 2007, 292쪽.

이어서 거주지가 파악된 원장 439명의 군현을 조사한 결과 순흥 236명, 풍기 67명, 영천(榮川) 43명, 안동 42명, 서울 15명, 예안 12명, 예천 3명, 상주 5명, 원주 3명, 광주(廣州)·장단 각2명, 봉화·석성·수원·용인·창녕·포천·함창·홍주·회덕 각 1명 등 20개 열읍에 분포했다. 여기서 지방관이 兼원장한 사례를 논외로 하면 11개 군현에 불과하다. 소수서원은 철저히 향중인사, 곧 순흥, 풍기, 영천(榮川) 사림을 대부분 원장에 임명했던 것이다. 원장으로 서원에서 5리 내 거주자를 선호한[38] 영남 남인계 서원 인식이 잘 녹아있다.

18세 중·후반 영남 수(首) 서원에서 목격되는 외부 명망가를 추대하는 도(道)원장제가 1788년(정조 12) 9월 소수서원에서 결의되었다. 도산서원 사례에 의거해 도내에서 추천하여 선출하되 향중과 도내에서 돌아가면서 선임하는 것을 규정으로 삼았다.[39] 이듬해 소수서원에서 처음으로 외부 명망가 이광정(李光靖)을 추대하면서 도원장제가 현실화되었다. 그는 형 이상정과 함께 당대 영남을 대표했던 학자 중 한명이었다. 하지만 병 때문에 사임단자를 제출했고, 그해 사망하는 바람에 부임이 성사되지는 못했다. 그러나 이후 본격적으로 호학(湖學) 계열의 원장이 연이어 임명되고, 이는 소수서원이 호론(論論)의 정치사회적 입장을 계승하는 계기가 되었다는 점에서 의의가 있다. 강학 역시 자연스레 심학과 실천을 강조하는 호학(湖學)적 학풍의 분위기와 맥을 같이 했다. 이상정의 조카와 손자들이 원장에 부임한 것은 시사하는 바가 크다.

이어 1792년부터는 현직 순흥부사, 영천·풍기군수를 원장으로 추대한 사례가 산견된다. 한말까지 38명이 소수서원 원장을 겸했다. 이들이 원장으로 재직한 시에는 중대한 일을 반드시 관가에 품신해 처리토록 조처했

38) 『海東雜錄』 3, (『大東野乘』소재), "別擇業文信愼者 一人爲院長 又擇一人爲貳 共主院事 主院者 若遠居 則雖有至試 勢不得常常顧之 必至荒廢 須以五里居人爲可也". 이수환, 앞의 책, 2001, 일조각, 107쪽, 재인용.

39) 『雜錄』, 「戊申年 九월 九日 完議」.

다.[40] 특히 흥학에 관심이 높은 지방관이 원장을 겸할 경우 강학 활성화에 기여하였다. 도산서원 1810년(순조 10), 병산서원은 1830년(순조 30) 지방관이 원장을 역임한 것에 비해 이른 시기에 등장했음을 볼 수 있다. 이것이 이시기 소수서원은 양사청이 폐지되는 등 경제적 어려움이 가중되어가던 상황에서 나온 자구책의 일환이었다.[41]

사실 소수서원의 가장 큰 특징으로는 관권과의 깊은 밀착성을 꼽을 수 있다. 역설적이게도 이황이 강조한 향촌자치제에 의한 서원 운영론과는 간격이 있으나, 소수서원은 관의 전폭적인 지원으로 창건된 서원이고, 일찍이 관권이 서원의 행·재정 지원에 유리한 점을 인지하고 있었다. 그런 만큼 이를 배제하지 않고 서원 운영에 적절히 활용한 제도가 겸(兼)원장제였던 것이다.[42]

한편 원장의 성씨 참여율은 44.4% ⇨ 12.4% ⇨ 9.8% ⇨ 7.2%로 오히려 줄어드는 모습이 뚜렷하다. 이는 일부 성씨들에 의해 배타적으로 운영되었음을 보여주는 수치이다. 상위 성씨는 중복을 포함해 김 101명·이 75명·권 62명·박 61명·황 70명·서 46명·안 38명 순이다. 이들의 성관은 의성·강릉·예안 김, 진성·예안·우계 이, 안동 권, 무안·함양 박, 창원·평해 황, 순흥 안이다. 즉 이들을 소수서원 운영을 담당한 주체로 해석할 수 있다. 단일 성관에는 2대 원장인 권응삼(權應參)을 기점으로 한 안동권씨를 위시해 대구서씨와 창원황씨의 점유율이 높다. 반면 주향자 본손 순흥안씨는 16세기 3회, 17세기 15회, 18세기 3회, 19세기 10회, 미상 7회 총 38회에 불과하다. 주지하다시피 경상감사 등을 지낸 안현을 위시한 순흥안씨 본손들이 소수서원 창건과 재정기반 구축, 그리고 운영에 이르기까지 폭넓게

40) 소수서원, 앞의 책 「소수서원 立議」, 2007, 292쪽.

41) 김자운, 「조선시대 소수서원 강학 연구」, 『한국학대학원 박사학위 논문』, 2014, 177쪽.

42) 소수서원의 '兼원장' 제도에 관해서는 김자운, 위의 한국학대학원 박사학위 논문, 2014, 176~181쪽 참조.

기여한 점을 고려하면 의외라 하지 않을 수 없다. 공론으로 건립된 서원이 일정 가문의 사유화될 혐의를 피하기 위해 본손들의 원장 참여를 지양하던 것이 관례로 작용했기 때문인 것일까.[43] 이러한 점은 도산서원의 경우 이황의 후손 진성이씨가 원임의 85%를 점한 것과는 사뭇 다르다.[44] 이를 17세기 이후 지역 내 단계·욱양·귀만(龜灣)·우곡(愚谷)·도계(道溪)서원 등 서원의 증가에 따른 출입처 분산으로 보아야할 것인지는 추단할 수 없다. 이 점은 다른 영남 남인계 수(首)서원에 나타나는 제향자 후손 증가 현상과 구별되는 소수서원만의 특징으로 볼만하다.

소수서원 원장의 또 다른 특징적인 대목은 초창기에는 도산과 같이 입원생 출신이 꽤 많다는 점이다. 1584년(선조 17)『임사록』 1권 지(誌)에는 원장은 모두 입원한 사람이라고 되어 있지만,[45] 1542년(중종 37)~1696년(숙종 22)까지 살펴보면 57%를 차지하고 있다. 특히 1619년(광해 11) 초대 원장 김중문을 예외로 하면 전부 소수서원 출신 원장이다. 이들은 주로 20대에 입원해 유사를 거쳐 40~50대에 원장에 올랐다. 이같이 입원생 출신의 원장 취임은 영남 남인계 서원의 일정한 규칙이었다. 그러다가 1650년(효종 1)대부터 급격히 감소하기 시작하고, 그 후에는 비(非) 입원생 출신이 압도적으로 증가하는 양상이 노정된다.[46] 이 또한 여타의 서원에서 보이는 경향과 크게 다르지는 않다.

다음으로 유사는 서원 실무를 담당하는 직책이다. 원규에 '특별히 학문에 종사하면서 신실한 이 1명을 선택하여 원장으로 삼고, 또 한명을 선택하여 차석으로 삼아 함께 서원의 일을 주관하게 한다'고 되어 있다.[47] 차석

43) 이병훈, 앞의 영남대학교 박사학위 논문, 2018, 56쪽.

44) 안승준, 「소수서원의 건립·운영과 안씨 본손들」『소수서원·병산서원』, 한국학중앙연구원출판사, 2019, 212쪽.

45) 소수서원, 앞의 책, 2007, 725쪽.

46) 송정숙, 앞의 논문『書誌學硏究』38, 2007, 119~122쪽.

47) 같은 영남 남인계서원 도동서원규 '擇有司' 조가 좋은 참조가 된다. "유사 또한 一院을 管攝하는 자이기 때문에 원장과 원중이 상의하여 선택하되 반드시 純謹

이 유사를 지칭한다고 볼 수 있다. 초기에는 1인이 유사를 맡았으나 이후 많을 때는 9명까지 서원 환경에 따라 인원 변동이 있었다. 9명까지 두었을 때는 상유사가 있던 기간이었다. 상유사는 유사 중 으뜸으로 여겨진다. 또 서원의 필요에 따라 추가적으로 임시유사를 수시로 선발하기도 했다. 『죽계지』에 산견되는 특수 유사를 발췌하면, 양사청별유사(養士廳別有司)·경유사(京有司)·보곡유사(寶穀有司)·별변유사(別辨有司) 등이다.

양사청 별유사는 일반 유사를 제외하면 가장 빈번하게 등장한 명칭이다. 양사청은 1749년(영조 25)에 강학의 안정적 재정의 틀을 확보하기 위해 설치한 기구였다. 양사청 별유사는 강학 재정 곧 원전(院田) 살림을 전담한 유사인 것이다. 양사청을 기반으로 강학활동을 이어갔으나 재정고갈로 인해 치폐를 거듭하다 결국 1792년(정조 16)에 완전 폐지되고, 양사청 별유사도 함께 사라진다.[48)]

경유사는 1779년(정조 23) 채제공의 영정을 봉안할 때 재경세력의 도움을 받고자 전(前) 참판 이익운을 선임한 사례이다. 소수서원에서는 6차례에 걸쳐 영정 봉안식을 거행했는데 마지막인 채제공의 경우에만 경유사가 확인된다.

보곡유사는 원래 유생의 공궤 비용을 마련하기 위해 신설된 직이었다.[49)] 1629년(인조) 1월 미상환자와 서원 5~7리 안에 있는 자는 보곡유사에 천망하지 못하게 하는 입의(立議)[50)]가 있는 것으로 보아 운영에는 다소 문제가 있었던 것 같다. 아마 보곡을 관리·감독해야할 유사가 오히려 이를

精詳한 사람을 얻어 임명한다. 서로 한 마음으로 함께 一院之事에 봉사한다. 만약 마음을 씀이 麤悖하고 院事에 힘을 다하지 않거나 濫冒無恥하여 소문이 좋지 않은 자는 작은 일이면 원장이 신칙하고 큰 일이면 院中에서 責하고 끝내 고치지 못하는 자는 원장과 원중이 같이 상의하여 추방한다." 정구, 『寒岡續集』 권4, 「잡저－道東院規」.

48) 김자운, 앞의 한국학대학원 박사학위 논문, 2014, 114~120쪽.

49) 김자운, 위의 한국학대학원 박사학위 논문, 2014, 78쪽.

50) 소수서원, 앞의 책 「士林立議」, 2007, 281쪽.

악용해 개인적 치부를 했기 때문으로 보인다. 특히 서원 인근 거주 유사가 그런 빈도가 높았기에 차단한 조치인 듯하다.

별변유사는 1780년(정조 4) 김찬원(金燦元) 1명이 「임사록」에서 확인이 된다. 다른 문서상에서는 당시 김찬원이 양사유사(養士有司)로 나오고 있어 별변유사가 양사유사의 다른 이름인지는 불명확하다.

서원에서 특별한 사안이나 사업이 있으면 도감을 설치해서 공사원을 차정해 진행했고, 강학과 관련해서 훈장·고관(考官)을 위촉해 시행하는 등 더 많은 非상설직이 있었을 것이다.

2. 백록동서원의 원임

백록동서원은 석고서원(石鼓書院), 응천부서원(應天府書院), 악록서원과 함께 4대 서원으로 추앙받는 중국의 대표 서원으로, 당대 여산국학에서부터 남송을 거쳐 명·청대까지 당대 학술을 주도한 입지전적인 역할을 한 서원이다.

백록동서원의 전신 여산국학은 940년(승원 4)에 창건되었다. 「백록동부(白鹿洞賦)」에는 "남당 승원 연간에 백록동서당을 인준하여 학관(學館)을 세우고 토지를 주어 여러 생도에게 음식을 제공하니 학자들이 크게 모여들었다. 이에 국자감 구경(九經)박사 이선도(李善道)가 동주가 되어 교수를 관장했다'[51]라고 기록되어 있다. 여산국학은 과거 인재를 양성에 교육목적을 둔 교과를 설정했고, 생도 수는 많을 때는 몇 백 명 이상이었으며 평상시에도 백여 명 선을 유지하였다.[52] 그러나 관의 서원전답 귀속에 따라 재

51) 『竹溪志』, 권5, 雜錄, 「白鹿洞賦」. 다만 중국학자 李才棟은 여산국학은 남당의 국학으로, 이는 후일에 여산국학의 터에 설립된 '향당지학'인 백록동 서원과 본질적인 성격이 완전히 다르기 때문에 백록동 서원의 시작으로는 볼 수 없다고 보았다. 이는 서원의 본질과 의미에 대한 시각의 차이에 기인한 관점으로 보인다.

52) 李才棟, 「北宋時期白鹿洞書院規模征實」, 『中國書院研究』, 2005, 1~8쪽.

정이 피폐해져 갔고,[53] 976년(개보 9년) 남당이 멸망하자 여산국학 역시 폐지되었다. 그러나 여산국학의 경영법과 교육 방식 등은 향후 백록동서원에 지대한 영향을 준다.

북송 초(976~977) 강주(江洲)지방 학자들에 의해 구(舊)여산국학 터에 소규모로 백록동서원이 재건되었다.[54] 재건한 백록동서원의 생도는 수십 명에서 약 백여 명에 이르렀다고 하나,[55] 이후 추이는 고증하기 어렵다. 다만 977년(태평흥국 2) 송 태종이 지방관의 요청에 부응해 구경을 하사했고, 항시 수 백명의 생도들이 운집해 학문을 닦았다는 기록이 있다. 또 태종은 서원 운영에 공로가 컸던 동주 명기(明起)를 채주(蔡州) 포신현(褒信縣) 주부(主簿)로 임명하고 표창하기도 했다.[56] 이어 1002년(함평 5)에는 백록동서원의 보수 및 공자와 제자상을 조소(彫塑)해 서원을 일신했다. 1053년(인종 황우 5)에는 손침(孫琛)이 백록동에 학사를 건립해 학문을 배우고자 하는 선비들을 맞이했다. 이때 '백록동서당'으로 명칭을 변경했으나 이듬해 전쟁으로 파괴되고 만다.[57] 북송 대의 백록동서원은 당대 보편적인 흐름에 따라 관학적 성격을 띠고 있었다.

남송 대는 오늘날 학계에서 조망하는 백록동서원의 정체성과 특징이 형성된다. 그 중심에는 이학(理學)의 집대성자 주희가 있었다. 주희는 1179년(순희 6) 남강군지사(南康軍知事)에 임명되자 백록동서원 복원에 착수했고, 1181년에는 황제로부터 사액을 받아 국학의 지위를 획득한다. 그가 백록동서원을 복원한 동기는 유가적 교육목적관 확립 – 이학의 전수, 척사

53) 李燾, 『속자치통감 장편』 권21 「태종」, 310쪽.

54) 이 시기 백록동서원은 '서당' 혹은 '학관'으로 불리었다(李才棟, 『白鹿洞書院史略』, 教育科學出版社, 1989, 29쪽).

55) 李才棟, 앞의 책, 2005, 3~6쪽.

56) 주희 著·주자대전 번역연구단 譯, 「백록동서원의 수리를 보고하는 狀」 『주자대전 4』, 2010, 489쪽.

57) 範慧嫻, 『白鹿洞書院의 성립과정과 조선의 서원–주희의 서원관을 중심으로』, 한국학중앙연구원 석사학위논문, 2015, 22쪽

위정관(斥邪衛正觀)에서의 서원교육 필요 - 민족사상의 고취, 현실적인 교육시폐 척결 3가지로 요약할 수 있다.[58] 주희는 직·간접적으로 관여한 서원이 모두 67개에 달할 만큼 서원 부흥에 열정적이었다.[59]

백록동서원을 복원한 주희는 당초 몇몇 학자들을 초빙하여 직무를 맡기려다 무산되자 스스로 초대동주에 올랐고 원생 20여명을 모집해 『중용』 1장 강론을 선보였다.[60] 주희는 「백록동 강회에서 복장(卜丈)의 운에 차운하다」라는 시에서 백록동서원의 강학 분위기를 다음과 같이 읊었다.

> 집 담이 거칠고 무너져 몇 해를 지내니, 다만 찬 연기만 산골 물 둘러쌌네.
> 집을 짓고 다행히 옛 경치 따라가니, 이름은 썼으나 유편 이음 허락하지 않았네.
> 동주를 위하여 보답하지는 마시게, 푸른 구름과 흰 돌은 애로라지 취향이 같으며, 서간 유공[劉渙]을 말한다
> 달 개인 풍광은 다시 별도로 전할 것이네 濂溪 선생을 말한다.
> 진중한 그 사이에 무한한 즐거움이 있으니, 여러분은 날아오르길 괴로이 부러워 마오.[61]

그는 당대를 대표했던 학자 여조겸(呂祖謙)에게 「백록동서원기(白鹿洞書院記)」를 부촉했고,[62] 스스로 「백록동부」와「백록동서원학규」를 지어 서

58) 정순목, 「한국서원 교육제도연구」, 『민족문화총서 3』, 1979, 228~291쪽.

59) 한편 조선에서 서원의 정착과 보급에 크게 기여한 이황의 경우에는 직·간접적으로 관여한 서원은 총 43개소이다. 채광수, 「퇴계 문인의 서원 보급 활동」 『민족문화논총』 제73집, 2019.

60) 주희 著· 주자대전 번역연구단 譯, 「여백공에게 답함 32」 『주자대전 7』, 2010, 541쪽.

61) 주희 著· 주자대전 번역연구단 譯, 「백록동 강회에서 복어른의 운에 차운하다」 『주자대전 2』, 2010, 239쪽.

62) 주희는 여조겸의 글을 동문 黃銖에게 隸書를 받아 각석했다. 주희 著· 주자대전 번역연구단 譯, 「여백공에 답함 31」 『주자대전 7』, 2010, 535쪽.

원이 지향할 방향을 명시했다. 특히 「학규」는 중국을 넘어 동아시아 국가들에 지대한 영향을 끼친 학칙으로서 무척 중요한 의미를 가진다. 주희는 재임 중 양일신(陽日新)을 당장에 초빙, 문인 유청지(劉靑之)·임칙지(林則之)·왕완(王阮)이 함께 강학 업무를 관장하게 했다. 또한 유명 학자들을 초빙하여 특강을 개최하는 등 문풍 진작을 위한 노력을 경주했다. 특강은 주희와 남송 대 학문을 양분한 육구연의 의리(義利)에 관한 강(講)이 대표적이다. 주희는 이날 강학에 대해 "그가 밝혀 편 강론이 간절하고 명백하여 학자들의 은미하고 깊은 병통을 알맞게 지적한 것이어서 들은 사람들이 모두 두려운 마음으로 감동하지 않은 이가 없었다" 라며 호평을 마지않았다. 또 오래되면 혹 잊을까 두려워 다시 육구연에게 써주기를 청하여 받아서 갈무리한다고 덧붙였다.[63] 동시에 "무릇 우리 동지들이 이에 대하여 자신을 반성하고 깊이 살핀다면 아마도 덕으로 들어가는 길에서 혼미하지 않을 것이다" 라며 강학의 의미를 부여했다. 주희는 백록동서원을 떠나서도 계속 관심을 기울였다.[64]

주희 외 조사된 동주는 고역(高懌)인데 북송의 유명한 역학자(易學者) 충방(种放)의 문인으로 경술에 뛰어났다. 그는 2차례나 동주에 올랐다.[65] 주희가 복설한 백록동서원은 이학 전파의 구심처가 되었고, 문인들은 스승의 서원론을 계승해 서원 정착과 보급에 크게 기여하였다. 주희의 주요저작이 서원에서 모두 완성된 배경도 여기에 있다.[66]

아쉽게도 남송 대 백록동서원의 기록에는 본고가 주목하는 서원조직과 관련된 자세한 기록이 없다. 다행히 명·청대 동주의 계보가 어느 정도 파

63) 주세붕, 『(국역)죽계지』 권5, 「잡록 - 금계 육주부가 백록서당에서 강의한 글 뒤 발문」, 영주시, 2002.
64) 주세붕, 앞의 책 권5, 「잡록 - 백록동 임원에게 보낸 답서」, 영주시, 2002.
65) 孫彦民, 『宋代書院制度之研究』, 教育研究叢書(乙鍾), 1963, 103쪽.
66) 이존산 著·김홍수 譯, 「송명이학에 있어서 서원의 의의」 『안동학 연구』 제11집, 2012, 139쪽.

악되므로 그 대체를 엿볼 수 있을 듯하다. 명·청대 백록동서원을 거쳐 간 동주는 각각 57명과 45명이다. 특히 명대는 1522년(가정)~1619년(만력) 41명이, 청대는 1662년(강희)~1795년(건륭) 35명으로 이 시기에 집중이 되었다. 두 시기는 백록동서원 발전의 절정기였다.

먼저 명대 백록동서원의 동주 계보는 완벽하게 세전(世傳)하지는 않지만, 사료를 다방면으로 취합한 선행연구에 근거해 재정리하면 〈표 4〉와 같다.[67)]

〈표 4〉 명대 백록동서원 동주 명단[68)]

성명	본적	신분	재임 연간	성명	본적	신분	재임 연간
汪康	江西星子	進士	正統	許惟德	미상	寧國府教授, 訓導	嘉靖 연간
方文昌	浙江杭州	訓導	景泰 연간	瞿九恩	安徽黃梅	從耿定向遊	嘉靖 연간
李旲	江蘇南京	鄉貢進士	1458년(天順2)	朱勳	安徽滁州	安福訓導	嘉靖~萬曆
周孟中	江西吉安廬陵	進士,廣東布政使, 左副都禦使	1466년(成化2)	熊敦樸	四川富順	進士, 通判, 書院教事	萬曆 이후
胡居仁	江西餘幹	布衣	1467년(成化3)	趙參魯	浙江寧波	高安典史, 福建提學, 南京刑部尚書	1574년(萬曆2)
查杭	江西星子	布衣	成化 연간	鍾諟	江西瑞金	南康府儒學訓導 동주 겸직	1575년(萬曆3)
袁端	甘肅通渭	劍州 判官	1469년(成化5)	周傑	安徽六安	平湖·長興·臨江府學教授	1575년(萬曆3)

67) 葉夢晨, 「明清時期白鹿洞書院洞主考論」, 江西師範大學 석사학위논문, 2020, 11~14쪽.

68) 선행연구에서 밝힌 사료의 출처는 『康熙新建縣誌』, 『同治嵊縣誌』, 『萬曆泰州志』, 『四書人物考』, 『新餘縣志』, 『湖廣通志』, 嘉靖『永嘉縣志』, 嘉靖『通許縣志』, 康熙『高安縣志』, 康熙『良鄉縣誌』, 康熙『徽州府志』, 乾隆『濟源縣志』, 乾隆『棗陽縣志』, 同治『南康府志』, 同治『進賢縣志』, 萬曆『南安府志』, 萬曆『福安縣志』, 萬曆『鹽城縣志』, 萬曆『永安縣志』, 明程敏政『篁墩 文集 卷69』, 明周偉『白鹿洞書院志』, 吳國富編『白鹿洞書院』, 章學誠『瞿九恩傳』, 正德『建昌府志』, 陳敏政『重建貫道橋記』, 『嘉昆山縣志』, 天啟『贛州府志』, 清毛德琦『白鹿 書院志』, 清錢正振『白鹿 洞書院志』, 清沈佳『明儒言行錄』이다.

성명	본적	신분	재임 연간	성명	본적	신분	재임 연간
丁煉	江西豐城	淳安知縣	1479년 (成化15)	章潢	江西南昌	布衣	1582년 (萬曆10)
彭治	江西新餘	미상	1493년 (弘治6)	周偉	江西星子	星子縣 學訓導	1592년 (萬曆20)
婁性	江西上饒	進士, 南京 兵部郎中	1498년 (弘治11)	支如璋	江蘇昆山	擧人, 本府 同知	1597년 (萬曆25)
黃珠	福建莆田	擧人	弘治 연간	舒日敬	江西南昌	진사, 知縣, 教授	1617년 (萬曆45)
董遵	浙江蘭溪	미상	正德 연간	陳琦	福建閩侯 洋頭村	進士, 府學教授	萬曆 연간
蔡宗兗	浙江山陰	진사, 太學助教, 南考功郎,四川提學僉事, 福建 興化府 入學教授	1521년 (正德16)	張三鳳	江蘇鹽城	主洞事, 訓導	萬曆 연간
魏良器	江西新建	布衣	1531년 (嘉靖10) 전	何端表	廣西平樂	訓導	萬曆 연간
吳國倫	江西興國	南康府 推官	嘉靖 연간	謝敬躋	番禺	教諭	萬曆 연간
劉世揚	福建福州 閩縣	진사, 都給事中, 江西布政司照磨	1531년 (嘉靖10)	陳元琛	江西高安	建昌 教諭	萬曆 연간
薛應旂	江蘇常州 武進	진사, 浙江 慈溪縣 知縣, 江西九江府 儒學教授	1538년 (嘉靖17)	劉守成	江西南昌	訓導	萬曆 연간
鄭守道	福建福州	南豐縣學 教諭	1544년 (嘉靖23)	劉汝芳	湖北宜城	擧人 本府同知	萬曆 연간
馮元	廣東番禺	進士, 南昌府 儒學 教授	1547년 (嘉靖26)	楊聯科	河南孟州 河 陽	本府訓導	萬曆 연간
崔柏	미상	教諭	1553년 (嘉靖32)	陳維智	江西南昌	星子縣學 訓導, 通判	萬曆 연간
王世淸	미상	미상	1554년 (嘉靖33)	黃佑	江西撫州 廣昌縣	府學訓導	萬曆 연간
朱資	福建莆田	星子 教諭	1555년 (嘉靖34)	唐繼孝	江西興國 湖廣興國	星子縣 學訓導	萬曆 연간
王棟隆	江蘇薑堰	南城縣學 訓導, 深州 學正	1558년 (嘉靖37)	餘文煒	安徽黃山 歙縣	府學訓導	萬曆 연간
胡淑道	江蘇揚州	新喻縣 儒學 訓導	1559년 (嘉靖38)	李應昇	江蘇江陰	府推官	1662년 (天啟2)
貢安國	安徽宣城	湖口 訓導	1560년 (嘉靖39)	管天衢	江西臨川	建昌縣學 教諭	天啓 연간

성명	본적	신분	재임 연간	성명	본적	신분	재임 연간
張拱極	江蘇鎮江丹徒	擧人	1563년(嘉靖42)	朱之屏	重慶銅梁	擧人, 本府推官	天啓 연간
陳汝簡	浙江溫州青田	府學 訓導	1565년(嘉靖44)	李明睿	江西南昌	禮部侍郎典司	崇禎 연간
王之臣	貴州省	府學 訓導	嘉靖 연간	唐一魁	安徽績溪	府學訓導	崇禎 연간
李資元	貴州思南	府學 敎授	嘉靖 연간				

명대 백록동서원 동주의 성격에서 가장 주목되는 부분은 과거 출신 동주가 51명으로 무려 90%를 차지하고 있다는 것이다. 여기에서 36명은 전시(殿試)를 거쳐 여러 관직을 역임한 인사들로 추정된다. 황주(黃珠)와 장공극(張拱極)만 환력(宦歷)이 파악되지 않고, 나머지는 모두 고증되는데 관직이 매우 다양한 편이다. 이러한 관료 출신 동주는 조정의 교육 통제에 따른 서원의 관학화 흐름에 조응한 현상으로 조정에서 백록동서원을 매우 중시했기 때문이다. 이것이 백록동서원의 성장에 크게 기여했음에는 재론의 여지가 없다. 고위관료의 강학자 초빙, 교관 파견, 서원 운영비 보조 등 서원의 본연 기능을 충실히 수행하게 한 절대적인 힘이 되었다.

명대 초기 동주는 조정에서 임명하지 않고 지역의 포의와 토호나 지방관이 겸임했다. 후기에는 지방관이 겸임하거나 본인의 소관 하에 초빙하는 편이었다. 명대 백록동서원의 동주 관직은 학술 업무에 종사하던 훈도[21명]·교수[7명]·교유(教諭)[4명] 등의 순이었고, 기타 지방관이 그 뒤를 잇고 있다. 훈도·교수·교유는 명대 유학 교사를 가리키는 명칭이다. 훈도는 교유를 보조하거나 직접 강학에 참여하는 직위이고, 교수는 부학(府學)에 속한 교관으로 대부분 진사 출신이며, 조정에서 직접 임명했다. 교유는 현학에 속한 교관으로 거인(擧人)·공생(貢生) 출신으로 번사(藩司)가 선임했다. 이들은 동주 부임 이전에는 남강부(南康府) 유학교수, 성자현(星子縣) 교유, 부학 및 현학(縣學) 훈도로 재직하고 있던 경우가 빈번했다. 이처럼 동주가 관학 출신인 까닭에 명대의 백록동서원은 강학식(講學式)과 집도식(集徒式)

서원 양상을 띠게 되었다. 생도들에게 유학을 강론·토론하는 동시에 관학의 학술 정책과 일치화를 도모했기 때문이다.

포의는 비록 과거·관료 출신은 아니나 호거인(胡居仁)·위양기(魏良器)·장황(章潢)은 서원에 기여한 바가 지대했던 이력자들이다. 예컨대 호거인은 두 차례 동주를 역임하는 동안 서원 관리에 관한 이론지식 체계를 조성하는 데 심혈을 기울였다. 또 장원정(張元禎)·주맹중(周孟中) 거유(巨儒)들과 자주 연락해 서원학과 과거학 관계에 대해 심도 깊은 논의를 가졌다. 그리고 지역적으로 보면, 서원이 위치한 강서(江西)에 적을 둔 자가 대다수로 지역성이 강했던 점도 짚을 수 있다.

다음은 청대는 명대보다는 12명이 적은 45명으로 조사가 되었고, 〈표 5〉가 그것이다.

〈표 5〉 청대 백록동서원 동주 명단

성명	본적	신분	재임 연간	성명	본적	신분	재임 연간
熊維典	江西 建昌南城	官兵科給事中	1658년 (順治12)	史珥	江西鄱陽	翰林院庶吉士 改授主事	1769년 (乾隆34)
何孝先	江西瑞昌	書院副講	順治 연간	候學詩	江蘇江寧	進士, 撫州知府	1780년 (乾隆45)
餘允光	江西奉新	建昌 教諭 書院副講	1660년 (順治17)	郭祚熾	江西星子	進士, 官通政司, 致士後主豫章	1785년 (乾隆50)
張世經	江西南城	府學 訓導 書院副講	順治 연간	沈琨	浙江歸安	內閣中書	乾隆 연간
李尙珍	江西瑞昌	貢生, 府教授	順治 연간	謝啟昆	江西南康	兵部侍郎 都察院 右副都禦史巡撫 廣西	1789년 (乾隆54)
楊日昇	浙江新城	府學教授 書院副講	1662년 (康熙 원년)	楊倫	江蘇陽湖	進士, 荔浦知縣	乾隆 연간
巫之巒	安徽當塗	司理南康兼 督洞事	1662년 (康熙6)	左觀瀾	江西永新	通判, 安定縣知縣	1794년 (乾隆59)
廖文英	廣東連州	知南康府督洞學	1670년 (康熙9)	鄧夢琴	江西浮梁	進士, 漢中知府	1797년 (嘉慶2) 후
汪士奇	湖北湖廣	司理南康兼 督洞事	미상	彭良裔	江西南昌	進士, 庶吉士	嘉慶 연간

성명	본적	신분	재임 연간	성명	본적	신분	재임 연간
吳一聖	江西星子	擧人, 隱居 40년, 知府 廖文英 延請	1670년 (康熙9)	馬瑞辰	安徽桐城	星子知縣	1807년 (嘉慶12) 후
張自烈	江西宜春	廖文英守南康 재임시 동주 초빙, 이후 知縣 부임	1674년 (康熙13)	吳嵩梁	江西東鄉	國子博士	1814년 (嘉慶19)
郭檏	江西安福	福泉知縣, 建昌, 南康府敎授	1723년 (雍正 원년)	駱應炳	江西九江	進士, 知縣 15년 역임, 廣饒九分巡道祝麟聘	1830·1834년 (道光10·14)
王鼇	江西金溪	長淸知縣, 귀향 후 동주 초빙	1727년 (雍正5)	帥方蔚	江西奉新	探花	1839년 (道光19)
陶思賢	江西南城	九江府 敎授	1733년 (雍正11)	徐謙	江西廣豐	進士, 吏部主事	미상
章國祿	江西瑞昌	廣東吳川, 廣寧知縣 후 낙향	1738년 (乾隆3)	湯雲松	江西南豐	道光 10년 進士	1860년 (咸豐10)
張廷樾	江蘇江陰	進士	1743년 (乾隆8)	潘先珍	江西星子	進士	1861년 (咸豐11)
靖道謨	湖北黃岡	庶吉士	1745년 (乾隆10)	吳增逵	江西南昌	翰林院庶吉士 郎中協戶部主事	1868년 (同治7)
熊直宋	江西南昌	進士, 廣昌知縣	1748년 (乾隆13)	謝章鋌	廣東長樂	內閣中書	1883년 (光緒9)
李金台	湖北黃陂	進士	1751년 (乾隆16)	張賡颺	江西鄱陽	進士, 刑部郎中 山西道禦史	1887년 (光緒13)
魏定國	江西廣昌	刑部右侍郎	1752년 (乾隆17)	華祝三	江西鉛山	進士, 禦史	1890년 (光緒16)
戴第元	江西大餘	進士, 太僕寺 少卿	1762년 (乾隆27)	陶福祖	江西新建	進士, 授戶部主事, 사직 후 귀향	光緒 연간
顧鎭	江蘇常熟	進士, 國子監助敎	1766년 (乾隆31)				

청대 서원의 강학 성격은 '과거 공명'을 주요 기조로 삼았다. 조정에서는 이 조건에 적합한 인사를 동주에 선임했기 때문에 전 왕조와는 그 신분에서 다소 차이를 보인다. 서원 강학 정신과 방식 역시 이와 연동해 관학에 가까웠다. 물론 장구현(章丘縣) 수강서원(綉江書院)의 경우 산장은 "공동으로 추천하며 원래 상관이 간섭할 수 없다."라는 규정이 보이기도 한다.[69]

위 표에서 보듯 청대 백록동서원의 동주 중 '포의'는 없고, 과거 합격 후 관직 역임자가 대다수이다. 이는 무성현(武城縣) 현가서원(弦歌書院) 경우에서도 "교육담당 교사는 해당 지역 명사 중에서 문행을 겸비한 갑과(甲科) 출신을 선임하고, 또 원내에 머물면서 강의할 수 없는 자에게는 그 자리를 맡기지 않는다."라고 규정되어 있다.[70]

동주는 이 가운데에서도 조정에서 직접 특정 관직을 임명했거나 재·퇴임 중 상급자가 동주로 연청(延請)해 부임한 인물들로 구성되어 있다. 동주의 관직을 열거하면 지현(知縣) 8명, 서원부강(書院副講) 5명, 서길사(庶吉士) 4명, 사리남강겸독동사(司理南康兼督洞事)·부교수(府敎授)·지부(知府) 각 2명 등의 순이었다.[71] 지현과 지부는 지방관으로 배제해도 될 것 같고, 사장(師長)인 서원 부강은 그 자체가 관직이다. 사리남강겸독동사는 애초 부추관(府推官)을 거쳐 교관에 겸임시켰다가 본 관직을[督洞儒官] 신설해 현지 우수한 학자를 임명한 뒤 사제의 녹봉 지급 등의 경제권을 부여했다. 이 관직은 청 조정의 서원 직영과 통제 방식을 보여주는 것이라 할 수 있다. 서상(庶常)이라고도 불리는 서길사는 진사 출신에 황제의 조서 작성과 경적(經籍) 해설 등을 수행한 한림원 단기직이다. 한편 공생 출신 6명도 눈길을 끈다. 공생은 부·주·현의 생원 중 우수자에 선발되어 경사(京師)의 국자감으로 진학한 이를 말한다.

---

69) 道光, 『武城縣志』 권4. 이수환, 「朝鮮朝 嶺南과 淸代 山東의 書院 비교연구－人的組織과 經濟的 기반을 중심으로－」, 『민족문화논총』 46, 2010, 재인용.

70) 道光, 『武城縣志』 권4 ; 이수환, 위의 논문, 2010, 재인용.

71) 나머지 관직은 刑部郎中·官兵科給事中·刑部右侍郎·兵部侍郎·太仆寺少卿·國子監助敎·通政司·揚州司理·通判·探花·吏部主事·戶部主事·內閣中書·禦史 각 1명씩이다.

Ⅳ. 맺음말

이 글은 한·중서원의 원임을 비교해 본 것이다. 좀 더 논의를 심화시키기 위해 한국 최초의 서원 소수서원과 동아시아 서원의 모범인 중국 백록동서원을 교차 검증하였다.

먼저 원임의 일반적인 차이점은 먼저 한국서원은 향촌 내 명망가를 자율적으로 선임하였으며, 주로 원장-(장의)-유사 체제로 서원 운영을 관장했다. 반면 중국서원은 크게 교육과 행정을 담당하는 원임으로 구분하여 운영했고, 원장은 지방 관료 또는 대학자 초빙 등의 형태로 이루어졌는데 관의 영향력이 크게 작용했다. 또 중국서원이 한국서원보다 원임의 직제가 보다 세분되어 있으며, 조직 규모가 더 컸다. 다만 한국서원은 관의 영향력이 강한 중국서원에 비해 자율성이 크게 보장되었다.

다음은 소수서원과 백록동서원을 비교해 살펴보았다. 우선 원장-유사 직제를 지향한 소수서원의 『임사록』을 분석한 결과 창건부터 1900년까지 거쳐 간 657명의 원장은 평균 5개월씩 재임하였다. 이들은 주로 입원생 출신들로 2회 이상 원장을 중임한 자가 무려 225회에 달했고, 적게는 2회 많게는 7회나 역임하였다. 규약에는 문관과 사마 합격자 중에서 원임의 자격을 명시하고 있으나 실제 유학 신분의 비율이 절반이 넘었다.

한편 이들은 주로 서원 인근 고을에 거주한 인사들이 많은 가운데, 일부 성관들에 의해 배타적으로 운영되는 모습이 노정된다. 그러다가 18세 중·후반부터는 외부 명망가 또는 현직 지방관을 원장으로 삼아 어려움을 타개하려고 하였다. 특히 소수서원은 한국의 다른 서원에 비해 관권과 깊은 밀착성을 보인 서원으로 알려져 있다. 유사는 상시 유사를 두면서 서원의 필요에 따라 임시유사를 수시로 선발하여 일을 담당하게 하였다.

이어 중국 4대 서원으로 추앙받는 백록동서원은 당대 여산국학부터 남송을 거쳐 명·청대까지 당대 학술을 주도한 입지전적인 서원이다. 여산국학은 국자감 구경박사가 동주가 되어 교수를 관장하며, 과거 인재 양성에 교육 목적을 두었다. 서원이 복원되는 북송 대에는 당대 보편적인 흐름에 따라 관학적 성격을 띠었다. 남송 대는 주자가 서원을 재건하여 백록동서원의 정체성과 특징이 형성된 시기이다. 그는 스스로 초대 동주에 올라 원생을 모집해 강학한 것을 비롯해 당장과 유명학자 초빙, 강학 업무 관장 등 서원의 지향할 방향성을 제시해 주었다. 백록동서원은 아니지만 송대 건강부 명도서원의 경우 산장·당장·제거관·당록·강서·당빈·직학·강빈·전량관·사계·장서·장의·장사·재장·의유 등 총 15종의 직책이 존재한 만큼 이와 유사한 원임 조직을 구축하고 있었을 것으로 보인다.

그러나 남송시기 원임과 관련해 추가적인 기록은 발견하지 못했고, 다행히 명·청대는 동주의 계보를 다소 파악하였다. 명대는 과거 출신 동주가 무려 90%를 차지하고 있는 점이 가장 주목되는 부분이었다. 이는 조정의 교육 통제에 따른 서원의 관학화 흐름에 조응한 현상이었다. 청대 서원의 강학 성격은 '과거 공명'을 주요 기조로 삼았기 때문에 조정에서는 이 조건에 적합한 인사를 동주에 파견했다. 그래서 청대 때는 동주 중 '포의'는 없고, 과거 참여 후 관직 역임자가 대다수를 점하고 있는 점이 특징이었다.

【참고문헌】

1. 원문

『四書人物考』, 『武城縣志』 『嘉昆山縣志』, 『康熙新建縣誌』, 『建昌府志』, 『高安縣志』, 『贛州府志』, 『瞿九恩傳』, 『南康府志』, 『南安府志』, 『同治嵊縣誌』, 『良郷縣誌』, 『萬曆泰州志』, 『明儒言行錄』, 『白鹿洞書院志』, 『福安縣志』, 『소수서원 任事錄』, 『新餘縣志』, 『鹽城縣志』, 『永嘉縣志』, 『永乐大典』, 『永安縣志』, 『濟源縣志』, 『棗陽縣志』, 『重建貫道橋記』, 『進賢縣志』, 『通許縣志』, 『湖廣通志』, 『徽州府志』, 『武城書院誌』, 『列邑院宇事蹟』, 『伊山院規』, 『竹溪志』, 『海東雜錄』.

2. 단행본

이수환, 『조선후기 서원연구』, 일조각, 2001.

3. 논문

김자운, 「조선시대 소수서원 강학 연구」, 『한국학대학원 박사학위 논문』, 2014.

李才棟, 「北宋時期白鹿洞書院規模征實」, 『中國書院研究』, 2005.

範慧嫻, 『白鹿洞書院의 성립과정과 조선의 서원-주희의 서원관을 중심으로』, 한국학중앙연구원 석사학위논문, 2015.

孫彦民, 『宋代書院制度之研究』, 教育研究叢書(乙鍾), 1963.

송정숙, 「'紹修書院 任事錄' 연구-16·17세기를 중심으로」 『書誌學研究』 제38집, 2007.

안승준, 「소수서원의 건립·운영과 안씨 본손들」 『소수서원·병산서원』, 한국학중앙연구원출판사, 2019.

葉夢晨, 「明清時期白鹿洞書院洞主考論」, 江西師範大學 석사학위논문, 2020.

우인수, 「조선후기 도산서원 원장의 구성과 그 특징」, 『퇴계학과 유교문화』 53, 2013.

이병훈, 「조선후기 경주 옥산서원의 운영 양상과 위상 변화 연구」, 『영남대학교 박사학위 논문』, 2018.

이수환 「조선조 영남과 淸代 山東의 서원 비교 연구-인적 조직과 경제적 기반을 중심으로-」 『민족문화논총』 46, 2010.

이수환, 「안동과 휘주의 서원교육 비교연구」 『안동학연구』 5, 2006.

이존산 著·김홍수 譯, 「송명이학에 있어서 서원의 의의」 『안동학 연구』 제11집, 2012.

임근실, 「16세기 한·중 서원지의 지식사적 의미」 『민족문화논총』 79, 2021.

전용우, 「華陽書院과 萬東廟에 대한 一 硏究」 『역사와 담론』 18, 1990.

정만조, 「조선시대 書院志 體例에 관한 연구」, 『한국학논총』 29, 2007.

정순목, 「한국서원 교육제도연구」, 『민족문화총서 3』, 1979.

주희 著·주자대전 번역연구단 譯, 「백록동서원의 수리를 보고하는 狀」 『주자대전 4』, 2010.

陳聯, 「중국 휘주와 한국 영남지역 서원교육 비교연구」 『안동학연구』 5, 2006.

19세기 한중서원 자료를 통해 본 서원의 출입과 그 목적
-경주 옥산서원과 광주 광아서원을 중심으로-

이 병 훈

Ⅰ. 머리말

동아시아 각국 서원의 위상은 관립과 민립에 상관없이 내원하는 인물들의 수적 다소와 질적 수준에 따라 결정되었다. 이런 수적, 질적 차이에 영향을 준 것은 각국이 달랐지만 공통적으로 국왕의 관심이 가장 큰 영향을 주었다. 국왕의 관심은 해당 서원을 대표하는 제향자 내지 건립자, 사유(師儒)였는데 모두 학문적 명성이 높다는 공통점이 있다.

베트남에서는 국가 주도로 건립된 난가서원(爛柯書院)과 숭정서원(崇正書院), 민간이 건립한 복강서원(福江書院)이 확인된다. 이들 서원은 과거를 통한 관인 양성을 목적으로 건립되었다.[1] 이곳의 교육을 담당하였던 스승의 학문적 위상에 따라서 원생들의 규모에서 차이가 났다. 그래서 해당 스승이 사망했을 때에는 서원이 사라지기도 했다. 이처럼 스승의 권위가 서원의 위상에 큰 영향을 주었다. 일본에서는 에도시대의 유학자인 나카에 후지키[中江藤樹]가 1648년에 건립한 후지키 서원[藤樹書院], 쿠스모토 바

1) Nguyễn Tuấn-Cường, 「Private Academies and Confucian Education in 18th-Century Vietnam in East Asian Context: The Case of Phúc Giang Academy」, 『Confucian Academies in East Asia』, Brill(The Neyherlands), 2020, pp.89~125.

타야마[楠本端山]가 1882년 설립한 봉명서원(鳳鳴書院) 등이 확인된다.[2] 이곳들은 주자학과 양명학을 교육하는 점에서 한중서원과 유사했다. 하지만 강학과 제향을 통한 인재양성이라는 한국서원과 관인양성을 위한 과거공부를 시행한 중국서원과는 성격이 달랐다. 서원이라는 명칭을 사용한 유학교육기관 역시 메이지유신 이후에 본격적으로 건립이 되었다. 에도시대에는 무사를 교육하는 번교(藩校)와 일반농민·상민의 각 직능에 따른 교육을 진행하였던 향교(鄕校), 사자실(寺子室), 사숙(私塾)이 있었다. 이 가운데 한학숙(漢學塾)에서는 명말청초 동림서원(東林書院)의 신주자학(新朱子學)과 유종주(劉宗周)의 신양명학(新陽明學)이 학습되었다. 일본의 서원 내지 한학숙도 베트남과 마찬가지로 스승의 명망에 따라 학생들의 수요가 달랐다. 즉 스승의 명망이 해당 서원의 위상과 직접적인 관련이 있었다. 다만 일본에는 과거제도가 없었기에 유학교육이 관인 양상을 목적으로 했다고는 보기 어렵다.

한편 중국의 서원은 국가와 민간에서 건립한 것이 양립하였다. 청대의 성회서원(省會書院)은 중앙의 국자감 다음의 위상을 가졌으며, 국학인 주·부·현학에 비교해도 더 높은 위상을 가졌다. 그러나 대부분의 민간 설립서원은 그 주체에 따라 가족서원과 향촌서원으로 구분되었으며 국학에 비하여 지위가 낮았다. 이런 민간 서원 가운데에도 예외적으로 높은 위상을 가졌던 서원들은 명망있는 학자가 건립하고, 그의 학통을 이어서 학술적 지위를 확보한 서원들이었다.[3] 이처럼 중국서원은 건립주체에 따라서 서원의 위상이 구분되었다. 이것은 청대에 와서 더욱 심화되었다. 뛰어난 스승에게 배우기 위해 학생들이 모이는 것은 어느 국가에서나 마찬가지였다. 중국의 관립서원은 국가적 차원에서 우수한 스승을 초빙하고, 재정적 지원

---

2) 難波征男, 「일본의 서원연구의 현황과 과제」, 『한국학논총』 29, 국민대학교 한국학연구소, 2007, 61~74쪽.

3) 陳谷嘉·鄧洪波, 「第二章 書院的等級差異」, 『中國書院制度硏究』, 浙江教育出版社[中國], 1997, 55~103쪽.

을 아끼지 않았다. 그것은 서원의 격을 높이고, 나아가 우수한 학생들의 유치로 이어지면서 서원의 위상을 높이는 결과를 가져왔다.

이처럼 중국, 일본, 베트남의 서원은 유학을 교육한다는 점에서 공통점이 있지만 각국의 사회·정치적 여건에 따라서 교육의 목적은 관인양성과 교양함양 등으로 나눌 수 있다. 또한 뛰어난 스승을 찾아가서 배우는 모습이 확인되지만 그 스승의 학설을 계승하여 학파로 발전하는 모습은 중국에서만 확인된다. 한편, 서원을 출입하였던 자들은 일상생활을 보조하던 인물들을 제외하면 주로 그곳에서 수학하던 학생들로 추정된다. 국가의 관심이 컸던 서원에는 관료와 지방의 유력자들이 방문했을 것으로 보이지만 이를 구체적으로 확인할 수 있는 자료는 확인되지 않는다. 중국서원의 경우에도 인명부(人名簿)는 대부분 서원에서 기숙하며 과거시험을 준비했던 자들의 명단뿐이다.[4] 이들 자료는 대체로 19세기 말~20세기 초에 작성된 것들로서 19세기 이전의 서원 출입자는 산장과 훈장 및 의연금을 내었던 기부자들의 명단이 일부 전하고 있다.[5] 그러나 이들 자료 역시 그 수가 많지 않으며, 산재되어 있어서 분석에 어려움이 있다.

동아시아에서 중국 다음으로 많은 서원이 건립되었던 한국은 유생의 도덕수양을 교육이념으로 삼았던 주자의 서원 건립취지를 강학과 제향, 그리고 건물의 구성과 명칭 등에서 가장 모범적으로 실현하였다. 하지만 16세기 중반 처음 백운동서원이 건립되었던 당시에는 쇠퇴한 관학을 대신하여 관인을 양성하려는 목적이 있었다. 이러한 서원의 기본 이념을 강학과 제향을 통한 전인교육(全人教育)으로 바꾼 자가 퇴계 이황이었다. 그러나 서원제도의 정착을 위해서는 과거를 통해 관직에 진출하려는 유생들의 요구를 외면할 수가 없었다. 그 결과 서원은 외면상 과거를 등한시했지만 실제로는 유생들의 과거 준비를 지원하였다. 조정에서도 서원의 역할을 인정하

4) 鄧洪波 主編, 『中國書院文獻叢刊』(第一輯), 國家圖書館出版社·上海科學技術文獻出版社, 2018.

5) 鄧洪波, 『書院學檔案』, 武漢大學出版社, 2017 ; 鄧洪波 主編, 앞의 책, 2018.

여 사액을 통해 관학에 준하는 자격과 지원을 하면서 서원 제도가 빠르게 정착할 수 있었다.

조선의 서원은 임진왜란 이후 정치·사회적 기능이 커지면서 강학과 제향만을 행하는 곳이 아니라 유생들이 모여서 현안을 논의하는 장소로서도 기능하였다. 하지만 18세기 이래로 서원의 수가 증가하면서 그로 인한 사회·경제적 폐단이 나타났다. 또한 서원의 남설로 인해 제향 인물의 질적 저하가 나타나면서 서원의 위상이 추락하는 한 요인이 되었다. 서원의 교육·교화적 순기능이 쇠퇴하면서 조정에서는 서원에 대한 통제책을 강력히 시행하였다. 한편으로는 문묘종사 대현을 제향하는 사액서원에는 이전의 혜택을 인정하였다. 그 결과 지방관의 지원이 없는 서원들은 심각한 경영난에 직면하였고, 많은 비용이 들어가는 강학보다는 제향의 기능만이 남게 되었다. 나아가 일반서원은 장서(藏書)를 갖추거나 유회(儒會)를 주관하는 것이 더욱 어려워졌다. 이것은 사액서원과 일반서원, 대현 서원과 일반 서원 사이의 위계를 더욱 분명하게 나누었다. 이런 차이는 각 서원을 방문하는 사람들의 수적, 질적인 면에서도 나타났다.

한국의 서원도 유명한 학자가 건립을 주도하거나, 강학을 시행하면 많은 유생들이 모여들었다. 제향인의 위상이 높아도 해당 서원을 방문하여 알묘하는 사람들이 많았다. 서원을 방문하는 자들은 조선의 엘리트계층인 사족(士族)들로서 서원에서 강학을 하거나, 알묘(謁廟) 혹은 유회에 참가하기 위하여 들렀다. 서원측은 방문객이 증가할수록 그들에게 숙식을 제공하는데 따른 재정적 부담이 컸다. 하지만 방문한 자들의 신분이 높거나 명망있는 가문의 후손이 많을 경우 그것은 서원의 위상을 제고(提高)하는 데에도 효과가 있었다. 그래서 방문객에 대한 대접을 소홀히 하지 않았다. 또한 방문객의 성명을 『심원록(尋院錄)』, 『도기(到記)』로 남겨서 서원과의 관계를 이어갔다. 『심원록』은 다른 고을 출신으로서 명망있는 가문의 후손만이 성명을 남길 수 있었다. 『도기』는 서원에서 발생하였던 향사 내지 유회 등에 참석했던 인물들의 명단으로서 그만큼 서원과 가까운 관계에 있는 인물들이었음을 의미한다. 여기에는 서원이 위치한 본읍(本邑)뿐만 아니라 당시 모임에 참석했던 타고을 인물들도 함께 기록하였다. 이외에도 서원 운영을 담당했던 원임과 원생들의 명부도 많이 남아있다. 이처럼 한국서원에는 다양한 목적으로 제작된 인명부가 다수 남아있다.

본고는 서원이 동아시아 각국에서 가졌던 사회적 위상을 파악하는 것이 목적이다. 이를 위해 그 객관적 지표라고 할 수 있는 서원을 방문했던 사람들에 대한 분석과 실제 그들이 방문했던 이유를 살펴보고자 한다. 이것은 현존하는 자료에 의존할 수밖에 없지만 한국을 제외한 중국·일본·베트남에는 이와 관련한 자료가 절대적으로 부족한 실정이다. 이런 한계로 인해 한국서원을 중심으로 일부 자료가 남아있는 중국서원의 사례를 비교하려고 한다. 그러나 양국의 서원을 비교하기 위해서는 지위와 운영 시기도 유사해야 한다. 이에 영남을 대표하는 경주 옥산서원과 광주(廣州)를 대표하는 광아서원(廣雅書院)을 대상으로 하고, 광아서원의 자료가 남아있는 19세기로 시기를 제한하였다.[6] 당시 양국 서원의 내외부적 여건이 다르고, 현존하는 자료도 질적·양적인 차이가 많이 나므로 이를 단순 비교하여 일반화시킬 수는 없다. 하지만 양국 서원의 다양성을 확인하는 한 사례로서는 의미를 가진다고 판단된다.

Ⅱ. 19세기 초·중반 경주 옥산서원 방문의 성격

옥산서원에는 서원 방문객의 명단인 『심원록』과 『본향심원록』이 남아있

6) 옥산서원의 자료는 필자가 이전에 조사한 것을 토대로 하였다. 광아서원의 자료는 등홍파 주편(2018)의 『중국서원문헌총간』(제일집) 86책의 「廣雅書院同舍錄」과 89책의 「廣雅書院東省諸生夏季功課部」를 대상으로 하였다. 등홍파 교수는 『중국서원문헌총간』(제이집) 100책과 『중국서원문헌총간』(제삼집) 100책 등 총 300책의 자료를 영인하였다. 필자는 이 가운데 제일집의 100책만을 검토하였다.

다. 이외에도 각종 행사나 유회에 참석하였던 인사들의 명단인 『도기』도 있다. 『심원록』이 경주 밖 인사들의 명단이라면, 『본향심원록』은 경주내 인사들의 명단이다. 반면 사안에 따라 작성한 『도기』에는 향내외의 인사들이 모두 기재되어 있다. 서원이 건립되던 1573년(선조 6)부터 기록된 『심원록』은 1875년(고종 12)까지 31,225명이 수록되어 있다. 반면 『본향심원록』은 1756년(영조 32)에 처음 작성되어 1875년(고종 12)까지 22,260명이 수록되어 있다.[7] 『심원록』의 입록은 타 지역 방문객의 신분과 지위 등을 확인하여, 알묘 후 자필로 작성하는 것이 원칙이었다. 그렇기에 선별된 인사만이 기재되었다고 볼 수 있다. 그럼에도 약 300년간 3만 명이 넘는 인원이 방문했다는 것은 옥산서원을 방문했던 관료 및 지방관과 각 지역을 대표하는 사족가문의 인사들이 그만큼 많았음을 나타낸다.

〈표 1〉 19세기(1800~1875) 옥산서원 방문객 현황

연도	인원		연도	인원	
	심원	본향		심원	본향
1800	86	79	1838	310	213
1801	117	50	1839	204	99

7) 일반적으로 서원의 소재지에 거주하는 사족들이 외부 인사들에 비하여 방문하는 인원이 많은 것은 당연한 결과이다. 특히 한 지역을 대표하는 서원은 각종 향례와 유회 등에 참석하기 위해서나 강학과 유람 등의 기타 사유로 수시로 방문하는 자들이 많았기 때문이다. 그래서 일반적으로 본향 출신들의 방문시 방명록을 작성하지 않았다. 옥산서원도 마찬가지였다. 그런데 1756년(영조 52)부터 『본향심원록』을 만들게 된 이유는 첫째, 옥산서원에 출입했던 경주부내 先父老들의 자취를 찾을 수 없었기 때문이다. 그래서 부내 인사들의 방문 내역을 기록하여 후손들이 찾아볼 수 있도록 한 것이다. 둘째는 院僕들의 사기로 폐단이 누적되어 서원 재정을 악화시키는 한 요인이 되었기 때문이다. 그래서 방문자들의 성명과 동행한 奴馬, 숙박 유무 등을 기록하고, 그날의 『庫子用下記』를 서로 비교하여 매일의 사용하는 것을 점검할 목적에서 만들었다. 실제 『심원록』에서도 1804년(순조 4) 4월부터 방문객과 동행한 노비와 말의 수를 기재하고 있다. 이 역시 『본향심원록』의 제작 목적과 같이 재정현황을 파악하기 위하여 시행된 것이다(이병훈, 『조선후기 경주 옥산서원의 운영과 역할』, 영남대학교 박사학위논문, 2018, 97~111쪽).

연도	인원		연도	인원	
	심원	본향		심원	본향
1802	133	76	1840	215	-
1803	198	61	1841	157	-
1804	157	44	1842	261	-
1805	152	40	1843	201	239
1806	165	212	1844	195	238
1807	222	414	1845	252	129
1808	174	252	1846	151	192
1809	212	342	1847	143	230
1810	223	190	1848	263	331
1811	246	196	1849	196	319
1812	122	216	1850	207	1,229
1813	298	197	1851	230	754
1814	365	201	1852	194	890
1815	351	158	1853	214	506
1816	273	288	1854	318	438
1817	202	237	1855	194	416
1818	264	194	1856	179	202
1819	275	204	1857	300	-
1820	235	236	1858	274	49
1821	194	258	1859	214	557
1822	228	270	1860	-	508
1823	205	67	1861	219	470
1824	204	293	1862	188	468
1825	280	218	1863	152	469
1826	214	200	1864	408	540
1827	294	243	1865	356	299
1828	324	329	1866	294	142
1829	202	280	1867	127	199
1830	191	257	1868	187	282
1831	249	370	1869	214	381
1832	377	422	1870	179	336
1833	667	406	1871	166	-
1834	477	391	1872	187	-
1835	299	54	1873	68	569
1836	368	213	1874	161	547
1837	152	256	1875	30	127
계	심원록	17,203	계	본향심원록	20,782

그런데 19세기에는 75년간 전체의 55%인 17,203명이 방문하여 연평균 229명이었다. 반면 경주부 출신은 20,782명으로 연평균 277명이다. 이것이 의미하는 것은 무엇일까? 일반적으로 서원 소재지 인사들의 방문이 많은 것은 당연한 것으로 여겨진다. 그런데 외부 방문객과 부내 방문객의 수가 비슷하다는 것은 부내 인사들의 출입을 제한했을 가능성이 있다. 그 이유로는 서원의 경영난을 꼽을 수 있다.[8] 그래서 부내 인사들의 방문은 삭망분향이나 향회, 원회 등의 모임으로 제한했을 가능성이 높다. 실제 1846년(헌종 12) 3월 이후 『본향심원록』에 기재된 인사들의 방문목적을 보면 삭망분향과 춘추향사 및 향회 등에 집중되어 있다.[9] 그 이전까지는 '손님과 함께 와서 묵었다.(與客來宿)', '돌아가는 길에 와서 묵었다.(歸路來宿)', '쉬었다.(憩)', '순사가 도착했을 때 왔다.(巡使來到時)', '묘사때 와서 묵었다.(墓祀時來宿)', '정혜사로 가는 길에 들렀다.(定惠寺去路)', '지나는 길에 하룻밤 머물렀다.(行路留宿)', '과거를 치러 가는 길(科行)', '비에 막혀서 숙박하러 오다.(滯雨來宿)'라고 하여 일상 속에서 편안히 방문하는 곳으로 여겨지고 있었다. 이때 부내 방문객은 '초행시지알(醮行時祗謁)', '대은지알(帶恩祗謁)'과 같이 특별한 경우를 제외하고는 알묘를 하지 않았다.

---

8) 『본향심원록(을해 5월)』, 을해(1815) 9월 1일. "近來院力凋殘 不堪費用 且下記從中弄幻 所謂文簿間多浮濫 自今以後 無論任司有無 到院後其還宿期限 及奴馬有無亦一一詳書 望有日後 憑據文簿 之地幸甚. 乙亥九月初一日 齋任李(手決)". 원력이 점점 어려워지면서 1815년 9월 1일부터 임사라 하더라도 유숙한 기한과 奴馬 등에 대하여 상세히 기록하도록 했다. 한편 옥산서원은 1834년 정혜사 소실로 인한 문집판각 건립, 1839년 구인당 화재로 인한 건물 신축 및 오래된 건물의 개·보수 및 원유 이탈의 가속화 등으로 재정과 운영상의 어려움이 더욱 심화되었다. 이러한 분위기 속에서 진행된 1839년(헌종 5)의 치제는 서원의 위상을 쇄신하는 계기가 되었지만, 한편으로는 서원 재정을 더욱 어렵게 하였다. 그 결과 1846년부터 부내 인사들의 서원 출입을 제한하였던 것으로 보인다.

9) 『본향심원록』에서는 1846년 3월 21일의 鄕會이후 4월 1일부터 분향례와 향사, 향회 등 공식적 행사에 참여한 인원만을 기록하고 있다. 기타 유숙하는 인원은 이때부터 거의 확인되지 않는다.

한편 전체 『심원록』(1574~1876)을 보면 1773년(영조 49)부터 방문객이 급증하여서 1774년(영조 50) 423명을 정점으로 평균 방문객이 두 배 이상 증가하였다. 이것은 1772년(영조 48)의 서류허통이 허가된 후부터 나타난 현상이다. 원래 『심원록』에 기재하는 것은 해당 지역의 세족(世族)이어야 가능했다. 그러나 현실적으로 타읍 출신 신향(新鄕)들에 대하여 모두를 확인하는 것은 불가능하였다. 경주에서는 1775년(영조 51) 옥산의 이전인 후손들이 옥산서원 참알을 요구하면서 적서간의 분쟁이 발발하였다.[10) 당시 곡산한씨를 비롯한 부내의 노론들도 개입하면서 분쟁이 확산되었다. 이에 옥산서원에서 서파의 참알을 막고, 신향들의 도발에 도내 사림들과 공동 대응하기 위하여 연락한 결과, 춘향(春享)을 앞둔 시기에 안동과 예안, 의성 등지에서 119명이 방문하였다.[11)]

이처럼 1773~1775년 사이 방문객이 많은 것은 조정에서의 서류허통책과 궤를 같이하고 있었다. 나아가 1777년(정조 1)의 「서얼허통절목」이 반포되면서 신향들의 서원 참배는 더욱 증가한 것으로 보인다. 실제 19세기에도 방문객이 급증했던 1850년대 초반은 신구향간의 대립이 심각했던 시기였다. 하지만 19세기의 방문객 수가 이전보다 고르게 높다는 것은 근본적으로 사족의 수가 그만큼 증가했기 때문이다.[12)]

『심원록』에 성명을 기재하는 것은 그 기준이 매우 엄격하였다. 그렇기에 방문객의 수가 많다는 것은 해당 서원의 위상이 높았음을 나타내는 지표가 될 수 있다. 즉 방문객의 수가 증가했다는 것은 사족의 증가 외에도 그만큼 서원의 위상이 높아졌다고 볼 수 있다. 이를 보다 정확히 알기 위

---

10) 이수환, 「경주 옥산서원 원임직 소통을 둘러싼 적서간의 향전」, 『고문서연구』 16·17, 한국고문서학회, 2000.

11) 『심원록』(剛), 乙未(1775) 2월 3일. 방문객들은 대부분 의성, 예안, 안동, 의흥, 영궁, 순흥, 영천(榮川), 풍기, 예천, 군위, 인동, 함안, 상주, 칠곡, 고령, 밀양, 청송 등지에서 왔다. 특히 안동과 예안, 의성의 인사들이 많았다.

12) 송양섭, 「19세기 幼學層의 증가양상 - 〈단성호적대장〉을 중심으로 -」, 『역사와 현실』 55, 한국역사연구회, 2005.

해서는 실제 방문했던 인물들의 출신과 방문목적을 살펴보아야 한다. 그러나 『심원록』에 기재된 모든 인사를 파악하는 것은 어려운 일이다. 표면적으로 확인되는 것으로는 방문자들이 대부분 유숙(留宿)을 목적으로 한 과객(過客)들이었으며, 일부는 체우(滯雨), 질병, 대풍(大風), 초행(醮行) 등으로 잠시 머물거나,[13] 친인척을 방문했다가 알묘하는 경우였다.[14]

옥산서원 인근에는 구강서원(龜江書院)[이제현, 경주이], 동강서원(東江書院)[손중돈, 경주손], 운천서원(雲泉書院)[이언괄·권덕린, 여주이·안동권], 운곡서원(雲谷書院)[권행·권산해·권덕린, 안동권], 삼강사(三綱祠)[이희룡, 이문진·처 김씨, 옥구이], 단계사(丹溪祠)[권복흥, 안동권] 등의 원사가 산재해있었다. 그럼에도 옥산서원에 과객이 많았다는 것은 경영난 속에서도 그들에 대한 예우가 좋았다는 것을 의미한다. 실제 내방객에 대한 음식 공궤는 전란이후인 17세기 초반의 어려운 환경에서도 유지했었으며 그런 전통은 20세기 초까지 이어졌다.[15]

또한 임진왜란 당시에도 큰 피해 없이 건물을 보존하고, 사액이후 국가로부터 받았던 서적들도 온전히 보전하고 있었다. 임진왜란 이전에 건립된 서원 가운데 옥산서원과 같이 원형을 보전한 것은 도산서원과 소수서원 등 일부에 불과하였다. 그렇기에 옥산서원을 방문한 자들은 내사된 서적과 이언적의 친필 저서들을 열람하고, 서원의 건물과 편액을 둘러본 후 이언적

---

13) 『심원록(帝)』, 계미(1823) 7월 12일. "海州 崔南憲, 崔璺 聞慶, 七月十二日來宿以?病十三日留" ; 『심원록(制)』, 임진(1832) 7월 16일. "永陽 崔啓運 以病留宿" ; 11월 7일. "密陽 朴天欽, 朴遠浩 以醮行來宿 六奴三馬".

14) 『심원록(始)』, 기축(1829) 3월 회일. "全義 李在翻 李在翊 祇謁". 이재훤(1780~?)과 이재익(1784~1854) 형제는 성주에 거주했다. 이들은 1828년 이재훤이 진사에, 이재익이 문과에 급제한 후 외가[외조부 李鼎宅, 1782 원장]를 방문하고 돌아가는 길에 서원에 들렀다. 한편, 알묘를 위해서는 복식을 갖춰야 했지만, 1836년 李以會 등은 道服이 없어서 알묘를 못하기도 했다(『심원록(位)』, 병신(1836) 5월 4일).

15) 1912년 「完議」. 옥산서원은 소작인들의 세금을 깍아주는 방식으로 이들이 방문객들에게 서원서 제공하는 닭과 음식을 제공하고, 숙박할 수 있도록 했다(1912년 「完議」, 한국학자료센터 영남권역센터).

이 머물고 거닐었던 독락당과 주변 경관을 감상하였다.[16] 이외에도 『심원록』에서 과거에 방문했던 先祖의 서명과 감상을 적은 글을 보고 더욱 옥산서원에 관심을 가지기도 했다. 그래서 거듭 옥산서원을 방문하거나, 서원을 방문한 소회를 시로 남기는 자들도 있었다.[17]

일례로 1818년(순조 18) 10월 30일 서원을 방문한 일포(逸圃) 박시원(朴時源, 1764~1842)은 50여 세가 되어 옥산서원을 방문하게 된 것에 대하여 소회를 적었다. 그는 자신의 선조인 박승임(朴承任)이 강계에서 회재의 사당 기문을 지은 것과 그 후손인 자신이 옥산을 알묘하는 대를 이은 인연을 말하였다. 또한 서원 내 무변루, 구인당, 체인묘 등 건물 명칭의 의미와 회재의 학문에 대한 사색을 이어갔다.[18] 1818년 3월 22일 옥산서원을 방문한 해은(海隱) 강필효(姜必孝, 1764~1848)는 윤증의 학통을 이은 소론계

16) 『심원록(임진십이월)』 계사(1833) 3월 1일. "瞻先生遺址 三員(李禹圭, 李光林, 李大奎)午後去 三員足困故宿二夜去."

17) 『심원록(龍)』, 경진(1820) 3월 13일. "潘南 朴綺壽 萊尹[동래부사]遞歸路 庚辰三月十三日 祗謁. 玉峯千仞秀 喻道未爲尊 有寶非藏櫝 敷榮自晦根 九經精義衍 百世嚴師存 隣近陶山院 嶠南理學源 右萊尹瞻拜之日 題于別簡留置 院中者恐日後 混入於休紙 故騰書題名下." ; 4월 10일 "永嘉 權迪 居尙州四月初十日來宿祗謁. 玉院謹次萊尹韻 吾道南來久 先生北斗尊周思 □□月後學 躡天根九義開 無蘊十條驗 所存紫溪胤不書千古溯心源 後學權適敬題." ; 5월 3일 "永川 崔墢 三日午前來宿祗謁居慈仁 奴馬. 謹次萊尹文郁書 海東鳴紫玉廊廟 挺時棟幽光退老 闡□晦終無□山得先生尊儒林 培道根餘敎後人 存武夷同一原." ; 7월 21일. "密城 朴廷相 東瞻 同月二十一日宿謁 居淸道 率奴馬. 無邊樓外挹遺風 吾道千年自在東 欲濯新纓猶不得源頭活水古今同 東瞻敬題." 이들 외에도 다른 방문객들이 남긴 詩文이 다수 남아 있다(『심원록(淡), 신미(1811) 9월 20일 趙始春 ; 9월 10일 曺允武).

18) 『심원록(朔)』, 무인(1818) 10월 30일. "樊南 朴時源 穉實 同月晦祗謁." ; 『逸圃集』 4, 識跋, 「書玉山書院尋院錄後」. "昔吾先祖嘯皐公 嘗撰江界府晦齋先生祠堂記 以爲江州卽先生之一涪江 惟此玉山 實先生之武夷也. 小子每閱先集 采增景慕 私竊以爲江州之祠遜矣. 瞻拜固無路 生於嶺五十餘歲 一未拜玉山廟者 實後學頹懶之致也. 常自訟不暇 是歲之陽 策驢遊東南 迤到于本院 溪山水石 藹然遺馥之襲人 而夜宿求仁堂 朝謁體仁廟 書閣碑閣 左瞻右趨 彷徨有洨洙不能去之意 誠幸矣. 朱夫子謁濂溪祠 登光風霽月亭 講太極圖旨義 今此無邊樓 卽光霽亭也. 而韓瞽登眺 未識無邊之爲甚意思 則顧何論師門太極辨邃旨哉. 只喜其伸宿願也. 忘其拙陋 書此以歸云."

학자로서 방문 당시 『태극도설(太極圖說)』을 주제로 강회(講會)를 개최하였다.[19] 강필효의 강회는 당시 옥산서원에서 문회(文會)와 강회, 순제(旬製) 등의 강학 전통이 이어지고 있었기 때문이다. 19세기 이전 강학기능을 상실한 서원이 대부분이었던 상황에서 옥산서원의 강학 활동은 서원의 위상을 높이고, 나아가 방문객의 증가에도 일정부분 기여했을 것으로 추정된다.

실제 1809년(순조 9) 8월에는 강회가 개설되어 향내에서 26명, 향외에서 6명이 참석하였다.[20] 같은 해 6월에는 열린 문회에는 36명이 참석했지만, 1812년(순조 12)에는 42명, 1820년(순조 20) 46명으로 계속 증가하였다.[21] 순제는 1818년(순조 18)부터 1821년(순조 21)까지 매년 시부(詩賦)와 의의(義疑)를 구분하여 시행하였다.[22] 이것은 거접(居接)을 대신하는 효과가 있었다. 당시 순제에 응시한 자들은 1818년(순조 18) 60명, 1819년(순조 19) 49명, 1820년(순조 20) 44명, 1821년(순조 21) 89명으로 식년을 앞두고 증가하는 추세였다. 특히 1821년(순조 21)에는 영일과 흥해에서 14명이 순제에 응시하였다. 당시 구체적인 운영이나 과제(課題), 시상 내역은 확인이 불가능하지만, 부남의 용산서원에서 순제가 과시(課試) 형태로 진행되고 있었기에 옥산서원 역시 동일한 형태로 진행되었던 것으로 보인다. 이후 옥산서원에서 순제는 확인되지 않는데, 그것은 막대한 비용에 대한 부담 때문으로 보인다.[23]

---

19) 『심원록(朔)』, 무인(1818) 3월 22일. "晉山 姜必孝 仲順 祇謁." ; 3월 23일. "夏山 成近默 聖思 同月二十三日 以慶山令 祇謁". 당시 경산현령이었던 제자 成近默이 배종하였다 ; 成近默, 『果齋先生集』 卷1, 詩, 「會海隱姜先生于玉山書院 講太極圖西銘 玉山講義及仁說 敬次先生韻 二首, 戊寅」 ; 卷8, 遺事, 「海隱先生遺事」. "戊寅(1818) 杖屨之遊紫玉山也 小子時任慶山 趨拜於玉山書院 夜讀玉山講義一通 性理名目 得以粗聞也 和明翁玉山詩一絕 又有東京詩五律"

20) 『본향심원록』 기사(1809) 8월 1일, 『심원록(河)』 기사 8월 1일. 향외 인사로는 金麟運, 金龜運, 金興壽, 宋文度(칠곡), 崔興發(대구), 柳始春(안동), 張秉德(성주) 등이 확인된다.

21) 『본향심원록』 기사(1809) 6월 15일, 임신(1812) 6월 13일, 경진(1820) 8월 12일.

22) 『旬題計劃榜目』(戊寅 6月12日 ~ 辛巳 8月17日).

그러나 방문자 가운데에는 제향자인 이언적을 존모하여 알묘(謁廟)를 목적으로 오기도 했다. 이들은 대체로 신임내지 체임되는 지방관이거나, 순력(巡歷)중인 관찰사 내지 과거 급제자들이었다. 특히 과거급제자들은 특별한 연고가 없더라도 동방오현의 일인으로 문묘에 배향된 이언적을 존숭하여 내방하는 경우가 많았다. 사마시와 문·무과에 급제한 인사들은 경주와 안동을 중심으로 경상좌도에 대부분 거주하였다.[24] 이런 현상은 일반 방문객들도 마찬가지였다. 특히 19세기에는 경주를 중심으로 인근의 영천, 영해, 영덕, 흥해, 대구, 울산, 밀양, 청도, 청송, 의성, 선산, 군위, 의흥, 신령, 경산 등지에서 방문이 집중되었다. 이런 현상은 18세기 말 이래로 더욱 심화되어온 현상이다.

옥산서원은 이언적이 이황과 더불어 영남 남인의 정신적 지주였다는 데서 일찍이 남인계 입장을 대변했다. 그 결과 인조반정 이후 영남 남인을 대표하는 안동과 상주권 인사들의 방문이 계속 증가했다. 반면 진주권 인

---

23) 용산서원 역시 1836년을 마지막으로 순제를 시행하지 않았다. 용산서원은 1804년 백일장 거행시에 65냥 정도가 소용되었다. 그 이후 규모는 줄었다고 하지만 매년 50~60명에 이르는 선발 유생들에게 음식을 공궤하고, 상품으로 종이 1속씩을 지급하는 것은 서원 재정에 큰 압박으로 작용하였다. 그 결과 1818년에는 부채가 수백 금에 이르렀으며, 1836년에는 빚을 갚고자 49두락(203냥)에 이르는 많은 양의 전답을 팔아야 했다(정만조, 앞의 논문, 2005, 165쪽). 옥산서원과 달리 상대적으로 서원으로서의 위상이 낮았던 용산서원은 순제(과시)를 통해 교육기관으로의 인식을 제고하고, 이를 통해 위상을 높이려고 재정적 부담을 감수하였던 것이다. 반면, 이미 높은 위상을 가진 옥산서원으로서는 재정에 부담이 되는 순제를 계속 진행할 필요성이 적었기에 현전하는 자료로 판단한다면 1821년을 마지막으로 순제를 그친 것으로 보인다.

24) 경주에 거주하는 인사들은 『심원록』에 기재하지 않았지만, 예외적으로 과거 급제 후 알묘하는 '新恩', '帶恩'은 예외로 하였다. 후손들 중에서도 관직에 있는 이들은 알묘 후 성명을 남겼다. 1827년 윤5월 7일 李鼎秉은 大司諫에 임명된 후 분향했으며, 같은해 1월 4일에는 10대손 李在正이 예산현감으로 正謁禮에 참석하여 분향하였다. 사마시와 문과 급제자뿐만 아니라 무과에 급제한 이들도 알묘를 하였다. 내방한 급제자 현황은 부록의 "〈표 1〉 내방한 급제자 현황(1801~1831)"을 참조.

사들은 급감하였다. 그 이유는 이언적의 신원과 추숭 과정에서 서로 상반된 입장을 견지했기 때문이다.[25] 물론 진주권에서 소수의 인사들이 계속 방문하고 있었는데, 이들은 남명학파와는 무관한 인사들로 추정된다. 18세기 이후 남인이 몰락하고 서원의 위상과 기능도 쇠퇴하면서 방문객의 범위도 제한되어갔다. 그러던 중 18세기 말 옥산서원에서 치제와 서적 하사가 거듭되었다. 특히 1781년(정조 5) 치제를 계기로 옥산서원은 영해, 영천, 밀양, 성주, 영덕, 영일, 대구, 울산, 청도, 하양, 의흥 등 경주 인근과 영남 중부권에 위치한 고을에서 방문객들이 급증하였다. 이것은 안동권에서의 방문객이 많았던 이전과는 대조적이다. 그 이유는 당시 옥산서원과 도산서원에서 같은 날 치제가 시행되었고, 두 서원의 위상이 같이 회복되면서 나타난 결과였다. 즉 안동권 인사들은 도산서원으로 출입하며 향사에 참석하였고, 경주권과 대구권의 인사들은 옥산서원을 방문하였던 것이다.

이처럼 18세기 말 옥산서원은 거듭된 치제와 서적 하사로 위상이 제고되고, 경주·대구·밀양·영해를 비롯한 영남의 중남부지역으로 영향력이 집중되었다. 이런 현상은 19세기에도 계속 이어졌다. 특히 영해·영덕·흥해·영천과 같이 경주권의 인사들의 대규모 방문이 있었다. 이들의 방문은 당시 사회적 상황과도 무관하지 않았다. 그것은 신향들의 성장에 따른 신구향간의 대립이 영남 전역에서 심화되고 있었기 때문이다. 기존의 사족들은 인근 고을의 사족들과 함께 신향들의 도전에 대항하였다.

옥산서원은 18세기 말 이래로 옥산이씨(玉山李氏)[李全仁]로 대표되는 신향들의 『입원록(入院錄)』 등재와 원임직 요구가 있었다. 특히 19세기의 서얼허통 청원운동을 경주지역 신향들이 주도하였고, 이들이 옥산서원 소통 문제에 가세하면서 더욱 치열한 양상으로 전개되었다.[26] 1850년대 옥산서원 방문객의 폭발적 증가는 1820년대 재발하여 계속 심화되어온 신구

---

25) 이수건, 「남명 조식과 남명학파」, 『민족문화논총』 2·3, 영남대학교 민족문화연구소, 1982, 218~226쪽.

26) 영남대학교 민족문화연구소 편, 『역주 옥원사실』, 온샘, 2021.

향간의 향전 때문이었다.

1827년(순조 27) 7월 26일 천회(薦會) 당시 『도기』에는 모두 102명이 기재되어 있다. 26일에 61명이 참석하였고, 27일에 41명이 참석하여 28일 오후까지 논의를 이어갔다.[27] 당시 천회는 7월 22일 경상감영으로부터 순상 이학수(李鶴秀)의 뎨김이 내려와 천규(薦規)에 따라 원생을 천거하라고 명했기 때문이다. 옥산서원은 1826년(순조 26) 정알례에서 설천(設薦)할 예정이었지만 서류(庶流)의 무단(武斷)으로 이를 시행하지 못하고 1년이 넘도록 신구향간에 감영과 경주부에 소송을 제기하고 있었다.[28] 이런 가운데 1827년 7월 22일 감영의 판결과 7월 25일 부윤 임처진(林處鎭)의 판결에 따라 천거를 진행하게 되었다. 하지만 당시 천거하는 일은 신유들의 소란으로 이뤄지지 못하였다. 이에 8월 11일에 감영에서는 부윤이 원회(院會)에 참석하여 천거를 진행하도록 명령하였다.[29] 그러나 천거는 후보를 추천하고 고강(考講)을 통해 선발하는 것이 규정이었는데, 신향들의 방해로 고강을 하지 못한 채 30년이 흘렀다.[30]

---

27) 『丁亥七月二十六日薦會時 到記』(옥산서원 소장).

28) 영남대학교 민족문화연구소 편, 앞의 책, 2021, 47~95쪽. 『심원록(황)』 정해(1827) 7월 14일. 이날 부윤 임처진은 하양현감 金秉淵과 함께 서원을 내방하였다. 당시 옥산서원 사림들은 경주부윤에게 設薦에 대한 의견과 소장을 제출했을 것으로 추정된다. 당시 부윤과 교섭한 사림들은 바로 감영에 呈訴했던 것으로 보인다. 그 결과 7월 22일 감영의 뎨김이 있고, 3일 후 부윤의 뎨김이 연이어 내려오면서 전격적으로 천거를 시행했던 것이다.

29) 영남대학교 민족문화연구소 편, 앞의 책, 2021, 96쪽. 1827년 8월 11일 감영 뎨김.

30) 『본향심원록』 신묘(1831) 4월 28일. 여기에는 당시 薦講하는 일로 서원에 45명이 모였던 것으로 확인된다. 이들은 여주이 28명, 경주손 4명, 안동권 3명, 경주이 4명, 청안이 2명, 영천이 2명, 창녕조 1명, 김해김 1명 등이다. 이들이 당시의 원유들로서 서원 운영을 주도했다고 볼 수 있다. 1859년 4월 20일 전 현감 李鍾祥, 전정언 崔斗錫, 유학 李在公 등의 상서에서는 유생들을 천거했으나 고강을 못한지 30년이 흘렀고, 현재의 院儒들은 노쇠했기에 入格한 유생 30여 명을 받아들일 계획이라고 감영에 보고 하였다(영남대학교 민족문화연구소 편, 앞의 책,

한편 신유들은 천거뿐만 아니라 분향례와 향사에서도 참여를 요구하면서 양측의 분쟁이 확산되어 갔다. 이에 신유들의 무단을 막기 위해 서원 측에서도 외부의 세력을 끌어들였다. 1827년(순조 27) 8월의 추향(秋享) 당시에는 영해와 흥해·영덕·울산·안동 등지에서 92명이 모였다.[31] 1820년대의 신구향간 향전은 주로 옥산이씨와 그들과 관계된 인사들만이 동참했기에 규모가 크지는 않았다. 그러나 1850년대에는 향내의 신향들이 적극적으로 가담하면서 대규모로 진행되었다. 1851년(철종 2) 최제경 등의 상서로 촉발된 신향들의 향임직 진출 요구는 옥산서원 역시 피하지 못하였다. 1851년(철종 2) 6월과 8월에 경주향교를 장악한 신향들은 옥산서원에 그들의 허통을 요구해왔다.[32]

이를 계속 거부하자 1852년(철종 3) 5월 15일의 분향례부터 신향들이 원록(院錄)에 입록을 요구하며, 서원에 난입하여 분향례를 방해하였다. 이에 옥산서원 사림들은 6월 1일의 분향례부터 세력을 규합하여 신향들을 저지했다.[33] 하지만 신향측도 세력을 모으면서 8월의 추향도 지내기 어려울 것이라는 위기감이 고조되었다. 실제 8월 추향시에는 신유가 700여 명, 구유(舊儒)가 200여 명으로 약 천명이 서원에 모였다.[34] 부윤은 장리(將吏)

2021, 153~157쪽). 이처럼 1820년대 이래로 천강이 실시되지 못했다고 언급한 것으로 보면, 이때의 천강도 신유들의 반대로 제대로 시행되지 못했던 것으로 보인다.

31) 『심원록(皇)』, 정해(1827) 8월 24일.

32) 1850년대 신구향간의 향전은 영남대학교 민족문화연구소 편, 앞의 책, 2021, 163~214쪽을 참고하였다.

33) 『玉院事實』에는 6월 1일에 본손과 鄕儒들 101명이 분향례에 참석하고, 15일에는 79명(본손 68명, 향유 11명)이, 7월 1일에는 80명(본손 67명, 향유 13명)이, 15일에는 73명(본손 61명, 향유 12명), 8월 1일 85명(본손 61명, 향유 24명), 8월 15일 242명(본손 201명, 향유 41명)이 참석했다고 부기했다. 『본향심원록(신해 5월 1일)』에서는 1851년 5월부터 1853년 5월까지 방문한 인사들이 수록되어 있다. 이를 보면 1852년(임자) 6월 1일 100명, 6월 15일 79명, 7월 1일 101명, 7월 15일 72명, 8월 1일 91명이 확인된다. 8월 15일은 수록하지 않았다.

34) 영남대학교 민족문화연구소 편, 앞의 책, 2021, 202쪽. 옥산서원 사림들은 신유

를 파견하여 양측의 충돌을 막으려고 했다. 그러나 추향을 지낼 시간이 다가오면서 신향들의 향례 참석 요청도 격해졌다. 결국 신향들이 서원에 난입하는 과정에서 이를 막던 20여 명의 장리를 구타하고, 원문을 부수는 사태가 발생하였다. 이 소식을 접한 부윤은 직접 행차하여 사태를 일단락하고 향사를 진행한 후 주동자 7명을 잡아 가두었다.[35] 〈표 1〉의 1850~1852년도 방문객 증가는 당시 이러한 분위기 속에서 나타난 결과였다.

이외에도 산송과 관련한 일이나[36] 무첨당 이의윤의 곡강서원 추배,[37] 몽암(蒙庵) 이채(李埰, 1616~1684)의 문집 간행[38] 등과 같이 원내외의 다양한 사안으로 서원에서 각종 모임이 있었다. 사안의 중대성에 따라서 참석인원도 차이가 났다. 1843년(헌종 9) 1월 30일 『퇴계집』 중간을 논의하기 위해 옥산서원에서 열렸던 도회(道會)는 이전의 원회, 향회에 비하여 참석인원이 그만큼 많았다. 당시 『심원록』에는 안동·청송·영천·밀양·경산·자인·하양·예안·연일·청하·영해·흥해에서 24명의 외부인사가 참여한 것으로 확인된다.[39] 그러나 1843년(헌종 9) 1월 29일의 『옥산서원도회시도

700여 명으로 보고했지만 장교 김근홍 등은 500~600명으로 보고하였다.

35) 이들은 국당의 鄭之河(영일), 산대의 李樹權(청안), 산현의 孫相牧(경주), 석동의 鄭龍一(영일), 호명의 安孝永(순흥), 근곡의 李宇復(경주), 양월의 李宗脩(경주) 등 7인이다.

36) 『심원록(官)』, 을유(1825) 6월 19일 ; 7월 1일. 1825년 6월 19일에는 主山의 청룡을 침해당한 일로 산송을 제기하는 일로 보였다. 여기에는 원장 李鼎基와 간임 金最重, 재임 李延祥외 10명이 모였다. 이들이 당시 서원 운영을 이끌던 원유들로서 경주이, 안동권, 경주손, 경주김씨 등이었다. 이후 7월 1일에 판결에 대한 이행을 촉구하는 등장을 올리기 위해 다시 모였다. 이때는 원장을 제외한 재임과 간임 및 여주이씨 4인이 참석하였다.

37) 『본향심원록』 기사(1809) 8월 27일. 이날 논의에는 여주이 19명, 경주손 3명, 경주이 3명, 淸安李 1명, 永川李 2명, 豐川任 1명, 달성서 2명, 경주최 1명, 김해김 1명, 靈山辛 3명 등 총 36명이 참석하였다.

38) 『본향심원록』 임진(1832) 7월 27일. 이날 옥산서원에서 개최된 향회에는 여주이, 경주이, 청안이, 경주손, 안동권, 아산장씨 가문에서 29명이 참석하였다.

39) 『심원록(有)』, 계묘(1843) 1월 30일. 李天裕(안동), 柳進璜(안동), 趙基遲(청송), 趙

기(玉山書院道會時到記)』에는 외부인사 23명[진영래 제외] 과 경주 인사 89명 등 모두 112명이 기재되어 있다.[40] 이때의 도회는 1842년(헌종 8) 11월 15일 『퇴계집』 중간을 진행하고 있는 안동 봉정회중(鳳停會中)에서 보내온 의견에 따른 것이었다.[41] 『퇴계집』 중간은 1837년(헌종 3) 발의가 있은 후 안동과 예안 사림들을 중심으로 진행되어왔다. 그러나 총 30권, 2,200여 개의 목판을 간행하는 일은 한두 고을의 사림만이 감당하기는 어려운 일이었다. 결국 자금난으로 오랫동안 사업이 지체되는 가운데 1843년 봄에 간행을 마무리하기로 결정하고, 도내에 도움을 요청하기로 했다. 그래서 각 지역별로 도회를 개최하여 의논하기로 결정하고, 1842년(헌종 8) 12월 15일에는 진양의 덕산서원에서, 25일에는 안동의 향교에서, 오는 1월 30일에는 옥산서원에서 모이기로 정했던 것이다.

이에 옥산서원은 경주와 인근의 교원사 및 문중에 통보하였고, 도회 전날부터 사람들이 방문하였다. 『옥산서원도회시도기』에는 1월 30일 도회에서 결정된 사항도 부기되어 있다. 즉 총 735냥을 목표로 경주·대구·영천·밀양·울산·청도·칠곡·신령·하양·경산·자인·현풍·창녕·영산·언양·양산·기장·장기·영일·흥해·청하·동래 등지에 분배하고, 자금을 모을 수전도감(收錢都監) 35명도 선정하였다.[42] 분배전은 각 고을의 규모에 따라서 120~15

泰祐(청송), 徐炳奎(경산), 陳永來(연일), 朴九淵(밀양), 尹漢禹(밀양), 權翌(연일), 金壕(청하), 曺相龍(영천), 曺相鼎(영천), 權炘(영천), 南有根(영해), 金{氵鯤}(영천), 鄭裕準(영천), 金秉奎(하양), 金熙道(영천), 崔錫洪(자인), 鄭奎弼(흥해), 金鼎壽(영천), 趙璧祐(청송), 柳厦祚(안동), 李秉寅(예안) 등이다.

40) 『癸卯正月二十九日 玉山書院道會時到記』(옥산서원 소장).

41) 「1842년 鳳停會中 通文」, 한국학자료센터 영남권역센터.

42) 분배전은 경주 120냥, 대구 70냥, 永川 60냥, 밀양 70냥, 울산 35냥, 청도 50냥, 칠곡 35냥, 신녕 20냥, 하양 15냥, 경산 30냥, 자인 15냥, 현풍 30냥, 창녕 30냥, 靈山 25냥, 언양 15냥, 양산 15냥, 기장 15냥, 장기 15냥, 연일 20냥, 흥해 20냥, 청하 15냥, 동래 15냥 등 735냥이다. 도감은 경주 李彛詳·崔濟定·韓公翼·權魯煥, 영천 曺啓遠·鄭禮休·權炘, 대구 權觀述·朴基戠, 밀양 申錫麟·孫承虎, 울산 李璋燦·李鼎和, 청도 李致華·朴光天, 칠곡 李以挺·鄭升煒, 신녕 曺文敬, 경산 徐

냥으로 차등하고, 도감도 그에 맞춰 4~1인으로 정하였다. 가장 규모가 컸던 경주는 120냥에 4명의 도감이 선정되었다. 당시 배전을 정한 지역들은 옥산서원의 영향력이 미치는 지역으로 볼 수 있다. 이 지역들은 행정구역상 경주도회(慶州都會)와 경상좌도에 속한 남부지역 고을들이 모두 포함되었다.

다음으로 19세기 초반 지방관과 관료들의 옥산서원 방문을 보면, 관찰사와 경주부윤 외에도 영일·장기·영덕·청하·흥해·울산·자인·영천·밀양 등 경주 인근에 위치한 고을의 지방관이 많았다. 이외에도 동래·의령·양산·창녕·예천·용궁·함창·영천(榮川)·봉화·청도·현풍·경산·개령 등지의 지방관과 경주영장, 송라도, 자여도, 황산도 등의 역로 담당관 등이 확인된다. 다른 고을 지방관은 주로 부임내지 체임하는 경로에 들러서 알묘를 하였는데, 순력 중인 관찰사를 陪從하거나 試官으로 왔다가 알묘하기도 했다. 대부분의 지방관은 알묘만 하거나, 독락당 등을 둘러본 후 당일에 돌아갔다.

〈표 2〉 『심원록』내 방문 관원(1801~1832)

날짜	성명	신분	비고	날짜	성명	신분	비고
1801.4.4	柳得源	영일현감		1818.9.29	李炫章	自如丞	都會試官
4.22	李尙度	경주부윤		9.29	李鐸遠	현풍현감	都會試官
1802.4.11	李光進	경주영장		1819.4.17	尹羽烈	부윤	
4.11	黃勉基	장기현감		4.	田遇聖	영장	
5.25	崔獻重	경주부윤		4.	閔琓	영일현감	
8.28	南公轍	경상감사		7.4	權虎秉	흥해군수	
8.28	辛景愈	영덕현령		1820.2.26	金炳文	김산군수	
8.28	金命淵	청하현감		2.26	李魯俊	창녕현감	

炳奎, 하양 金鎭奎, 자인 崔錫洪, 현풍 郭祉錫·金河運, 창녕 成聲魯, 영산 李元模, 언양 金漢坤, 양산 鄭瑄, 기장 李浩, 장기 鄭斗永, 연일 陳永來·申在泰, 흥해 鄭直弼·李能白, 청하 金壕, 동래 金涎 등 35명이다(『癸卯正月二十九日 玉山書院道會時到記』).

날짜	성명	신분	비고	날짜	성명	신분	비고
8.28	柳得源	영일현감	重尋	2.26	金基常	청도군수	
8.28	李藎模	송라찰방		2.26	朴齊尙	영덕현령	
1803.윤2.5	呂東植	京試官		3.13	朴綺壽	동래부사	遞歸路
3.24	李得江	흥해군수		4.24	鄭基直	의령현감	
8.	朴宗羽	밀양부사		5.10	洪冕燮	경주부윤	
9.17	李義敎	영천군수		6.25	趙雲豪	경주영장	
9.17	金箕應	예천군수		9.7	金裕憲	양산군수	
9.17	徐有升	대구판관		9.29	李玄始	밀양부사	本邑參試
9.17	洪秉周	울산부사		9.29	李台升	하양현감	本邑參試
1804.4.17	崔獻重	경주부윤		10.10	李光憲	경주부윤	
8.23	金羲淳	경상감사	巡路	10.16	李圭德	경주영장	
9.18	閔百勳	자인현감		1822.윤3.	柳濚	영해부사	
10.8	尹益烈	경주부윤		윤3.15	金相休	관찰사	巡路
10.8	李得江	흥해군수		윤3.28	趙存卿	흥해군수	
1805.9.1	朴宗京	경주부윤		4.19	李潞	경주부윤	
1806.3.2	尹光顔	관찰사		7.20	李熙耈	松羅丞	
3.2	尹弘鎭	함창현감		8.6	李德鉉	동래부사	遞歸路(重尋)
3.19	洪檍	경주영장		1823.10.5	睦台錫	자인현감	務來
8.13	徐能輔	南學敎授		1824.3.20	李止淵	관찰사	
1807.4.1	崔光泰	청송부사	後學	3.20	宋在誼	영덕현령	
1808.8.20	鄭東觀	관찰사	巡路	3.20	李台升	하양현감	重尋
9.29	尹光垂	榮川郡守		3.20	李熙耈	송라승	重尋
1809.2.13	韓用儀	備邊郎		3.25	金基常	경주부윤	重尋(20.2.26)
4.22	李南圭	黃山道 驛丞		8.7	李寬奎	營將	
8.29	李寀	경주부윤		8.9	閔致書	흥해군수	
10.7	洪儀泳	京試官		8.9	李正幹	청하현감	
1810.10.10	沈能俊	營將		8.9	李敏德	장기현감	
1811.2.28	朴民淳	청하현감		1825.8.5	趙寅永	관찰사	조 10섬
2.28	徐寯修	송라찰방		8.5	朴基宏	경주부윤	
3.28	金會淵	관찰사	巡路	8.5	朴宗有	신녕현감	秋巡支站時
10.12	曺鳳振	접위관		8.12	洪稷謨	청도군수	

날짜	성명	신분	비고	날짜	성명	신분	비고
1812.3.8	金魯應	부윤		8.12	趙濟晩	永川郡守	
3.8	沈公俊	영장		8.12	李穆遠	경산현령	
8.17	金履祐	영덕현령		8.12	李正幹	청하현령	
1813.4.28	申潡	부윤		8.12	李佑伯	성현찰방	
1814.5.26	許珩	자인현감		1826.3.9	李叶求	흥해군수	
1815.3.12	洪履簡	부윤		9.7	林顔喆	경주부윤	
4.17	任天常	영해부사		1827.1.4	李在正	예산현감	10대손 (무첨당)
8.15	李魯俊	영덕현감		4.8	李淵祥	修撰	駟路
8.15	金秉淵	송라찰방		윤5.7	李鼎秉	대사간	駟路
9.2	李存秀	관찰사		7.14	林處鎭	경주부윤	
9.2	徐有膺	영천군수		7.14	金秉淵	하양현감	
10.23	李度衍	장수찰방		1828.9.8	李元八	경주부윤	
12.10	朴慶德	장기현감		9.30	金魯赫	營將	
1816.1.27	尹弘圭	영덕현령		10.20	高彦佐	영장	
5.3/1817.9.22	李德鉉	부윤		1829.5.5	柳致睦	부호군	1814 문과
5.3	鄭是容	신녕현감		1830.3.23	李勉昇	관찰사	
윤6.13	許溶	경주영장		3.24	權焞	청하현감	
8.8	李存秀	관찰사	再尋, 租 50石	3.24	俞鼎柱	영덕현령	
9.11	朴宗稷	영천군수		3.24	全彝煥	송라찰방	
1817.3.18	金魯敬	관찰사	巡路, 조 7섬	1831.3.19	朴宗薰	경주부윤	
3.18	任騏材	영일현감		3.19	俞膺煥	흥해군수	
8.19	金遇順	봉화현감		9.3	朴岐壽	관찰사	조 10섬
9.27	李命鉉	松羅丞		10.22	李淵祥	校理	9대손, 1819 문과
1818.3.19	李愚在	부윤		1832.7.16	鄭禮容	경주부윤	
3.23	成近默	경산현령	姜必孝 陪從	9.5	金陽淳	按察使	秋巡, 조 10섬
9.29	徐胤輔	개령현감		9.5	李淵祥	양산군수	
9.29	閔哲儒	황산丞	都會試官				

일반적으로 감사나 부윤이 방문하여 알묘하거나 유숙할 경우 서원 입장에서는 위상이 제고되는 효과가 있었다.[43] 실제 1840년(헌종 6) 3월 7일의 구인당 낙성식에는 관찰사 김도희(金道喜), 부윤 유장환(兪章煥)을 비롯한 인근 12개 고을의 수령들이 참석하였다.[44] 당시 도내에서 1만 여명이 참석하고, 백일장에 8,300여 명이 응시하였다. 이날 참석한 만여 명의 유생들 가운데 향외 인사는 『게판시도내도기(揭板時道內到記)』에 따르면 976명이었다.[45] 이중 대구, 영천, 청도, 의성, 흥해, 영일, 영해 등의 7개 지역에서 500여 명이 참석하였다. 이에 앞서 1839년(헌종 5) 12월 13일에 치제(致祭)가 있었다. 왕명으로 전국 9개 서원에서 진행된 당시 치제는 영남에서는 도산과 옥산서원에서만 진행되었다. 옥산서원은 경주부윤 유장환, 양산군수 이치오(李致五), 청하현감 윤일선(尹日善), 장기현감 성화진(成華鎭), 송라찰방 김형순(金馨淳) 등이 집사관으로 참여하였다.

1839년(기해) 12월 13일 『사제시도기(賜祭時到記)』에는 12월 8일부터 향내외 인사들이 내원하고 있었는데, 치제 당일에는 모두 425명이 참석 하

43) 서원의 위상 제고는 1755년(영조 31) 「完議」와 같이 방문 소식을 접한 인근 고을의 민원인들이 소장을 제출하기 위하여 대거 운집하였다는 것에서도 짐작할 수 있다. 실제 『본향심원록』을 보더라도 부윤이나 감사가 향사에 참석하거나, 순력하면서 들리는 날에는 평소의 5~6배되는 인사들이 방문 하였다. 옥산서원은 감사나 부윤이 방문했을 때 사족의 권익 보호와 향촌민의 풍속 교화라는 측면에서 詞訟의 결정에 일정부분 영향력을 행사하였다. 그렇기에 옥산서원을 통해 유리한 판결을 받고 싶었던 자들의 방문이 늘었으며, 이러한 영향력은 결국 옥산서원의 위상과 직결되었다.

44) 『심원록(圓)』, 경자(1840) 3월 7일. 여기에서는 관찰사 김도희, 부윤 유장환 외에 청송부사 金鎭華, 永川郡守 金東獻, 영덕군수 李章愚, 청하현감 尹日善, 청도군수 李載信, 의령현감 洪良厚, 하양현감 徐有始, 자인현감 金斗明 만이 확인된다. 그러나 당시 『구인당중건일기』에는 12명으로 기재되어 있다.

45) 이들은 모두 대구, 영천, 청도, 의성, 흥해, 영일, 영해, 밀양, 영덕, 칠곡, 문경, 창녕, 선산, 성주, 청송, 안동, 신령, 상주, 순흥, 의흥, 자인, 군위, 하양, 영주, 진보, 울산, 양산, 초계, 영양, 예안, 예천, 장기, 인동, 경산, 언양, 청하 등의 37개 고을에서 내원한 자들이었다.

였다. 특히 향외 인사들은 『심원록』에도 기재되어 있는데, 치제 당일에 집사관을 제외하고 61명의 향외 인사들이 내방하였다. 향외 인사와 집사관을 제외한 359명이 경주의 유생들이었으며, 그들은 대부분 옥산서원과 안강 및 그 주변에 세거하던 가문들이었다. 특히 여주이씨들이 압도적으로 많으며 안동권씨, 청안이씨, 경주이씨, 영일정씨, 아산장씨, 경주손씨 등이 10명 이상 참석하였다. 향외 인사들은 대부분 영천에 거주했으며 언양, 의성, 울산, 선산, 흥해, 영일, 하양, 청도, 칠곡, 자인, 대구, 청송 등지에서도 1~3명이 참관하였다.

지방관의 유숙은 18세기에 일부 확인되지만[46] 19세기에는 1852년(철종 3) 8월 19일의 추향에 참석한 경주부윤 김양근(金養根)만이 확인된다. 하지만 당시는 신구향간의 향전이 폭력을 동반한 유혈사태로 확대되면서 부윤이 직접 행차하여 수습할 수밖에 없는 상황이었다. 그렇기에 이전과 같은 위상제고는 기대하기 어려웠다. 한편 지방관의 방문은 물질적 혜택을 동반하기도 했다. 옥산서원 『고왕록』을 보면 19세기 중반까지 지원이 이어졌다. 일례로 1816년(순조 16) 관찰사 이존수가 조(租) 50섬을 내려주고, 이어서 김노경, 조인영, 박기수, 김양순, 윤성대 등이 각각 조 7~10섬씩을 내려주었다. 특히 홍재철은 그가 재임하는 2년 동안 매년 조 20섬씩을 내려주었다. 부윤은 이원팔(李元八)이 1828년(순조 28) 9월에 조 2섬을 준 것이 확인된다.[47] 이러한 지방관의 방문은 옥산서원 사림과 긴밀한 상호협조관계에서 이루어진 것으로 보인다.

일례로 1808년(순조 8) 8월 관찰사 정동관이 방문했을 때 49명의 유생

46) 일례로 1749년(영조 25) 10월 4일 경주부윤 趙明鼎은 서원에서 숙박한 후 다음날 원생들을 대상으로 '夙興夜寐箴'을 講하였다. 1761년(영조 37) 경주부윤 洪良漢은 4월 22일 방문하여 유숙하면서 강회를 열고, 6월에 다시 방문하여 杏壇에서 白日場을 개최하였다. 1752년(영조 28)에는 감사 尹東度가 방문하여 강당의 兩進齋에서 留宿하였다.

47) 『攷往錄』, 무자(1828) 9월 일. "府尹李公元八 租貳石上下"

들이 관찰사를 만나기 위해 미리 방문하여 대기하였다. 이 가운데 7명은 영천과 연일, 남해에서 왔다.[48] 이들이 미리 대기할 수 있었던 것은 사전에 옥산서원의 허가를 받았기 때문이다. 옥산서원은 관찰사와 부윤의 방문시 민원인으로 인한 번잡함을 피하기 위해 서원 출입을 제한해왔었다.

> 민사의 소송에 연루된 사람은 서원의 문을 출입하지 못하게 한다. 이것은 선배(先輩)들로부터 이미 정한 규범이다. 그러나 근래에는 전례를 따르지 않으니, 이러한 폐단이 자못 불어나고 있다. 순찰사와 부윤이 서원에 이르는 날에는 소송을 다투는 문자를 많이 가지고 와서 문을 가득 메우고 골목을 술렁거리게 한다. 서원에 끼치는 폐단 중에 이것은 아름다운 일이 아니다. 또한 뜬소문이 오고가서 결속하는 일을 할 수가 없으며, 여러 날 동안 머물러 있어 손을 놀리는 것처럼 분주하기가 이루 말할 수 없어 또한 선비의 아름다운 습속이 아니니, 이것이 어찌 행하고 그치는 도리를 생각하고 삼가는 것이겠는가? 이후에는 각자가 잘 생각해서 이와 같은 사람은 출입하지 못하게 해야 할 것이다.[49]

관찰사와 경주부윤의 서원 방문은 위상을 제고하는 데 일정한 기여를 하였다. 서원 측은 수령의 방문을 계기로 경제적 이익과 사회적 영향력을 확대하였고, 수령은 서원과 사족들의 협조 하에 향촌지배를 원활히 하였던 것이다. 그러나 지방관이 모든 서원을 방문하여 알묘를 했던 것은 아니었다. 지방관의 서원 방문은 그것으로 인한 통치에서의 유불리를 판단하고, 나아가 서원의 격을 살폈던 것이다. 또한 방문시 각종 민원으로 인한 번거로움과 경우에 따라 색목(色目)의 혐의도 받을 수 있기에 공식 방문을 자제했다.

---

48) 『본향심원록(정묘 정월)』, 1808년 8월 19일.“八月十九日 巡使到院時”.

49) 「1755년(乙亥) 2월 完議」. “詞訟之人 不得出入院門 自是前輩已定之規 而近來不遵前例 此廢湖滋 巡使及土主到院之日 多持爭訟文字 塡門熱巷 貽弊院中 此非美事 且聞風奔走 無事聚會 曠日留連 不勝紛如手 又非士子美習 是豈勵慮隅謹行止之道乎 此後則各自惕念 勿爲如此出入事”

그렇기에 관찰사의 방문은 더욱 특별하였다. 경주에는 옥산서원 외에도 부남에 서악서원과 용산서원의 사액서원이 있었다. 하지만 관찰사가 방문한 곳은 옥산서원이 유일했다. 경주부윤은 관내의 유력한 서원들이기에 세 서원을 방문하여 부북과 부남의 사족들을 위무했지만,[50] 대체로 옥산서원의 방문이 많았다. 그것은 문묘종사대현인 이언적을 제향하는 옥산서원에 비하여 두 서원의 대외적 위상과 제향인의 위격에서 차이가 났기 때문이다.[51]

이같이 19세기 옥산서원은 여타 서원과 달리 공론의 수렴처라는 사회적 역할과 문집간행, 문회·강회·순제 등의 강학·출판활동, 건립이래로 전승되어온 건물과 서적·책판 등의 보존이라는 물질적·정신적 자산의 계승노력을 통해 높은 위상을 유지할 수 있었다. 반면 높은 위상만큼 책임도 동반되었다. 『원록』 입록과 원임직 참여를 둘러싼 신구향간의 대립은 단순히 서원 내부의 문제가 아닌 두 세력의 대리전 양상으로 전개되었다. 그 결과는 영남의 두 세력 모두에게 영향을 주었기에 시간이 지날수록 확대·가열되어 갔다. 19세기 유학지배질서의 해체라는 시대적 조류에도 불구하고 지속적으로 방문이 이어졌던 것은 그 변화의 갈림길에 옥산서원이 있었기 때문이다. 즉 옥산서원 자체의 전통 계승 노력과 함께 외부에서의 변화 요구가 충돌하면서 각각을 지지하는 자들의 방문과 대립이 이어졌던 것이다.

---

50) 1804년 경주부윤 崔獻重은 4월 17일에 옥산서원을 방문한 후 5월 2일에는 용산서원을 방문하여 백일장을 개최하였다(옥산서원 『심원록』(海) 4월 17일 ; 『거접소도록』 갑자년 5월 2일).

51) 경주 서악서원은 김유신, 설총, 최치원을 제향하고 있다. 문묘에 종사된 인물이 있다고 해도 당대의 인물이 아니며 서원의 위상도 부내로 제한적이었다. 용산서원은 무관 출신인 최진립을 제향하고 있었지만 경주최씨의 높은 위상으로 인해 경주 부남 일대에 큰 영향력을 가지고 있었다. 경주부윤은 원활한 통치를 위하여 이들 서원에 대해서도 관심을 가질 수밖에 없었다. 하지만 직접 방문은 드물었으며, 재정적·행정적 지원으로 국한되었다.

Ⅲ. 19세기 말 광주 광아서원의 입원생과 운영

1. 청말 서원 개혁과 광아서원의 건립

청(淸, 1636~1912)은 문교(文敎)정책에 있어서 학교로서 교화의 본원을 삼는다는 명(明)의 구례(舊例)를 계승하여 학교를 건립하고 과거를 실시하여 인재를 선발하였다. 청나라 초기 서원 정책은 명나라보다 완화된 편이었고, 민간서원의 건립은 계속 증가하는 추세였다.[52] 청나라 초기 서원이 빠른 속도로 발전하게 된 것은 강희제의 장려 정책과 밀접한 관련이 있다. 당시에는 지방관의 요청으로 서원에 서적과 현판을 내려 장려하였다. 하지만 이때까지 조정에서는 서원에 직접적으로 관여하지 않았고, 국가의 교육체계에도 편입시키지 않았다. 서원의 관학체제 편입은 옹정[1723~1735]대의 적극적인 서원 지원책에 힘입었다. 특히 1733년(옹정 11)의 조서로 인해 각 성(省)에 창건한 20개의 성회서원(省會書院)은 18개 행성의 수도에 최고학부로 위치하였다. 이후 건륭[1736~1795]대에 이르러 서원정책은 그 교육목적과 운영 방안을 확고히 함으로써 관의 통제 하에 교육기능을 상실해간 학교를 대신하고자 했다.[53] 즉 중앙 국자감과 지방 부·주·현학의 학교를 연결하는 위치로 정하고, 유생들의 거업(擧業)을 권장하였다. 이것은 서원 교육의 목적이 관인양성에 있었음을 드러낸다.

19세기 후반 이래로 동치(同治)·광서(光緖) 연간[1862~1908] 서원은 급속히 증가하여 1,233개소가 신설되었다. 또한 급격하게 변화하는 문화교육 요청에 맞춰 이 시기 서원은 전통서원의 개조와 새로운 형태의 서원 창건이라는 측면으로 발전하였다. 당시 중국은 외적으로 열강의 침략으로 위기에 처해있었고, 내적으로는 자체의 폐단이 심각한 수준으로 쌓여 있었

---

52) 등홍파·조위, 「백록동서원의 설립 배경과 중국 서원의 변화」, 『동아시아 서원의 기원과 제의례의 완성』, 온샘, 2021, 161쪽.

53) 등홍파·조위, 위의 책, 161~169쪽.

다. 이런 상황에서 서원의 개혁은 피할 수 없었다. 당시 서원의 폐단은 관학화가 심각하여 과거에 종속되어 있으며, 산장이 학문에 관심이 없고 유명무실하여 사인(士人)의 기풍이 자만하고 말썽을 일으키는 발단이 되었다. 또한 많은 과목의 첩시[帖括]은 실용에 보탬이 안 되며, 글 짓는 흉내는 내지만 의지와 취향은 비루하다는 비판이 팽배했다.

그 결과 서원 개혁은 운영에 있어서는 규정을 새로 제정하여 관의 권한을 삭감·한정시키고, 산장의 자격도 제도화했다. 또한 사신(士紳) 등의 민간세력과 지방의 재력가를 서원 운영에 참여시켜 재원을 보충하였다. 교육적 측면에서는 실용에 무익한 과업을 경세치용(經世致用)의 학문으로 나아가 신학(新學)과 서학(西學)으로 대체하는 것으로 진행되었다. 당시 완원(阮元, 1764~1849)의 고경정사(詁經精舍)와 학해당(學海堂) 창건은 그 출발점이었다. 그는 과거 중심의 서원 교육을 경사(經史)와 실학(實學)연구를 중시하는 것으로 전환하였다. 1831년(도광 11) 호남 순무 오영광(吳榮光, 1773~1843)은 학해당 제도를 본받아 악록서원 내에 상수교경당(湘水校經堂)을 건립하고 경의(經義), 치사(治事), 사장(詞章)의 세 과목으로 교과과정을 나누었다. 이 상수교경당은 1890년(광서 16) 교경서원(校經書院)으로 설립되어 경사의 대의(大義)와 시무(時務)를 목표로 한 경의재(經義齋)와 치사재(治事齋)를 설치하였다. 여기에는 경전을 통하여 실용에 이른다는 교육 목표와 세상을 다스려 나라를 구한다는 정치 현실이 구현되어 있었다.[54]

이러한 전통서원의 개혁이란 흐름 속에서 1887년(광서 13) 양광총독(兩廣總督) 장지동(張之洞, 1837~1909)에 의해 광아서원이 건립되었다. '광아(廣雅)'라는 이름은 '지식이 넓고 두터우며, 품행이 바른 인재'를 양성한다는 의미이다.[55] 광아서원 건립은 갑자기 결정된 것이 아니었다. 장지동은 광아서원에 앞서 무창(武昌)의 경심서원(經心書院, 1869), 성도(成都)의 존

54) 등홍파·조위, 앞의 책, 169~175쪽.

55) 秦欢, 「清末的廣雅書院」, 『黑龍江史志』 13, 2015. "書院皆以廣雅取名 其意即'廣者大也 雅者正也' 張之洞又題其講堂爲無邪堂."

경서원(尊經書院, 1873), 태원(太原)의 영덕서원(令德書院, 1882) 등을 건립했다. 하지만 이들 서원은 전통적인 경세학을 벗어나지 못한 한계가 있었다. 그러나 광아서원은 이전의 한계를 보완하여 전통적인 인성교육을 바탕으로 시무에 따라 필요한 학문을 익힌 '경세치용'형 우수 인재 양성을 목적으로 건립하였다.[56] 장지동은 19세기 말 서양의 문물을 받아들여 군사적 자강과 경제적 부강을 이루려 했던 양무파(洋務派)의 영수가 되었던 인물이다. 실제 그는 광아서원에 앞서 광동수륙사학당(廣東水陸師學堂)을 설립하여 문무(文武)를 함께 양성하여 자강을 도모하고자 했다. 그런 만큼 광아서원의 건립은 이러한 양무운동에 필요한 인재 양성이라는 목적도 있었다.

장지동은 서원을 건립하여 자신이 원하는 인재를 양성하기 위해서는 당시 폭발적으로 증가하던 여타 서원과의 차별성과 뛰어난 스승 및 우수인재의 영입이 필요하다고 판단했다. 그래서 수차례에 걸쳐 서원 건립지를 물색한 후 산천이 빼어나고 풍토가 맑고 한적한 광주성 원두향(源頭鄕)을 서원 부지로 선정하였다. 그 후 광동순무 오대징(吳大澂), 광서순무 이병형(李秉衡)과 함께 연명하여, 광서제(光緒帝)에게 서원건립의 윤허를 받았다. 그 결과 광아서원은 광동과 광서성 일대의 최고 학부로 공인되었다. 그 후 장지동은 원사(院舍)를 설계하고 서원 규정(規程) 초안을 마련한 후 건물 건립비용을 모금하였다. 당시 광주 혜제당(惠濟堂), 애육당(愛育堂), 순덕청운문사(順德靑雲文社) 및 상인단체인 성신당(誠信堂), 경충당(敬忠堂) 등에서 적극적으로 기부하여, 광아서원은 청대의 성급(省級)서원 가운데 가장 자금이 많은 곳이 되었다. 이 자금을 토대로 광아서원은 124묘(畝, 약 7,200평]의 부지에 1887년(광서 13) 4월부터 공사를 시작하여 1년 만에 준공을 하였는데 당시 공사비용은 모두 은(銀) 138,800냥이 들었다.

광아서원은 넓은 부지에 장서루(藏書樓 :冠冕樓)와 강학청(講學廳:無邪

---

56) 張之洞, 『請頒廣雅書院匾額折』. "臣設立書院之擧 …上者闡明聖道 砥礪名節 博古通今 明習時務 期於體用兼備 儲爲國家楨乾之材. 次者亦能圭壁飭躬 恂恂鄕黨 不染浮囂近利習氣 足以淑身化俗."

堂), 회객청(會客廳), 동·서재(東·西齋) 등 10여 동의 건물이 주변 환경과 조화롭게 건립되었다. 특히 모든 원생들이 서원에서 생활했기에 기숙사인 동·서재에도 연못과 작은 다리, 조그마한 산으로 조경을 만들어 여과 시간을 보낼 수 있도록 했다. 또한 별도로 10개의 재(齋)를 건립하여 교사가 생활하는 곳으로 삼았다. 서원은 사방을 높은 담과 참호로 둘러싼 폐쇄적인 분위기였다. 이는 학생들이 학업에 집중할 수 있도록 계획했기 때문이다. 이외에도 장지동은 광아서국(廣雅書局)을 건립하여 수많은 중요 도서와 문헌 자료들을 정리·보존하여 학업을 보조하였다. 그 결과 광아서원은 가장 많은 장서를 갖춘 청말 최대 규모의 서원으로 성장하였다.

1898년(광서 24)에는 무술변법으로 조정에서 학교를 일으키는데 의결하였다. 이를 따라서 광아서원은 서학(西學)과정을 증설하고 서학당을 설립했다. 또한 동·서재에 각 5재씩을 두고 서학 10재를 만들었다. 이후에도 「서원개혁칙령」에 따라서 1902년(광서 28)에 양광대학당(兩廣大學堂)으로 명칭을 변경하였다. 당시 중국인들은 양광대학당과 함께 장지동이 호광총독 재임시 호북에 건립한 양호서원(兩湖書院), 자강학당(自强學堂) 및 상해 남양공학(南洋公學)을 '사대학부'로 불렀다. 양광대학당은 1903년(광서 29)에 양광고등학당으로 고치고 중학양반(中學兩班)을 부설하였다. 이처럼 장지동이 건립한 광아서원은 서원 교육이 전통교육에서 서구식 현대 교육으로 전환되는 과정을 반영하고 있다.

2. 광아서원의 인적구성과 운영

총독 장지동은 1889년(광서 15)에 27조로 구성된 「광아서원학규(廣雅書院學規)」를 제정하여, 원임의 선발과 예우, 원생의 교과과정과 고과(考課), 생활 등 운영 전반에 대하여 규정하였다.[57] 여기에는 전통서원에서 보

57) 27개 규정은 定居, 尊師, 分校, 監察, 分齋, 恤遠, 給假, 敦行, 專業, 日記, 習禮,

이는 존현(尊賢)과 관련한 제향(祭享)은 보이지 않는다. 이것은 광아서원 건립목적이 청말의 혼란한 정국에서 시무에 밝은 실용적 인재양성에 있었기 때문이다. 그러나 일찍이 주돈이(周敦頤)가 광주를 방문한 연유로 서원이 건립된 마을에 '주렴계사당(周濂溪祠堂)'이 건립되어 있었기에 원생들은 이곳에 봉사(奉祀)하도록 했다. 이처럼 장지동은 광아서원의 학문 이념 및 교과 과정 설계, 교학 관리, 교원 초빙, 그리고 도서 시설 설치 그 모두에 많은 노력과 시간을 쏟았다. 그는 이 서원을 전통 과거제도 아래에 구성된 전통학당과 차별화시켰고, 젊은 학자들이 책을 읽고 공부하는 새로운 서원으로 만들고자 하였다.

광아서원은 실제 수요에 맞춘 교학(敎學)을 진행하기 위해 효과적인 교육행정 조직을 갖추었다. 서원의 업무를 총괄하는 원장은 1명을 두었다. 원장은 거주지를 막론하고 명망과 학식이 뛰어난 인물을 초빙하였다. 원장은 서원에 머무르며 매일 재사를 순시하고, 원생들의 성실함과 나태함을 규찰했으며, 매일의 장부를 검열했다. 아울러 원생들의 성적을 평가하고, 강당에 나아가 강론하고 학생들의 성취를 관찰하였다. 학생들의 질문에도 고르게 답변을 하였다. 광아서원의 초창기 원장들은 모두 한림원(翰林院) 출신으로 당대에 가장 뛰어난 학자들이었다.

초대 원장은 광동 번우(番禺) 출신의 양정분(梁鼎芬, 1859~1919)이었다. 1888~1889년까지 재임한 양정분은 1880년(광서 6) 진사(進士) 출신으로 안찰사와 포정사를 역임했으며, 이홍장(李鴻章)을 탄핵하여 널리 이름이 알려졌던 인물이다. 뒤이어 절강성 출신의 주일신(朱一新, 1852~1900)이 2대 원장에 취임했다. 1889~1894년까지 재임한 주일신은 1876년(광서 2) 진사 출신으로 한림원 서길사(庶吉士)를 지냈으며, 주희의 성리학을 추숭한 학자이자 관료였다. 그는 원장으로 취임 전에 조경(肇慶) 단계서원(端溪書院)

考核, 聽講, 課期, 課題, 給書, 掌書, 人役, 門禁, 限制, 院規, 守法, 正習, 附課, 外課, 杜弊, 學成 등이었는데, 후에 조정의 학교정책에 맞춰 10개조를 증설하였다(龐樸, 『中國儒學』 2, 상해 동방출판사, 1997, 458쪽).

의 주강(主講)으로 있었다. 1894~1898년까지 재임한 3대 원장 요정상(廖廷相, 1845~1898)은 광동 남해 출신으로 1876년 진사가 되어 한림원 편수(編修)를 역임하였다. 그 후 양성서원(羊城書院)의 주강과 학해당(學海堂), 국파정사(菊坡精舍)의 학장(學長)을 지냈다. 경사(經史)와 문자학(文字學) 등에 정통했는데, 특히 삼례(三禮)[禮記·周禮·儀禮]에 뛰어났다. 이처럼 당시 명망있는 학자들을 원장으로 초빙하여 원생들의 교학을 담당케 함으로써 광아서원의 명성은 광주성을 벗어나 전국으로 확대되어 갔다.

원장의 아래에는 4명의 분교(分校)를 두고서 경학(經學), 사학(史學), 이학(理學), 문학(文學) 부문을 담당하도록 했다. 이들은 원장의 강의를 도와서 원생들의 학업을 고찰하고 가르침을 주었다. 장지동은 이들 분교의 역할을 매우 중요하게 여겼다. 그래서 광동과 광서 출신의 거인과 공인 가운데 선발했다. 이는 여러 원생들과 서로 말이 통해야 강의의 이해력이 높아지기 때문이다. 이런 조건으로 처음의 분교에는 번우현 출신의 생원 황도(黃濤), 번우현 출신 거인(擧人) 임국갱(林國賡), 순덕현(順德縣) 출신 생원 마정유(馬貞榆), 향산현(香山縣) 거인 황소창(黃紹昌) 등이 각기 경·사·이·문학을 담당하였다.[58] 또 감원(監院) 2인을 두고서 동·서재를 나누어 관장하고, 학생들의 훈도(訓導)와 점검을 담당케 했다. 감원 아래에는 각 재마다 1명의 재장(齋長)을 두었다. 재장은 원생 가운데 품행이 바르고 나이가 많으며, 학업이 우수한 자로 뽑았다. 이들 재장은 원장의 교법(教法)과 지시사항을 전달하고 받들도록 했다.

광아서원에서는 광동성과 광서성에서 각각 100명의 학생을 선발하여, 동재와 서재에 나누어 기숙하며 학문을 익히도록 하였다. 광동의 학생들은 동재, 광서 학생은 서재에 기숙하였다. 입원생들의 신분과 구성에 대해서는 『광아서원 동사록(廣雅書院同舍錄)』[59]을 통해 추정할 수 있다. 현전하

---

58) 張之洞, 「創建廣雅書院折」, 『張文襄公全集』, 中國書店, 1990 ; 周漢光, 「廣雅書院提名」, 『張之洞與廣雅書院』, 台北, 中國文化大學出版部, 1983.

59) 鄧洪波 主編, 「廣雅書院同舍錄」, 『中國書院文獻叢刊(第一輯)』 86, 國家圖書館出

는 『광아서원 동사록』은 1894~1899년 사이 제작된 것으로 추정되다. 여기에는 광서성에서 선발된 학생 229명의 성명(姓名), 자(字), 별자(別字), 생년월일, 학적(學籍), 세거(世居), 증조(曾祖)·조(祖)·부(父)의 이름 등이 기재되어 있다.

〈표 3〉 광아서원 동사록

구분 [廣西]		附生	增生	廩生	優廩生	擧人	監生	副貢	拔貢	優貢	增貢生	恩貢生	貢士	廩貢生	계
桂林府 (30)	縣	34	5	6		6	3	2							56
	府	6	1	7											14
	州				1	1									2
柳州府 (7)	현	2		5				1						1	9
	부	1	2												3
	주		1	1		1									3
慶遠府 (5)	현	4		1		2									7
	부	1			1	1			2						5
思恩府 (5)	현	2		2					1						5
	부					1									1
	주	2		3		1									6
泗城府 (2)	현	1													1
	부	1							1						2
平樂府 (8)	현	5	3	2	1				3						14
	부	1		1					2						4
梧州府 (10)	현	4		5	4	1	1	1	1		1				18
	부	1		2		1		1					1		6
潯州府 (10)	현		1	9	1	2									13
	부	1	1	1		2									5
南甯府 (8)	현	3	2	2		1	1			1			1		11
	부	1		2				1							4
	주	1	1	1	1	2		1	1						8
太平府 (3)	부		1	3											4
	주	1		1		2			1						5

版社·上海科學技術文獻出版社, 2018, 153~245쪽.)

구분[廣西]		附生	增生	廩生	優廩生	擧人	監生	副貢	拔貢	優貢	增貢生	恩貢生	貢士	廩貢生	계
鎭安府(1)	부	1													1
百色直隸廳·歸順直隸州(1)	기타											1			1
	廳學				1										1
鬱林直隸州 (10)	현	4		5		1		2	2				1		15
	주	4			1										5
계(100)		81	18	59	11	25	5	9	14	1	1	1	3	1	229

이를 보면 광서성 내 각 부주(府州)별로 인구에 따라서 정원이 정해져 있었다. 하지만 모든 지역에서 정액(定額)을 넘는 인원이 선발되고 있었다. 추정나이는 10대 후반에서 40대 후반까지 다양하지만 주로 20대 후반이었다.[60] 이들은 광서성 내 11개 부에 소속된 각급 현학(縣學)·주학(州學)·부학(府學)에서 선발된 우수한 인재들이었다. 실제 이들의 신분은 부생(附生), 증생(增生), 늠생(廩生), 우름생(優廩生), 감생(監生), 거인(擧人), 부공(副貢)·발공(拔貢)·증공(增貢)·은공(恩貢)·늠공(廩貢), 공사(貢士) 등으로 다양하였다. 이들의 정확한 신분을 파악하기 위해서는 명청대의 과거제에 대한 이해가 필요하다.

명청시대 과거제는 향시(鄕試)의 응시자격을 부·주·현의 학교와 국자감의 학생만으로 제한하였다.[61] 그 결과 각급 학교의 입학시험이 곧 과거의 예비시험으로 변질되었다. 각급 학교의 입학시험인 동시(童試)는 지현(知縣)이 주관하는 현시(縣試), 지부(知府)가 주관하는 부시(府試), 각 성의 학교 감독관인 학정(學政)이 주관하는 원시(院試) 등을 모두 통과해야 했다.

60) 『동사록』이 작성된 추정연대(1894~1899)를 기준으로 삼았다.

61) 오금성, 「중국의 과거제 - 그 이념과 정치·사회적 영향」, 『한국사시민강좌』 46, 일조각, 2010, 255~260쪽. 이하 명청시대 과거제는 이 논문을 정리한 것이다.

이렇게 합격한 자들을 생원(生員)이라고 하였다. 생원은 상생(庠生)이라 칭하기도 했다. 각급 학교에서는 정기적으로 생원들에게 시험을 치렀다. 이들은 매월 치르는 월고(月考)와 3년에 2번 학정이 주관하는 세시(歲試)와 과시(科試)였다. 매월 치르는 월고는 유명무실했으며, 세시는 향시가 있은 다음해에 실시하여 성적에 따라 부학생(附學生), 증광생(增廣生), 늠선생(廩膳生)으로 나누었다. 부학생은 동시를 통해 새로 합격한 생원 혹은 세시의 성적 하등자를 일컬으며, 증광생은 중등자, 늠선생은 상등의 생원을 지칭한다. 세시에서 성적이 우수한 자는 국자감에 추천되었다. 이를 세공(歲貢)이라고도 했다. 부학생, 증광생, 늠선생은 모두 생원으로서 종신(終身)토록 면량(免糧)과 요역면제특권을 받았고, 유복(儒服)과 모자를 착용할 수 있었다. 또한 향시에 응시할 자격을 가졌고, 성적에 따라 국자감에 진학할 수도 있었다. 그 결과 생원은 서민들과는 다른 사대부의 반열로 사회적 지위가 상승하였다.

과시는 향시에 응시하는 자격시험으로 세시에서 1, 2등에 속한 생원만 응시할 수 있었고, 과시에서 다시 1,2등을 얻으면 향시에 응시할 수 있었다. 이들은 각 성별(省別)로 향시 합격 정원의 50~100배를 선발하였다. 수도에 있는 국자감은 최고 교육기관으로서 이곳의 학생인 감생(監生)은 생원이 받는 모든 특권을 향유하고, 과시를 거치지 않고 바로 향시에 응시할 수 있었다. 나아가 관료에 추천될 수도 있었다. 청대에는 정도(正途) 감생을 공생(貢生)[拔貢·歲貢·恩貢·副貢·優貢]이라고 했으며, 연납(捐納)으로 감생이 된 예감생(例監生)만을 감생(監生)이라 하였다. 향시의 합격자는 거인(擧人)이라 했다. 거인은 종신토록 회시(會試)에 응시할 수 있고 국자감에 들어가 수학할 수도 있었다. 거인은 감생이 누리는 모든 특권을 누렸고, 사회적 지위는 감생보다 더욱 높았다. 회시는 중앙의 예부(禮部)에서 주관하였고, 북경의 공원(貢院)에서 시행하였다. 합격자는 공사(貢士)로 불렸으며, 다음 전시(殿試)에 응시할 수 있었다. 전시는 궁중에서 치렀으며 책론(策論)만을 다루었다. 합격자는 모두 진사(進士)로 불렸으며, 제1갑의 1등을 장원(壯元), 2등을 방안(榜眼), 3등을 탐화(探花)라 하였다. 장원은 한림원 수찬에 방안과 탐화는 한림원 편수에 임명하였고, 그 외 2갑과 3갑의 진사에게는 다시 황제가 직접 '조고(朝考)'를 보아서 우수한 자는 한림원 서길사(庶吉士)로 남기고, 그 외의 진사는 중앙과 지방의 하급관료로 임명하였다.

이처럼 명청시대 생원, 감생, 거인 등의 미입사(未入仕) 사인(士人)들은 사대부의 지위에 오르면서 새로운 특권신분으로 등장하였다. 이들은 명대 중기부터 관인층과 더불어 신사(紳士), 신금(紳衿), 사신(士紳)으로 불리며, 사회의 지배층으로 인식되었다. 결국 〈표 3〉, 〈표 4〉에 등장하는 부생·증생·늠생·우늠생 등의 신분은 생원이며, 감생·부공·발공·우공·증공·은공·늠공 등은 국자감에 속해있었다. 이들을 제외한 거인, 공사는 향시와 회시의 합격자로서 다른 원생들보다 예우를 받았을 것으로 짐작된다. 즉 『동사록』에 수록된 이들은 모두 신사층으로서 사회적 특권층이었다. 그런데 『동사록』에 수록된 원생들의 3대조 내에서 생원 이상의 지위를 가졌던 인물이 있는 원생은 10명 미만이다. 이것은 부조대(父祖代)에 생원의 지위도 가지지 못한 서민출신이 대부분이라는 것을 의미한다.[62] 그만큼 동시(童試)의 경쟁률이 치열했고 진사에 이르기까지가 매우 어려운 일이었음을 짐작케 한다. 한편으로는 광아서원에 입원하는 원생들의 수준이 그만큼 높았음을 알려준다. 그렇기에 이들의 교육을 담당하는 원장과 이를 보조하는 분교들의 수준도 높을 수밖에 없었다.

광아서원에 입원한 학생들은 향시의 식년(式年)[3년]을 주기로 서원에서

62) 일례로 계림부의 蘇汝佶은 갑오년(1894) 鄕試 中式에 합격한 擧人이었다. 그는 靈川縣 縣學附生 출신으로 六都 龍巖村에 세거해왔다. 그의 부·조·증조의 3代가 모두 本生으로 표기되어 있는데, 이는 그들이 현학부생[생원] 출신이었음을 나타낸다. 반면 梧州府 岑溪縣 上化鄉 葛井村에 세거하는 馮錫環은 會試에 합격하여 貢士가 되었지만 그의 3대는 모두 서민이었다(鄧洪波 主編, 「廣雅書院同舍錄」, 『中國書院文獻叢刊(第一輯)』 86, 國家圖書館出版社·上海科學技術文獻出版社, 2018, 168~205쪽).

나가도록 규정하였다. 그러나 1902년부터 「서원개혁칙령」에 따라 양광대학당(兩廣大學堂)으로 명칭을 변경하면서, 학업을 대성하는 기한을 비재(備齋) 3년, 정재(正齋) 3년, 전재(專齋) 3년 등 총 9년으로 하였다. 교육과정은 학생 본인의 흥미, 기호에 따라 자유롭게 선택할 수 있었다. 최초의 교육과정은 경학, 사학, 이학, 경제학의 4부문으로 나누었다. 이를 통해 학생들이 대의에 능통하며, 고금을 관통하고, 독실하게 실천하고, 현재 절실히 필요한 것을 체득하는 것을 취지로 삼았다. 아울러 사장학(詞章學)도 익히도록 했는데 이는 상세하고 고아함을 체득시키려는 의도였다.[63] 이 과정을 통해 학문을 널리 닦아 그 이치를 깨닫고, 절도에 맞춰 예절을 행하는 자질을 가진 인재를 양성하고자 했다. 하지만 경제학에서 이를 가르치기는 어렵다고 보고, 1889~1890년 사이 문학 과목으로 고쳤다. 이 네 과목 외에도 아울러 시무도 다루면서 점점 학당의 모습을 갖춰갔다.

〈표 4〉 1889년『廣雅書院東省諸生夏季功課部』

성명	자	거주지 [廣東]	신분	나이	학습	겸직 학습	入院 기간 광서15(1889)
勞植楠	榮康	廣州府 南海縣	縣學 附生	36	經濟	史記	4.1~6.30
趙天錫	魯菴	新寧縣	縣學 廩生	32	史記		상동
顧臧	子洪	番禺縣	監生	18	通鑑		상동
陳桂植	樹八	番禺縣	府學 附生	18	毛詩		상동
趙宗壇	嶧山	新寧縣	縣學 增生	27	毛詩		상동
馮思	儼若	南海縣	監生	19	儀禮		상동
漆葆熙	蔭宗	番禺縣	縣學 附生	42	毛詩		상동
桂坫	南屏	南海縣	縣學 優增生	23	禮記		상동
陳慶龢	公睦	番禺縣	縣學 優附生	20	毛詩		상동

63) 張之洞, 「創建廣雅書院折」, 『張文襄公全集』, 中國書店, 1990. “經學以能通大義爲文 不取瑣細. 史學以貫通古今爲主 不取空論. 理學以踐履篤實爲主 不取矯僞. 文學以翔實爾雅尔雅为主, 不取浮靡. 其巾经济附于史學 兼及地理.”

성명	자	거주지 [廣東]	신분	나이	학습	겸직 학습	入院 기간 광서15(1889)
易開駿	展穆	番禺縣	監生	21	毛詩	孟子	상동
吳萃英	星薈	南海縣	縣學 附生	39	毛詩		상동
黃錫光	恕平	南海縣	縣學 增生	48	史記		상동
楊丙鼐	廷楝	南海縣	監生	30	史記		상동
伍銓萃	夙葆	新會縣	縣學 優廩生	26	漢書		상동
崔浚榮	明三	番禺縣	監生	28	通鑑	漢書	상동
傅維森	誌丹	番禺縣	縣學 附生	26	左傳		상동
黃僑生	少卿	南海縣	府學 附生	22	漢書	論語	상동
林燿增	蘭莊	南海縣	監生	27	史記		상동
賴際熙	煥文	增城縣	縣學 增生	20	史記	論語	상동
張壽波	玉濤	香山縣	縣學 附生	22	漢書	左傳	상동
吳功溥	伯庸	番禺縣	縣學 附生	27	漢書	禮記	상동
寥天章	孔懷	番禺縣	監生	27	漢書	左傳	상동
劉鼎元	笏朝	番禺縣	縣學 附生	21	左傳	漢書	상동
馮祖禔	仲麟	肇慶府 高要縣	縣學 附生	31	理學	孟子	4.19~6.30
馬呈圖	西鈞	高要縣	縣學 增生	30	毛詩		4.19~6.30
馮祖禧	季麟	高要縣	縣學 附生	26	史記	毛詩	
龔炳章	虎臣	廣寧縣	縣學 廩生	29	史記	周易	
區炳泰	子和	高明縣	縣學 優廩生	36	毛詩	周易	
梁寶瑜	集西	高要縣	監生	22	史記	孝經	4.19~6.30
鍾樹棠	佩華	高要縣	縣學 廩生	38	毛詩		4.1~6.30
邱鶚翎	星渠	高要縣	縣學 附生	21	周易	史記	3.1~6.30
羅獻修	黼月	嘉應州 興寧縣	縣學 拔貢生	30	毛詩	禮記	4.1~6.30
張祖元	贊庭	興寧縣	縣學 優附生	33	毛詩		상동
熊曜宗	守元	嘉應州	州學 附生	29	史記	漢書	상동
張資溥	稚威	嘉應州	州學 增生	23	爾雅	毛詩	상동
胡其煥	鳳生	羅定州	州學 附生	31	毛詩		상동
蕭憲章	學周	駐防漢軍正藍旗	廣州府學附生	33	毛詩		상동
傅球林	韻石	羅定州 西寧縣	縣學 廩生	40	毛詩		상동
江逢辰	孝通	惠州府 歸善縣	縣學 廩生	30	毛詩		상동

성명	자	거주지 [廣東]	신분	나이	학습	겸직 학습	入院 기간 광서15(1889)
楊壽昌	果菴	歸善縣	縣學 廩生	22	朱子學	毛詩	상동
寥佩珣	君栗	歸善縣	府學 附生	24	毛詩	理學	상동
張蔚衡	許齋	博羅縣	縣學 附生	24	漢書	禮記	상동
許壽田	鶴儔	歸善縣	府學 附生	27	通鑑	孟子	상동
祝慶祥	雲岑	歸善縣	府學 增生	27	左傳	漢書	상동
平遠	蘊山	駐防鑲藍旗	廣州府學附生	26	毛詩	掌故之學	상동
顏熤麟	朗圻	連平縣	州學 附生	46	史記		5.25~6.30
顏貽澤	子白	連平縣	州學 廩生	27	尙書	漢書	4.1~6.30
曾述經	月樵	潮州府 揭陽縣	縣學 廩生	30	史記		상동
陳倬雲	壽仁	大埔縣	縣學 廩生	26	史記		상동
曾習經	剛甫	揭陽縣	縣學 附生	22	毛詩 儀禮	爾雅 說文	상동
饒從龍	耔雲	大埔縣	縣學 增生	21	公羊	爾雅	상동
譚偉祺	俊生	廉州府 靈山縣	歲貢生	42	毛詩	易經 書經 孝經	6.2~6.30
黃佐槐	午齋	合浦縣	縣學 廩生	32	毛詩	前漢書	4.1~6.30
劉潤綱	維三	合浦縣	乙酉科拔貢生	28	毛詩	三國志	상동
王士宗	希曾	欽州 直隸縣	州學 廩生	25	左傳		상동
饒雲翔	雁賓	潮州府 大埔縣	乙酉科拔貢生	39	史記		상동
吳錫疇	洛符	高州府 吳川縣	縣學 附生	29	毛詩	儀禮	상동
梁統高	文三	信宜縣	縣學 廩生	26	史記	左氏春秋	상동
林鶴年	樸山	茂名縣	縣學 附生	32	毛詩		1.24~6.30
梁宗柏	式如	茂名縣	府學 增生	27	尙書		2.30~6.30
梁成久	樫濤	雷州府 海康縣	乙酉科拔貢生	27	史記 漢書	穀梁	4.1~6.30
李書田	戩穀	海康縣	府學 優廩生	30	理學	孟子	2.27~6.30
王德均	小筠	韶州府 曲江縣	府學 附生	32	論語	說文	6.3~6.30

성명	자	거주지 [廣東]	신분	나이	학습	겸직 학습	入院 기간 광서15(1889)
林成藻	翔若	雷州府 徐聞縣	縣學 附生	25	毛詩	禮記	4.3~6.30
劉樹杰	拔三	韶州府 仁化縣	縣學 廩生	22	毛詩	說文	2.10~6.30
黃興賢	策軒	韶州府 曲江縣	府學 附生	29	儀禮	毛詩	2.7~6.30
卓椿齡	夢玲	雷州府 海東縣	縣學 附生	26	毛詩		2.26~6.30
黎元莊	辰約	嘉應州	州學 優廩生	35	禮記	明史	3.19~6.30
莫世墉	梓園	南雄州 直隸縣	南雄州學廩生	28	毛詩	史記	4.1~6.30
李稽堯	冠唐	南雄州	州學 廩生	30	詩經		상동
尹自琛	憬淮	南雄州 直隸縣	州學 增生	28	論語	史記	상동
龍裔剛	柔仲	連州 直隸縣	州學 優廩生	35	毛詩		2.5~6.30
鍾淩漢	履崖	嘉應州	州學 附生	25	左傳		4.1~6.30
梁應奎	星元	高州府 茂名縣	縣學 附生	30	尙書		4.3~6.30
吳應星	均台	瓊州府 儋州	縣學 優廩生	33	禮記		4.8~6.30
李國藩	翰蒓	肇慶府 高要縣	縣學 附生	24	禮記	理學	5.9~6.30
陳聲瓏	葱玉	高州府 化州	州學 增生	36	周易		4.15~6.30

실제 1889년(광서 15) 『광아서원 동성제생 하계공과부』를 보면 당시 원생들이 수학하였던 과목과 그 내용을 확인할 수 있다. 4월 1일부터 6월 30일까지 77명의 광동성(廣東省) 출신 원생들은 사학[『사기(史記)』, 『통감(通鑑)』, 『한서(漢書)』, 『좌전(左傳)』, 『전한서(前漢書)』, 『삼국지(三國志)』, 『춘추(春秋)』, 『명사(明史)』], 경학[『모시(毛詩)』[詩經], 『맹자』, 『논어』, 『주역』[易經], 『효경(孝經)』, 『상서(尙書)』[書經], 『공양(公羊)』[춘추공양전(春秋公羊傳)], 『곡량(穀梁)』[춘추곡량전(春秋穀梁傳)], 『의례(儀禮)』, 『예기(禮記)』, 『좌전(左氏)』[춘추좌씨전], 『이아(爾雅)』, 이학(理學)[朱子學] 및 설문(說文)[說文解字], 경제, 장고지학(掌故之學)[의례] 등을 익혔다.[64] 특히 경학과 사학 과목을 수학하는 이들이 많았으며, 그 가운데 『모시』(시경)를 가장 많이

64) 鄧洪波 主編, 「廣雅書院東省諸生夏季功課部 一卷」, 『中國書院文獻叢刊(第一輯)』 89, 國家圖書館出版社·上海科學技術文獻出版社, 2018, 1~157쪽.

공부하였다. 경제, 장고학(掌故學) 및 사장학과 관련된 『이아』, 『설문』 등은 1~3명에 불과했으며, 경제는 사학과 함께 공부하였다.

광아서원은 건립된 후 광주해관(廣州海關)의 외국 주재원들에게 주목을 받았다. 1891년 12월 31일, 프랑스 국적의 세무사 레일러스가 총세무사에게 제출한 내부 총결산 자료인 『월해관십년보고(粵海關十年報告)』(1882~1891)에는 장지동 총독이 광주에 광아서원을 세웠으며, 그곳의 시험이 매우 엄격하다고 보고하였다.[65] 광아서원의 입학생들은 빼어난 자격을 갖추어야 할 뿐만 아니라, 총독이 주관하는 특별 시험에 통과해야만 했다. 각 과목의 시험은 관에서 시험하는 관과(官課)와 스승이 시험하는 사과(師課)가 있었다. 사과는 분교의 재과(齋課)를 칭한다. 관과는 총독과 순무가 맡아서 매월 초순(初旬)에 거행하고, 사과는 장교(掌教)가 맡아서 매월 중순에 거행하였다.[66] 매달 치르는 관가와 사과의 시험 후에는 결과에 따라서 작문이 우수한 학생에게 장학금을 1냥에서 3냥까지 차등 지급하여 학생들의 학습 의욕을 높였다.[67] 이와는 별도로 3년의 학습을 거친 뒤에는 진급 시험을 실시하여, 통과하지 못한 학생은 학교를 떠나야 했다.

엄격한 교학 관리도 두드러진다. 내숙제(內宿制)를 시행하여 모든 원생은 반드시 동·서재[기숙사]에서 생활하고, 매월 5냥의 생활 수당을 받았다. 원생들은 서원 밖에서 밤을 보내서는 안 되었으며, 특별한 경우에만 서원

65) 『每日頭條』, 「张之洞创广雅书院：备受国外势力关注」(2017-02-15).

66) 등홍파 주편, 「廣雅書院諸生課題 一卷」, 앞의 책 86, 2018, 1~152쪽. 이 책에 수록된 관과와 사과는 매월 4~9개의 과제를 출제하였으며, 覆試라 하여 탈락한 원생을 대상으로 다시 시험을 치르기도 했다. 사과는 '齋課'라 표기하여 분교별로 출제를 하였으며, 관과는 '督憲', '撫憲'으로 표기하여 총독과 순무가 출제한 것임을 알 수 있다.

67) 등홍파 주편, 「廣雅書院文稿」, 앞의 책 86, 2018, 249~454쪽. 우수한 답안을 제출한 원생은 이들 답안을 엮어서 별도의 책자로 제작하였다. 이때 각 답안지의 題名 아래에 시험이 출제된 月과 종류(官課, 齋課) 및 순위(超等 1·2·3), 성명, 출신지, 신분[廩生 등]을 기재하였다.

을 떠날 수 있었다. 이처럼 서원의 경비는 사생들의 생활비, 공역 식비 및 잡비로 사용되었다. 그 재원은 정부 지출 자금 일부분과 충당이 필요하면 공토 임대료 외에도 관료, 관상의 기부를 받아 마련하였다.

이상과 같이 광아서원은 19세기 말 광주총독에 의해 설립되었으며, 관민의 기부금으로 건립비용과 운영자금을 마련하였다. 그 자금의 규모가 컸던 만큼 청나라 말기 전국 최대 규모로 건립되었으며, 품행과 학문이 뛰어난 인물을 원장으로 초빙하여 원생들의 교육과 생활 전반을 관리하였다. 서원은 철저히 외부와 폐쇄된 형태로 건립·운영되었다. 그래서 이곳을 출입한 이들은 매월 시험을 위해 출입하는 관료들과 서원에서 생활하는 원생과 원임을 제외하면 매우 제한적이었다. 또한 이들 원생의 신분은 생원 이상의 사회 특권층에 속했다. 광아서원은 많은 장서를 보유하고, 엄격한 시험과 장학제도를 통해 원생들의 학습 성취도를 제고해 나갔다. 아울러 학제개편에 따른 교과 신설과 개정을 통해 변화하는 시대에 필요한 지식을 갖춘 인재를 양성해 나갔다.

Ⅳ. 맺음말

19세기 동아시아는 전통 유교 질서가 붕괴되고, 서구 문명과의 만남을 통해 새로운 시대의 조류가 만들어지던 시기였다. 이러한 격변의 시기에 동아시아 유교 문화를 대표하는 서원의 역할과 위상 변화를 한중서원을 통해 살펴보고자 했다. 하지만 옥산서원과 광아서원는 건립시기와 자료의 상이함으로 인해 비교를 하는 것이 맞지 않다. 그래서 19세기 초·중반은 한국 서원의 사례를 통해 전통서원의 모습을 살펴보고, 19세기 후반은 중국 서원의 사례를 통해 새로운 조류에 대응하는 모습을 살펴보았다.

한국의 옥산서원은 16세기 후반 건립된 이래로 높은 위상을 유지해왔던 곳이다. 19세기에 들어와서도 여전히 높은 위상을 가지고 있었다. 19세기는 200여 년보다 더 많은 사람들이 방문을 했다. 다양한 신분과 지위에 가진 사람이었기에 그들이 서원을 출입한 목적도 모두 달랐다. 그러나 신향과 구향을 막론하고 사족이라는 사회 지배층이었다는 점에서는 공통된다. 이들은 자신의 사회적 지위를 높이거나 유지하기 위해 서원의 입원 자격과 운영권을 두고 치열히 대립했다. 또는 지방의 통치를 원활히 하기 위해 방문하거나 제향자를 존숭하여 방문하기도 했다. 일반적인 과객이라도 옥산서원을 방문한 것은 유구한 역사를 품은 건물과 서적, 이언적의 흔적이 남은 주변의 경관과 유적 때문이었을 것이다. 여기에 어려운 여건에도 불구하고 과객에게 숙박이라는 예우를 베풀었기 때문이다.

옥산서원은 강회, 문회, 순제 등의 교육적 기능도 수행하면서 19세기 교육적 기능을 상실한 여타 서원과는 차별화된 모습을 확인할 수 있었다. 이러한 점도 서원을 출입하는 사람들의 증대에 일조했을 것이다. 또한 사회적 혼란이 확산되던 시기에 그것을 해결하기 위한 논의가 활발히 진행될 필요가 있었다. 옥산서원은 각종 향회와 도회 등을 통해 현안을 논의하고, 여론을 만드는 곳으로서 역할 하였다. 또한 내부적 결속을 위한 문집 간행과 현양 사업에도 적극적인 논의를 진행했다. 비록 신향의 성장에 따른 대립이 심화 되면서 정상적 활동이 어렵기도 했지만 그 결과의 영향이 영남 전역에 미칠 정도로 여전히 사회적 위상이 높았다.

중국의 광아서원은 19세기 말 서양 문명이 본격적으로 도입되던 시기에 건립되었다. 새로운 시대적 조류에 대응할 지식과 품격을 갖춘 인재를 양성하기 위하여 전통서원의 교육방식을 탈피하였다. 양광총독 장지동은 당시 최대 규모의 서원을 건립하여 우수한 학자를 원장으로 초빙하고, 광동과 광서의 뛰어난 인재를 선발하여 교육하였다. 서원 내 제향시설을 없애고 대규모 장서루와 기숙사를 설립하여 서원에 들어온 모든 사람이 그곳에서 생활하면서 오로지 학문을 익히는 데 전념하도록 했다. 원생들은 모두 동시 이상의 자격을 갖춘 신사층이자, 사회 지배층이라는 점에서 한국 서원과 동일하다. 교육과정에서 경학, 사학, 이학 등을 가르친 것은 기존의 전통서원과 유사하지만 경제학, 지리학, 사장학 등을 두고서 시무에 밝고 인품이 단아한 인재를 양성하고자 했다. 이를 위해 매월 강도 높은 시험을 두 차례 시행하고 그 결과에 따른 상벌을 부과하였다. 아울러 서원개혁정책에 따라 교명과 학제를 개편하여 근대학교로 전환되어 갔다.

일반적으로 한국 서원은 19세기에 이르러 교육적 기능을 상실하고, 대원군의 훼철을 겪으면서 그 지위가 하락하고 만성적인 경영난을 벗어나지 못하였다. 이는 훼철되지 않은 서원도 비슷한 상황이었다. 또한 개항이라는 시대적 변화에 맞춰 새로운 학문의 수용보다는 전통 유교교육을 고수하였다. 중국의 서원들도 대부분 한국 서원과 비슷한 과정을 겪었다. 하지만 각 성을 대표하는 성회서원들은 지방관과 지역의 부상 및 유력자들의 기부를 통해 운영자금을 마련하고 새로운 학제로 개편하여 그 생명력을 연장할 수 있었다. 이처럼 동아시아 각국의 상황에 따라 19세기 서원은 전통의 유지와 변화라는 두 방향으로 나아갔다.

【참고문헌】

1. 자료

「完議」(1912), 『尋院錄』, 『本鄕尋院錄』, 『旬題計劃榜目』
『丁亥七月二十六日薦會時 到記』, 『癸卯正月二十九日 玉山書院道會時到記』
李彦迪, 『晦齋集』
張之洞, 『張文襄公全集』(中國書店, 1990).

2. 단행본

鄧洪波, 『書院學檔案』, 武漢大學出版社, 2017.
鄧洪波 主編, 『中國書院文獻叢刊(第一輯)』 86·89, 國家圖書館出版社·上海科學技術文獻出版社, 2018
영남대학교 민족문화연구소 편, 『譯註 玉院事實』, 온샘, 2021.

3. 논문

이수건, 「남명 조식과 남명학파」, 『민족문화논총』 2·3집, 영남대학교 민족문화연구소, 1982,
周漢光, 「廣雅書院提名」, 『張之洞與廣雅書院』, 台北, 中國文化大學出版部, 1983.
陳谷嘉·鄧洪波, 「第二章 書院的等級差異」, 『中國書院制度硏究』, 浙江敎育出版社[中國], 1997.
이수환, 「경주 옥산서원 원임직 소통을 둘러싼 적서간의 향전」, 『고문서연구』 16·17, 한국고문서학회, 2000.
송양섭, 「19세기 幼學層의 증가양상－〈단성호적대장〉을 중심으로－」, 『역사와 현실』 55, 한국역사연구회, 2005.
難波征男, 「일본의 서원연구의 현황과 과제」, 『한국학논총』 29, 국민대학교 한국학연구소, 2007.
오금성, 「중국의 과거제－그 이념과 정치·사회적 영향」, 『한국사시민강좌』 46, 일조각, 2010
秦欢, 「清末的廣雅書院」, 『黑龍江史志』 13, 2015.
이병훈, 『조선후기 경주 옥산서원의 운영과 역할』, 영남대학교 박사학위논문, 2018.
등홍파·조위, 「백록동서원의 설립 배경과 중국 서원의 변화」, 『동아시아 서원의 기원과 제의례의 완성』, 온샘, 2021.

Nguyễn Tuấn-Cường, 「Private Academies and Confucian Education in 18th-Century Vietnam in East Asian Context: The Case of Phúc Giang Academy」, 『Confucian Academies in East Asia』, Brill(The Neyherlands).

4. 기타

한국학자료센터 영남권역센터.(https://yn.ugyo.net)

『每日頭條』[중국], 「张之洞创广雅书院：备受国外势力关注」(2017-02-15).

[부록]

〈표 1〉 내방한 급제자 현황(1801~1831)

날짜	성명	생년	본관	이력	거주지	비고
1801.5.5	李觀祥	1764	여주	생원	경주	帶恩, 從9대손
5.9	孫星岳	1741	경주	진사	경주	外裔, 李象靖 문인
6.6	李家發	1776	永川	생원	의성	李民宬 6대손
6.15	鄭允元	1774	영일	생원	金山	
7.28	李載延	1757	延安	생원	안동	
10.24	李鼎基	1759	여주	생원	경주	
10.24	尹秉頤	1775	파평	생원	울산	
11.26	李永遠	1774	한산	생원	안동	
1802.2.1	全熙龍	1765	용궁	문과	영천	1801 新恩/예조좌랑
1803.4.22	韓文健	1765	곡산	진사	경주	
7.13	都禹璟	1755	성주	진사	성주	처부: 李憲吉(여주)
7.17	金聲斗	1758	김해	진사	경주	
7.28	金養運	1764	의성	생원	안동	金樂行문인
8.28	鄭濩	1776	영일	생원	영천	
9.17	金在元	1768	광산	생원·진사	京	
1804.4.17	崔鍾文	1785	삭녕	진사	경	부윤 최헌중의 아들
4.21	李鼎益	1753	여주	진사	경주	
5.16	申思永	1773	영해	생원	청송	
6.15	柳璧祚	1778	풍산	진사	안동	외조부 李鼎宅, 1817 문과
6.25	李正會	1770	廣州	진사	충주	
9.8	盧駿星	1760	光州	진사	파주	
9.12	李以敬	1762	廣州	문과	칠곡	외조 孫希曾
1805.12.24	李永年	1785	한산	생원	京	
1806.1.5	李銷	1758	벽진	생원	칠곡	1807문과, 외조 柳橒
3.18	李麟峻	1758	벽진	진사	선산	

날짜	성명	생년	본관	이력	거주지	비고
1807.5.19	李元祥	1762	여주	진사	경주	1813문과
6.14	閔基𪀏	1776	여흥	진사	청송	
7.2	金鍵秀	1771	聞韶	생원	상주	
8.23	朴基宏	1759	순천	문과	京	
1808.2.8	李鋗	1758	벽진	문과	칠곡	1807.10문과
3.5	姜橒	1773	진주	문과	京	1807.10문과
1809.1.24	李建基	1785	연안	진사	상주	
1810.2.24	任槩	1769	풍천	진사	경주	제:任檍
3.19	都錫珪	1773	성주	진사	대구	방목:居성주
3.26	羅漢臯	1783	안정	진사	거창	
3.30	權㷔	1774	안동	문과	영해	
4.4	李周齡	1768	고성	생원	안동	
5.10	李好淳	1765	벽진	진사	선산	
1811.2.9	姜哲欽	1778	진주	생원	상주	
윤3.25	李時獻	1771	永川	문과	영해	
5.30	權雲度	1768	안동	생원	선산	
1813.7.12	權光臣	1776	안동	-	-	심원록에만 기재
10.29	李泰祥	1769	여주	생원	경주	
11.19	李元祥	1762	여주	문과	경주	1807 진사
11.29	李在衡	1767	전의	진사	성주	
12.13	金秉壽	1784	의성	생원	안동	
1814.1.15	張錫愚	1787	인동	생원	인동	
3.	李元延	1763	연안	문과	京	
5.14	尹秉恒	1773	파평	진사	울산	
6.9	金誠進	1768	안동	생원	의성	
6.17	金養直	1781	안동	생원	제천	
10.16	鄭鱗熙	1784	월성	-	진주	심원록에만 기재
10.21	李周甫	1784	고성	생원	대구	
10.23	朴宗範	1778	반남	문과	안동	

날짜	성명	생년	본관	이력	거주지	비고
12.3	安允直	1786	순흥	생원	안동	
1816.10.16	李博祥	1795	여주	진사	경주	
12.13	李以元	1785	廣州	생원	칠곡	
12.18	李大淳	1766	진성	생원	예안	
12.18	崔世麟	1791	월성	생원	경주	
12.19	朴春秀	1750	밀양	문과	선산	
12.23	崔南憲	1766	해주	진사	문경	
12.28	權宅臣		안동	-		심원록에만 기재
1817.2.14	洪始瀅	1762	남양	진사	수원	
3.7	朴章淳	1775	고령	생원	永川	
3.16	徐洛淳	1755	달성	문과	경주	
1818.2.15	柳璧祚	1778	풍산	문과	안동	
1819.윤4.27	南鴻陽	1768	영양	생원	경주	
5.1	趙基億	1773	함안	진사	안동	
5.17	南基煥	1797	영양	-	경주	심원록에만 기재
5.26	孫淵祥		경주	-	-	
6.21	權世永	1778	안동	생원	상주	
8.23	李文煥	1772	永川	진사	大邱	
8.28	金翊東	1793	청도	진사	하양	류치명 문인
9.11	張奎	1778	인동	무과	인동	
9.16	趙顯濬	1776	한양	생원	안동	
10.6	金相稷	1779	一善	문과	고령	
11.1	金龍洛	1795	聞韶	문과	안동	
11.7	趙彦國	1793	한양	문과	영양	
1821.3.3	洪鳳燮	1794	부림	-	영천	심원록에만 기재
2.12	崔世命	1795	월성	무과	경주	1820 무과
1822.윤3.11	權奎秉	1801	안동	무과	영천	
4.7	李耆祥	1791	여주	생원	경주	
5.6	崔鳳朝	-	영천	-	영천	심원록에만 기재

날짜	성명	생년	본관	이력	거주지	비고
8.3	崔象龍	1786	경주	생원	대구	호:鳳村, 정종로 문인
9.22	李楨亳	1776	예안	생원	안동	
10.11	權周憲	1787	안동	생원	안동	1823 문과
1823.9.14	曺錫九	-	창녕	-	-	심원록에만 기재
1824.5.5	李孺虎	1796	성주	무과	-	
1825.6.8	權以默	1786	안동	생원	안동	
6.8	申弘運	1809	영해	생원	청송	
7.7	趙纘漢	1784	한양	진사	의성	
7.18	權濩	1796	안동	진사	의성	
8.12	曺炳奎	-	창녕	-	-	심원록에만 기재
8.15	李克紹	1786	여주	생원	용궁	
8.15	李尙晃	1795	여주	생원	용궁	
9.5	朴禹鉉	1794	순천	무과	-	1825 무과
11.25	崔翰振	-	월성	-	-	심원록에만 기재
1826.11.11	申晦應	1796	평산	무과	인동	1826 무과
1827.9.10	朴敏樹	1792	고령	문과	안동	1827 문과
10.8	張有豊	1805	옥산	무과	-	1827 무과
1828.2.1	李在直	1805	여주	문과	경주	1827문과, 무첨당
2.9	柳致球	1793	전주	생원	청송	1827생원
2.15	柳覺文	1786	전주	생원	안동	1827생원
3.17	朴宗赫	1779	학성	-	울산	심원록에만 기재
5.15	孫相昊	1797	경주	문과	경주	
8.5	崔龍羽	1767	전주	문과	선산	
8.14	鄭稙	1772	오천	생원	金山	
9.15	李欽	1801	전의	진사	의령	
9.20	鄭遠韶	1804	오천	생원	김산	
10.3	張天鶴	1804	옥산	무과	인동	
10.8	鄭煥恭	-	오천	-	-	심원록에만 기재
10.8	鄭宅基	-	오천	-	-	심원록에만 기재

날짜	성명	생년	본관	이력	거주지	비고
10.8	鄭玏	1762	오천	-	대구	심원록에만 기재
11.2	金星觀	1776	광산	생원	안동	
11.11	申大元	1777	영해	문과	영해	
1829.3.30	李在翧	1780	전의	진사	성주	이정택의 외손, 1828진사
3.30	李在翊	1784	전의	문과	성주	1828 문과
1830.윤4.28	張有亨	1803	옥산	무과	선산	1829무과, 1831생원
1831.3.5	李宇斌	1789	경주	무과	-	
6.11	李鍾祥	1799	여주	진사	경주	1831 진사
7.22	李源祜	1790	성산	진사	성주	이원조의 형
7.23	崔允植	1811	전주	생원	선산	
7.23	徐在愚	1804	달성	진사	순흥	진사 徐成烈의 아들
7.24	金龍柱	1784	上洛	진사	의성	
8.22	徐珖輔	1795	달성	문과	안동	1822 생원
9.9	柳進明	1787	풍산	생원	안동	
9.19	李樹敎	1785	청안	진사	흥해	
10.23	曺克承	1803	창녕	문과	영천	1831 문과, 류치명 문인
10.25	李海宗	1806	성산	생원	성주	
10.29	鄭裕榮	1793	오천	문과	영천	1831 문과
11.22	金顯周	1792	김해	진사	하양	

■ 저자 소개(집필 순)

정수환
·한국학중앙연구원 한국학대학원 문학박사
·한국학중앙연구원 책임연구원
·『고문서에 담긴 조선의 일상』(공저, 2022), 『한국 농촌개발과 국제개발』(2022), 『조선후기 서얼의 마을 개발과 결속』(2022), 「18세기 경주 갓뒤마을 동계의 말림갓을 위한 호혜와 협동」(2021), 「서유구의 학문세계와 학문자세, 그리고 실사구시」(2020) 외

조명근
·고려대학교 한국사학과 문학박사
·영남대학교 역사학과 부교수
·『일제강점기 화폐제도와 금융』(2022), 「대한제국기 중앙은행 제도의 도입과 변용」(2021), 「1930년대 중후반 식민지 조선 금융기구 개편론의 전개와 함의」(2020), 「식민지 자본주의의 전개와 3·1운동에 대한 시론적 검토」(2020), 「전시기 동양척식주식회사의 자금 조달과 운용 실태」(2020) 외

배다빈
·중국 복단대학 철학학원 철학박사
·영남대학교 민족문화연구소 연구교수
·「荀子 인성론과 도덕 기원론의 관계에 대한 비판적 고찰」(2022), 「제향 인물 변천을 통해 본 중국 서원의 사상적 특징–강서(江西) 일대 서원을 중심으로」(2022), 「天論의 변천 양상을 통해 본 諸子百家의 사상적 연속성–학파의 경계 문제와 직하학궁의 공간성을 중심으로–」(2022), 「『荀子』 禮論의 보편성 및 그 원리에 대한 비판적 분석」(2023) 외

조재모
·서울대학교 건축학과 공학박사
·경북대학교 건축학부 교수
·『궁궐, 조선을 말하다』(2012), 『입식의 시대, 좌식의 집』(2020), 『대궐 밖의 왕실, 한양의 별궁』(공저, 2020), 「창경궁 빈양문 일곽의 구성과 의례동선」(2022), 「고종대 중건 사정전의 활용 양상과 어좌 구성에 관한 연구」(2022), 「조선시대 서원의 누각 도입과 정침 구현」(2022) 외

정병석
·중국문화대학 철학연구소 철학박사
·영남대학교 철학과 명예교수
·『불교와 주역』(공역, 2021), 『고대 종교와 윤리-유가사상의 근원』(공역, 2022), 「李澤厚의 歷史本體論과 '사람의 철학'」(2020)「朱子의 讀書論에 보이는 切己工夫와 치료적 사유」(2021)「Transformation from Divination to Philosophy - Focusing on the Independence of Hexagram/Hexagram Lines (Guayao) and the Expansion of the Interpretation Space in the Commentary on the Judgement」(2022) 외

초영명(肖永明)
·중국 호남대학 악록서원 역사학박사
·중국 호남대학 악록서원 원장·교수, 중국서원학회 부회장
·『文化權力與政治文化-宋金元時期〈中庸〉與道統問題探析』(2018), 『儒學·書院·社會-社會文化史視野中的書院』(2018), 『北宋新學與理學』(2001), 『中國經學思想史』(2010) 외

등홍파(鄧洪波)
·중국 호남대학 악록서원 역사학 박사
·중국 호남대학 악록서원 교수, 중국서원학회 부회장
·『中國書院辭典』(1996), 『中國書院制度研究』(1997), 『中國書院史資料』(2004), 『中國書院史』(2005), 『湖南書院史稿』(2013), 『嶽麓書院史』(2017), 『中國書院學規集成』(2012) 외

진시룡(陳時龍)
·중국 복단대학 역사학박사
·중국 사회과학원 역사연구소 연구원
·『明代的科舉與經學』(2018), 『明代中晚期講學運動』(2005), 「書院官學化的變形措施 : 論明代禁書院-兼論書院官學化進程及其與學術演變之關係」(2000), 「明代社學性質的漸變與明清小學學制的繼承」(2000), 「十六·十七世紀徽州府的講會活動」(2003) 외

미나미자와 요시히코(南澤良彦)
·일본 교토대학 문학박사
·일본 규슈대학 인문과학연구원 교수
·『漢學とは何か : 漢唐および清中後期の學術世界』(공저, 2020), 『Confucian Academies in East Asia』(공저, 2020), 『中國明堂思想研究-王朝をささえるコスモロジ-』(2018), 「Han Scholarship in the Northern and Southern Dynasties: Tradition and Innovation to Be Seen in the Ming-t'ang」(2021) 외

완준강(阮俊强)
·베트남 사회과학원 박사
·베트남 사회과학한림원 한놈연구원 교수
·『Confucian Academies in East Asia』(공저, 2020), 『東亞漢籍與越南漢喃古辭書研究』(2017), 「書院與木雕版在東亞儒家知識的傳播：越南教育家阮輝瑩及其1766-1767年出使中國的案例研究」(2018) 외

김덕현
·서울대학교 지리학과 문학박사
·경상국립대학교 지리교육과 명예교수
·문화재청 문화재위원, 한국문화역사지리학회 회장
·儒學의 自然美와 조선 서원의 展望景觀－以美儲善과 以美啓眞의 自然美-」(2019), 「도동서원 경관에 재현된 성리학의 정신세계」(2017) 외

이광우
·영남대학교 국사학과 문학박사
·영남대학교 민족문화연구소 연구교수
·『옥산서원』(공저, 2018), 『동아시아 서원의 기원과 제의례의 완성』(공저, 2021), 『동아시아 서원 아카이브와 지식 네트워크』(공저, 2022), 「조선후기 향약 운영과 성격」(2018) 외

채광수
·영남대학교 국사학과 문학박사
·영남 대학교 민족문화연구소 연구교수
·『영남 선비들의 공부론과 지역 문헌』(공저, 2023), 『동아시아 서원 아카이브와 지식 네트워크』(공저, 2022), 「조선후기 단성지역 西人세력의 형성과 활동』(2021), 「영남 소론계 가문의 존재와 계승 양상」(2020) 외

이병훈
·영남대학교 국사학과 문학박사
·영남대학교 민족문화연구소 연구교수
·『동아시아 서원의 기원과 제의례의 완성』(공저, 2021), 『역주 옥원사실』(공저, 2021), 『동아시아 서원 아카이브와 지식 네트워크』(공저, 2022), 「조선후기 선산 금오서원의 건립과 운영」(2021) 외

동아시아 서원의 일반성과 다양성

초판 인쇄 2023년 03월 20일
초판 발행 2023년 03월 30일

편 자 영남대학교 민족문화연구소

펴낸이 신학태
펴낸곳 도서출판 온샘
등 록 제2018-000042호
주 소 서울시 용산구 한강대로62다길 30, 트라이곤 204호
전 화 (02) 6338-1608 팩스 (02) 6455-1601
이메일 book1608@naver.com

ISBN 979-11-92062-24-2 93910
값 53,000원